U0517107

中国金融业风险管理

黎晓宏◎著

中信出版集团 | 北京

图书在版编目（CIP）数据

中国金融业风险管理 / 黎晓宏著 . -- 北京：中信
出版社 , 2021.11（2021.12 重印）
ISBN 978-7-5217-3659-5

Ⅰ . ①中… Ⅱ . ①黎… Ⅲ . ①金融业－风险管理－研
究－中国 Ⅳ . ① F832

中国版本图书馆 CIP 数据核字 (2021) 第 208034 号

中国金融业风险管理
著者： 黎晓宏
出版发行：中信出版集团股份有限公司
（北京市朝阳区惠新东街甲 4 号富盛大厦 2 座 邮编 100029）
承印者： 北京盛通印刷股份有限公司

开本：787mm×1092mm 1/16 印张：46.25 字数：730 千字
版次：2021 年 11 月第 1 版 印次：2021 年 12 月第 2 次印刷
书号：ISBN 978-7-5217-3659-5
定价：198.00 元

版权所有·侵权必究
如有印刷、装订问题，本公司负责调换。
服务热线：400-600-8099
投稿邮箱：author@citicpub.com

总撰稿 黎晓宏
撰稿人 张晓慧　谢　平　张红力
　　　　　赵宇龙　李正强

下篇

一、写作背景

防范化解重大风险、精准脱贫、污染防治是习近平总书记在十九大报告中提出的决胜全面建成小康社会的三大攻坚战。其中，金融风险防控是防范化解重大风险的重要内容。当前，精准脱贫目标已基本实现，污染防治成效明显，而金融风险防范虽然取得了重要成果，金融体系总体稳健，但在内、外部因素的叠加之下，特别是在中美贸易、科技摩擦带来的大国关系不稳定以及新冠疫情的冲击下，金融风险防控形势依然严峻。正如习近平总书记指出的，防范化解金融风险依然是"金融工作的根本任务"。

中国金融必须坚守底线，坚守金融发展基本规律和金融从业基本戒律，灵活应对风险挑战，坚持金融服务于实体经济、服务于人民生活，走中国特色的金融发展之路。如果脱离实体经济，金融就是无源之水、无本之木。中国金融不能走投机赌博的歪路，不能走金融泡沫自我循环的歧路，不能走庞氏骗局的邪路。在金融业遵从的安全性、流动性、效益性三原则中，安全性永远排在第一位。只有这样，中国金融企业才能在市场化、法治化的基础上，经得起开放条件下市场竞争、经济周期变化和外部冲击的各种考验，守住不发生系统性风险的底线。

展望未来，面向"十四五"中国经济转型发展和2035年基本实现社会主义现代化的远景目标，创造长期安全稳定的金融宏观环境是整个金融体系健康发展、积极创新的基石。在百年未有之大变局的背景下，为了有效构建以国内大循环为主体、国际国内双循环相互促进的新发展格局，推进社会经济高质量发展，提升国家治理能力，尽快提升党政领导干部的金融工作能力，树立金融风险意识，强化各类金融机构负责人风险风控意识，提高金融风险防控能力以助力重大风险防控，已经成为当前及未来一段时间非常重要的工作。

金融风险是一个内容宏大宽泛的课题，防范化解金融风险既有攻坚战的特点，又有持久战的历史性特征，既有涉及某一具体机构、影响范围较小的微观情形，又有对整个领域、整个区域全面性和系统性影响的场景。立足中国稳步迈入的新发展格局，防范化解金融风险必须顺应变化，在坚持供给侧结构性改革的进程中，提升金融供给体系对需求的有效性，不断提升需求牵引供给、供给创造需求的高水平动态平衡；必须转变方式，确保消除要素流动障碍的阻滞，畅通国民经济循环，促进中国经济增长动力从要素驱动转向创新驱动；必须进一步深化改革、扩大开放，破除深层次体制机制障碍，稳定发展预期、政策预期、制度预期，建设更高水平的开放经济新体制。

围绕金融风险的海内外有关论著、文献较多，有的侧重历史事件的回顾与反思，有的侧重利用数学模型对某种市场风险状况进行计量和预测，有的侧重各类具体市场或业务风险防范、应急处置方式与技能。此外，金融监管机构在防范化解金融风险方面积累了一些经验（这些经验通常体现在法规、研究报告或回忆录中），一些大型金融机构内部也已经探索建立了自身的风险防控体系，但这些经验或探索尚缺乏社会关注度，许多内容还不为社会所了解，具有普遍性的指导意义相对有限。为助力金融风险防范工作向纵深推进，我们需要一部结合中国实际，系统性、前瞻性地论述金融风险的内涵与外延、海内外对应对各种金融风险的探索、各类持牌市场机构如何有效防范金融风险的著作，以帮助党政干部学习了解金融知识、树立风险防控意识、提高金融工作能力，指导各类金融机构强化风险防范意识、有效管理金融风险，也给高等院校、专家学者从事教学研究提供有力支持。有鉴于此，相关方面专家共同撰写了《中国金融业风险管理》。

本书在内容安排上兼顾党政干部、金融机构人员、教学研究人员等三类读者，首先简要介绍金融市场的情况（特点、功能、机构、市场体系）以及金融稳定、金融安全、金融风险处置与金融科技等社会普遍关注的内容。其次，在此基础上，重点对金融风险的内涵与外延、特征与机理，金融风险管理的目标与关键环节，海内外对防控金融风险的有益探索和实践，当前与未来一段时间国际国内市场与金融机构面临的主要金融风险等进行系统论述。再次，对各类持牌机构（持有中国人民银行、中国银行保险监督管理委员会、中国证券监督管理委员会依法批准的金融业务许可证）及重要金融市场基础设施（有时也简称为"金融基础设施"）如何有效防范风险进行专门论述，以期对这些机构的风险管理进行指导。

二、分析方法

习近平新时代中国特色社会主义思想是本书分析解构金融风险的理论基础。站在世情、国情、党情深刻变化的新时代这样一个逻辑起点，我们应通过历史、文化和哲学的思考增强信心，以全面、辩证和长远的眼光认清大势，把握金融的本质，解构风险的实质，在危机中辨析新机，将理论与实践高度结合，于变革中开新局。

本书贯穿两大核心观点：一是金融日益成为现代经济的核心，是社会经济生活的血脉，金融风险对社会经济各个方面都产生了直接或间接的影响，金融安全已经成为国家安全的重要基石；二是从自身的特点以及海外广泛的实践经验看，金融行业是特许经营行业，需要严格规范高效的牌照管理。

本书按照从一般逻辑到现实具体逻辑、从国际市场和国际实践到中国特色的金融市场与监管实践方法的顺序进行论述。首先分析金融市场体系与金融风险的一般特征，解析金融市场风险产生的机理，在分析国际金融市场风险的状况与特点的基础上，重点分析中国金融市场与金融机构面临的风险问题。其次，围绕金融行业特许经营这一特点，从基本情况、监管要求、主要风险和风险管控措施4个方面，重点分析各类持牌机构和经监管机构批准的经营业务的风险管理问题。简单介绍公论性、普遍性内容，重点论述特色内容。

写作风格上，力求逻辑严谨、透彻精准、简明通俗，达到党政干部读后感到（此书）不过于专业晦涩（易于理解）、金融机构专业人员不以为说外行话（可以得到启发、指导实际）、专家学者可以认同（作为重要参考）的效果。

三、框架安排

本书分为上、下两篇。上篇简要介绍金融市场体系，分析金融风险的内涵与外延、特点以及产生原因，金融风险管理的关键环节和国内外实践。下篇针对各类持牌机构、重要金融市场基础设施等风险管理分别进行论述。

考虑到上市公司、私募基金在金融市场中的特殊重要作用以及公司上市要经过严格的审批流程，私募基金需要到中国证券投资基金协会进行备案，本书专门安排相关章节对其风险管理进行论述。

目前，与金融创新相伴，一些科技公司利用技术优势涉足支付、借贷等金融业务，有些业务增长还很快，规模也很大，部分领域新型金融风险积聚且日益显性化，给传统金融业务以及金融监管带来巨大挑战。同时，以金融科技名义从事非法金融业务的现象也较为常见，社会上各类非法集资活动屡禁不止，给正常的金融市场、经济生活带来不利影响。这些现象值得社会各界，特别是监管机构高度关注、认真研究。考虑到这些活动均为非持牌机构所为，涉及的行为主体众多，我们未将其风险管理问题列入本书。

考虑到政策性银行的业务特征及其代表着国家信用，其风险特征与市场化持牌机构有明显不同，我们未将其风险管理内容列入本书。

本书除绪论外，分上、下两篇，共十章内容。上篇包括三章，侧重逻辑分析：第一章介绍金融市场体系、金融机构与牌照管理以及金融安全、金融科技等内容；第二章在介绍金融风险的内涵外延、产生原因的基础上，重点分析海内外金融风险状况；第三章在简要分析金融风险可防范性、风险防范基本方法的基础上，重点分析金融风险管理的国际经验与我国金融风险防范管理的实践探索。下篇共七章，分别就各类持牌机构风险管理进行论述：第四章分析持有央行颁发牌照的机构风险管理，第五章分析银行机构风险管理，第六章分析非银行金融机构风险管理，第七章分析保险业机构风险管理，第八章分析证券业机构风险管理，第九章分析上市公司风险管理，第十章分析金融市场重要基础设施风险管理。

上篇

第一章
金融市场体系

金融市场是对资金等金融要素和风险进行配置的场所，涵盖居民个人、企业和政府的储蓄、借贷与投资决策，金融中介活动以及政府宏观调控，既是企业融资、资本生成与积累的平台，又是居民和企业进行财富管理、风险管理的场所，也是宏观管理部门实施政策调控的渠道。金融市场与经济运行和社会活动紧密关联，货币市场、债券市场、股票市场、外汇市场、黄金市场、期货市场等金融市场交易和价格走势作为国民经济的"晴雨表"和"气象台"，直接或间接反映了一个国家经济运行的总体情况及市场主体对未来经济走势的预期，金融市场自身的定价复杂性、高流动性、信息敏感性、风险外溢性等特征，也对经济社会平稳运行和可持续发展有重大影响。

第一节　金融市场功能与市场体系

金融市场最基本的功能是资金融通，即将资金从货币闲置的人的手中转移到资金短缺的人的手中。资金转移过程涉及融资人、投资人、金融中介机构、金融市场基础设施、金融产品、金融监管部门及一系列制度规则，这些参与主体、产品和制度之间关系的总和构成了金融市场体系。随着经济的发展和社会的进步，金融市场功能逐渐从融资转向融资与财富管理、风险管理并重，金融中介机构从银行、证券公司等融资中介扩大至基金公司、信托公司等财富管理机构和保险公司等风险管理机构，金融产品也从信贷、债券、股票扩展至基金、衍生品、保险等，金融市场体系和市场结构随之发生变化。一般而言，经济发展水平越高，金融市场的财富管理和风险管理需求越多，股票等直接融资和衍生品市场的相对作用越大。

一、金融与金融市场

金融的本质是在具有不确定性的环境中进行资金的跨期配置，即家庭、企业、金融机构等市场主体决策如何对资金进行跨期分配，并承担不确定性带来的成本。如：家庭储蓄是以牺牲一部分当前消费换取未来的收益和消费；企业融资是以付出一部分当前融资成本换取未来的投资收益；购买保险是以降低当前的消费减少未来某种负面冲击导致的福利损失；银行等金融中介机构既借入资金又贷出资金，通过期限转换和信用转换实现自身流动性、营利性和安全性的平衡。资金在跨期配置过程中，面临决策成本和未来收益的不确定性。譬如，是将富余资金存入银行还是购买基金，只能选择其一。而两者的收益高低可能要等到期后方才知晓，融资后投资收益可能小于融资成本，甚至可能发生本金亏损。

金融市场是对资金等金融要素进行配置的场所，相较于银行等金融中介，金融市场可以通过资产交易、充分流动对金融资产的风险进行重新定价和配置，从而达到提高金融资源配置效率和分散风险的作用。金融市场包括货币资金拆借市场、外汇市场、债券市场、股票市场、黄金等贵金属市场、衍生品市场等，在金融市场交易过程中，金融资产在以一定的价格发生转移的同时，资金也从富余方转移到短缺方，这体现了资金和风险的传递。金融市场一般由5个基本要素组成：一是投资者和融资者，对应金融资产的供给方和需求方，可以是个人、企业、金融机构、政府部门等主体，各方均有可能是资金需求方或资金供给方；二是金融产品，即资金供求双方在市场上的交易对象，如债券、股票、票据、可转让存单、衍生品合约等，是金融市场实现资源配置所依赖的交易标的；三是金融中介机构，作为资金供需方之间的联系、媒介和代理抉择方，包括银行、证券公司、资产管理公司、经纪公司等，不同金融中介机构为不同类别的金融交易提供专业化的服务；四是金融基础设施，为各类参与者提供金融资产的登记托管、交易、清算结算、信息等服务；五是资产价格，价格机制是金融资产交易过程中最重要的运行机制，反映了市场参与者对货币的时间价值以及对未来状态不确定性的评估。

二、金融市场特点

金融市场作为资金等金融要素配置的场所，与商品等其他要素市场相比，在交易标的、定价机制、风险传染等方面具有特殊性，并与社会生产、生活的方方面面广泛而紧密关联，对经济健康平稳运行和社会稳定发展发挥着重要作用。

（一）标的特殊，定价机制复杂，存在信息不对称现象

金融市场交易的标的是货币、债券、股票等金融工具。虽然多数金融资产

是特定实物产生现金流的某种替代形式，但投资者持有与交易金融资产的目的多数已经脱离了实物原本的使用价值，而是转变为跨期资金调配需求。因此，金融产品的本质是交易双方对未来经济利益互换的契约，交易双方不仅仅具有买卖关系，还可以具有根据契约明确的借贷、委托代理等关系。金融资产交易契约所包含的法律关系与收益划分形式等，决定了金融资产定价逻辑的复杂性，交易双方对交易标的信息的了解程度不同，存在明显的信息不对称，与实物资产定价方式存在巨大差别。

（二）交易集中，流动性高

由于金融市场存在信息不对称、交易标的特殊等特点，因此金融市场活动通常具有很强的专业性，金融产品的交易需在规范的框架流程下进行，由特定的市场机制保证金融契约的履行，否则容易产生资金和风险错配，造成市场扭曲和风险积聚。所以，为规范金融市场活动、加强风险防范、提高交易效率，金融市场交易活动呈现出标准化的特性，不同子市场的交易活动均由专业的组织机构实现，通常有固定的交易场所或交易平台，在固定的时间段内集中进行，由专业基础设施机构提供资产交割、托管、资金清算等服务。

流动性是金融资产变现的能力，譬如，债券持有人可以在债券到期前将债券转售给他人获得资金，股票持有人可以卖出股票获取资本利得，不必等到公司分红时获取收益。金融市场一般交易活跃度较高，流动性强。一方面，金融市场汇聚了大量参与者集中交易，这使得参与者更容易找到决策所需信息，便于匹配交易对手，降低搜寻成本。另一方面，由于金融资产具有跨期、跨状态互换契约的特点，因此需要一定的机制来保证契约的履行，金融市场规则或部分金融中介机构为参与者提供出售金融资产的机制，并且通过这种特定机制系统性、规模化地为金融契约的履行提供保证、降低交易成本，从而增加了金融资产处置的灵活性。

（三）风险具有内生性，溢出效应较强

金融市场具有风险管理的功能，但由于金融市场信息不对称、投资人

非完全理性等特点，市场运行本身也蕴含着内生的风险。首先，未来具有高度不确定性，金融决策的本质是不确定性下的跨期选择，决策者无法预先明确金融决策的成本和收益，金融交易的后果存在不确定性，表现为市场要素变动引发的利率风险、汇率风险等。其次，金融市场交易的各环节存在信息不对称，参与者难以完全识别交易对手的信用风险，也难以对代理人的操作进行有效监督，由此带来违约风险和代理问题，后者特别体现在金融中介机构内部的操作风险、道德风险导致的契约无效上。

由于金融市场汇聚了众多参与主体，各参与主体（特别是金融机构）的资产负债又通过同业业务相互关联，这使得金融市场成为相互联动的网络。金融机构作为社会金融活动的中介，又是社会信用网络的节点，因此金融活动并非完全独立，任何一个节点的断裂都可能引发连锁反应，导致其他节点的波动，并最终导致整个金融体系甚至经济体系的动荡。

三、金融市场功能

（一）资金融通功能

在金融市场交易的同时，货币资金从供给者转移至需求者，实现资金融通。在日常生活中，居民通过增加存款、买入股票、购买理财产品等行为在金融市场融出资金，企业或个人通过从银行获得贷款的方式、上市公司通过发行股票或债券的方式在金融市场融入资金。金融市场是对具有不同风险偏好和风险特征、持有不同资产的资金盈余方和资金短缺方进行撮合的场所，每一次交易的达成，都意味着完成了一次资金融通。资金融通是金融市场最基本的功能。

（二）价格发现功能

由于金融资产的本质是交易双方跨期、跨状态的经济利益互换，金融资产的定价反映了参与者在当前和未来之间的权衡，金融市场供求双方的时间偏好、风险偏好等特征决定了交易资产的价格。具体而言，当前定价较低资产的持有人对回报率要求更高，更不愿意牺牲当下的现金来换取未来的经济利益。反之，如果持有人愿意接受高定价的资产，就说明其更愿意牺牲当下利益换取未来收益，对回报率要求较低。因此，金融资产的价格反过来又为引导资源配置提供了信号作用，反映了不同市场参与者的偏好，潜在参与者通过观察金融市场中资产的价格，可以获取其他参与者的偏好信息，因此能迅速、高效地实现资源交换。

（三）风险管理功能

金融市场为参与者提供了多样化金融工具的交易机会，金融工具是预期收益与风险相结合的标准化契约，不同风险偏好的市场主体可以通过特定的多样化金融工具的交易，实现组合风险的精细划分。譬如：证券市场投资者通过分散化投资，可以降低投资组合的非系统性风险；特定衍生品的交易，可以对冲市场风险带来的不确定性；居民通过购买保险，可以防范未来极端情况下遭受的经济损失。

（四）宏观调控功能

金融市场是连接货币当局和实体经济的中间层，为金融管理部门的宏观调控提供了条件、渠道和载体。一方面，货币当局的数量或价格型货币政策直接作用于金融市场；另一方面，由于经济主体的投融资需求最终需要通过金融市场实现，因此金融市场交易价格与实体经济融资成本有重要关联，金融市场参与资金的总量和结构与实体经济的融资可得性有重要关联。因此，货币当局通过金融市场对实体经济进行间接调控，借助货币资金供应总量、结构和价格间接影响经济的发展规模和速度，影响经济结构和布局，为微观经济主体营造理想环境，引导微观主体的生产经营行为，从而促进社会经济效益的提高。

四、金融市场体系

从不同的角度看，金融市场有许多不同的表现形式，从而构建了一个庞大、丰富的市场体系。

（一）按照融资期限长短可分为货币市场和资本市场

货币市场指交易短期债务工具（原始期限通常为 1 年以下）的金融市场，资本市场是交易长期债务工具（原始期限通常为 1 年或 1 年以上）与股权工具的金融市场。市场主体进入这两类市场的目的是有差别的，货币市场工具的价格波动性更低，流动性更强，主要作为各类金融机构进行头寸调剂、存放临时性盈余资金赚取收益。股票、长期债券等属于资本市场证券，常被各类金融中介机构持有，主要目的是获取投资收益。

我国货币市场包括同业拆借、债券回购、同业存单、短期融资券等市场，是金融机构之间进行短期资金融通和流动性管理的市场。同业拆借市场是指由各类金融机构相互进行无担保短期资金借贷活动而形成的市场，是中国货币市场的重要组成部分。债券回购交易指交易的一方将持有的债券卖出，并在未来约定的日期以约定价格买回的交易行为，分为质押式回购和买断式回购两种方式。质押式回购市场是交易双方以债券为质押进行短期融资交易的市场，回购期间债券所有权不发生改变。买断式回购市场是金融机构之间开展短期融资、融券活动的场所，回购期间债券所有权转移至逆回购方。同业存单是指银行类金融机构发行的存款凭证。短期融资券是指金融机构或高信用等级的企业发行的 1 年以内的债券。

我国货币市场起步于 1996 年，是最早实现利率市场化的金融子市场。经过多年持续快速发展，目前已经成为各类金融机构流动性管理、资金价格形成和中央银行货币政策调控的重要场所。2020 年，我国同业拆借累计成交 147.1 万亿元、债券回购成交 959.8 万亿元，货币市场日均成交量约为 4.5 万亿元，成交量达到甚至超过发达国家水平。

（二）按照市场功能可分为投融资市场和保险市场

资金融通和风险管理是绝大多数市场参与者参与金融市场的目的。市场参与者参与投融资市场可以实现资金的融入融出、调节资产配置，参与保险市场则可通过购买保险产品来规避未来不确定性带来的经济损失。

1. 投融资市场。 根据融资方式的不同，投融资市场又可以进一步分为股票市场、债券市场和信贷市场。

股票市场是股票发行和流通的场所，包括股票发行和股票交易。股票发行又称股票一级市场，是股份有限公司通过发行股票向社会公众筹集资金的市场。股票交易又称二级市场，是已公开发行股票流通、转让、交易的场所，具有筹集资金、优化资源配置、分散风险的功能。作为国民经济动向的"晴雨表"，股票市场也为宏观经济政策的制定提供了参考信息。我国股票市场萌芽于 20 世纪 80 年代，经过 40 多年的发展，投资者群体不断丰富，股票市场走向多层次的规范发展阶段。2019 年以来，A 股市场陆续设立科创板并试点注册制，新三板降门槛，推出精选层、创业板注册制等改革，资本市场各板块功能进一步明确，更有力地服务于实体经济发展。截至 2020 年末，沪深两市上市公司共 4 154 家，总市值达 79.72 万亿元。2020 年沪深两市累计成交 206.8 万亿元，日均成交 8 511 亿元，总筹资 1.16 万亿元。

债券市场是债券发行和流通的统称，是金融市场的一个重要组成部分。债券是政府、金融机构、工商企业等向投资者发行并承诺按约定利率和期限还本付息的债务凭证。债券有多种分类：按照发行主体分，有国债、金融债、企业债等；按照付息方式分，有贴现债券、附息债券、固定利率债券、浮动利率债券；按照到期期限分，有短期债券、中期债券、长期债券和永久债券。我国债券市场始于 1981 年，现已形成场外市场为主、场外市场与场内市场并存的市场格局，与国际市场模式基本一致，为加强和改进宏观调控、拓宽融资渠道、优化融资结构、推动金融机构改革、推动利率汇率形成机制改革、服务城镇化建设需要等提供了支持。近年来，债券交易量、发行量持续增加。2020 年，国内各类债券累计发行额为 56.9 万亿元，截至 2020 年末，各类债券余额 116.7 万亿元。交易方面，银行间债券市场现券交易量为 232.8 万亿元，交易所债券现券交易量为 20.2 万亿元。

信贷市场的基础功能是调剂暂时性或长期的资金余缺，将资金从盈余者手中调剂配置到资金短缺者手中，支持资金短缺者的生产经营等活动，从而促进国民经济发展。信贷市场调剂资金余缺的最主要方式是贷款，信贷市场的参与者主要包括信贷资金的供给者、信贷资金的需求者、中央银行和金融监管部门，其中信贷资金的供给者有银行、非银行金融机构、企业和个人等，信贷资金的需求者有企业、个人、银行等。目前，我国信贷市场已基本形成由大、中、小型金融机构组成的多层次信贷供给主体，也形成了由大、中、小、微型企业，个体工商户和个人组成的信贷需求主体。近年来，央行和金融监管机构持续推动金融供给侧结构性改革，引导金融机构加大对先进制造、科技创新、乡村振兴、绿色环保等重点领域以及民营企业、小微企业、扶贫、创业就业等薄弱环节的信贷支持，积极优化金融服务。近年来，我国贷款增长较快，信贷结构进一步优化，信贷支持实体经济力度增强。2020年末，金融机构本外币贷款余额为178.4万亿元，同比增长12.5%，人民币贷款余额为172.7万亿元，同比增长12.8%。

2. **保险市场**。保险市场是保险买卖双方签订保险合同的场所，可以是集中的有形市场，也可以是分散的无形市场。保险市场一般由保险主体、保险商品和保险价格三个要素组成。保险主体由保险人、投保人和保险中介构成。保险商品是保险人向被保险人提供的在保险事故发生时予以经济保障的承诺。保险价格是被保险人为取得保险保障而由投保人向保险人支付的价金。保险市场通过保险产品合理分散风险、提供经济补偿的方式，为维护社会稳定发挥了积极作用。

我国保险市场按保险业务承保方式分为原保险市场和再保险市场，按保险业务性质分为人身保险市场和财产保险市场。保险市场的经营主体包括保险人和保险中介两类。保险人是保险合同的供给方，即保险公司。保险中介是为促成保险交易提供中介服务活动并从中依法获取佣金或手续费的组织或个人，包括保险代理人、保险经纪人和保险公估人等。

从1980年国内保险业务恢复至今，我国已基本建立现代保险企业制度，形成了综合性、专业性、区域性和集团化发展齐头并进，原保险、再保险、保险中介、保险资产管理协调发展的现代市场体系，构建了以偿付能力监管、公司治理监管和市场行为监管为支柱的保险业现代监管框架。目前，我国已经成为全球第四大保险市场和最重要的新兴保险市场。2020年，我国保险业累计实现保费收入4.5万亿元，同比增长6.1%。2020年末，保险业总资产23.3万亿元，同比增长13.3%。

（三）按发行融资和投资交易可分为一级市场和二级市场

一级市场是筹集资金的公司或机构将其新发行的证券销售给最初投资者的金融市场，其交易通常并不面向公众公开进行，而是由投资银行协助进行证券承销，确保公司发行的证券能够按照某一价格销售出去。

二级市场是投资者相互交易已发行证券的市场，具有两个重要功能。第一，二级市场增强了金融工具的流动性，投资者通过二级市场交易能够更容易、更快捷地出手金融工具，实现资金的筹集。第二，证券在二级市场的成交价格会引导一级市场销售的价格，从而间接影响发行方的融资金额。由于二级市场汇聚了大量投资者，因此证券在二级市场的价格反映了公众对发行公司前景的预期，投资者在一级市场购买证券的价格不会高于他们对二级市场该证券价格的预期。二级市场证券价格越高，发行企业在一级市场销售证券的价格越高，其发行证券能筹到的资金规模越大。

二级市场的重要参与者除了买卖双方，还包括证券经纪人和交易商。经纪人是投资者的代理人，负责匹配证券的买卖双方。交易商按照报价买卖证券，连接二级市场交易双方。二级市场又分为场内交易和场外交易两种组织形态。场内交易即交易所组织的集中交易，具有固定的交易场所和交易活动时间，证券买卖双方在集中的场所（交易所）进行二级市场交易。场外交易又称柜台交易，没有固定的交易场所或交易方式，通常利用电话或其他通信方式达成交易。

（四）按金融资产类别可分为原生金融市场和衍生品市场

根据交易对象是否依赖于其他金融工具，金融市场可分为原生金融市场（有时也被称为现货市场）和衍生品市场。前者是交易原生金融工具的市场，包括股票、债券、基金、货币等市场，后者是交易金融衍生品的市场，如期权、期货、远期、互换等市场。

金融衍生品是一种价值取决于一种或多种其他金融资产的金融合约，是从原生资产派生出来的金融工具。衍生品合约的本质是规定对基础原生资产在不同未来状态下进行处置的权利和义务。与原生金融工具不同，衍生品交易的宗旨并不在于转移金融资产所有权，而在于转移与该金融资产相关的价值变化的风险，达到套期保值、投机、套利等目的。

典型的衍生品包括远期、期货、期权和互换等，还可以包括具有远期、期货、期权、互换一种或多种特征的混合金融工具。远期合约为交易双方约定在未来某一确定时间，以确定价格买卖一定数量的某种金融资产的合约，标准化的远期合约被称为期货。期权是一种表征权利的合约，赋予持有人在某一特定日期或该日期之前任何时间以固定价格购进或售出一种资产的权利。

近年来，我国衍生品市场快速发展，初步形成期货与场外衍生品市场相互补充、分层有序的市场格局。期货市场发展较为成熟，规模相对较大。场外衍生品市场起步较晚，但是规模增长较快，未来仍有很大发展空间。2020年，我国衍生品市场累计成交金额为581.41万亿元，其中场内衍生品市场437.53万亿元，银行间场外衍生品市场143.88万亿元。

（五）按融资方式可分为直接融资市场和间接融资市场

直接融资市场是资金供需双方直接进行资金融通的市场，股票市场、债券市场都属于直接融资市场。间接融资市场是供需双方以银行等信用中介为媒介间接进行资金融通的市场，信贷市场是典型的间接融资市场。二者的差别在于中介机构的地位和性质，间接融资市场的中介机构为信用中介，直接融资市场的中介机构主要是信息中介和服务中介。

我国金融体系以银行主导的间接融资为主。截至2020年末，我国社会融资规模存量为284.83万亿元，其中银行贷款余额为173.7万亿元，占比为60.98%。

第二节　金融机构与牌照管理

从现实社会看，各类金融活动都是由不同金融机构组织在各金融机构之间运行的，为提高金融市场效率、防范市场风险，各市场监管机构普遍对金融机构进行牌照管理、实行金融行业的特许经营。经过多年发展，我国金融行业已经形成了一个比较完整的金融市场体系（详见《中国金融市场体系图》）。

一、金融机构

按照金融机构所从事的具体金融业务的性质，可以将金融机构分为银行业金融机构、保险业金融机构、证券业金融机构、重要基础设施以及金融控股机构等几大类。

（一）银行业金融机构[1]

截至 2020 年末，我国共有 4 604 家银行业金融机构，包括开发性金融机构 1 家、政策性银行 2 家、大型商业银行 6 家、股份制商业银行 12 家、民

---

[1] 根据中国银保监会发布的《银行业金融机构法人名单（截至 2020 年 12 月 31 日）》，银行业金融机构包括银行类金融机构和由原中国银监会颁发牌照、目前由中国银保监会监管的非银行金融机构两大类。

营银行 19 家、住房储蓄银行 1 家、外资法人银行 41 家、城市商业银行 133 家、农村商业银行 1 539 家、村镇银行 1 637 家、农村信用社 641 家、贷款公司 13 家、农村资金互助社 41 家、农村合作银行 27 家、信托公司 68 家、金融资产管理公司 5 家、金融租赁公司 71 家、银行理财子公司 20 家、金融资产投资公司 5 家、汽车金融公司 25 家、消费金融公司 27 家、企业集团财务公司 256 家、货币经纪公司 5 家以及其他金融机构 9 家。①

1. 商业银行。商业银行是按照《商业银行法》和《公司法》设立的，经营吸收公众存款、发放贷款、办理结算业务的企业法人。按资产规模来看，商业银行是我国银行业金融机构的主体。

商业银行经营的业务范围包括：吸收公众存款，发放短期、中期和长期贷款，办理国内外结算，办理票据承兑与贴现，发行金融债券，代理发行、代理兑付、承销政府债券，买卖政府债券、金融债券，从事同业拆借，买卖、代理买卖外汇，从事银行卡业务，提供信用证服务及担保，代理收付款项及代理保险业务，提供保管箱服务以及经中国银行保险监督管理委员会（以下简称中国银保监会、银保监会）批准的其他业务。商业银行经中国人民银行批准，可以经营结汇、售汇业务。

我国商业银行整体呈"金字塔"结构，按规模、经营范围和股东性质来看，主要可分为以下类别。（1）大型商业银行。由国家出资设立，业务范围、经营地域不受限制，可在全国范围经营全部商业银行业务。（2）股份制商业银行。以股份制形式发起设立，其业务范围、经营地域也不受限制，可在全国范围内经营全部商业银行业务。（3）城市商业银行。其业务范围不受限制，可经营全部商业银行业务，但经营地域受限制，一般不得跨省经营。（4）民营银行。由民营企业股东发起设立，入股的民营企业应满足具备良好公司治理结构和有效组织管理形式，具有较强经营管理能力和资金实力等条件。（5）农村商业银行。其业务范围不受限制，但经营区域受限制，一般不得跨省经营。（6）村镇银行。其业务范围受到限制，一般不能发行金融债券，

---

① 数据来源：中国银保监会发布的《银行业金融机构法人名单（截至 2020 年 12 月 31 日）》。

不能买卖政府债券、金融债券，不能从事同业拆借，不得买卖、代理买卖外汇，不能提供信用证服务及担保。经营地域受限，不得跨县（区）经营。

2. 开发性、政策性金融机构。开发性、政策性金融机构依托国家信用、围绕国家战略，重点服务经济社会发展的重点领域和薄弱环节。与商业银行相比，开发性、政策性金融机构不吸收公众存款，且信贷投放具有较强的政策性。

目前，我国有一家开发性金融机构（国家开发银行）和两家政策性银行（中国进出口银行、中国农业发展银行）。其中，国家开发银行落实开发性金融定位，根据依法确定的服务领域和经营范围开展业务，以开发性金融业务为主，辅以商业性业务。中国进出口银行主要为国民经济对外合作发展领域提供政策性金融支持，重点支持对外经贸发展、对外开放、国际合作、"走出去"等领域。中国农业发展银行主要服务于国家粮食安全、脱贫攻坚、实施乡村振兴战略、促进农业农村现代化、改善农村基础设施建设等领域，在农村金融体系中发挥主体和骨干作用。除了业务定位和分工差异，三家银行在公司治理、内部控制、风险管理、激励约束等方面还必须遵循银行经营的一般规律和监管要求。

3. 信托公司。信托公司是指按照《公司法》《银行业监督管理法》《信托公司管理办法》设立的，主要经营信托业务的金融机构。

信托公司可以申请经营下列部分或者全部本外币业务：资金信托，动产信托，不动产信托，有价证券信托，其他财产或财产权信托，作为投资基金或者基金管理公司的发起人从事投资基金业务，经营企业资产的重组、并购及项目融资、公司理财、财务顾问等业务，受托经营国务院有关部门批准的证券承销业务，办理居间、咨询、资信调查等业务，代保管及保管箱业务以及法律法规规定或银保监会批准的其他业务。

信托公司可以根据市场需要，按照信托目的、信托财产的种类或者对信托财产管理方式的不同设置信托业务品种。信托公司在管理运用或处分信托财产时，可以依照信托文件的约定，采取投资、出售、存放同业、买入返售、租赁、贷款等方式进行。信托公司不得以卖出回购方式管理运用信托财产。信托公司固有业务项下可以开展存放同业、拆放同业、贷款、租赁、投资等业务。投资业务限定为金融类公司股权投资、金融产品投资和自用固定资产投资。除非银保监会另有规定，信托公司不得以固有财产进行实业投资，或者开展除同业拆入业务以外的其他负债业务。信托公司可以在不超过自身净资产 50% 的范围内开展对外担保业务。信托公司可以在国家外汇管理有关规定范围内经营外汇信托业务，并接受外汇主管部门的检查、监督。

4. 金融资产管理公司。金融资产管理公司是指经国务院决定设立，收购国有银行不良贷款，管理和处置因收购国有银行不良贷款形成的资产的国有独资非银行金融机构。

金融资产管理公司在其收购的国有银行不良贷款范围内管理和处置因收购国有银行不良贷款形成的资产时，可以从事以下业务活动：追偿债务；对所收购的不良贷款形成的资产进行租赁或者以其他形式转让、重组；债权转股权，对企业阶段性持股；资产管理范围内公司的上市推荐及债券、股票承销；发行金融债券，向金融机构借款；财务及法律咨询，资产及项目评估；中国人民银行、中国证券监督管理委员会（以下简称中国证监会、证监会）批准的其他业务活动。目前共有 5 家金融资产管理公司：中国华融资产管理公司、中国长城资产管理公司、中国信达资产管理公司、中国东方资产管理公司和中国银河资产管理有限公司。

5. 金融租赁公司。金融租赁公司是指经中国银保监会批准，以经营融资租赁业务为主的非银行金融机构。融资租赁是指出租人根据承租人对租赁物和供货人的选择或认可，将其从供货人处取得的租赁物按合同约定出租给承租人占有、使用，向承租人收取租金的交易活动。

金融租赁公司可以经营下列部分或全部本外币业务：融资租赁业务，转让和受让融资租赁资产，固定收益类证券投资业务，接受承租人的租赁保证金，吸收非银行股东 3 个月（含）以上定期存款，同业拆借，向金融机构借款，境外借款，租赁物变卖及处理业务，经济咨询，等等。

经银保监会批准，经营状况良好、符合条件的金融租赁公司还可以开办下列部分或全部本外币业务：发行债券，在境内保税地区设立项目公司开展融资租赁业务，资产证券化，为控股子公司、项目公司对外融资提供担保，银保监会批准的其他业务。金融租赁公司业务经营中涉及外汇管理事项的，需遵守国家外汇管理有关规定。

6. 商业银行理财子公司。 商业银行理财子公司是指商业银行经银保监会批准设立的主要从事理财业务的非银行金融机构。

商业银行理财子公司可以申请经营下列部分或全部业务：面向不特定社会公众公开发行理财产品，对受托的投资者财产进行投资和管理；面向合格投资者非公开发行理财产品，对受托的投资者财产进行投资和管理；理财顾问和咨询服务；经国务院银行业监督管理机构批准的其他业务。

7. 金融资产投资公司。 金融资产投资公司是指经银保监会批准设立的主要从事银行债权转股权及配套支持业务的非银行金融机构。

金融资产投资公司可以经营下列部分或全部业务：（1）以债转股为目的收购银行对企业的债权，将债权转为股权并对股权进行管理；（2）对未能转股的债权进行重组、转让和处置；（3）以债转股为目的投资企业股权，由企业将股权投资资金全部用于偿还现有债权；（4）依法依规面向合格投资者募集资金，发行私募资产管理产品支持实施债转股；（5）发行金融债券；（6）通过债券回购、同业拆借、同业借款等方式融入资金；（7）对自营资金和募集资金进行必要的投资管理，自营资金可以开展存放同业、拆放同业、购买国债或其他固定收益类证券等业务，募集资金使用应当符合资金募集约定用途；（8）与债转股业务相关的财务顾问和咨询业务；（9）经银保监会批准的其他业务。金融资产投资公司应当以前 4 项业务为主业，全年主营业务占比或主营业务收入占比原则上不应低于总业务或总收入的 50%。

8. 汽车金融公司。 汽车金融公司是指经银保监会批准设立的，为境内的汽车购买者及销售者提供金融服务的非银行金融机构。

经银保监会批准，汽车金融公司可从事下列部分或全部人民币业务：接受境外股东及其所在集团在华全资子公司和境内股东 3 个月（含）以上定期存款，接受汽车经销商采购车辆贷款保证金和承租人汽车租赁保证金，经批准发行金融债券，从事同业拆借，向金融机构借款，提供购车贷款业务，提供汽车经销商采购车辆贷款和营运设备贷款，提供汽车融资租赁业务（售后回租业务除外），向金融机构出售或回购汽车贷款应收款和汽车融资租赁应收款业务，办理租赁汽车残值变卖及处理业务，从事与购车融资活动相关的咨询、代理业务，经批准从事与汽车金融业务相关的金融机构股权投资业务，以及经银保监会批准的其他业务。

9. **消费金融公司。**消费金融公司是指经银保监会批准，不吸收公众存款，以小额、分散为原则，为境内居民个人提供以消费为目的的贷款的非银行金融机构。

经银保监会批准，消费金融公司可以经营下列部分或全部人民币业务：发放个人消费贷款，接受股东境内子公司及境内股东的存款，向境内金融机构借款，经批准发行金融债券，境内同业拆借，与消费金融相关的咨询、代理业务，代理销售与消费贷款相关的保险产品，固定收益类证券投资业务以及经银保监会批准的其他业务。

10. **企业集团财务公司。**企业集团财务公司是指经银保监会批准、以加强企业集团资金集中管理和提高企业集团资金使用效率为目的，为企业集团成员单位（以下简称成员单位）提供财务管理服务的非银行金融机构。其中，企业集团是指在境内依法登记，以资本为联结纽带、以母子公司为主体、以集团章程为共同行为规范，由母公司、子公司、参股公司及其他成员企业或机构共同组成的企业法人联合体。

企业集团财务公司可以经营下列部分或全部业务：对成员单位办理财务和融资顾问、信用鉴证及相关咨询、代理业务，协助成员单位实现交易款项的收付，经批准的保险代理业务，对成员单位提供担保，办理成员单位之间的委托贷款及委托投资，对成员单位办理票据承兑与贴现，办理成员单位之间的内部转账结算及相应的结算、清算方案设计，吸收成员单位的存款，对成员单位办理贷款及融资租赁，从事同业拆借，以及经银保监会批准的其他业务。

符合条件的财务公司还可以向银保监会申请从事下列业务：经批准发行财务公司债券，承销成员单位的企业债券，对金融机构的股权投资，有价证券投资，以及成员单位产品的消费信贷、买方信贷及融资租赁。

11. **货币经纪公司。**货币经纪公司，是指经银保监会批准在境内设立的，通过电子技术或其他手段，专门从事促进金融机构间资金融通和外汇交易等经纪服务，并从中收取佣金的非银行金融机构。

货币经纪公司及其分公司按照银保监会批准经营的业务范围，可以经营下列全部或部分经纪业务：境内外外汇市场交易，境内外货币市场交易，境内外债券市场交易，境内外衍生产品交易，以及经银保监会批准的其他业务。货币经纪公司及其分公司仅限于向境内外金融机构提供经纪服务，不得从事任何金融产品的自营业务。如从事证券交易所相关经纪服务，需报证监会审批。

（二）保险业金融机构

截至 2020 年末，我国共有财产保险公司 87 家、人身保险公司 91 家、再保险公司 14 家、保险资产管理公司 28 家、相互保险组织 7 家、保险专业代理公司 1 753 家、保险经纪公司 496 家、保险公估公司 386 家。[①]

1. 财产保险公司。 财产保险公司是指经银保监会批准经营财产保险业务的保险公司。财产保险公司基础类业务包括：机动车保险（包括机动车交通事故责任强制保险和机动车商业保险）、企业 / 家庭财产保险及工程保险（特殊风险保险除外）、责任保险、船舶 / 货运保险、短期健康 / 意外伤害保险。扩展类业务包括：农业保险、特殊风险保险（包括航空航天保险、海洋开发保险、石油天然气保险、核保险）、信用保证保险、投资型保险。此外，经银保监会核定可以经营短期健康险和意外伤害险业务。

2. 人身保险公司。 人身保险公司是指经银保监会批准经营人身保险业务的保险公司。人身保险公司基础类业务包括：普通型保险（包括人寿保险和年金保险）、健康保险、意外伤害保险、分红型保险、万能型保险。扩展类业务包括投资连结保险和变额年金。

3. 再保险公司。 再保险公司是指经银保监会批准专门经营再保险业务的保险公司。再保险业务分为寿险再保险和非寿险再保险，保险人应当按照《保险法》规定，确定当年总自留保险费和每一危险单位自留责任，超过的部分应当办理再保险。

4. 保险资产管理公司。 保险资产管理公司是指经银保监会会同有关部门批准受托管理保险资金的金融机构，其经营范围包括：受托管理运用其股东

---

① 数据来源：中国银保监会发布的《保险机构法人名单（截至 2020 年 12 月 31 日）》《保险专业中介机构法人名单（截至 2020 年 12 月 31 日）》。

的人民币、外币保险资金，受托管理运用其股东控制的保险公司的资金，管理运用自有人民币、外币资金，银保监会批准的其他业务，以及国务院其他部门批准的业务。

5. 相互保险组织。 相互保险组织是指经银保监会批准，在平等自愿、民主管理的基础上，由全体会员持有并以互助合作方式为会员提供保险服务的组织，包括一般相互保险组织，专业性、区域性相互保险组织等组织形式。

6. 保险专业代理公司。 保险专业代理公司的设立必须经银保监会批准，其经营范围包括：代理销售保险产品，代理收取保费，代理相关保险业务的损失勘查和理赔，以及银保监会批准的其他业务。

7. 保险经纪公司。 保险经纪公司是指经银保监会批准，基于投保人的利益，为投保人与保险公司订立保险合同提供中介服务的机构。其经营范围包括：为投保人拟订投保方案、选择保险公司以及办理投保手续，协助被保险人或受益人进行索赔，再保险经纪业务，为委托人提供防灾、防损或者风险评估、风险管理咨询服务，以及银保监会批准的其他业务。

8. 保险公估公司。 保险公估公司是指经银保监会批准，接受委托，专门从事保险标的或者保险事故评估、勘验、鉴定、估损理算等业务的机构。其经营范围包括：保险标的的承保前和承保后的检验、估价及风险评估，保险标的的出险后的查勘、检验、估损理算及出险保险标的的残值处理，风险管理咨询，以及银保监会批准的其他业务。

（三）证券业金融机构

截至 2020 年末，我国证券业金融机构主要包括证券公司 138 家、公募基金管理公司 132 家、已登记私募基金管理人 24 561 家、期货公司 149 家和各类基金销售机构 424 家（其中独立基金销售机构 124 家）。[①] 2020 年末，全国证券公司总资产 8.90 万亿元，净资产 2.31 万亿元，全年累计净利润 1 575.34

---

① 各类基金销售机构包括：商业银行 155 家、独立基金销售机构 124 家、证券公司 100 家、期货公司 26 家、证券投资咨询机构 9 家、保险公司 4 家、保险经纪与代理公司 6 家。

亿元。公募基金产品数量 7 913 只，基金份额合计 13.07 万亿元，基金净值合计 19.89 万亿元。期货公司总资产（含客户资产）9 848.25 亿元，净资产 1 350.01 亿元，客户保证金 8 247.24 亿元，全年累计净利润 86.03 亿元。[①]

1. 证券公司。证券公司是指依照《中华人民共和国公司法》（简称《公司法》）和《中华人民共和国证券法》（简称《证券法》）的规定设立并经证监会审查批准而成立的专门经营证券业务，具有独立法人地位的有限责任公司或股份有限公司。

经证监会批准，证券公司可以经营下列部分或全部业务：证券经纪，证券投资咨询，与证券交易、证券投资活动有关的财务顾问，证券承销与保荐，证券自营，证券资产管理，以及其他证券业务。

2. 基金管理公司。证券投资基金管理公司（以下简称基金管理公司、基金公司）是经证监会批准、从事证券投资基金管理业务的企业法人。其业务范围包括基金管理、基金销售、资产管理等。根据募集资金对象的不同，基金公司主要可分为公募基金管理公司和私募基金管理公司。公募基金的募集对象是广大社会公众，即社会不特定的投资者。私募基金募集的对象是少数特定的投资者，包括机构和个人。

3. 期货公司。期货公司是依照《公司法》和《期货交易管理条例》规定设立的经营期货业务的金融机构。期货公司业务实行许可制度，由证监会按照其商品期货、金融期货业务种类颁发许可证。期货公司除了申请经营境内期货经纪业务，还可以申请经营境外期货经纪、期货投资咨询以及证监会规定的其他期货业务。

4. 基金销售公司。基金销售公司是指在国务院证券监督管理机构依法注册并取得基金销售业务资格的机构，由中国证监会派出机构颁发基金销售业务资格牌照。基金销售业务具体包括：为投资者开立基金交易账户，宣传推介基金，办理基金份额发售、申购、赎回以及提供基金账户类及交易类信息查询等活动。

---

① 数据来源：中国证监会发布的《证券公司名录》《公募基金管理机构名录》《期货公司名录》《公开募集基金销售机构名录》；中国证券业协会、证券投资基金业协会、期货业协会，行业数据库。

（四）市场基础设施与服务机构

1. 交易所。 根据交易标的种类，交易所大致可分为证券交易所、期货交易所、产权交易所、金融资产交易所及其他交易所等。

证券交易所是指依据《证券交易所管理办法》设立的，不以营利为目的，为证券的集中和有组织的交易提供场所、设施，履行国家有关法律、法规、规章、政策制定的职责，实施自律性管理的法人。目前国内主要有上海证券交易所（简称"上交所"）、深圳证券交易所（简称"深交所"）和全国中小企业股份转让系统有限公司（简称"新三板"）三家证券交易所，由证监会进行管理。

期货交易所是指依照《期货交易管理条例》和《期货交易所管理办法》规定设立，不以营利为目的，履行《期货交易管理条例》和《期货交易所管理办法》规定的职责，按照章程和交易规则实行自律管理的法人。目前国内主要有郑州商品交易所、上海期货交易所、大连商品交易所、中国金融期货交易所等，由证监会进行管理。

产权交易所是固定地、有组织地进行产权转让的场所，通常由地方政府批准设立并进行管理，例如北京产权交易所、上海联合产权交易所等，其业务不仅包括股权交易，还包括国有产权交易、知识产权交易等。

金融资产交易所是从事信贷资产、信托资产登记、转让以及组合金融工具应用、综合金融业务创新的金融资产交易市场，通常由地方政府批准设立并进行管理，目前全国有 60 余个金融资产交易所，例如北京金融资产交易所、重庆金融资产交易所等。

其他交易所包括区域股权市场（俗称"四板市场"，全国共 35 个，例如江苏股权交易中心、厦门两岸股权交易中心等）、上海国际能源交易中心、上海黄金交易所、上海票据交易所等。

2. 证券登记结算机构。 证券登记结算机构是指为证券的发行和交易活动办理证券登记、存管、结算业务的中介服务机构。我国主要有三个证券登记结算机构：中国证券登记结算有限责任公司（以下简称中国结算或中证登）、中央国债登记结算有限责任公司（以下简称中债登）、银行间市场上海清算所股份有限公司（以下简称上海清算所）。中国结算主要提供权益类证券登记托管等服务，中债登和上海清算所主要提供债券类证券登记托管服务。

3. **证券服务机构**。证券服务机构是指依法设立的从事证券服务业务的法人机构，包括资信评级公司、会计师事务所、律师事务所、资产评估公司、信息技术系统服务公司、财务顾问公司等。前述 6 类证券服务机构从事证券服务业需向证监会和国务院有关主管部门备案，由证监会进行管理。

（五）金融控股公司

金融控股公司，是指依照《公司法》和国务院印发的《关于实施金融控股公司准入管理的决定》，经中国人民银行批准设立的、控股或者实际控制两个或两个以上不同类型金融机构，自身仅开展股权投资管理、不直接从事商业性经营活动的有限责任公司或股份有限公司。金融机构的类型包括：（1）商业银行（不含村镇银行，下同）、金融租赁公司；（2）信托公司；（3）金融资产管理公司；（4）证券公司、公募基金管理公司、期货公司；（5）人身保险公司、财产保险公司、再保险公司、保险资产管理公司；（6）国务院金融管理部门认定的其他机构。

具有下列情形之一，应当申请设立金融控股公司：（1）控股或者实际控制的金融机构中含商业银行的，金融机构总资产不少于人民币 5 000 亿元，或者金融机构总资产少于人民币 5 000 亿元但商业银行以外其他类型的金融机构总资产不少于人民币 1 000 亿元或者受托管理的总资产不少于人民币 5 000 亿元；（2）控股或者实际控制的金融机构中不含商业银行的，金融机构的总资产不少于人民币 1 000 亿元或者受托管理的总资产不少于人民币 5 000 亿元；（3）控股或者实际控制的金融机构总资产或者受托管理的总资产未达到上述第一项、第二项规定的标准，但中国人民银行按照宏观审慎监管要求认为需要设立金融控股公司。

二、牌照管理

长期以来，为维护金融业安全稳健运行，保护存款人和投资者合法权益，针对金融业内生脆弱性和负外部性强的特点，各经济体普遍按照金融与实业相对分离的基本原则，将金融业作为特许经营行业，实施严格的牌照管理。例如，美国1863年公布的《国民银行法》规定联邦政府或各州政府根据相关法律授予银行牌照，结束了准入十分宽松的"自由银行"时期。20世纪80年代大批银行破产倒闭后，美国建立了一套较为完整和科学的银行市场准入制度。20世纪30年代的联邦法案奠定了美国证券行业的制度基础，1964年和1975年两次证券法修订扩大了对美国证券交易委员会的监管授权，并对注册经纪商提出经营能力等方面的要求，美国证券公司牌照管理框架初步形成，并在随后的混业发展中逐步调整和完善。中国香港特别行政区实行存款机构三级制，按照存款金额、年期及业务性质，将银行划分为持牌银行、有限制牌照银行及接受存款公司。

我国现有金融业态主要从传统金融机构各项业务衍生而来，逐渐发展壮大，形成各项新兴金融业务，其中大部分已被纳入监管范围，采用牌照制或备案制监管，但部分领域还存在监管空白。在2017年之前的几年中，野蛮生长的网络借贷行业从事各类小额贷款、担保等金融业务，它们大多没有正规金融牌照，一度处于无人监管状态。部分境外机构或我国境内的市场主体利用"国外宽准入，国内宽监管"的特点，迂回海外拿到金融牌照，再通过数字平台给境内提供金融服务，进行监管套利，扰乱国内金融秩序。

总的来看，金融机构服务对象广泛、交易对手众多，一旦出现问题，就很可能发生风险传染，波及整个金融系统，影响金融稳定，危害公众利益。因此，从事金融业务必须事先获得金融监管机构的批准并接受其持续监管，不允许无照无证或超范围经营。

（一）银行业金融机构的牌照管理

银保监会对商业银行，开发性、政策性金融机构，信托公司，金融资产管理公司，金融租赁公司，银行理财子公司，金融资产投资公司，汽车金融公司，消费金融公司，企业集团财务公司，货币经纪公司等银行业金融机构实施牌照管理。对银行业金融机构而言，进行牌照管理的原因主要有以下三个方面。

1. **提供关键金融服务**。银行作为社会经济活动的信用中介，通过吸收存款、发放贷款、支付清算等业务实现信用派生、期限转换和流动性转换功能，承担传导货币政策、执行产业政策的重要职能，渗透社会的方方面面，提供众多关键金融服务。尤其是在我国间接融资体系占据主导地位的情况下，银行业的作用更是难以替代。因此，必须对其实行牌照管理和特许经营，并予以严格监管。

2. **防范银行业金融风险**。银行业为实体经济发展提供不可替代的关键金融服务，外部性极强，容易引发系统性风险。国际金融危机的教训表明，经济危机和银行危机相伴相生，二者一荣俱荣，一损俱损。由于系统性风险一般最终由政府承担，因此政府也必然要求其获得事前的监管权，即在准入、许可、业务范围上严格进行约束，综合运用行业准入许可、宏观审慎管理和事后救助措施，把握防范系统性风险和道德风险之间的平衡。

3. **保护存款人利益**。银行业务的核心原理是"期限转换"，即将期限短的存款负债转化为期限长的信贷资产，这导致银行存款负债具有天生的脆弱性，一旦爆发流动性危机，就会损害银行和存款人利益。为此，需要对银行业机构进行牌照管理，并建立覆盖全部境内持牌银行机构的存款保险制度，增强公众对银行体系的信心，保障存款人利益，更好地促进银行业审慎经营，稳健发展。

（二）保险业金融机构的牌照管理

银保监会对财产保险公司、人身保险公司、再保险公司、保险资产管理公司、相互保险组织、保险专业代理公司、保险经纪公司、保险公估公司等保险业金融机构实施牌照管理。对保险公司和保险中介机构（简称保险机构）而言，进行牌照管理的原因主要有以下两点。

1. **降低保险市场风险**。由于保险公司业务经营和核算技术的特殊性，非专业人士很难看懂其会计报表、财务报告、精算报告等，保险公司在发生经营亏损时，可以在较长时间内不表现为对外支付困难，换言之，保险公司的经营风险具有长期性和隐蔽性。对保险公司实施严格的市场准入，只允许有实力、经营规范的主体进入保险市场，这样做有利于降低保险市场风险，促进其长远健康发展。

2. **保护投保人利益**。一是降低保险机构对投保人的优势。保险机构专门经营保险业务，保险条款及保险费率一般由其单方面制定，保险机构有可能在产品研发、销售、理赔等过程中侵害投保人利益。而投保人一般并未学习保险专业知识，难以识别保险机构在经营活动中的欺骗、误导行为。为此，需加强对保险机构的持牌管理等监管措施，确保投保人被公平对待。二是保障保险公司的支付能力。在保险业务中，投保人先履行支付保险费的义务，保险事故发生后才向保险公司请求支付赔款或保险金。保险公司如果实力不足或因经营不善而破产，就可能使众多投保人的利益受到损害。对保险公司实施牌照管理，有利于保险公司保持较强的财务实力，履行保险合同的支付义务。

（三）证券业金融机构的牌照管理

证监会对证券公司、基金公司、期货公司等证券业金融机构实施牌照管理。对证券业金融机构而言，进行牌照管理的原因主要有以下三方面。

1. **防范证券业金融风险**。证券业由于其业务的创新性和风险的交叉传染性，容易导致较大的系统性风险。2008 年美国次级债券引发的国际金融危机、2015 年我国高杠杆配资导致的股市异常波动，都是近年来资本市场事件引发系统性金融风险的惨痛教训。证券业风险具有隐蔽性、传染性、突发性和较强的负外部性特征，正是由于证券业稳健经营事关重大，因此必须坚持特许经营，依法有序进行证券业牌照管理，绝不能无证经营或超范围经营。

2. **保护投资人利益**。由于证券市场具有巨大的财富效应，利用信息不对称牟取利益等非法事件在证券业发展史上层出不穷，严重扰乱了市场秩序和公平。我国证券市场的主要特点是散户众多，监管资源有限。以牌照为抓手压严压实证券业中介机构责任，让其在各个证券业务条线严格遵守监管要求，结合完善证券市场信息披露制度，提升监管效率，有利于保护投资人合法权益，促进证券市场健康发展。

3. 证券业务的特殊性。除了设立机构需要监管部门颁发牌照，证券业机构开展各类业务也需要取得相应牌照。证券行业各业务条线具体经营业务差异较大，以证券公司为例，其所需取得的业务牌照包括：证券承销与保荐牌照、证券经纪牌照、证券自营与交易牌照、资产管理牌照等。每项业务具体的运营方式和风险特征均不相同，因此，监管部门依据不同业务条线设置了不同的准入要求，例如资本要求、专业人才、合规要求等。针对不同业务颁发不同牌照有助于监管部门从源头上管控证券业务发展，控制风险。

（四）金融控股公司的准入管理

2020 年 9 月，国务院印发《关于实施金融控股公司准入管理的决定》，授权中国人民银行对金融控股公司开展市场准入管理并组织实施监管。中国人民银行同步发布《金融控股公司监督管理试行办法》，进一步细化相关监管要求。对金融控股公司实施市场准入管理的主要原因有以下两个方面。

1. 防范化解系统性风险。金融控股公司通常规模大、业务多元化、关联度较高、风险外溢性强，在一国或地区经济金融体系中占据重要地位，关系到国家金融安全和社会公共利益，需要实施市场准入予以规范。2008 年国际金融危机后，主要国家和地区更加强调整体监管，以防范化解系统性风险为核心，降低风险的复杂性、传染性和集中性，提高对金融控股公司的审慎监管标准，防范风险跨机构、跨行业、跨市场传染。

2. 规范金融控股公司健康发展。近年来，我国金融控股公司快速发展，有利于满足各类市场主体对多元化金融服务的需求，提升金融服务实体经济的能力。但在实践中，少部分企业盲目向金融业扩张，风险和问题不断累积。一是缺乏金融专业知识和合规意识，风险隔离机制不健全，金融业风险和实业风险交叉传染。二是少部分企业利用复杂的股权安排等手段，隐匿股权架构，组织架构复杂不透明，虚假注资、循环注资，风险底数不清。三是少数企业借助控股地位，通过不当关联交易输送利益，损害金融机构和其他投资者的合法权益。设立明确的行政许可，是对金融控股公司依法监管的重要环节，有利于全方位推动金融控股公司依法合规开展经营，防范风险交叉传染。

第三节　金融稳定、金融安全与金融风险处置

一、金融稳定

（一）金融稳定的定义及其演变

金融稳定的概念是伴随着历次危机的爆发而形成并演变的，最早出现于20世纪90年代，主要源于防范银行倒闭的传染性风险。1997年爆发的亚洲金融危机及其对世界经济产生的强烈冲击，促使人们拓宽了对金融稳定内涵和外延的认识。2008年国际金融危机后，国际社会进一步认识到此前对金融稳定理解的不足，即片面关注单个机构风险，忽视了系统性风险的监测和防范，因而开始从完善风险监测和预警机制、缩小数据缺口、提高微观审慎监管强度、完善宏观审慎管理框架、防范影子银行风险、提高场外衍生品市场透明度、建立金融机构有效处置机制等多个方面探索改革。

金融稳定理事会（FSB）[①]将金融稳定定义为全球金融体系抵御冲击并防范金融中介和其他金融体系功能中断的能力，这些功能一旦中断就会对实体经济

[①] 金融稳定理事会（Financial Stability Board）的前身为金融稳定论坛（FSF），是七国集团（G7）成立的合作组织，目的是促进金融体系稳定。2009年4月2日，二十国集团（G20）金融峰会决定，将FSF成员扩展至包括中国在内的所有G20成员，并更名为金融稳定理事会。

产生严重负面影响。

欧洲中央银行（ECB）提出，金融稳定是由金融中介、金融市场和市场基础设施构成的金融体系的一种运行状态，在这种状态下，金融体系可以承受冲击，解决金融失衡，从而降低金融中介过程中断的可能性，确保储蓄向具有营利性的投资机会分配。

中国人民银行在《中国金融稳定报告（2005）》中指出，金融稳定是金融体系处于能够有效发挥其关键功能的状态。在这种状态下，宏观经济健康运行，货币和财政政策稳健有效，金融生态环境不断改善，金融机构、金融市场和金融基础设施能够发挥资源配置、风险管理、支付结算等关键功能，而且在受到内外部因素冲击时，金融体系整体上仍然能够平稳运行。

（二）维护金融稳定的政策框架和工具

维护金融稳定是相当复杂的系统性工程，需要合理稳妥的机制安排及一系列政策的协调配合。首先是微观审慎政策保证个体机构的稳健经营；其次是宏观审慎政策从防范系统性风险累积和降低金融体系内部关联度的角度维护金融稳定；再次是货币政策和财政政策从宏观经济金融调控的角度对金融稳定施加影响；最后是危机管理和风险处置政策作为最后一道防线，妥善化解已经爆发的风险，减缓风险对金融体系和实体经济的冲击。

1. **微观审慎政策**。从直接关联的角度来看，确保单个金融机构的稳健经营是金融体系整体稳健运行的前提和基石。因此，微观审慎政策通过加强对单个机构的监管来降低其倒闭的概率，通过增加其损失吸收能力来减少机构出险所产生的冲击，从而为金融体系整体稳定夯实基础。

2. **宏观审慎政策**。宏观审慎政策是指运用审慎性工具防范系统性风险的做法。宏观审慎管理可以分为两个维度。从时间维度看，指要求金融机构在系统性风险积累时建立风险缓冲，在面临冲击时释放缓冲，以减缓周期性波动的影响。主要工具包括逆周期资本缓冲、针对特定行业的附加资本要求、动态拨备要求、杠杆率、贷款价值比和贷款收入比等。从结构性维度看，重点关注系统重要性金融机构及金融体系关联度。主要工具包括识别及监管系统重要性金融机构、制订恢复和处置计划、要求场外衍生品交易通过中央对手方交易等。

宏观审慎政策与微观审慎政策都通过使用审慎性工具维护金融稳定，例如使用资本类工具和流动性工具等。因此，区分宏观审慎和微观审慎的关键不在于具体的政策工具，而在于采取政策措施的目标和出发点。微观审慎关注的是单个机构的倒闭风险及其影响，是一种局部均衡的思维，不考虑对资产价格和金融市场等的外溢效应。与之相反，宏观审慎关注的是金融体系的整体风险，是一种一般均衡的思维，考虑机构倒闭对资产价格和经济活动的整体影响以及对金融体系的反馈作用。

3. 货币政策。2008 年国际金融危机前，国际社会的共识是货币政策应该只盯住通货膨胀目标。2008 年危机后，国际社会对货币政策的"单一目标"进行了反思，意识到货币政策可以在维护金融稳定方面发挥更大作用。货币政策直接影响资产价格以及借款人加杠杆的意愿和能力，也会影响经济主体的风险承受力，从而影响金融周期和系统性风险，因此，货币政策当局在决策时应考虑自身行动对金融稳定的影响，可以通过设计合理的政策组合在多个政策目标之间取得平衡以维护金融稳定。

4. 财政政策。相对紧缩的财政政策有助于在泡沫期间抑制金融失衡，并积累缓冲以减小金融衰退时期的冲击，而过于宽松的财政政策可能导致主权债务本身成为金融动荡的根源。由于财政政策天然具有一定的顺周期性，因此，出于维护金融稳定目的实施财政政策存在一系列挑战：一方面金融泡沫可能导致对财政收入的高估；另一方面金融泡沫会带来或有隐性负债，导致处置金融危机的财政成本增加。除了周期性维度，财政政策也可以从结构性维度对金融稳定产生影响。

5. 危机管理和风险处置政策。前四类政策主要从预防和调控的角度维护金融稳定，旨在降低风险爆发的概率，而危机管理和风险处置机制则是金融稳定的最后一道防线，主要从危机化解的角度维护金融稳定，旨在减小风险爆发所产生的影响。有效的危机管理和风险处置机制应具备以下特征。一是减少对公共资金的依赖，强调自救。金融机构经营失败的成本应首先由股东承担，并寻求市场化处置的可能，当股东和市场力量不足以化解风险时，行业保障基金应及时介入，最后才考虑动用公共资金进行救助。这种安排可以最大限度减少金融机构的道德风险，将其经营的外部性内部化，减少其盲目的风险承担行为。二是强调事前准备的重要性。通过制订恢复和处置计划（"生前遗嘱"），在金融机构正常经营时就假设其出现倒闭风险的情形，明确其自身及有关部门拟运用何种处置工具和手段恢复经营或者实现有序的市场退出。这种安排可以减少风险的突发性影响，通过建立风险处置预案保证风险处置的有序进行，避免无序处置放大冲击，产生"处置风险的风险"。三是确保在处置过程中关键业务和服务不中断，防止金融机构倒闭引起其承担的支付清算、信贷供给等社会经济功能中断，对金融体系和实体经济造成冲击。这种安排可以减少个体机构风险向整个经济金融体系的传导。

大部分国家和地区的中央银行自成立之初就有一定的金融稳定职能。近几十年来，这项职能不断得到强化，并已普遍成为中央银行的主要职能之一。根据《中华人民共和国中国人民银行法》赋予的防范和化解金融风险、维护金融稳定的职责，中国人民银行与其他部门密切配合，共同维护金融稳定。在具体工作中，中国人民银行遵循以下框架维护金融稳定（如图1-1所示）。

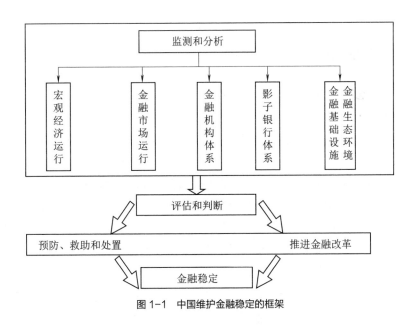

图1-1 中国维护金融稳定的框架

在此框架中，维护金融稳定分为监测和分析金融风险，评估和判断金融稳定形势，采取预防、救助和处置措施及推动金融改革三个层面。

第一，对金融风险进行监测，密切跟踪和分析宏观经济环境、金融市场、金融机构、金融基础设施和金融生态环境及其变动情况。第二，按照有关评估标准和方法，评估和判断宏观经济环境、金融机构、金融市场、金融基础设施和金融生态环境对金融稳定的影响。第三，根据评估和判断的结果，采取应对措施。在金融运行处于稳定状态时，充分关注潜在风险，采取预防措施。在金融运行逼近不稳定的临界状态时，采取救助措施，对有系统性影响、财务状况基本健康、运营正常、出现流动性困境的金融机构提供流动性支持，并通过重组和改革，转换机制，促使这些机构健康运行。在金融运行处于不稳定状态时，积极迅速采取危机处置措施，对严重资不抵债、无法持续经营的金融机构，按市场化方式进行清算、关闭或重组，强化市场约束，切实保护投资者利益，维护经济和社会稳定。同时，针对薄弱环节，及时推动经济体制、金融机构、金融市场、金融基础设施和金融生态环境方面的改革，通过全方位的改革促进金融稳定。

二、金融安全

金融安全是与金融稳定高度关联的概念，是指货币资金融通和整个金融体系的安全。

金融是现代经济的核心，是国家重要的核心竞争力。习近平总书记指出："金融安全是国家安全的重要组成部分，是经济平稳健康发展的重要基础。维护金融安全，是关系我国经济社会发展全局的一件带有战略性、根本性的大事。"《中华人民共和国国家安全法》第二章"维护国家安全的任务"第二十条明确提出，国家健全金融宏观审慎管理和金融风险防范、处置机制，加强金融基础设施和基础能力建设，防范和化解系统性、区域性金融风险，防范和抵御外部金融风险的冲击。

党中央和国务院高度重视国家安全工作。党的十八届三中全会之后，中央国家安全委员会成立，统筹协调涉及国家安全的重大事项和重要工作。近年来，中国人民银行贯彻落实党中央、国务院决策部署，切实履行国家金融安全工作协调机制牵头单位职责，定期分析评估金融安全领域面临的风险挑战，推动建立健全金融安全风险监测预警和处置制度，推动研究制定涉及维护国家金融安全的相关法律法规，组织开展金融安全有关宣传教育活动，切实防范外部风险冲击，坚决维护金融稳定，牢牢守住了不发生系统性金融风险的底线。

三、金融风险防范化解与金融改革

从我国改革开放 40 多年的实践看，为了提高金融市场服务实体经济能力和运行效率，保持金融稳定，维护国家金融安全，需要根据国民经济发展状况和市场实际不断进行金融改革，及时有效地防范和化解金融风险。我国在金融市场改革与风险防范方面进行了卓有成效的探索，积累了丰富的经验。

（一）大型商业银行改革

1997 年亚洲金融危机之后，党中央、国务院采取一系列重大政策措施，加快推进国有独资商业银行的综合改革，包括进一步完善统一法人制度、内控制度、内部治理机构，改革财务会计制度，加大机构调整力度，等等。特别是1998 年，财政部发行 2 700 亿元特别国债，充实中国工商银行、中国农业银行、中国银行、中国建设银行 4 家银行资本金。1999 年，国家先后成立信达、华融、长城和东方 4 家金融资产管理公司，接收和处置从 4 家银行剥离出的不良资产。这些措施增强了大型商业银行的资本实力和抗风险能力，使得中国银行业平稳度过亚洲金融危机。然而，由于公司治理和经营机制改革未能及时跟进，不良贷款产生的机制并没有得到根本扭转，大型商业银行存在的体制和机制等方面的深层次问题并未得到解决。

2000 年后，大型商业银行的不良贷款迅速反弹，形势非常严峻，部分境外媒体甚至认为"中国的商业银行技术上已经破产"。2003 年，国务院决定成立国有独资商业银行股份制改革试点工作领导小组，正式启动改革。中国人民银行作为国有独资商业银行股份制改革试点工作领导小组办公室，会同有关部门及时启动 5 家大型商业银行股份制改革，通过国家注资、处置不良资产、成立股份公司、引进战略投资者、择机上市等改革步骤，按"一行一策"的原则制订具体实施方案推进改革。

通过上述一系列改革，以大型商业银行为主体的中国金融业发生了历史性的变化。金融机构实力明显增强，金融市场信心不断提升，金融服务水平和国际竞争力大幅提高，金融体系的稳定性与安全性不断增强，为国民经济抵御国际金融危机冲击、保持健康平稳运行奠定了坚实基础。

（二）证券公司综合治理

从历史上看，由于体制机制缺陷，证券公司在快速发展的同时，积累了许多矛盾和问题，特别是公司治理结构和内部风险控制制度存在严重缺陷，违法违规行为严重，大量账外经营、挪用客户资产、违规高息融资等问题造成巨额潜在亏损。2003 年末至 2004 年上半年，伴随着证券市场的持续低迷和结构性调整，一批证券公司的违规问题急剧暴露，证券行业多年累积的风险呈集中爆发态势，行业面临系统性危机。据 2005 年初步测算，当时在全国 132 家证券公司中，84 家公司存在流动性困难，其中 30 多家存在严重的偿付问题。

证券公司风险不但加剧了资本市场波动，动摇了资本市场建设成果，而且波及了其他金融子市场，影响社会稳定，情况严重。党中央、国务院对此高度重视，决定从 2005 年开始，利用 2~3 年的时间，按照风险处置、日常监管和推进行业发展三管齐下，防治结合、以防为主、标本兼治、形成机制的总体思路，中国人民银行、证监会等多部门紧密协作，对证券公司进行了大范围的综合治理。一是推动高风险证券公司重组。创造性地以中央汇金投资有限公司和中国建银投资有限公司等为重组平台，先后推动南方证券等 9 家证券公司完成重组改革。二是对闽发证券等 31 家高风险证券公司实施了关闭或破产等风险处置措施。推动证券市场基础性制度建设，特别是建立客户资金第三方存管和证券投资者保护基金等证券公司风险处置的长效机制，探索形成了一套完整的证券公司风险处置机制。

2007 年 8 月，综合治理工作基本结束，有效化解了证券公司风险，维护了证券市场稳定，同时，促进了证券行业资源整合，增强了证券行业综合实力，帮助证券业成功抵御了国际金融危机，为资本市场的持续健康发展奠定了坚实基础。

（三）2008 年国际金融危机后的金融监管改革

自 2007 年初开始，美国爆发的次贷危机逐步恶化并迅速在全球扩散，于 2008 年逐渐演变为席卷全球的国际金融危机。美国金融体系的功能在短时间内大幅削弱或基本丧失，15 家商业银行相继倒闭，五大投资银行面临重新整顿，信贷市场进一步收缩，资本市场直接融资功能衰退，股市跌幅连创历史纪录。

自国际金融危机爆发以来，主要国际组织和经济体相继提出金融监管改革的建议和方案，旨在构建更加完善的国际金融监管体系。二十国集团（G20）自 2008 年底以来，在协调国际金融监管改革、加强全球经济有效治理方面发挥了主导作用，已成为国际经济金融领域政策对话与协调的重要平台。在 G20 的直接领导下，FSB 作为全球金融监管标准制定的领导者，引领各国际标准制定机构积极制定、完善相关标准与准则。FSB 确定的重点改革领域主要涵盖构建稳健的金融机构、结束"大而不能倒"、使衍生品市场更加安全以及将非银行金融中介转化为稳健的市场化融资等方面，目前主要改革政策制定工作已基本完成，工作重心转向推动政策及时、一致落实，并持续对新出现的金融风险（例如不当行为风险、金融科技等）进行跟踪，提出政策建议。

我国自 2009 年 5 月正式加入 FSB 以来，积极参与 FSB 各项监管改革活动，着力推进相关改革措施在国内的稳步实施。一是稳步推动《巴塞尔协议》实施。《巴塞尔协议 III》发布后，我国进入了《巴塞尔协议 II》和《巴塞尔协议 III》同步实施阶段，2011 年以来相继出台了《商业银行杠杆率管理办法》《商业银行资本管理办法（试行）》《商业银行流动性风险管理办法（试行）》等监管规定。二是加强对系统重要性金融机构的监管。对4家全球系统重要性银行（工商银行、农业银行、中国银行、建设银行）和全球系统重要性保险机构（平安集团）按照国际标准执行更高的监管要求，并按照国际标准建立特别处置机制，成立跨境危机管理小组，制订并按年度更新其恢复和处置计划，开展可处置性评估。2018年以来，相继出台《关于完善系统重要性金融机构监管的指导意见》《系统重要性银行评估办法》等文件，完善国内系统重要性金融机构监管。三是稳妥有序推进资管行业转型发展。出台《关于规范金融机构资产管理业务的指导意见》及相关配套细则并推动平稳实施，影子银行无序发展得到有效治理。

（四）防范化解重大金融风险

2018年以来，按照党中央、国务院决策部署和国务院金融稳定发展委员会具体要求，中国人民银行会同相关部门坚决打好防范化解重大金融风险攻坚战，取得重要成果。一是宏观杠杆率过快上升势头得到遏制。宏观上管好货币总闸门，结构性去杠杆持续推进。前期对宏观杠杆率过快增长的有效控制，为在应对新冠肺炎疫情中加大逆周期调节力度赢得了操作空间。二是高风险机构得到有序处置，守住了不发生系统性金融风险的底线。对包商银行、恒丰银行、锦州银行等分类施策，有序化解了重大风险，强化了市场纪律。依法处置安邦集团、华信集团等严重违法违规企业，及时重组、重整和破产清算数家涉嫌违规办理金融业务的控股公司。三是企业债务违约风险得到妥善应对。推动银行业金融机构持续加大不良贷款处置力度，不断完善债券违约处置机制。四是互联网金融和非法集资等风险得到全面治理。全国实际运营的P2P网络借贷机构由高峰期的约5 000家逐渐下降至完全归零，非法集资等活动受到严厉打击，各类交易场所清理整顿稳妥有序推进。五是防范化解金融风险制度建设有力推进。初步建立系统重要性金融机构、金融控股公司、金融基础设施等统筹监管框架，扎实推进金融业综合统计。

第四节　金融科技

金融科技（Fintech）[①]通常是指大数据、区块链、云计算、人工智能等新兴前沿技术在金融产品、金融服务、金融市场运行等方面的应用，以提高金融市场运行效率、降低运营成本。金融科技是最近十几年备受关注的话题，也是各个金融监管机构和市场参与者努力寻求突破、提升核心竞争力的重要领域。我国在金融科技领域进行了有益的探索，取得了长足进步，并处于国际领先地位，对创新金融服务方式、提升金融市场运行效率起到了重要作用。

一、移动支付的快速发展

（一）移动支付的含义与方式

1.**移动支付的含义**。与现金、银行卡或支票支付不同，移动支付是以互联网为基础、利用手机等移动终端设备进行款项支付的新兴方式。使用该方式，不仅可以进行购买商品或服务的货币支付，还可以缴纳话费、燃气、水电、餐饮等各种生活费用。

---

① 按照金融稳定理事会（FSB）的定义，金融科技主要是指由大数据、区块链、云计算、人工智能等新兴前沿技术带动，对金融市场以及金融服务业务供给产生重大影响的新兴业务模式、新技术应用、新产品服务等。

移动支付过程涉及消费者（商品或服务的买家）、商家（商品或服务的提供者、卖家）、银行等金融机构以及作为第三方支付平台的移动运营商，其中移动运营商的支付管理系统起着核心纽带作用。移动支付是通过第三方支付平台提供的账户完成款项支付的，款项支付过程使用的是电子货币。

移动支付作为一种新的支付方式，其主要表现形式为手机支付，利用一部手机，下载一个软件，只要简单操作就可完成支付，不再使用现金、银行卡或支票，简便、安全、快捷，一经推出就很快得以普及。目前已经成为深受社会欢迎的重要的支付方式。中国银联与17家全国性商业银行、18家支付机构发布的联合调查报告（2021年4月发布的《2020移动支付安全大调查报告》）显示，2019年中国居民平均每人每天使用移动支付3.25次，98%的受访者选择把移动支付作为最常用的支付方式。

2. 移动支付方式。 按照不同标准，可以将移动支付划分为不同方式。根据支付金额的大小，可以将移动支付分为小额支付和大额支付。小额支付业务通常指移动运营商与银行合作，建立预存费用的账户，用户通过移动通信的平台发出划账指令支付或代缴费用。大额支付则需要把用户的银行账户和手机号码进行绑定后方可进行支付操作。

根据支付时付款方与收款方是否在同一现场，可以将移动支付分为远程支付和现场支付。消费者通过手机在网络上采购商品或服务就是远程支付，消费者在商场或超市购买商品，使用手机在商场柜台支付或在自动售货机上购买商品则是现场支付。

根据支付信息采集技术的不同，可以将移动支付分为近场感应支付（NFC）、二维码支付和生物识别支付（包括指纹支付以及人脸识别）等。

（二）我国移动支付的发展现状与成因

根据中国人民银行的统计，2020年，银行共处理电子支付业务2 352.25亿笔，金额2 711.81万亿元。其中，网上支付业务879.31亿笔，金额2 174.54万亿元，同比分别增长12.46%和1.86%；移动支付业务1 232.2亿笔，金额432.16万亿元，同比分别增长21.48%和24.5%；电话支付业务2.34亿笔，金额 12.73 万亿元，同比分别增长 33.06% 和 31.69%。非银行支付机构处理网络支付业务 8 272.97 亿笔，金额 294.56 万亿元，同比分别增长 14.9% 和 17.88%。[①] 很显然，不论是支付笔数还是支付金额，移动支付在国内商业银行处理的电子支付业务中都是增长最快的，已经成为我国居民支付的主要方式，在全球领先优势明显。

相较之下，现金、银行卡等支付方式在欧美等发达地区仍然占主要地位，移动支付总体覆盖范围有限。部分发展中国家移动支付的推广受参与方较少、基础设施不完备等条件的限制，市场份额也较小。其中，英国的银行卡在所有支付方式中的占比为 65%（线上）和 72%（线下），美国分别为 71%（线上）和 79%（线下）。印度、巴西、马来西亚等地的电子钱包在所有支付方式中的占比分别为 26%、13%、7%（线上）和 6%、3%、1%（线下）。[②]

我国移动支付发展之所以取得如此成就，得益于以下几个因素。一是互联网基础设施日益完善，为移动支付构建了良好基础。据统计，截至 2019 年末，国内移动互联网用户规模达 13.19 亿，占全球网民总规模的 32.17%，4G 基站总规模达到 544 万个，占全球 4G 基站总量一半以上。[③] 二是金融科技与移动支付的深度融合推动支付产业变革。金融科技的加速发展意味着所有具备加密安全环境的设备均可承载账户信息，NFC、二维码、生物识别等新型支付信息采集技术不断成熟，应用这些技术的移动产品已取得规模化应用。三是良好政策环境推动移动支付蓬勃健康发展。国务院先后多次将"大力发展移动支付"作为促进信息消费、扩大内需的重要举措，对发展移动金融提出要求。中国人民银行会同工业和信息化部、国家标准化管理委员会等部门于 2012 年 12 月发布《中国金融移动支付系列技术标准》，引导和规范我国移动支付业务发展，实现资源共享和有效配置。此外，中国人民银行统筹指导银行机构、非银行支付机构、中国银联等产业各方，组织开展移动支付便民工程建设，推动构建多层次、多元化的移动支付供给体系。移动支付经过近十年的发展，应用场景日

---

① 数据来源：中国人民银行发布的《2020 年支付体系运行总体情况》。

② 数据来源：《2018 年全球支付报告》。

③ 数据来源：《中国互联网发展报告 2020》。

益丰富，便利度大大提升，用户群体不断扩大，深刻地重塑了人们的支付行为和习惯。

银行机构和非银行支付机构等支付服务主体作为移动支付服务供给的前端，通过金融科技创新，为用户提供了多样化的支付服务选择，推动了移动支付业务的迅速发展。

（三）移动支付未来发展展望

在数字经济时代下，经济社会加速从信息化向智能化转移，大数据、人工智能、生物识别、物联网等新兴技术广泛应用于经济和社会生活各领域，将为移动支付带来更广阔的前景。

1. 移动支付的载体更加多元化。 5G、云计算等技术创新，进一步催生基于数据的智能服务需求，带来新的数字化商业生态。特别是在疫情影响下，线上线下消费场景加速融合，无接触经济加快发展，进一步推动了移动支付与新零售模式的融合。

2. 统一二维码支付标准将成为移动支付发展趋势。 一些境外国家和地区（如新加坡和印尼）已经率先推出了统一二维码支付平台，加纳和斯里兰卡开始应用全国统一的二维码支付标准，日本、巴西、缅甸、沙特阿拉伯、尼日利亚等国也表示将建设全国性的二维码支付平台，等等。2019年，中国人民银行印发《金融科技（FinTech）发展规划（2019—2021年）》，明确提出"推动条码支付互联互通，研究制定条码支付互联互通技术标准"；2020年，部分地区启动了互联互通技术验证工作。

3. 监管部门将加强推动金融科技创新的合规发展。 一方面，数据管理及个人隐私保护日益受到重点关注。欧盟已经发布《通用数据保护条例》与App数据保护协议标准指南，英国金融行为监管局、英国央行与汇丰银行等7家企业在统一公用数据标准、探索技术解决方案、制定相关法律法规等方面展开协作。我国的《个人信息保护法（草案）》已于2020年10月提交全国人大常委会委员长会议审议。另一方面，风险管理是永恒的主题，监管机构将持续出台政策，加强对移动支付服务主体在跨境资金转移、反洗钱、反恐怖融资等方面的监管，并对违法违规行为从严处置，维护金融市场秩序。

二、区块链在金融领域的运用

习近平总书记在中央政治局第十八次学习时强调，区块链技术的集成应用在新的技术革新和产业变革中起着重要作用。我们要把区块链作为核心技术自主创新的重要突破口，明确主攻方向，加大投入力度，着力攻克一批关键核心技术，加快推动区块链技术和产业创新发展。

区块链技术起源于 2008 年化名为中本聪的学者在密码学邮件组发表的一篇论文《比特币：一种点对点电子现金系统》，是一种新型的价值交换技术，也被视为一种新型分布式数据库，被称为分布式账本。其利用块链式数据结构验证与存储数据，采用共识算法生成和更新数据，借助密码学保证数据和权属安全，并通过可编程脚本代码实现数据的协同计算。

（一）区块链的技术特点

1.**主要优势**。一是业务数据可信化。与传统分布式数据库有所不同，区块链引入了"人人记账"的理念，每个参与主体都有权记账，各自保存最新账本和所有历史记录。这种数据高度冗余的存储方式，可提升不互信主体之间的信息透明度，实现账本数据不可篡改和全程留痕，进而促进多方信息共享和协同操作。在实际业务中，通过业务数据上链，可实现纸质单据的电子化和电子信息的可信化，降低多主体之间不信任的摩擦成本，解决耗费大量人力物力进行单据、票据真实性审核的问题，也便于金融机构实施风险管控。

二是参与主体对等化。当跨部门共建信息化系统时，最大的难题在于，集中存储的数据由哪个机构或部门管理。区块链的统一分布式账本技术，天然解决了"业务主权"问题，有效实现了每个参与主体的身份对等、权力对等、责任对等、利益对等，并在所有参与主体之间实现数据的实时同步更新，使合作更加方便快捷，合作方的积极性得以提升。

三是监管手段多维化。监管部门可在区块链平台上增加监管节点，及时获取监管数据，并灵活定制金融监管的统计口径、监管数据颗粒度等，实现快速分析。同时，采用智能合约等可编程脚本，增加相应的监管规则，监管重点从金融机构的合规审查和风险管控，逐步上升至对系统性风险的识别监控，实现事前、事中、事后全过程的监管体系，有效防范金融风险，维护金融稳定。

2. 主要不足。**性能方面，区块链的性能和可扩展性尚有限**。区块链只能排队按序处理交易，所有交易结果和支付记录都要同步到全网节点，这严重影响了系统处理性能。[①] 随着参与节点数量的增加，数据同步、验证的开销增多，系统的性能会进一步降低，从而影响区块链的可扩展性。

存储方面，全量备份的存储机制容易遇到存储瓶颈。区块链的每个节点需存储完整的历史交易信息，当将区块链用于零售支付系统时 [②]，节点存储量将瞬时巨量膨胀，一些简易设备无法满足节点的存储需求。

交互方面，不同区块链系统的交互性问题难以解决。目前，相同类型的区块链之间依托定制的通信协议，实现数据的相互读取、验证和操作。但是，不同类型的区块链由于编程语言、数据字典、系统接口、智能合约等不一致，跨链数据难互通，容易导致业务割裂。

合规方面，区块链无法保证结算最终性。由于存在 51% 攻击等问题，基于区块链的支付系统无法保证结算最终性。基于区块链构建支付系统，需考虑是否满足《金融市场基础设施原则》（FMI 原则）的要求，以免产生法律风险。

隐私保护有待加强。在传统上，数据被保存在中心服务器上，由系统运营方保护数据隐私。但在公有链中，没有中心化的运营方，每一个参与者都能够获得完整的数据备份，这也意味着公有链的数据库是透明的。比特币对隐私保护的解决思路是，通过隔断交易地址和地址持有人真实身份的关联，达到匿名的效果。所以，虽然能够看到每一笔转账记录的发送方和接受方的地址，但无法对应到现实世界中的具体某个人。对比特币而言，这样的解决

---

① 在生产环境中，区块链系统能够支持每秒逾千的交易量。在实验室理想环境中，每秒交易量可能过万。

② 例如零售支付系统每秒支持数万笔业务，2019 年双十一，网联处理业务峰值为 7.15 万笔 / 秒。

方案也许够用。但如果区块链需要承载更多业务（比如实名资产，或者通过智能合约实现具体的借款合同等，这些合同信息如何保存在区块链上，验证节点在不知晓具体合同信息的情况下如何执行合同），就需要关注同态加密、零知识证明等新型密码学方案在区块链问题上的应用进展。此外，通过合理设计系统上链的数据，安排链外信息交换通道等机制，也可以规避一些隐私保护的难点。[1]

区块链升级修复机制有待探索。与中心化系统的升级方式不同，在公有链中，节点数量庞大，参与者身份匿名，因此不可能关闭系统、集中升级。在具体实践中，公有链社区摸索出了"硬分叉"和"软分叉"等升级机制，但遗留问题有待观察。此外，由于公有链不能"关停"，其错误修复也异常棘手，因此，一旦出现问题，尤其是安全漏洞，就是非常致命的。通过放松去中心化这个限制条件，很多问题都能找到解决方案。比如，在联盟链这样的多中心系统中，通过关闭系统来升级区块链底层、紧急干预、回滚数据等等，必要时都是可用的手段，这些手段有助于控制风险、纠正错误。而对常规代码升级，通过分离代码和数据，结合多层智能合约结构，可以实现可控的智能合约更替。[2]

（二）区块链在金融领域的创新应用

区块链以大量冗余数据的同步存储和共同计算为代价，牺牲了系统处理效能和部分隐私，尚不适合传统零售支付等高并发场景。但是，在对信息可信共享要求较高、对并发量要求较低的领域，如交易结算、贸易金融、产权转让等领域，区块链已经有广泛应用。

1. 贸易金融区块链平台。中国人民银行贸易金融区块链平台基于数研所自主研发的区块链底层技术，于 2018 年 9 月正式上线，其以共建、

---

[1] 姚前：《数字资产与数字金融——数字新时代的货币金融变革》，人民日报出版社，2019，第 33 页。

[2] 姚前：《数字资产与数字金融——数字新时代的货币金融变革》，人民日报出版社，2019，第 33 页。

共管、共治模式打造了一个集开放贸易金融生态、可穿透式监管、有公信力的金融基础设施，并已陆续开展了供应链应收账款多级融资、对外支付税务备案、再贴现快速通道和国际贸易账款监管等多项业务。该平台利用区块链提供的对等性互联、包容性对接、可控性共享三大能力，进一步厘清数据的权属关系，降低数据获取门槛，在一定程度上实现了多部委之间"总对总"的数据共享，并通过区块链技术实现全流程完整追溯和信息不可篡改，极大地提高了交易环节的安全性，降低了信用风险。作为监管科技的实践运用，监管部门也可通过贸金平台对贸易金融全流程、全生命周期进行穿透式监管。

目前，贸易金融平台正面向境内、境外两个市场，积极拓展应用场景。在境内，积极与政府部门、金融机构等各种信息化系统进行对接，打通数据和信息壁垒，推进北京、上海、深圳等地试点工作，服务小微企业和实体经济发展。在境外，与香港贸易融资平台有限公司签署合作备忘录，已完成贸金平台与香港贸易联动平台一期对接项目，首次实现内地与香港贸易金融区块链平台之间的互联互通。同时，与WeTrade、Contour等全球同类贸易金融平台加强对接，为不同经济体的贸易主体架设数字化贸易融资桥梁，提高跨境贸易融资互信与便利化水平。

2. 数字票据交易平台。 2017年，上海票交所和数研所共同牵头开展了建设基于区块链技术的数字票据交易平台的相关工作。该平台于2018年1月25日在实验性生产系统成功上线试运行，顺利完成基于区块链技术的数字票据签发、承兑、贴现和转贴现业务，是我国将区块链技术运用到票据业务真实生产环境的首次实践。

3. 区块链技术在证券业中的应用。 全球主要市场的交易所、金融市场基础设施以及市场参与机构纷纷就如何利用区块链技术与时俱进地优化现有业务流程展开积极探索。例如，纳斯达克（NASDAQ）2015年12月推出了针对一级市场的基于区块链技术的私有股权交易平台Linq，2017年1月又在爱沙尼亚纳斯达克OMX塔林证券交易所成功试验了基于DLT技术的股东投票系统，并测试了使用区块链技术开发的共同基金发行和交收系统原型。日本交易所集团（JPX）2016年12月对超级账本（Hyperledger）技术进行了概念验证测试。2018 年，瑞士证券交易所（SIX）宣布其将筹建一个数字交易所 SDX，基于 DLT 技术实现传统证券代币化。欧清集团和泛欧交易所共同成立的金融科技公司 LiquidShare，在 2018 年 12 月宣布其为中小企业股票建设的基于 DLT 技术的交易后处理系统将在泛欧交易所进入试验阶段。澳大利亚证券交易所（ASX）则研发了使用 DLT 技术的新一代交易后处理系统，并在 2019 年 4 月对参与人公开测试。我国的上海证券交易所（SSE）和深圳证券交易所（SZSE）也在现货交易、数据安全和隐私保护等方面，面向区块链技术开展了研究与验证。[1]

三、数字货币

数字货币是最近十几年社会各界高度关注的话题，各国央行、大型跨国集团和金融机构以及咨询机构纷纷投入精力开展相关探索研究，我国在此领域也取得了显著进展。

（一）加密资产和全球性稳定币发展迅速，给法定货币、货币政策和金融稳定带来挑战

比特币催生了区块链技术，并推动了各类加密资产的出现。据统计，目前加密资产种类已达 8 100 多种，总市值超 8 000 亿美元。[2] 这类加密资产基于去中心化思想快速发展，但由于缺乏真实资产背书、发行总量受限、价格异常波动等因素，因此不能稳定承担支付手段和价值贮藏等货币职能，且会因其匿名性等特点，为洗钱、恐怖主义融资等违法犯罪活动提供便利。针对上述加密资产价格波动的缺陷，一些商业机构推出全球性稳定币，试图通过锚定相关资产维持币值稳定。由于全球性稳定币的发行者大多为科技巨头，因此可借助巨大的网络效应，形成全产业链封闭生态，侵蚀国家主权货币地

---

[1] 戴文华主编：《中央对手方》，中国金融出版社，2020，第 248 页。
[2] 数据来源：CoinMarketCap 网站。

位，并对货币政策传导和金融体系稳定产生影响。此外，全球性稳定币打开了新的资本外逃、地下经济支付渠道，大幅增加了监管机构追溯交易和实施"三反"的难度，因此引发各国央行的担忧。各国监管机构和国际标准制定组织正在加强全球性稳定币的监管，并推动制定相关监管标准，以防范监管套利和不公平竞争。各种类型的加密资产和全球性稳定币并非货币，如果任其发展，就会严重扰乱法定货币流通秩序，影响金融稳定和安全。下面重点介绍 Libra 全球稳定币（天秤币）。

2019 年 6 月，全球科技巨头脸书（Facebook）发布 Libra 白皮书，提出建立一套简单、无国界的稳定币和服务数十亿人的金融基础设施。鉴于可借助科技公司巨大的客户基础和网络效应实现迅速扩张，这类稳定币也被称为全球性稳定币。各国监管机构和国际组织均高度关注全球性稳定币相关进展，并对其可能产生的风险和挑战保持警惕。2020 年 4 月，经过与有关央行和监管机构近 10 个月的博弈，Libra 协会发布了新版白皮书，此后将项目名称修改为"Diem"（为保持延续性，后文仍称其为 Libra），以进一步降低监管阻力，提高项目的独立性。新版白皮书主要在以下 4 个方面进行了修订。

1. 加入单一货币稳定币安排，以打消侵蚀货币主权质疑。新方案最大的变化就是增加了单一货币稳定币，同时保留了多货币稳定币（≈LBR），并将其改成固定权重的单一货币稳定币的聚合。各国央行数字货币可以直接与天秤币网络集成，取代相应的单一货币稳定币。协会希望借此消除各国对货币政策主权旁落的担心，但能否奏效仍然存疑。

2. 增强储备资产管理，加强金融稳定和消费者权益保护。一是提高投资组合要求，包括 80% 的短期主权债和 20% 的现金资产。二是优化做市安排，当指定经销商不履行做市职责时，协会以管理机构身份赎回。三是建立资本缓冲。四是设立赎回摩擦机制，包括延迟赎回和对提前赎回收费。但这些安排无法从根本上消除对金融稳定的负面影响。

3. 推行合规性框架，化解监管当局对反洗钱、反恐融资等风险的担忧。措施包括：建立金融情报职能部门；建立分级合规框架，符合标准的实体不受交易和地址余额限制，而对匿名的未托管钱包进行交易和余额限制。尽管这种分级措施有助于在便利和合规之间取得平衡，但 Libra 仍保留了未托管钱包直接接入，只根据区块链地址和 IP（国际互连协议）阻止受制裁人员实体的交易，这一漏洞可能会使相关管控措施落空。

4. **放弃无许可公链的计划，改变原本的去中心化道路。**为加强对区块链的管理力度，新方案放弃了无许可公链计划，维持多中心的联盟链体系，其权限可控，利于实现监管合规，也有助于满足更高性能要求。

Libra 等全球性稳定币对货币主权、货币政策和金融稳定必然会产生一定的影响。

1. **对货币主权和货币政策的影响。**一方面，全球性稳定币会产生货币替代，侵蚀弱势货币主权，并被广泛用于价值贮藏。由于各国居民能便利地在本币和全球性稳定币之间进行转换，因此稳定币的收益率将影响本国存贷款利率。全球性稳定币替代效应的加强，会使银行零售存款规模和来源稳定下降，增加对批发性融资的依赖性，加剧融资难和融资贵问题。如代替本币进入信贷市场，实现稳定币的货币创造，利率将以稳定币标价，进一步削弱货币政策传导效果。另一方面，全球性稳定币将通过跨境支付影响本国货币政策。多币种稳定币将便利跨境资本流动，放大国外利率水平对国内利率影响，弱化本国货币政策。如其成为国际贸易记账单位，贸易条件将以其与本币的比价来计算，这将引起非篮子货币国家资本外流，抬高这些国家的市场利率，从而压低篮子货币国家利率水平，影响各国公开市场操作。

2. **对金融稳定的影响。**一是全球性稳定币自身存在脆弱性。全球性稳定币的储备资产存在期限、信用和流动性错配等问题，加之相关参与机构的权利义务界定不清、治理机制不健全，一旦出现风险事件，就极易引发挤兑，不仅影响稳定币币值，还会对特定资产和同业市场产生冲击。二是对金融体系的负面影响。首先，如果公众长期持有全球性稳定币，就会对商业银行存款产生挤出效应，增加银行对同业市场的依赖，抬高资金价格。其次，如果全球性稳定币占据金融交易中介市场的主要份额，就会进一步降低银行利润，迫使银行提高风险偏好，导致中小银行，尤其是非篮子货币经济体的银行资产质量大幅下降。再次，由于稳定币储备资产需要高质量流动资产，因此，在一些经济体市场，会出现优质资产荒，影响金融稳定。三是全球性稳定币相关风险可能传导至实体经济。当全球性稳定币被用作支付手段时，一旦出现系统中断,它就会导致金融市场波动并影响实体经济活动。当全球性稳定币被用作价值贮藏时,其币值下降将引起持有人(包括机构和个人)财富大幅收缩,由于没有存款保险和最后贷款人机制,当发生挤兑时,持有人将面临严重损失。此外,全球性稳定币储备资产规模庞大,如其在极端情形下被抛售,将引发金融市场剧烈波动,并对实体经济产生冲击。

有关数字货币的几个概念

虚拟货币:欧洲中央银行于 2012 年 10 月发布的"虚拟货币体系"报告指出,"虚拟货币是一种未加监管的数字货币,由其开发者发行并控制,被某一特定虚拟社区成员使用并接受"。比如,Q 币是由腾讯公司发行的网络支付产品,主要用于购买特定虚拟社区的网络服务。

数字货币:数字货币是指以数字形式存在的货币,在不同语境下,它有着完全不同的内涵和外延。目前,狭义的数字货币主要指纯数字化、不需要物理载体的货币。而广义的数字货币等同于电子货币,泛指一切以电子形式存在的货币。

加密资产:采用密码学技术的数字货币被称为加密货币。但由于许多加密货币价格波动太大,无法成为真正的货币,因此经常被认为是一种另类资产,被称为加密资产。

稳定币:致力于维持币值稳定即维持对法定货币的汇率稳定的数字货币被称为稳定币。典型的稳定币有摩根币、Libra 等。

3. 对全球性稳定币的监管。对全球性稳定币,应当按照"相同业务,相同风险,相同监管"的原则进行监管,满足支付与市场基础设施委员会(CPMI)和国际证监会组织(IOSCO)金融市场基础设施原则、反洗钱金融行动特别工作组(FATF)关于虚拟资产的反洗钱框架等相关规定。但随着全球性稳定币生态体系建立,相关公共风险将被进一步放大,其可能会成为一个系统重要性监管对象。目前，各国监管机构和国际标准制定组织正在加强全球性稳定币的跨境、跨机构协调监管，并推动制定相关监管标准，以防范监管套利和不公平竞争。《二十国集团领导人利雅得峰会宣言》指出，在通过适当的设计并遵循适用标准充分解决所有相关法律、法规和监督要求之前，不得启动所谓"全球性稳定币"。

（二）法定货币的形态随技术和需求发展不断演进

法定货币由相关法律法规赋予法偿性，具备在一切公私债务中不可拒绝的支付效力。法定货币形态的历史演进受技术和需求驱动，从实物形态逐步向数字形态过渡。在各历史时期，生产力的发展催生新需求，而技术迭代推动货币从实物、金属、纸币等向电子和数字形态演变，以提高货币流通效率，改善消费者福利。法定数字货币即为数字形式的法定货币。

近年来，随着信息技术的不断革新，电子支付和移动支付快速发展，此类以商业银行存款为基础的支付工具逐步实现数字化和电子化，较好地满足了经济社会发展需求。但是，这类支付工具无法替代法定货币发挥价值尺度、记账单位的职能，且由于账户紧耦合，在支付效率、场景覆盖、用户隐私保护等方面也存在较大的提升空间。同时，现金使用率虽然呈现下降趋势，但是流通数量持续增长，在金融服务覆盖不足的地区对现金仍有较高的依赖度，这证明了法定货币进行数字化的必要性。

（三）各国均在加快法定数字货币的研发进度

为顺应技术演进和经济发展趋势，维护国家主权货币地位和金融体系安全稳定，各国均在加快法定数字货币的研发。近期国际清算银行（BIS）对66家央行的调查显示，约80%的央行正在研发法定数字货币，其中半数已从理论研究阶段发展到实验和试点阶段。公开资料显示，美国、英国、加拿大、瑞典、新加坡等国央行以及欧央行近年来通过高层演讲、研究报告、咨询文件等形式公布了关于法定数字货币的考虑和计划，部分国家已经开始或完成了试点测试。

（四）法定数字货币的分类

从使用对象和范围看，法定数字货币可分为零售型和批发型，前者面向全体公众、用于日常交易，后者面向批发和金融市场、用于大额结算。从运营模式看，可分为直接型、混合型、中介型和合成型。[1]直接型指央行负责处理零售交易、维护零售交易的账本，数字货币是央行的负债。混合型是指央行负责维护零售交易的账本，数字货币是央行的负债，中介机构处理零售交易。中介型是一种类似于混合型数字货币的设计架构，央行负责维护批发交易的账本而非所有零售交易的账本，数字货币是央行的负债，中介机构负责处理交易。合成型是指中介机构可以发行与其持有的央行资金等额的数字货币，中介机构负责处理零售交易，数字货币是中介机构的负债。从设计特征看，可分为基于账户、基于准账户或基于价值。从计息规则看，可分为计息和不计息。

（五）我国法定数字货币的研发进展

1. 数字人民币的定义。数字人民币是由中国人民银行发行的数字形式的法定货币。由指定运营机构参与运营并向公众兑换，以广义账户体系为基础，支持银行账户松耦合功能，与纸钞和硬币等价，具有价值特征和法偿性，支持可控匿名。

2. 数字人民币的意义和优势。一是维护法定货币地位和货币发行权。随着区块链技术的发展，加密资产和全球性稳定币开始涌现，潜藏货币侵蚀、跨境资金异常流动等风险，可能对金融稳定产生冲击。数字人民币有利于抵御加密资产和全球性稳定币的侵蚀，防止数字经济时代的货币发行权旁落，确保货币发行始终服务于国家发展改革大局，保证数字人民币的币值稳定和安全性、法偿性等特征。

---

[1] 参见国际清算银行发布的《央行数字货币的兴起：动因、制度框架和技术路径》中对央行数字货币的分类。

二是为现有电子支付体系提供补充和备份。大型科技公司已起到零售支付基础设施的作用，一旦出现经营不善等问题，就会严重影响支付系统稳定运行，甚至产生系统性风险。数字人民币作为独立于商业银行存款货币的新型零售支付手段，由于以国家主权信用为支持，因此具有安全等级高、法偿性等特征，建立使用央行货币清算的电子支付体系能对商业银行存款货币所支撑的电子支付工具形成补充和备份。

三是有效提升央行支付系统的接入范围、处理能力和效率。近年来，随着互联网和信息技术的发展，电子支付领域创新层出不穷，各国央行纷纷推出基于央行货币的快速支付系统，为用户提供全天候、实时的跨行支付清算服务，例如美国的 FedNow、欧洲的 TIPS。数字人民币作为未来重要的金融设施，将为社会公众提供安全、快速、便利的零售支付服务，提升支付系统的安全性和稳健性，确保支付市场平稳运行。

四是有助于提升普惠金融服务水平。社会公众可在不持有银行账户的情况下开立数字人民币钱包，享受创新、安全、便利的支付服务。对传统账户服务难以触及的偏远地区，以及高铁、飞机等通信网络覆盖不佳的消费场景，公众可以依托双离线功能，实现随时随地的便捷支付体验，并享受基础性的金融服务，从而大幅提高普惠金融服务水平。

3. 数字人民币近期工作进展。中国人民银行以长期演进理念贯穿数字人民币顶层设计和项目研发流程，经历开发测试、内部封闭验证和外部可控试点三大阶段，坚持场景创新、技术创新和联合创新三大发展方向，打造和完善数字人民币 App。目前，数字人民币体系已基本完成顶层设计、标准制定、功能研发和联调测试等工作，并先行在深圳、苏州、雄安、成都等城市以及未来的冬奥会场景进行试点测试。截至 2020 年 12 月初，共落地试点场景近 5 万个，覆盖生活缴费、餐饮服务、交通出行、购物消费、政务服务等领域，支持条码支付、刷脸支付和碰一碰等多元支付方式。

前期在深圳地区试点过程中，为了向在新冠疫情防控中做出重要贡献的医护工作者致敬，积累试点推广经验，并促进消费需求、提振消费信心，中国人民银行联合深圳市罗湖区开展了两轮数字人民币红包试点，取得了较好效果。此外，还与相关手机制造商合作，共同开展基于安全单元的数字人民币硬件钱包标准规范制定和产品研发，为用户带来包括双离线交易等创新功能在内的移动支付新体验。

四、大数据在金融领域的应用

大数据开启了人类社会一次重大的时代转型，从科学研究到医疗保险，从银行业到互联网，各个领域的数据量都呈爆发式增长态势，全球数据量每两年就可以翻一番。中国作为全球数据生产大国，预计到 2025 年，中国的数据量占全球比重将达到 30%，成为世界之最。

（一）大数据的内涵与特征

1. **大数据的内涵**。全球知名的咨询机构麦肯锡全球研究所将大数据定义为一种规模大到在获取、存储、管理、分析方面大大超出传统数据库软件工具能力范围的数据集合，具有海量的数据规模、快速的数据流转、多样的数据类型和价值密度低四大特征。国际最具权威性的 IT 研究与顾问咨询公司高德纳认为，大数据是需要新处理模式才能具有更强的决策力、洞察发现力和流程优化能力来适应海量、高增长率和多样化的信息资产。业界通常将大数据理解为无法在一定时间范围内用常规软件工具进行捕捉、管理和处理、规模庞大的数据集合或信息资产。

2. **大数据的特征**。业界普遍认为，大数据主要有以下 5 个特点（通常所说的"5 v"特点）：一是数据体量巨大（volume），至少达到 PB^①级的海量数据处理规模，难以使用传统技术进行集中存储和计算；二是数据类型多样（variety），除了传统结构化的数据，更多的是文本、图片、视频、音频、地理位置等半结构化或非结构化的数据；三是数据处理速度快（velocity），数据处理遵循"1 秒定律"，包括流模式、实时、准实时和批量，可从各种类型的数据中快速获得高价值的信息；四是低价值密度（value），数据高价值、

---

① 1 PB=1 024 TB=1 048 576 GB，1 GB=1 024 MB，相当于一部电影的数据量。

低密度、碎片化，以监控视频为例，在一小时不间断的监控视频中，有用的可能只有一两秒；五是真实性（veracity），大数据所包含的信息都是真实发生的事实，大数据的真实性是指数据的准确度和可信赖度，代表数据的质量。

（二）大数据在金融领域的应用实践

大数据与云计算、物联网、移动互联网等新一代信息技术深度交叉融合，在金融业催生了许多新业态、新模式，同时促进了许多传统金融业务转型升级，培育了新的增长点。各国纷纷加快关键技术研发，围绕数据科学理论体系、大数据计算系统与分析、大数据应用模型等领域进行布局，将 5G、人工智能、区块链、虚拟现实（VR）、增强现实（AR）技术融入大数据技术研发与应用。金融行业在日常运行中，积累了大量的基础数据，数据正在变得比以往任何时候都更加重要。随着大数据技术的逐步成熟，大数据在金融行业的应用也日渐广泛，在风控管理、精准营销、股价预测、智能投顾、风险定价、骗保识别等涉及银行、证券、保险的业务中已经有很多落地的实践。大数据应用水平正在成为金融机构竞争的核心要素之一。

1. **银行业大数据应用。** 大数据分析是银行推动产品创新、重塑业务流程、支持科学决策、精准选择客户、规避经营风险的关键，是金融机构竞争的重要战场。因此，提升大数据分析的深度和广度，拓展大数据应用场景非常重要。目前来看，大数据在银行业的应用主要在征信、风控、消费金融、供应链金融和财富管理 5 个领域。

大数据在银行业务经营管理过程中发挥作用，需要全方位提升大数据应用能力。通过建立不同的数据模型、提供各类数据服务，让数据在产品管理、营销支持、产品运营、业务支持、风险管控以及报告与决策等领域发挥作用，提升全价值链业务处理的智能化水平。（1）产品管理方面，基于大数据的智能化产品评价和多维度灵活产品定价的应用，实现产品管理的智能化。（2）营销支持方面，基于大数据计算的多层级定价模型，支持客户差异化定价，基于客户行为大数据，分析挖掘潜在客户，提升营销精准度，利用大数据事件驱动架构能力提升对公客户关系管理水平，基于企业级对公客户特征库进行商机挖掘，通过对客户的差异化服务和商机挖掘实现智能营销支持。（3）产品运营方面，基于大数据应用统一额度监控预警，基于信用卡影子额度大数据计算支持信用卡实时调额，基于大数据的智能化稽核监测分析模型支持员工渠道交易风险全预警，通过大数据计算支持产品运营过程中的灵活调整以实现运营智能化。（4）业务支持方面，通过大数据实现组件与会计引擎账务流水核对提升业务能力，通过录音、文本等非结构数据分析提升客户服务水平，基于海量数据归档支持历史数据查询服务，多渠道办公经营指标直观表达，通过数据的存储和应用支持业务应用智能化。（5）风险管控方面，全面统一的风险视图支持全行业组合风险预警，利用大数据实现市场风险和交易的公允估值，利用大数据提升反洗钱能力和可疑交易检测能力，通过数据统一视图实现银行风险智能预警。（6）报告与决策方面，基于大数据分析应用实现员工绩效智能测算，基于大数据全面提升机构盈利成本计算，建立完整指标体系，全面提升内部管理决策科学化水平。

2. 证券业大数据应用。伴随大数据技术应用边界的不断拓展，其对证券业商业模式变革、市场格局演化产生了重要而深远的影响，促使业内充分认识到大数据技术在业务发展中的重要价值。从目前看，大数据技术对证券业的影响主要体现在以下几个方面。（1）大数据有利于对客户进行精准画像。券商基于其掌握的带有个人标签的数据（手机号码、家庭住址、用户资产、收益、交易频率等），与外部场景数据（电商消费记录、社交账号记录）等进行连通，可以形成更完整的"全方位、多角度、立体化"的客户画像，更准确地把握客户风险投资偏好和交易习惯，提供个性化的精准营销策略，降低券商客户营销成本，提高销售效果。（2）大数据有利于提高投资效率，优化投资决策。量化投资在证券交易中扮演着越来越重要的角色，大数据为优化量化投资提供了"天然工具"。特别是大数据对非结构化信息的收集整理，更是弥补了传统量化策略中单一聚焦于结构化信息的缺憾。从文本、图片、音视频等素材中挖掘出结构化、量化的信息，将非结构化数据转化为结构化数据，从而使数据的标准化程度更高、可计算性更强，大大提高了量化投资策略的有效性。（3）大数据有利于构建全生命周期的客户管理。利用大数据技术，能够从客户开户的那一刻起，对客户资产均值、交易频率、交易品种、换手率、仓位、成交量、持股时间、投资收益等数据进行实时跟踪，更准确地判断客户投资能力、交易模式类型和风险偏好，进一步实行对客户的细分管理，实施差异化的服务策略，挖掘潜在的高价值客户。

3. 保险业大数据应用。作为数据信息高度密集的行业，保险业的海量大数据是构成人工智能、云计算、区块链等科技应用的重要前提和行业发展的基础设施。当前，大数据在我国保险业的主要应用，包括险种创新、基于客户画像的精准营销、健康长期的客户服务管理体系、大数据智能风控等。（1）大数据有利于保险产品创新。保险公司利用大数据加强风险预测，可以开发基于不同场景的创新型险种，实现产品的个性化定制，如互联网场景下的航班延误险、酒店退订险、退货运费险、宠物责任险以及一些机构推出的基于运动步数的健康险产品。此外，保险公司利用大数据技术分析全量数据，可以打破原有的基于抽样分析的传统定价，实现更准确的产品定价，开发出更符合市场需要的保险产品和保险费率。（2）大数据有利于保险公司精准营销。保险公司大数据构建立体化的客户画像，通过对客户身份、生理自然信息、社会关系信息、特征偏好信息等海量行为数据进行建模分析，设计各群体差异化的保险产品，推出个性化推荐、精准营销和精准服务。基于数据分析，可以有效挖潜客户的交叉销售需求，如针对车险用户进行健康险、个贷险等非车险的交叉销售。（3）大数据有利于做好客户服务管理。保险公司基于大数据展开分群经营，可以高效触达具有不同特征和需求的客户，可以使保险公司有充足的数据支持对客户的知识图谱构建、健康状况管理分析等，从短期的售前咨询向长期的客户管理转变，形成更健康、可持续的发展模式。（4）大数据有利于开展智能风控。保险业大数据风控应用主要体现在投保前的风险排查、承保中的风险管控、理赔时的风险识别和反欺诈上。在投保环节，保险公司可以利用大数据筛查较高风险客户，采取拒保或提高保费等方式区别对待。在承保运营环节，保险公司可以对承保中的客户信息进行追踪，更新风险指数。在理赔环节，保险公司可以先筛查出疑似欺诈的高风险案件，再人工介入进行重点审核，提高勘查效率。互联网场景下的健康险、意外险产品容易出现投保人逆向选择及欺诈风险，大数据风控模型可以减少欺诈行为发生。在车险领域，通过增加车、人、驾驶行为、位置轨迹等定价因子，可以实现更精准的风险定价，并在理赔端结合维修、保养等行业数据进行反作弊分析。

（三）大数据金融应用面临的挑战

数据作为一种资源，其发挥价值的机制在于不断打通各个场景、产业、政企、地域以至国家的边界藩篱，通过汇聚、连接、融合，放大叠加效应，实现共用共享。金融大数据应用市场发展最重要的前提是数据资产的隐私保护和数据要素的开放共享。综观国内外金融市场，在大数据技术的实践应用中，隐私泄露、数据孤岛、数据垄断等问题越发突出，降低了数据资源的优化配置效率，从顶层设计的角度看，以政府为主导的数据治理体系将是构建可持续发展的平衡数据资产生态的关键。

（四）大数据金融应用展望

1. 隐私计算推动数据安全利用。随着上述数据价值挖掘与数据隐私保护之间的矛盾越发凸显，隐私计算技术得到迅速发展，为解决上述难题提供了新的途径。

2. 万物互联推动数据跨界融合。随着 5G、物联网等技术在各行业应用加速，预计金融可用的数据广度、深度和鲜活度还将大幅提升，金融行业也将成为各行业数据进入社会化大生产的关键入口。未来基于场景的金融在信息整合、特征关联和业务洞察方面，将逐步演变为利用多场景、网络化、图谱化的高价值数据。

3. 开放生态推动数据金融创新。当下数据管理主要在各机构内部进行，对外则注重数据所有权的保留，忽略数据使用权的开放。未来，在技术保障数据安全、报酬保障数据利用的前提下，数据管理将主要以数据要素市场那只"看不见的手"进行。数据要素将成为金融业未来最大、最重要的新资产类别，数据金融将作为一种新的金融业态应运而生，它是金融业对数据要素提供的开创性金融服务。

五、人工智能在金融领域的应用

2017 年 7 月，党中央、国务院决定实施《新一代人工智能发展规划》，十九大报告明确提出，要"推动互联网、大数据、人工智能和实体经济深度融合"。人工智能将成为经济形态和社会生产力快速发展的重要突破口。

（一）人工智能的含义、技术脉络与特点

1. **人工智能的含义**。人工智能是"人工"与"智能"的融合，是通过机器代替人类实现认知、识别、分析与决策的理论、方法、技术以及应用系统等，涉及算法模型、感知、认知和控制等多方面技术，以实现计算机等机器设备具备视（看）、听、说、学（学习）、思（思考）、行（行动）等人类能力。人工智能和基因工程、纳米科学等是被公认的 21 世纪三大尖端技术。

业界普遍认为，人工智能有三大核心要素和三个主要部分。三大核心要素分别是数据、算法和计算能力，其中数据是人工智能的基础，算法是人工智能最核心的要素，是决定人工智能水平的关键，计算能力是人工智能的技能保障，是使算法实现的路径支持。三个主要部分是神经网络、机器学习和深度学习，其中神经网络（通常被称为人工神经网络）基本上通过"并行地建模和处理输入和输出之间的非线性关系"来模拟生物神经网络，机器学习通常使用统计和数据来帮助改进机器功能，而深度学习则计算多层神经网络以进行更高级的学习。[①]

从应用范围角度看，可将人工智能分为专用人工智能和通用人工智能。专用人工智能面向特定任务（比如承担特定工作或下棋等），因其应用需求明确、相对简单，所以已在不少领域实现单点突破，比如人工智能程序在大规模图像识别和人脸识别中达到了超越人类的水平，人工智能系统诊断皮肤癌达到

---

① 引自上海理工大学樊重俊教授人工智能团队的相关研究。

了专业医生水平。1997年5月，IBM（国际商业机器公司）研制的深蓝（Deep Blue）计算机战胜了国际象棋大师卡斯帕罗夫；2016年3月，谷歌公司研发的具有深度学习功能的阿尔法围棋（AlphaGo）在围棋比赛中战胜韩国棋手李世石，又于2017年5月战胜中国棋手柯洁等世界顶级高手。这说明专用人工智能已经取得重大突破，在局部智能水平方面已经超越人类智能。目前，人工智能领域的研究也主要集中在专用智能领域。

真正意义上完备的人工智能系统应该是一个通用的智能系统。人的大脑是一个可以自动处理视听、判断推理、学习思考、规划设计等各类问题的综合通用系统，即所谓的"一脑万用"。目前，通用人工智能处于起步阶段。2016年10月，美国国家科学技术委员会发布《国家人工智能研究与发展战略计划》，提出在美国的人工智能中长期发展策略中要着重研究通用人工智能。阿尔法围棋系统开发团队创始人戴密斯·哈萨比斯提出朝着"创造解决世界上一切问题的通用人工智能"这一目标前进。微软在2017年成立了通用人工智能实验室，众多感知、学习、推理、自然语言理解等方面的科学家参与其中。从专用智能向通用智能发展是人工智能发展的必然趋势，当然也是研究与应用领域的重大挑战。[①]

国际四大会计师事务所之一德勤按照人工智能所具备的能力是否能够达到或超过人类的智慧和能力，将人工智能技术大致分为弱人类级人工智能、强人类级人工智能和超越人类级人工智能[②]。弱人类级人工智能技术可以理解为那些可部分替代人类行为的人工智能，不具有全方位思维和意识能力。强人类级人工智能是指在各方面都能和人类比肩的人工智能，能够思考、计划、解决问题、运用抽象思维、理解复杂理念、快速学习和从经验中学习，且不仅限于某一领域，让机器人全方位实现类人的能力。而超越人类级的人工智能是最高级别的人工智能，可以全面超越人类的指挥能力。德勤会计师事务所认为，像深蓝和阿尔法围棋这样的人工智能技术是具有超越人类级人工智能的技术，未来10年人工智能可以达到人类智慧平均水平，而2099年

---

① 引自中国科学院院士谭铁牛。
② 德勤会计师事务所《2019年全球人工智能发展白皮书》。

人类社会可能会进入强人工智能时代。

2. 人工智能技术脉络。 从 1956 年美国约翰·麦卡锡为首的年轻科学家在达特茅斯会议上正式提出人工智能起，人工智能至今已有近 70 年的研究和发展历史，不同学科背景的学者对人工智能提出不同研究观点，由此产生了多种学术流派，主要包括符号主义（决策树、知识图谱等）、贝叶斯派（贝叶斯网络、隐马尔可夫模型）、联结主义（人工神经网络、深度学习）、进化主义（遗传算法）、行为类比主义（支持向量机）等。

根据清华大学张钹院士的研究，人工智能经历了三代发展。第一代人工智能主要是基于知识和经验的推理模型，用这个模型来模拟人类的理性智能行为，如推理、规划、决策等，可以理解为计算智能。第二代人工智能，就是大家非常熟悉的深度学习。通过深度神经网络的模型模拟人类的感知，譬如视觉、听觉、触觉，可以被认为是感知智能。第三代人工智能将把第一代知识驱动的方法和第二代数据驱动的方法结合起来，充分利用知识、数据、算法和算力等要素，以解决不完全信息、不确定性环境和动态变化环境下的问题，可以被理解为认知智能。

业界普遍认为，目前的人工智能处于第二代的感知智能阶段。该阶段最为核心的技术是语音识别和视觉识别。随着互联网、大数据以及计算处理能力的迅猛发展，人工智能在感知智能上将实现巨大突破。

3. 人工智能技术特点。 人工智能在发展跨越过程中，逐渐呈现出深度学习、跨媒体感知、人机协同、群体智能、自主操控等新特征。（1）从机器学习到深度学习的跨越。机器学习是通过算法解析数据，用大量数据进行模型训练来辅助人类在真实世界中做出决策和预测。而深度学习本身也是实现机器学习的一种技术，是通过有监督和无监督的学习方法来训练深度神经网络，并不断通过优化神经元的连接方法和激活函数来训练神经网络模型。（2）从多媒体数据的分类处理到跨媒体感知计算的跨越。多媒体数据的分类处理是对结构化数据和非结构化的文本、图形、图像、动画、音频、视频等媒体数据进行分类解析分析。而跨媒体感知计算通过智能感知、复杂场景主动感知、自然环境听觉与言语感知、多媒体自主学习、关联分析和一致性表示对跨平台、跨模态、跨维度的数据进行处理分析和计算。（3）从拟人机器人到人机协同的智能机器人的跨越。拟人机器人是一个可计算编程的机器，模仿人类自动执行一系列复杂的动作。而智能机器人是基于大规模协作的知识资源与开放共享技术，建立群智知识表示框架，具有自主感知、规划和协同能力的自动化机器人。通过混合增强智能，实现人机协同共融的情境理解与决策学习、直觉推理与因果模型、记忆与知识演化，使智能机器人具备学习与思考接近或超过人类的智能水平。（4）从个人智能到群体智能的跨越。突破个体固化的机械化和自动化能力，群体智能通过感知和算法驱动，将数万亿的个体智能终端和传感器链接，形成自组织的去中心化、规模化的网络协同效应。（5）从知识感知到知识认知的自主决策的跨越。在通过语音识别、人脸识别、图像和视频处理技术对不同形态数据进行处理和解析的知识感知计算的基础上，建立数据驱动和以自然语言处理、虚拟现实和增强现实技术、知识理解和知识关联图谱为核心的认知计算模型，形成从大数据到知识、从知识到决策的能力，并重点突破"面向自主无人系统的协同感知与交互、自主协同控制与优化决策、知识驱动的人机物三元协同与互操作"。

（三）人工智能在金融业的应用

人工智能技术及其产业在最近20年得到蓬勃发展，对社会经济发展起到了巨大推动作用。2016年9月，国际著名咨询公司埃森哲发布报告称，人工智能技术的应用可在现有基础上将劳动生产率提高40%。到2035年，美、日、英、德、法等12个发达国家的年均经济增长率可以翻一番。麦肯锡咨询公司调研结果表明，人工智能最为广泛和领先的应用领域是汽车/组装、金融、电信等高科技领域，可以说人工智能落地金融应用方兴未艾。

金融业以广大人民群众为服务对象，对使用机器替代人工以承担大量重复性、流程化的工作具有天然的诉求。人工智能技术在发展过程中很快与金融服务结合，在金融服务渠道、交互方式、授信融资、投资决策、风险管理等领域产生创新驱动作用，在智能投顾、客户画像、信用评级、量化交易、舆情分析等场景中迎来了爆发式增长，凸显了其社会效益和商业价值。

1. 智慧网点。金融机构基于智能终端、生物识别等新技术的支撑，建设智慧网点，在客户识别、服务、营销、评价等各方面的网点经营管理中实现全流程高效数字化，进而提升客户体验，增加客户黏性，重新发挥物理网点的优势。

2. 智能交互。智能交互主要基于语音识别技术、自然语言处理技术以及知识图谱技术得以实现。智能交互能有效降低金融机构的人力资源成本，可在金融机构内部广泛应用，也能帮助客户更好地识别自己的需求和问题，实现金融机构和客户的双赢。譬如，应用语音识别技术将客户的语音转换为文字，免除了客户手动输入问题的烦琐。应用自然语言处理技术对客户的话语进行分析，提取其中的关键需求，并利用知识图谱技术定位针对客户话语最合适的回答，提升智能客服应答准确性。随着相关技术的快速发展，智能交互正在朝着精准、快速、人性化的方向不断发展。

3. 智慧流程。以机器人流程自动化（RPA）为代表的超级自动化技术，有助于将金融机构全生命周期的业务流程线上智能化处理，提升销售、客服、财务、风控等业务的处理效率。RPA能够代替人工处理复杂、烦琐以及大量的事务，实现智能信采、智能表单、智能审批，从而大量减少企业的人力成本，提升整体工作效率，甚至能够辅助发现工作流程中不必要的环节，实现流程优化。

4. 智能投顾。智能投顾又称机器人顾问，一般指基于不同用户的收益预期、风险偏好和流动性需求，通过自动化方式为用户推荐投资组合，提供个性化的理财服务，其目的是分散投资风险，实现全球资产配置，追求长期、稳定收益。智能投顾近几年已成为金融投资的新兴热点，是大资管时代极具特色的投资管理服务模式，拥有巨大的市场潜力。

5. 智慧资讯。智慧资讯一般包括金融主体识别、事件要素抽取、事件情感标注、事件关联分析等环节。金融主体识别是从金融新闻中抽取实体机构信息，并与知识库中的机构信息建立链接，准确关联新闻描述的具体公司。事件要素抽取是针对公告内容，检测关注的事件类型，并针对不同事件抽取相应的要素，如主体、客体、时间等。事件情感标注是通过金融新闻文本的分析，解析出该新闻对某个具体实体的情感导向，将其分为正面情感、负面情感以及中性情感。事件关联分析是通过对事件关键词和摘要的提取，分析出事件与历史上或当前发生的其他事件之间的关联。

6. 智能风控。随着人工智能的迅速发展，智能风控在金融业也逐渐普及。人工智能技术可以将历史数据中客户几百维甚至几千维的数据结合在一起进行分析，更加科学地形成风险客户、风险交易的识别规则。同时，这些识别规则一般比较复杂，可以利用客户十几维甚至几十维数据对风险进行识别，破解难度较大。

近两年，国家大力支持普惠金融发展，智能风控也有利于解决小微企业信贷表现不足、无法从金融机构获取有效贷款的问题。运用人工智能技术可以对小微企业的工商注册信息、税务数据、上下游交易情况等进行分析，识别出好客户并进行授信，扶持小微企业发展。

（四）金融业发展人工智能的着力点

1. 算法安全方面。监管部门应出台人工智能金融应用监管规则，建立智能算法评价备案机制，强化标准符合与安全管理，提高算法的安全性。金融机构应紧跟科技前沿，不断更新人工智能算法，提升算法智能化水平，并采取安全加固措施增强算法可靠性，利用全局或局部代理模型提升算法可解释性。

2. 协同发展方面。加快建设面向金融业的人工智能开放创新平台、协同发展与研究平台，促进人工智能研究机构、金融机构、高等院校和高新技术企业间的生态合作。

3. 智能应用方面。促进人工智能为用户提供定制化金融服务，解决更多复杂智能化的金融问题，引导人工智能从感知智能发展到认知智能，打造共享复用、高效敏捷、深度交互的智能中台，构建数据驱动、人机协同、跨界融合、共创分享的智慧金融应用生态。

4. 流程再造方面。将人工智能优质模型、工具与系统贯穿应用于投顾、营销、风控、运营等全流程，打通部门之间的业务隔阂与流程断点，推动服务体系向主动化、个性化、精细化方向发展，提升客户体验和运营效率，打造"非接触式服务、远程式办理、浸入式体验"的金融业新模式。

六、云计算在金融领域的应用

云计算是金融科技的几大关键技术里面发展较为成熟的一种，可以为大数据、人工智能、区块链、数据库、中间件等技术提供基础支撑，作为企业数字化的重要基础设施，它使得创新和变革变得更加容易和便捷，带来了信息资源的集约化管理。

（一）云计算的概念和类型

国家推荐标准《信息技术 云计算 概览与词汇》（GB/T 32400—2015）将云计算定义为一种通过网络将可伸缩、弹性的共享物理和虚拟资源池[①]以按需自服务的方式供应和管理的模式。美国国家标准与技术研究院（NIST）将云计算定义为一种按使用量付费的模式，通过云计算，用户可以随时随地按需从可配备的计算资源共享池中获取网络、服务器、存储、应用程序等资源。

根据使用云计算平台用户范围的不同以及云资源归属和控制方的不同，云计算一般分为私有云、公有云、行业云和混合云四种部署模型。私有云指仅被一个云服务使用者使用，且资源被该云服务使用者控制的一种云部署模式。公有云是可被任意云服务使用者使用，且资源被云服务提供者控制的一种云部署模式。行业云是由一组特定的云服务使用者使用和共享，且资源被云服务提供者或使用者控制的一种云部署模式，云服务提供者和使用者在监管政策、安全要求等方面相同或高度相似。混合云是包含两种及以上部署模式的云部署模式。

按照交付使用方式，云计算主要分为 IaaS（基础设施即服务）、PaaS（平台即服务）、SaaS（软件即服务）等类型。IaaS 提供计算、存储、网络等基础资源服务。云服务使用者可通过管理平台、应用编程接口等使用、监控、管理云计算平台中的资源。PaaS 提供运行在云计算基础设施上的软件开发和运行

---

① 这些资源包括服务器、操作系统、网络、软件、应用和存储设备等。

环境服务。云服务使用者可基于 PaaS 提供的工具及环境进行系统开发、测试、集成、部署、运行、维护等工作。SaaS 提供运行在云计算基础设施上的应用软件服务。

（二）国内云计算发展现状

1. 云计算技术发展迅速。一是桌面云快速兴起，传统 IT 办公装备由单一的 PC 终端向多样化、移动化、智能化方向演进，云办公场景将以桌面云为载体，构建跨操作系统、跨终端、聚合应用的统一体验的云办公平台。二是云国产化进程加速推进。国家大力提倡自主可控能力，加速推进了金融领域云技术国产化进展。当前，以鲲鹏、飞腾和麒麟芯片、UOS 国产操作系统为基础的云基础技术矩阵，正在全面加速推进。另外，国产数据库的发展非常迅速，尤其是国内移动互联网的迅猛发展，给很多国产新型数据库的应用创造了全球独一无二的场景。这在很大程度上缩小了国产数据库和以 Oracle 为代表的传统数据库之间的差距，甚至在某些层面呈现赶超之势。三是数据迁移技术迅速发展。随着国产化浪潮的推进，从 Oracle 或 DB2 数据库将异构数据迁移至国产数据库的需求已经迫在眉睫，其中涌现了不少优秀的国产数据迁移同步工具。四是微服务中间件取得进展。

2. 宏观政策环境基本形成。云计算产业发展、行业推广、应用基础、安全管理等重要环节的宏观政策环境已经基本形成。从 2015 年开始，国务院及工业和信息化部、人民银行等政府监管部门连续发布云计算发展鼓励政策，推进云计算在政府、互联网、制造、金融等多领域的应用，以提升政务水平与企业经营效率。

3. 云计算应用日趋成熟。一是我国 IaaS 发展成熟，PaaS 增长高速，SaaS 潜力巨大。2019 年，我国公有云 IaaS 市场规模达到 453 亿元，较 2018 年增长了 67.4%，业内普遍认为 IaaS 市场会持续攀高；公有云 PaaS 市场规模为 42 亿元，比上年提升 92.2%，在企业数字化转型需求的拉动下，未来几年企业对数据库、中间件、微服务等 PaaS 服务的需求将持续增长；公有云 SaaS 市场规模达到 194 亿元，比 2018 年增长了 34.2%，增速较稳定，与全球整体市场（1 095 亿美元）的成熟度差距明显，发展空间大。2020 年初席卷全球的新冠疫情使 SaaS 服务企业用户认可度得到显著提升，国内 SaaS 服务迎来发展新机遇。二是云计算应用度持续提升。2019 年我国已经应用云计算的企业占比达到 66.1%，较 2018 年增加了 7.5%。其中，采用公有云的企业占比 41.6%，较 2020 年提高了 5.2%；私有云占比为 14.7%，与 2020 年相比有小幅提升；还有 9.8% 的企业采用了混合云，与 2018 年相比提高了 1.7%。三是云计算降本增效显著。第三方调研数据显示，95% 的企业认为使用云计算可以降低企业的 IT 成本，其中超过 10% 的用户成本节省在一半以上。另外，超四成的企业表示，使用云计算提升了 IT 运行效率，IT 运维工作量减少和安全性提升的占比分别为 25.8% 和 24.2%。

（三）云计算在金融行业的应用

云计算在金融领域的应用价值主要有三个方面：降低金融机构的信息资源获取成本；减小金融机构的资源配给风险；提高金融机构的 IT 运营效率，"可以让金融机构像使用水、电、煤一样使用 IT 资源"。[①]

1. 云计算的发展伴随着金融信息系统的更迭演变。作为提升商业银行经营管理效率的重要手段，国内金融信息系统至今经历了分散式架构、集中式架构、分布式架构三个阶段。各商业银行金融信息系统完成从"各省行分散部署"到"全国性数据中心"的演进、迈入集中式架构阶段后，服务器规模和机房体量快速增长的问题越来越突出，金融业基础设施又被 IBM 小型机、Oracle 数据库、EMC 磁盘阵列等国外厂商垄断。随着阿里"去 IOE"（指去掉 IBM 的小型机、Oracle 数据库、EMC 存储设备，代之以自主在开源软件基础上开发的系统）的成功，金融机构开始探索基础设施转型，历经数年不断尝试，金融信息系统已逐渐转向分布式架构阶段。分布式、容器、微服务的大量使用对基础设施提出了更高要求，"一体运维、软硬兼施、以软为主"的云计算成为其技术基础。

---

① 智研咨询《金融科技发展报告》。

2. 运用 IaaS、PaaS 助力运维管理敏捷高效。随着云计算技术的不断成熟，为适应新金融形势对基础资源弹性伸缩和敏捷迭代快速部署的需求，金融机构逐渐引入更完整的 IaaS 解决方案，将存储和网络等硬件资源由"硬"变"软"，打通计算、存储和网络之间的界限，将计算、存储、网络资源进行统一灵活高效调度管理，构建了用户使用透明、按需供给的资源管理模式。同时，基于集群资源池化设计，实现了应用间资源共享，云上资源利用率得到有效提升。此外，多层次、高可用的特性，有效支撑了业务连续性运行。云管平台、资源调度平台等不同层级的调度策略实现了运维管理流程自动化，基础设施管理水平有了质的跨越。

在云环境选择方面，出于监管和数据机密性的考虑，银行、证券等金融机构以私有云为主，而互联网金融公司存在租用公有云的情况。公有云也主要应用于信息发布类的金融服务。

3. 依托 SaaS 构建开放式金融生态。金融行业已经步入 4.0 时代，金融 + 场景的结合，驱动金融机构积极布局开放金融场景，构建平台和生态以创造更多的商业模式与服务模式。

（四）云计算金融应用发展趋势展望

1. 云计算服务将成为金融业科技创新发展底座。数字化转型已成为金融行业的共识，构建与金融业务发展相匹配的云基础设施，将数据和应用迁移到云端，并借助云平台上的大数据、人工智能、区块链等数字化创新技术为业务赋能，成为金融行业数字化转型的必由之路。

2. 自主可控云技术保障金融云可持续发展。在金融行业上云的趋势下，云计算平台已经成为金融领域的关键信息基础设施，稳步推进云计算核心技术安全、自主、可控，对防控金融风险、保障金融安全具有重要意义。

3. 云应用模式从公有云、私有云向混合云发展。纯粹的公有云和私有云的云应用模式已经不能完全满足金融业务创新发展，混合云应用模式既能满足金融机构对公有云资源的使用需求，又能满足金融行业大量数据与核心应用必须集中存储的合规安全要求，满足金融机构的"安全可靠 + 应用创新"双重诉求，提升金融机构运行效率。

4. **监管合规保驾护航金融云正向发展。**国家从宏观政策与监管合规要求方面出发，将不断完善适合金融云发展的顶层设计以及相关的配置措施，保障金融云服务能力为社会发展提供良好动能，提升社会生产效率，降低成本。同时，在技术不断创新发展的基础上，金融云的 IaaS、PaaS、SaaS 能力服务体系也将不断完善，服务效率与质量不断提升，稳步打造一个人们在使用云服务能力时安全无忧、体验良好、服务高效的生态体系，促使金融云服务能力安全、快速发展，为社会大众提供优质服务。

第二章
海内外金融风险状况分析

　　金融风险是金融行业的永恒话题。它与金融活动相生相伴，贯穿金融市场、金融机构和金融产品的各环节、各领域。金融风险能否得到有效识别和控制，不仅关系到金融机构的经营成败和金融行业的稳健运行，还事关国家金融安全与经济社会发展大局。加强金融治理和风险防控，首先要正确理解金融风险的本质和来源，准确把握国际、国内政治经济格局和形势变化，深入了解国内外主要市场和金融机构风险状况。

第一节　金融风险的内涵、特点与分类

金融风险作为外部政治经济环境与金融机构自身经营管理等的不确定性在金融市场的具体表现，有着极其丰富的内涵、特点，国内外金融监管机构和很多知名专家学者均从各自视角进行解读。本节立足服务金融市场实践需要，对金融风险的内涵、特点和分类做出了进一步分析阐释，并对几种特定风险进行了说明。

一、金融风险的内涵

虽然国内外专家学者和金融监管机构对金融风险内涵的理解不尽相同，但比较主流的看法是将金融风险理解为因各种不确定性因素给**金融体系、金融机构**或**金融活动**造成潜在损失的可能性。

（一）风险与不确定性

《牛津简明英语词典》将风险定义为一种"危险，引发坏情况、损失或者毁坏的可能性"。芝加哥经济学派创始人弗兰克·奈特在其《风险、不确定性与利润》一书中首次对风险和不确定性加以区分并做了专门定义。奈特指出，风险是"客观"概率，是可度量的不确定性，即"对风险而言，一组事件的结果的分布是可知的（要么通过先验计算获得，要么由对过去的统计获得)"。而不确定性是"主观"概率，是不可度量的不确定性。1997 年诺贝尔经济学奖得主罗伯特·莫顿在《金融学》一书中，将风险定义为"一种'事关紧要'的不确定性"，并指出，"通常，人们将损失的'不利'可能性而非收益的'有利'潜力看作风险"。美联储在《交易和资本市场活动手册》中，将风险定义为"一个工具、投资组合或活动的潜在损失，即一些事件可能给工具、投资组合或活动的风险价值和风险收益带来的影响"。

（二）金融资产的风险与收益

1990 年，诺贝尔经济学奖得主哈里·马科维茨在《资产组合选择》一书中提出了用风险资产的期望回报和回报的方差来研究投资组合的选择问题。他明确指出，期望回报代表的是收益，而回报的方差代表的是风险。[①]他认为，人们应该像关注回报那样关注风险，在资产的选择中应综合比较收益和风险两个要素。[②]

同享 1990 年诺贝尔经济学奖的威廉·夏普在《资本资产定价》（1964）一文中进一步指出，虽然通过分散化可以降低资产的总体风险水平，但是资产定价与风险之间的关系仍然是未知的。为解决风险定价问题，他首次提出，资产的潜在风险由系统性风险和非系统性风险两部分组成，其中系统性风险是不可分散的、市场整体的潜在风险，而非系统性风险是可分散的、单个资产特有的风险。为了确定资产的系统性风险，在马科维茨（1952）研究的基础上，威廉·夏普进一步比较了资产回报的方差与市场整体的回报的方差之间的线性关系，从而得到了资产的系统性风险与市场整体系统性风险的倍数

---

① 马科维茨指出，"'收益'和'风险'概念频繁地出现在金融学的文章中。通常术语'收益'可以替换为'期望收益'或'期望回报'，而把'风险'替换为'回报的方差'，也不会改变其本身的清晰的含义"。

② 马科维茨提出一个法则——投资者确实（或应该）将期望回报看作一件令人向往的事情，而将回报的方差看作一件不受欢迎的事情。

关系，即用资产回报的方差来衡量资产风险，用市场整体回报的方差来衡量系统性风险，然后求得两者的相对关系。[①]

金融风险的出现，无疑将给金融活动，特别是金融机构和金融体系的稳健运行带来诸多扰动，无论是金融市场的直接参与者还是政府部门与监管机构，都高度重视金融风险问题，高度重视金融活动所引发的不确定性因素可能给金融市场带来的冲击。结合金融市场活动实际、金融政策制定和金融监管的实际需要，贴近经济运行规律，我们将金融风险定义为，能够给金融机构或金融市场造成财务、技术、信誉、功能等冲击，导致金融机构遭受财务损失或重大损失，影响金融机构或市场正常运行、功能发挥的可能性。其中既有单一机构面临的风险，也包括行业或市场整体面临的风险。

二、金融风险的特征

金融风险的特征具有多面性，至少表现在以下 8 个方面。

1. **金融风险具有客观性**。金融市场天然是一个动态变化的系统，任何参与者行为或外部政治经济等因素的变化，都会给金融市场带来扰动。市场内所有的业务类型和业务环节都在内外部因素的驱动下不断发展变化，金融风险总是客观存在的，它无时无刻不渗透在市场的每个角落。

2. **金融风险具有潜在性**。由于金融风险只是金融市场参与者或金融体系遭受冲击或损失的"可能性"，是或有事件，它的发展变化更是受到各种不确定性因素的影响，其爆发时间、地点、形式和程度难以预测，因

---

① 夏普指出，在市场均衡条件下，系统性风险与其期望回报之间存在稳定的风险溢价。而且，对一项资产而言，除了系统性风险，其他风险都是可以分散掉的，因此其风险溢价只与剩余的、与市场整体经济活动相关的风险有关。因此他认为，如果要确定一项资产的风险溢价，那么首先需要确定该资产的风险中包含了多少系统性风险，然后将其乘以系统性风险的风险溢价，并由此延展出资本资产定价模型（CAPM）。而具体到资本资产定价，夏普指出，在市场均衡条件下，资产的价格应由两部分组成，即在无风险利率（时间价值）的基础上，每增加一单位风险，需要额外增加固定单位的期望回报（风险溢价）。

此人们容易忽视它的存在，人们在金融活动中普遍缺乏应有的风险防范意识。

3. 金融风险具有隐蔽性。 金融体系的复杂结构，市场参与者不太透明的金融活动，特别是金融机构所具有的一定信用创造能力，使其能够通过创造新的信用来掩盖潜在的损失和问题，这些都导致了金融风险的存在难以被人们发现，导致了人们总是后知后觉，在金融风险事件爆发后才恍然大悟。

4. 金融风险具有破坏性。 金融风险是潜在冲击和负面影响，它的爆发必然给相关主体乃至体制机制带来损失和破坏。特别是，金融风险的隐蔽性为其不断积聚提供了空间，导致金融风险往往一旦爆发，便是一次猛烈的冲击，给金融市场和实体经济造成巨大损失。

5. 金融风险具有交叉传染性。 金融行业的发展成熟，离不开各类金融主体的密切联系和配合。他们通过各类业务和交易织就了一张高效的多边网络，形成了复杂的债权债务关系，任何一家金融机构遭受冲击，都会通过这张网络迅速传导至其他机构。一旦形成连锁反应，这种交叉反馈就会酿成显著的系统性风险，引发波及整个金融体系的剧烈震荡。

6. 金融风险具有差异性。 虽然金融风险在金融市场内普遍存在，但具体到不同的市场、不同的机构以及不同的业务环节，风险来源和风险形成过程均有所不同。在不同的时间点或对不同的参与主体而言，同一个业务环节的风险来源也可能是不同的。因此，不同的金融风险类型往往呈现出不同的特性、不同的原因和不同的影响力。

7. 金融风险具有阶段性。 金融风险在不同的市场发展与经济运行阶段有着不同的表现。新兴市场与发达市场的金融风险特征不同。而当经济复苏、金融市场逐步活跃时，金融风险通常会随着金融活动的增多，特别是投机行为的增多而大量产生，但是在金融风险爆发、监管当局收紧监管政策并进行风险处置后，金融风险会随着金融活动的抑制，开始维持在一个较低水平。

8. 金融风险具有一定的可控性。 金融风险的产生和积累具有一定规律，它在一定程度上是可以被预见、防范和控制的。当然这取决于金融市场参与者和监管部门的主观能动性与客观条件，一旦具备了较高的风险防范意识、健全和完善了对风险的识别、监测、防控和处置机制并可以及时有效实施，风险就可以在很大程度上被消除、弱化或控制在较小范围内。

此外，近年来金融市场的快速创新发展[1]和全球宏观经济环境的变化[2]，也使得金融风险的一些特征表现得更加突出。一是信息技术的使用，提升了金融市场的信息传递效率，使得金融机构间联系得更加紧密，这不可避免会放大金融风险的交叉传染性。二是金融科技的广泛应用，在创新金融产品、提升金融产品业务功能的同时，也增加了金融行业的复杂性，加深了金融风险的隐蔽性。三是金融风险交叉传染性和隐蔽性的提高，必然导致金融风险更易积聚和迅速扩散传播。在全球货币环境长期宽松，主要发达经济体已经将基准利率维持在接近 0 的水平，未来降息空间有限，宏观经济稳定性已经相对脆弱的背景下，市场环境一旦发生变化，各类风险就很容易瞬间引爆、共振，这增强了金融风险的破坏性，弱化了风险的可控性。四是相对于金融科技的快速发展，金融机构的风险管理意识和理念以及相应的风险防控技术与管理模式发展相对滞后，这导致风险的可控性下降。

三、金融风险的类型

当前，国际主要的金融监管组织基于对金融机构业务特征、风险来源的剖析把握和监管经验，已经形成了一套相对成熟的风险分类方法。

---

[1] 随着金融科技的迅猛发展，金融与科技的融合日益紧密，金融行业呈现出工具复杂、产品复杂、业务复杂、市场复杂等特征。科技应用在便利金融交易、满足多元化投融资需求、提升金融服务质量、提高资源配置效率的同时，也暴露出一系列问题，导致金融风险出现了一些新的变化。

[2] 2008 年国际金融危机后，各国央行不断宽松货币政策，导致相关国家政府和企业债务不断积累，经济脆弱性逐渐上升。加之新冠肺炎疫情和美国贸易保护政策已经严重冲击全球产业链和供应链，损害市场信心，进一步恶化了全球风险偏好，加大了全球经济增长的不确定性。经济环境一旦突然变差，这些不确定性因素就会迅速转化为系统性风险，对全球市场造成冲击。

1. 联合论坛 [①] 将金融机构所面临的风险分为信用风险、市场和资产流动性风险、资金流动性风险、利率风险、技术风险（保险承保风险）和操作风险等6类。

2. 巴塞尔银行监管委员会重点关注银行业的信用风险、集中度风险、国别和转移风险、市场风险、银行账簿中的利率风险、流动性风险和操作风险等7类。

3. 国际证监会组织将证券公司所面临的风险分为市场风险、信用风险、流动性风险、操作风险、法律风险和系统性风险等6类。

4. 国际保险监督官协会将保险集团所面临的风险分为保险风险、市场风险、信用风险、流动性风险、集中度风险、操作风险、集团风险和战略风险等8类。

5. 美联储将金融市场交易和活动中的潜在风险分为市场（价格）风险、资金流动性风险、市场流动性风险、交易对手信用风险、清算/结算信用风险、操作和系统风险、法律风险和声誉风险等8类。

6. 英国金融行为监管局将监管对象的主要风险划分为信用和交易对手风险、市场风险、流动性风险、操作风险、集中度风险、剩余风险、证券化风险、商业风险、非交易账户中的利率风险、过度借贷风险、养老金义务风险和集团风险等12类。

7. 不少学者也对风险类型进行了研究，如纽约大学教授安东尼·桑德斯和南伊利诺伊斯大学教授马西娅·米伦·科尼特在《金融风险管理》一书中，将金融风险分为利率风险、市场风险、信用风险、表外风险、技术风险、营运风险、外汇风险、国家或主权风险、流动性风险和破产风险等10类。法国外贸银行量化研究基金会主席米歇尔·克劳伊等人在《风险管理精要》一书中，将金融风险分为市场风险、流动性风险、操作风险、法律风险与监管风险、商业

---

① 联合论坛是由巴塞尔银行监管委员会（简称巴塞尔委员会）、国际证监会组织和国际保险监督官协会（IAIS）于1996年共同授权成立的一个金融部门的高级监管组织。2001年，联合论坛发布《风险管理实践和监管资本》，比较了银行、证券和保险三个金融部门在风险管理方面的行业实践，其中涵盖了对金融风险的具体分类。

风险、战略风险和声誉风险等 7 类。

迪博尔德、多尔蒂和赫林①按照对不确定性的认知程度，将金融风险分为已知风险、未知风险和不可知风险 3 类。其中已知风险是我们凭借过往经验，已经对其有了全面理解，并能够建立基础模型，对其概率分布进行准确评估的风险，如汽车保险索赔等风险，是可以在事前进行精准管理的。未知风险是指我们已经知道了这类风险的存在，但是因为缺少有效风险评估工具，导致其概率分布仍然未知的风险，如信贷风险、操作风险等，对其的管理仍然无法做到精准和完全可靠。不可知风险是指我们连不确定性事件本身是什么都尚不可知，更谈不上对其概率进行评估的风险，如黑天鹅风险等在事前是完全未知的，更无法谈及有效管理。

结合我国金融市场实际特点，本书将金融机构所面临的风险分为信用风险、市场风险、流动性风险、操作风险、战略风险、声誉风险、宏观经济风险、外部传染风险和国别风险 9 类（如表 2-1 所示）。

表 2-1　金融机构所面临的风险及定义

信用风险	金融交易对手在合约到期时或未来任何时候，不能充分履行其财务义务的风险；或者由于债务人信用状况恶化而导致相应资产价值遭受损失的风险。
市场风险	由于资产价值或价格潜在发生变化（如利率、货币汇率、股票价格和商品价格波动），而导致投资组合头寸或资产负债表表内、表外头寸遭受损失的风险。
流动性风险	金融交易对手无法在不影响其日常经营或财务状况的情况下，及时获得足够的资金，以按期履行其财务义务的（资金流动性）风险；或者由于市场深度不足或市场混乱，导致无法足够快地以一个合理价格和足够数量进行平仓，以避免不利的财务影响而引发的（市场流动性）风险。
操作风险	由于内部流程、人员和系统的不完善或失败，或者由于外部事件而造成损失的风险。它也囊括了法律和文件风险，以及由交易、结算和估值的操作程序所引发的风险。

---

① 弗朗西斯·迪博尔德、尼尔·多尔蒂、理查德·赫林：《金融风险管理中的已知、未知和不可知》，唐英凯译，东北财经大学出版社，2014。

战略风险	因为业务决策失当、执行决策不善，或者未能顺应所属行业、经济或科技的最新形势，而使金融机构的盈利、资本、声誉或地位受到当前或未来冲击的风险。
声誉风险	由于部分客户、交易对手、股东、投资者、债权人、市场分析师以及其他相关方或监管者的负面感知，而对金融机构维持现有关系或建立新的商业关系以及继续获得资金来源的能力造成不利影响的风险。
宏观经济风险	由于经济活动和物价水平波动，而导致金融机构遭受利润损失的风险。
外部传染风险	由产生于金融体系之外的融资活动或准金融活动引发，能够通过某种介质向金融机构传导蔓延的风险。
国别风险	由于外部司法管辖区或经济体发生政治、经济、社会变化及事件，导致该地区借款人或债务人无法履行合约义务，而造成本国或本地区金融机构遭受损失的风险。

注：重点参考了联合论坛、巴塞尔银行监管委员会、国际证监会组织、国际保险监督官协会、美联储、英国金融行为监管局对金融风险的分类与定义。

　　其中，信用风险、市场风险、流动性风险和操作风险是金融体系内部的核心风险。信用风险是金融行业与生俱来的风险，只要有金融业务和金融交易的地方，就存在对手违约的风险。市场风险主要伴随各类金融交易而产生，是金融市场天然存在的风险。流动性风险则贯穿金融机构经营全过程，是最易触发风险事件乃至引爆金融危机的风险。操作风险主要内生于金融机构的内部运作，往往由于金融机构内部控制失效而引发较大损失。

　　战略风险和声誉风险是金融机构的商业运营风险。战略风险与金融机构的整体经营目标有关，是一种多维风险，与金融机构其他主要风险密切相关且相互作用。声誉风险是对金融机构业务及其经济价值的最大威胁，市场参与者对金融机构的信心是金融机构得以存在的基础。

　　宏观经济风险、外部传染风险和国别风险共同构成了对金融体系的外部冲击风险。宏观经济风险是宏观经济系统的内生风险，金融作为现代经济的核心，首当其冲会受到宏观经济波动的影响。外部传染风险产生于金融体系之外的灰色金融活动[①]，多通过金融资产等介质向金融系统传染扩散。国别风险比主权风险更宽泛，是由外部某一司法管辖区或经济体的经济状况恶化、政治和社会动荡、资产被国有化或征用、政府拒付对外债务、外汇管制或货币贬值等情况引发的。

若干海外监管组织对金融风险的分类

机构名称	分类	定义
联合论坛	1. 信用风险	信用风险是指交易对手不能充分履行其财务义务的风险。它既包括贷款或债券违约的风险，又包括担保人或衍生品交易对手未能履行其义务的风险。
	2. 市场和资产流动性风险	市场风险是指潜在的由于资产价值或价格发生变化（如利率、货币汇率、股票价格和商品价格波动）而引起的损失。资产流动性风险与市场风险显然是相互关联的，它是指一个特定金融工具的市场缺乏深度或出现扰乱，使得一个实体无法以市场价值或接近市场价值的水平对该工具进行平仓的风险。
	3. 资金流动性风险	资金流动性风险是指一个公司无法按期获得必要的资金来履行其义务的风险。所需的流动性数量，在很大程度上取决于该机构预测资金需求的能力，以及其获取外部资金的能力（特别是在资金紧张的情况下）。
	4. 利率风险	利率风险是指银行、证券公司或保险公司的财务状况对利率不利变动的敞口。利率风险产生于某些特定的固定利率产品。或者更普遍地，公司资产负债表的整体结构造成了利率风险。
	5. 技术风险（保险承保风险）	技术风险在很大程度上是保险特有的，通常是保险公司承担的最重要的风险。它包括与产品定价（保费）有关的风险，以及与为覆盖人寿和非人寿保险索赔而制定的充分的与技术条款有关的风险。因此，它有时也被定义为保险公司的承保风险。

[①] 参见原中国银监会发布的《中国银监会办公厅关于防范外部风险传染的通知》（银监办发〔2013〕131号）中关于外部传染风险主要有小贷公司、典当行、担保机构、民间融资、非法集资等5个主要来源的阐述。

机构名称	分类	定义
联合论坛	6. 操作风险	操作风险可以从多个角度被定义。例如，巴塞尔委员会将操作风险定义为，由于内部流程、人员和系统的不完善与失败或外部事件而造成损失的风险。这个定义通常排除了与业务决策相关的战略风险。但是，它确实包括了一些声誉风险以及法律和合规性风险的因素。其他类型的操作风险主要来自员工失误、自动化系统故障或者通信网络故障而使公司遭受损失的风险。
巴塞尔银行监管委员会	1. 信用风险	这是指交易对手（无论是参与人还是其他实体）在合约到期时或未来任何时候，无法完全履行其财务义务的风险。具体来说，它是指银行的借款人或交易对手可能无法按照合约条款履行其义务的风险，与金融交易的结算过程密切相关。它包括交易对手信用风险，即交易对手在对交易现金流的最终结算前出现违约的风险。
	2. 集中度风险	这是指任何一个单一或一组风险敞口，其产生的潜在损失（相对于银行的资本、总资产或整体风险水平）足以威胁一个银行的健康或其维持核心业务运营的能力。集中度风险通常被认为是银行出现重大问题的最重要的单一原因。它既可能来自对债务人的直接风险敞口，也可能来自对风险缓释提供者的风险敞口。
	3. 国别和转移风险	国别风险是指由于发生在外国的事件而遭受损失的风险。这个概念比主权风险更宽泛，包括了所有形式的借贷或投资活动，无论是对个人、公司、银行还是政府。转移风险是指借款人无法将当地货币兑换成外汇，因而导致无法偿还外币债务的风险。这种风险通常是借款国政府所实施的外汇管制引发的。
	4. 市场风险	这是指市场价格波动导致资产负债表表内和表外头寸遭受损失的风险。包括：（1）与交易账户中的利率相关工具和权益有关的风险；（2）贯穿银行的外汇风险和商品风险。
	5. 银行账簿中的利率风险	这是指利率的不利变动影响了银行的银行账簿头寸，而导致银行的资本和收益出现了当前或未来潜在的风险。首先，利率变化会导致未来现金流的现值和时间安排也发生变化，进而改变银行资产、负债和表外项目的潜在价值，乃至改变其经济价值。其次，利率变化也会通过改变对利率敏感的收入和支出来影响银行的收益，从而影响银行的净利息收入。如果管理不当，超额的银行账簿中的利率风险会对银行当前的资本基础和/或未来的收益构成严重威胁。

机构名称	分类	定义
巴塞尔银行监管委员会	6. 流动性风险	这是指交易对手（无论是参与人还是其他实体）在预期的时间内，没有足够的资金来履行其财务义务的风险，尽管他在未来可能有能力履行相关义务。此处主要指的是资金流动性风险，即企业在不影响其日常经营或财务状况的情况下，无法有效满足预期的或未预期的当前与未来的现金流和抵押品需求的风险。此外还有市场流动性风险，即市场深度不足或市场混乱致使企业无法轻易以市场价格对冲或消除头寸的风险。
	7. 操作风险	这是指由于内部流程、人员和系统的不完善或失败或外部事件而造成损失的风险。此处的操作风险包括法律风险，但不包括战略和声誉风险。法律风险包括但不限于：监管行为导致的罚款、惩罚或惩罚性损害赔偿，以及私人和解等。
美联储	1. 市场（价格）风险	这是一个随着市场条件变化（如利率变动），一个金融工具或一个金融工具的组合的价值发生变化的风险。
	2. 资金流动性风险	这是指在现金流错配情况下，投资和筹资能力不足的风险。
	3. 市场流动性风险	这是指由于不能足够快地以一个合理的价格和足够的数量进行平仓，以避免不利的财务影响而引发的风险。
	4. 交易对手信用风险	这是一个由于交易对手未能按照合约的条款和条件成功履约，而给合约权利的持有者造成现金流或市场价值损失的风险。
	5. 清算 / 结算信用风险	这包括两方面：一是指一个拥有所需交付的报酬或资产的交易对手，在这个资产或报酬被交割前违约的风险；二是指虽然交易对手有能力和意愿去履约，但是技术性困难使得交割或结算被中断的风险。
	6. 操作和系统风险	这是一个由于人为失误、欺诈，或系统未能充分记录、监控和说明交易或头寸而引发的风险。
	7. 法律风险	这是一个存在一些法律障碍，例如缺乏充分的证明文件、对特定交易对手的监管禁令、破产清算中双边的不可强制执行性和多边的终止型净额结算及担保安排等，导致交易无法被完成的风险。
	8. 声誉风险	这一风险源于对机构的产品或活动的负面公众舆论。

机构名称	分类	定义
英国金融行为监管局	1. 信用和交易对手风险	一项资产的信用风险，是指由于另一方未能成功履行义务或者未能及时履行义务而带来损失的风险。交易对手信用风险，则是指一项交易的交易对手在交易现金流的最终交割前违约的风险。
	2. 市场风险	这是指由于市场变量（如利率、汇率、权益和商品价格，或者发行人的信用可靠性）变化，引起投资组合头寸的市场价值发生波动而带来损失的风险；也指由于资产或基于利率、汇率的价值与收入发生波动而引发的风险。
	3. 流动性风险	这是指一项投资组合的头寸不能在一个足够短的时间框架内，以一个有限的成本被出售、清盘或平仓的风险；或者一个监管对象虽然有偿付能力，但是在合约即将到期时，缺乏可用的充足的财务资源来履行其义务，或者只有付出超额代价才能获得这些财务资源的风险。
	4. 操作风险	这是指由于内部流程、人员和系统的不完善或失败，或者由于外部事件的影响而造成损失的风险，它也包括法律和文件风险，以及由交易、结算和估值的操作程序所引发的风险。
	5. 集中度风险	这是指由于头寸被限制在有限的个数或种类中而引发的风险。
	6. 剩余风险	这是指由于监管对象的信用风险缓释技术被证明比预期水平低而引发的风险。
	7. 证券化风险	这是指由于考虑到交易的经济实质（包括所实现的风险转移的程度），监管对象为证券化资产所持有的自有资金不够充足而引发的风险。
	8. 商业风险	这是指由于监管对象的商业变化（及薪酬政策）而给其带来的任何风险，包括：（1）由于收益下降或不稳定而给其收入带来的急性风险；（2）由于宏观经济、地缘政治、行业、监管及其他因素，证明其商业模式或战略不适当而引发的广泛风险；（3）由于监管对象可能无法执行其商业计划或预期战略而引发的风险。

机构名称	分类	定义
英国金融行为监管局	9.非交易账户中的利率风险	包括：（1）与资产、负债以及表外短期、长期头寸的再定价的错配有关的风险（再定价风险）；（2）在对冲一种利率的头寸时，由于所使用的另一种利率的再定价环境与其略有不同而引发的风险（基准风险）；（3）与交易的发生存在不确定性相关的风险，例如预期的未来交易与实际发生的交易不同（管道风险）；（4）当市场利率变动时，由于消费者赎回固定利率产品而引发的风险（期权性风险）。
	10.过度借贷风险	这是指杠杆或由杠杆导致的机构脆弱性引发的风险。这可能需要机构对其商业计划采取计划外的纠正措施，包括对可能导致其遭受损失或剩余资产价值调整的不良资产的出售。
	11.养老金义务风险	这是指监管对象（或其关联公司）由于为其雇员制订养老金计划或其他类似情况，而承担相应合同或其他义务所引发的风险。也就是说，监管对象出于道义责任或其他原因，需要向一个养老金计划支付款项或做出其他贡献而产生的风险。
	12.集团风险	这是指监管对象的财务状况，可能因为其与同一集团内其他实体的（财务或非财务）关系，或者受到可能影响整个集团财务状况的风险（如声誉传染）的影响，而遭受不利影响的风险。

四、对几种特定风险的说明

除了以上较为全面系统的风险分类，在日常金融实践中，还有一些典型的风险类型，如系统性风险与区域性风险，黑天鹅、绿天鹅与灰犀牛风险，关键行为人道德操守（腐败行为）与执业风险，信息技术系统风险等，这些都引起了监管部门和专家学者的广泛关注，有必要在此加以说明。

（一）系统性风险与区域性风险

系统性金融风险（简称系统性风险）与区域性金融风险（简称区域性风险）是一对儿就"金融风险所影响的经济空间范围"而言的相对概念，金融危机是系统性风险积累和爆发的极端表现。在现实中，金融风险往往先在局部发生，然后通过传染扩散，逐步演化为全局性、系统性的风险。在推崇金融自由化的西方发达国家和部分发展中国家，系统性风险更容易出现大规模积聚，一旦爆发，就常常演变为冲击性极大的金融危机。

1. **区域性风险是指经济领域内某产业、某地区所面对的局部性金融风险。**它具有鲜明的特定区域特征，如区域层面的监管、金融市场、金融体系结构等，是介于个体风险和总体风险之间的中观层面。它的产生不仅与地区经济及金融发展方式有关，更源于当地金融监管政策漏洞和监管效力缺失。这种地方经济发展安排和地方金融监管差异的双重制约，也导致区域性风险管控具有一定复杂性。近年来，我国部分地区的社会融资出现了民间借贷、非法集资风险暴露较多等问题，导致表外风险向银行等金融机构传导，造成区域性风险不断累积。

在传播方式上，区域性风险多通过区域内的经济社会联系等渠道进行扩散、蔓延（这与系统性风险通过金融系统各组成部分之间的连通关系进行扩散不同），区域性金融机构或龙头企业一旦由于经营不善等引发风险，随着其财务状况持续恶化，就很容易导致区域内金融机构和大量企业发生连锁反应，形成区域性金融及经济危机，对当地经济社会发展造成冲击。区域性风险如果积聚到一定程度，就可能向区域外扩散，演化为系统性风险。

2. **系统性风险常常与一国（或地区）的经济金融安全相关联，是全局性的，多发生在宏观层面。**[①] 2009 年 10 月，国际货币基金组织、金融稳定理事会和国际清算银行向二十国集团财长和央行行长会议联合提交了《金融机构、市场和工具的系统重要性评估指南》，将系统性风险定义为"一个使金融

---

① 从广义上说，区域性风险在特定区域内也是系统性的，但是由于尚未波及全国市场，因此尚不具备全局性。

服务中断的风险，即由全部或部分金融系统的受损造成，以及可能对实体经济产生严重负面影响"。[①] 系统性风险是由一个金融机构、市场或工具的受损或失败带来的负外部性造成的风险，它不仅会造成整个金融系统的明显中断，最终还会给实体经济带来显著冲击。[②]

系统性金融风险不仅具有金融风险的一般特征，还会在爆发时呈现出结构复杂、突发性强、波及范围广和负面影响深远等突出特点。首先，系统性风险不是一朝一夕形成的，它是在复杂的金融系统中，从个体风险到局部风险，不断积累扩散，不断杂糅各类风险、各种不确定性，形成的错综复杂的风险结构。其次，系统性风险一经触发，通常会在整个金融系统内迅速引燃，在短期内引发市场全面剧烈震荡，对金融系统造成突然打击。再次，系统性风险一旦爆发，就会在金融系统快速交叉扩散，不仅对金融系统各组成部分造成严重负面冲击，还会快速扩散到实体经济乃至其他社会领域，带来广泛影响。最后，系统性风险的危害不仅仅体现在它带来的直接损失上，它还会引发金融系统的无序和混乱，给金融体系和政治经济秩序带来深刻调整，可能造成长期后遗症，影响深远。

系统性风险如果不受控制，出现大面积、高强度的爆发，那么它引发的金融指标的急剧恶化和金融市场的混乱，通常被称为金融危机。根据《新帕尔格雷夫经济学大辞典》的定义，**金融危机**是指："全部或大部分金融指标——短期利率、资产（证券、房地产、土地）价格、商业破产数和金融机构倒闭数——的急剧、短暂和超周期的变化。"[③] 它源于金融体系，通常以

---

① 类似地，欧洲系统性风险委员会（ESRB）将系统性风险定义为，"金融系统出现混乱的风险，这种风险可能对欧盟或其一个或多个成员国的实体经济以及内部市场的运行，造成严重的负面影响"。

② 由于系统性风险反映了市场的整体运动，难以通过多样化投资进行分散，因此它又被称为不可分散风险。与此相对，非系统性风险主要是指个别金融机构或公司所特有的风险，这些风险的影响范围仅限于一家或几家机构或公司，不会对金融系统产生较大影响。由于非系统性风险可以通过多样化投资被分散，因此它又被称为可分散风险。

③ 伊特韦尔：《新帕尔格雷夫经济学大辞典》，经济科学出版社，1996。

货币危机、债务危机和银行危机等具体形式（或这些形式的混合）呈现。自 1637 年荷兰郁金香泡沫破裂以来，金融危机在西方资本主义国家总是不时发生，特别是 20 世纪 70 年代西方发达国家和部分发展中国家推行金融自由化以来，"金融危机发生频率之高、影响程度之大、涉及范围之广，为以往所未见"。[①] 例如，1997 年爆发的东南亚金融危机席卷了整个东南亚金融市场，东南亚国家相继出现主权货币贬值超过 30% 的情况，印度尼西亚盾贬值超过 80%。严重的金融动荡，造成相关国家金融中介机构大量倒闭，实体企业大规模破产，地区经济陷入严重衰退。2008 年，由美国次级贷款违约引发的国际金融危机更是在全球范围内引起了广泛的金融市场混乱，造成资产价格暴跌，众多金融机构遭受巨额损失甚至破产，引发了自第二次世界大战以来最严重的全球性经济衰退。

主流学者[②] 研究发现，金融危机爆发的根源，是金融机构在信息不对称的客观现实下，容易出现逆向选择和道德风险问题。[③] 金融自由化虽然提升了资金融通效率，但由于对金融市场和金融机构放松了管制，逆向选择和道德风险问题变得相对不受限制，会在短期内推动金融机构大规模放贷，催生资产价格泡沫。贷款损失一旦积累到一定程度，金融机构就会因资本减少被迫"去杠杆"，引发信贷萎缩和资产价格泡沫破裂，增加金融机构破产的不确定性，容易引发金融危机[④]。

[①] 查尔斯·P. 金德尔伯格、罗伯特·Z. 阿利伯：《疯狂、惊恐和崩溃——金融危机史》，朱隽、叶翔、李伟杰译，中国金融出版社，2017 年。

[②] 弗雷德里克·S. 米什金：《货币金融学（第十一版）》，郑艳文、荆国勇译，中国人民大学出版社，2016。

[③] 具体到金融市场：（1）逆向选择通常发生在交易达成之前，是指信用状况较差的借款人，借款更加积极（如提供更高的回报率），反而更容易与贷款人达成交易，使贷款人面临更大的信用违约风险；（2）道德风险通常发生在交易达成之后，是指借款人可能违背贷款人意愿，使用贷款人资金从事风险更高的投资活动，使贷款人承担更大风险。

[④] 弗雷德里克·S. 米什金：《货币金融学（第十一版）》，郑艳文、荆国勇译，中国人民大学出版社，2016。

作为对系统性风险和金融危机的反思，格林斯潘[①]强调，由于市场限制和管制放松以及技术的快速进步，国际金融体系的扩张速度远远超过实体经济、贸易的扩张速度，积累了大量系统性风险，触发了金融危机。因此，需要强化市场激励机制，以获取更多市场信息，并对市场施以更加严格的监督管理。伯南克[②]强调，"承贷标准普遍下降，投资者、评级机构放贷监管失控，对复杂、不透明、压力下脆弱的信贷工具过度依赖以及对风险承担的低补偿"，引发了美国抵押贷款市场的信贷热潮，产生了大量系统性风险。随着信贷风险和投资者风险规避意识的上升，信贷的突然萎缩进一步加剧了系统性风险，引爆了金融危机。耶伦[③]强调，复杂的系统重要性金融机构在一定程度上构成了2008年国际金融危机的中心，传统监管机制未能有效防范系统重要性金融机构过度冒险，是最终引发此次金融危机的主要原因。危机后加强对系统重要性金融机构的监管，确保其具有充足的资本和流动性，对防范系统性风险、避免严重金融危机至关重要。

（二）黑天鹅、绿天鹅与灰犀牛风险

黑天鹅和灰犀牛是一对儿相互补足的概念，绿天鹅是对黑天鹅的延伸。通常，"黑天鹅"被用来指代那些发生概率极小但冲击性极大的风险，"灰犀牛"则指的是那些发生概率极大、冲击性也极大但特别容易被人忽视的风险，"绿天鹅"指的是那些与气候变化相关的黑天鹅风险。

---

① 艾伦·格林斯潘：《当前亚洲金融危机与国际金融动态》，在美国参议院对外关系委员会的证词，1998年2月12日。摘自艾伦·格林斯潘、本·伯南克、珍妮特·耶伦：《危机与复苏》，戚克栴译，首都经济贸易大学出版社，2019。

② 本·伯南克：《危机与政策回应》，在伦敦经济学院的演讲，2009年1月13日。摘自艾伦·格林斯潘、本·伯南克、珍妮特·耶伦：《危机与复苏》，戚克栴译，首都经济贸易大学出版社，2019。

③ 珍妮特·耶伦：《加强对大型金融机构的监管》，在市民预算委员会的演讲，2015年3月3日。摘自艾伦·格林斯潘、本·伯南克、珍妮特·耶伦：《危机与复苏》，戚克栴译，首都经济贸易大学出版社，2019。

1. 黑天鹅风险。 "黑天鹅"一词最早由纽约大学理工学院风险工程学特聘教授纳西姆·尼古拉斯·塔勒布提出。塔勒布[①]指出，很久以前，由于欧洲人见到的天鹅都是白色的，所以他们一直固执地认为所有天鹅都是白色的。直到一个欧洲人来到澳大利亚，发现了黑色天鹅，之前关于天鹅颜色的"真知"被瞬间颠覆。

一般来说，黑天鹅事件具有意外性、冲击性和事后可预测性三大基本特征。首先，黑天鹅事件通常发生在人们预期之外，人们在过去没有发现任何它会发生的可能性证据。其次，意料之外的冲击更致命，它通常会因为人们的毫无防备而产生重大影响，甚至形成极端负面冲击，并波及整个国家乃至全世界的政治经济人文领域。最后，当它发生后，人们会对它进行了解和研究，倒推其可能发生的概率，给出看似合理的解释，从而让我们在事件发生后产生"我们在事前是可以预测它的，只是当时不小心疏忽了"的错觉（其实在事前，人们根本不知道这类风险的存在，因此更不用说对它的预测，这只是事后的错觉罢了）。

黑天鹅现象告诉我们，不能盲从基于历史经验的主观判断，要对不确定性因素和潜在风险时刻保持警惕。从1987年股市大崩盘到全球金融危机，从"9·11"恐怖袭击事件到新冠疫情，黑天鹅总是客观存在，又总是冷不丁地飞出，它反复提醒着人们，在这个充满不确定性的世界中，我们还远未掌握决定某个问题的全部因素，需要时刻准备与未知风险不期而遇。

2. 绿天鹅风险。 绿天鹅指的是"气候黑天鹅"[②]，除了继承黑天鹅的基本内涵，还有些许不同。一是虽然气候变化的影响是高度不确定性的，但其中一些物理和转移风险对未来的具体影响仍具有较高确定性。二是气候灾难会给人类带来生存威胁，因此它们要比大多数黑天鹅事件更具冲击性。三是由于与物理和转移风险相关的反应链条和瀑布效应更复杂，将生成一个更加基础性的、不可预测的环境学、地理政治学、社会学和经济学动态系统，这导致气

---

① 纳西姆·尼古拉斯·塔勒布：《黑天鹅——如何应对不可预知的未来》，万丹、刘宁译，中信出版集团，2019。

② 国际清算银行：《绿天鹅：气候变化时代的中央银行和金融稳定》，2020。

候变化要比一般黑天鹅事件更复杂。

3. **灰犀牛风险**。灰犀牛概念最早是由古根海姆学者奖获得者米歇尔·渥克在 2013 年 1 月的达沃斯论坛上提出的。渥克[①]指出，与黑天鹅不同，灰犀牛往往因为容易被发现，而被人们低估。就像我们明知道招惹灰犀牛很危险，但感觉它显而易见、比较容易躲避，仍然可能去招惹它。招惹灰犀牛之后，当它笨重地向我们冲来时，我们本应及时躲开，但因感觉它冲过来还有一段时间，加之自己的惰性思想、不作为，而错过了一次次躲闪的机会，当它真的冲到眼前时，为时已晚，我们因而遭受巨大冲击。渥克认为，灰犀牛事件从风险酝酿到危机发生，有一个漫长的积累过程，人们对"灰犀牛"的冲击通常有 5 个阶段的反应：否认—拖延—反应—惊恐—崩溃。例如，在全球金融危机爆发前，世界经济论坛的报告就已经将资产价格崩盘的严重性和可能性列为位居前列的潜在风险，国际货币基金组织（IMF）和国际清算银行也在危机前不断发出警告，但是这些警告都没有引起足够的重视，甚至直到危机开始显现，当局仍未采取积极应对措施。

认真梳理这些风险事件不难发现，通常每只黑天鹅的背后都藏有灰犀牛的影子。如果说 2007 年次贷危机的爆发是一只信用"黑天鹅"，那么美联储面对系统性风险爆发时的迟钝反应和慢作为，则是招致 2008 年雷曼兄弟"灰犀牛"的重要原因。

无论是黑天鹅、绿天鹅，还是灰犀牛，在其对经济部门造成猛烈冲击后，经济部门所遭受的损失必然都会以金融风险的形式在市场呈现，甚至以金融危机的形式而告终。例如，如果加勒比海飓风冲击了某些地区，那么相关金融资产将会在金融市场被立刻抛售，对资产价格、市场流动性和投资者情绪等带来巨大负面影响，进而引发市场风险、流动性风险、信用风险，乃至引发国别风险外溢等一系列不良反应，严重影响金融市场稳定。

（三）关键行为人道德操守（腐败行为）与执业风险

早在 1759 年，亚当·斯密就在《道德情操论》中指出，"要让股份公司董

---

① 米歇尔·渥克：《灰犀牛——如何应对大概率危机》，王丽云译，中信出版集团，2017。

事们像私人合伙公司合伙人那样周到地监视钱财用途，是很难做到的"。这正是信息经济学所提出的代理人问题。在委托—代理关系中，当委托人由于信息不对称、监督成本过高等因素无法对代理人进行有效监督时，代理人为了自身利益的最大化，就可能做出损害委托人利益的行为。

在金融市场实践中，金融机构的董监高人员与主要业务人员作为金融机构的实际决策者和业务活动的具体执行者，他们的非理性行为、腐败、欺诈和管理不当等，都将引发金融机构乃至金融市场的运行风险；特别是，他们凭借金融机构的专业优势和雄厚实力，具有了明显的信息优势，将导致他们在巨大利益诱惑面前更容易出现道德风险，做出损害其投资人（委托人）经济利益的行为，给金融市场带来较大风险。

例如，在金融市场繁荣时，金融机构的关键行为人可能为了做高公司短期利润，获得更多薪酬激励，进行过度投机。在风险开始暴露时，可能通过财务造假等违法违规行为，掩盖问题，使得风险得不到及时处置。在市场恐慌时，又因为恐惧，做出错误判断，低价甩卖公司资产，导致机构自身及相关投资人遭受损失。

金融机构的关键行为人还可能利用自身职务之便，通过放宽贷款审核标准、提高客户信用评价等，开展受贿索贿等舞弊行为，牟取不正当利益。也可能利用信息优势，进行内幕交易，或者通过"老鼠仓"交易等方式，进行利益输送。在证券发行、销售过程中，可能进行虚假宣传，夸大收益、掩盖风险，对消费者构成欺诈，导致消费者利益受损。

金融机构的关键行为人如果风险意识不足、工作能力低下、责任心不强、粗心大意等，就会导致机构内部管理混乱，市场风险、信用风险、流动性风险等各类业务风险长期得不到有效管控，操作风险、合规风险等运营风险事件频发，面对外部环境变化、冲击难以做出有效应对等，严重损害公司客户、股东和员工利益，甚至会给金融市场安全稳定带来一定的冲击。

（四）信息技术系统风险

信息技术系统风险的产生源于当前金融市场运行对信息技术系统的严重

依赖。自 20 世纪 50 年代以来，以计算机通信技术为核心的现代化电子信息技术在金融领域得到广泛应用。首先，在 20 世纪 50 年代，金融机构开始使用计算机替代手工作业。然后，在 20 世纪 70 年代，计算机网络化金融服务交易系统开始在金融机构总部与各网点之间，以及各金融机构之间逐步使用。最后，20 世纪 80 年代以来，随着互联网的迅速发展，全球各大金融机构开始通过虚拟网络相互连接。

信息技术系统在提升金融机构业务经营能力和管理效率，打破各金融机构之间的空间限制，推动金融自由化、经济全球化等趋势的同时，也使得金融行业对其产生了强烈依赖，这导致交易、登记、支付、结算、清算等众多金融核心业务环节都必须依赖信息技术系统来实现。金融机构的信息技术系统一旦出现重大运行问题，就会给金融机构乃至整个金融市场带来严重冲击。

例如，在信息技术系统运行过程中，如果处理器、存储器、交换机等关键设备忽然损毁，核心操作系统、功能性软件等出现紧急故障，或者第三方供应商忽然停止对核心技术和服务的提供，那么相关业务系统必然宕机，这将导致金融机构有关业务活动被迫中止。这不仅影响金融机构持续向客户提供服务的能力，损害其自身声誉，使其面临客户投诉、索赔，还会使得金融机构的投资、交易和风险管理活动中断，造成风险暴露，在瞬息万变的市场环境中，金融机构会面临潜在的头寸损失。

信息技术系统如果设计不合理，相关算法、模型不够成熟，程序、应用存在漏洞，就会给金融机构带来显著的潜在风险。因为这可能导致相关信息技术系统运行不稳定，或者效率低下，显著削弱金融机构业务开展效能，甚至导致金融机构交易、定价等出现重大错误，给其业务活动带来重大安全隐患和潜在损失。

信息技术系统的内部运行维护、操作人员操作的规范性、专业性等，也可能给金融机构带来重大操作风险。如在系统维护中，运维人员如果擅自更改系统代码，未经测试、审批违规上线技术应用等，就有可能造成系统严重错误，轻则导致相关系统被迫停运，重则因交易、清算系统错误给机构自身和客户带来显著损失，甚至引发法律风险。在业务操作中，业务部门的操作人员如果出现操作失误，就可能导致金融机构出现"乌龙指"等订单、合同信息输入错误，误差如果较大，就会给金融机构带来重大损失。

而且在金融机构之间，信息技术系统高度互联互通，外部机构（特别是交易对手或金融市场基础设施）的信号如果忽然中断，或者其反馈的清算、交割等信息信号存在错误，就会造成金融机构相关业务活动被迫中止，或者误导金融机构进行错误的资金和证券交付交收，给其带来潜在的业务运行和经济损失风险。恶意的网络攻击还可能导致金融机构的信息技术系统瘫痪、损毁，业务数据和客户信息被盗取、篡改甚至清除，给金融机构的业务安全和持续运营带来难以估量的损失。

第二节　金融风险产生的原因

金融风险的产生涉及多方面因素，既有金融市场体系不稳定和金融创新日益加快等市场自身原因，也有金融市场外部环境变化等外源性因素，还有金融市场参与者、金融机构关键人员和监管部门分别在认知层面、操作层面以及监管层面的主体性问题，以及金融市场运行对信息技术系统过度依赖等客体性问题。

一、金融市场自身的不稳定性

金融的本质是资金的融通。回顾过往，金融市场的融资结构总是跟随经济的周期性变化，经历扩张、收缩、复苏、再扩张的循环。在经济复苏时，资产价格回升和投资者情绪的逐渐亢奋，将刺激市场融资规模（特别是投机性融资和庞氏融资规模）出现扩张。而在经济衰退时，资产价格下跌和投资者情绪低落，又将推动市场融资规模（特别是投机性融资和庞氏融资规模）出现收缩。因此，金融市场的融资规模及结构对经济波动呈现出明显的顺周期效应，这内生性地决定了金融市场的不稳定性。[1]

明斯基[2]重点研究了银行信贷扩张的顺周期性，将金融市场的融资行为划分为对冲性融资（结构最为稳健，融资者预期其资本资产收益将超过融资成本）、投机性融资（会增加市场的不稳定性）和庞氏融资（对市场的危害最大）三类。研究认为，银行信贷内生性的"债务质量"（对冲性融资、投机性融资和庞氏融资在信贷规模中的占比结构）的周期性变化决定了银行信贷体系必然是不稳定的，而且三类融资随着资本资产收益率和融资成本利息率的相对变化而相互转化，这将进一步加剧金融体系内生性的不稳定。

二、日益加快的市场创新

金融创新是金融市场发展的基本动力，它可以有效增加金融供给，提升市场活力。特别是 20 世纪 70 年代以来，随着金融技术革新和金融自由化，金融创新的步伐日益加快，现代信息技术和大量统计模型、智能算法被广泛应用在金融产品设计和金融系统运行中，这不仅提升了金融机构的服务能力，也为各类市场参与者和实体企业提供了创新型的风险转移工具。但是，每次业态变革都不可避免地给传统的金融系统运行模式带来冲击，每个创新产品也都不可避免地给金融市场带来新的风险。

一是新型金融工具大多基于相似的统计模型和智能算法，模糊了银行、证券等金融工具之间原有的分业特征，强化了金融机构间的相关性，导致一些原本在单个金融工具或金融机构中出现的风险，更容易在多个工具或机构中共生共振，这更易引发系统性风险。

---

① 查尔斯·P.金德尔伯格、罗伯特·Z.阿利伯：《疯狂、惊恐和崩溃——金融危机史》，朱隽、叶翔、李伟杰译，中国金融出版社，2017。

② 海曼·明斯基：《稳定不稳定的经济——一种金融不稳定视角》，石宝峰、张慧卉译，清华大学出版社，2015。

二是新型金融工具所使用的模型、算法非常复杂，而且很多都没有经过一个完整经济周期的检验，加之模型的精密程度相较于真实世界本身就有很大的局限性，因此存在巨大的模型失败风险。市场一旦出现价格巨幅波动、流动性紧张等异常情况，自动化的模型算法就很有可能导致市场流动性瞬间枯竭，引发重大风险事件。

三是相较于传统金融机构，金融科技公司的风险管理及控制能力较低，金融科技公司对金融体系运行和业务本质的认识也不够深入。为了抢占更多市场份额，大量金融科技公司短期迅速涌入金融行业，很容易引发恶性竞争，出现减少必要的业务流程、降低基本的审核标准、进行低价倾销等问题，因此会导致新型金融工具可能出现更多期限错配、定价错误等问题，特别是在国际国内对新型金融工具的监管实践经验仍不够充分的背景下，更易产生较大的流动性风险和经营风险，这不仅会扰乱金融市场正常秩序，影响金融机构和金融市场稳健运行和健康发展，也容易引发大量违规违法问题。

四是伴随金融创新，小额贷款、融资租赁、商业保理等准金融活动开始活跃，这导致游离在金融监管之外的融资规模出现快速增长，给金融体系的整体稳定带来潜在威胁。而且准金融机构数量众多，特别是其所服务的客户群体，相较于传统金融机构出现了广泛的扩展，因此进一步强化了金融体系的"长尾风险"[①]，增加了金融体系的脆弱性。

三、市场外部的冲击

金融是现代经济的血脉，它与经济共生共荣。金融市场风险不仅受制于金融体系内生的不稳定性和金融机构自身的风险，还受到境内境外政治、经济环境的广泛影响。这既包括公共危机和地缘政治摩擦等对实体经济运行造成严重

---

① "长尾"最初来自《连线》杂志的总编辑克里斯·安德森在 2004 年发表的一篇文章，用来描述诸如亚马逊公司等网站的商业和经济模式。它是指一些原来不受重视的销量小的产品或服务，由于其种类繁多，反而导致加总起来的数量巨大，累积起来的总收益超过主流产品的现象。在互联网领域，长尾效应尤为显著。在统计学中，长尾也常作为术语，被应用在财产的分布等方面。

冲击所导致的风险，也包括境外经济体风险外溢给境内金融市场带来的输入性风险，以及准金融活动向金融市场的风险传染等。

1. 公共危机。 2020 年初开始在全球蔓延的新冠疫情让所有人印象深刻，它导致全球范围内的经济活动大幅减弱，2020 年全球 GDP 下降 4.24%，比 2008—2009 年全球金融危机期间还要严重（IMF《世界经济展望》数据库）。这进而导致全球大宗商品市场和金融市场在 2020 年剧烈震荡，给全球金融稳定带来较大风险。除此之外，地震、飓风、洪水、火灾、火山喷发等自然灾害、气候与环境的恶化等公共事件，都给全球或相关地区的经济发展乃至人民生命安全带来了严重威胁，导致相关金融资产价格大幅变动，相关地区金融市场活动大幅减弱，引发财务危机和信用危机，严重冲击相关金融体系的安全稳定。

2. 社会动荡与地缘政治冲突。 社会稳定、政局稳定是经济社会健康发展、金融市场平稳运行的基础。2020 年，无论是美国等发达国家的群众游行、暴力活动，白俄罗斯、埃塞俄比亚等发展中国家的政局动荡、社会动乱，还是亚美尼亚和阿塞拜疆的武装冲突，等等，都给相关国家和地区的社会和经济稳定带来直接威胁，严重影响了当地经济发展，引发了生产停顿、物价飞涨、资本外逃、失业增加等一系列社会、经济问题，严重破坏了当地金融市场的稳定，甚至导致当地金融体系近乎崩溃。

3. 跨境风险外溢。 习近平总书记在 2017 年中共中央政治局第四十次集体学习时指出，"在经济全球化深入发展的今天，金融危机外溢性突显，国际金融风险点仍然不少。一些国家的货币政策和财政政策调整形成的风险外溢效应，有可能对我国金融安全形成外部冲击"。特别是美国等主要发达国家，由于国内矛盾积弊难除、经济发展持续疲软，一方面开始实施大规模的量化宽松政策，导致全球流动性泛滥，另一方面开始奉行贸易保护主义政策，削弱多边贸易体系。这些都会通过利率、汇率渠道，以及贸易和供应链渠道，向全球其他国家和地区外溢，给相关国家和地区的经济发展和金融市场稳定带来输入性风险冲击。

4. 准金融活动风险传染。 由于传统金融往往无法完全满足实体企业和投资者多元化和多层次的融资需求，因此，在金融体系之外，通常还存在大量的准金融活动，如影子银行、非法集资、民间融资等。这些准金融活动由于缺乏严格的监督管理，在经营运作中存在大量风险，并通过各种途径或渠道向金融体系传染、渗透（如银行的信贷客户如果在民间融资中遭受巨大损失，就很可能出现财务困难甚至破产，这将导致其无法偿还银行贷款，将信用风险传染给银行）。特别是近年来部分互联网金融公司披着"金融科技"的外衣，开展了大量高风险、投机性较强的融资活动，地方政府、金融监管部门如果对这些风险防范处置不当，造成大量风险相互叠加、交织，就很容易引发区域性乃至系统性风险，给相关实体企业的经营发展和金融市场的稳健运行带来较大冲击。

四、市场参与者的非理性认知

在《通向繁荣的政策：凯恩斯主义论文集》一书中，凯恩斯将金融市场参与者的非理性行为定义为"动物精神"。他认为，这种"动物精神"正是宏观经济波动和经济危机的根本原因。金德尔伯格和阿利伯也将金融市场投资者、融资者、金融机构和金融监管部门等各类参与者的非理性狂热，以及他们对非理性狂热所引发的风险的无视，视为导致金融市场崩溃的主要原因。

1. **贪婪与恐惧是引发金融风险的重要原因**。回顾历史，几乎每次金融危机发生前，都有贪婪的身影，它主导了大多数投资者的行为，导致金融市场不可避免地出现过度杠杆化和资产价格泡沫。而当资产价格泡沫最终被刺破时，大多数投资者又开始陷入恐惧，大幅抛售风险资产，造成市场踩踏，导致市场崩溃。之后，直到大多数市场参与者的恐惧消退，逐渐恢复理性，市场才开始复苏、回暖。例如，在国际金融危机之前，美国证券业普遍进行了高杠杆交易，2007 年杠杆率已经达到 30 倍。2008 年，美国金融业在 1.5 万亿美元次贷基础上，更是发行了 2 万亿美元的抵押贷款支持债券、10 万亿美元的担保债券凭证和 62 万亿美元的信用违约互换（根据 IMF《世界经济展望》数据库，美国当年 GDP 为 14.71 万亿美元）。而"在 2008 年 9 月的快速衰退中，10 家破产、濒临破产以及结构重组的公司引发了全球金融恐慌。几乎所有美国和欧洲的大中型金融机构健康状况都被质疑，人们对金融体系的信心和信任不复存在"。[1]

2. 理性与非理性是可以互相转化的。一是个体对市场的预期和看法是在不断发展变化的，可能随着市场从复苏走向繁荣、资产价格不断上涨，逐步由理性变为贪婪。二是如果金融市场中的所有参与者的预期都出现同向变化，那么他们很容易陷入羊群效应，做出相似的行为。三是即使个体是理性的，但因为"合成谬误"（在微观上对的东西，组合在一起后，在宏观上不一定是对的）的存在，市场参与者对市场的集体认识也可能是非理性的。四是一些突发事件的出现，可能使得原本的群体理性不再适应新的市场形式，变得不再理性。五是市场参与者对金融市场可能存在一些普遍的认知不足，导致各类参与者均忽略了市场中的某一重要信息，也将导致群体非理性的出现。

3. 繁荣景象容易使人忽视过度举债的风险。莱因哈特和罗格夫[2]定量化地分析了800年来66个国家和地区的金融危机，他们发现这些金融危机有一个共同特点——过度举债。他们指出，无论政府、银行、企业还是消费者，在繁荣时期的过度举债都会造成很大的系统性风险。繁荣时期看似坚实的基本面、结构改革、技术创新和良好的政策基础会使人们产生错觉，以为经济发展动能仍将持续强劲，繁荣仍将继续。因此，人们开始过度举债以满足不断增长的消费和投资需求，并由此打开了虚假繁荣的大门。但是在产业回报率下降、产能严重过剩的情况下，通过债务扩张维持的消费和投资终将难以为继，必然以危机形式进行深刻调整。

4. 盲目自信容易使人们淡忘历史教训。莱因哈特和罗格夫特别指出，几乎在每次金融危机之后，市场参与者都认为他们吸取了危机教训，已经对金融体系的相关安排进行了充分的完善，认为至少在很长一段时期内金融危机不会再次发生。例如，他们可能提高了宏观经济政策和金融信贷的透明度，建立了现代化的货币政策机构——独立的中央银行，推出了信用违约互换等

---

[1] 刘鹤主编《两次全球大危机的比较研究》，中国经济出版社，2013。

[2] 卡门·M.莱因哈特、肯尼斯·S.罗格夫：《这次不一样——八百年金融危机史》，綦相、刘晓峰、刘丽娜译，机械工业出版社，2020。

新型风险管理工具，当面对许多风险苗头和警示时，他们又总认为"这次不一样"。尽管制度和政策得到完善，但是市场参与者的贪婪与恐惧没有变，群体非理性的出现没有变，繁荣推动的过度举债与虚假繁荣也没有变，人们只是沉醉在对上次金融危机之后所采取的改进措施的盲目自信中，而忽视了历史正在重演。

五、金融机构关键人员能力不足与行为不当

各类金融机构是金融市场运行的基础，他们中的关键人员（包括决策层、管理层、关键岗位人员以及其他各类金融从业人员）是金融市场活动的具体谋划者和执行者。因此，他们决策层的短视行为、管理层对市场环境变化的不当应对、关键岗位人员的操作失误或违规操作，以及金融从业人员的道德风险，都构成了金融风险的内生来源。

1. **金融机构决策层的短视行为**。金融机构和上市公司高管的激励机制，通过对高管的现金奖励或股票、期权激励，鼓励了高管追求短期业绩或寻求短期股价升值。例如，雷曼兄弟通过过度开展高风险业务、追求短期利润，使其前总裁查德·福尔德在 2000—2007 年间共计获得了 4.85 亿美元的薪酬，但这最终导致了该公司在 2008 年的破产。安然公司也向公司高管发放了大量股票期权，导致公司高管有了进行财务造假、不断增厚公司短期利润以暂时推升公司股价，实现高位套现的强烈动机。

2. **金融机构管理层对市场环境变化的应对不当**。首先，部分金融机构的管理人员可能缺乏风险意识，特别是底线意识，这导致他们对市场环境可能发生的突然变化缺少必要的敏感性和预判性。例如，在 2007 年次贷问题已经显现之后，雷曼兄弟仍然联合铁狮门地产以 44 倍的杠杆、222 亿美元的高价，收购美国第二大高端公寓开发商阿克斯顿信托，这在 2008 年给雷曼兄弟造成了上百亿美元的账面损失。其次，部分金融机构的管理人员在面对市场冲击时，可能出现战略战术失误，导致他们采取了不当的应对措施。例如，在 2008 年上半年贝尔斯登已经面临破产威胁、雷曼兄弟股价大幅震荡时，雷曼兄弟不仅没有设法变现资产，以提升流动性、降低杠杆率，反而继续收购高风

险资产、低价回购自身债务，试图做高财报利润，导致其资产负债表不断恶化，流动性缺口持续扩大。[①] 此外，金融机构还可能因为管理层难以达成一致意见、惊恐失措而犹豫拖延，贻误了进行风险处置、应对的最佳时机，导致金融风险出现快速膨胀，形成巨大冲击。

3. 金融机构关键岗位人员的操作风险和合规风险。金融市场中的业务活动，主要依赖金融机构关键岗位人员的具体操作才能够实现。但是这些人员如果在相关业务活动中出现了操作失误或违规操作，就会给金融机构乃至整个金融市场带来一定风险。例如，2005 年 12 月 8 日，日本瑞穗证券公司的一名经纪人将以 61 万日元 / 股价格卖出 J-COM 公司股票的指令，错输为以 1 日元价格卖出 61 万股该公司股票，导致相关股价迅速大跌，55 万股股票被卖出。之后，瑞穗证券公司为购回股票，蒙受了至少 270 亿日元（约合 18.5 亿人民币）的损失。再如，2005 年，法国兴业银行的盖维耶尔在转入交易员岗位后不久，便开始进行小额越权操作，通过破解同事登录密码、虚构交易等，获得巨额资金使用权限，进行违规操作。2008 年初，他在欧洲市场投入了 500 亿欧元进行做多交易，到 1 月 24 日法国兴业银行察觉并进行紧急平仓时，已经造成了约 49 亿欧元的损失。[②]

4. 金融从业人员的道德风险。首先，金融机构在社会资金融通中扮演了关键的中介作用，将分散的社会资金集中起来进行专业化配置，这就导致个别管理着大量他人资金的金融从业人员，可能利用金融机构与投资者之间的信息不对称，做出利益输送等损害客户利益的行为，例如基金管理人可能通过基金账户进行"老鼠仓"交易，从而转移投资者资金。其次，部分金融机构从业人员在证券发行、产品销售等环节，还可能出现欺诈行为。例如，2006—2007 年，高盛集团一边大幅做空抵押贷款支持证券，一边不履行全面告知义务，向投资者大量兜售相关证券。再次，部分金融机构的从业人员还可能利用职权进行舞弊。例如，个别借款人为了从银行获取贷款，可能向银行的贷款审批人员行贿。部分信用评级机构为了讨好债务发行人，以获得更

---

① 安德鲁·罗斯·索尔金：《大而不倒》，巴曙松、陈剑等译，四川人民出版社，2017 年。
② 谢非、赵宸元主编《金融风险管理实务案例》，经济管理出版社，2019。

多评级业务，可能给予相关信用产品较高评级，此类行为不仅会导致投资者受其误导、遭受损失，如果较为普遍，还会造成市场信用泛滥，引发次贷等信用危机。

六、监管行为失当

历史一再证明，无论是内生性风险还是外源性风险，无论是宏观风险还是微观风险，都不是通过金融机构加强自律管理就能完全得以解决的。金融体系内在的脆弱性，要求我们必须引入严格的行政监管和政策调节，来加以改善和解决，否则金融风险将得不到有力约束，金融危机将反复上演。而且，由于金融市场在现代经济中的核心地位，金融监管行为一旦失当，放任金融风险泛滥，就会造成金融市场动荡，对经济社会发展乃至国家安全造成严重威胁。

1. **监管滞后**。金融行业是一个非常活跃、快速发展的领域，特别是随着信息技术的应用，金融创新的速度开始日益加快。但是监管制度、措施往往难以跟上金融创新的脚步，这导致金融市场监管容易出现漏洞，大量创新型金融业务处在监管真空之中，造成部分金融机构表外风险不断膨胀，并且创新型工具复杂性的提高也增加了相关金融活动及其风险的不透明性，这些都对金融监管手段提出了新的更高要求，导致传统监管效能降低。刘鹤强调，金融监管既要允许金融创新适度发展，以促进市场的资源配置效率，也要及时更新和完善金融监管体制，防止创新过度，保障金融安全。

2. **监管能力的不足**。金融市场参与者天生的谋利性和金融机构显著的代理人问题，都决定了监管部门必须施以严格、有效的外部约束。但在现实中，监管部门可能会由于自身能力的不足，无法实现对金融机构及相关市场参与者行为的有效监督和管理，造成金融市场活动无序、混乱，金融风险不断积聚、泛滥。这至少表现在 3 个方面：一是监管资源的配置可能未能及时适应金融市场的最新发展变化，适时调整中央与地方监管分权以及监管部门之间的职责分工等，导致金融监管效能得不到有效发挥和释放，出现监管空白或监管重叠等问题；二是应用科技手段可能存在明显不足，特别是在金融市场对外开放和人民币国际化不断提速，金融行业规模快速扩张，业务结构快速变化，创新型金融产品快速发展的背景下，如果不与时俱进地创新和推广科技监管手段，监管部门就会难以有效应对当前复杂挑战；三是在人员队伍建设上，一旦缺乏长远规划，就会造成干部年龄结构和专业结构配置不合理，专业人才特别是科技监管干部的培养、储备不够充足等问题，从根本上削弱金融监管工作的人才基础。

3. **风险处置的不当。**一方面，金融风险的爆发往往具有突然性，如果监管部门尚未构建起高效的风险防控处置机制，缺少对有关金融活动（或准金融活动）的及时、准确的数据和信息的搜集，或者缺少对相关风险的防控处置经验，那么相关监管部门特别是基层监管部门，很有可能在实际风险处置过程中出现失误或失当行为，导致风险未能被及时、精准管控化解，导致金融市场最终遭受更大风险冲击。另一方面，在面对突发的金融风险事件时，相关监管机构又可能出现惊慌失措的情形，忙乱之中容易采取简单粗暴、"断崖式""一刀切"的措施，这就很有可能导致在处置风险过程中出现新的风险，原有金融风险不仅没有得到及时管控、化解，反而造成新的金融风险发生，并不断传染扩散，引发更大规模、更加广泛的市场冲击。

七、对信息技术系统的高度依赖，增加了整个金融市场的脆弱性

金融行业是一个高度 IT 化的行业，自 20 世纪 70 年代以来，它的发展就主要依靠信息科技来推动，20 年前，它更是成为采购信息产业主要产品的最大行业来源。[①]无论是证券交易所、期货交易所、登记结算机构等金融市场基础设施，还是金融机构与客户、金融机构与基础设施之间的联系，都高度依赖于信息技术系统。信息技术系统的使用，不仅支撑了金融支付、交易、登记、清算与结算等各主要环节，还通过大数据分析技术、人工智能算法等，为金融定价、工具开发和交易模式等重要领域的创新发展提供了关键支持。但是金融

---

① 周小川.信息科技发展与金融政策响应[J].金融市场研究，2019（9）.

行业对信息技术系统的高度依赖，本身也构成了增加金融市场脆弱性的重要因素，可能从 5 个方面引发金融风险。

1. 核心设备、系统做不到自主可控。金融机构的信息技术系统通常由核心操作系统、数据库软件、大型服务器、存储设备等一系列软硬产品组成。其中大量的核心技术和产品可能由第三方供应商提供，这些产品和服务的供应商一旦停止供应，就会导致相关金融机构的信息技术系统被迫下线，各类经由信息技术系统实现的业务活动暂停，给其经营运行带来巨大冲击，并引发一系列连锁反应。特别是登记结算机构以及交易所等金融市场基础设施，一旦出现信息技术系统中止运行的重大事故，就会导致相关市场停摆，引发严重系统性风险，甚至对国家金融安全造成严重冲击。

2. 系统运行缺少安全保证。信息技术系统的运行，首先，要求系统自身要符合金融相关行业技术系统的认证标准，定期进行测试、更新，杜绝"带病上线""带病运行"。其次，要依赖一个安全、稳定的外部环境，特别是网络环境，外部网络一旦出现不稳定甚至中断，或者遭受恶意网络攻击、无法正常运行的情况，就会直接影响相关机构与外部的正常业务联系，可能造成交易无法达成、货银无法对付等实际问题，根据程度不同，可能给交易双方造成一定损失，甚至引发系统性风险。再次，要对不可控力等突发状况做好应对预案，例如，相关金融机构所在地区突发地震，导致网络中断、设备损毁，将造成金融活动的中断和业务信息的丢失，给相关金融机构带来重大损失，因此要求金融机构做好异地灾备等各类应急准备。

3. 关键技术应用尚未成熟可靠。随着金融科技的快速发展，大数据分析、生物识别、区块链、程序化交易等大量新技术被广泛应用到金融服务实践中。但是，一方面，个别金融机构盲目追求业务的快速创新，导致部分技术应用未经过完善的测试便投入使用，其可靠程度远未得到充分证明。新应用潜在的技术缺陷不仅会给相关金融活动的持续稳定开展带来风险，还可能威胁到金融机构信息技术系统的整体运行安全，成为金融市场信息技术系统新的风险来源。另一方面，这些新技术的应用在金融市场仍是新兴事物，无论金融机构内部还是监管部门，都缺少对该技术的应用和管理经验，导致它存在被错用、滥用的风险，它一旦脱离可控范围，就很容易给市场投资者和金融机构自身带来一定风险。

4. 人为操作不够专业规范。系统的日常运行、维护，离不开技术人员的参与。由于信息技术系统越来越复杂，对相关人员的专业性要求也在不断提高，并且他们的具体操作必须符合严格、规范的程序。如果操作人员的资质未经严格审核，或者上机操作未经批准，或者技术模块的上线、代码的修改等未经充分研究和核准，相关操作也未留痕备查等，就会导致技术人员对信息技术系统的操作、管理出现极大混乱，可能出现操作错误或者违规违法操作等问题，给金融机构的经营运行带来极大操作风险。如果出现系统宕机、参数错误、大额交易违约等问题，就有可能放大系统性风险。

5. 信息安全缺乏安全保障。金融机构信息技术系统的核心是海量的业务数据，相关数据的丢失和外泄同样会给金融机构乃至金融市场带来重大风险。一是金融机构内部可能由于上文提到的不可抗力、系统故障、人为操作错误以及内部员工的道德问题等因素，出现数据丢失、数据外泄等问题。二是互联网时代频繁的外部网络攻击，使得金融机构的核心数据随时面临被黑客或病毒盗取、篡改和删除的可能。这些都会给金融机构带来核心业务数据错误、缺失或者客户信息外泄等风险，可能导致金融机构遭受业务活动被迫中止、中断，声誉受到负面影响的严重冲击。

第三节　国际金融市场主要风险

以 2008 年全球金融危机为节点，全球经济逐步进入增长乏力、高杠杆、低利率甚至负利率、低通胀乃至通缩时代，极大地限制了全球各大央行刺激经济的能力。而新冠疫情大流行带来了前所未有的卫生危机，制造业与服务业被迫停摆，这加剧了国际金融市场日益积累的各种风险和矛盾，未来的发展面临着长期困局。

从长周期看，新一轮科技革命尚未转化，人口老龄化日趋严重，新冠疫情长期演化以及相关后遗症不甚清楚。从中短期看，各国内部不断拉大的贫富差距以及政治分歧、中美之间的"脱钩"风险，产生了很多地缘冲突与贸易冲突，多边协调机制失灵。目前，民粹派力量制造了很多逆全球化的苗头，给金融市场留下了较多隐患，全球对美元稳定性普遍担忧。2020年，全球央行推出历史性的20万亿美元量化宽松政策（QE），当前全球范围内堆积的巨量流动性至少在1~3年内会成为宏观金融的主要影响力量。

可以看到，影响国际金融市场的风险因素几乎是无穷维的，除了我们熟知的经济基本面、估值水平、市场情绪等出现频率较高的因素，政治、军事、外交乃至气候变化、自然灾害都可能在完全意想不到的时候影响市场。例如，最近几年先后出现的贸易战、新冠疫情，甚至自媒体掀起的 YOLO（you only live once）、all in 散户运动等，几乎一度完全主导了当时市场的运动方向。精确把握各个风险因素的变化是非常难的，本节主要从当前市场存在的主要矛盾角度描述国际金融市场的主要风险。

一、世界格局变化

放眼世界，我们面对的是百年未有之大变局，主要包括新兴市场与发展中国家整体快速崛起、大国实力对比关系发生显著变化、全球治理体系亟待全面变革、区域合作格局正在加速调整等层面。在目前经济增长整体放缓、贫富分化加剧、全球化遇阻和各种思潮交替兴起的动荡期，世界格局和力量对比加速演变，我们如果想重建一套新秩序，就必然会对金融体系产生深远影响。

1. 新兴市场国家和发展中国家群体性崛起势不可当（如表2-1所示）。纵观近百年的历史，西方发达国家不仅在总量或规模上构成了世界经济的主体，更重要的是它们还制定和主导了世界经济的基本运行规则。但在20世纪 90 年代开启的新一轮经济全球化进程中，一大批新兴市场与发展中国家开启了整体快速崛起的历史进程。根据 IMF 数据，1990—2019 年，发达国家经济总量由 18.35 万亿美元增至 51.74 万亿美元，增长 1.82 倍，新兴市场和发展中国家则由 5.18 万亿美元增至 34.86 万亿美元，增长 5.73 倍，按购买力平价（PPP）计算，新兴市场与发展中国家在全球经济总量中所占的比重从 1990 年的 36.7% 上升至 2000 年的 43.2%，2008 年首次超过发达国家占比，达到 51.3%，2019 年更升至 59.7%。在 21 世纪头二十年里，新兴市场和发展中国家成为全球经济增长的引擎，对全球经济增长的贡献率翻了一番，由 30% 左右升至 60% 左右。随之而来的，是新兴市场与发展中国家在全球贸易、国际投资以及世界经济运行的其他重要层面，其地位和影响力的快速提升。

表 2-1　新兴市场与发展中国家整体崛起（GDP）（单位：万亿美元）

年份	2000	2005	2010	2015	2019
全球	33.86	47.57	66.07	74.78	86.60
金砖五国	2.76	5.11	11.99	16.80	20.92
占比	8.16%	10.74%	18.16%	22.47%	24.16%
G7	22.0	28.39	32.94	34.70	39.63
占比	64.96%	59.69%	49.85%	46.41%	45.76%
金砖五国 /G7	0.13	0.18	0.36	0.48	0.53

资料来源：IMF

2. 中国经济增长带来的大国实力变化。发展中国家群体性崛起构成了当前世界最大的特征，而作为最大的发展中国家，中国无疑展现了应对巨变的国家力量。根据 IMF 的数据，1980—2019 年，美国人均 GDP 年均增速为 1.7%，而中国高达 8.4%，以 PPP 计算，中国经济总量占世界的比重从 1913 年的 8.8% 上升至 2018 年的 18.1%，美国则从 18.9% 下跌至 15.3%。2019 年，中国对世界经济增长的贡献达到 33%，而美国只有 11%，2020 年中国很可能是唯一保持经济正增长的主要经济体（如图 2-1 所示）。

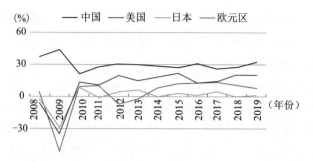

图 2-1　中国与其他地区、国家对世界经济增长的贡献对比

　　大国实力变迁从全球金融危机后开始逐步明显。金融危机后，中国通过 4
万亿元刺激政策率先复苏，成为全球增长的火车头。2010 年中国 GDP 超越
日本，成为全球第二大经济体，超过美国，成为世界第一大工业国。当时西方
学者率先提出了"中国模式"，肯定中国的迅速决策体制，该体制在 2020 年的
新冠疫情管理中又一次发挥了重大作用。2017 年中国购买力平价的国内生产总
值和贸易总额超过美国；在 2019 年《财富》世界 500 强企业中，中国上榜企业
首次超过美国；2019 年、2020 年，中国人均国内生产总值连续两年超过 1
万美元。(如图 2-2 所示)这一系列成绩的取得，在潜移默化中改变了世界的格局。

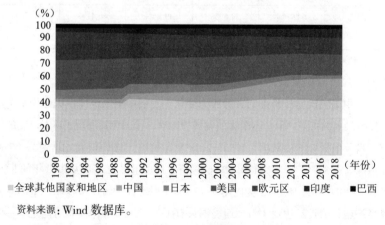

资料来源：Wind 数据库。

图 2-2　国内生产总值（世界银行购买力平价）

3. 区域全球化成为新国际贸易格局。 传统国际贸易路径可总结为：美欧消费研发—东亚特别是中国制造—中东拉美提供资源"大三角国际循环"模式，在该模式下，西方出现过度消费、过度负债，这些现象进而演变为社会问题，包括制造业空心化、中等收入群体萎缩，民粹主义滋生等。中美贸易摩擦不可避免，成为影响未来数十年的重大事件，经贸关系曾经是中美关系的压舱石，这个过去40年来最稳健的领域的动荡，必然引起结构性改变，是国际金融市场重大的风险隐患。可以预期，未来美国对华高技术脱钩、贸易制裁、对在美国上市的中国概念股的审查管制、针对中国被指控的所谓在美颠覆渗透情报活动的执法行动，以及国家资本主义等意识形态领域的指责和冲突仍将继续。传统的大三角国际循环有走向终结的势头，抗拒全球化的社会力量将会产生，英国"脱欧"和特朗普当选美国总统也是逆全球化过程中的标志性事件。

在这样的背景下，经过20年发展，以WTO（世界贸易组织）为代表的多边贸易体系不断被边缘化，在全球多哈回合谈判停止之后，各国对全球多边协议都很失望，出现了多边全球化向区域全球化转变的过程，无论是美墨加协定正式生效，还是RCEP（《区域全面经济伙伴关系协定》）签署后诞生的全球最大自贸区，新的区域合作的国际贸易格局正在产生。

但RCEP还是老一代的贸易规则，以TPP（跨太平洋伙伴关系协定）诞生为标志的新一代的贸易规则逐渐成形，贸易协议要管的内容也从海关一线前移到一个国家的内部经济体制的方方面面，包括产业政策、补贴、环保、劳工等等，这已经超越了海关、关税的范围，是要建立共同的市场经济标准。后来的中美投资协定谈判和努力推进的中欧投资协定的谈判都是在新一代贸易规则下进行的。

4. 全球治理体系将深刻重塑。 国际社会普遍认为，全球治理体制变革正处于历史转折点。国际力量对比发生深刻变化，新兴市场国家和发展中国家将成为世界经济和全球治理的领导性力量，构成"百年未有之大变局"的核心力量。

过去100年，不管是西方国家怎么风水轮流转，权力核心都在西方体系内部流转。全球金融危机后，过去靠G7内部就可以解决全球经济政策走势和协调的模式逐渐失效，各国必须更广泛地参与，尤其是新兴经济体要参与，G20 峰会开始取代 G7 成为国际经济治理的主要平台，发达国家必须与发展中国家共同商讨全球治理问题，新兴经济体在全球治理中的话语权明显上升。

随着世界格局发生变化，逆全球化趋势加剧，单边主义、保护主义在部分国家盛行，虽然其中伴随着美国重新夺回高科技领导地位从而延长了美国主导下全球化贸易格局的稳定，但在过去 5 年美国特朗普政府影响下的逆全球化趋势非常明显，而引向修昔底德陷阱①中的中美脱钩论、中国进一步发展的中等收入陷阱②等问题进一步加剧了人们对全球经济未来发展的担忧，甚至承认中国崛起的学者也对当年美国在取代英国过程中的金德尔伯格陷阱③现象在未来的再次发生提出了预警。

二、美国等核心经济体经济波动与政策调整

2008 年经济危机引发了美国、日本等发达国家超常规的应对政策，据 IMF 估算，截至 2020 年 9 月，全球为应对疫情采取的财政措施规模占全球 GDP 的 12%，公共债务率水平在 2020 年达到 100%，未来很可能继

---

① 修昔底德陷阱，指历史上发生的大国权力转移所导致的战争，崛起的大国在既存的秩序与现状中感到受限，并且认为随着自己实力的增强，自己理应得到更多的尊重和影响力；现存大国感到不安与不满。据相关统计，过去的 500 年间，世界共发生了 16 次权力大转移，其中 12 次出现战争。

② 中等收入陷阱，指一个经济体的人均收入达到世界中等水平（人均 GDP 在 4 000~12 700 美元的阶段）后，不能顺利实现发展战略和发展方式转变，导致新的增长动力特别是内生动力不足，经济长期停滞不前；同时，快速发展中积聚的问题集中爆发，造成贫富分化加剧、产业升级艰难、城市化进程受阻、社会矛盾凸显等。

③ 金德尔伯格陷阱，由哈佛大学约瑟夫·奈近年来提出，国际秩序的维持和稳定需要足够的国际公共产品。国际公共产品一旦不足或缺失，国际秩序就会遇到麻烦。比如，20 世纪30 年代的灾难起源于美国取代英国成为全球最大强权国家，但又未能像英国那样承担起提供全球公共产品的责任，结果导致全球经济体系陷入衰退、种族灭绝和世界大战。对全球化而言，它缺少了全球公共产品的提供者。

续攀升。长期货币超发和超低利率导致了资产价格泡沫，债务杠杆上升。目前来看，经济波动和政策调整的风险主要体现在后危机时代一直悬而未决的几个问题上：在 2008 年金融危机之后，对危机发生原因的反思；对非常规政策为什么避免了 1929 年式大崩盘的思考；对经济复苏的展望；对非常规货币政策进入后期金融市场变化以及退出路径的推演。这样的讨论仍未结束。

1. **经济发展的中长期问题。**后危机时代整个世界经济面临的中长期、结构性问题一直没有得到解决：人口老龄化问题、贫富分化问题、科技发展缓慢、饱腹主义和民粹主义、高债务驱动模式、地缘政治全面爆发，还有气候和能源问题，这些问题依然没有解决的答案。尤其是科技发展对经济的支撑逐步减弱，过去 10 年的科技进步集中体现在智能手机带来的产业升级上，可以说 21 世纪的科技进步是相当缓慢的，没有发生过去数轮工业或科技革命带来的变革。

目前，市场对美国等核心经济体经济增长前景的忧虑日益加深，欧洲和日本仍深陷经济停滞的泥潭，美国经济已处于扩张周期尾部，美国从 2009 年 9 月至本书写作时经济扩张已持续 126 个月，持续时间虽然较长，但 GDP 增速低于大部分经济扩张周期，且除股市异常繁荣外，实体部门增长乏力，中长期通缩风险进一步上升。受新冠肺炎疫情影响，2020 年或将成为近 10 年来美国经济表现最差的一年，而后续疫情发展仍有大量的不确定性，拜登的百日新政乏善可陈，围绕非常规刺激手段和基建展开，美国经济业一旦陷入衰退，就会直接导致国际贸易、国际投资和全球供应链的变化，其外溢影响不可低估。而如果全球经济复苏，尤其是美国复苏更强劲，美债收益率就会飙升，美国财政负担是否变得不可承受仍是未知数，届时全球资本回流美国，新兴市场可能会产生严重的金融动荡。

2. **各国非常规救助措施带来的问题。**2008 年金融危机以来，各国总结了一套救市方法论，全球央行力挽狂澜，从降息到量化宽松，再到负利率。2019 年全球负利率的债券规模一度达到 17 万亿美元之巨，2020 年 3 月国际金融市场动荡，全球央行携手按照 2008 年的经验进行了史上最大规模的流动性宽松。其中蕴含的风险主要有以下几个方面。

一是对美元和美元资产（尤其是美债）核心地位的担忧。从美联储紧急投放流动性以来，人们对美元的国际定价货币地位的质疑声不断增多，最担忧的趋势是，全球化的止步或逆转使得新兴市场对积累美元不再有兴趣，如果人们对美元的信心受到影响，过去的经济金融模式就会被颠覆。担忧转为行动，黄金和比特币暴涨，美元汇率以10年来最快的速度下跌，2020年7月单月美元指数下跌4.4%，为10年来最大单月跌幅。同时，超低利率使得美债丧失了收益功能，只有避险功能，当避险功能也失去的时候，大概率会引发市场流动性风险，美国十年期国债收益率经过30多年的连续下行后开始调头向上，抛售美债的声音不绝于耳。

二是对全球债务危机的担忧。目前全球的总债务水平不断创出新高，远远高于10年前，世界银行2020年展望报告分析了全球第四轮债务浪潮，自2010年债务积累开始以来，发展中国家的债务/GDP比率攀升了54个百分点，已升至168%，平均来看，这一比率每年上升约7个百分点，相当于20世纪70年代拉丁美洲债务危机期间增速的近3倍，全球各国，能被公开统计到的各种债务总和已超253万亿美元，2020年还将出现历史新高。

三是对流动性过剩引发高通胀的担忧。超额流动性长时间停留在市场上，引发了投资者对高通胀以及美元和美债供给严重过剩而价格坍塌的担忧。当然，微观市场的结构不同，结果也会不同，但无论哪个方向，流动性过剩的影响都是深远的，都是对国际金融市场严重的扭曲。

四是政策工具耗尽的风险不断升温，全球金融市场风险尤其显著。零利率、负利率给美国大举发债、财政扩张带来了极大的好处，MMT（现代货币理论）大行其道，甚至有观点认为，只要美国财政要偿还的利息支付占GDP的比重不高，发多少债都不是问题。在这样的情况下，下次危机来临时的货币政策空间已经不多，只能继续量化宽松，而美元的国际货币地位使得各国都将受到美元宽松的影响，共同承担美元泛滥的后果，而其货币超发的尽头在哪里，后果如何，都是未知数。

五是对非常规政策退出的担忧。回顾历史可以发现，金融体系扩张、杠杆率攀升、流动性泛滥这个方向非常容易发展，控制杠杆、回收流动性的操作很少能达到软着陆的效果。疫苗顺利、疫情消退后政策当局的退出选择将会面临极大的挑战，政策当局如果选择退出，那么将面临债务断崖和财富效应缩水，进一步加剧消费萎缩与经济下行；如果选择不退出，那么将面临广义的通胀，或者更多表现为某个市场估值的长期高位，这种估值的长期高位成为悬在全球经济上的达摩克利斯之剑，会造成潜在的市场剧烈波动的因子和贫富分化的加剧，使得危机调整的过程更长。

三、影子银行风险

从世界范围看，影子银行体系给金融体系带来了深刻改变，增加了金融体系的脆弱性，现代金融体系已经不是传统的央行 / 商业银行 / 居民和企业这样的三层结构，而是通过各种影子银行系统层层交织形成的复杂系统，流动性机制更加复杂。得益于 2008 年金融危机后的严监管，全球银行体系的杠杆、资本充足率和流动性资产占比都远好于当时。相比之下，"影子银行"游离于银行监管体系之外，构建起一个庞大的流动性、信用错配的负债系统，其潜在压力不容忽视。主要体现在期限错配（借短买长）、流动性错配（流动性较差资产）、风险错配（持有过高风险资产或过高杠杆）三个方面。

影子银行充分发挥抵押资产的作用，通过结构化制造了大量的优先级资产和杠杆，加大了全球债务危机发生的风险。有研究认为，2008 年全球金融危机源于美国影子银行体系的挤兑和流动性枯竭。一是影子银行制造的金融合约以没有正式存款保险制度覆盖的短期债券为主，这些金融工具非常容易受到投资者的挤兑，其到期日往往只有几天，甚至一天，这样投资者可以随时去兑付，信用冲击也就成为金融市场流动性紧张的源头，并被影子银行放大，最终形成全球债务危机。二是随着金融中介链条的延长，金融体系变得"太关联而不倒"，而不是传统银行时代的"大而不倒"。在 2008 年爆发于美国的全球金融危机中，很多金融机构的绝对规模实际上并不大，如贝尔斯登公司，但由于深度参与影子银行体系，美国政府为了避免加剧系统性风险，也只好对其实施救助。根据中金公司的估算，截至 2019 年底，在美国约 112 万亿美元（约 GDP 的 5.18 倍）的金融机构总资产中，"影子银行"规模（单纯股权投资部分不计入）约 18 万亿美元，占 GDP 的 84%，绝对水平与 2008 年的 17.2 万亿美元规模基本相当。

四、国际金融市场动荡与风险传递

2020 年超常规货币政策带来的流动性泛滥面临一个问题，即资本市场如何消化估值，目前，全球资本市场，股票、债券、商品、另类投资品等，几乎所有的资产估值都得到了极大的提升，似乎唯一的例外是中国的债券。这种情况可能会造成两种结果：一个是扫平估值洼地，流动性涌入低估值的板块；另外一个可能是，继续分化带来国际金融市场的剧烈波动。

国际金融市场的动荡可能会通过三个基本的传导渠道影响其他金融市场：一是悲观的市场情绪通过预期传导的渠道来影响；二是通过国际资本流动渠道传导影响；三是一些跨国企业和境外的金融机构资产负债表恶化，也可能会传导到境内金融市场。之前全球金融市场已经经历了历史罕见的剧烈震荡，全球金融市场的问题更多表现在流动性层面上，表现为资产价格的大幅调整，尚未引发金融危机。但未来国际金融市场走势将直接受到疫情演变趋势以及经济发展基本面和政策等各方面的影响。

值得关注的是，国际金融市场动荡的风险关联度更强了。首先，债券市场与股票市场之间的关联风险加强了，股票价格快速下跌，债券偿还压力和违约风险必然增加，主要原因是在过去多年的低利率环境中，美国上市公司通过债券融资进行了大规模的股票回购，不仅人为提升了股价，也极大地提升了债券市场与股票市场之间的关联风险。其次，各类机构之间的传递性更大了，由于高收益企业债被许多银行及非银行金融机构持有，不仅包括投行、对冲基金，还包括养老基金、保险公司等不能承受风险的金融机构。一旦发生实质性违约，风险就会在各类型机构之间快速传导。再次，在地域范围上，大量高收益债券投资者来自欧洲、日本等负利率地区，信用市场一旦出现问题，就会引发全球金融风险传染。由此，以美国企业债为原点，高杠杆与疫情冲击相叠加，企业现金流断裂、股票回购，使财富效应与偿债能力急剧恶化，债券下调评级，乃至违约，高收益债券等风险资产首当其冲遭到抛售，结果将有可能刺破企业债务泡沫。

值得关注的是，新兴市场受全球金融市场动荡的影响更严重。新兴市场的金融市场更脆弱，低利率的外部环境促使资金大量涌入收益率相对较高的新兴经济体债券市场。2019年9月—2020年2月，新兴市场债券资金净流入持续为正，累计流入规模达1 091亿美元，加剧了新兴市场的波动性和脆弱性。

五、跨境资本流动与大宗商品价格波动

受供需结构变化和全球货币宽松等因素的影响，国际大宗商品价格迎来新一轮快速上涨。以工业原料为代表的国际大宗商品价格波动对经济运行以及金融安全造成的显著影响不可忽视，而跨境资本流动加剧了大宗商品价格波动，尤其是投机性跨境资本流动，导致整个金融市场的脆弱性增加。

资源出口型国家会受到大宗商品暴跌的拖累，容易形成经济下行与跨境资本流出的恶性循环，从而引发经济金融危机。资源对外依存度高的国家会受国际大宗商品价格上涨的影响，生产成本上升，抑制国内需求，造成通货膨胀压力上升，恶化国际收支，导致外汇储备下降，致使货币贬值压力和资本外逃风险上升，进一步加剧国内经济的金融风险，形成资本流出与大宗商品价格螺旋上升的恶性循环。国际金融协会（IIF）的数据显示，自2020年1月21日起，新兴市场在70日内流出资金规模高达925亿美元。其中，阿根廷、土耳其、俄罗斯、巴西、印尼等新兴经济体资本外流压力较大。新兴市场在内部脆弱性和大宗商品市场波动以及跨境资本流动的共同影响下，极易成为发达国家金融危机的牺牲者。

六、国际地缘政治与贸易、科技争端

疫情加速地缘政治的转变，全球经济形势逐渐复杂化。乌克兰危机、美伊

关系紧张、印巴局势动荡、欧债危机、英国脱欧、中美贸易摩擦等地缘政治风险事件和不确定性事件频发，全球供应链重新布局，以增强弹性而非强调效率，这些都使得世界经济发展充满不确定性。

一方面，全球地缘政治风险对全球贸易增长形成巨大阻力，加剧了全球经济形势的严峻性与复杂性。科技、贸易争端将导致全球产业链重新布局，近年来，美国将中国视为其主要竞争对手，在完善限制技术对华转移体系的同时，也在积极推动其他国家和国际多边机制对华实行关键技术的出口管制。美国限制将关键技术，特别是战略性新兴技术以任何形式转移到中国，导致全球产业链运转受限，中国已深度融入全球产业链、供应链体系，在研发、设计、采购、生产、配送、服务等多个领域参与和依赖全球化运作，全球产业分工格局的变化使得国际资本资金流动存在较大不确定性，引发的结果不得而知。

另一方面，地缘政治使得东道国频繁改变经济政策，政策不确定性高企阻碍了世界经济主体跨国公司的投资活动，可能激发相关国家的地缘经济博弈，一定程度上引发了地缘政治风险。近年来，地缘政治风险和经济政策不确定性呈波动上升态势，二者被投资者视为影响其投资决策的关键因素，国际资本在各国间迅速转移，导致金融市场价格剧烈波动。

七、国际支付与结算

国际上一般将支付结算体系称为金融市场基础设施，包括支付、清算和结算机构和系统，支付结算工具，系统的经营者和参与机构，以及货币、证券、衍生产品等相关支付结算活动的多层次金融服务体系，在提高金融市场效率、实施货币政策、维护金融安全稳定和保持经济增长中具有重要作用。同时，由于支付结算体系涉及支付、结算、清算等诸多市场主体和交易行为，如果管理不善，就可能引起系统性风险的蔓延和持续的金融动荡。

2008 年国际金融危机以来，世界各国支付结算体系保持了安全运行的状态，没有出现系统性的风险和问题，但金融危机的破坏和影响凸显了支付结算体系在国家与地区金融稳定中的重要基础地位。国际社会和主要发达国家在深刻反思国际金融危机教训的基础上，以宏观审慎管理理念为指引，着力构建以系统性风险防范为核心的支付结算体系金融监管政策框架。

国际支付清算体系的主要风险包括：（1）国际支付清算的设备、技术风险，导致资本异常流动以及价格冲击风险；（2）通过国际支付清算系统进行洗钱、恐怖融资、国际诈骗等非法活动，冲击国际金融稳定；（3）成为地缘政治中被滥用的国际制裁手段，近些年来，实施金融制裁，特别是阻断被制裁对象的美元国际收付，甚至要求SWIFT（美元国际支付系统）进行除名等，已成为美国日益重视和强化运用的重要战略工具，这日益表现出美国的"美元霸权主义"倾向，也引起国际社会的高度警惕；（4）广泛用于国际支付的电子货币、稳定币等冲击各国法定货币地位，并先天带有反洗钱、国际诈骗、恐怖活动、外汇、消费者保护、信息技术等风险，也给货币政策及金融监管政策带来一定挑战。

八、国际恐怖活动、洗钱、制裁与封锁

当前国际社会仍面临恐怖融资和洗钱犯罪的严峻形势，新型洗钱风险层出不穷。国际恐怖活动及洗钱等正成为干扰正常国际秩序、破坏金融体系平稳发展、影响国家稳定繁荣的一个重要威胁。

近年来，随着世界上许多国家不断加大对恐怖组织、恐怖势力的清剿力度，特别是随着一些恐怖组织首领先后被击毙，现在恐怖主义的触角已经逐步伸向金融领域。通过金融手段可以为其进行恐怖活动获取大量的资金支持以及洗钱，如利用金融工具来发动恐怖袭击，利用目标国家和地区受美国诱导出现的金融漏洞、短时期内巨额热钱在目标国家的快进快出，制造金融震荡，引发金融危机。

九、气候变化、自然灾害与重大疫情

气候变化、自然灾害以及重大疫情复杂多变、影响广泛，如新冠疫情

让劳动安全等以前被忽略的环境、社会及治理因素获得广泛的关注，它们已成为各经济体央行和金融监管部门高度关注的新风险点。这些因素具有长期性且不断加剧，是导致经济金融体系发生结构性变化的重要因素，可能导致企业、家庭、银行、保险机构等的资产负债表严重受损，或者影响大宗商品价格。比如，受制于可再生能源技术和节能技术的发展，短期内大幅削减化石能源，会显著减少能源供给，抬高低碳能源的边际价格，其效果类似于一次大型持久的宏观经济冲击，进而影响金融体系和宏观经济的风险。尽管对能否将气候变化相关风险纳入货币政策框架尚存争议，但部分央行已在量化宽松政策实施中，拓展资产购买的"绿色"领域。同时，一些央行开始着手评估气候变化对金融稳定的影响，并采取相应的宏观审慎管理措施。

第四节　中国金融市场风险状况

　　金融是实体经济的血脉，金融安全是经济平稳健康发展的重要基础。党的十八大以来，以习近平同志为核心的党中央高度重视金融领域的风险隐患，明确要求"把防控金融风险放到更加重要的位置"。在党中央、国务院和国务院金融稳定发展委员会的决策部署和正确领导下，在各级金融监管部门、相关部委和各级地方政府的共同推进下，我国金融领域近年来未发生重大风险，现代金融治理体系加速完善，金融重点领域的增量风险得到有效控制，存量风险得到逐步化解。当前，我国正处在转变发展方式、优化经济结构、转换增长动力的攻关期，受到世界经济发展深度调整、海外疫情形势严峻、部分国家保护主义和单边主义盛行等不利因素的影响，国内金融领域仍然面临很多困难和问题，仍需持之以恒，对各项风险做好预研预判。

一、经济运行的高杠杆风险

高杠杆是宏观金融脆弱性的总根源，我国宏观杠杆率自 2008 年国际金融危机开始不断攀升，从 2008 年末的 141.2% 上升到 2020 年末的 279.4%。杠杆率的增加，反映了新增债务将刺激经济增长，无论是应对国际金融危机还是2020 年突然暴发的新冠疫情，都确保了中国经济的率先复苏。但随着对风险监管原则、央行独立性、财政纪律等制度的突破，在中长期也带来产能过剩、僵尸企业、融资平台债务、影子银行扩张，以及将房地产作为刺激经济的工具来使用等问题，积累了一定风险。[①]

目前，我国宏观杠杆率低于发达经济体水平，高于新兴经济体水平。根据国际金融协会的最新数据，截至 2020 年三季度末，发达国家经济体宏观杠杆率达到 304.2%，新兴经济体达到 208.4%，全球（全部报告国家）达到268.4%。2020 年，在新冠疫情的冲击下，全球杠杆率均大幅抬升。我国宏观杠杆率上升幅度低于发达经济体，截至 2020 年三季度末，我国宏观杠杆率上升 25.1%，而发达经济体、美国、日本和欧元区分别上升 33.1%、36.8%、36.3%、28.1%。

从国内分部门看，2020 年末，住户、政府和非金融企业三个部门的杠杆率分别为 72.5%、45.7% 和 161.2%。其中，非金融企业杠杆率占比最大，占宏观杠杆率的 57.7%，绝对水平高于其他主要经济体，呈现出国有企业杠杆率高于非国有企业的特点。住户部门杠杆率虽然绝对水平不高，仍低于美国和英国，但主要受房地产贷款等居民中长期消费贷款驱动，近20 年来快速攀升，从 2000 年的不到 5% 上升到 2020 年末的 72.5%。[②] 政

---

① 张晓晶. 宏观杠杆率与跨周期调节 [J]. 中国金融，2021（05）：58-60。
② 李扬、张晓晶、刘磊主编：《NIFD 季报：宏观杠杆率》，2021 年 2 月。

府杠杆率受疫情影响，增长了 7.1%，达到相关数据有统计以来的历史最高增幅。

从总体看，自 2015 年中央经济工作会议将"去杠杆"列入五大任务后，我国宏观杠杆率的快速增长势头得到有效抑制，2016—2019 年仅增长了 7.3%。特别是 2016 年国务院印发《国务院关于积极稳妥降低企业杠杆率的意见》以来，非金融企业杠杆率逐步下降，2016—2019 年共下降 7.3%，存量风险得到有序释放。住户部分杠杆率与房价相关性较大，但绝对水平仍低于主要发达经济体，且因为住房按揭贷款抵押物充足，所以风险总体可控。地方政府债务，随着 2015 年新《中华人民共和国预算法》要求将地方政府债务全部纳入预算管理，将举债方式限定为发行地方政府债券，并对地方政府债务余额实行限额管理，我国地方政府融资不断规范，政府部分杠杆率保持相对稳定，在稳投资的同时，风险得到妥善防范。

二、金融市场的信用风险

信用风险是金融市场最核心、最基本的风险之一。确保重点金融领域、重要金融机构信用风险可控，是确保宏观金融稳定的基础和前提。

商业银行的不良贷款率通常被视为反映金融市场信用风险状况的最直接的指标。我国早期商业银行不良贷款率较高，2003 年一度高达 17.9%，随后开始逐步下降，在 2011 年一季度降至 0.94% 的历史低点后，一直保持在 2% 以下，在全球范围内处于较低水平，远低于 5% 的国际警戒线。相比之下，西班牙 2019 年不良贷款率为 3.2%，法国为 2.5%，印度高达 9.3%，俄罗斯也高达 9.3%。

但 2020 年受新冠疫情冲击，我国商业银行不良贷款率上升至 1.96%，接近 2009 年的水平。而且，虽然我国商业银行不良贷款率的相对水平较低，但不良贷款规模在不断积累，截至 2020 年三季度，不良贷款规模已经高达 2.8 万亿元，较 2010 年三季度上升了 551% 之多。从区域分布看，我国不良贷款规模最高的省份主要集中在山东、广东、辽宁、江苏、浙江等东部经济金融较为发达的省份，对宏观金融稳定性的影响相对更大。

除了商业银行的不良贷款，信用债违约开始成为近年来发生在金融市场的常见现象，2020 年全国信用债违约总金额达到 1 697 亿元。仅 2020 年 10 月下旬至 11 月中旬，就有多只债券频频爆雷，信用风险频发冲击了市场信仰。例如，10 月 23 日华晨违约、沈阳公用违约后担保代偿，11 月 10 日永煤违约，11 月 11 日联合资信下调"16 魏桥 05"和"19 魏桥 01"债项信用评级至 AA+，11 月 16 日紫光集团未能足额偿付 17 紫光 PPN005，已构成实质性违约。

据李扬及其团队的估算，2020 年我国信用债违约率均在 0.6% 左右，低于穆迪统计的全球信用债券违约率[①]，处于较低水平。但 2020 年发生的北大方正集团和紫光集团等央企违约事件，以及大量地方国企违约事件，反映了市场对风险的规避。大量高信用评级公司的突然违约（如在违约前，紫光集团信用评级为 AAA，海航集团信用评级为 AA），也反映了债券发行过程可能存在违法违规风险，值得监管部门重视。

三、影子银行与刚性兑付

近年来，紧缩的货币政策降低了信贷规模，但是催化了影子银行资产的扩张。按照金融稳定理事会的定义，影子银行是指游离于银行监管体系之外、可能引发系统性风险和监管套利等问题的信用中介体系，包括各类相关机构和业务活动。

中国的影子银行，本质上是与贷款相同的信用货币创造行为。影子银行体系风险的来源，可主要归纳为期限错配、监管套利、信用转移、高杠杆和高关联性等 5 个方面。（1）影子银行期限错配主要体现在融资是短期的但是投资是长期的，而且资金投向并不透明。（2）影子银行受到的约束十分有限，源于其游离于监管之外，并且高度的信息不对称而产生的"黑箱"操作也降低了风险可控性。（3）在监管套利层面，影子银行大规模兴起是由于其产品往往存在存款利率管制和贷款利率自由化，不受存贷比、

---

① 2016—2019 年，全球信用债违约率分别为：1.49%、0.78%、0.61% 和 1.01%。

存款准备金、资本充足率、风险资本计提的限制。（4）影子银行也是信用转移的载体，商业银行在贷款规模管制下，为追求利润最大化、降低贷款风险，将高风险资产转移至表外，这是影子银行的重要动机。（5）影子银行由于同时具有高杠杆、高关联特性的特征，会起到类似"金融加速器"的作用，但无法直接获得中央银行流动性、公共部门信用担保及足够资金的支持也会引发系统性风险。

影子银行的高杠杆特征会放大潜在的风险，既能获取高收益，也会放大负面冲击性。跨业务、跨市场的高关联性特点会引发风险传递，使风险在金融主体间传递。因此，当风险发生时，影子银行的风险会迅速在商业银行蔓延，进一步引发系统性风险。

刚性兑付是指信托产品到期后，信托公司必须分配给投资者本金及收益，当信托计划出现不能如期兑付或兑付困难的情况时，信托公司通过发行新产品兜底处理。

从某种意义上说，刚性兑付的另一面是资金的刚性需求。借款人会在刚性需求受制于有限的资金供给时，受到流动性风险的影响。如果多个借款人的流动性风险在同一时刻显露，或者单个借款人的流动性风险过大，那就会催生全市场的流动性风险，进一步扩大就会形成系统性风险。即刚性兑付会放大风险冲击的负面影响，使经济陷入负反馈循环。

一方面，刚性兑付会抬高无风险利率，在外部风险冲击下，由于产品未达到预期收益而使金融机构强制性补偿会损害金融中介的吸损能力，继而导致"羊群效应"，使得资产价格暴跌。另一方面，刚性兑付也扭曲了市场定价机制，增加了投资者"为了避险而选择脱实向虚"，不利于实体经济投资。同时，刚性兑付会增加金融脆弱性和金融监管难度。

四、证券发行与交易风险

证券发行与交易的风险主要集中在信息披露与信用评级的膨胀两个方面。

证券市场一直秉持公开、公平、公正的原则，为了避免"暗箱"操作导致的投资者失误和证券市场混乱，做到信息的完整披露格外重要。但很多上市公司出于利己目的，可能存在信息披露不充分和信息失真（如披露形式不规范、未在时效性内发布、真实性存疑等）等问题。例如，仅披露对自己有利的信息，很少披露存在的问题、不利信息、实际发生的经纪业务记录和弊端等，它们成为隐藏信息。上市公司偿还债务的能力和分部信息容易变成迷雾区，从而导致投资者做出错误判断。

信息失真在证券市场中也时有出现，主要包括披露形式不规范，时效性无法保障，真实性无法保障。第一，信息披露不充分加深了信息披露过程的随意性，例如随意调整利润分配数值，对数据进行人为捏造，或者在出中期报告的时候敷衍了事，甚至瞒报同比数据。这些均会对投资者造成错误指导，从而引起利益损失。第二，无法保证信息的时效性也是风险之一。时效性对证券市场来说十分重要，及时的财务信息会帮助投资者主动且及时地做好投资决策，获取最大效益。在信息流量巨大的证券市场交易过程中，不具备时效性的财务信息的投资价值甚微，因此，很多上市公司会存在通过营造时间错位来进行套利的现象。第三，虽然信息的真实度是根本，但仍然存在上市公司为提升股价而捏造虚假信息和内幕消息进行炒作的现象。

信用评级膨胀主要表现为债券评级虚高，即债券违约的情况明显和债券评级情况不符。由于我国经济市场整体信用水平有待提高，如多数债券，包括短期融资券、中期票据、公司债和企业债等信用债多被评为AA+及以上，但违约率明显高于评级情况。债券市场流通债券的信用评级膨胀会使其失去真实性、客观性和有效性。尤其在信用评级市场中，"评级迎合"和"评级选购"现象非常严重。

影响信用评级的市场主体主要有三个：发行方、投资方、监管方。这三者间的关系往往会导致信用评级的膨胀问题。第一，发行方与投资方之间会存在一定的利益冲突，由于大部分债券发行均采用发行方付费方式，因此这会导致"评级迎合"和"评级选购"。发行方出于自身利益考量，更愿意其所发行债券评级高，从而吸引投资方注意。而评级机构基于发行方"反馈效应"会策略性地给高评级。第二，评级机构行业内部竞争也会降低市场效率和债券质量，尤其是当评级机构采用价格战，通过压低成本而获客的方式会形成恶性循环。第三，准入限制与多头监管也会造成信用评级膨胀。企业如果评级不高，为了发行债券就需要付出更高的成本，因此加剧了企业控制评级机构的想法，同时，多个监管机构对债券发行进行监管，很容易造成监管标准不一致，从而导致评级混乱。

治理信用评级膨胀，首先要缓解发行方和投资方之间的利益冲突，除了要提高评级意识，还要完善模式制度，企业也要建立起完善的信用制度，付费模式也可以有所更改以增加发行方的相关利益。其次，避免业内"内卷"而产生的恶行竞争，要注重名誉的积累，打造"招牌"，并且建立必要的隔离墙制度，保证评级部门的中立客观公正性。最后，要统一监管口径，使监管体系尽快成熟。

五、外汇市场风险

随着人民币国际化和资本项目可兑换的稳妥有序推进，自 2015 年"811汇改"以来，我国跨境资本开始呈现大进大出的趋势。先是在 2015—2016 年，资本快速流出，外汇储备也相应减少。2017 年形势发生逆转，国际收支顺差带动外汇储备触底反弹，跨境资本彻底转为净流入。2018 年后，受外部贸易摩擦不断加剧、内部金融监管不断加强双重影响，跨境资本流出的风险逐步增强。

跨境资本的大进大出，首先容易引发汇率波动风险。目前，我国外汇市场规模相对偏小，根据 BIS 数据库的统计，我国场外外汇市场日均交易量为 1 360 亿美元，仅为英国（3.58 万亿美元）的 3.8%、美国（1.37 万亿美元）的 9.93%。跨境资本如果出现大进大出、快进快出，就有可能加剧境内外人民币汇率的波动，给金融市场稳健运行和实体企业稳定运营带来冲击。例如，2020 年由于疫情错位等因素，我国经济基本面恢复较快，国际经济形势依旧低迷，人民币汇率一路走高，给部分中小出口企业带来极大压力，造成贸易萎缩。

其次，容易引发顺周期风险和潜在的流动性风险。当国内经济形势向好时，企业等实体经济的营收和盈利情况较好，会带动证券市场的高收益率，吸引跨境资本流入。股票、债券等资产羊群效应明显，将推动股票、利率、汇率、商品价格膨胀，引发经济过热。追高心态又会进一步吸引跨境资本流入，形成跨境资本流动的顺周期。但当国内经济基本面表现情况不佳时，强烈的避险情绪将导致跨境资本大规模撤出，金融市场瞬间丧失流动性，这不仅放大了资产价格的下跌幅度，还可能给我国金融市场乃至实体经济带来系统性冲击。

六、衍生品市场风险

不同于股票市场、债券市场，期货、期权、互换等各类衍生品交易普遍采用保证金交易机制，交易者只需要缴纳少量的保证金就可进行交易。例如，金融类衍生品只需要缴纳 1%~2% 的保证金，商品类衍生品也只需要缴纳 5%~10% 的保证金。

这种机制安排在提高投资者资金使用效率的同时，也增加了交易风险。衍生品市场如果缺少必要的监管，出现大量投资者过度投机、过度加杠杆的情况，在衍生品价格过度波动时，就容易导致这些投资者因持仓比例过高、流动性不足而无法及时补充交易保证金，造成大量衍生品头寸被强制平仓。这有可能进一步放大衍生品价格波动，在更大范围内引发市场风险、信用风险和流动性风险，给金融市场的安全稳定带来一定扰动。

随着衍生品的不断创新，其工具的特征逐渐分化出不同的特定风险。由于衍生品产品结构的复杂性，风险特征主要体现为复杂化、隐蔽性、突发性。例如，金融衍生品具有高杠杆性和虚拟性的特征，这种交易机制会放大风险隐患。

七、公募和私募基金运行风险

公募基金是宏观经济和资本市场的重要组成部分，是最主要的资产管理服务机构。与银行储户随时可能取款类似，开放式基金的份额持有人随时可以向基金管理人赎回基金份额，给基金管理人带来流动性压力。特别是在股票价格、货币市场利率等资产价格出现异常波动，以及债券发行人出现违约的情况下，公募基金很容易因为面临较大净值损失风险，出现个别公募基金巨额赎回^①现象，直接影响基金投资的正常运行。

随着资产管理行业的快速发展，公募基金与各类金融机构之间的联系将更加紧密，公募基金的巨额赎回风险所造成的流动性外溢也在不断增强。对基金份额持续的、大规模的集中赎回，将有可能引发系统性风险，影响整个资本市场乃至整个金融体系的安全稳定。目前来看，由于我国金融监管部门对公募基金监管较为严格，我国公募基金流动性管理能力整体较强。根据中国人民银行发布的《中国金融稳定报告（2020）》，中国人民银行对我国 2019 年末存续的 5 906 只公募基金开展了流动性风险测试，全部参试公募基金均通过了轻度压力情境测试，仅 52 只公募基金未通过重度压力情境测试，占比仅为 0.88%。

与公募基金通过公开发行方式募集资金不同，私募基金是以非公开方式面向合格投资者募集资金，在发展早期更类似于一种私下的委托投资关系。目前，《中华人民共和国证券投资基金法》已经明确了私募基金的法律地位，证监会和中国证券投资基金业协会依法对私募基金业务活动实施了监督管理和行业自律管理。

但由于私募基金的设立和发行尚不需要行政审批，行业规范性和投资者成熟度仍有不足，近年来个别私募基金还是爆发了风险事件，给金融市场带来了一定负面影响。究其原因，一是私募基金为扩大资金募集规模，可能通过公开宣传、虚假宣传、欺诈宣传等手段违规推介，并通过将基金份额拆分，突破法律法规对私募基金份额持有人数量的限制，向非合格投资者募集。二是可能违反基金合同对投资方向和投资比例等的约定，给基金份额持有人带来较大投资风险，更有甚者，可能通过关联交易、"老鼠仓"等手段，转移基金份额持有人的资产，进行利益输送。三是私募基金日常经营管理可能存在产品登记备案不及时、不充分，内部管理、风险控制机制不完善，信息披露不及时不全面等诸多问题。

---

① 指开放式基金单个开放日净赎回申请超过基金总份额的 10%。

八、外部输入性风险

随着中国金融市场的开放程度加大，中国金融体系与国际市场关联程度逐渐加深，海外市场的波动可能会带动国内金融市场共振，导致外部输入性风险开始成为中国金融市场的一大重要风险来源。从分市场看，外部冲击对股票市场影响最大，汇率市场次之，债券市场最小。冲击力的大小取决于金融市场的开放程度和货币政策自主权。

过去，中国能够成功抵御海外金融危机冲击的部分原因，是我国金融开放程度不高、金融市场相对封闭。现在，随着中国金融市场开始在全球市场扮演更为重要的角色，金融风险敞口也在相应变大，对外部冲击的敏感性在提高，输入性金融风险有所上升。

因此，我们一是要继续坚持改革开放，落实供给侧结构性改革，创造新的消费需求，增强国内金融体系的稳健，加强抵御风险的能力。二是要保持金融开放，扩大与其他国家间的合作，减少逆全球化导致的经济下行带来的影响，随着金融开放程度的加深，中国有可能转变成风险净输出国。三是要重点关注高风险输入国家及市场，如重点关注美国、澳大利亚、加拿大和欧元区对中国汇率市场的输入性风险，以及关注新兴市场国家的金融市场，如南非、巴西等。

九、房地产市场风险和土地收储风险

自 2016 年底中央经济工作会议首次提出"房子是用来住的，不是用来炒的"的政策定位后，地方政府"因城施策"发布房地产调控政策，抑制了部分城市房价过快上涨的势头。加之我国房地产信贷政策一直非常审慎，房地产贷款不良率长期低于整体贷款不良率，因此房地产市场可能引发的潜在金融风险总体可控。

但由于我国房地产贷款规模较大、房地产信贷占比较高、部分居民违规加杠杆购房、部分房地产企业杠杆率过高等问题，我们仍需对房地产市场风险保持高度关注。例如，据中国人民银行统计，2020 年末，人民币房地产贷款余额 49.58 万亿元，占金融机构人民币各项贷款余额 172.75 万亿元的 28.7%。部分居民为了绕过首付比例限制，可能通过消费贷、经营贷等渠道，违规加杠杆，导致大量短期融资资金违规进入楼市，放大了房地产市场风险。根据第一财经统计，2020 年上半年，A 股上市房企平均资产负债率达到 79.04%，较高的杠杆率削弱了房地产企业应对行业波动的能力。

此外，土地储备制度作为中国城市用地制度的一次创新，在运作过程中存在一些问题和风险。首先，融资渠道单一，银行贷款占比较高，融资风险集中。其次，融资主体单一，以政府融资平台为主，随着融资规模扩大，融资压力不断增大。再次，公益性的项目投入资金量大但是收益率低，导致融资平台的风险较高。最后，土地储备机构在运营中会采用以新贷还旧贷的方式，市场银根一旦紧缩，就会导致信用风险上升。

十、信息系统安全与不可抗力风险

如前文所述，自 20 世纪 70 年代以来，金融行业逐渐变得高度 IT 化，金融机构的业务处理以及与客户、其他金融机构、金融基础设施之间的联系，已经高度依赖于信息技术系统。从我国实情来看，国内金融行业信息技术系统的核心设备、系统仍然高度依赖于海外供应商，我国一旦因国际争端出现设备断供、外包服务暂停等问题，就很可能导致国内部分金融机构乃至部分金融基础设施的信息技术系统被迫下线，相关业务活动被迫中断，不仅对金融机构自身经营运行带来巨大冲击，还可能导致相关市场停摆，对国家金融、经济安全造成严重负面影响。

伴随着金融市场业务的迅速发展，金融自由化浪潮持续不断，支付渠道开始多元化发展，第三方支付改善了我国的支付体系，在互联网金融、大数据等技术业务创新的推波助澜下，银行的 IT 系统逐渐从封闭走向开放，在此过程中，我们面临的信息系统安全风险日益增加。例如，私人数字货币可能存在虚假宣传、诈骗、非法集资、洗钱等风险，法定数字货币在技术可靠性、网络安全、第三方支付机构安全性稳健性等方面仍存在一定的风险隐患。

除了以上提及的各类金融风险，金融风险还包括不可抗力风险。不可抗力风险包括但不限于自然灾害、公共卫生、战争等不能预见、不能避免、不能克服的不可抗力事件。不可抗力因素一旦出现，就会严重影响金融市场的正常运行，为金融市场带来巨大损失。

第三章
金融风险管理的海内外实践

　　金融风险是指金融市场参与者在金融活动中的不确定性敞口，这里的金融市场参与者主要指各类金融机构以及非金融机构，一般不包括个体投资者。金融风险管理主要指机构衡量、控制风险与回报之间的得失的行为。尽管目前对金融风险管理存在的理论依据有很多争论，比如"有效市场假说"并不支持风险管理行为，但金融风险管理已经成为机构主流，是一套非常成熟的体系。本章除了介绍微观层面的机构金融风险管理，也涉及宏观层面的监管机构角度的系统性金融风险管理。

第一节 金融风险的可防范性

理论上，特定类别的金融风险是可防范的，极端假设是不去参与这个业务可以使该风险敞口为 0，彻底防范某个特定风险，但显然金融机构不能这样对待所有业务。大多数机构会根据自身的风险偏好、收益目标和风险容忍度来确定风险管理策略。有的机构觉得管理风险的成本超过了潜在收益，便会采用无为而治的态度，通过时间平滑的方式用历年留存收益来消化一段时期内的亏损。大部分机构主要规避、防范的是风险收益比低的风险、不擅长管理的风险以及与公司风险管理目标不相容、超过公司风险容忍度的风险等，比如没有收益的非系统性风险就要分散掉以最大化单位风险的收益，操作风险、道德风险更是要尽量避免。从历史上来看，总有机构铤而走险开展高利贷、短债长投、高杠杆等高风险业务，这也是机构对风险和收益权衡后的选择。

而对政府金融监管机构而言，有些金融风险是必须规避和防范的，比如有可能引发金融危机的系统性风险、损害金融消费者利益的金融风险等。近年来，我国对"资金池"业务和伞型信托的管控、对 P2P 的清理整顿以及对房地产金融的治理等，均是系统性金融风险防范的有效举措。本节主要内容除了机构层面的微观风险管理，也从监管角度探讨了宏观金融风险管理，讨论事前防范、事中监督、事后问责的辩证关系。

一、大多数风险是可以预警的

金融风险能否被预测一直是学术界有争议的话题。金融系统的确是一个复杂系统，甚至被认为是一个不具备重复实验和保持其他条件不变的黑箱体系，人们无法准确地预知下一次金融风险的具体演化，搞不清风险发生的准确时间、涉及范围、演变路径和最终后果。事实也证明，历史上试图预测系统性金融风险的努力经常以失败告终。但仍有观点认为，危机在理论上并非总是不能被预测，只是受制于人类认知或数据不够，现在还不能被预测。比如，因子模型等认为，金融系统是一个由主要矛盾驱动的系统，引起金融危机背后的因子是不变的、稳定的，不管是人性的贪婪、制度的扭曲还是监管的缺失，都是有迹可循、可以预测的。

金融风险防范建立在预警①的基础上，预警指标已经是个相当成熟的体系，非常有助于防范系统性金融风险，况且风险防范并不需要做到精确的预测。已经有大量学者就系统性金融风险寻找可观测先兆信号，并在概率意义上给出提示。只要金融风险事件有发生的历史，我们就可以总结规律和经验教训，用于下一次预警。比如高杠杆是宏观金融脆弱性的总根源，甚至具有引发危机的必然性，《这次不一样——八百年金融危机史》在总结人类历史800年的金融危机经历的基础上，得出的结论是：杠杆率只要高到一定的程度，最后就一定会引发严重的金融危机。美国桥水基金董事长达利欧将亚洲金融风险的预警方法归结为一句话：经济危机的本质是债务。

二、许多风险是可以防范的

对监管机构和金融机构来说，对特定业务、特定产品以及特定机构的单一风险防范是比较容易的，从极端情况看，禁止该业务就可以完全防范相关风险，比如禁止代客理财，禁止高利贷，等等。另外，监督管控、配

---

① 预警和预测不同，预警可以"模糊地正确"，预测必须是科学的，要具备精确度、一致性、遍历性（普适性），容易走向"精确的错误"。

额管理、窗口指导和处罚机制等也起到了同样的防范作用，比如对资本项目的管控防范投机性跨境资本流动风险等。对机构而言，风险防范只是风险管理策略的一种，要与公司的风险管理目标相契合，在对风险进行评价后加以实施。

而从监管角度看，对宏观层面系统性风险的防范要棘手得多，监管必须在维护金融行业发展的同时防范风险发生，预测的不可能性、对行业发展和风险防范之间的权衡，使得风险防范的实施比较困难。但有两点至少是明确的。1. 预警指标对风险防范已经足够了，在危机之前确有一些先兆指标恶化：政府负债率、银行系统的不良资产比例很高，不动产价格大幅下跌，债券市场和股票市场的大幅度波动，等等，已经大幅偏离国际公认的合理标准，如欧盟 /IMF/BIS 公布的监测标准。2. 风险防范是必要的，金融危机的成本是如此之大和令人难以接受，以至各国在对待系统性金融风险上均偏向谨慎，乃至忽略过度防范风险带来的损失。

第二节 金融风险管理目标

机构金融风险管理大概分为确立管理目标、进行风险评价、风险控制及处置三个步骤。宏观金融风险管理内容更为丰富，主体为监管部门，分为事前防范、事中监管和事后处置，宏观风险管理目标除了宏观审慎管理的目标，还有更多内涵。确定风险管理目标是风险管理的前提，本节分别从机构角度以及政府监管部门角度总结微观风险管理目标以及宏观金融风险管理目标。

一、微观金融风险管理目标

机构金融风险管理目标是在识别和控制风险的基础上创造价值，维持机构的稳健运行，实现经营目标。通常情况下，风险和收益是相对应的，低风险低收益，高风险高收益，机构要发展必须承担风险，金融风险管理并不是一味地控制、减小风险，而是在明确机构风险偏好、收益目标、风险容忍度等前提下制定风险管理目标。比如，捐赠基金更偏好追求稳定的回报和较低的波动率，保险公司资金期限长，更重视资产负债管理。由此可见，大部分金融机构风险管理目标除了追求高收益，收益的稳定性、公司的生存能力也是其关心的重点，大部分机构整体不希望承担过多风险，希望破产成本控制在合理范围内。

除了自身的目标约束，监管部门也会对金融机构的风险管理目标提出要求，哪怕机构希望承担更多的风险也不允许。比如，我国"一行两会"对各类金融机构的风险管理有具体的监管指标和连续指导文件，而且还有持续的检查监督（可见本书其他章节）。

二、宏观金融风险管理目标

从政府监管部门角度看，系统性金融风险管理的目标更为庞杂，在各个阶段又有不同的侧重点，主要分为两个目标。1. 稳定性目标，即保持金融市场的稳定性，我国金融体系保持稳健运行，金融市场风险可控：不发生全国性和区域性的系统性金融风险，不发生商业银行挤兑事件；人民币汇率基本稳定；保持股票市场稳定，不出现类似 2015 年那样的"股灾"（股价在 5 个交易日下跌 30% 以上），不出现上市公司股票质押大面积"爆仓"；债券市场平稳有效运行、功能有效发挥，不发生大面积违约（一般不超过信用债存量的 10%）。中国股债这两个市场体量已经很大了，处于世界第二位，仅次于美国。特别是 2020 年末社会融资规模存量为 284.8 万亿元，人民币贷款余额占同期社会融资规模存量的 60.2%，企业债券余额占比 9.7%，政府债券余额占比 16.2%，非金融企业境内股票余额占比 2.9%。所以，央行、证监会的监管责任很大。2. 促进性目标，即促进金融市场有序、高效率发展，促进各经济主体健康稳健地经营，金融服务实体经济，特别是小微企业的信贷可得性，融资成本不高。

金融风险管理目标已经向越来越积极的金融风险管理文化发展，从规避损失到创造价值，从定性到定性定量结合，从分散的业务层面到独立统一的风险管理体系，从单一风险管理到全面风险管理发展。

第三节　风险管理的关键环节

机构金融风险管理的关键环节是风险评价环节，是指对金融风险的识别、对金融风险的度量、对风险管理策略和工具的选择并对各方面进行评估。

金融风险的防范和处置是金融风险管理策略的重要部分，尤其是对系统性金融风险。防范是指在损失发生之前，实施各种控制工具，力求消除各种隐患，减少金融风险发生的因素，将损失的严重后果减少到最低程度的一种方法。处置指在金融风险事件发生后已造成损失时，运用财务工具、并购等资本市场工具等，对已发生的损失给予及时补偿，以促使市场尽快恢复的一种方法。

一、金融风险的识别／度量

机构金融风险的识别／度量是在风险事件发生之前，运用各种方法系统地、连续地认识所面临的各种风险以及分析风险事件的过程或步骤，对风险进行基本的认识和鉴别，这是风险管理最基础的一步，也是第一步和最重要的一步，决定风险管理的最终效果。风险识别的目的是判别风险的类型，本书第二章对风险类型有详细介绍。风险度量的目的是测度风险的大小，判断风险发生的概率，之后根据企业风险管理目标选择最佳的风险管理方案。

　　金融风险的识别主要为定性分析，度量为定量分析。真正对金融风险进行量化研究始于资产组合选择理论以及 CAPM 模型，其为金融市场的风险测度提供了基本的数量工具。风险识别的基本方法包括现场/问卷/专家调查法、组织结构/流程图示法、主观/客观风险测定法、情景分析法、模糊集合分析法、故障树分析法、预期净现值法、平衡点法、决策树法等，它们都能确定机构面临的风险类别。

　　风险度量对各类风险有不同的指标。1. 市场风险度量，指标大致可以分为相对测度和绝对测度两种类型。相对测度指标主要用于测量市场因素，如利率、股价等的波动与金融资产价格变化之间的敏感性关系，包括固定收益类产品的久期和凸性指标，股票的 Beta 值，衍生产品的 Delta、Theta、Gamma、Vega 和 Rho 指标等。市场风险的绝对测度指标主要包括常见的方差或标准差及其后的半方差指标、绝对离差指标、极大极小指标等，以及目前在实务界占主流地位的风险价值指标 VaR。进入 20 世纪 90 年代，人们意识到传统的风险度量方法存在缺陷，基于历史数据统计思想的 VaR（Value at Risk）方法应运而生，即风险价值或在险价值。VaR 是指市场处于正常波动的状态下，对应给定的置信度水平，某种金融资产或资产组合在未来特定的时期内所遭受的最大可能损失，是目前最流行、最有效的市场风险测度和管理方法。2. 信用风险度量，主要是以 VaR 为基础、以违约概率和预期损失为核心指标的度量模型，如 Vasicek 模型、Credit Metrics 模型、Credit Risk plus 模型等等。3. 操作风险度量，主要是通过历史数据估计损失次数与损失严重程度的平均值得到操作风险的预期损失，如在《巴塞尔协议》的基础上、从资本充足率角度出发的操作风险度量方法：基本指标法、标准法，高级度量法等。

二、微观金融风险管理策略

　　一般来说，金融风险管理按照"金融风险识别—金融风险度量—金融风险管理策略确定和实施—金融风险管理效果评估—金融风险管理结果反馈"的流程进行。完成风险评价后，金融机构即可制定风险管理策略，运用多种工具对风险暴露加以管理，但不存在一种对所有公司都是最优的风险管理策略。不同的公司，甚至同一公司在不同的发展阶段，其所面临的风险类型和规模都是不一样的，因此，需要针对具体情况采取不同的优化风险管理策略。

　　金融风险管理策略有以下几种。1. 预防策略，指在金融风险尚未发生时人们预先采取一定的防备措施，以防范金融风险发生的策略。针对操作风险、道德风险、非系统性风险等需要极力避免的风险，可采用预防策略，如通过建立完善的交易数据管理流程来预防操作风险。2. 规避策略，指主动放弃或拒绝某项可能导致风险损失的方案，如某些券商不设置自营交易部门，或者通过制定负面清单来规避信用风险。3. 分散策略，分散地投资于多种不同的投资种类，主要用于减少非系统性风险。4. 转移策略，将自己所面临的金融风险转移给其他经济主体的一种策略，如收益互换将市场风险转移给对手方。5. 套期保值策略，主要指用期货、期权等衍生品交易来套保。6. 补偿策略，对已发生或将要发生的金融风险损失寻求部分或全部补偿，如贷款的担保和抵押策略，大部分公司购买火灾保险等补偿各类非系统性风险。

三、宏观系统性金融风险的防范——基于预警体系

　　IMF、BIS 等国际组织已经公布通用的系统性金融风险监测预警方法来防范系统性金融风险。这些预警指标选择的基本参照系基于一个事实：金融危机过程的确存在某些具有普遍性的典型化特征，这些典型化特征构成了金融风险预警指标体系。各国也基于宏观审慎原则建立起先兆指标动态监测体系，指标恶化说明系统性风险出现的概率增大，但没有个人或机构能预测哪一年（或季度）会发生金融危机，指标的恶化演进有一个过程，IMF/BIS 也据此不断警告某些国家，如 IMF 每两年去成员国现场考察并做"金融体系稳定评估（FSSA）报告"给出预警，作为防范系统性金融风险的依据。

　　国际通用的预警指标的编制方法也随着危机的发生不断完善。1997 年亚洲金融危机爆发之前，IMF 提出的发展中国家模型（DCSD）是早期预警指标方法的代表。亚洲金融危机之后，直到 2008 年金融危机，监测度量方法主要是综合指标法，通过分析历史数据，找出影响系统性风险的预警指标，再通过

统计方法对指标进行加总，具有代表性的综合指标法有 IMF 的金融条件指数，金融稳定理事会的发达国家金融压力指数，美联储（FED）、欧洲央行等监管机构编制的货币条件指数等。其他方法包括利用深度学习进行金融风险分析的方法、马尔科夫状态转换法，目前后者已被广泛应用于建立金融危机预警系统。2008 年国际金融危机之后的系统性风险预警度量方法主要有 4 种。1. 研究风险传染性和金融机构关联程度的方法，包括 IMF 的 4 种分析系统关联性的方法，即网络分析法、共同风险模型法、困境依赖矩阵法和违约强度模型法。2. 评估系统性风险损失及损失概率的方法，包括风险价值和条件风险价值法（VaR CoVaR）、边际期望损失法和系统性期望损失法、或有权益分析法、困境保费法等。3. 在全球范围内广泛采用的压力测试法。4. 改进的综合指标法。

当前国际组织和监管机构使用的系统性风险预警体系有 6 种。1.IMF 和世界银行联合推出的金融部门评估规划（FSAP）。2.IMF 和 FSB 共同建立的系统性风险早期预警测试系统（EWE）。3. 奥地利的系统性风险监测评估（SRM），预测发生宏观经济冲击之后银行体系发生系统性风险的概率，同时也被用于开展日常的压力测试。4. 英国系统性机构风险评估系统（RAMSI），设计思路与奥地利的 SRM 比较相似，不同之处是增加了"流动性中断"带来的系统性风险。5. 荷兰央行的系统性风险体系，假设系统性风险是系统性事件发生的概率，从宏观经济情景对金融体系的冲击入手。6. 韩国央行宏观审慎政策系统性风险评估模型（SAMP），是由 6 个模块组成的系统性风险综合模型体系。

目前，我国监管部门已经建立了分工较为清晰、内容较为全面的金融风险监测预警体系：央行负责整个金融体系的系统性风险宏观审慎管理，银保监会、证监会分别负责各自行业的风险监测预警，外管局负责国际收支和跨境资金流动风险监测，上述部门之间还建立了监管协调机制。自 2005 年以来，央行开始定期出版《中国金融稳定报告》，对金融体系稳定状况进行全面评估，同时不断丰富系统性风险监测和调控工具，探索建立我国系统性金融风险预警指标体系，开展金融风险宏观压力测试，针对宏观经济、金融机构、金融市场、金融基础设施等进行稳定评估和脆弱性分析，强化对跨行业、跨市场产品和机构及影子银行的风险监测。银行、证券、保险监管部门也分别建立了现场检查和非现场监测制度，在此基础上，运用风险指标体系、压力测试、预警分析系统等定性或定量工具分析行业风险状况，如银保监会的银行风险早期预警系统（REASS）、保险业宏观风险监测指标体系以及证监会的证券市场系统性风险监测指标体系等。

四、金融风险的处置：迫不得已的选择，巨大社会成本

当金融风险恶化时，尤其是系统性风险发生时，一个重要特征是发生系统性风险的重要机构的破产倒闭，这会涉及大量亏损补偿以及问题金融机构的处置问题，其中常常伴随着接管、救助以及兼并收购等处置手段。

不任由金融机构破产倒闭，反而对问题金融机构进行及时处置，主要原因是，及时的处置有助于降低危机的危害程度。越及时干预、成本越低、效率越高。金融体系正常运转得到及早恢复，长期的经济表现将更为优越。有研究表明，风险处置较为成功的国家往往在问题出现后一年内就采取了处置和救助行动。如果稍稍延迟对金融机构处置的时间，金融机构的状况会因为铤而走险、冒死一搏等行为进一步恶化，最终系统性金融风险的损害及处置成本将会大大增加。

目前，国际上常规的处置手段包括救助、兼并收购以及接管等。对问题金融机构的救助，在金融动荡主要以小规模的流动性冲击为主时，为了避免监管成本的重复，中央银行应负责监管职能。而大规模的流动性冲击一旦发生，就应该由存款保险机构负责提供最后贷款。当需要采用兼并收购方式时，兼并方在购买问题机构资产的同时承担全部或部分负债，差额由处置当局补偿。而当大型金融机构发生危机时，政府可能以国有化的方式直接接管问题机构，如果不直接采取国有化方案，就可能采取过桥机构临时接管的方式，暂时取得问题机构的所有权，为下一步的重组或出售创造条件。在芬兰和瑞典，当系统性金融危机出现时，过桥方案常常被政府采用。

从问题机构处置历史看，各国为处置系统性金融风险都付出了巨大代价。我国处置问题机构的主要手段包括：央行向问题机构发放金融稳定再贷款、专项再贷款；对风险处置中的个人债权实行有条件的全额兑付和九折兑

付；运用国家外汇储备等对问题机构注资；监管部门接管问题机构；剥离不良资产、兼并收购问题机构；等等。在以上处置过程中，我国付出的代价巨大。比如，早期在海南发展银行出现挤兑风险时，央行陆续投入再贷款进行救助，最后实施关闭，此时已投入再贷款 120 亿元，随着银行关停成为坏账。2003 年 12 月起，运用外汇储备先后向中国银行、建设银行、工商银行和农业银行注资近 800 亿美元。1997—2001 年，在对 26 个省区市 427 家中小金融机构及 28 588 家农村基金会实施市场退出时，央行发放再贷款 1 411 亿元。2002—2005 年，央行共发行 8 期 1 599 亿元专项票据用于置换农村信用合作社不良资产和历年挂账亏损。2020 年，公共资金对包商银行的救助已达 1 700 亿元。从 2020 年开始，地方政府可发行 2 000 亿"专项债券"，用于补充城市商业银行和农村商业银行资本金。由此可见，我国是通过付出高昂的成本来处置系统性金融风险的。

从全球看，各国均为金融风险处置付出了巨大的代价，据德意志银行统计，在 2008 年金融危机中，直接支持措施花费的资金总额约为 20 国集团 GDP 的 3.5%（根据 IMF 数据估算）。就美国而言，根据美国财政部于 2010 年 5 月发布的数据，总额 7 000 亿美元的"问题资产援助计划（TARP）"随着问题机构的偿还，实际成本为 1 054 亿美元。德国从联邦政府和州政府两个层面都采取了救助措施，公众承担的净损失约为 GDP 的 1%。至 2010 年 3 月，IMF 估计英国财政救助成本在发达国家中是最高的，占 GDP 的 5.4%。另外，在亚洲金融危机中，根据韩国金融委员会数据，韩国政府通过收购其不良资产向严重受损的韩国金融机构注入 168.6 万亿韩元。

以上只是救助的直接成本，还有难以衡量的间接成本，包括经济衰退以及赤字和债务激增，后者成为未来经济复苏的严重障碍，就此而言，金融危机对各国政府和经济的影响要比援助银行的直接财政成本的影响更持久。

五、风险管理的组织体系

金融风险管理的组织体系，是执行风险管理的系统。一是金融机构内部管理体系，从上至下包括股东大会、董事会（风险委员会）与监事会，公司高级管理层，各分支机构的中级管理层，内部风险控制、合规部门及审计部门以及基层管理者。二是外部管理体系，主要包括政府监管部门以及行业自律管理协会。

第四节 风险防范比处置更重要

众所周知，防范重于处置。尤其对我国金融发展不断深化的阶段而言，金融风险防范具有更加重要的意义。相较于风险处置，防范无疑是成本最低的方式，正如疾病早筛相比后期治疗而言具有较为显著的长期社会价值一样，但是现实呈现出的现象却是，金融风险的处置比防范更普遍。

一、普遍共识：在理论上重视

让风险防患于未然肯定比风险发生后处置要好得多。可以说，大众对金融风险均有基本认知，也认可风险防范的重要性，金融机构的风控部门也是核心部门，业界对金融风险的研究也很丰富，相关书籍在当当网图书类目下可搜出超过 3.7 万种，占金融关键字搜索结果的 5% 以上。金融风险需要防范的理念也随着金融危机的不断发生深入人心：从郁金香泡沫到南海泡沫，从大萧条到2008 年金融危机。2009 年 4 月在伦敦举行的二十国集团（G20）金融峰会决定，将金融委员会成员扩展至包括中国在内的所有 G20 成员。在国内，2017年 11 月，经党中央、国务院批准，国务院金融稳定发展委员会成立，从认知到行动，都显示了金融风险防范的重要性。

我国近年来也异常重视风险防范，"金融风险防范"一词在官媒中最早出现于 2015 年底中央财经领导小组的相关调研和会议报道中，主要背景是伴随大国金融化的全球趋势，金融对经济的影响更加深入和广泛：一方面，2006年中国上市公司金融业利润占比还仅有 31%，2015 年已达 60.5%；另一方面，企业通过加杠杆以及控制金融机构和房地产企业的方式，加大了微观实体企业层面的金融深化。海外也经历了这个阶段，早在 2001 年，通用电气首席执行官杰克·韦尔奇卸任时，通用电气金融部门对整个公司的利润贡献就已高达 41%，"脱实就虚"的倾向极为明显，这也解释了为什么韦尔奇在通用电气任职 20 年间经历了大大小小的经济周期，但每次都能提供超越华尔街业绩预期一两美分的稳定收益：有金融部门的蓄水池可以调节总体利润的水位。而且随着金融工具的不断丰富，金融风险的隐蔽化也成为趋势，从海外看，20 世纪 90 年代初资产规模超过 3 万亿日元的日本第二大地方银行兵库银行，在倒闭前两年的监管检查中发现的超额债务约为 3 000 亿日元。到了 2008 年美国第四大投资银行雷曼兄弟破产时，总资产规模 6 390 亿美元，破产申请负债 6 130 亿美元，而登记负债规模超过 8 750 亿美元。金融跨期配置资源和风险的能力使得短期风险极易被掩盖，长期风险聚集从而带来灰犀牛时间概率提升，历史上多次经济景气区间都有人认为新的经济规则带领社会远离了金融风险，然而事后来看，那仅仅是不可避免的危机的风险聚集过程。以上所述均增加了相关群体对风险防范的重视。

二、艰难实践：在实践中漠视

金融风险防范和处置均是金融风险管理的策略，虽然全社会都对金融风险耳熟能详，但是对金融风险的防范还有认知差距：认为执行好企业现存的风控措施就是完成任务的思想普遍存在，更不用谈屡见不鲜的为了完成经营指标考核极力规避各项风控指标的实务操作了。另一方面，当金融风险来临时，社会关注点往往在媒体聚焦的所谓"罪魁祸首"身上，而忽视了长期的机制对风险积累的作用，这也为金融风险防控长期治标难治本，长期治理长期伴随的现象提供了生存的土壤。

金融风险防范与传统实业上的风险控制有极大的不同。金融本身就是资源和风险的跨期、跨区域配置，转移风险在金融实务操作中具有正当性，其初衷是将短期风险均匀分布到长期期间，从而用时间换空间，降低风险处置的难度并减少对实体经济的冲击。然而，在实际经营中，人们往往在利用完金融工具的风险配置作用后，会将眼前风险的转移认知为风险的消除，认为这是重新启动风险的聚集过程，从而导致长期风险大幅累计，金融工具不堪重负，灰犀牛概率长期逐步提升。而人性对过好当下的要求，对效用折现的考量，都纵容了这一社会现象在全球的蔓延。

三、防范困难之文化层面原因：不见棺材不掉泪

人们在普遍认知上觉得提前防范风险很完美，现实情况却相反。系统性金融风险的防范困难和预测的悖论相关：金融风险一旦被预知就可被预防，人们可以提前应对而导致危机不发生。这就是社会科学领域的观察者效应：规律一旦被发现，就不存在了，这也是投资策略被发现后就会不再有效的原因。正如"在最近的 3 次经济危机中，成功地预测到了其中 8 次"这句话所反映的问题，资产泡沫变成了薛定谔的泡沫：不到掀开盖子的危机爆发时刻是不确定到底有没有系统性金融风险的。

站在决策方的角度，相较于金融风险处置，防范金融风险的意愿更低，"不见棺材不落泪"，因为很难证明是防范行为避免了危机的发生，这种说法甚至会被质疑为邀功言论，而危机后的救助功劳一目了然。在这种激励机制下，风险即便能得到及时防范，人们的意愿也不强。

而金融风险处置的激励作用非常大，当金融风险带来损失时，政策制定者急于解决问题，虽然不干预也许是更好的选择，有助于克服道德风险，使金融市场变得更有生命力、更强健，但面对市场下跌等风险，决策方很难无动于衷。这也是为什么在当代经济学中凯恩斯主义几乎形成了压倒性的胜利，根本原因就在于，凯恩斯主义是一种"有为"的思想，他面对经济问题的答案永远是"我们还可以做点儿什么"，与此相对，哈耶克总体上认为干预是瞎折腾，甚至有害的。

四、防范困难之体制机制原因

改革开放 40 年来，中国的金融市场产品不断增多、市场机构日益复杂、市场规模不断扩大、开放程度不断提高，此过程也形成了一些中国特色的金融风险防范难点。一方面，隐形担保下的刚性兑付问题一定程度上依然存在，当内源性资金不足时，国家只能靠借新还旧维持刚性兑付，这样容易引发流动性风险。而地方政府债也成了金融机构争相配置的优质金融资产，这使得地方债务问题突出。另外一方面，国有企业的"风险大锅饭"普遍存在，导致部分监管不足的国企加杠杆不受控制，同时还存在部分民营企业通过挂靠国有企业增加自身信用，肆意借贷，意图通过做大自身规模从而将自身经营风险转嫁到全社会，实现所谓"大而不能倒"的伪跨越发展。此外，目前整个社会网络正处于由强关系网络向弱关系网络变迁的过程中，监管体制也处于不断探索和完善的过程中，市场监管能力和水平也需要不断提升，在这个过程中，华信、包商、明天系等风险事件的出现在所难免。这些现象的存在，都为中国社会经济环境下的金融风险防范提出了更加独特的挑战。

第五节　金融风险管理的国际实践

一、金融机构内部控制与风险管理：大型机构的探索

大型金融机构在内部风险防控方面走在市场的最前沿。一方面是监管严，风险以及合规成本高，另一方面是有人才、经济实力以及业务范围等方面的综

合实力保障，为大型金融机构的风控奠定了基础。以摩根银行为例，在 2004 年《巴塞尔协议 II》定稿前，其内部就有相当复杂的信用风险模型对内部风险进行管理，模型的复杂程度受制于尽可能多的业务参数输入以及业务部门的认可度。此外，摩根银行还有对外销售的"信贷矩阵"这样的信贷算法计算机软件，用于计算市场风险的经典作品《风险矩阵》技术手册也免费对外发行。在风险的现代化管理上，摩根银行最早关注以风险价值为代表的尾部风险指标，为银行信贷风险的评估发展做出了巨大贡献。另外，为了规避《巴塞尔协议》中 8% 的资本金要求限制，摩根银行也于 1998 年首先推出了 100 亿美元的信用衍生产品，通过风险的分级以及转售，摩根银行降低了资产包的风险，从而获得了美联储的认可，得到了 20% 的风险资本计提折扣，为之后银行风险资产的处置提供了样本。

花旗集团在 1996 年的北美员工培训手册上，就已经明确将银行风险分为信用风险、市场风险和包括主权风险在内的其他风险三类，而现在的定期报告也将风险管理的过程明确分为风险的识别、风险度量、业务的风险承受能力评估、风险参数的限制以及风险的持续跟踪等几个方面，并且详细列明了以信用风险、市场风险和运作风险为代表的风险资产规模。

大型投资银行高盛集团，除了同样将风险进行分类管理并披露，针对风险价值还做了进一步划分，从利率风险、权益风险、货币风险、商品风险和分散效应等多个角度进行了分析，并且在年报中对全年风险价值的波动情况进行了详细说明。在 1980 年以后的几次金融危机中，高盛集团都没有重大损失。

二、各国／经济体建立相关监管部门

大部分国家都有金融监管体制，具体的监管部门有央行、货币监理署、金融监管局、银监会、证监会、保监会、审计监察（如注册会计师协会、美国的反虚假财务委员会及其 COSO 委员会）等。全球的金融监管模式各有不同，历史和法律体系是主要原因。

1. 美国模式。金融业在 20 世纪 30 年代大危机以后实行《格拉斯－斯蒂格尔法案》，进入金融分业经营时代。以银行业监管为例，州注册银行和联邦注册银行分别由美国货币监理署（OCC）和美联储为主导进行监管，配合的机构还包括州银行厅和联邦存款保险公司。在海外银行混业经营、国内证券业跨界竞争、大银行收购并购、资产包装规避监管等多重因素的作用下，1999年美国《金融服务现代化法案》再次标志着其金融业进入混业经营时代，而金融业监管机构也随之逐步改革，特别是在2007年次贷危机爆发后改革加速，以2010年7月通过的《多德－弗兰克华尔街改革与消费者保护法案》和由此设立的金融稳定监督委员会（FSOC）为标志，美国金融业进入全面集中监管时代。不仅如此，以前主要监管联邦注册银行的美联储的监管权限得到极大强化，除了银行业，包括金融控股公司、投资银行、保险公司及对冲基金和私募基金等所有具有系统重要性的金融机构均被纳入其监管范围，并在资本充足率、流动性等方面对这些机构提出了要求。除此之外，同期新设立的金融消费者保护局、联邦保险办公室等机构也显著增强了联邦机构在金融监管中的地位和作用，这也是金融监管集中化的体现之一。而所有的金融监管都建立在金融机构数据准确的前提下，因此，在主流的金融机构监管改革之外，美国同时设立了注册会计师协会、反虚假财务委员会及其COSO委员会来完善金融机构内部控制体系，增强金融机构数据的准确性。

2.**欧盟模式**。与美国从分业监管到集中监管趋势不同的是，欧盟以国为单位分散的金融监管特征与成员国金融、货币一体化之间存在一定的冲突，而这之间的矛盾比美国分业监管下的情况更突出。虽然加强金融监管合作、防止金融套利的呼声一直存在，但是在金融危机之前，各个成员国的诉求分期较大。在金融危机之前，欧盟主要以莱姆法路西框架为监管机构体系，该框架以欧盟理事会、委员会和欧盟议会为第一层机构，以下设的银行（EBC）、证券（ESC）、保险和职业养老金（CEIOPS）、金融联合（FCC）等委员会为第二层级，主要制定完善各项法律基础，再由欧洲银行监督官委员会（CEBS）、欧洲证券监管委员会（CESR）和欧盟保险与职业养老金监管委员会（CEIOPS）等机构负责促进各成员国落实共同规章。而随后的金融危机的巨大影响在改变人们认知的同时，巨大的债务压力进一步促进了成员国之间的妥协让步。2009年欧盟理事会通过了《欧盟金融监管体制改革》，成立了欧洲系统性风险委员会（ESRB）和欧洲金融监管者体系（ESFS），欧盟金融监管的集中化得到进一步推进。

3. **英国模式**。1997年，银行监管职能从英格兰银行分离出来，并入1985年成立的证券投资委员会（SIB）并进行改制，成立独立的非政府组织英国金融服务管理局（FSA），负责对银行、保险、证券和其他非银行金融机构进行统一监管，这也使得英国成为第一个实行统一金融监管的国家。结合财政部的监管框架与立法职能，以及英格兰银行的货币政策职能，英国的"三方体系"建立。而金融危机，特别是北岩银行的挤兑事件，加速了英国金融监管的改革，由此金融监管职能在集中监管的大趋势下再次被并入英格兰银行，由其下设的货币政策委员会（MPC）、金融政策委员会（FPC）和审慎监管委员会（PRC）三大政策委员会领导。

4. **日本模式**。在二战后的20世纪，日本金融监管的最主要机构是大藏省，这从西野智彦撰写的《日本的迷失》一书描述的大藏省各级官员密切参与银行坏账处置的事件中可见一斑。而在泡沫经济的破裂接近尾声时，日本政府于1998年6月剥离了大藏省的主要金融监管职能，将其下设的包括银行局在内的相关部门分离出来，新设立了金融监督厅负责金融监管职能的具体事项。2000年，金融监督厅改组为金融厅，并在2001年升格为日本内阁的外设局，全面负责金融监管业务。由此，日本正式形成了以金融厅为核心，银行和存款保险机构共同参与，地方财政局在授权范围内监管的金融监管机构体系。此外，与美国对金融数据的真实性重视程度类似，日本在2004年于金融厅下设注册会计师监察审查会，全面加强金融数据的制度保障。

三、国际组织及统一业务规则指引

2008年国际金融危机表明，系统重要性金融机构因规模较大、结构和业务复杂、与其他金融机构关联性强，在金融体系中居于重要地位，一旦发生重大风险，就会对金融体系和实体经济产生重大不利影响，还可能引发系统性风险。因此，危机后有关国际组织和主要经济体已就系统重要性金融机构监管建立了相关制度安排，如金融稳定理事会发布了《降低系统重要性金融机构道德风险》《系统重要性金融机构监管的强度和有效性》《金融机构有效处置机制核心要素》等一系列文件。巴塞尔银行监管委员会（BCBS）和国际保险监督官协会按照 FSB 要求，分别发布了全球系统重要性银行和保险机构的评估方法与损失吸收能力要求，开展全球系统重要性银行和保险机构评估工作。美国、欧盟、英国、日本等国也专门针对系统重要性金融机构监管建立了相应制度安排。主要组织包括区域性（欧盟）+ 全球性组织，主要包括 G20 峰会、国际清算银行及巴塞尔委员会、国际证监会组织、国际保险监督官协会、金融稳定理事会、国际货币基金组织、世界银行等。

四、不断完善的业务规则

随着金融业的不断发展，金融风险管理也在不断完善，主要有：建立和深化宏观审慎监管，加强对信用风险、流动性风险的管控，如高利贷重画红线，加强资产抵押、贷前审查；完善最终贷款人和存款保险制度；对系统性重要性金融机构的监管更加完善，资本充足率要求更加细化，针对保险机构加强了偿付能力管理；加强对金融消费者的保护，筑牢"反洗钱"防线，推出了解你的客户（KYC）以及销售适用性原则；加强监管机构之间的协调，金融机构内部控制和行业自律机制不断加强，金融监管的市场导向和信息披露不断加强，金融监管全球化趋势也在不断加强。在信息披露上，国际会计标准委员会制定对所有金融机构采取同样的会计和披露标准，以加强对金融机构市场的约束作用。在监管全球化上，东亚金融危机后，西方各国成立了"金融稳定论坛"。在东亚，中、日、韩与东盟每年也开始召开央行行长、财长会议以讨论地区金融问题。所有努力都是加强各国金融监管的国际合作的表现。

五、宏观审慎监管

宏观审慎管理是指宏观审慎管理部门运用审慎性工具防范系统性风险，包括在时间维度上要求金融机构在系统性风险积累时建立缓冲，减缓周期性波动冲击，以及在结构性维度上关注金融体系关联度，关注系统重要性机构等。宏观审慎政策实质上采取宏观、反周期、跨市场的观点，以防范系统性风险为重要任务，重点缓解金融系统顺周期波动以及跨市场风险蔓延对宏观经济和金融体系的影响。

金融危机发生后，各国意识到应对系统性金融风险仅靠微观风险管理是不够的，2009 年国际清算银行就宏观审慎性做出了说明，主要包括危机中存在的"大而不能倒"、顺周期性、有效监管不足等问题。随后，二十国集团在首尔峰会上进一步形成了宏观审慎管理的基础性框架，G20 自此在协调国际金融监管改革、加强全球经济有效治理方面发挥了主导作用，已成为国际经济金融领域政策对话与协调的重要平台。在 G20 的直接领导下，FSB 作为全球金融监管标准制定的领导者，引领各国际标准制定机构积极制定、完善相关标准与准则。FSB 确定的重点改革领域主要涵盖构建稳健的金融机构、结束"大而不能倒"、使衍生品市场更安全以及将非银行金融中介转化为稳健的市场化融资等方面，并持续对新出现的金融风险（例如不当行为风险、金融科技等）进行跟踪，提出政策建议。我国自 2009 年 5 月正式加入 FSB，着力推进相关改革措施在国内的稳步实施。

西方各国也建立了各自的宏观审慎体系。以美国为例，从 2009 年《金融监管改革：新基础》开始，到 2010 年颁布的《多德 – 弗兰克华尔街改革与消费者保护法》，明确了构建有效的宏观审慎监管政策体系的目标，成立金融稳定监督委员会，由财长做主席，成员是各监管机构，并强化美联储对系统重要性金融机构的监管职能，授权美联储制定宏观审慎监管标准，推行逆周期资本缓冲、紧急贷款限制规定等。

宏观审慎监管在我国提出很多年了，2003 年我国对房贷首付比例的调整已是宏观审慎的一个探索，2008 年金融危机之后的差别准备金是正式开始，2015 年后逐步建立，自此，宏观审慎管理框架已发挥重要作用。一是加强系统性风险监测。建立宏观审慎评估（MPA）体系，重点对系统性金融风险开展综合评价，全面考察资本、流动性、资产质量、关联性、跨境业务等情况，每年选取部分银行业金融机构开展压力测试，并不断扩大测试范围，优化压力情景设计和测试方法。二是发布《关于建立逆周期资本缓冲机制的通知》，明确我国逆周期资本缓冲的计提方式、覆盖范围及评估机制。三是发布《关于完善系统重要性金融机构监管的指导意见》《系统重要性银行评估办法》，初步建立我国系统重要性金融机构监管的宏观政策框架，未来微观主体监管系统重要性机构、金控集团也将被纳入央行的宏观审慎监管范围。四是 2021 年 3 月六部委联合下发《统筹监管金融基础设施工作方案》，明确将六类基础设施及其运营机构纳入统筹监管范围，这也是 2015 年十三五规划第一次提出的新思路，六类基础设施包括金融资产登记托管系统、清算结算系统、交易设施、交易报告库、重要支付系统、基础征信系统。五是研究房地产贷款集中度、居民债务收入比、房地产贷款风险权重等宏观审慎政策工具，划定房地产三道红线，进一步完善促进房地产市场健康发展的长效机制。六是建立跨境资本流动宏观审慎管理框架。七是加强我国金融监管的国际合作，坚持金融双向开放基本战略，积极参与国际金融治理框架重塑。八是国务院办公厅印发《关于全面推进金融业综合统计工作的意见》，由央行推行"全覆盖"金融业的综合统计问题。另外，《中华人民共和国中国人民银行法（修订草案征求意见稿）》对国家金融安全审查工作、金融标准化和金融科技工作、金融消费者保护工作等方面的内容也有所涉及。

我国的宏观审慎职能主要在央行，近年来，国家对央行职能配置做出新规定，强化宏观审慎管理、系统性金融风险防范、金融基础设施统筹职责以适应高质量发展需求，宏观审慎只能成为大央行扩权的先驱，未来会适时发布宏观审慎政策指引，进一步明确宏观审慎的边界（如表 3-1 所示）。

表 3-1　中国宏观审慎框架 MPA 指标体系

资本和杠杆情况	资本充足率
	杠杆率
	住房金融：贷款价值比（LTV）、债务收入比（DTI）
	总损失吸收能力（暂不纳入）
资产负债情况	广义信贷（表外理财纳入广义信贷指标）
	委托贷款
	同业负债

流动性	流动性覆盖率	
	净稳定资金比例	
	遵守准备金制度情况	
	差额准备金调整	
	外汇流动性与跨境资本流动	
定价行为	利率定价	
资产质量	不良贷款率	
	拨备覆盖率	
外债风险	外债风险加权余额	
信贷政策执行	信贷执行情况	
	央行资金运用情况	
	合意贷款管理机制	

第六节　中国金融风险防范探索

　　我国在改革开放 40 年里，没有发生过严重的金融危机。即使在 1997 年亚洲金融危机期间，中国银行业平均不良率高达近 40%，也没有出现任何挤兑现象。主要原因：一是国家信用支持的"金融安全网"，包括大中型商业银行都是国有控股的，银保监会微观审慎监管、央行存款保险和最后贷款人机制构成金融安全网三大支柱；二是长期保持年均 10% 左右高速平稳增长经济的支撑。金融业建立在信心的基础上，在上述背景下，即使出现了一些金融风险，存款人的信心也很难出现动摇，因而较容易在发展中解决问题。

经过多年不懈努力，我国不断探索形成了独具中国特色的金融风险防范与化解机制，守住了不发生系统性金融风险的底线：高风险金融机构妥善处置、互联网金融风险专项整治、影子银行风险持续减小。中国对金融风险防范的探索主要有以下几个方面。

一、集中统一领导

中国金融事权主要集中于中央，重大发展与改革事项由中央决定。党对金融工作的集中统一领导，包括顶层设计、组织保障以及大政方针等各个方面，由党中央制定并领导贯彻，利率、汇率、资金配置和金融监管以及国务院规定的其他重要事项等各方面事项均需报国务院批准后执行。近年来，党中央对金融风险防范越来越重视，党的十九大报告指出，要坚决打好防范化解重大风险、精准脱贫、污染防治的"三大攻坚战"。其中，打好防范化解重大风险攻坚战，重点是防控金融风险。2019 年 2 月 22 日，习近平总书记在主持中共中央政治局第十三次集体学习时指出，防范化解金融风险特别是防止发生系统性金融风险，是金融工作的根本性任务。第二个百年奋斗目标新征程的纲领性文件《中共中央关于制定国民经济和社会发展第十四个五年规划和二〇三五年远景目标的建议》提到，"十四五"时期要以提升透明度和法治化水平完善金融监管，以预防、预警、处置、问责实现金融风险监管全覆盖。

从组织保障来看，自 2017 年底，在金融稳定委和一行三会分业监管的基础上，中国从三大层面对金融监管体制进行调整。一是中央层面，2017 年 11 月全国金融工作会议召开后，根据决定设立国务院金融稳定发展委员会，从国家层面统筹协调涉及金融稳定和改革发展的重大问题，通过同央行统一召开联席会议的形式，讨论、决定金融监督管理和货币政策的执行情况，以加强金融监管协调、补齐监管短板，建立高效的监管决策协调沟通机制，并强化监管问责，推动金融政策与财政、产业、就业、区域等经济社会政策的密切配合，形成以国内大循环为主体、国内国际双循环相互促进的新发展格局，若不能达成一致意见，则按照国务院的有关要求做出决定。二是国家机构层面，在强化人民银行宏观审慎管理和系统性风险防范职责的同时，合并中国银监会和中国保监会，形成"一行两会"监管体系，2020 年 10 月 23 日，央行就《中华人民共和国中国人民银行法（修订草案征求意见稿）》公开征求意见，此次为历经 17 年后的首次修订，据意见稿中的内容，央行职权有所扩充，不仅限于货币政策和宏观审慎监管，还在向微观的业务准入、监督和现场检查、处罚等方面增加职权。三是地方政府层面，组建地方金融监督管理局，确保中央、部委决策真正落到实处，也为将金融风险控制在发生地、避免全国蔓延提供责任载体，按照中央统一规则，强化属地风险处置责任。这样，由国务院金融稳定发展委员会集中统一领导、由中央银行统筹货币政策、由相关专业监管部门担当行为监督的分业监管的统一的监管组织框架便形成了。

二、法规制定与适时调整

改革开放以来，我国在借鉴很多国家立法经验的基础上，逐步建立起适合我国社会主义市场经济要求的金融法律体系。我国已经建立以《中华人民共和国中国人民银行法》《中华人民共和国商业银行法》《中华人民共和国证券法》《中华人民共和国信托法》《中华人民共和国担保法》《中华人民共和国票据法》《中华人民共和国保险法》等为主体，相关行政法规、部门规章及规范性文件为基础的金融法律制度框架，随着金融法律体系和风险处置制度建设不断健全，金融法治建设不断完善，我国已经基本建立了有效维护金融稳定的三个层次的金融监管法律体系：一是全国人大通过的法律，如《中华人民共和国中国人民银行法》《中华人民共和国证券法》《中华人民共和国保险法》等；二是国务院颁布的有关行政法规，如《中华人民共和国外资金融机构管理条例》《中华人民共和国外汇管理条例》；三是财政部、中国人民银行、证监会、保监会等制订的具体的管理办法和规定，如《贷款通则》《银行间债券交易规则》《银行间债券交易结算规则》。

我国金融法治工作呈现出以下趋势。一是在业务发展过程中针对出现的新情况不断进行适时调整，不断加强金融立法，完善法律规则体系，通过制定决定、办法、规定、意见、细则、公告、通知以及提示等各种方式规范指导业务行为，在"一行两会"官网上及时公布。比如，加强对系统重要性金融机构的监管，2018 年以来，相继出台《关于完善系统重要性金融机构监管的指导意见》《系统重要性银行评估办法》等文件，完善国内系统重要性金融机构监管。针对资管乱象稳妥有序推进资管行业转型发展，出台《关于规范金融机构资产管理业务的指导意见》及相关配套细则并推动平稳实施，影子银行无序发展得到有效治理。二是完善权力运行制约机制，使监管职责、检查权、处罚权适度分离。三是健全行政裁量权基准，规范自由裁量权。四是加大对金融违法行为的处罚力度，切实严肃市场纪律。

三、试点与规范发展

"摸着石头过河"这种特殊的政策试验方法对中国改革开放以来的经济发展极为重要，在部分地方先行改革和试验，成功之后上升为国家政策，推广到全国。与西方国家以制定法律为导向的政策过程相比，中国在制定法律法规之前可以先试验，而西方国家必须先立法才行动。试验试点是一种具有中国特色的灵活机制，在金融监管中，我国也经常采用"试点""试行"模式，通过试点的办法推动金融监管的完善是解决我国金融监管发展滞后与金融创新迅猛发展之间矛盾的有效举措，而且为相关金融监管规则的优化提供了非常重要的借鉴和参考。我国"一行两会"共发布关于"试点""试行"的金融监管规范文件近百份。1. 以试行之名在全国实施和推行的金融监管政策，如 2003 年我国银监会、发改委颁布实施的《商业银行服务价格管理暂行办法》。2. 地方局部性金融监管规则试行，如以中国（上海）自由贸易试验区试行人民币资本项目可兑换等金融监管试验为代表的自贸区法律监管、深圳中国特色社会主义先行示范区跨境金融监管试验等。3. 监管对象试行，如 2018 年中国人民银行金融稳定局起草的金融控股公司监管办法，确定中信集团、蚂蚁金服等五家机构作为金融控股集团监管试点的首批试点单位。

近期，监管沙盒模式也是在金融科技领域监管的一种试点。沙盒模式是金融科技领域"试验性规制"中相对成熟、早有探索的解决方案，即针对进入监管沙盒试验性监管的被监管对象设置相应的准入标准，为被监管对象提供一个相对安全的监管试验区域和测试环境，在金融创新产品、服务模式通过测试后，监管机构对合格机构发放经营牌照。中国人民银行已经于 2019 年末正式启动我国的金融科技创新监管。2020 年 1 月，北京在全国率先试点金融科技监管沙盒，对 6 个拟纳入金融科技创新监管试点的应用进行公示，并明确支持金融科技在疫情防控中的应用，符合条件的，纳入金融科技监管沙盒创新试点。到 2021 年 3 月底，在成都、广州等 9 个试点城市已经有 86 个项目被公示，我国金融科技创新监管试点全面落地。

试点为之后的规范发展提供了大量依据。比如，上交所科创板注册制试行，中国证监会于 2019 年 1 月 30 日发布《关于在上海证券交易所设立科创板并试点注册制的实施意见》，并根据试行效果在 2019 年 12 月 28 日修订通过的《中华人民共和国证券法》中明确确立了注册制的中国证券市场基础性法律制度。然后，2020 年 8 月，深圳证券交易所的创业板也实现了注册制。

四、牌照管理与业务指导（资格认证、业务规范与指导）

牌照管理和业务指导也是颇具中国特色的金融监管方式，属于微观审慎监管的准入环节管理（如表 3-2 所示）。

表 3-2　微观审慎监管内容

微观审慎监管	准入环节监管	股东资质监管
		股本监管
		牌照监管
	持续监管	健全公司治理，加强党的领导和党的建设
		关联交易监管和集中度监管
		同业管理和流动性监管
		杠杆率监管、资本约束
		表外业务
		异地展业和异地经营监管
		资本质量监管
		货币错配和汇率风险
		与同业偏离度太大的异常指标
		数据真实性监管

金融牌照是批准金融机构开展业务的正式文件，在我国需要审批的金融牌照主要包括银行、保险、信托、证券公司、金融租赁、期货、基金、基金子公司、基金销售、第三方支付牌照、征信、小额贷款、典当等十几种，在互联网金融时代，金融牌照的涵盖范围更广，还包括担保、商业保理、众筹、消费金融、征信、金融资产交易场所等。目前，金融牌照主要由央行（支付司）、银保监会、证监会等部门分别颁发。我国目前依然实行比较严格的牌照审批制，其中银行、券商、保险、信托牌照难度相对较大。"只有持牌才能干金融"，一切金融机构都必须持牌经营，全国性金融机构牌照批设权限只能在中央部门即"一行两会"，严厉打击应持牌未持牌的非法金融活动。经过多年实践，我国的牌照审批体系在规范行业格局、竞争秩序和发展方向上取得了正面成果。

业务指导属于功能监管的一种，即按照经营业务的性质进行金融监管。例如，中国人民银行联合银保监会、证监会、外管局联合印发的《关于规范金融机构资产管理业务的指导意见》（大资管新规）于 2018 年 4 月正式印发，将机构监管与功能监管相结合，开启了统一资管行业监管标准的步伐，该意见定义资管行业的业务模式，明确了净值型管理、第三方独立托管、打破刚性兑付、消除多层嵌套和通道等监管要求，过渡期到 2021 年底。我国监管机构会根据金融业出现的某些风险状况向金融机构提出指导性意见或者提示风险，对金融机构的信息予以反馈和监督指导，可以通过邮件、会议、电话、现场检查等多种形式，引导金融机构主动采取措施防范风险。

五、现场与非现场检查

日常监管包括非现场检查和现场检查。非现场检查是全面、持续地搜集、监测和分析被监管机构的风险信息，针对被监管机构的主要风险隐患制订监管计划，并结合被监管机构风险水平的高低和对金融体系稳定的影响程度，合理配置监管资源，实施一系列分类监管措施的周而复始的过程。现场检查是指监管人员直接深入金融企业进行制度、业务检查和风险判断分析，通过核实和查清非现场监管中发现的问题和疑点，全面深入了解和判断金融企业的经营和风险情况的一种实地检查方式。两者是金融监管的重要手段和方式。中国银保监会以及证监会发布了一系列日常检查的办法和规则，建立现场检查和非现场监管工作体系，促进公平交易，维持市场秩序，增强消费者信心，确保金融市场的稳健运行。

值得注意的是，根据《中华人民共和国中国人民银行法（修订草案征求意见稿）》，央行的机构检查监督权力大大扩展，增加了现场检查措施、非现场监管措施，以及针对违反某些规定的行为的惩罚性手段。这意味着央行不仅仅要宏观审慎，还可以随时执法、处罚。处罚不仅仅涉及惩罚性利率等业务方面，还增加了责令暂停部分业务或禁止开展新业务，限制或禁止接入中国人民银行的支付、清算和结算系统等实质性惩罚措施。

六、清理整顿与接管处置

精准处置高风险机构是防范化解重大金融风险攻坚战最艰巨的任务。20世纪90年代以来，我国采取接管处置、合并重组、清理整顿、撤销、关闭等方式，清理了一批风险金融机构，有效抑制了金融风险的扩散和蔓延。

首先是问题券商的清理整顿。2003年末至2004年上半年，一批证券公司的违规问题急剧暴露，证券行业多年累积的风险呈现集中爆发态势，行业面临系统性危机。据2005年初步测算，当时全国有132家证券公司，84家公司存在流动性困难，其中30多家存在严重的偿付问题。证券公司风险成因主要包括：违法违规行为严重，报表不实，大量账外经营；挪用客户资产，造成巨大的资金缺口；违规高息融资，造成巨额潜在亏损。从2005年开始，监管部门按照风险处置、日常监管和推进行业发展三管齐下，防治结合、以防为主、标本兼治、形成机制的总体思路，对证券公司实施综合治理。一是推动高风险证券公司重组，创造性地以中央汇金投资有限责任公司和中国建银投资有限责任公司等为重组平台，先后推动南方证券等9家证券公司完成重组改革。二是对闽发证券等31家高风险证券公司实施了关闭或破产等风险处置措施，其中26家顺利移送司法破产，5家以其他方式顺利实现收口。据统计，截至2011年6月底，累计弥补被处置证券公司客户交易结算资金缺口及利息、收购个人债权共涉及1 153万个账户和26万笔个人债权，转移了700多万客户，安置了1.78

万名证券公司员工，全力维护了金融及社会稳定。2007年8月，证券行业综合治理工作基本结束，有效化解了证券公司风险，增强了证券行业综合实力，帮助证券业成功抵御了国际金融危机，为资本市场的持续健康发展奠定了坚实基础。

互联网金融整顿也取得了同样的效果。2016年以来，中国人民银行牵头17个部门和各级政府开展互联网风险专项整治，对P2P网络借贷和股权众筹业务、通过互联网开展资产管理及跨界从事金融业务、第三方支付业务、互联网金融领域广告进行清理整顿，关停数千家平台。经过4年多的努力，目前整治工作取得了实质性成效：一是总体风险水平大幅下降，增量风险得到管控；二是边整边改，监管制度逐步建立完善；三是积累了丰富的新金融活动监管经验，探索出有效的监管协作机制，互联网金融和非法集资等风险得到全面治理。全国实际运营的P2P网络借贷机构由高峰期的约5 000家逐渐下降至完全归零，非法集资等活动受到严厉打击，各类交易场所清理整顿稳妥有序推进。

在问题银行的处置上手段更加多样化，1997年亚洲金融危机之后，党中央、国务院采取一系列重大政策措施，加快推进国有独资商业银行的综合改革，特别是1998年，财政部发行2 700亿元特别国债，充实中国工商银行、中国农业银行、中国银行、中国建设银行4家银行资本金。1999年国家先后成立信达、华融、长城和东方4家金融资产管理公司，接收和处置从4家银行剥离出的不良资产（见本书第六章非银行金融机构风险管理）。然而，由于公司治理和经营机制改革未能及时跟进，不良贷款产生的机制并没有得到根本扭转，大型商业银行存在的体制和机制等深层次问题并未得到解决。2000年以后，大型商业银行的不良贷款反弹。2003年，国务院决定成立国有独资商业银行股份制改革试点工作领导小组，央行小组办公室，会同有关部门及时启动5家大型商业银行股份制改革，通过国家注资、处置不良资产、成立股份公司、引进战略投资者、择机上市等改革步骤，按"一行一策"的原则制定具体实施方案推进改革。一是实施财务重组。包括用银行原有财务资源（账面资本金、准备金及利润等）核销部分资产损失、国家注入新的资本金以及按照市场化原则处置不良资产。2003年底，国家运用外汇储备向中国银行、中国建设银行分别注资 225 亿美元。2005 年 4 月，国家运用外汇储备向中国工商银行注资 150 亿美元。2008 年 10 月，国家运用外汇储备向中国农业银行注资 1 300 亿元人民币的等值美元。此外，财政部、中央汇金投资有限责任公司于 2004 年 6 月分别对交通银行增资 50 亿元、30 亿元。二是建立现代公司治理架构。采取成立股份公司，搭建股东大会、董事会、监事会、高级管理层的"三会一层"治理架构等一系列措施健全良好的公司治理结构，实行科学的现代化管理。同时，发挥国内外战略投资者在完善公司治理、推动技术和业务合作方面的作用，将引资与引智相结合。三是引进战略投资者。坚持国家绝对控股和公平竞争、择优选择的原则，同时结合 5 家大型商业银行自身情况和未来发展引进了不同类型的战略投资者。2004 年至 2007 年，中国工商银行引入高盛集团、安联集团和美国运通公司作为战略投资者，中国银行引入苏格兰皇家银行、富登金融（淡马锡旗下）、瑞士银行和亚洲开发银行作为战略和财务投资者，中国建设银行引入美国银行和富登金融作为战略投资者，交通银行引入汇丰银行作为战略投资者。四是境内外公开发行上市。交通银行、中国建设银行分别于 2005 年 6 月和 10 月在香港上市。中国银行分别于 2006 年 6 月、7 月在香港和上海证券交易所上市。中国工商银行于 2006 年 10 月以 A+H 同步发行、同步上市的方式成功实现首次公开发行。交通银行和中国建设银行也分别于 2007 年 5 月和 9 月回归 A 股市场。2010 年 7 月，中国农业银行在香港和上海证券交易所成功挂牌上市。至此，大型商业银行股份制改革圆满收官。

2019 年，在国务院金融稳定发展委员会领导下，中国人民银行和银保监会采取针对性处置方式，稳妥处置安邦集团、华信集团、包商银行、锦州银行和恒丰银行等风险，及时重组、重整和破产清算数家涉嫌违规办理金融业务的控股公司，守住了不发生系统性金融风险的底线。以包商银行为例，2019 年央行和银保监会会同有关方面组建接管组，对包商银行实施接管，全面行使包商银行的经营管理权，接管期限一年，并委托中国建设银行股份有限公司托管包商银行业务。被接管后，包商银行正常经营，客户业务照常办理。央行、银保监会对包商银行实施联合接管，接管组全面行使包商银行的经营管理权，并委托建设银行托管包商银行业务，同时由存款保险基金和央行提供资金，先行对个人存款和绝大多数机构债权予以全额保障，为机构大额债权提供了平均90%的保障，最终采取新设银行收购承接的方式推进改革重组，市场化遴选出徽商银行作为包商银行内蒙古自治区区外4家分行的并购方，并确定了新设银行即蒙商银行股东的认购份额和入股价格。2020年4月30日，蒙商银行正式成立并开业，包商银行将相关业务、资产及负债，分别转让至蒙商银行和徽商银行。存款保险基金向蒙商银行、徽商银行提供资金支持，并分担原包商银行的资产减值损失，促成蒙商银行、徽商银行顺利收购承接相关业务并平稳运行。2020年11月12日，银保监会批复同意包商银行进入破产程序。在锦州银行案例中，央行、银保监会会同辽宁省政府引入战略投资者为锦州银行提供增信，并实施财务重组，央行下属企业北京成方汇达企业管理有限公司以市场化价格收购锦州银行1 500亿元不良资产，并会同辽宁省国资平台共同出资121亿元认购62亿股锦州银行新发股份。在恒丰银行的处置中，积极引进汇金公司等战略投资者，2019年底，恒丰银行完成不良资产剥离，引入1 000亿元战略投资者资金。

七、金融消费者利益保护

2018年后，"一行两会"设置了金融消费者保护机构。一是设立专门保护机构，如中国人民银行金融消费权益保护局、银保监会消保局、证监会投保局等。二是设立了专门保护基金，如中国证券投资者保护基金、中小投资者保护基金公司、存款保障基金、保险保障基金和期货保障基金等。现阶段金融消费者保护仍然处于初级阶段，需要进一步完善立法、协调处理、争议解决等方面的机制。

下篇

第四章

持有央行颁发牌照的机构风险管理

第一节 支付机构风险管理

支付是金融市场重要的业务活动环节，对金融市场的稳健运行和功能发挥起着关键作用。在当今海内外金融市场体系中，除了商业银行可以开展支付业务，还存在许多依法设立的非银行支付机构，其服务覆盖范围广、涉及客户数量多，业务开展过程中的风险问题不仅关系到客户的资金和信息安全，甚至可能影响支付体系乃至金融领域的稳定运行，高度关注支付机构的风险状况并加强防范对金融市场稳健运行具有重要意义。本节简要介绍非银行支付机构的风险管理。

一、支付机构基本情况

非银行支付机构（以下简称支付机构）是支付服务市场的重要组成部分。在我国，支付机构具体是指在中华人民共和国境内依法设立并取得支付业务许可证，从事相关支付服务的有限责任公司或股份有限公司。

（一）国外支付机构发展情况

非银行支付机构最早起源于美国的独立销售组织（ISO）制度，指收单机构和交易处理商委托 ISO 承接中小商户的发展、服务和管理工作的一种机制。1996 年，全球第一家支付机构在美国成立，随后陆续涌现出亚马逊支付

（Amazon Payments）、雅虎支付（Yahoo! PayDirect）、贝宝（PayPal）等支付机构或支付服务产品。总体而言，国外支付机构的发展大致分为两个阶段：一是依托个人电商市场起源、壮大、成熟，如贝宝早期主要为电子商务网站易贝（eBay）的用户提供支付服务；二是向外部专业化、垂直化电子商务网站（B to C 市场）深入拓展，当前支付机构业务已拓展至学费、房租、公共事业费缴纳等垂直领域。

（二）国内支付机构发展情况

1. **发展历程**。国内支付机构是伴随着电子商务兴起而产生发展的。1999年，上海环迅和北京首信易成立，是国内最早的支付机构。2004年，支付宝网络技术有限公司（以下简称支付宝）成立，得益于淘宝网平台的强大影响，业务发展迅速，仅4年时间，用户规模就达到2亿，超过美国的贝宝公司，成为当时全球最大的支付机构。得益于电子商务的兴起，国内支付服务市场迅速扩大，支付机构数量及业务规模不断攀升，影响力日渐增大，在服务社会发展的同时，其潜在问题不断暴露，产生了较多风险，亟待加强管理。2010年，中国人民银行发布《非金融机构支付服务管理办法》（中国人民银行令〔2010〕第2号），对支付机构实施准入许可，向符合审查要求、准许提供支付服务的机构颁发《支付业务许可证》。此后，中国人民银行陆续发布了一系列制度文件，引导支付机构健康有序发展。从2016年起，按照国务院互联网金融风险专项整治工作部署，中国人民银行遵循"总量控制、结构优化、提高质量、有序发展"的总体原则，精简支付机构数量，提高支付服务质量，截至2021年3月底，累计40家支付机构退出，支付机构数量降至231家。

2. **职能定位**。根据《非银行支付机构网络支付业务管理办法》（中国人民银行公告〔2015〕第43号）等相关监管制度规定，支付机构的定位是为社会提供小额、快捷、便民的小微支付服务。长期以来，中国人民银行鼓励支付机构与商业银行取长补短、相互依存、共赢发展。其中商业银行要发挥主导和全能作用，有力地服务实体经济发展和民生改善，积极打造符合自身特点的开放发展生态模式。支付机构要立足自身特点、发挥自身优势，本着"小额、快捷、便民"的业务定位，深耕长尾市场，做精支付主业，不得经营或变相经营其他业务。

3. 发展现状。支付机构业务总体保持高速发展，2019 年底，支付机构业务笔数、金额同比 2018 年增速均在 20% 以上，相比 2017 年增幅均超过 70%。但与此同时，支付的业务集中度进一步提升，2019 年排名前十的支付机构业务笔数、金额在支付机构总量中的占比已接近或超过 90%，市场呈现高度集中的发展态势。支付机构的出现和发展，适应了互联网和电子商务发展的需要，对我国支付服务市场快速创新发展、对支持电子商务和互联网经济发展、对便利百姓日常生活都发挥了积极重要的作用。中国的移动支付走在世界前列，离不开支付机构的贡献。

二、支付机构监管要求

支付机构监管是一个不断探索、完善的过程，以控制风险为目的，旨在保护消费者合法权益，引导行业健康发展。

（一）根据市场发展形势，逐步优化支付领域监管思路

自 2010 年将支付机构纳入监管，至 2016 年，中国人民银行践行包容审慎监管思路，通过制定一系列基本规范和业务制度加强支付机构管理，以防范客户资金风险为主要目标。2016—2019 年，中国人民银行进一步加强支付机构监管，促进"减量增质"，在防范资金风险的同时，持续规范业务边界，整治支付市场乱象，采取了断直连、备付金集中存管等一系列措施，维护支付服务市场健康发展环境。2019 年起，中国人民银行继续保持严监管高压态势，并进一步加强对支付服务市场公平竞争等问题的深入研究，同时不断创新监管手段和方法，现场监管与非现场监管相结合，提升监管效率和水平。

（二）贯彻功能监管原则，持续完善支付机构制度体系

2010 年以来，以《非金融机构支付服务管理办法》（中国人民银行令〔2010〕第 2 号）为基础，中国人民银行陆续发布了《支付机构预付卡业务管理办法》（中国人民银行公告〔2012〕第 12 号）、《银行卡收单业务管理办法》（中国人民银行公告〔2013〕第 9 号）、《非银行支付机构网络支付业务管理办法》（中国人民银行公告〔2015〕第 43 号）、《规范支付创新业务的通知》（银发〔2017〕281 号）、《条码支付业务规范（试行）》（银发〔2017〕296 号）、《中国人民银行关于规范代收业务的通知》（银发〔2020〕248 号）、《非银行支付机构客户备付金存管办法》（中国人民银行令〔2021〕第 1 号）等监管制度。2021 年，中国人民银行就《非银行支付机构条例》公开征求意见，坚持功能监管理念，旨在引导支付机构回归支付本源，更好地满足人民群众和实体经济多样化的支付需求。

（三）准确定位市场风险，不断健全支付业务合规要求

1. 保障客户资金安全是核心。 客户备付金（以下简称备付金）是支付机构为办理客户委托的支付业务而实际收到的预收代付货币资金。备付金的所有权属于客户，由支付机构代为保管。为保障备付金安全，防范支付机构挪用占用备付金，避免客户资金损失，中国人民银行不断完善备付金监管要求。

备付金监管大致可分为两个阶段：第一阶段是备付金存管至商业银行，要求支付机构将接受的备付金全额存缴至在商业银行开立的备付金专用存款账户，构建商业银行与支付机构间备付金信息核对校验机制；第二阶段是开展"断直连"工作，备付金集中交存至中国人民银行。要求支付机构与商业银行合作开展的支付业务全部迁移至清算机构处理，支付机构要将接受的备付金全额集中交存至在中国人民银行开立的备付金集中存管账户，除了从事跨境人民币、基金销售结算、预付卡发行与受理、外汇业务的支付机构可在商业银行保留一个账户，其余开立在商业银行的备付金账户必须全部注销。备付金集中交存至人民银行，有利于强化备付金管理，遏制支付机构挪用占用备付金的违规

冲动，保护客户资金安全，维护支付服务市场秩序和金融稳定。

2. 维护系统信息安全是根本。支付机构为特约商户和消费者提供资金流转服务，连接的客户数量巨大，高度依赖系统开展具体业务。支付机构系统的安全是其有序开展支付业务的基础，一旦出现问题，就有可能引发大规模、系统性风险。2020年上半年，曾有犯罪分子侵入支付机构系统，划转了数额巨大的客户资金，产生了恶劣的社会影响。

支付机构在交易过程中获取客户必要信息，交易完成后妥善保存。客户信息对支付机构而言是宝贵的数据资源，支付机构一般会进行再加工和使用，为客户提供额外的增值服务。由于支付机构通常掌握了海量的客户信息，若在信息采取、保存、使用等环节出现问题，则可能造成信息泄露等恶性风险事件。在实践中，部分头部支付机构存在过度收集、过度共享客户信息的情况，客户权益未得到有效保障。

中国人民银行明确要求，支付机构应当具备符合要求的支付业务设施，包括支付业务处理系统、网络通信系统和容纳相关系统的专用机房。支付业务设施应当满足中国人民银行的业务规范、技术标准和安全要求，并通过技术安全检测认证。支付机构应当制定有效的客户信息保护措施和风险控制机制，应当以"最小化"原则采集、使用、存储和传输客户信息，并告知客户信息的使用目的和范围。无法律法规明确要求，或者未经客户本人逐项确认并授权，支付机构不得向其他机构或个人提供客户信息。

3. 促进市场公平竞争是关键。前期，个别头部支付机构利用资金、集团公司用户规模等方面的优势，通过交叉补贴、低价倾销等不正当竞争手段，快速抢占了支付服务市场份额，在支付机构中形成了领先地位，牢牢掌控了优质商户和场景资源，降低了中小型支付机构的竞争能力。

为促进支付机构间的良性公平竞争，推动支付服务市场健康发展，中国人民银行明确要求：支付机构应当切实增强社会责任意识，遵循依法合规、安全可控、商业可持续的原则，稳妥推广支付业务；不得滥用支付机构及关联企业的市场支配地位，排除、限制支付服务竞争；不得采用交叉补贴、低价倾销等不当手段拓展市场；不得夸大、散布虚假信息，损害其他市场主体的商业信誉。同时，中国人民银行也要求中国支付清算协会进一步发挥行业自律作用，将扰乱市场秩序、侵害消费者合法权益等行为纳入重要举报事项范畴，加大自律惩戒力度。

4. 实现合规有序发展是基础。（1）**落实客户实名要求。**支付机构的客户包括商户和消费者，客户实名要求涵盖两方面，分别为商户实名制和支付账户实名制。商户及支付账户信息真实，可以使客户准确掌握资金流向，也是国家及相关机构进行各类统计分析和决策的必要依据。

商户实名制要求支付机构对特约商户实行实名制管理，遵循"了解你的客户"原则，严格审核特约商户的营业执照等证明文件，以及法定代表人或负责人有效身份证件等申请材料，确保拓展的特约商户依法设立、从事合法经营活动。特约商户为自然人的，支付机构应当审核其有效身份证件。

支付账户实名制要求具备互联网支付业务资质的支付机构在为客户开立支付账户时，应当登记并采取有效措施验证客户身份基本信息，核对有效身份证件并留存复印件或影印件，建立客户唯一识别编码，在与客户业务关系存续期间采取持续的身份识别措施，确保有效核实客户身份及真实意愿。

（2）**遵守跨行清算规范。**支付机构在快速发展过程中，逐渐形成了与商业银行合作开展跨行支付清算的直连业务模式，这种模式绕开了中国人民银行的资金清算系统和清算机构，使得其无法准确掌握支付机构资金流向，并暴露出部分支付机构账户审核不严、犯罪分子利用虚假信息注册账户并转移非法资金等一系列问题。

为提升资金流转的透明度和安全性，中国人民银行明确要求，支付机构在开展支付业务涉及跨行清算时，必须通过中国人民银行跨行清算系统或具备合法资质的清算机构处理，实现资金清算的透明化、集中化运作，加强对社会资金流向的实时监测，将支付机构与商业银行多头连接开展的业务全部迁移至合法机构处理，逐步取缔支付机构与商业银行直接连接处理业务的模式。

（3）**整治无证经营机构。**根据《非金融机构支付服务管理办法》（中国人民银行令〔2010〕第2号）规定，提供支付服务的非银行机构必须持有《支付业务许可证》。无证机构不得从事特约商户资质审核、受理协议签订、交易处理、资金结算、风险监测、终端主密钥生成和管理、差错和争议处理等业务。在支付服务市场发展过程中，部分无证机构通过虚假商户等方式接入支付机构，并以虚假商户为通道替非法商户（如黄赌毒等）进行资金结算，影响了金融稳定和社会秩序。

为有效打击无证经营支付业务，维护支付服务市场秩序，中国人民银行组织开展专项整治工作。一方面，以持证支付机构为切入点，明确无证经营支付业务的筛查要点、认定标准和持证机构违规为无证机构提供支付服务的具体情形，推动持证支付机构开展全面自查，组织中国人民银行分支机构进行复查。另一方面，中国人民银行会同最高人民检察院明确无证机构的法律认定，为后续处置奠定了法律基础。

（4）**完善违规处置手段**。中国人民银行持续发挥支付领域"双随机、一公开"工作机制作用，制定支付领域随机抽查实施方案，对挪用客户资金、无证经营支付业务等重大风险实施重点检查。2016年以来，中国人民银行累计开展支付检查1 000次以上，对严重违规支付机构采取暂停业务、暂停受理审批事项、退出支付服务市场等行政处罚措施。

三、支付机构主要风险

从支付机构系统性监管视角来看，支付机构经手大量客户资金，拥有海量用户信息，通过业务系统处理资金及信息往来，外部面临市场竞争，内部存在合规压力。支付机构风险主要来自资金安全、系统及信息安全、外部竞争、内部合规等方面。

1. **资金安全风险**。主要是指支付机构因自身流动性、备付资金不足等原因，无法按时向客户进行资金结算。相关风险将影响该支付机构与商业银行、清算机构之间的支付业务流程且易引发连锁反应，导致支付领域的群体性或系统性风险。

2. **系统及信息安全风险**。支付交易的信息交互从商户终端或网站、手机终端等发起，并经受理机构、清算机构、账户机构等各环节网络传输，任一环节的技术或网络安全问题都可能带来风险，如网站或程序篡改、终端改装、伪卡、盗刷、信息泄露、钓鱼欺诈等，并进而导致客户的资金安全和信息安全受到威胁。

3. **外部竞争风险**。包括因竞争格局变化导致的支付机构市场份额集中的垄断风险，或因市场竞争加剧而面临冲击的风险。在非银行支付机构支付服务领域，几家头部支付机构在发展前期依靠资金优势和价格优势快速掌握了多数优质的业务场景和商户资源，占据了绝大多数市场份额，在市场竞争中占据了主动地位。众多中小支付机构服务水平、创新能力有限，可持续发展能力不足，面临的竞争环境尤为激烈，难以通过公平竞争方式促进正常发展。

4. **内部合规风险**。主要包括支付机构自身的法律政策风险、主体资格风险、洗钱风险等方面。合规风险主要源于支付机构内部管理机制不完善，或者为了自身商业利益而超出监管业务许可范围、突破监管业务规则。如果在生产经营中出现违法违规，导致业务风险，就可能面临监管处罚。

四、支付机构风险应对主要措施

鉴于支付机构在金融市场中的特殊地位以及存在的风险状况，中国人民银行一直不断探索、创新监管工作思路，灵活运用多种监管方法，将完善制度与专项整治共同推进、现场检查与非现场监管有机结合，针对支付机构主要风险，开展靶向监管。特别是自 2016 年起，在国务院互联网金融风险专项整治工作框架下，中国人民银行持续加强支付机构严监管，就支付机构涉及风险组织开展专项整治工作，维护支付服务市场健康发展秩序。

一是在银行与支付机构的支持配合下，组织网联、银联，于 2019 年 1 月 14 日按计划完成"断直连"工作，支付机构与银行间合作开展的支付业务全部迁移至网联或银联处理，有效降低了互联成本，提高了处理效率，提升了清算透明度和基础设施运营能力，切实保障了资金安全。

二是完成备付金集中存管，建立完善监测及应急机制。为有效解决支付机构备付金分散存放、风险频出以及利用备付金收益进行交叉补贴等问题，自 2017 年起，中国人民银行逐步建立了备付金集中存管制度，要求支付机构将备付金统一交存至中国人民银行，引导支付机构回归支付服务中介本源。2019 年 1 月 14 日，支付机构完成全量备付金集中交存工作。中国人民银行组织建立了覆盖余额波动监测、异常交易监测、关联风险监测的备付金风险监测机制，完善了备付金风险应急处置机制，持续推进备付金信息核对校验机制，压实各方责任，主动识别风险隐患，妥善处置风险事件，坚守风险底线。

三是整肃支付市场秩序，持续打击无证经营支付业务。特别是从 2017 年 11 月开始，组织开展专项整治工作，以持证支付机构为切入点，明确无证经营支付业务的筛查要点、认定标准和持证机构违规为无证机构提供支付服务的具体情形，推动持证支付机构开展全面自查，组织中国人民银行分支机构进行复查。

四是加强重点领域检查，持续发挥支付领域"双随机、一公开"工作机制作用，制定支付领域随机抽查实施方案，按年度发布重点检查事项清单，对挪用备付金、无证经营支付业务、为网络赌博及电信诈骗提供支付服务等重大风险、重点领域实施重点监管。

五是探索建立信用监管的新型机制。将随机抽查频次与支付服务机构日常合规经营情况、分类评级等级、投诉举报等挂钩，对风险高、投诉举报较多、有严重违法违规记录的加大抽查力度，对风险低、日常合规经营情况良好的适当减少抽查，实现对合规经营的支付服务机构"无事不扰"。

从支付机构角度出发，要切实提升风险防控意识，积极配合监管机构做好市场风险防控工作，不断增强自身风险防控能力，特别是做好以下几方面工作。

1. 建立健全内部作业流程，遏制支付机构挪用占用备付金的违规冲动，及时将客户资金全额集中缴存至中国人民银行备付金存管账户，切实保护客户的资金安全。

2. 加强对客户信息保密管理工作，切实保证客户信息安全。支付机构应当制定和建立有效的客户信息保护措施和风险控制机制，应当以"最小化"原则采集、使用、存储和传输客户信息，并告知客户信息的使用目的和范围。无法律法规明确要求，或者未经客户本人逐项确认并授权，支付机构不得向其他机构或个人提供客户信息。

3. 支付机构应当按照中国人民银行的业务规范、技术标准和安全要求，加强支付业务设施系统建设与维护，包括支付业务处理系统、网络通信系统和容纳相关系统的专用机房，并通过技术安全检测认证，以维护支付服务市场秩序和金融稳定。

4.持续加强合规运作意识，健全内部管理机制，及时根据业务发展、市场运行与监管部门要求进行完善，有效防范生产经营违法违规行为。

第二节　银行卡清算机构风险管理

银行卡清算机构属于零售支付系统，负责制定银行卡清算标准和规则、运营银行卡清算业务系统、授权发行和受理本银行卡清算机构品牌的银行卡，并为发卡机构、收单机构提供其品牌银行卡的机构间交易处理服务，协助完成资金结算。作为金融基础设施的重要组成部分，其高效、稳健的风险管理框架是资金高效运转、防范系统性风险的重要保障。

一、银行卡清算机构发展现状

（一）银行卡清算机构发展起源

银行卡清算机构最早起源于 20 世纪 50 年代，最初由美国多家发卡机构联合设立"竞合组织"，用于实现银行间信用卡互通使用，后期逐步独立成为银行卡组织。经过多年发展，目前全球性卡组织主要包括维萨、万事达、美国运通、发现卡和中国银联。其中，维萨、万事达、中国银联为规模和影响力领先的三家全球性卡组织，截至 2019 年末，累计发卡 140.4 亿张，在全球受理商户分别为 6 100 万户、6 100 万户、5 600 万户，2019 年累计交易金额达 314 万亿元（如表 4-1 所示）。

表 4-1　2019 年全球主要卡组织业务发展情况

	2019 年	银联	维萨	万事达	美国运通
交易	总交易金额（万亿元）	189.4	80.0	44.6	8.6
	全球总交易金额份额	58.7%	24.8%	13.8%	2.7%
发卡	累计发卡量（亿张）	84.2	34.5	21.7	1.1
受理	全球商户（万户）	5 600	6 100	6 100	2 650
	全球 ATM（万台）	285	250	265	—

注：国际卡组织总交易金额按照 2019 年美元平均汇率（1 美元 =6.896 8 元人民币）进行折算。
数据来源：维萨、万事达、美运财报，*The Nilson Report*、《中国银行卡产业发展报告（2020）》。

（二）境内银行卡清算机构发展历程

20 世纪 80 年代，中国第一张信用卡的诞生标志着我国银行卡产业的起步。在银行卡产业发展初期，国内各大银行自建银行卡系统进行交易处理，无法实现银行卡跨银行、跨地区的联网通用。1993 年 6 月，国务院启动了以发展我国电子货币为目的、以电子货币应用为重点的各类卡基应用系统工程——金卡工程，上海、北京、天津等 18 家地方性银行卡信息交换中心先后建立，初步实现了商业银行银行卡在这些城市的同城跨行通用。为加快银行卡异地、跨行联网通用步伐，经国务院同意、中国人民银行批准，在合并全国 18 家银行卡信息交换中心的基础上于 2002 年成立了中国银联，为各商业银行提供全国范围内的银行卡联网通用服务，标志着我国银行卡产业发展进入新阶段。

中国银联成立后，通过建设银行卡跨行转接清算系统、制定统一的业务规范和技术标准、推出统一"银联"卡品牌等方式，不断扩大发卡规模、拓展改善银行卡受理环境，并将转接清算网络延伸至全球多个国家和地区。与此同时，维萨、万事达、美国运通等国际卡组织与境内商业银行、非银行支付机构合作开展外币卡跨境交易相关清算业务。

随着零售支付基础设施日益完善，我国银行卡产业快速发展，有效提升了居民支付便利度，促进了国民经济健康发展。从发卡角度看，截至 2019 年末，全国银行卡在用发卡量 84.19 亿张，其中借记卡 76.73 亿张、信用卡和借贷合一卡 7.46 亿张，全国人均持有银行卡 6.03 张。从受理角度看，银行卡跨行支付系统联网商户 2 362.96 万户、联网 POS 机具 3 089.28 万台，ATM 机具 109.77 万台，全国每万人对应 POS 机具 221.39 台、对应 ATM 机具 7.87 台。从交易角度看，2019 年银联网络共处理交易 1 477.9 亿笔、189.4 万亿元，交易规模居世界前列。

随着我国金融开放的步伐不断加快，为进一步完善银行卡清算服务市场化机制，促进市场有序竞争和健康发展，2015 年，国务院印发《关于实施银行卡清算机构准入管理的决定》（国发〔2015〕22 号，简称《决定》），对银行卡清算市场实行准入管理、进行有序规范，这也是我国扩大金融开放、深化金融改革的重要举措。中国银联股份有限公司、连通（杭州）技术服务有限公司分别于 2019 年 6 月、2020 年 6 月获得《银行卡清算业务许可证》。

二、银行卡清算机构面临的主要风险

银行卡清算机构属于连接众多支付系统和成员机构的中心化多边系统，处理交易笔数大、峰值高，业务关联范围广、参与主体众多，是我国零售支付领域重要的基础设施。2008 年次贷危机爆发后，国际社会逐步意识到金融基础设施作为资金流动的通道，同样会成为风险传导的通道，加强金融基础设施风险管理有助于增强金融体系的弹性和危机抵御能力，阻断金融之间的风险传导。构建高效、透明、规范、完整的金融基础设施受到各国高度重视并达成广泛共识。2012 年，支付结算体系委员会（CPSS，现更名为支付与市场基础设施委员会）和国际证监会组织发布《金融市场基础设施原则》（PFMI），列明金融基础设施监管重点关注的风险。考虑到银行卡清算机构主要处理零售支付交易，不可避免地会面临系统性风险、法律风险、运行风险和一般业务风险，以及不同风险交叉传染的挑战。

（一）系统性风险

因一个或多个参与者（成员机构）无法按照要求履行义务会造成其他参与

者（成员机构）到期无法履行义务，银行卡清算机构自身可能面临系统性风险，上述情形可能产生一系列"连锁效应"。银行卡清算机构是连接发卡机构、收单机构等市场参与主体的业务处理系统，转接处理大量交易并传输各类支付相关信息。在银行卡清算业务资金清算环节，如一个或多个参与方不能按照约定条件足额及时履行支付义务、支付延迟或失败，可能会导致收款方资金损失和整个银行卡清算业务体系不能正常运行，影响公众对金融基础设施安全、稳健和可靠的信心。如无法及时采取有效措施，或将导致其他参与者面临意料之外的信用风险和流动性暴露，可能导致支付体系失衡，甚至演变成系统性风险源头，对其服务市场以及更大范围的金融体系造成严重的负面影响。

近年来，银行卡清算机构成员机构发展呈现数量快速增长、成员类型多样化等特征，资产规模较小、抗风险能力相对较弱的村镇银行、民营银行占比有所上升，成员机构因经营不善等问题导致无法按要求履行支付义务的可能性增加。成员机构一旦无法正常履行支付义务，按照违约管理的要求，就需要由银行卡清算机构代偿，相应的违约风险将转嫁至银行卡清算机构。

（二）法律风险

法律风险是指法律法规的使用超出预期所产生的风险，通常会造成损失。相关法律、法规的不确定性也会造成法律风险。随着银行卡清算市场"引进来"和"走出去"的双向开放格局不断深化，银行卡清算机构在开展跨境及境外业务过程中，将面临不同的法律制度适用于同一交易或同一参与者的情形。如未能妥善处理，银行卡清算机构及其参与者可能会承担未按预期适用法律所造成的损失。例如，银行卡机构需要在全球范围内频繁进行信息传输，但不同司法辖区数据保护规则、数据跨境传输规则、加密和解密规则等存在差异，数据泄露风险事件一旦出现，法律适用性问题就会难以界定，责任追究和权益保障较为困难。此外，在不同地区展业的过程中，银行卡清算机构及其参与者法规制度的不同，也会给银行卡清算机构带来一定的合规成本。

（三）运行风险

运行风险是指由于信息系统或内部处理的缺陷、人为错误、管理不善或者外部事件干扰，造成银行卡清算机构提供的服务减少、恶化或者中断的风险。这些运行问题可能导致资金清算功能不能正常运行，严重情况下还会导致系统性风险。运行风险可能源于外部或内部，主要包括系统中断、欺诈、数据丢失和泄露以及操作风险。

1. 业务连续性风险。 当发生业务连续性风险时，银行卡清算机构无法正常提供银行卡清算业务，由于银行卡清算市场参与机构众多，网络延伸至全球范围的终端用户，系统一旦中断，就会导致大范围的支付延迟、资金损失等问题，不仅使成员机构、持卡人、商户直接造成较大的经济损失，也会对特定市场的支付服务体系、支付清算运作机制，甚至社会秩序、公共利益以及国家金融安全造成严重影响。

2. 欺诈风险。 不法分子利用虚假申请、伪卡或变造银行卡、账户盗用等手段盗取银行卡交易资金的风险。支付行业参与主体众多，不同成员机构在商户拓展、风险管理及风险事件处理能力等方面差异较大。近年来，套现、伪卡盗刷等传统风险问题仍较为严重，银行卡犯罪呈现职业化、智能化、集团化等特点，欺诈手法更趋专业、隐蔽和多变，防范和打击难度加大。在此背景下，银行卡清算机构不仅自身有可能遭受欺诈风险，在维护持卡人合法权益、提升用卡体验的过程中，也面临与成员机构或持卡人等业务相关方遭受的欺诈损失相关的连带影响。

3. 信息丢失和泄露风险。 银行卡清算机构存储和处理持卡人、商户、收单机构和发卡机构的大量金融信息，涉及重大公共利益。银行卡清算机构的信息安全风险主要指银行卡清算业务中涉及的身份信息、账户信息、交易信息以及其他敏感信息在采集、传输、存储、访问、使用等过程中遭泄漏、篡改或破坏引发的风险。信息安全事件可能给银行卡清算机构带来资金损失、数据丢失、信息泄露甚至业务中断等后果，还可能引发客户纠纷、法律诉讼等诸多问题。

4. 操作风险。 操作风险是指不完善或有缺陷的内部操作过程、人员、系统或外部事件导致的直接或间接损失风险。由于银行卡清算体系十分庞大和复杂，既有自身系统运行的操作风险，也有因成员机构操作失当带来的延伸风险。当前计算机自动化程序应用可以降低部分人为操作失误风险，但是计算机操作系统或硬件设施使用不当同样会造成隐患。

（四）一般业务风险

银行卡清算机构作为商业企业，还面临与其管理和运营相关的一般业务风险。一般业务风险是指其收益降低或费用增长使得费用超过收益，出于商业考虑，不得不用资本冲抵损失而对其财务状况造成的潜在损害。这一损害可能源于不良声誉的影响、经营策略执行力不足、应对竞争不力，也可能源于上述提及的法律风险和运行风险。不能妥善处理一般业务风险会导致银行卡清算机构业务运行中断，从而引发更大范围的业务中断。

三、银行卡清算机构风险防范监管政策

为应对复杂化、多样化、系统性的风险，《金融市场基础设施原则》的原则 3 要求，"金融市场基础设施应该具备稳健的风险管理框架，全面管理法律风险、信用风险、流动性风险、运行风险和其他风险"。在《金融市场基础设施原则》的指导下，各国将相关规则融入本国的法规体系，并根据本国银行卡发展体系特点细化落地，从构建风险相适的市场准入机制，建立全面、持续、动态的风险管理框架，构建跨部门、跨境协同监管体系等方面，加强对银行卡清算机构的风险监管。

（一）构建风险相适的市场准入机制

由于银行卡清算机构业务关联度大、用户群体范围广，通常具有一定的系统重要性，因此，包括我国在内的多个国家对其实施准入管理，并将其纳入审慎监管体系。

2015 年，国务院发布《关于实施银行卡清算机构准入管理的决定》，标志着我国开始对银行卡清算机构实行市场准入。2016 年，中国人民银行会同银保监会出台《银行卡清算机构管理办法》（中国人民银行令〔2016〕第2号），进一步细化了市场准入条件和各项要求，从注册资本、出资人资质、银行卡清算业务标准体系、基础设施标准符合和技术安全、业务连续性、内控与风险防范、信息安全保障、反洗钱等方面提出了明确的准入要求。其他国家也对银行卡清算机构进行准入管理，如俄罗斯在2011年制定《国家支付系统联邦法》，俄罗斯央行作为支付清算体系主管机构对各类市场主体进行准入监管，并将维萨、万事达等境外卡组织归为支付系统运营商，明确了机构、资本、风险防控等准入条件。欧盟由成员国对卡组织进行准入管理，展业前需要在商业登记簿和监管部门公共登记簿完成注册，向成员国央行报告其授权支付交易、资金清算和结算相关运行规则，确定合作发卡和收单机构相关职责，以及对合作成员机构的管理要求等事项。

此外，部分国家和地区通过认定的方式，对银行卡机构实施监管。如香港地区根据《支付系统及储值支付工具条例》对零售支付系统进行认定，香港金融管理局根据系统运作在受到干扰或系统效率欠佳时，是否会影响公众对支付系统和金融体系的信心、日常商业活动，对零售支付系统进行认定。经认定为零售支付系统的银行卡清算机构，必须遵循《支付系统及储值支付工具条例》监管要求开展业务，并向监管机构定期提交经营情况、董事会监事会高管情况、遵循安全及效率规定情况、财务报告及相关交易数据等。

（二）建立全面、持续、动态的风险管理框架

根据《金融市场基础设施原则》的要求，风险管理框架应涵盖四个方面的要点：具有风险管理的制度、程序和系统，能够识别、衡量、监测和管理由其产生和承担的风险范围，并定期接受评审；激励参与者和相关的参与者客户管理和控制其施加于金融基础设施的风险；定期评审内部和外部的实质性风险，并开发相应的风险管理工具；识别各种可能妨碍其持续提供关键运行和关键服务的情形，并对恢复和有序解散的各种方案进行有效性评估。

在此基础上，各国结合监管实际需要，不断拓展风险管理框架的内涵。我国在要求银行卡清算机构建立内部风险防控体系基础上，结合银行卡产业

发展的有关问题，细化要求风险防控。一方面，强化支付信息安全监管，健全支付敏感信息安全内控管理制度，从源头遏制信息泄露，并从线上、线下两方面防范由于支付敏感信息泄露带来的风险。另一方面，强化反洗钱合规要求，在"一法三规"[①]反洗钱监管框架下，制定《银行卡组织和资金清算中心反洗钱和反恐怖融资指引》，提出在履行反洗钱职责、履行身份识别责任、大额交易和可疑交易报告等方面对银行卡清算机构等的具体要求。同时，防范涉诈、涉赌等突出风险也是我国监管重点关注内容，要求银行卡清算机构建立健全特约商户信息管理系统和黑名单管理机制，强化受理终端入网管理，运用大数据分析技术持续开展受理终端注册信息与交易信息监测校验，持续监测和分析交易特征，构建并完善可疑交易监测模型。

其他国家和地区从增加治理安排、问责机制、应急处置等细化安排，强化风险监管。如美国《支付系统风险政策》规定，风险管理框架必须可以清晰识别风险，建立稳健的治理安排、明确和适当的规则及程序，以及列明当发生风险时，可用于降低风险影响的资源等。欧盟《卡支付安排监管框架》《支付卡网络监管标准》等制度规定，风险管理框架应包含风险承受政策、风险决策的责任分配和问责制度，以及处理危机和紧急情况的对策。香港地区要求被认定的零售支付系统的风险管理框架应对系统运营者和参与者的系统性风险、运行风险进行动态化识别、计算、监测和管理，并定期安排压力测试和业务恢复能力测试。

（三）建立跨部门、跨区域的协同监管机制

《金融市场基础设施原则》所规定的监管职责，要求中央银行、市场监督者以及其他有关管理部门应当在国内层面和国际层面相互合作，以促进金融基础设施的安全和效率。合作方式可以采取签订谅解备忘录、协议或其他文件等正式安排，以及非正式的特定安排和定期沟通。

[①] "一法三规"为《中华人民共和国反洗钱法》《金融机构反洗钱规定》《金融机构客户身份识别和客户身份资料及交易记录保存管理办法》《金融机构大额交易和可疑交易报告管理办法》。

在国内层面，由于银行卡产业上下游所涉及的参与者众多，参与者可能受到多个监管机构的监管，监管标准可能出现分歧，需要通过统筹监管来实现监管规则和自由裁量权的标准化。我国银行卡清算机构的监管由中国人民银行牵头、银保监会协同监管，通过协商出台相关制度、审核准入申请等方式进行合作监管。其他国家多通过立法明确统筹监管事宜，如美国在《多德－弗兰克华尔街改革与消费者保护法》中规定由美国联邦储备委员会统筹实施宏观审慎监管，与相关部门协商制定支付、清算和结算活动的风险管理标准，主持开展年度跨部门检查、非现场风险评估和持续监管会议。欧盟通过《欧洲联盟运行条约》规定欧洲央行有权就支付、清算和结算领域中任何拟议的欧盟法律进行磋商，其他部门应在欧洲央行的指导下起草相关指引和监管技术标准。

在国际层面，银行卡清算机构的网络延伸至全球，还可能与当地的卡组织网络进行连接，需要在监管层面进行协商，避免监管真空和监管重叠，并降低银行卡清算机构由于法律不适用造成的法律风险。如欧盟规定，在开展跨境监管合作时必须与相关境外监管机构签署详细的合作协议，明确评估、信息互换、产生冲突时的协调机制、达成共识的程序和披露原则。香港地区则通过签订备忘录的形式建立了监管豁免机制，即当香港金管局评估认为该零售支付系统已经在母国受到与香港监管水平一致的监管，可以豁免认定，使其免负部分或全部义务。

四、建立健全银行卡清算机构风险管理机制

在银行卡产业快速发展过程中，面对不断变化的风险形势所带来的挑战，应从监管层面和行业层面，推动形成稳健、全面、动态的风险管理框架，不断提升银行卡清算市场风险防控能力和水平，为银行卡产业健康、可持续发展提供有力保障。

（一）监管层面，构建全流程风险管理制度

1. **完善监管法律框架，提高立法可操作性和透明度**。进一步完善银行卡清算机构相关顶层设计，在金融基础设施监管的整体框架下，建立规则清晰、

标准统一、具备可操作性、覆盖全流程和全生命周期的银行卡清算机构配套管理细则和业务指引，并结合市场发展动态和国内外监管实践等情况定期评估、更新、整合现行的管理规章制度，为我国银行卡清算市场对外开放提供透明、完备的法律基础。

2. **优化风险监测和评估手段，增强风险管理的全面性和穿透性**。积极探索金融科技、大数据技术等信息技术在银行卡清算机构风险监测和评估等方面的应用，通过构建智能监管监测系统、建立量化风险分析模型等措施，提升跨行业、跨市场交叉性金融风险的甄别、预判和防范化解能力。

3. **健全跨境协同监管合作机制，促进跨境监管交流与协调**。通过成立双边或多边监管合作工作组、签订监管备忘录等方式，搭建常态化的银行卡清算机构监管交流协作机制，明确信息互换、干预措施和联合应急处置等合作原则和机制，共同维护国家及区域金融稳定。同时，积极参与国际银行卡清算标准、规则制定，密切同国际清算银行等国际组织的沟通合作，逐步提高我国基础设施与国际标准的衔接度和竞争力。

（二）行业层面，提升全行业风险防控效能

1. **健全银行卡风险防控规则体系，阻断系统性风险传导**。一方面，探索搭建全产业链的风险防控体系。银行卡清算机构建立健全涵盖发卡机构、收单机构等产业各方的风险防控规则，指导产业各方有效部署风险应对措施，明晰风险责任划分原则，会同产业各方及时做好风险事件处置，避免风险扩散和蔓延，搭建银行卡全产业链风险信息共享、风控技术研究合作平台。另一方面，加强对重点领域、重点风险的防控力度。不断完善内控制度、制定相应的应急处置预案，建设应急响应、恢复机制和管理能力框架，从系统、网络、数据等多方面加强业务连续性保障和信息安全保障。同时，推动电信网络新型违法犯罪和跨境赌博源头治理，建立资金信息联查机制，加强对涉诈、涉赌机构、账户的排查和处置，切实保障持卡人合法权益。

2. **提升技防能力，推动风险防控与金融科技发展相适应**。金融科技对银行卡产业的不断渗透，对银行卡产业的风险防控提出了更高的要求，构建一体

化智能风控体系,加大人工智能、生物识别等新技术的应用是未来的重要趋势。应结合以专家规则、机器学习、深度学习、复杂网络为核心的智能模型和多维决策体系,实现涵盖安全、决策和预警分析的智能化风控应用,提升对套现、洗钱、黄赌毒等团伙性犯罪的识别和监测能力。同时,通过对风险数据进行统一管理,形成涵盖交易、账户、商户、场景、设备、生物特征、偏好等不同维度的数据体系,为智能风险防控提供数据基础,并利用数据和科技能力对外增值赋能,提供基础风险防控、标准 API(应用程序编程接口)输出以及定制化产品解决方案等。

3. 深化国际交流合作,推动行业风险防控与国际标准接轨。随着银行卡清算网络的国际化拓展,应针对国际业务及时制定适用于境外成员机构的风险管理规则,加大跨境层面的风险识别和监测力度,加强与国际同行业务交流并建立风险事件信息共享机制,优化跨境案件应急处置机制,不断提升跨境风险联防联控水平。

第三节　征信机构风险管理

一、征信机构基本情况

"征信"一词取自《左传·昭公八年》中的"君子之言,信而有征"。征信机构的主要业务是对企业及个人等信息主体的信用信息进行采集、整理、保存、加工,并向信息使用者提供服务的活动,其目的是缓解交易双方的信息不对称,降低信用风险,提高交易效率。

征信机构搜集、整理商业对手和金融交易者的信用信息，并利用这些信息对信用风险进行评价，从而使信息更加透明，风险更加可控，其评价结果广泛应用于预付及赊销的商业交易以及银行借贷、企业发债、股票投资等金融交易商品交易。

（一）国际征信机构情况

主要发达国家的征信体系从 19 世纪 30 年代起开始建立，逐步发展为以美国为代表的市场主导型征信模式、以法国和德国为代表的政府主导型征信模式和以日本为代表的会员制征信模式。

1. **市场主导型征信模式（私营征信模式）**。市场主导型模式是指征信业发展以私营征信机构为主导，运作以市场化为原则，征信业务开展以资源和契约为主要方式。政府部门履行征信监管职责，规范征信市场发展，保护信息主体合法权益。

市场主导型模式的典型代表是美国。美国是世界上征信市场最发达的国家，其首家商业征信机构邓白氏集团于 1841 年成立，迄今为止征信机构已经存在了将近 180 年。20 世纪 80 年代初期，美国征信机构曾达到 3 000 多家，此后美国的征信业进入大规模并购阶段。目前约有 500 家征信机构，其中企业信用调查机构以邓白氏为代表，信用评级机构以标准普尔和穆迪为代表，个人征信机构以益博睿、艾奎法克斯、环联为代表，这 6 家征信机构最著名，历史也最悠久，分公司遍布各主要国家和地区，每天有上亿的业务处理量。美国征信机构在发展过程中大力借助互联网技术，在经济全球化进程中向世界其他国家扩张，在全球征信市场中占据主导地位。

2. **政府主导型征信模式（公共征信模式）**。政府主导型模式是指征信行业的发展由政府部门主导，公共征信机构在征信市场中占据主要份额，资金来自财政拨款或者征信服务收费，征信服务的主要目的是防范信用风险和维护金融稳定，政府一般承担征信管理和征信服务的双重职责，以行政力量保证征信行业的顺利运转。

法国、德国是典型的采用政府主导型征信制度模式的国家。早在 1929 年，金融危机的爆发导致欧洲各国银行出现了大量坏账，这促使各国中央银行或其他金融监管当局主导建立了公共征信系统。德国政府于1934年建成了覆盖全国的中央信贷登记系统，以帮助商业银行了解企业动态，也方便中央银行监督宏观经济状况。法国于1946年由法兰西银行成立了信用服务调查中心，并且通过法律规定由法兰西银行负责运营公共诚信登记系统，提供企业和个人信用报告及其他增值产品。随着信息技术的逐步推广，德国公共登记系统和私营机构并行发展、协调运行，并于1977年颁布《德国联邦数据保护法》，成为世界范围内第一个采用数据保护法的国家。

3. 会员制征信模式。会员制征信模式是指各协会建立会员制信用服务机构，信息的采集和使用均面向会员。根据对应的协会（银行业协会、信贷业协会和信用产业协会）不同，征信机构可分为银行体系、消费信贷体系和销售信用体系三类。

会员制征信模式的代表国家是日本，主要以行业协会为主建立信用信息中心，为协会提供企业和个人的信用信息交换平台，通过内部信用信息共享机制实现信用信息的征集和使用。目前日本信用体系内的行业协会有三类：金融机构体系类是指全国银行协会联合设置的"全国银行个人信用情报中心"，与银行有关的共2 000多家公司为其会员；消费金融体系类是33家个人征信机构联合起来形成的全国信用情报中心联合会，其会员是专门从事贷款的经营者，所有会员担负着提供信息的义务；商品销售体系类采取股份公司形式。

（二）我国征信体系建设情况

近年来，我国征信体系以"征信为民"的理念为指导，有效实施"政府＋市场"双轮驱动，形成"全国＋地方"双重发展战略布局，形成了中国人民银行征信中心、市场征信机构和地方征信平台相互协同的市场体系，取得显著成效，为普惠金融发展提供了有力的支持。

1. 建成了世界上最大的企业和个人征信系统，基本实现了经济主体的全覆盖。由中国人民银行牵头推动的全国集中统一的金融信用信息基础数据库，由中国人民银行征信中心负责建设运营，已经成为全球覆盖人口最多、收集信贷信息量最全的企业和个人征信系统，截至目前已累计收入近 11 亿自然人、6 000 万户企业及其他组织的信用信息。中国人民银行征信中心是我国征信市场服务的主导力量。中国人民银行征信中心的金融信用信息基础数据库是典型的因市场需求推动而建成的征信系统。金融信用信息基础数据库自启动建设以来已经历时十余年，全面采集信贷信息，核心产品是企业和个人信用报告，同时主动提升系统功能和服务水平，积极拓宽信息采集范围，实现失信被执行人信息、恶意逃废债信息、部分税收违法案件信息、部分环保处罚信息和用电用水等公用事业缴费及欠费信息的采集，查询端口遍布全国各地金融机构网点及相关机构。

2. **创新小微征信服务模式，缓解小微企业融资难题。**中国人民银行指导市场化征信机构，通过市场化的机制从地方部门采集小微企业非信贷类征信替代数据，创造性地应用企业注册登记信息、资质许可认证信息、行政司法处罚信息、生产经营信息、财务信息、税收缴纳记录、进出口信息、社保公积金缴纳记录、水电气使用信息等非信贷性替代数据，对小微企业信用状况做出全面评价，改善小微企业征信服务，探索出了台州模式和苏州模式，并在全国复制推广，实现小微企业首贷率、获贷率和信用贷款比率同时上升，贷款利率和不良贷款率双降的良好局面。

3. **推动征信市场化建设。**2018 年以前，我国的个人征信市场主要是以中国人民银行征信中心为主的公共征信模式。随着互联网金融、电子商务和消费金融等领域的快速崛起，为全面反映互联网借贷模式下的个人负债状况，防范个人信用风险跨行业、跨地域转移传播，2018 年中国人民银行批设了首家市场化个人征信机构——百行征信有限公司。2020 年 12 月 25 日，中国人民银行批准朴道征信有限公司个人征信业务许可，增加征信有效供给，积极推进我国征信业市场化发展。

4. **人民银行认真贯彻落实征信业对外开放的总体战略部署，在推动我国征信业高水平对外开放方面已取得显著成效。**2016 年，中国人民银行联合商务部发布公告，对外商投资企业征信机构实行国民待遇。2017 年 10 月，中国人民银行上海总部为美国企业征信机构邓白氏公司在上海设立的子公司华夏邓白氏办理备案。2018 年 5 月，中国人民银行营业管理部接受了英国征信机构益博睿在境内设立的子公司益博睿征信（北京）有限公司的备案申请。

（三）国内征信机构职能定位

中国人民银行征信中心、市场化征信机构以及中国人民银行推动建立的地方征信平台等依托各自建立的征信系统采集信用信息，推动信息应用，均以缓解交易双方的信息不对称、揭示信用风险、提高交易效率为目的。市场化征信机构是征信行业发展的重要补充，主要采集非信贷类替代数据，重点服务于小微企业及尚未与金融机构发生信贷关系的企业和个人，助力推进普惠金融服务，并解决商事交易中的信息不对称问题。各类地方征信平台发挥推进社会信用体系建设的主体平台作用，为国家"放管服"改革、构建以信用为核心的市场监管机制夯实基础，同时加强信息公开，支持政务信息的市场化应用。上述三类不同功能定位的行业建设主体错位发展、功能互补、彼此激励、良性竞争，最终形成完整的征信供给体系，为社会提供高效、高质量的征信服务。

二、监管部门对征信机构的监管要求

2003 年，国务院赋予中国人民银行"管理信贷征信业，推动建立社会信用体系"的职责，批准设立征信管理局。2008 年，国务院将中国人民银行征信管理职责调整为"管理征信业"。2013 年，《征信业管理条例》颁布实施，以国家专门立法的形式确立了我国征信工作的基本制度，标志着我国征信工作在法制化轨道上迈出了关键一步。随后，中国人民银行依据《征信业管理条例》，先后制定了多个配套制度和实施细则，初步构建了包括行政法规、部门规章、规范性文件和行业标准在内的多层次征信法规制度体系。

目前我国的征信监管体系主要从三个方面对征信市场进行监管，包括征信机构市场准入及退出方面的监管、征信机构业务功能及经营合规性监管以及征信信息安全性和信息主体权益保护方面的监管。

（一）征信机构市场准入及退出方面的监管

《征信业管理条例》对征信机构、征信业务规则、异议和投诉、金融信用信息基础数据库、监管管理、法律责任进行了核心制度框架设计，《征信机构管理办法》重点对征信机构市场准入及退出方面进行监管，再次细化明确对企业征信机构实行备案管理的要求，对个人征信机构实行审批准入的要求，以规范征信机构设立、变更和终止为主线，以征信机构公司治理、风险防控和信息安全为管理重点，积极推动征信市场供给侧改革，引导不符合企业征信经营要求的机构有序退出。

（二）征信机构经营合规性及业务功能的监管

根据《征信业管理条例》规定，中国人民银行及其派出机构依法对征信业进行监督管理。征信机构设立后，中国人民银行应当对征信机构遵守《征信业管理条例》规定的情况进行监督，建立征信机构向管理部门定期报告的制度，对征信机构进行检查，及时发现、解决征信机构运行过程中的问题，加强对征信机构的日常管理，保障征信市场的健康发展。此外，目前正在面向社会公开征求意见的《征信业务管理办法》，对征信机构的信息采集、整理、保存、加工、对外提供、征信产品等征信业务的各个环节做出规范，明确信用信息和征信业务边界，强调征信机构在信息采集和创新征信服务的同时，要经过信息主体授权，鼓励征信产品应用场景的开发等。

（三）征信信息安全性和信息主体权益保护方面的监管

《征信机构管理办法》完善了个人征信机构在设立时所应具备的条件，明确要求设立个人征信机构，要严格遵守《征信业管理条例》规定的条件，应具有健全的组织机构、完善的业务操作、安全管理、合规性管理等内控制度，且信用信息系统应当符合国家信息安全保护等级二级或二级以上标准。同时，《征信机构管理办法》完善了个人征信机构市场退出程序，着重解决了数据库处理流程和征信机构退出流程的衔接问题。

三、征信机构的主要风险概览及风险类型

（一）征信机构持续经营的市场风险

随着大数据技术的普及，大量社会机构尤其是拥有大数据资源的机构纷纷进军征信市场。但是，部分社会征信机构一味追求利润与创新，甚至利用网络交易的隐蔽性，同时经营金融业务和征信业务，一方面存在极大的风险交叉传染隐患，另一方面大数据征信机构既充当信息采集者，又使信息使用者的"自给自足"运营模式无法保证信用评价的独立性。另有一些没有开展征信业务备案的企业、个人通过非法倒卖信息牟取暴利，对持牌经营的征信机构造成巨大冲击，可能产生"劣币驱逐良币"的市场风险，尤其是部分大型互联网企业通过业务沉淀形成数据垄断，严重挤压持牌征信机构生存空间。而持牌征信机构因数据来源分散、数据有效性不强、盈利模式单一等现阶段发展中的劣势，目前无法充分应用数据有针对性地对个人或企业进行评级或评分，从而使得市场竞争仅局限于信息整合形成的信用报告领域，普遍难以有效提供高附加值的信用分析产品，无法形成竞争力护城河。

（二）信息过度采集和滥用的风险

随着大数据、区块链、人工智能等新兴技术在征信业的应用逐步广泛，信息采集与应用更加便利，征信业发展产生更多可能性，但也会导致信息过度采集和滥用更为便利，极易出现损害信息主体利益的行为，并且在征信业不断探索前进的进程中，信息采集者和使用者多对信息数量持多多益善的态度，加剧了信息过度采集和滥用的风险。大数据安全保障的核心问题，仍是数据能否可用以及应用的限度问题。随着物联网时代的到来，万事万物之间都有关联，个人的任何行为都有可能被大数据采集利用，在此形势下，我们很难对企业信息和商业秘密、个人的信息和隐私进行明确区分，二者甚至可能相互转化。当前

的大数据技术只要能够获得信息主体多维度的数据，就可以反推其经济实力、财务状况，进而判断信息主体的信用状况，这个过程无疑将对个人隐私产生极大威胁。

（三）信息泄露产生的安全风险

前沿信息技术的应用往往容易导致科技"黑箱"及隐含的风险，征信机构作为应用新兴科技处理海量数据的机构，受新兴信息技术可控性、稳定性的限制，以及征信从业人员的道德风险，极易引发数据甚至是商业秘密及个人隐私信息的泄露。信息泄露事件不仅侵犯了信息主体的合法权益，还可能带来经济损失，影响金融稳定和社会和谐。

一方面，征信机构在信息采集渠道上存在风险。当前网络安全形势严峻，黑客攻击、网络病毒等安全隐患一直存在，各类信息数据在互联网传输的过程中被非法访问、盗取和篡改的风险较大。另一方面，征信信息的保存和使用存在很大的泄露风险。维护和保存海量的数据难度较大，该过程数据安全防护的难度也大增，实践中常常是数据的远程分布式处理，数据泄露的风险加大。此外，由于受利益驱使及个人道德风险的存在，征信信息被人为贩卖的风险也很大，通过互联网获取信息更容易，犯罪成本更低，也就更容易产生信息泄露风险。

四、关于风险的防范管理措施

（一）加快推进征信信息互联互通，提升使用便利度

一是继续大力推进政府数据开放共享，拓展征信信息来源渠道。明确路线图和时间表，确定政府部门数据开放目录，研究建立政府数据有效流动的制度规范，推动政府部门加大数据开放力度，有序推动政府数据资源开发利用。二是大力推进信用信息依法共享。积极探索金融信用信息基础数据库与全国信用信息共享平台及合格征信机构之间依法共享信息的实现机制，继续加强个人信用信息保护和依法合规使用。在涉企信用信息共享方面，妥善处理好互联网企业

信息合规商业使用问题。三是大力推进大数据、区块链等新技术在征信互联互通中的应用。中国人民银行正在长三角一体化中推动试行金融信息、政务信息、公共事业信息等不同领域、不同地域征信链的互联互通，取得经验后将加快在全国复制推广。这项工作需要相关部门给予配合支持，推动政府部门的公共信用信息有序上链共享。

（二）推动完善征信业法律法规及配套制度，切实维护征信信息安全

中央银行应从国家战略安全的角度出发，严监管、强举措，把好数据安全关口，切实维护征信信息安全。一是牢牢守住金融信用信息基础数据库不泄露征信信息的安全底线，从制度、业务、人员和技术等方面，建立健全严密的内控合规制度和问责机制，依法从严查处违法违规行为。二是按照立法计划，与《中华人民共和国民法典》等法律相衔接，与时俱进推动完善征信法律法规及配套制度，加强个人征信信息和企业商业秘密保护。在前期立法体系的基础上，近期推动出台《征信业务管理办法》，清晰界定信用信息范围，明确征信业务边界，加强征信业务监督管理，在金融科技与征信业高度融合的形势下，有效平衡创新和风险防范的关系，促进征信业健康发展。三是加强市场化征信机构数据安全管理。将征信现场监管与非现场监管相结合，依靠科技赋能，创新监管机制和手段，并密切关注外资收购信用评级机构动向、信用评级机构的信息安全以及数据跨境流动等问题，研究储备有关应对措施。

（三）深化征信业供给侧结构性改革，进一步推动征信市场健康发展

进一步加大征信业对内开放力度，重点引导头部金融科技力量进入征信和信用评级市场，依法合规、积极稳妥推进个人征信机构准入，督促符合条件、实质经营企业征信业务的机构办理备案并严格监管，尽快提高行业质量和竞争力。推动政府部门、金融机构、市场主体使用征信产品和服务，扩大征信应用领域和服务范围。把本土征信机构与信用评级机构走向国际市场作为金融业高水平对外开放的重要组成部分，引导本土机构在外向型发展中提高竞争力。

第四节　金融控股公司风险管理

近年来，我国金融控股公司在满足各类市场主体多元化金融需求、服务实体经济发展等方面发挥了积极作用。但在实践中，少部分非金融企业盲目向金融业扩张，风险不断累积。党中央、国务院高度重视金融控股公司监管工作，明确要求规范金融综合经营和产融结合，补齐监管制度短板。2020 年 9 月，国务院发布《关于实施金融控股公司准入管理的决定》（简称《准入决定》），中国人民银行发布《金融控股公司监督管理试行办法》（简称《金控办法》），将金融控股公司纳入监管，加强风险管理，促进经济金融良性循环。

一、金融控股公司基本情况

（一）国际上金融控股公司的发展与监管

20 世纪 80 年代后，受布雷顿森林体系瓦解、金融自由化浪潮、金融创新与信息技术发展等因素的共同推动，发达经济体开始了新一轮的金融变革，以日本 1997 年《金融控股公司整备法》和美国 1999 年《金融服务现代化法案》等为代表的一系列法案标志着金融控股公司正式走上历史舞台。

从国际看，金融控股公司在发展过程中，主要形成了纯粹型金融控股公司和金融集团两种模式。纯粹型金融控股公司自身不开展金融业务或从事其他商业性经营活动，主要负责整个集团的战略规划和子公司的股权投资及管理，金融业务由子公司分业经营。美国主要采用该模式，目前有超过 500 家金融控股公司，总资产占全部银行控股公司的 80% 以上。日本、韩国等国家要求金融机构跨业经营必须采用该模式。金融集团又称事业型或经营型金融控股公司，由金融机构跨业投资其他类型金融机构形成，母公司除了对子公司进行股权管理，自身也直接从事金融业务，英国等部分英联邦国家的金融机构存在此种模式。

对金融控股公司依法准入并实施监管是主要国家和地区的通行做法。鉴于金融控股公司通常规模大、业务多元、关联度较高、风险外溢性强，日本、韩国、中国台湾等国家和地区都有专门的立法，明确对金融控股公司实施准入许可和监管。2008 年国际金融危机后，国际组织和主要经济体均从宏观审慎管理角度出发，以防范化解系统性风险为核心，提出进一步加强对金融控股公司的监管。由国际银行、证券、保险监管组织共同设立的联合论坛针对危机中暴露出的金融集团监管问题，于 2012 年发布新版《金融集团监管原则》，强调应由监管者负责集团层面监管并具有必要的授权和资源。美国于 2010 年颁布《多德－弗兰克华尔街改革与消费者保护法》，进一步强化了美联储对金融控股公司的监管职责。

（二）国内金融控股公司的发展情况

2002 年，国务院批准中信集团、光大集团和平安集团作为金融控股集团试点。2005 年，银河金融控股公司成为经国务院批准的第一家名称中带有"金融控股"字样的公司。近年来我国逐步形成了两大类型金融控股公司：第一类是由金融机构通过跨业投资形成的金融集团；第二类是由非金融企业通过投资控股金融机构形成的具有金融控股特征的企业集团。

1. 金融机构跨业投资其他行业金融机构。一些大型金融机构在开展本行业主营业务的同时，投资或设立其他行业金融机构，有的还实质控制了两种或两种以上类型的金融机构，母公司成为控股公司，其他行业金融机构作为子公司。例如，工、农、中、建、交等大型商业银行均已拥有基金、金融租赁、保险等子公司，中国人寿、中国人保、平安等保险集团均已投资银行、基金、信托公司，四大金融资产管理公司也设立或收购了多类金融机构。

2. 非金融企业投资控股金融机构。 一些非金融企业向金融业扩张，通过发起设立、并购、入股等多种方式，实质控制了多家、多类金融机构。这些企业成为金融机构的控股股东或实际控制人，具有金融控股公司的特征，主要包括 5 种情况：一是国务院批准的支持国家对外开放和经济发展的大型企业集团，投资控股了不同类型金融机构；二是中央企业集团母公司出资设立、专门管理集团内金融业务的资产运营公司；三是地方政府批准设立的资产投资运营公司，参控股本地的银行、证券、保险等金融机构；四是民营企业通过投资、并购等方式控制多家、多类金融机构；五是部分互联网企业在电子商务等领域取得优势地位后，逐步向金融业拓展，直接或间接开展多类金融业务，获取多个金融牌照并建立综合化金融平台。

二、对金融控股公司的监管要求

《准入决定》和《金控办法》初步构建起金融控股公司监管制度框架，遵循宏观审慎管理理念，从强化对非金融企业控股两类或两类以上金融机构的监管入手，明确监管主体和方式，赋予有效监管手段和措施，围绕系统性风险防范，落实重点监管要求。

（一）确定监管范围，开展准入管理

金融业是特许经营行业，要持牌经营，严把市场准入关。同时具备以下情形的，应当提出申请，经批准设立金融控股公司并纳入监管范畴，从制度上实现实业板块与金融板块的隔离：一是控股股东或实际控制人为境内非金融企业、自然人及经认可的法人；二是实质控制了两类及两类以上的金融机构；三是所实质控制的金融机构总资产或受托管理总资产达到一定规模，或者按照宏观审慎监管要求需要设立金融控股公司。

（二）总体分业经营，明晰组织架构

继续坚持金融业总体分业经营的原则，经批准设立金融控股公司的，应当将企业集团内控股的金融机构股权转至金融控股公司。金融控股公司开展股权投资与管理，自身不直接从事商业性经营活动，由控股的金融机构开展具体的金融业务，分业经营，相互独立，建立风险"防火墙"。这种制度框架安排，使股权结构和组织架构更加简单、清晰、可识别，有利于更好地隔离风险，加强集团整体的公司治理和风险管控，也符合现代金融监管的要求。

（三）加强风险管理，建立隔离机制

金融控股公司应建立与金融控股集团组织架构、业务规模、复杂程度和声誉影响相适应的统一的全面风险管理体系，明确风险容忍度，合理制定并定期评估集团的战略和风险偏好，完善各项风险控制指标。同时，建立风险隔离机制，杜绝集团内部风险传染，对内部的业务往来、人员、资金、信息共享等行为进行合理隔离，允许在严格隔离风险的前提下规范发挥协同效应。

（四）规范股东资质，设置负面清单

一方面，在核心主业、公司治理、财务状况、股权结构、风险管理等方面，对股东资质提出要求，并对主要股东、控股股东和实际控制人连续盈利等提出差异化要求。另一方面，设置负面清单，明确禁止金融控股公司控股股东从事的行为，以及不得成为金融控股公司主要股东、控股股东或实际控制人的情形，包括曾经虚假投资、循环注资金融机构，对金融机构经营失败或重大违规行为负有重大责任等。

（五）强化公司治理，实行任职备案

一是督促金融控股公司完善公司治理，评估金融控股公司治理机制的健全性和有效性，确保金融控股公司依法参与所控股机构的法人治理，不得滥用实质控制权，干预所控股机构的正常独立自主经营。二是对新增的金融控股公司，金融控股公司和所控股金融机构法人层级原则上不超过三级。对在《金控办法》实施前已存在但股权结构不符合要求的企业集团，经金融管理部门认可后，在过渡期内简化组织架构和法人层级。三是建立金融控股公司的董事、监事和高级管理人员任职备案制度，明确任职条件，要求其高级管理人员不能兼任所控股机构的高级管理人员，所控股机构之间的高级管理人员不得相互兼任。

（六）明确监管职责，赋予有效手段

在监管职责分工方面，中国人民银行从宏观审慎管理角度，对金融控股公司开展持续监管，金融管理部门依法按照金融监管职责分工对金融控股公司所控股金融机构实施监管。相关部门之间建立跨部门工作机制，加强监管协作和信息共享。在监管措施方面，中国人民银行在并表监管基础上，通过信息报告、非现场监测、现场检查、监管谈话等方式，有效识别、计量、监测金融控股集团的总体风险与合规状况，明确金融控股公司对所控股金融机构的救助义务和相关制度安排。对存在违规行为或发生重大风险的，视情况采取风险警示、要求其采取限制经营活动等监管措施，给予警告、罚款等处罚。

三、金融控股公司的主要风险概览

除了各类金融业态普遍存在的信用风险、市场风险、操作风险、流动性风险，金融控股公司还可能面临自身特有的一些风险。

1. 风险隔离机制缺失。一是部分非金融企业同时持有多个金融牌照，但其母公司及控制人并不熟悉金融业务，自身还从事其他生产经营和商业活动，金融风险和实业风险可能交叉传染。二是部分非金融企业内部不同机构之间关联度高，当一个子机构出现风险事件时，压力会通过多种渠道传递到集团内的其他机构，造成风险交叉传染。三是对具有系统重要性的金融控股公司而言，风险还可能会跨机构、跨产品、跨市场"外溢"，对整个金融体系的稳健性造成威胁。

2. 缺乏资质过度投资。 一些企业的股东、实际控制人和高级管理人员缺乏金融管理知识、风险管控能力及合规经营理念，利用实际控制权和经营权，操纵股东大会和董事会，采取激进的发展方式，在金融市场过度扩张，牟取不当收益，威胁金融稳定。当金融机构出现风险时，这些企业又未能发挥出资人的作用，导致金融机构的资本得不到有效补充，最终只能由监管部门接管、救助，消耗公共资源。

3. 控制关系隐蔽性强。 部分企业集团实际控制多类多家金融机构，本身就具有结构复杂的特点，旗下金融机构出于业务发展、风控、税收、合规等方面的考虑，往往又层层下设子公司、孙公司等，股权层级多达十余级，旗下的公司法人达数千家，控制关系隐蔽。个别企业利用复杂的股权安排、关联关系、特殊目的载体、股权代持等手段，刻意掩饰控制关系或受益关系，有的还通过境外平台间接对境内金融机构进行实质控制。复杂的股权结构降低了集团的透明度，弱化了所控制金融机构的公司治理，大大增加了识别实际控制人和开展穿透式监管的难度。

4. 资本约束严重弱化。 一些企业虚假出资，层层控股、多头持股金融机构，以负债资金出资，推升整体杠杆率，甚至循环注资，利用较少资本控制多家企业，还通过控股的金融机构动用杠杆资金或管理资产大肆并购非主营业务，导致整个集团缺乏能够抵御风险的真实资本。

5. 不当干预金融机构。 部分企业由于制衡和监督机制缺失、董事会履职有效性不足，借助其实际控制地位，通过交叉持股、交叉任职、关联交易、转移定价等方式对旗下金融机构财产进行侵占和挪用，将所控股金融机构作为"提款机"套取巨额资金。例如，2005—2019 年，"明天系"通过注册空壳公司，以借款的方式套取包商银行信贷资金 1 560 亿元，这些信贷资金全部成为不良贷款。

6. 利用关联交易输送利益。 一些企业通过违法违规关联交易，利用所控股金融机构提供贷款、担保等方式获取信贷资金、操纵利润、转移或隐匿资产，进而掩饰其真实的财务状况和风险状况，向实际控制人或最终受益人进行利益输送，严重损害金融机构和其他投资者的权益。

7. **存在利益冲突和道德风险。**一是除了金融控股集团与客户之间的利益冲突，由于各子公司经营目标不同，集团内部子公司之间也可能会出现利益冲突。二是部分金融控股集团组织结构复杂，在存在信息不对称的情况下，可能通过资产转移，将高风险资产全部安排于一个独立的子公司，在盈利状态时，使自身利益最大化，在亏损状态时违约，风险损失最终由债权人承担，从而产生道德风险。

8. **激励约束机制有待完善。**部分企业追求短期高收益，以利润为主要甚至唯一的绩效考核标准，忽略了风险防范、可持续发展等重要考核维度，对盲目乐观和过分冒进等非理性行为带来的损失缺乏有力的惩罚措施。在这种约束激励机制下，短期高回报能够带来丰厚的激励却不用承担高风险带来的损失，易引发严重的道德风险和逆向选择。

四、金融控股公司的风险防控措施

1. **坚持党的领导，强化政治引领。**金融控股公司应坚定不移地坚持党的领导，加强政治学习，完善公司治理。处理好党组织与董事会、监事会、股东大会等治理主体的关系，党组织发挥领导作用和政治核心作用，把握好发展的大方向，监督"三会一层"的正常运转，确保党中央各项方针政策和战略部署得到不折不扣的落实，确保金融控股公司依法参与所控股机构的法人治理。把党的建设与业务经营有机结合，融入公司治理的各个环节，共同推动其依法合规经营，健康可持续发展。

2. **完善公司治理，明确职能定位。**一是金融控股公司作为金融控股集团中的母公司，应从整体视角出发，在集团范围内建立科学合理、覆盖全面且统一的治理框架，增强公司治理结构内的相互制衡，优化激励约束机制。二是应明确自身在集团中的定位和职能，厘清与所控股机构之间的关系，从制度上明确治理方式和管理边界，避免不当干预。三是应围绕服务实体经济，综合考虑经济金融形势、所控股机构情况等内外部因素，制定整体战略规划，通过建立健全各项制度，确保整个集团在发展方向上保持一致。

3. **明晰股权结构,简化法人层级**。金融控股公司的股权结构应当简明、清晰、可穿透,法人层级合理,与自身资本规模、经营管理能力和风险管控水平相适应,其所控股机构不得反向持股、交叉持股,从而防止股东通过复杂的股权安排隐匿真实的控制关系和受益关系,进行利益输送和风险转移。

4. **规范资金来源,确保资本充足**。一是资金来源真实可靠。法人、自然人应以合法自有资金投资金融控股公司,不得以委托资金、债务资金等非自有资金及投资基金等方式投资金融控股公司。二是金融控股公司应当以合法自有资金投资控股金融机构,不得虚假注资、循环注资,不得抽逃金融机构资本金。三是确保集团整体资本充足性,资本应当与资产规模和风险水平相适应。

5. **健全风控制度,落实风险隔离**。强化风险合规意识,在并表管理的基础上,制定金融控股集团整体的风险管理架构和流程。一是建立与集团组织架构、业务规模、复杂程度等相适应的全面风险管理体系,实现所控股机构和风险的全覆盖,形成风险控制指标体系,切实提升对风险的识别、计量、评估、监测和控制能力。二是建立健全集团内部风险"防火墙"制度,实现法人、资金、人员、系统、信息等的有效隔离,处理好风险防范与协同效应的关系。三是建立完善恢复与处置机制,防止风险和损失外溢。

6. **规范关联交易,防止利益输送**。金融控股集团应完善关联交易全流程管理体系,严格遵守对关联交易的各项限制和规定,压实董事会对关联交易的管控责任。识别和评估关联交易的背景真实性、合理性、交易目的和交易路径,履行必要的内外部审批、备案和信息披露程序,确保相关关联交易依法合规,不得隐匿关联交易和资金真实去向,不得通过关联交易进行利益输送、规避监管。

7. **加强信息披露,接受社会监督**。保持高度透明,充分接受社会监督,是建立规范经营长效机制的重要前提。金融控股公司应建立健全信息披露内部管理制度,提高信息披露质量,真实反映经营管理和风险情况,畅通交流和监督的渠道,提高透明度。积极接受各类投资者、金融机构、会计师事务所、律师事务所、新闻媒体等市场主体的监督,充分发挥外部约束作用。

第五章
商业银行风险管理

　　商业银行风险管理历来是金融市场风险管理的重要内容，海外各金融监管机构无一不对此高度重视。随着商业银行业务范围的不断扩大、业务模式的与时俱进，监管机构的要求不断演变，商业银行自身的风险管理模式也不断改进。在我国金融体系以间接融资为主的背景下，银行业占据绝对主导地位，商业银行的稳健经营关系到整个经济和金融体系的高质量发展。防范系统性金融风险的关键也在于银行，强化银行风险管理在我国更具特殊重要性。本章将在简要介绍银行风险管理总体情况的基础上，分别对国有商业银行、股份制商业银行、城商行和农村金融机构、互联网银行的风险管理问题进行讨论，主要关注国内各类银行面临的主要风险及相应的风险管理措施。

第一节　商业银行风险管理综述

一、商业银行风险管理的意义与重要性

2008 年，以雷曼兄弟银行倒闭为标志性事件的次贷危机爆发，引起全面的系统性风险传染，给全球经济、金融体系带来巨大冲击。时至今日，全球经济仍未能完全走出次贷危机的阴霾，亦凸显对信用风险的测度和监管的系统重要性。

商业银行的基本业务模式是通过承担一定的信用风险进行盈利。对商业银行来说，能否有效合理地利用风险获得收益，体现着其自身风险管理能力，更是其生存发展的根本立足点。可以这样说，银行管理的本质是对风险的管理，风险管理能力是银行的核心竞争力。

商业银行是较为典型的周期性行业，中介化和高杠杆化使其在经济下行周期承担着较大的风险。在疫情阴霾下，全球经济陷入严重衰退，商业银行信用资产质量有所恶化，资产减值和信贷损失明显增加。为应对疫情冲击，全球主要发达经济体加码宽松。然而，在内生增长疲弱的当下，零利率甚至负利率对银行盈利能力产生很大的影响，也制约了银行应对未来风险的能力，从而使得建立健全银行全面风险管理体系变得尤为重要。

我国金融体系以间接融资为主，银行业在其中占据绝对主导地位。整个经济与金融体系的高质量发展以及防范系统性金融风险的关键都在于银行，强化银行风险管理在我国更具重要性。商业银行若因风险管理不当出现大幅亏损，资本金难以及时补充，便会制约其放贷能力，甚至可能带来整个社会的信

用紧缩。同时，还可能通过同业负债等债务链条传导至其他金融同业，引发系统性金融风险。正因如此，银行风险管理受到监管机构的高度重视。伴随着前期宏观红利、宽松的流动性和监管盲点等，我国商业银行特别是中小银行，在快速扩张中积累了不小的风险。近年来，央行和银保监会出台多项政策强化对商业银行的风险管理，稳步化解历史遗留问题。

二、巴塞尔委员会对商业银行面临的风险的分类

巴塞尔委员会将商业银行面临的风险根据风险来源进行了分类，分为信用风险、市场风险、流动性风险、操作风险、国别风险、声誉风险、法律风险及战略风险八大类。[1] 时至今日，商业银行面临的不仅是单一的风险，更是各种风险的相互交织。因此，商业银行应该高度重视跨类别的风险管理，践行全面风险管理的理念。

三、商业银行风险管理模式的发展

随着业务模式的转变，商业银行的风险管理模式主要经历了四个发展阶段，即资产风险管理模式阶段、负债风险管理模式阶段、资产负债风险管理模式阶段、全面风险管理模式阶段。[2] 我国商业银行风险管理模式的演变则具有一定的特殊性，现也已进入全面风险管理模式阶段。

（一）资产风险管理模式阶段

资产风险管理模式主要盛行于 20 世纪 60 年代之前，顾名思义，其主要侧重商业银行资产端的风险管理。这是因为当时商业银行主要为被动负债，负债端风险较小，最主要的风险来源为以贷款为主的资产业务。商业银行主要通过加强信用审

---

① 具体定义详见之前的章节。
② 中国银行业协会：《风险管理》，中国金融出版社，2019。

核、贷前尽调、充分抵押、严格审批和分散资产等方式减少资产损失的风险。

（二）负债风险管理模式阶段

20世纪60年代，西方主要经济体进入高速发展阶段，对商业银行资金需求显著增加，商业银行通过同业拆借、回购协议等工具积极进行主动负债，扩大资金来源渠道。而负债规模的大幅扩张也使商业银行杠杆率抬升，负债端风险取代资产端风险成为商业银行最大的风险来源，商业银行风控重点开始转向负债风险管理，通过预测利率的变化，积极优化负债规模和结构，同时利用金融工具转移部分利率风险。20世纪50年代哈里·马科维茨提出的不确定条件下投资组合理论，以及20世纪60年代威廉·夏普提出的资本资产定价模型，极大地推动了现代金融理论的发展，为商业银行风险管理提供了有效的理论支持。

（三）资产负债风险管理模式阶段

1973年，布雷顿森林体系瓦解后，主要经济体也将自身主权货币从与美元挂钩的固定汇率制转向浮动汇率制，这使得汇率波动加大，加之同年的石油危机导致西方国家通胀不断上行，更加剧了利率的波动，利率和汇率等波动的共同作用，使得商业银行资产和负债端风险均明显增加，单一的资产或负债风险管理模式已经无法满足商业银行的需要。为此，资产负债风险管理模式应运而生，占据了20世纪70年代商业银行风险管理模式的主流。这一模式更加强调资产端和负债端的协同管理，利用久期匹配等理论模型的指导，使资产和负债端更加匹配。同期，利率和汇率等金融衍生品定价模型取得长足进展，使得各类金融衍生品不断涌现，为商业银行提供了更有效的资产负债风险管理工具。

（四）全面风险管理模式阶段

20世纪80年代开始，商业银行逐步走向全面风险管理模式，主要因为监管层和各银行认识到商业银行风险并不是来自单一方面，而是各种风险交织带来的，同时随着金融创新等的发展，商业银行业务更趋复杂化，更加凸显了全面风险管理的必要性。

2004年出台的《巴塞尔协议Ⅱ》正式提出全面风险管理的理念，强化对商业银行的风险管理，并在此后不断完善。全面风险管理，又称现代风险管理，相对于传统风险管理，更加强调将风险管理视为持续性的行为，从源头上预防风险发生，公司内的全员参与、跨部门联动等。全面风险管理理念强调三个"全"，即风险管理范围的全面、风险管理过程的全程、风险管理文化的全员。

1. 全面的风险管理范围。全面的风险管理范围强调将银行面临的各种风险统筹管理，并根据这些风险的相关性进行更有效的管控。这是银行业务多元化后产生的需求，随着银行非息收入占比的上升，以及金融产品的创新和复杂化，各种风险关联度和危害性明显增强，商业银行风险管理的全面化和系统化成为必然的新趋势。

值得强调的是，随着头部银行加快跨国经营的步伐，其面临的国别风险也在加大，这要求其具备全球化风险管理的能力，需要根据业务中心和利润中心建立相应的区域风险管理中心，对不同国别的风险进行监控，防止风险在国别间的转移和强化。

2. 全程的风险管理过程。全面风险管理理念强调商业银行的每个业务环节都可能存在潜在风险，并不是只有资产和负债等业务才具有风险，其他环节的风险虽然没有带来即时损失，但会给银行长远利益带来重大影响，如声誉风险和战略风险等均是多维风险。因此，全面风险管理理念强调将风险管理贯穿于每个业务环节。

3. 全员的风险管理文化。由于潜在风险存在于业务的每个环节，因此风险管理需要全员而非仅风控部门或业务人员的参与，要提高所有员工的风险管理意识和自觉性，积极预防、识别和监控风险。

（五）我国商业银行风险管理模式的发展

1984年以前，我国还没有专门的商业银行，中国人民银行既承担中央银行的职能，也从事商业银行的业务。1984年1月1日，工商银行正式成立，承担中国人民银行的商业银行业务，标志着我国专业银行体系的确立，此后更多商业银行先后成立，丰富完善了商业银行体系，满足了经济主体多元化的金融服务需求。不过，1992 年以前，我国主要实行计划经济，国家对商业银行贷款进行统一安排和指导，商业银行自主经营管理权限较小，风险认知和管理能力均较为有限。[①]

1992 年，党的十四大确立建立社会主义市场经济体制的改革目标，并在 1993 年党的十四届三中会议中将这一目标进一步具体化。商业银行随之开始探索市场化机制下风险管理制度，监管层也逐步引入 1988 年出台的《巴塞尔协议》的风险管理理念，并在 1995 年颁布实施《中华人民共和国商业银行法》，此后商业银行逐步设立风险管理专业部门，强化风险管理能力。2003 年银监会成立后，加快引入国际现代化风险管理理念，推进我国商业银行进入全面风险管理阶段，并在实践中形成具有中国特色的风控体系。

四、我国各类商业银行风险治理的比较

国有大行均由国资控股，这也决定了其经营风格更加稳健，承担着更多社会责任。国有银行是维护经济金融安全的主力军，公司治理机制相对完善，在相当长的时期内仍将是中国改革和风险管理的先锋队。国有大行作为系统重要性银行，面临着更加严格的监管要求。股份制银行股权结构更加多元，机制灵活，强调差异化经营，盈利导向更强，接受监管程度和风控意识相较国有大行均较弱。在前期快速发展中，积聚了一定的问题。

部分城商行及农村金融机构业务相对单一，风格激进，相对而言积聚了较大风险。中小银行普遍专业能力不强，经营时间相对较短，合规与风控意识较弱，风险防范能力较差，接受监管程度相对较低。一些中小银行甚至存在明显治理缺陷，严重偏离本源，违规展业和无序扩张，包头商业银行、锦州银行等就是典型。互联网银行搭上流量"快车"，近年来实现快速发展，接受监管程度弱，且自身风格激进，依赖技术和流量优势将大部分风险转移至其他金

---

① 潘睿. 基于新巴塞尔协议下我国商业银行风险度量和管理研究 [D]. 济南：山东大学，2018.

融机构，给金融系统带来不小的风险。近年来监管不断收紧，互联网银行也在逐步整改中，遵从监管是行稳致远的保障。

商业银行作为以贷款为核心业务的金融机构，其首要风险为信用风险。此外，各类商业银行面临的主要风险也具有不同的分布特征。比如，国有银行由于海外业务占比相对较大，面临的国别风险值得关注。股份制银行面临的合规风险和市场风险较为突出，城商行等中小银行由于前期无序发展和现时的严监管，加上资产质量较差，面临较大的流动性风险。互联网银行则由于监管套利等问题，面临较大的战略风险和声誉风险等。由于自身特殊特征，互联网银行面临的市场风险和流动性风险较传统银行明显更小。

大型商业银行在加大对实体经济的支持力度的同时，要加强信贷资产摸排、完善国别风险动态监测机制等。股份制银行需加大不良资产核销力度，适当分散信贷集中度，完善公司治理机制和激励约束机制。城商行等中小银行应回归本源、聚焦主业，多渠道补充资本金，健全内控合规管理长效机制，优化资产负债结构，进行更细化的流动性管理。互联网商业银行需要强化数据管理，杜绝监管套利，明确战略定位。

第二节 《巴塞尔协议》的演变及我国商业银行监管要求

一、《巴塞尔协议》的演变

20世纪70年代，布雷顿森林体系瓦解，全球汇率变得更加波动，同时银行跨境业务快速发展，金融衍生品的出现更是加大了全球金融体系的系统性风险。与此同时，德国赫斯德特银行等相继倒闭，引发金融市场动荡，这使得监管层意识到需要建立一个国际性的银行监管机构，于是 1974 年 "十国集团" 央行行长齐聚巴塞尔，发起成立巴塞尔委员会。

（一）《巴塞尔协议》

20 世纪 80 年代，在美国储贷协会等发生危机的背景下，金融监管者意识到强化金融机构资本约束的重要性，巴塞尔委员会推出《巴塞尔协议》，统一全球风险资产监管标准，以便加强监管。巴塞尔监管体系是全球银行业监管和风险管理的基本框架，随着经济和金融形势的变化，加上商业银行业务模式不断发展，《巴塞尔协议》在诞生后也在不断演变。

（二）《巴塞尔协议Ⅱ》

20 世纪 90 年代，先后出现英国巴林银行破产、亚洲金融危机和美国长期资本管理公司破产，单一防控信用风险的监管框架已经很难实现有效的监管。为此，2004 年巴塞尔委员会推出《巴塞尔协议Ⅱ》，增加对市场风险和操作风险等的监管，提出了包括最低资本要求、监察审理程序和市场纪律三大支柱在内的监管框架。①

1. 最低资本要求。巴塞尔委员会认为，充足的资本水平是保持全球金融体系稳健的关键所在，《巴塞尔协议Ⅱ》延续了 8% 的最低资本要求，以及合格资本构成的规定，但扩大了风险管理的范围，对风险资产的评估更加细化，并将操作风险等纳入监管要求，等等。

巴塞尔协议对资本的定义包括三个层次：一级资本（普通股权、公开储备等）、二级资本（混合债务工具、中长期次级债务）、三级资本（短期次级债务）。其中一级资本又包括核心一级资本（普通股权、盈余公积等）和其他

---

① 陈四清. 不断提升服务实体经济质效 [J]. 中国金融家，2018 (10): 25-27.

一级资本（其他一级资本工具如优先股、少数股东资本等）。《巴塞尔协议Ⅱ》对核心一级资本、其他一级资本和二级资本的最低占比要求分别为 2%、2% 和 4%。

2. 监察审理程序。《巴塞尔协议Ⅱ》更加强调外部监管的重要性，要求监管当局确保各家银行具备完善的资本充足率的内部评估程序，确保其资本水平与其风险状况等相适应。监管当局应当定期检查和评估商业银行内部评估程序和资本充足水平，并在银行资本充足率降至最低要求之前及时采取干预措施。此外，监管当局应有权要求特定银行保持超出最低资本要求的超额准备。

3. 市场纪律。通过强化信息披露来加强市场纪律是《巴塞尔协议Ⅱ》的重要内容，在新的协议下，巴塞尔委员会对银行的关键信息披露提出了更高的要求。巴塞尔委员会希望通过要求商业银行及时、准确、公开地披露信息，借助市场的力量来促使银行稳健经营。

在有效的市场奖惩机制下，稳健的、经营良好的银行可以用更低的风险溢价和条件从存款人或交易对手那里获得资金，而表现不善的银行将在市场中处于不利地位，从而必须支付更高的风险溢价、额外的担保或采取其他增信措施，致使交易成本显著提高，从而利用市场的力量进行监督和奖惩，而完善的信息制度是确保市场约束有效实施的关键。

（三）《巴塞尔协议Ⅲ》

2008 年次贷危机的爆发，暴露出《巴塞尔协议Ⅱ》流动性监管标准缺失，以及资本要求难以覆盖极端情况下的市场风险和流动性风险等问题。为此，巴塞尔委员会在 2017 年推出《巴塞尔协议Ⅲ》，在沿用《巴塞尔协议》三大支柱框架的基础上，进行了一些调整，包括提高资产质量和资本充足率要求，强化对流动性和杠杆率等的监管，并对全球系统重要性银行（G-SIBs）实行特殊监管等，同时提高第二支柱监管当局监察审理标准，以及第三支柱下的信息披露要求，以构建更完善的风险治理体系，更好地增强商业银行抵御风险的能力，以及尽可能减少金融风险的外溢。其关键性的变化有以下几点。

1. 提高资产质量要求和资本充足率。《巴塞尔协议Ⅲ》更注重资本的质量，将核心一级资本／风险资产的最低要求从《巴塞尔协议 II》的 2.0% 大幅提升至 4.5%，同时将一级资本充足率从 4.0% 提升至 6.0%。另外，统一了二级资本工具，并取消了三级资本，以进一步提升资本质量及其风险吸收能力。此外，还要求 2.5% 的资本留存缓冲，从而将实际最低资本要求从 8.0% 提升至 10.5%。

《巴塞尔协议 III》在提出更严格的资本要求的同时，进一步扩大风险资产的覆盖范围，包括强化对交易对手风险的监管，提高对交易账户和复杂资产证券化，以及账户中"再证券化"等风险暴露的资本要求（如表 5-1 所示）。

表 5-1　巴塞尔协议资本要求的变化

	核心一级资本	一级资本	最低资本要求	资本留存缓冲	逆周期缓冲
《巴塞尔协议 II》	2.0%	4.0%	8.0%	0%	0%
《巴塞尔协议 III》	4.5%	6.0%	8.0%	2.5%	0~2.5%

资料来源：巴塞尔委员会。

2. 逆周期缓冲资本。在经济上行期，商业银行信贷通常会高速扩张，这时期过度增长的信贷会累积一定的系统性金融风险，逆周期缓冲资本要求此时银行计提额外资本。经济周期和信贷周期一旦逆转，就可以释放这些超额资本用于吸收损失，从而在下行周期降低银行体系的风险和保持整个经济周期内商业银行信贷供给的基本稳定。《巴塞尔协议 III》规定逆周期缓冲资本只能由普通股权构成，即最优质的监管资本，其 0~0.25% 的比例则由各个经济体监管机构依据自身情况设定。

3. 流动性比率。次贷危机暴露出流动性监管不足带来的危害性，为此《巴塞尔协议 III》强化了对流动性的监管。对短期和中长期流动性设定了不同的监管标准：一是为了保证银行有充足的资产应对短期流动性冲击，要求银行的 30 天流动性覆盖比率，即高质量流动性资产存量／未来 30 日净现金流出总额应该不小于 100%；二是为了合理管控银行的流动性缺口，要求稳定融资比率，即可获得的稳定融资余额 / 必需的稳定融资金额应该不小于 100%。

4. 杠杆比率。金融工具的创新和低利率环境使得商业银行体系杠杆率走高，导致资本充足率与杠杆率的背离程度加大，次贷危机凸显了资本充足率难以有效反映表内外总资产扩张的情况，为此《巴塞尔协议Ⅲ》引入杠杆率（符合有关规定的一级资本净额 / 商业银行调整后的表内外资产余额）作为监管指标，并将杠杆率不得低于 3% 作为国际监管标准，作为资本充足率的补充，减少商业银行通过加权系数转换的漏洞来降低风险资产的情况，从而降低资本要求的操作空间。

5. 系统重要性银行的额外资本要求。为有效解决大型金融机构"大而不能倒"的道德风险问题，避免金融风险的交叉传染，降低系统性金融风险，增强全球金融体系的稳健性，监管机构对 G-SIBs 实施了额外的监管要求。2011年 7 月，金融稳定理事会根据巴塞尔委员会的建议，依据商业银行规模及其全球影响力、与其他银行关联度、可替代性等将 28 家银行列为 G-SIBs，对它们提出额外的 1%~3.5% 附加资本要求。这些附加资本要由普通股权益构成，因为监管层希望用更昂贵的股本资本，消减系统重要性银行相较于其他银行的低成本融资优势，避免其盲目扩张的冲动，同时增加普通股股本也是最有效的抵御损失的方式。G-SIBs 是全球银行监管机构在吸取 2008 年次贷危机经验基础上提出的新概念，体现了后危机时代金融监管的新趋势，是防范系统性金融风险的重要举措。

为了进一步提高对 G-SIBs 的资本监管要求，2015 年底，二十国集团领导人通过了 FSB 制定的总损失吸收能力（TLAC）监管框架方案，要求 G-SIBs 持有更多的具有次级属性、可通过减记或转股等方式吸收损失的债务工具或各类资本，确保其在危机时有足够的"内部纾困"资金，减少对纳税人的影响。根据最终发布方案，发达经济体的 G-SIBs 应分别于 2019 年和 2022 年满足 TLAC 资本不低于加权风险资产 16% 和 18% 的监管要求。对新兴市场国家的 G-SIBs 则给予过渡期安排，最晚应在 2025 年和 2028 年分别达到 TLAC 资本不低于加权风险资产 16% 和 18% 的监管要求（如图 5-1 所示）。

从 2011 年末开始，金融稳定委员会每年发布并更新全球系统重要性金融机构列表，中国银行作为内地国际化程度最高的银行，在 2011 首次公布名单

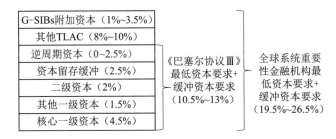

资料来源：巴塞尔委员、工商银行城市金融研究所。

图 5-1　对系统重要性银行的额外资本要求

时便被纳入名单，其后，中国工商银行、中国农业银行和中国建设银行分别在 2013 年、2014 年和 2015 年被纳入。

二、我国对商业银行的监管要求

《中华人民共和国商业银行法》(简称《商业银行法》)明确规定我国商业银行是特许行业，必须持牌经营，未经国务院银行业监管机构（原银监会、现银保监会）批准，任何单位和个人不得从事存款等商业银行业务，任何单位不得在名称中使用"银行"字样。《商业银行法》还对商业银行设立条件和业务范围进行了明确规定。2014 年，银监会在《商业银行法》等基础上，发布商业银行内部控制指引，确保商业银行风险管理体系等得以有效运行。

在秉承巴塞尔监管框架的基础上，银保监会等结合本国实际情况，对本国商业银行提出了一些针对性的监管要求，逐渐形成了微观监管和宏观审慎监管相结合的监管方式，具有我国特色的监管理念。

参照《巴塞尔协议Ⅱ》，我国也构建了以三大支柱为基础的监管框架，不过在资本充足率要求上有所不同。2004 年开始实施的《商业银行资本充足率管理办法》将我国商业银行资本分为核心资本和附属资本两类。核心资本主要包括普通股、盈余公积、未分配利润和少数股权，而附属资本则主要是指优先股、可转债和长期次级债务等，并规定我国商业银行核心资本充足率和资本充足率分别不得低于 4% 和 8%。

　　基于《巴塞尔协议Ⅲ》框架，银监会于 2012 年 6 月发布了《商业银行资本管理办法（试行）》（以下简称办法），对我国商业银行的资本定义和资本充足率监管要求进行了相应调整。办法要求我国商业银行核心一级资本充足率不得低于 5%、一级资本充足率不得低于 6%、资本充足率不得低于 8%。与《巴塞尔协议Ⅲ》一致，办法要求商业银行应该在 8% 的最低资本要求基础上，再计提 2.5% 的储备资本，同时在特殊情况下，商业银行还要额外计提 0~2.5% 的逆周期资本，两者均要由核心一级资本来满足。办法明确，除了资本充足率监管要求，商业银行还应当满足杠杆率监管要求，我国商业银行并表和未并表的杠杆率均不得低于 4%，高于《巴塞尔协议Ⅲ》要求的 3%。

　　除了上文提及的《商业银行资本管理办法（试行）》，银保监会还发布《商业银行风险监管核心指标（试行）》，从风险水平、风险迁徙、风险抵补三个方面，提出 16 个一级指标对商业银行进行细化的监管考核（如表 5-2 所示）。

表 5-2　商业银行风险监管核心指标一览表

指标类别		一级指标	二级指标	指标值
风险水平	流动性风险	1. 流动性比例		大于等于 25%
		2. 核心负债依存度		大于等于 60%
		3. 流动性缺口率		大于等于 −10%
	信用风险	4. 不良贷款率	4.1 不良贷款率	小于等于 4% 小于等于 5%
		5. 单一集团客户授信集中度	5.1 单一客户贷款集中度	小于等于 15% 小于等于 10%
		6. 全部关联度		小于等于 50%
	市场风险	7. 累计外汇敞口头寸比例		小于等于 20%
		8. 市值风险敏感性		
	操作风险	9. 操作风险损失率		

指标类别	一级指标	二级指标	指标值
风险迁徙	正常类贷款	10. 正常贷款迁徙率	10.1 正常类贷款迁徙率 10.2 关注类贷款迁徙率	
	关注贷款	11. 不良贷款迁徙率	11.1 次级贷款迁徙率 11.2 可疑贷款迁徙率	
风险抵补	盈利能力	12. 成本收入比		小于等于35%
		13. 资产利润率		大于等于0.6%
		14. 资本利润率		大于等于11%
	准备金充足程度	15. 资产损失准备充足率	15.1 贷款准备充足率	大于100% 大于100%
	资本金充足程度	16. 资本充足率	16.1 核心资本充足率	大于等于8% 大于等于4%

资料来源：银保监会。

央行和银保监会参照国际监管机构将国内银行划分为系统重要性银行和非系统重要性银行，并对系统重要性银行采取更加严格的监管。2018年11月，央行联合银保监会、证监会发布《关于完善系统重要性金融机构监管的指导意见》，做出了总体性的制度安排。2019年11月，央行同银保监会发布《系统重要性银行评估办法（征求意见稿）》，公布银行业配套细则，依据规模、关联性、可替代性和复杂性4个指标，为每个指标赋予25%的权重，选出系统重要性银行。办法规定，除最低资本要求、储备资本和逆周期资本要求外，系统重要性银行还应当计提附加资本。相关文件显示，我国系统重要性银行附加资本要求为风险加权资产的1%，需要由核心一级资本满足。若国内银行被认定为全球系统重要性银行，则所适用的附加资本要求不得低于巴塞尔委员会的统一规定。

TLAC监管达标日期日渐临近，我国监管层也在加紧制定相关监管框架。2020年9月30日，中国人民银行联合银保监会发布《全球系统重要性银行总损失吸收能力管理办法（征求意见稿）》（下称《征求意见稿》），被业界视为中国版TLAC监管正式出台。根据FSB的要求，包括中国在内的新兴市场国家的G-SIBs最晚应在2025年和2028年分别达到16%和18%的TLAC监管要求，若加上缓冲资本要求，监管资本要求则分别要达到 19.5% ~ 24.5% 和 21.5% ~ 26.5%。

另外，中国人民银行从 2016 年起，对银行业开展宏观审慎评估体系（MPA）考核，包括资本和杠杆、资产负债、流动性等 7 个方面，资本充足率、广义信贷增速、流动性覆盖率、不良贷款率等 16 个指标。MPA 按季度评估，央行根据考核结果对商业银行法定存款准备金利率实行一定的浮动等进行奖惩。同时，随着形势变化，监管机构也会动态调整一些监管要求，如在推动金融机构去杠杆的背景下，2017 年银监会开展"三三四十"等系列专项治理行动①，中国人民银行在 2018 年一季度末将同业存单纳入商业银行的 MPA 考核，遏制商业银行同业业务和表外业务的无序发展。

第三节　国有商业银行风险管理

国有商业银行主要是指由财政部或中央汇金代表国家直接控股的大型商业银行，根据银保监会印发的相关文件的划分，包括中国工商银行、中国农业

---

① 2017 年，为整治银行业市场乱象，严守不发生系统性金融风险的底线，银监会组织开展了"三三四十"等系列专项治理行动，"三三四十"具体指"三违反、三套利、四不当、银行业存在的十个方面问题"："三违反"即违反金融法律、违反监管规则、违反内部规章；"三套利"即监管套利、空转套利、关联套利；"四不当"即不当创新、不当交易、不当激励、不当收费；"十个方面问题"即股权和对外投资方面、机构及高管方面、规章制度方面、业务方面、产品方面、人员行为方面、行业廉洁风险方面、监管履职方面、内外勾结违法方面、涉及非法金融活动方面。

银行、中国银行、中国建设银行、交通银行和中国邮政储蓄银行（不同于其他五大行，邮储银行由中国邮政集团控股）。2020 年，六大国有商业银行的总资产、营业收入与净利润合计值分别为 123.78 万亿元、3.39 万亿元和 1.14 万亿元，总资产与净利润分别占全部商业银行的 46.57% 与 58.70%[①]，是银行业的中流砥柱和半壁江山，在整个银行业中具有系统重要性，而对其经营过程中存在的各类风险也需要予以特别关注和防范。本节将对该类银行的特点与风险防范进行简要论述。

一、国有商业银行的地位与特点

国有银行是中国金融体系的支柱，其规模较高，基数较大，广义资产负债结构稳定，且网点分布广，客户基础好，是维护经济金融安全的主力军，对整个金融体系稳健运行起到"压舱石"的作用，在相当长的时期内仍将是中国改革和风险管理的先锋队。

（一）国有银行规模庞大、盈利能力强

国有银行规模最大，分支机构众最多，业务面广，市场影响力大。截至 2020 年上半年，国有大行共有网点约 10.7 万个，员工多达近 180 万人。受惠于此，国有银行渠道明显占优，揽储能力强，存款类负债占比高，负债结构稳定且成本低。就资产端而言，国有大行经营风格稳健，风控要求严格，资产质量相对较高。如前文所述，国有大行作为系统重要性银行，面临的监管要求更严格，这也是其经营风格更稳健的重要原因。

国有银行资产规模和盈利优势也十分明显。根据银保监会数据口径，截至 2020 年上半年，这 6 家国有商业银行总资产约 126 万亿元，约占全部银行业金融机构总资产的 41%。同期，大型商业银行 2020 年净利润 5 328 亿元，约占全部商业银行净利润的 53%。国有商业银行资产规模和盈利能力

---

① 数据来源：新浪财经、国行投研室。

在全球商业银行中也名列前茅，2019年工商银行、建设银行、农业银行和中国银行分别占据全球商业银行盈利的前四名，总资产规模则分别位列第一、第二、第四和第六位。邮储银行和交通银行的这两项指标也位居全球前十五名之列（如图5-2、图5-3所示）。

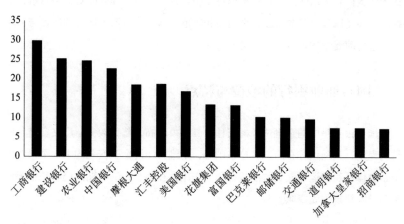

资料来源：Wind 数据库。

图5-2 2019年国有商业银行资产规模全球排名（万亿元人民币）

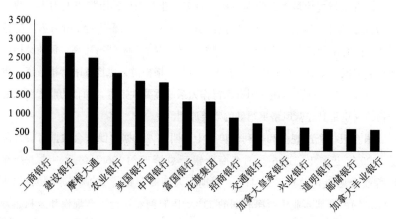

资料来源：Wind 数据库。

图5-3 2019年国有商业银行净利润全球排名（亿元人民币）

（二）国有银行是国家意志的践行者

国有商业银行由国家持股，国有银行的董事长、行长和监事长三个重要岗位均由中组部考核和管理，通过行政任命产生。国有银行间高管会互相调动，这为国有大行带来新的思想和视野，同时高管主要由系统内产生也有利于整个国有银行体系的稳健运行。国有商业银行还是国家意志的最终践行者之一，承担着较多的社会责任。按照风险偏好等匹配原则，国有商业银行传统业务主要围绕国企和大中型民企展开，小微企业业务占比较低。不过，在金融支持实体、扶持民营经济的背景下，国有商业银行纷纷设立普惠金融事业部，下沉金融服务，主动加大对小微企业贷款投放和让利幅度，落实中央提出的"六稳"和"六保"工作，超额完成政策要求，体现了国有大行的社会责任担当。

二、国有商业银行面临的主要风险

自全球金融危机以来，全球地缘政治风险上升、大国博弈升维、供应链重塑等多重不确定性长期存在，全球经贸环境更趋复杂，金融市场波动加剧。2020年，新冠疫情也对全球经济和金融市场产生了深远影响，在内生和外生因素叠加下，国有商业银行面临的信用风险和市场风险也在加大。此外，由于海外业务体量相对较大，因此国有商业银行也面临着一定的国别风险。

（一）信用风险

新冠疫情的冲击使得商业银行信用风险加剧。新冠疫情带来了全球性的经济衰退，并通过贸易、供应链及金融市场等对我国构成较大的输入性风险，小微企业面临的压力尤为明显。为此，2020年政府报告重点提到，"大型商业银行普惠型小微企业贷款增速要高于40%"，"中小微企业贷款延期还本付息政策再延长至明年3月底，对普惠型小微企业贷款应延尽延，对其他困难企业贷款协商延期"，"鼓励银行大幅增加小微企业信用贷、首贷、无还本续贷"。尽管政策大力支持，但在经济增长仍有压力以及结构性调整的情况下，部分企业包括一些小微企业不可避免地会被市场出清，大型国有银行作为这轮支持实体运动的主力军，可能会面临一定的不良率增加问题。

近年来，随着刚性兑付的预期进一步被打破，境内市场违约结构发生了一些变化，国有企业违约占比有所上升。在刚性兑付预期下，市场对个别类型企业有较强信任，企业评级也未能完全反映企业信用状况。一些具有刚性兑付预期的主体，尽管自身资质较差，仍能以较低成本募集资金，造成资源错配和金融风险的累积。刚性兑付预期进一步被打破，或将带动部分国资风险出清，国有大行作为国资实体的重要服务者，面临一定的信用风险。

（二）市场风险

大型商业银行资产负债规模庞大，面临较大的利率风险，包括利率水平和期限结构的不利变动。另外，国有大行外汇敞口相对较大，在当前外部环境和市场形势更趋波动、人民币汇率市场化改革不断推进的形势下，面临的汇率波动风险也在加大。

随着我国利率市场化改革基本完成以及经济增长放缓，商业银行存贷息差不断收窄，使得传统的单一依赖于息差的盈利模式难以为继。另一方面，在商业银行利润增速放缓、系统重要性银行资本监管要求显著提高的情况下，商业银行资本缺口较大，且越来越难以通过利润留存等内源式渠道得到补充，信贷资产规模的扩张受到制约。这推动商业银行经营模式做出变革，特别是对风险偏好和生息资产收益率更低的大型国有银行来说，发展多元化业务，提高非息收入占比显得尤为重要。资产管理业务是重要的发力方向之一，这也可以避免信用风险在商业银行内的过度累积，减弱商业银行重资产、顺周期的经营风险，在当前经济内生增长动力趋弱的背景下更具重要意义。2020 年的"原油宝"事件也给相关银行带来不小的商誉等损失，凸显了商业银行发展资管业务时加强市场风险管理的重要性。

（三）国别风险

随着经济金融全球化，以及"一带一路"倡议的推进，我国经济与全球经济的交融更趋深化，中资企业"走出去"步伐明显加快。资金是"一带一路"建设的关键支撑，中资银行在这方面无疑起到了主力军的作用，作为中资企业主要服务者的中资银行，特别是大型商业银行的国际化进程也明显提速，目前，国有大行在海外的资产已经具有一定的规模。在未来"一带一路"倡议和人民币国际化继续发展的背景下，中资银行特别是国有大行走出去的步伐将继续加快，这在拓展业务空间的同时，也增加了其面临的国别风险。

近年来，国际贸易保护势力抬头，地缘政治争端升级，全球摩擦风险加大，金融市场波动加剧，给银行跨国经营带来不小的挑战。"一带一路"沿线国家或地区多为欠发达经济体，风险承受能力较弱，在全球经济增长动力趋弱的形势下，其自身结构性问题更加凸显，一些"一带一路"沿线国家政局不稳，汇率和金融市场时常大幅波动，这给中资银行在当地的经营带来不小的挑战。

为应对新冠疫情冲击，全球主要经济体实行零利率甚至负利率，并且退出时间一再延后，这更是增加了中资银行在海外的盈利压力。此外，在大国博弈长期延续的背景下，未来不确定性较大，也增加了中资银行海外资产的风险。

三、国有商业银行风险管理措施

国有商业银行需要采取有效措施，防范信用风险、市场风险和国别风险。

（一）信用风险

1. 保持信贷增长，加强对实体经济的支持力度。若在经济下行压力较大的背景下，银行惜贷将带来整个社会信用的收缩，在实体经济和金融业间形成负反馈，将加大信用风险，给银行自身和实体经济带来巨大危险。国有大行需要发挥先锋军作用，通过多渠道补充资本金或加大利润留存等，增强抵御风险的能力，提高支持实体经济的能力和意愿。在诸多因素的推动下，商业银行信贷增速依然强劲，有效地避免了信用收缩：（1）银行在 LPR（贷款市场报价利率）进一步下降前有意加快信贷投放；（2）充足的对公信贷储备项目；（3）疫情暴发期间多重政策鼓励信贷投放;(4)政策鼓励银行补充资本金,为信贷扩张打下坚实的基础。

2. 加强信贷资产质量摸排。银行可以通过加大金融科技应用力度,提高风险防控能力,例如建立大数据平台及实时的风险决策体系,对名单内的个人及企业实行实时的风险监测,及时发现其风险并提供对应的策略。对资产质量风险相对较小的企业,可维持既定的授信策略。而对受到一定冲击但有较大转好希望的企业,银行可以对支持策略进行适当的个性化调整,灵活采取贷款展期、减免罚息、征信保护、增加中长期贷款等措施,甚至根据企业情况提供创新金融产品,帮助企业渡过当前的难关。对现金流出现问题,且已难以维持经营的企业,银行可在谨慎考虑下进行退出,防止局部信贷资产质量劣变。①

(二)市场风险

严格落实银保监会关于银行账簿利率风险管理的要求,积极探索适合自身风险偏好和风险收益最大化的风险管理制度。密切关注国际经济金融形势变化,定期进行利率和汇率风险敏感性分析和压力测试,利用风险对冲工具积极管理利率重新定价和外汇敞口风险,调整和优化利率与外汇资产负债结构,同时进行适度的限额管理。

2020年,"原油宝"事件引发了市场和监管层对银行创新金融产品的关注,国务院金融稳定发展委员会第二十八次会议提出,"要高度重视当前国际商品市场价格波动所带来的部分金融产品风险问题"。银行应当落实监管要求,审慎考虑在发展资管等业务及类似原油宝的金融创新产品时面临的利率、汇率和商品等市场风险,密切关注外部环境和市场形势的变化,定期检查金融产品风险。主要包括以下几个方面。②

1. 建立健全市场风险模拟机制。加强对市场风险数据的收集和质量的把

---

① 杨晓亮. 浅谈如何应对当前疫情给商业银行带来的信贷风险 [J]. 商情,2020(27).
② 郭振鹏."原油宝"事件,对银行风险管理有何启示? [EB/OL].(2020-04-28)[2021-10-20]. https://xw.qq.com/amphtml/20200428A0Q0WN00?ivk_sa= 1024320u.

控，进行多维度的情景模拟，全面进行压力测试，定期开展利率、汇率和商品等风险前瞻性分析，制定重大市场风险应急管理方案，同时严控行内市场风险限额管理，努力将"黑天鹅"事件引发的风险降至最低。

2. 强化产品管理和市场风险监测。 对创新产品特别是衍生类产品，要深入了解其运行模式和标的资产。在产品设计时，银行产品部门要对底层资产的交易场所、交易规则、风险特征等进行详尽的理解，避免不必要的风险。同时，在市场较为波动的时期，应该对高风险产品进行较高频率的风险监测。

3. 审慎开展产品风险分类和客户推介。 部分理财产品，特别是金融衍生品类投资产品具有波动大、杠杆高等特征，风险较大。银行要做好产品风险分类，同时对理财客户的风险测评不能形式化，要真正发挥其区分客户的作用。无论是开展自营业务还是代理投资产品推介，都需要充分考虑投资者风险认知和风险承受能力。

（三）国别风险

国别风险是商业银行在开展国际化经营时面临的首要风险，其诱因多样且复杂，具有较大的不可预测性、突发性，以及发生后的不可控性。因此，防控国别风险必须久久为功。

2010年，彼时的银监会发布《银行业金融机构国别风险管理指引》，首次明确银行应该正式建立国别风险内部评级体系，并对国别风险的评级设定统一的分类标准，即低、较低、中、较高、高五个等级，从而反映风险评估结果，对跨国业务的开展提供指引。对风险暴露大的银行，监管层鼓励建立更加复杂的评级体系。另外，在国际化进程中，商业银行需要适度分散，避免重大国别风险暴露。在业务占比较大的国家或地区，商业银行可以建立区域级风险控制中心，加强日常跨境监管沟通协调等，进行更细化的风险管理。此外，跨国业务规模较大的商业银行可以考虑充分利用当地金融市场，减少货币错配等风险，降低当地汇率波动等带来的风险，还可以运用好风险缓释工具，在可控成本下，可以向市场转移部分跨国业务的信用、利率等风险。

面对日益复杂的国际政治经济形势，国有大行在开展国际化业务的同时，需要持续加强国别风险管理。建立国别风险动态监测机制，由经验丰富的专业人员持续跟踪相关地区经济金融形势、监管政策等变化，定时评估相关地区国别风险，及时发布风险提示，提高国别风险预测的准确性和及时性，制定风险防控和应急措施，不断强化国别风险应急机制。积极开展国别风险压力测试，及时调整国别风险评级与限额，对潜在的高风险国家或地区实行差异化限额管理。

第四节　股份制商业银行风险管理

股份制商业银行一般指招商银行、浦发银行、中信银行、中国光大银行、华夏银行、中国民生银行、广发银行、兴业银行、平安银行、恒丰银行、浙商银行、渤海银行等 12 家银行。发展至今，股份制商业银行已经成为我国商业银行体系中一支富有活力的生力军，是我国多层次、多类型的金融机构体系里的重要一员，更已成为银行业乃至国民经济发展不可缺少的重要组成部分。提升对股份制商业银行风险管理的水平，对维护中国金融机构体系稳定、促进国民经济社会发展具有重大意义。

一、股份制商业银行的地位与特点

根据银保监会数据口径，截至 2020 年上半年，股份制商业银行总资产约 55.7 万亿元，占全部银行业金融机构总资产的 18%。股份制商业银行具有以下特点。

（一）股权结构更加多元、机制灵活

相较于国有大行的国资控股，股份制银行股权结构更加多元，目前的股份制银行既有央企或地方政府出资控股的机构，又有金融企业控股的机构，也有国有股权和民营股权相对分散均衡的机构，还有以民营资本为主要股东的机构，为探索不同公司治理模式提供了有益参考。股份制商业银行在成立之初，便承担着探索金融体制改革的重要任务。加入 WTO 后，不少股份制银行陆续引入外资，深化公司治理体制改革。上市后，股份制银行资本实力明显增强，开始较快扩张。时至今日，股份制银行已经成为我国"多层次、广覆盖、有差异"的金融体系中的重要一环。相较于国有大行，股份制银行更加灵活，盈利导向更强，业务和网点主要集中在经济发达地区，杠杆率和风险偏好相对更高。

（二）突出差异化竞争

由于规模并不占优，股份制银行更强调差异化经营，侧重方向有所不同，如以零售业务为特色的招商银行和平安银行以及以同业业务为特色的兴业银行等。2017 年以前，股份制银行借助同业负债、委外等表同时内外加杠杆，实现规模快速扩大，同时也积累了一定风险。从 2017 年开始，监管层推动金融领域去杠杆，股份制银行资产增速有所回落，逐步走上高质量稳健发展的道路，重新聚焦自身优势领域，为客户提供差异化服务，一些股份制银行甚至提出轻型银行发展战略。

二、股份制商业银行面临的主要风险

股份制银行由于业务和网点相对集中，对批发融资依赖度较高，在当前经济增速趋缓和严监管的背景下，面临的信用风险、市场风险和流动性风险相对较大。股份制银行机制灵活，但合规风险较为突出。

（一）信用风险

相对于规模庞大、行业和区域分布广泛的国有大行，股份制银行业务相对更加集中，因而风险分散能力相对较弱，如部分在受疫情影响大的区域和行业信贷较为集中的股份制银行，由于相关企业经营风险加大，其对公业务受影响会较大，信贷会出现一定逾期和不良，信用风险上升。

部分股份制银行房贷占比过大，虽然现阶段看房贷违约率较低，即便在疫情冲击下，个人抵押贷款受到的影响也相对较小。但需要注意到，当前部分城市房价与居民收入已经有较严重的脱离，一些中小城市空置率过高，已经具有一定的泡沫化特征，部分银行信贷资源过于集中在房地产领域，带来较大的隐忧。这也引发了监管层的注意，2020年末监管层推出房地产贷款集中度管理制度，限制商业银行将金融资源过度流向房地产领域，部分股份制银行房贷占比明显超出监管标准，面临着调整压力。

（二）合规风险

1. 股权关系和股东关系仍待规范。 虽然经过多年发展，目前股份制银行已经形成相对稳定和多元化的股权结构格局，但部分股份制银行股权关系仍不规范，存在股东权责不明晰，对股东监督失效的问题。部分股东责任意识不强，股权虚化。另外，还有部分股东无视监管要求和公司章程，违规对管理人员施加影响，干预银行日常经营，甚至直接插手信贷审批和人事任免，未按要求建立有效的风险隔离机制，违规开展不当关联交易，滋生了不小的风险。

2. 公司治理机制有待完善。 部分股份制银行权力制衡和内控机制虚化弱化，有的股份制银行虽然按要求设立了"三会一层"，但权责划分不清，存在"一言堂"问题，人权、事权过于集中，监事会甚至成为虚设。有的股份制银行打政策擦边球，通过境内外分支机构进行监管套利，并利用创新工具将表内风险表外化，带来较大的隐形风险敞口。

3. 绩效考核过于短视化。 有的股份制银行薪酬制度不合理，过于注重短期利益，在考核中"唯业绩论"，忽略服务实体经济的定位、公众利益和消费者保护。不合理的激励约束和绩效考核机制导致员工风险管理和合规意识涣散。

（三）市场风险

相较于国有大行，股份制银行存款类负债占比较小，负债结构更加不稳定且成本更高。虽然监管出台政策要求银行降低结构性存款规模，收紧高息揽存，但总的来看，存款竞争日趋激烈，导致银行存款成本难有实质性下降。相较于国有大行，股份制银行在基层地区网点少且市场影响力更弱，在揽储方面不具优势。

央行实行新的 LPR 报价机制后，各报价行在公开市场操作利率的基础上加点报价，打破了市场对贷款基准利率的依赖，加点幅度反映了银行的风险溢价、信用、经营和流动性管理成本，这对银行风险定价的能力提出了更高要求。新定价方式给银行生息资产率带来了一定压力。另外，债券投资收益率总体也在走低，也带来生息资产收益率下行。随着我国利率市场化改革的推进，预计息差将进一步收窄，而存款端不占优的股份制银行在这一进程中面临的风险相对更大。

三、股份制商业银行风险管理措施

针对股份制商业银行的特点，其风险防控措施主要包括以下几方面。

（一）信用风险

1. **强化风险预警**。密切跟进经济金融形势变化，扎实做好贷前调研和贷后跟进工作，积极关注授信企业的经营波动，实现早预警、早处置。如在疫情期间，银行需要主动跟踪疫情对辖内企业的影响，加强对上下游产业链依赖海外疫情区的企业的监测。

2. **加大不良资产处置力度**。当前，股份制银行拨备覆盖率明显高于监管要求，意味着银行有充足的缓冲空间来加大不良资产处置。在受到疫情冲击、不良贷款提升的背景下，银行应当顺应监管要求，从严认定不良贷款，加快不良贷款的核销，从而增强未来抵御不确定性的能力。

3. **适当分散风险，加强大额风险暴露管理**。要将大额风险暴露管理作为全面风险管理体系的重要一环，有效控制客户集中度风险。严格按照监管要求，限制信贷资源在房地产领域的过度投放，加大对新兴产业和小微企业的贷款投放，增强服务实体经济的能力。零售贷款或将成为未来信贷增长的重要驱动力，股份制商业银行可以发挥自身传统优势，做好差异化经营，适当增加零售业务的占比，分散贷款集中风险。

（二）合规风险

1. **严格落实监管要求，深化股权改革**。严格遵循《商业银行股权管理暂行办法》要求，按照分类管理、资质优良、关系清晰、权责明确、关系透明的股权管理原则，厘清公司股权关系，加强对主要实控人的管理，从严落实披露要求，自觉接受监管机构和社会公众的监督。

2. **持续完善公司治理机制，强化监事会职责**。监事会作为银行体系内主要监管机构，依法享有全覆盖的监管权力，要确保监事会能够独立行使独立监督权，及时发现行内经营和合规问题。确保行内沟通便捷高效，完善监事会与董事会沟通机制，及时就发现的问题进行研究和整改，形成监管合力，提高监督实效。充分发挥外部力量的作用，提高外部监事的比例，定期安排外部审计机构开展针对性监督检查，强化监管的独立性和有效性。

3. **完善激励约束机制**。逆转重规模、轻风险，重利益、轻合规的不合理绩效考核体系，提高风险合规和长期利益在激励机制中的权重，探索延期支付、事后追索的薪酬体系，形成业务发展和风险合规并重，短期业绩和长期利益兼顾的科学考核机制。

4. **强化市场监督和约束**。市场监督是巴塞尔监管框架的三大支柱之一。通过严格的信息披露，强化外部监督，引入包括信用评级机构、行业协会和媒体等各方面实体参与公司治理建设和监督，是股份制银行完善公司治理、降低经营风险的重要一环。股份制银行应该积极接受公众监督，及时回复社会舆论，构建良好的形象，实现稳健运营。

（三）市场风险

在实体经济潜在增速回落的背景下，银行的资产端收益率难以避免下行趋势，股份制银行对市场风险的防控重点应该主要放在成本端的压降上，更需积极调整和稳定负债结构。维持存款的持续增长是关键所在，存款增长一旦不能满足资产端需要，就需要吸收其他类型的资金（如同业资金）来维持资产负债表，或者牺牲银行利润，缩减资产负债表规模。

随着监管打击结构化存款和收紧高息揽存，结构化存款规模已出现明显压缩，在压降高息负债的同时，也会带来这类存款的再分配。股份制银行可以利用自身差异化经营的优势，花力气加强对重点客户的营销和服务，包括为大额存款客户提供针对性的附加服务，保持核心存款的平稳增长，稳定低成本负债来源。

在符合监管的要求下，可以积极进行主动负债管理，利用同业资金及央行公开市场业务操作，尽可能减少资产负债期限错配，做好精细化管理，减少市场风险敞口。主动负债空间有限的股份制银行，则需要积极优化资产规模和结构，动态调整信贷投放策略，适当处理部分资产，减少流动性缺口，从而实现更稳健的经营。

第五节 城商行和农村金融机构风险管理

城商行和农村金融机构数量多，主要涉及约 130 家城商行和约 4 000 家农商行、农村信用合作社、农村合作银行、村镇银行、农村资金互助社、贷款公司等，它们的主要业务在一定的地方和区域具有根植地方的优势，且风险偏好等方面与小微企业需求匹配度高，一般以服务地方经济、当地中小企业和居民为主，是城乡普惠金融的重要提供者，对推动当地经济发展起到重要作用。然而，城商行由于规模较小等各种因素，往往在风险管理方面存在诸多体制机制短板，这导致风险隐患潜滋暗长，逐渐集聚。因此，加强对城商行和农村金融机构的风险管理，明辨其在风险管理上的优劣势，洞察优化城商行和农村金融机构风险管理的方向，对维持金融机构体系安全稳定有着积极的影响，对保障小微企业经营、促进区域平衡发展有着尤为重要的意义。

一、城商行和农村金融机构的地位与特点

根据银保监会数据口径，截至 2020 年上半年，城商行和农村金融机构总资产均约为 40 万亿元，均占银行业金融机构总资产的 13%。虽然从资产规模看，这两类银行或金融机构占比并不高，但在服务当地小微企业方面，数量众多的城商行和农村金融机构发挥着不可替代的重要作用。

但在早前流动性宽松和存在监管盲点的背景下，一些中小银行依赖同业负债等盲目扩张，脱离主业，不仅积聚了较大风险，更严重影响了其服务小微企业的能力，引发监管层的重视，使其出台了一系列政策推动中小银行回归业务本源。

目前，我国小微企业数量有 8 000 多万家，包括 2 000 多万法人和 6 000 多万个体工商户，银行普惠金融服务的覆盖例仍偏低，很多小微企业借贷还主要通过各类非持牌机构，甚至民间金融进行，利率高且期限短，不利于小微企业的平稳健康发展，银行业在服务小微企业方面仍有较大空间，仍需要充分发挥小型金融机构在提供普惠金融服务中"毛细血管"的作用。

二、城商行和农村金融机构面临的主要风险

中小银行面临的最突出的风险是流动性风险、信用风险和法律风险。早

前部分中小银行依赖于同业负债快速扩张，留下较多的遗留问题，资产负债不匹配等问题带来较大流动性风险。此外，部分中小银行风险管理能力较弱，贷款审批过于粗放，使得资产质量问题突出。一些中小银行公司治理机制不完善，法律和合规意识薄弱，甚至出现常年变相为大股东输送利益的问题。

（一）流动性风险

借助早前宽松的流动性环境和监管盲点，一些渠道并不占优的中小银行，依赖于同业负债等进行快速扩张，部分中小银行甚至秉持"大而不能倒"的理念，重规模、求速度、轻质量，盲目扩大资产负债表，脱离主业，通过委外和表外业务，持有大量表外非标和信托等资产，这些金融产品底层资产往往不透明，风险较大且流动性差。

相较于存款类负债，同业负债期限短且利率波动大，中小银行对同业负债过度依赖，使得负债端稳定性较差，加之部分中小银行短债长投，资产负债期限严重不匹配，带来较大流动性风险。另外，在监管趋严、主动负债受限的情况下，中小银行面临着较大的资产负债结构优化调整的压力，流动性风险加剧。通过大量同业负债，中小银行流动性危机可能会波及大型银行，甚至引发整个金融体系的危机。另外，大量资金在金融体系内空转和套利，也催生了资产泡沫，带来实体经济融资难和融资贵的问题。

银行流动性状况在很大程度上取决于其资产、负债结构、表外业务发展以及流动性管理水平等因素。银行流动性风险也可能来自其他经营风险的转化，如由信用风险、操作风险或声誉风险等引发。但从历史经验看，操作风险、声誉风险等导致的机构流动性风险基本上属于个案，不具普遍性，多数的流动性风险仍是信用风险在银行流动性方面的体现。[1]信用风险意味着银行资产端流动性的减弱甚至丧失，信用风险越高，资产的流动性越差，面临的流动性风险也越大。中小银行资产质量问题也加大了其面临的流动

---

① 曾刚.如何应对商业银行流动性风险[J].北大金融评论，2019（1）.

性风险。

现阶段，货币供给体制下的流动性分层问题更是加剧了中小银行的流动性风险。大型金融机构作为一级交易商，可以直接从央行获得流动性（公开市场操作等），绝大部分中小银行则需要依靠同业业务获得市场流动性。在特殊时期，如若央行收紧流动性，或者市场风险增加，大型银行资金融出意愿会降低，依赖于同业负债的中小银行则可能出现融资难和成本高企的问题，加大其面临的流动性风险，如 2019 年发生的包商银行和锦州银行等中小银行风险事件，使得市场担忧中小银行信用风险，流动性分层加剧，这带动中小银行同业存单发行利率一度飙升。

（二）信用风险

在以往"唯规模"论的粗放式发展中，部分中小银行借助宏观红利，以规模发展掩盖了不少问题。现在，随着经济增速放缓以及监管高压，商业银行已经走完了规模渠道的发展阶段，进入缓行区，部分中小银行暴露出较为严重的资产质量问题。

城商行和农村金融机构的业务主要集中在当地，受本地区域经济发展影响较大，部分地区往往由某类产业甚至某几家企业主导，这使得当地银行信用风险不够分散，尤其是对主要服务欠发达地区的中小银行而言，在经济下行周期中，信用风险尤为突出。此外，国有大行加大普惠业务力度，给城商行和农村金融机构的小微企业业务带来一定的挤出效应，优质小微企业可能转向国有大行，因为国有大行利率更低，且规模、渠道等优势明显，这更加大了中小银行资产质量问题。

中小银行资本实力弱，抗风险能力较低。同时，风险管理能力相对较弱，信贷投放策略较为粗放，部分中小银行还有较多历史遗留问题，包括违规发放的贷款，部分资产沉淀在非标等高风险金融产品上，积累了较大的风险，且信息披露不充分，存在粉饰报表等问题，真实资产质量情况存疑，实际不良率可能已经处在较危险的水平。

（三）法律风险

近年来，中小银行成为监管部门合规处罚的重灾区，面临较大的法律风险。[①]部分城商行和农村金融机构股权管理问题突出，股权关系复杂，甚至出现委托代持及非自有资金入股问题。还有一些银行存在大股东话语权过高、缺少有效监督、大股东行为失范等问题，甚至存在向特定大股东或其他关系人进行利益输送的情况。监管机构更是直接指出："少数股东入股动机不纯、利益诉求不当，通过股权代持、抽屉协议或者隐瞒关联关系等不当手段控制机构，直接操纵经营，个别股东甚至违规大肆套取银行资金，把银行变成自己的'提款机'。"[②]

部分中小银行在开展业务时存在重效益、轻合规的问题，员工法律合规意识相对薄弱，部分业务人员为了追逐短期利益，罔顾风险，使得贷款投向不合规等问题频发。

三、城商行和农村金融机构风险管理措施

守住不发生系统性金融风险底线、坚决打赢防范化解重大风险攻坚战，这对中小银行风险管理能力提出了更高的要求。相对于大型商业和股份制银行，中小银行风控能力相对较弱。近年来，监管政策不断完善和收紧，力促商业银行特别是中小银行在规范经营的前提下稳健发展，充分做好服务实体经济的本业，杜绝资金在金融体系空转的乱象，这些都为中小银行风险治理指明了方向。

（一）回归本源，聚焦主业

监管层高度重视防范金融风险，2017 年起加大整治力度，中小银行表外

[①] 此处是指广义的法律风险。

[②] 祝树民. 以深化改革推动农村中小银行公司治理建设 [J]. 中国金融，2020（16）.

和通道业务成为重点整治方向，政策要求银行压缩同业业务规模，将同业负债之和控制在总负债的 1/3 以内，限制部分中小银行依赖于同业负债进行盲目扩张，同时推动表外资金回表。

2019 年 1 月，银保监会发布《关于推进农村商业银行坚守定位　强化治理　提升金融服务能力的意见》，要求农村商业银行准确把握自身在银行体系中的差异化定位，专注于服务"三农"和小微企业。2019 年 10 月，银保监会城市银行部负责人撰文强调，城市商业银行应该回归本源，聚焦地方经济、小微企业、城乡居民的金融需求，回归信贷主业，做深做透本地市场，提高对小微企业和三农服务的适配性。坚持"立足本地、服务本地、不跨区域"的发展原则，专注于省内机构建设，坚持下沉服务，加大对县域和农村的金融服务力度。引导城商行心无旁骛地服务当地，加快培养"小而精、小而深"的特色银行。国务院金融稳定发展委员会召开 2019 年第九次会议，专门研究深化中小银行改革、防范化解金融风险等问题，明确了中小银行扎根基层，服务民营小微企业和个体工商户的定位。

中小银行应顺应监管要求，适当做"减法"，回归信贷业务本源，发挥自己根植地方、深耕当地中小企业的优势，提供好普惠金融服务，避免求大求快，实现由粗放经营向高质量发展转变。强化对资产负债匹配度的管理，坚持资产负债额度、期限和结构相协调的原则。在控制同业负债规模的同时，在银行间同业拆借市场建立一种稳定的业务合作关系。另外，中小银行可以参与区域性或其他类型银行互助合作组织，提高应对流动性风险的能力。

完善银行业流动性风险的管理机制。由于流动风险的形成受内外部诸多因素的影响，且往往与其他经营风险相互交织，银行在加强自身管理的同时，也要防止来自外部的流动性风险外溢。近年来，政策层整治"影子银行"的过度发展，在有效控制单个机构流动性风险的同时，阻断风险跨机构和跨市场的传递，显著降低了金融市场的流动性风险。[1] 中小银行可以借鉴大行先进经验，完善流动性监测体系，加强对外部传导性风险的管理，将流动性风险管理更好地纳入全面风险管理框架。

---

[1] 曾刚 . 如何应对商业银行流动性风险 [J]. 北大金融评论，2019（1）.

（二）多渠道补充资本金，增加风险抵御能力

面对更趋复杂的经营环境和更加严格的监管环境，中小银行应该以打造价值银行为出发点，摈弃"唯规模"论的思维，提高资产质量。健全风险管理体系，强化信用风险管理能力，避免盲目盈利导向，过度信用下沉，要警惕信用风险外溢带来的危险性。

随着金融监管强化，表外资产加速回表，中小银行增加了对资本金的损耗。同时，一些中小银行在过去的发展中积累了一定的风险，加上2019年以来不良贷款监管趋严，同年4月，银保监会发布《商业银行金融资产风险分类暂行办法》，将风险资产范围从传统贷款拓宽至包括债券、信托、资管产品等在内的几乎全类型金融资产，同时进行更严格的不良认定，前期风格激进的中小银行将面临更大的资产问题暴露的压力。现时经济下行压力加大，不良资产暴露加快，更是增加了中小银行资本金压力。中小银行应该清退部分高风险资产，多渠道补充资本金，增强风险抵御能力。

由于包商银行和锦州银行事件，境外投资者对中资中小银行信用风险担忧明显加大，中小银行优先股在境外市场支付的信用溢价很高，从成本角度考虑，现时中小银行在境外补充资本金的渠道基本关闭。不过，境内渠道仍然敞开，且有政策支持。国务院金融稳定发展委员会多次强调重点中小银行多渠道补充资本，增强服务实体经济和抵御风险的能力。中小银行应该积极把握境内发行渠道放开和政策支持的机会，同时考虑通过向大股东定向增发等多渠道增加资本金，提高抵御风险的能力。

（三）健全内控合规管理的长效机制

积极主动适应严监管的要求，将相关要求传导到位，深入开展股权乱象整治工作，将法律合规风险管理制度化，提高违法成本，并在全员中树立正确的法律合规意识。

一是完善现代公司治理制度，严格贯彻银保监会印发的《健全银行业保险业公司治理三年行动方案（2020—2022年）》要求，按需搭建"三会一层"组

织架构，打好公司治理制度的基础，加强股权治理和信息披露，提高公司现代化治理水平，从制度上防范大股东违法违规行为，防止公司成为某些利益集团的"钱袋子"。

二是完善全行业法律合规制度建设，夯实内控合规管理的根基。按照董事会对经营活动的法律合规风险负最终责任的架构，形成双线汇报机制，在行内构建前中后台"三道防线"，明确各线条和各层次负责人的管理和监督责任，并持续完善相关机制，从制度上保障对法律合规风险的有效管控。

三是在全员中树立正确的法律合规意识。充分发挥市场化激励约束机制作用，在将业务人员收入与经营绩效挂钩的同时，也与风险责任相匹配，甚至可以考虑推出绩效奖金部分递延机制，提高违法违规的成本。组织开展多层次法律合规风险教育，特别是加强典型案例的培训与学习，提高员工识别和防止法律合规风险的能力，切实提高业务人员守法合规意识。开展持续性的法律合规检查，查找优化法律合规风险管理的薄弱环节，及时对有异常行为的员工进行排查，提高监控能力。

第六节　互联网银行风险管理

互联网银行是最近几年新发展起来的一种新型商业银行，在运用现代科技、创新服务模式、开展普惠金融服务等方面进行了有益探索，其经营过程也存在风险因素。本节对该类银行的特点与风险防范进行简要论述。

一、互联网银行的地位与特点

（一）互联网银行的地位

我国银保监会在监管中并没有对我国的互联网银行进行精确分类和定义。一般而言，互联网银行是指无物理网点（或虽有个别物理网点，但并非银行主导业务），并且依靠大数据风控，实现纯线上放贷经营的银行。目前我国的互联网银行主要包括深圳前海微众银行、浙江网商银行、四川新网银行、江苏苏宁银行、中信百信银行等。除百信银行（"独立法人的直销银行"）外，其余几家均为近年先后成立的新民营银行，监管分类上归为城商行。

2014年12月，作为国内首家开业运营的互联网银行，由腾讯牵头成立的微众银行正式上线，并开展试运营。2015年1月，微众银行的第一批贷款发放成功，标志着互联网民营银行业务正式运行。2015年6月，原中国银监会颁布《关于促进民营银行发展的指导意见》，民营银行申请受理正式开闸，之后有14家民营银行获批建设。由于阿里巴巴、腾讯、美团、小米等互联网巨头作为这些民营银行的主要股东，这些民营银行业也代表了我国互联网银行的发展方向，作为股东的互联网巨头通过自身生态和场景为互联网银行带来海量客户及金融服务需求，推进了民营互联网银行的发展。

（二）互联网银行的特点

1. 立足普惠金融服务。从业务本质上说，互联网银行和传统银行在主要业务上差异并不明显。以微众银行为例，银监会批复的主要经营范围包括：吸收公众、主要是个人及小微企业存款；主要针对个人及小微企业发放短期、中期和长期贷款；办理国内外结算以及票据、债券、外汇、银行卡等业务。

尽管业务相似，但其目标客户的定位有着显著区别，"个存小贷"的特色业务品牌便体现了其服务定位，为个人消费者和小微企业客户提供优质金融服务。与传统银行给予大公司、大客户和大项目更多的关注，经营模式全面化且综合化不同，民营互联网银行从成立伊始便被赋予了缓解融资约束、提高融资效率、支持实体经济的使命，被期许能够立足小微企业和普惠金融服务。因此，互联网银行的服务范围更加精细化，拥有更精准的业务定位，主要支持满足国家政策支持的中小微企业和创业企业发展，关注个体消费者金融需求，服务民营经济和"三农"。此外，与传统银行的规模竞争导向截然不同，互联网民营银行的盈利不再主要依赖净息差，其更加关注同业业务及个人中间业务的创新。

2. **轻资产、重科技**。有别于传统银行，无物理网点和柜台是互联网银行的典型特征，互联网银行主要通过线上互联网等方式提供服务，所有的业务和风控都可以在线上完成。这使得互联网银行的服务模式明显区别于传统银行，且更注重技术应用和创新。网络银行的股东和背景多有互联网色彩，可见，基于互联网技术的轻资产运行模式是网络银行的新业态。作为股东的互联网巨头也通过自身生态和场景为互联网银行带来海量客户及金融服务需求，推进了民营互联网银行的发展。[①]

3. **创新便捷的服务模式**。相较于传统银行，网络银行的服务模式便利性更高。互联网银行通过自身技术的优势，通过产品的智能化和自动化，实现了全程线上办理，避免了在传统营业网点办理业务所需的排队等候时间。优化了服务流程，简化了部分业务流程与手续，使得银行业务的实现更加便捷高效。2014 年 12 月 16 日，中国首家民营银行——深圳前海微众银行股份有限公司（简称"微众银行"）正式成立，微众银行也是首家互联网银行，战略定位为聚焦普惠金融的互联网银行。随着客户规模的不断壮大，目前绝大部分的互联网银行已经实现盈利，商业模式已经初步形成（如表 5-3 所示）。

二、互联网银行面临的主要风险

互联网银行的业务核心仍是持牌金融机构的贷款行为，因此和传统银行一

---

① 山成英 . 互联网民营银行的发展及影响 [J]. 青海金融，2015(06):12-14.

表 5-3　主要互联网银行数据一览

银行名称	微众银行	网商银行	新网银行	苏宁银行	百信银行
开业时间	2015 年 1 月	2015 年 6 月	2016 年 12 月	2017 年 6 月	2017 年 9 月
注册地	广东省深圳市	浙江省杭州市	四川省成都市	江苏省南京市	北京市朝阳区
主要股东	腾讯、百业源、立业等	蚂蚁金服、复星、万向等	新希望、小米、红旗连锁等	苏宁云商、日出东方等	中信银行、百度等
主要贷款产品	微粒贷、微业贷	网商贷、旺农贷等	好人贷等	苏宁云贷、升级贷等	财富管理、企业金融、消费金融、百兴贷等
2019 年总资产（亿元）	2 912.36	1 395.50	442.36	639.01	588.65
2019 年净利润（亿元）	39.50	12.56	11.24	0.08	0.20
2019 年客户数量	有效客户超 2 亿人	小微企业和个人经营者数量达到 2 087 万	小微企业在贷户数 14 657 户	有效客户达 220 万	销售客户总额破亿，对公客户总量达 73.3 万户
2019 年净利润同比增幅	59.64%	90.80%	205.40%	2 032.60%	首次扭亏为盈

资料来源：各互联网银行官网及作者的整理。

样，互联网银行面临着一定的信用风险。此外，部分互联网银行利用监管盲点和自身技术、数据优势，盲目追逐利益最大化，给其带来较大的战略风险和声誉风险等。

不过相较于传统银行，互联网银行面临的市场风险和流动性风险明显更小。由于互联网银行的主要客户群是零售客户、小微企业和个体经营者，因此相较于传统银行，互联网银行的贷款定价能力较强，受新的 LPR 报价机制影响较传统银行轻微，在利率市场化改革的推进下，其对贷款利率下行的敏感度更低。随着结构性存款和高息存款监管政策进一步收紧，我国银行的结构性存款出现下滑。高息存款的压降给传统银行与互联网银行都带来负债形式的改变和存款负债的再分配，进而影响了银行的流动性。然而，从负债端看，互联网银行拥有低成本的存款优势。从资产端看，互联网银行聚焦普惠金融、小微企业贷款需求，多为短期贷款。因此，相较于传统银行，互联网银行面临的流动性风险较小。

（一）信用风险

互联网贷款往往能充分利用大数据分析，并能够将其应用在目标客户筛选、产品营销、授信额度和贷款审批等各个环节，演绎出了不同于传统借贷的特征。虽然互联网和大数据的应用使得贷款省略了面签、抵押、人工尽职调查等环节，提升了贷款效率，增加了便捷度，但这并不能完全保证贷款审批的有效性，甚至可能会因为缺少抵押，在发生信用风险时带来更大的损失。虽然互联网银行宣称可以使用大数据降低信用风险，但是如果数据本身真实性存疑，大数据模型结果的可靠性就会大打折扣，进而增加互联网银行的信用风险。一些信用风险较大的个人或通过提交虚假资料、填写虚假联系人等方式获取信贷的方式，加大了互联网银行的信用风险。[①]

（二）战略风险

2020 年 5 月，银保监会起草了《商业银行互联网贷款管理暂行办法（征求意见稿）》，以此规范商业银行互联网贷款业务发展。但由于互联网金融仍是新事物，且业务创新层出不穷，目前对互联网金融的监管仍有不少地方仍处于较为模糊的边界地带，对互联网银行很多创新业务方面仍缺少细则性指导意见或监管法规，这使得互联网银行有机会利用监管盲点，追逐不当利益。

---

① 曾刚 . 商业银行互联网贷款的风险与监管 [J]. 商讯，2018(05): 92-94.

（三）操作风险、法律风险和声誉风险

互联网银行的业务产生并处理大量用户信息，对用户信息进行分析所形成的用户画像、人群特征等涉及客户身份识别的一些敏感信息，这些信息一旦被泄露，用于非法用途，就会造成十分严重的法律后果。客户的金融、支付、消费记录等信息均具有商业价值，未经客户授权使用、转让或出售，往往会引起投诉或法律纠纷。而如果银行不能对信息的流转进行有效监管和控制，在内控中存在疏漏之处，就可能发生内部员工泄露客户信息的事故，带来操作风险。此外，部分互联网贷款业务在贷后催收过程中，"暴力催收"事件时有发生。互联网银行若出现违规、员工的不当行为，被诉讼、被索赔或被调查都会影响其声誉。

三、互联网银行风险管理措施

近年来，互联网银行搭上流量"快车"，取得快速发展，但经营风险十分突出，遵从监管是行稳致远的保障。互联网商业银行需要持续优化自身数据，最小化虚假数据带来的模型不可靠，进而诱发信用风险的问题。同时，应该严格落实监管要求，配合监管机构做好监管合作，增强社会责任感，杜绝监管套利，明确战略定位。

（一）持续优化大数据技术，降低信用风险

互联网银行应该不断完善征信数据等互联网贷款生态建设和精准大数据客户画像分析技术，精准获取客户信用信息，以减少客户通过虚假信息获取贷款的可能，以及由此带来的大数据模型结果不可靠等情况。加强信贷资产质量摸排，及时处理相关问题，完善相关机制。

平衡好创新与稳健经营的关系。互联网银行在拓展渠道、外包合作、打通场景时，往往也加大了潜在信用风险在金融体系蔓延的危害性，互联网银行应该平衡好创新和稳健发展的关系，增强自身社会责任感，不应利用自身技术

和渠道等优势，将信用风险转移或隐藏至其他银行平台，无序扩大资产负债规模，盲目追逐自身利益最大化。

（二）明确战略定位，符合监管方向

一方面，互联网银行应持续关注监管法规的变动，及时调整业务以适应监管要求，并加强与监管机构的沟通和监管合作，降低监管成本和战略误判带来的风险，提早避免监管变动带来的业务冲击或处罚。另一方面，互联网银行不应滥用自身科技和数据优势，利用监管盲点，无视社会和公众利益，无序进行业务模式创新，加大金融系统风险。

（三）提高合规意识，降低操作、法律等风险

建立完整的数据安全管控流程，对数据建立分级管理制度，强化对核心和敏感数据访问权限的管理，对数据访问和调取进行溯源，减少数据外泄的可能性和提高泄露数据的违法成本。进一步加强自身安全管理和内控合规，合理、合法谨慎地搜集和使用客户信息，提高员工防范风险的意识，设立严格的操作流程，以及优化员工操作指引和监督系统，避免不当搜集、使用或披露客户信息。增强消费者保护意识和社会公德心，对逾期贷款征收要采取合法行动，避免暴力催收。

第六章

非银行金融机构风险管理

从广义上将，非银行金融机构是指除银行外从事金融业务的持牌机构，既包括从事保险业务的机构（本书有专门章节进行介绍），也包括从事证券业务的机构（本书也有专门章节介绍），还包括由原中国银监会颁发牌照、目前由中国银保监会监管的狭义的非银行金融机构，主要包括信托公司、资产管理公司、融资租赁公司、企业集团财务公司、汽车金融公司和消费金融公司等，其主要特点是不能吸收个人存款。本章主要论述这些机构的基本情况与风险管理措施。

第一节　信托公司风险管理

信托公司是我国金融机构中唯一能够横跨货币市场、资本市场和实业投资领域的金融机构，在推进国内金融市场改革发展中发挥了一定作用，但也产生了许多风险，其间经历过 5 次大范围清理整顿，加强信托公司风险管理对防范金融风险、提高金融市场运行效率具有重要意义。

一、信托业务与信托投资公司基本情况

（一）信托与信托业务

信托，通俗地讲，就是信用委托。2001 年，《中华人民共和国信托法》第二条对信托的概念进行了定义，"委托人基于对受托人的信任，将其财产权委托给受托人，由受托人按委托人的意愿以自己的名义，为受益人的利益或者特定目的，进行管理或者处分的行为"。而信托业务是由委托人依照契约或遗嘱的规定，为自己或第三者（即受益人）的利益，将财产上的权利转给受托人（自然人或法人），受托人按规定条件和范围，管理、使用信托财产，并处理其收益的业务活动。

信托业务的本来含义是"受人之托、代人理财"，通常包括三方当事人，一是委托人，通常为具有完全民事行为能力的自然人、法人和依法成立的其他组织，这些委托人将自己的资金、动产、不动产等委托各受托人进行管理

和处置。委托人提供信托财产，确定谁是受益人以及受益人享有的受益权，指定受托人，并有权监督受托人实施信托。二是受托人，是指接受委托人委托，管理和运用信托财产的人，也就是经金融监管机构（具体来说就是之前的银监会、目前的银保监会）批准成立的信托投资公司（以下简称信托公司）。受托人必须恪尽职守，履行诚实、信用、谨慎、有效管理的义务，必须为受托人的最大利益，依照信托文件和法律的规定管理和处分信托事务。三是受益人，是按照信托合同约定享受信托财产管理受益权的自然人或法人和依法成立的其他组织。受益人可以是委托人自己，也可以是委托人指定的自然人、法人和依法成立的其他组织。开展信托业务，必须按照监管机构规定的内容与格式签署信托资产委托管理合同，约定资产的用途、管理期限、收益分享以及信息告知等内容。

据文献记载，信托在国外已有 3 800 年的历史，它一头连着货币市场，一头连着资本市场，一头连着产业市场，既能融资又能投资，因此被认为具有无穷的经济活化作用。用美国信托权威史考特的话说，"信托的应用范围，可以和人类的想象力相媲美。信托与银行、证券、保险并称为现代金融业的四大支柱"。美国开办专业信托投资公司比英国还早，1822 年成立的纽约农业火险放款公司（后更名为农民放款信托投资公司）是世界上第一家信托投资公司。

（二）信托公司的主要业务范围

信托公司是指依照《中华人民共和国公司法》和原中国银监会颁发的《信托投资公司管理办法》设立的主要经营信托业务、以受托人身份承诺信托和处理信托事务的金融机构。根据 2007 年银监会公布的《信托投资公司管理办法》第十六条，信托公司业务范围非常广泛，横跨货币市场、资本市场与实业投资等领域，可以申请经营下列部分或者全部本外币业务：

（一）资金信托；
（二）动产信托；

（三）不动产信托；

（四）有价证券信托；

（五）其他财产或财产权信托；

（六）作为投资基金或者基金管理公司的发起人从事投资基金业务；

（七）经营企业资产的重组、购并及项目融资、公司理财、财务顾问等业务；

（八）受托经营国务院有关部门批准的证券承销业务；

（九）办理居间、咨询、资信调查等业务；

（十）代保管及保管箱业务；

（十一）法律法规规定或中国银行业监督管理委员会批准的其他业务。

另外，信托公司可以根据《中华人民共和国信托法》等法律法规的有关规定开展公益信托活动，如开展救济贫困、救助灾民、扶助残疾人事业，发展教育、科技、医疗卫生、体育、文化、艺术事业，发展环境保护事业，维护生态环境以及其他有利于社会的公共事业。

信托公司可以根据市场需要，按照信托目的、信托财产的种类或者对信托财产管理方式的不同设置信托业务品种。

（三）国内信托公司的基本情况

新中国第一家信托机构——中国国际信托投资公司1979年10月宣告成立，此后，从中央银行到各专业银行及行业主管部门、地方政府纷纷办起各种形式的信托公司，到1988年达到最高峰时共有1 000多家，总资产达到6 000多亿元，占到当时金融总资产的10%。在具体业务上，信托公司其实一直从事银行存贷业务、证券业务和实业投资业务，被人们形象地称为"耕了别人的地，荒了自己的田"。社会信用体系的缺乏以及监管不到位、信托公司自身风险防范能力不足，使得信托业发展一直陷于"发展—违规—整顿"的怪圈，自1979年以来先后经过1982年、1985年、1988年、1995年与1999年5次整顿，特别是1999年第五次清理整顿，为防范和化解金融风险，中国人民银行总行按照"信托为本，分业管理，规模经营，严格监督"的原则，决定对当时的 239 家信托投资公司进行全面的整顿撤并，重新规范信托投资业务范围，把银行业和证券业从信托业中分离出去，同时制定严格的信托投资公司设立条件。此次清理整顿就关掉了 180 家公司，剩下 60 家左右，后来陆续恢复了几家，到 2020 年底为 68 家。

至 2020 年底，68 家信托公司资产总规模为 20.49 万亿元，同比下降5.17%，比 2019 年底减少 1.12 万亿元，比 2017 年四季度末历史峰值 26.25 万亿元减少 5.76 万亿元。

二、对信托公司的监管要求

中国银保监会依据《中华人民共和国信托法》《信托投资公司管理办法》《信托公司股权管理暂行办法》《信托公司净资本管理办法》《信托投资公司资金信托管理暂行办法》等法律法规与部门规章对信托公司及其业务活动进行监管，监管内容主要包括信托公司本身和信托业务两个方面。

（一）对信托公司的监管要求

与其他金融机构监管类似，对信托公司的监管要求也体现在市场准入、内部控制、风险管理等几个方面。比如，未经批准任何机构和个人不得开展信托业务，银保监会对信托公司持有 5% 以上股东资质有明确要求，对信托公司的注册资金、净资本以及财务状况，以及信托公司治理与内部控制、高管人员等具有明确要求。

同时，银保监会及其地方派出机构对信托公司实施现场和非现场检查制度，一方面可以及时发现信托业务存在的风险状况，摸清市场底数，有利于及时防范、化解潜在风险。比如，2019 年四季度末，信托行业风险资产规模为5 770.47 亿元，较 2018 年末增加 159.71%，风险项目数量也有逐步上升的趋势。2019 年四季度末，信托业风险项目为 1 547 个，较三季度增加 242个，较 2018 年末增加 675 个。这些信托业风险项目和风险资产规模显著增加最主要的原因，是监管部门加大了风险排查的力度和频率，之前被隐匿的风险得到了更充分的暴露，信托风险资产规模变化将趋于平稳，行业整体风险也将逐步从发散进入收敛状态。另一方面，对违规开展业务的公司可以及时予以处罚惩戒，以维护市场秩序。仅 2020 年，各地银保监局就对 10 家信托公司共开出 18 张罚单，罚款金额合计约为 2 000 万元，其中东北某信托公司当年收到 5 张罚单，包括该公司在内的 4 家公司被采取"双罚制"，除机构受到处罚外，其员工个人也受到处罚。

（二）对开展信托业务的规范要求

基于国内情况，资金信托占信托总资产的 72%，^① 对信托公司业务的监管主要是对资金信托的监管。2020 年 5 月 8 日，中国银保监会发布了《信托公司资金信托管理暂行办法（征求意见稿）》（以下简称《资金信托办法》），推动资金信托业务回归本源，统一资管市场监管标准，对信托公司开展的资金信托业务进行规范。

1. **信托财产的独立性。**《中华人民共和国信托法》第十六条明确规定，"信托财产与属于受托人所有的财产（以下简称固有财产）相区别，不得归入受托人的固有财产或者成为固有财产的一部分"。银保监会发布的《信托投资公司管理办法》第三条进一步明确，"信托财产不属于信托公司的固有财产，也不属于信托公司对受益人的负债。信托公司终止时，信托财产不属于其清算财产"。

2. **资金信托业务定位为基于信托法律关系的资产管理业务。**《办法》将资金信托业务定位为基于信托法律关系的资产管理业务，具有以下特征。一是由信托公司发起且以信托财产保值增值为主要信托服务内容。二是将投资者交付的财产进行投资管理。以非现金财产设立的财产权信托，若其通过受益权转让等方式向投资者募集资金，也属于资金信托。三是投资者自担投资风险并获得收益或承担损失。四是以受托服务为主要服务内容的信托业务，无

---

① 正因如此，信托公司"类似银行"。

论其信托财产是否为资金形式，均不再纳入资金信托，包括家族信托、资产证券化信托、企业年金信托、慈善信托及其他监管部门认可的服务信托。

3. 强调加强投资者适当性管理。一是坚持合格投资者管理。信托公司在资金信托推介、销售及受益权转让环节，都要履行合格投资者确定程序。二是坚持私募原则。资金信托只能由信托公司自行销售或委托银行、保险、证券、基金及银保监会认可的其他机构代理销售，且只能通过营业场所或自有电子渠道销售。三是坚持风险匹配。要求信托公司合理确定每只资金信托的风险等级，评估每位个人投资者风险承受能力等级，向投资者销售与其风险承受能力等级相适应的资金信托。

4. 独立运作与期限管理原则。一是信托公司应当做到每只资金信托单独设立、单独管理、单独建账、单独核算、单独清算，不得开展或者参与具有滚动发行、集合运作、分离定价特征的资金池业务。二是开放式资金信托所投资资产的流动性应当与投资者赎回需求相匹配。三是封闭式资金信托期限不得低于 90 天，且所投非标资产的终止日不得晚于封闭式资金信托到期日。

5. 对资金信托投资非标债权资产管理要求。一是限制投资非标债权资产的比例。明确全部集合资金信托投资于非标债权资产的合计金额在任何时点均不得超过全部集合资金信托合计实收信托的 50%。二是限制非标债权集中度。全部集合资金信托投资于同一融资人及其关联方的非标债权资产的合计金额不得超过信托公司净资产的 30%。三是限制期限错配。要求投资非标债权资产的资金信托必须为封闭式，且非标债权类资产的终止日不得晚于资金信托到期日。四是限制非标债权资产类型。除了经国务院同意设立的交易市场交易的标准化债权类资产的其他债权类资产均为非标债权。明确资金信托不得投资于商业银行信贷资产，不得投向限制性行业。

6. 强化双向穿透监管原则。一是向上穿透识别投资者资质。资金信托接受其他资产管理产品参与的，应当识别资产管理产品的实际投资者与最终资金来源。二是向下穿透识别底层资产。对资金信托投资其他资管产品的，信托公司应当按照穿透原则识别底层资产。三是不合并计算其他资管产品参与的投资者数量。

7. 加强资金信托事前报告制度安排。 将涉及关联交易的资金信托和普通资金信托区别对待，将涉及不同关联交易的资金信托区别对待，不再要求所有信托产品逐笔事前报告。一是信托公司将信托资金直接或间接用于向本公司及其关联方提供融资或者投资于本公司及其关联方发行的证券、持有的其他资产，应当提前 10 个工作日向银行业监督管理机构报告。二是信托公司及其关联方对外转让信托公司管理的资金信托受益权的，信托公司应当提前 10 个工作日逐笔向银行业监督管理机构报告。三是信托公司以固有财产与资金信托财产进行交易，应当提前 10 个工作日逐笔向银行业监督管理机构报告。

三、信托公司风险分析

信托公司牌照类似于金融全牌照，其独特的监管规则赋予了信托公司业务的多样性和资金运用的灵活性。比照我国银行、证券、保险等持牌金融机构，除了真正的家族信托（其实与商业银行的私人银行业务相同）、慈善信托，信托公司其实也没有真正的独特业务，绝大部分是融资性业务，类似"商业银行"加"投资银行"，这就埋下了风险隐患。

（一）资金来源多样化，第三方机构渠道遍布全国各城市，类存款比例增加，隐含群体风险

银行理财资金是主要来源，占 55%，其次是保险公司占 16%，然后是上市公司、商业银行的私人银行部门、社保基金等。来自银行理财或私人银行部门的许多资金是以"刚兑"形式从大量自然人（公众）那里募集而来的，虽然以机构投资者（特别是商业银行）名义进行了隔离，但依然隐含着巨大风险。

更大的风险来自通过第三方资产管理平台公开募集资金，有些平台显示与信托公司的"合作协议"公开募资。多数平台以"财富管理"公司名义，借助网络及手机客户端强大的市场销售能力，大量吸收社会各类机构和个人的资金。据了解，大大小小的第三方机构有几千家，它们通过实体网点、互联网公司导流、P2P、金融资产交易中心等方式归集资金，转投资信托产

品，赚取价费。第三方机构通过各种互联网方式归集资金，很多"集合资金信托计划"表面起点是 100 万元，实际上却用各种方法分散化和小额化，一般仅以 5 万~10 万元为起点，变相吸收公众存款，涉众面越来越大，实际是类存款。例如，根据宜人贷 2019 年一季度业绩报告，宜人财富的资产管理规模为 472.6 亿元，投资者 215.9 万人，每个投资者平均资产规模 14.1 万元。

商业银行理产品在公众眼里就是定期存款，其理财产品说明书都显示有 10%~80% 资金投资信托产品，并利用各种工具（夹层、劣后、资金池担保等），把产品分散化，变成固定收益（如年利率 4%~5%）产品，且刚性兑付。

（二）信托公司资金使用无所不能，实质是规避监管获利

在银监会 2017 年《信托业务监管分类试点工作实施方案》中，信托业务被划分为八大类，即债权信托、股权信托、标品信托、同业信托、财产信托、资产证券化信托、公益信托和事务信托。具体看，债权信托占 70% 以上，其实就是贷款。债权信托最常见的是房地产信托产品，比如房地产公司甚至地方政府要找银行融资，因为政策原因银行无法贷款，就通过信托公司发一个集合资金信托或者打包成一个信托产品募集资金。信托公司可以发起设立基金、做投行业务、做银行业务等，然而由于通道的方便、赚钱的容易等，信托公司沉迷于融资类业务和通道类业务。财产权信托同样如此，即商业银行将贷款类资产或其收益权直接转让给信托公司，由信托公司发行财产权计划进行接盘等。特别是单一信托由于信息不需要公开、私密性较好、资金运用和来源较单一、委托人（大部分是商业银行的资管部门支配的理财资金）在资金运用过程中起主导作用，可以将资金用到银行表内不敢用的地方，而且通道业务五花八门。[①] 即使集合资金信托近年来占比已升至近 40%，管理财产信托占比也已升至 15% 以上，但从实质上看，不少集合信托、财产权信托的项目也是为了规避监管。市场

[①] 单一资金信托长期盘踞主导地位，其占比最高在 2008 年底曾达到 83.27%，2018 年仍然高达 45.54%。

竞争的结果，好的投资项目越来越少，各信托公司不得不接受风险项目，而资金端竞争也日趋激烈，利率不断被抬高，抵押担保和劣后条件加码，管控稍有不慎就会引发"踩雷""爆雷"事件，将自己置身于危险的境地。

从信托业协会的统计看，信托资金投向各行各业，2018 年新增资金信托项目 16 350 个，金额 6.6 万亿元。信托公司的非标债务融资，相当一部分投向了国家不鼓励产业的公司以及各种资本市场运作，再融资和收购兼并的标的很多，既不符合国家产业政策，其自身也蕴含着巨大风险。

（三）控制人和关联交易风险

68 家信托公司，有 15 家是私人公司（或家族）控制的，这些控制人以信托公司为主要融资平台，形成与 PE（私募股权投资）公司、境内外上市公司、小贷公司、证券公司、房地产公司等参控股公司的关联交易圈子，最大限度地从外部集资，甚至利用上市公司套现，规避各类监管。中央企业（包括中央金融企业）控股的信托公司也存在大量关联交易，为本集团的银行、房地产企业输送利益，规避审计和金融监管，操控财务数据。这些信托公司还有大量表外资金池，资金来源复杂，投向不明，风险很大。

（四）信托公司 5 种典型风险业务

1.通过 TOT（信托中的信托）模式来做资金池。一层信托有时没办法达到监管的要求（如期限完整匹配等），因此 TOT 是一种可行的方式，即通过转动发行的多期限开放式信托产品向投资者募集资金，通过第二层信托产品投资于非标资产，即母基金和子基金的形式，以这种方式达到规避监管、隐匿风险的目的。当然，这种模式如果穿透，就是期限错配，流动性风险大，如图 6-1 所示。

2.通过等金融资产交易平台[①]变相发展非标转标准类资金池业务。这类模式

---

① 如地方金融资产交易所、信贷资产登记流转中心等。

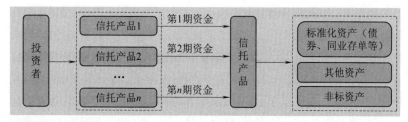

资料来源:《博瞻智库》。

图6-1 通过第二层信托产品投资于非标资产

是信托公司首先委托第三方去投资一个资管规划（底层资产为非标等），再设立一个信托资金池，第三方将上述资管方案受益权在交易平台挂牌，信托公司通过信托资金池去摘牌，以此达到规避投资的目标。从表面上看，信托资金池投资的是标准化份额资产，但本质上还是通过协定转让的方式完成对接，缺乏流动性，价值可能有失公允，底层资产不清晰，也属于资金池业务，存在流动性风险，如图6-2所示。

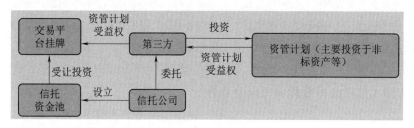

资料来源:《博瞻智库》。

图6-2 信托资金池投资

3. 帮助银行在体外设立资金池（名义代销）。在这种模式下，银行代销不同期次、滚动发行的信托产品，并负责这些信托产品的统一管理，信托公司在这里仅起到提供资金归集和发放产品的作用，是一个事务管理型信托，但存在责任划分不清的问题，如图6-3所示。

4. 通过财产权信托的形式帮助银行信贷资产出表。包括两种模式，第一

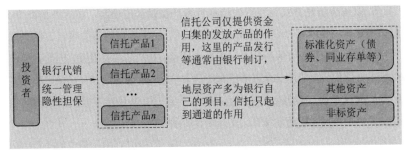

资料来源:《博瞻智库》。

图6-3　银行代销

种模式是商业银行将不良资产转让给资产管理公司代持,并承诺到期回购,资产管理公司将代持的不良资产委托给成立的财产权信托,形成信托收益权,由商业银行负责不良资产的处置清收工作等,并承诺回购信托收益权。该模式本质上是一种代持行为(假出表,为了规避监管)。第二种模式是商业银行直接将信贷资产(收益权)委托给财产权信托,并通过挂牌、证券化等形式由理财产品或第三方机构对接摘牌,达到非标转标和信贷资产出表的目的。这两种模式存在的同一问题是隐性担保以及信托公司面临合规风险,如图 6-4 所示。

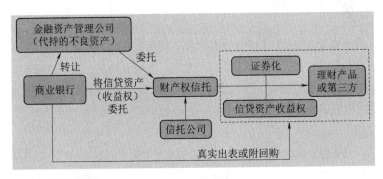

资料来源:《博瞻智库》。

图6-4　财产权信托

5.以资金信托方式为银行代持他行资产提供通道便利。在这种情况下，由于商业银行1受困于监管指标及合规等问题，无法参与有关项目，便将该项目推荐给商业银行2代持，通过资管产品和信托产品两层来做。同时，商业银行1与信托公司成立一个资金信托产品来对接，并对该项目提供保函和许诺回购信托受益权。从名义上看，这是由商业银行2来代持，但实际上由信托代持，信托公司同样面临风险，如图6-5所示。

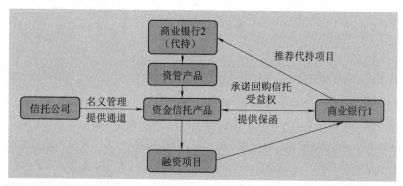

资料来源：《博瞻智库》。

图6-5 资金信托

四、信托公司的风险管理

为了有效防范信托行业系统性风险，银保监会加大监管力度，仅2020年，就对安信信托、四川信托、华信信托、新时代信托、新华信托等多家公司采取重大监管措施，使长期隐性风险得以暴露，为有效处置相关风险提供了有利条件。为切实做好信托公司风险防控工作，应着力做好以下几方面工作。

1.加大压规模力度。信托行业管理规模的持续下降，表明行业正从注重规模转向注重发展质量。资管新规颁布后，监管趋严，以降杠杆、去通道和降规模为主基调，2019年初，银保监会制定了全年需要压降1万亿"影子银行"特征的融资类业务，压降违规融资类信托业务是监管重点。2020年6

月，银保监会部署融资类信托业务压降工作，尤其是针对房地产类信托业务的规范。6 月印发的《关于开展银行业保险业市场乱象整治"回头看"工作的通知》，在信托公司宏观政策执行中，尤为强调房地产信托贷款中涉及的违规操作。同月，银保监会下发了《关于信托公司风险资产处置相关工作的通知》，重点压降包括两类：一是各类金融机构借助信托通道开展监管套利、规避政策限制的融资类业务；二是信托公司偏离受托人定位，将自身作为"信用中介"，风险实质上由信托公司承担、违法违规开展的融资类业务。信托公司应积极配合监管机构做好规模压降工作，切实提高市场运行质量。

2. **稳妥推进资本金充实工作**。截至目前，68 家信托公司中注册资本超过100 亿元的达 8 家，最大注册资本金 150 亿元。信托公司总体资本实力需要进一步提高。2020 年已有 9 家公司增资申请获批，累计增资 204.27 亿元。尚有十多家信托公司有增资或引入战略投资者意向。稳妥审慎推进信托公司资本金增加，壮大信托公司资本实力，对提升信托公司抗风险能力、有效化解存量风险有着重要作用。

3. **加快从融资类业务向投资类业务转型**。融资类业务发展会越来越多地受到来自资本方面的约束，这一方面对信托公司的资本实力提出了更高要求，另一方面也要求信托公司努力培养自身的投资能力，加大股权投资业务拓展力度，提升主动投资管理能力，逐渐摆脱对融资类业务的过度依赖，加快从融资类业务向投资类业务转型，实现从规模优先向质量优先的增长模式转变。

4. **深入挖掘受托服务功能，发展服务信托**。服务信托被认为是与资金信托、慈善信托并列的信托业务类型。2020 年 1 月 3 日，《中国银保监会关于推动银行业和保险业高质量发展的指导意见》出台，其在培育非银行金融机构特色优势中要求，信托公司要积极发展服务信托、财富管理信托和慈善信托的本源业务，将服务信托作为支撑信托行业转型的"三驾马车"之一。服务信托紧扣受托人定位，以收取管理费为主要收入来源，对信托业的长期稳健发展有着重要意义。从未来看，资产证券化、家族财富管理信托等属于典型的已经发展起来的服务信托，我们需要加大拓展力度，持续深耕细作，将其打造成信托核心业务。与此同时，需要进一步探索信托服务功能，挖掘更多发挥服务功能的领域，如养老、消费权益等。

5. 大力发展财富管理业务。财富管理应当是未来信托公司的主要方向，这也是现阶段多数信托公司努力转型的重点。做好财富管理业务既需要大量的客户积累，也需要资产管理和资产配置能力，重点有以下几个方面：其一，进一步加强销售渠道建设，搭建线上线下一体化财富管理平台，逐步降低对商业银行渠道的依赖程度；其二，加快专业财富管理团队建设，通过专业化投顾，有效发掘投资者需求；其三，在业务特色方面，重点将家族信托作为信托业财富管理发展的方向。

6. 向标准产品信托转型。资金信托新规对非标债权集中度提出了不超过信托公司净资产的 30%、非标天花板为 50% 等严格要求，将信托公司正式推上"非标转标"之路。目前，为满足非标压降、标准化产品创新要求，各信托公司纷纷转型标品信托，上架净值化产品。从公司产品实践看，大多数信托公司主要从现金管理类、固收+、资本市场、阳光私募、TOF/FOF、资产证券化、创新投行等方面搭建自身的非标产品线体系，满足自身"非标转标"需求。各信托公司要认真落实资管新规要求，加速推进标品业务转型。

7. 彻底打破刚性兑付、回归真正的信托。只有让投资者在充分披露信息和投资合同约束下承担风险，我国信托业的风险/收益才能真正匹配。2020 年12 月 25 日，湖南省高级人民法院判决，湖南高速为安信信托发行的信托计划受益人、涉及信托资金 4 亿元的《信托受益权转让协议》及《补充协议》属于刚性兑付约定，两协议无效。该份判决宣告了信托公司刚性兑付行为被彻底打破，标志着信托理财产品"卖者尽责、买者自负"原则由规章政策层面正式走向法律层面，在国内资产管理与理财产品市场上具有历史性意义。信托公司必须从产品供给方、资产管理方的角度，切实抛弃刚性兑付理念，回归真正的信托理念，从微观层面坚守信托关系、理财关系的本质，推动信托市场质量的提升。

第二节　金融资产管理公司风险管理

我国的金融资产管理公司是经国务院决定设立的收购国有独资商业银行不良贷款、管理和处置因收购国有独资商业银行不良贷款形成的资产的国有独资非银行金融机构，在防范和化解金融风险、维护金融市场稳健运行方面发挥着独特作用，做好其自身风险防控具有特殊重要作用。

一、金融资产管理公司的基本情况

金融资产管理公司是指收购、管理和处置金融机构、公司及其他企业（集团）不良资产，兼营金融租赁、投资银行等业务的金融机构。[①]1998年亚洲金融危机后，我国为了处置国有银行形成的大量不良资产，于1999年先后成立了东方、信达、华融、长城四大金融资产管理公司，分别负责对口收购、管理和处置中国银行不良资产2 622亿元、建设银行和国家开发银行不良资产3 880亿元、工商银行不良资产3 875亿元、农业银行不良资产3 458亿元，存续期为10年。

4家金融资产管理公司的成立，很好地解决了银行在清理不良资产时遇到的法规限制、专业技术知识不足、管理能力不够和信息来源不充分等困难，通过积极探索和创新不良资产处置手段，努力实现了不良资产回收价值的最

---

① 详见中国人民银行：《金融机构编码规范》，2009年。

大化，逐步积累了具有中国特色的资产处置人才、技术、业务经验和市场资源。一方面形成了专业优势，另一方面通过运用有效的资产管理及资产变现战略，尽可能从银行不良资产中多收回价值，在尽量减少动用政府资金的前提下，使金融行业能够实现资本重整，减轻银行重组给社会带来的整体震荡以及负面影响。

2005 年末，4 家金融资产管理公司累计处置不良资产 8 397.5 亿元，累计回收现金 1 766 亿元，现金回收率达到 21.03%。之后，四大金融资产管理公司开始进行商业化转型，2010—2016 年先后完成股份制改造，由最初的单一处置银行不良贷款的政策性金融机构，逐步发展为以不良资产收购处置为主业、向多元化金融业务自然延伸的"全牌照"综合性金融服务集团。2020年 12 月 11 日，第五家全国性的金融资产管理公司——中国银河资产管理有限责任公司，获银保监会批复同意开业。

目前，东方、信达、华融、长城 4 家金融资产管理公司由财政部绝对控股，党委由银保监会党委领导，中国银河资产管理有限责任公司由中国银河金融控股有限责任公司绝对控股，二者均属于国有控股金融机构。依据 2000年国务院发布的《金融资产管理公司条例》，五大金融资产管理公司由银保监会负责监督管理，财政部负责从财务上监管其运营模式。

根据《金融资产管理公司条例》，结合 2020 年《中国银保监会关于中国银河资产管理有限责任公司开业的批复》，我国金融资产管理公司的业务范围大致包括：（1）追偿债务；（2）收购、受托经营金融机构不良资产，对不良资产进行管理、投资和处置；（3）债权转股权，对股权资产进行投资、管理和处置；（4）资产管理范围内公司的上市推荐及债券、股票承销；（5）固定收益类有价证券投资；（6）发行金融债券、同业拆借和向其他金融机构商业融资；（7）破产管理；（8）财务、投资、法律及风险管理咨询和顾问，资产及项目评估；（9）经批准的资产证券化业务、金融机构托管和关闭清算业务；（10）非金融机构不良资产业务；（11）国务院银行业监督管理机构批准的其他业务。

我国金融资产管理公司的发展规模，以中国信达资产管理股份有限公司为例。目前，中国信达设有 33 家分公司，旗下拥有南洋商业银行、信达证券、金谷信托、信达金融租赁、信达香港、信达投资、中润发展等平台子公司，集团员工 1.3 万余名。截至 2020 年末，总资产达到 15 180.84 亿元，较上年末增长 0.32%，净资产规模达到 1 721.09 亿元，较上年末增长 4.37%，实现净利润 132 亿元。中国信达有力推进不良资产经营主业业务拓展，不良资产经营总资产达 10 020.81 亿元，较上年末增加 569 亿元，其集团总资产占比进一步增至 66%，集团收入和税前利润占比分别达到 70.5% 和 54.1%。

二、对资产管理公司的监管要求

2014 年 12 月，银监会、财政部、中国人民银行、证监会、保监会联合印发《金融资产管理公司监管办法》（银监发〔2014〕41 号）（以下简称《办法》）。银监会有关负责人当时表示，近年来资产公司已全资或控股成立了多家金融类和非金融类子公司，经营范围涵盖金融领域与非金融领域，初步形成了集团化经营的格局。针对资产公司的转型发展现状、趋势和审慎监管的要求，五部委制定了该《办法》。

《办法》要求，资产公司应当按照"合规、精简、高效"的原则，控制集团层级及附属法人机构数量，集团层级控制在三级以内，金融监管机构另有规定的除外。资产公司母公司的董事、高级管理人员以及负责内部控制和风险管理的关键人员原则上不得兼任附属法人机构的董事、高级管理人员等重要职位。

《办法》强调，资产公司应当逐步建立、定期评估与其风险状况相匹配的前瞻性压力测试方案，并将压力测试结果应用到决策、风险管理（包括应急计划）以及资本和流动性水平的内部评估中。资产公司应当建立健全集团内部交易风险隔离机制，增强内部交易透明度，降低内部交易的复杂程度，避免风险过度集中，不得通过内部交易进行监管套利。

《办法》明确，资产公司母公司及附属金融类法人机构应当分别满足各自监管机构的单一资本要求，其中，资产公司母公司资本充足率不得低于 12.5%。资产公司母公司、附属银行业金融机构及附属非金融机构应当满足银监会相关并表监管的资本监管要求，附属证券业和保险业金融机构应当分别满足各自分业并表的资本监管或偿付能力监管要求。

三、资产管理公司的主要风险

（一）资产管理公司初期的政策性机构定性和不良资产市场化处置，以及后来的商业化转型，留下了很大的道德风险

"损失最后由财政买单"，这个政策性红利不利于激励机制发挥作用。2006年年底是财政部规定的完成政策性债权处置业务的最后时限，如何在时限将至之前转型是当时金融资产管理公司的关键。由此，4家金融资产管理公司开始商业化收购不良资产，然后的转型过程实际上就开始积累风险，导致不良资产的回收率很低，造成经济损失。至2006年6月末，信达、华融、长城和东方4家资产管理公司已累计处置1999年接受的不良资产11 692亿元，占接收总额1.4万亿元的83.5%，现金回收约1 870亿元，回收率为16%[①]。

由于金融资产管理公司不良资产的收购采取了"全价收购"的政策性方式，在处置中，国家赋予金融资产管理公司在业务活动中享有减免税等一系列优惠政策。这些政策性保障措施，成为金融资产管理公司开展业务的前提。但是，不良资产处置在中国是非常特别的金融业务，处置方式的多样性使得套利和腐败很容易发生。

2005年6月28日十届全国人大常委会第十六次会议上，李金华审计长的审计工作报告披露，2004年审计署对中国华融、长城、东方、信达4家资产管理公司及其各分支机构的资产负债损益情况进行了审计，共抽查这些资产管理公司收购的金融不良资产5 544亿元，占其收购总额的39%。截至2004年末，4家资产管理公司累计处置不良资产6 750亿元，处置进度为53.9%，累计回收现金1 370亿元，现金回收率为20.2%。此次审计共查出各类违规、管理不规范问题和案件线索金额715.49亿元，占审计抽查金额的13%。

1. 违规剥离和收购不良资产，致使一些不符合剥离条件的贷款被剥离到资产管理公司，不仅造成相当一部分金融债权难以落实，而且对不良贷款形成的原因、责任未予追究，掩盖了贷款过程中的一些违规问题和金融犯罪案件。

---

① 数据由时任财政部金融司副司长孙晓霞于2006年9月26日公开公布。

这次审计共发现不良资产剥离环节违规和不规范问题 169.18 亿元。

2. 资产管理公司在不良资产处置过程中，存在违反程序、弄虚作假、暗箱操作的现象，致使部分资产被低价处置，造成国有资产不同程度的流失。本次审计共发现资产处置过程中违规和不规范问题 272.15 亿元。主要表现有：评估、拍卖环节管理不严，走过场，有的甚至虚假操作，故意低价处置。

3. 由于地方政府、法院干预，一些地方企业通过不规范破产逃废金融债务。如湖北省 475 户地方企业不规范破产，导致华融、长城、信达 3 家资产管理公司 54.53 亿元的债权总额只受偿 1 803 万元，受偿率仅为 0.33%。

4. 资产管理公司财务管理混乱，违规挪用资产处置回收资金为职工谋利或公款私存，造成回收资金损失，对抵债资产管理不严，大量账外存放或违规自用。

（二）过度利用股东财政部的信用，膨胀资产负债表，积累了风险

以华融为例，2012 年末，华融合并口径总资产 3 093.35 亿元，至 2017 年末，资产总额已增长至 18 702.60 亿元，增幅达 504.61%。净利润由 2012 年的 69.87 亿元增长至 2017 年的 265.88 亿元，增幅达 280.53%。另一方面，华融的资产负债率也呈上升趋势，从 2012 年末的 87.09% 增长到 2017 年末的 90.23%。但是，2018 年赖小民案发后，中国华融净利润下降 95%，仅为 15 亿元，因为不良大幅暴露，计提 200 多亿元拨备。2019 年，华融净利润继续下滑，仅为 14.24 亿元，但资管和投资亏损高达 135 亿元。2019 年末，华融总资产 1.7 万亿元，基本与上一年末持平，总负债为 1.5 万亿元。

（三）偏离不良资产处置的主业，错误定位金融控股公司

收购银行证券、保险、租赁等金融机构，设立房地产公司，收购香港非金融上市公司，建立投资平台，多头投资与主业无关项目和企业，关联交易和利益输送严重。4 家公司目前都控股多家金融机构，开展大量偏离主业的类信贷业务和投资，与不良资产处置业务严重冲突，结果集团的风险越来越大，已

经上市的股价一路下跌。而且，目前世界上也只有中国有 4 家这样的以处置不良资产为主业，集银行、信托、证券、保险、租赁等各类金融牌照于一身的金融控股集团。

例如，华融的资金来源分为两块，境内主要是通过设立大量的有限合伙企业，对接银行资管。在金融严监管以前，有限合伙企业可以通过搭建结构化产品，层层嵌套，给工商企业提供融资。有限合伙以私募基金的形式参与企业的股权投资、类信贷业务，大量资金流入房地产行业和二级市场，包括参与房地产企业的配资拿地、开发建设、买壳卖壳等交易。以"华融""有限合伙"为关键词在天眼查中搜索，会出现逾 1 300 家企业。在境外，华融主要是利用金融央企的资信，自 2014 年开始大发美元债和欧元债，其平均成本仅 4.3%。

（四）统一法人管理不力，内部风险控制不严

2010 年后，资产管理公司加速集团化发展，控股多家不同类型金融机构，设立大量境内外分支公司，还控股房地产公司、PE 公司，还参控股很多实业和投资类公司，经营多种业务，等等。由此引发了的关联交易、内部融资、关系投资、报表虚假、利益输送、安排职务等等，最终的结果是巨额负债，透支总公司的财政部股东信用，风险由中央政府买单。

（五）出资人和干部管理体制不顺

资产管理公司的控股股东是财政部，前 7 年党委书记由四大国有控股商业银行党委书记（董事长）兼任，然后由银监会任命。现在，党委委员和高管都由银保监会党委任命，党委（纪委）和人事都由银保监会管理，而银保监会同时又是资产管理公司的机构（业务）风险监管者，上述银保监会的两个职能有冲突。现在，资产管理公司的高管大部分由银保监会的司局长转岗而来，一级子公司（如商业银行或证券公司）的高管大部分也是如此，这些人的薪酬都大幅提高。而银保监会的在位司局长要监管自己的前同事，许多监管指标形同虚

设，审批容易，处罚从轻，结果就是本书上面所分析的那样，资产管理公司越来越大，资产负债越来越多，业务越来越多样化，风险也越来越大。所以赖小民案发后，党中央明确银保监会负主要领导责任。

四、金融资产管理公司的风险管理和改革

1. **坚持以处置不良资产为主业**。我国银行业不良贷款余额快速增加。至2020年三季度末，我国银行业不良贷款余额达3.7万亿元，不良贷款率为2.06%，银行业金融机构存在明显的不良资产剥离需求。同时，非银行金融机构风险持续暴露，信托公司等相当规模的不良资产有待处置。相当一部分中小金融机构风险也有进一步恶化的趋势。还有，企业应收账款不良资产规模上升。截至2020年10月末，规模以上工业企业应收账款16.77万亿元，同比增长15.9%，按不超过5%的坏账率估算，不良规模8000多亿元。2020年债券市场新增违约主体及规模大幅上升。企业主辅业资产剥离，问题资产并购重组的需求也在增加。这些意味着不良资产业务将大幅增长。

金融资产管理公司必须以处置不良资产为主业，即集团总收入的50%以上必须来自不良资产处置。积极参与银行业不良资产处置、中小银行风险化解、托管救助高风险金融机构等金融风险处置任务，体现了资产管理公司存在的必要性。

2. **改革4家金融资产管理公司的出资人、党委人事管理体制**。有两种方案：一是成立由财政部全资的资本运营平台公司（类似汇金公司），行使资产管理公司出资人职能，并管理这4家公司的党委等事项，银保监会不再管理4家公司的党委，仅行使机构风险监管的职能；二是由汇金公司行使4家出资人职能，并管理4家公司的党委事项，就如同汇金公司现在控股的中国再保险（集团）股份有限公司、银河证券等。

3. **4家资产管理公司全面瘦身，纠正往金控公司发展的方向，明确金融监管地位就是"金融资产管理公司"**。一是出售目前持有的商业银行、证券公司、信托公司等持牌金融机构的股份，出售房地产公司等实业公司的股份，出售境外公司，等等。二是在中国人民银行2021年开始执行《金融控股公司

管理办法》的时候，不能给这4家资产管理公司金融控股公司牌照，而是要求它们剥离控股的金融机构，以后不能控参股其他金融机构。三是由银保监会明确4家资产管理公司的机构监管地位就是"金融资产管理公司"，相关法规是明确的，要求4家资产管理公司必须以处置不良资产为主业，剥离房地产等实业公司。

第三节　企业集团财务公司风险管理

企业集团财务公司是指以加强企业集团资金集中管理和提高企业集团资金使用效率为目的，为企业集团成员单位提供财务管理服务的非银行金融机构。由银保监会批准设立和监管。

一、企业集团财务公司基本情况

1.**基本情况**。2020年年底，中国有法人财务公司256家。截至2020年三季度，财务公司的资产规模达6.67万亿元，较上年同期的6.13万亿元增加了5 323.9亿元，同比增长8.68%。其中，现金及存放央行款项3 175.46亿元，存放同业款项2.06万亿元，贷款（含贸易融资和贴现）3.44万亿元，投资4 471.52亿元。全行业实现利润总额873.48亿元，同比增长2.90%。净利润规模约670亿元，同比增长4.78%。净资产收益率8.63%，利润率87.04%，拨备覆盖率562.69%，流动性比率58.25%，不良资产率0.49%，资本充足率20.76%。所有者权益总计1.08万亿元，其中实收6 612亿元，总体财务状况良好。[①]

2. **业务范围**。根据银保监会规定，目前财务公司主要业务范围包括：

（1）对成员单位办理财务和融资顾问、信用鉴证及相关的咨询、代理业务；

（2）协助成员单位实现交易款项的收付；

（3）经批准的保险代理业务；

（4）对成员单位提供担保；

（5）办理成员单位之间的委托贷款及委托投资；

（6）对成员单位办理票据承兑与贴现；

（7）办理成员单位之间的内部转账结算及相应的结算、清算方案设计；

（8）吸收成员单位的存款；

（9）对成员单位办理贷款及融资租赁；

（10）从事同业拆借；

（11）承销成员单位的企业债券；

（12）有价证券投资（除了股票、信托投资）。

二、对企业集团财务公司的监管要求

与其他金融机构相比，财务公司特点明显，其核心功能是资金集中管理、形成资金池、有偿调剂资金，它是以加强企业集团资金集中管理和提高资金使用效益为目的，为成员企业提供财务管理服务的非银行金融机构。财务公司只能服务于集团内部，为集团和成员单位服务，不能延伸到集团的客户。其资金主要来自集团内部，也主要运用于集团内部，通过优化集团资源配置，财务公司能改进集团内部现金流，实现集团整体对外经济利益优化。通过资金集中管理，财务公司还可以监控成员企业的经营状况和财务信息。

目前，银保监会主要依据 2006 年 12 月 28 日修订的《企业集团财务公司管理办法》，核心监管指标主要包括以下几点。

1. **资本充足率不低于 10%**。资本充足率＝资本净额 ÷（风险加权资产＋

---

① 数据来源：中国财务公司协会网站。

12.5 倍的市场风险资本）。资本净额为核心资本与附属资本可计算价值之和减去资本扣减项。

2. **不良资产率不应高于 4%。**不良资产率为不良信用风险资产与信用风险资产之比，其中信用风险资产是指承担信用风险的各项资产，包括各项贷款、拆放同业、买入返售资产、存放同业、银行账户债券投资、应收利息、其他应收款和不可撤销的承诺及或有负债。不良信用风险资产是指五级分类结果为次级类、可疑类、损失类的信用风险资产。

3. **不良贷款率不应高于 5%。**不良贷款率为不良贷款与各项贷款之比。各项贷款是指财务公司对借款人融出货币资金形成的资产，主要包括贷款、票据融资、融资租赁、从非金融机构买入返售证券、各项垫款等。不良贷款是指五级分类结果为次级类、可疑类及损失类的各项贷款之和。

4. **资产损失准备充足率不应低于 100%。**资产损失准备充足率为信用风险资产实际计提准备与信用风险资产应提准备之比。信用风险资产损失准备是指财务公司针对各项信用风险资产可能的损失所提取的准备金。资产损失准备充足率的计算暂不考虑一般准备和特种准备充足情况。

5. **贷款损失准备充足率不应低于 100%。**贷款损失准备充足率为贷款实际计提准备与贷款应提准备之比。贷款损失准备是指财务公司对各项贷款预计可能产生的贷款损失计提的准备。贷款损失准备充足率仅反映贷款损失专项准备充足情况。

6. **流动性比例不得低于 25%。**流动性比例为流动性资产与流动性负债之比。

7. **自有固定资产比例不得高于 20%。**自有固定资产比例为自有固定资产与资本总额之比。

8. **短期证券投资比例不得高于 40%。**短期证券投资比例为短期证券投资与资本总额之比。

9. **长期投资比例不得高于 30%。**长期投资比例为长期投资与资本总额之比。

10. **拆入资金比例不得高于 100%。**拆入资金比例为同业拆入与资本总额之比。拆入资金是指财务公司的同业拆入、卖出回购款项等集团外负债。

11. **担保比例不得高于 100%。**担保比例为担保风险敞口与资本总额之比。担保风险敞口是指等同于贷款的授信业务扣除保证金及质押的银行存单、国债价值后的余额。担保比例的计算不包括与贸易及交易相关的或有项目，如投标保函、履约保函等。

三、企业集团财务公司的主要风险

财务公司虽然整体经营稳健，财务指标整体优良，但2020年也有个别财务公司出现了风险事件。总体来看，财务公司主要风险包括以下几方面。

1. **集团经营恶化给财务公司带来的风险。** 2020年，从华信集团财务公司、宝塔石化集团财务公司、重庆力帆集团财务公司，再到天津物产集团财务公司，多家财务公司的风险个案陆续爆发。特别是若干财务公司票据（承兑汇票）逾期事件表明，财务公司与集团发展具有非常强的共生性，发展战略、资金来源、业务机会高度依赖于所在企业集团，在集团面临困难的局面下，财务公司很难独善其身。

2. **把财务公司牌照功能反向运用。** 财务公司设立的初心，是立足于服务企业集团，做好企业内部的资金调度。但是几家私营公司控制的财务公司成了对外放杠杆的融资工具。因为财务公司具备对外发债、融资、同业拆借等资格，可以不断放大杠杆，完全不受资本金约束。2020年财务公司的风险引爆点在于通过发行票据过度加杠杆融资，这导致规模和风险失控，而监管政策多年来对此几近空白。同时，在财务公司票据大行其道的这几年，市场对这类票据到底属于商业承兑汇票还是银行承兑汇票并未达成共识，央行和银保监会没有相关的监管定义。这是典型的违规、超范围经营带来的风险。

3. **财务公司监管政出多门。** 财务公司作为集团企业的非银行类金融机构，与其他受银监会监管的金融机构一样，在成立时其市场准入需由中国人民银行批准，并由银监会对其进行现场及非现场监管，需要按时提交1104报表并遵循所开展业务的各项指引。但其特殊之处在于，绝大多数财务公司控股公司或集团为央企或国企，需要遵照国资委的相关指引，如《中央企业全面风险管理指引》，与此同时，财政部、证监会等监管机构对内部控制、上市公司的要求也需要遵循。如《企业内部控制基本规范》《企业内部控制应用指引》《企业内部控制评价指引》《企业内部控制审计指引》、深交所第37号备忘录等都对财务公司提出了不同要求。而作为企业集团金融板块的重要组成部分,财务公司与众多身处制造业的集团成员单位业务显著不同,却也要满足集团公司针对制造业制定的各项监管要求,管理难度大。面对这样多重的监管,如何做到有效应对,如何保证风险管理工作不出现死角,甚至如何将以上提及的各个体系整合起来变成一整套系统,是财务公司风险管理者需要思考的问题。

4. 财务公司面临的固有风险小,几乎不面临客户的主观道德风险。根据监管规定,财务公司只能对集团内成员单位开展存贷款业务,信息不对称现象远远小于银行,且其对成员单位的资金划拨、信贷行为具有较强的影响力,在极端条件下可以通过集团行政指令的方式来控制风险。成员单位也几乎没有主观的道德风险来进行违约,客户恶意欺诈或逃避债务的比例很小。成员单位即便面临经济上的冲击而导致贷款处于相对危险的境地,也可以通过集团公司的资金划拨来解决。且财务公司所属集团公司已按照银监会要求,对财务公司提供了保证承诺,因此,财务公司的存款支付和清算风险要小于商业银行。另外,在当前条件下,财务公司的证券市场参与额度占公司整体资金比重较小,市场风险暴露较小。故而,财务公司面对的固有风险较其他金融企业,尤其是商业银行而言较小。

5. 存贷款业务客户集中,客户类型同质化,集中度风险较高,行业风险极难分散。基于大量的财务公司数据可知,对财务公司利润及现金流贡献最大的 10 家成员单位大都可以占到其总盘子的 40% 以上,集中度极高。与银行等金融机构相比,财务公司的经营风险比较集中,并且所属集团的产业分布越小,这种特征越明显。更为重要的是,成员单位经营业务处于同一价值链,业务类型表现为同质化,当遭遇行业风险时则可能同时产生经济上的压力,导致逾期还款或提前提款,这会给财务公司的流动性造成较大压力。整体而言,其风险管理能力远不能满足发展需求。

6. 客户范围、资金来源与资金运用均受限,受利率市场化威胁较大。财务公司经营业务局限于集团内部,市场范围有限,价格弹性很小,受利率市场化影响十分显著。当贷款环境较好时,财务公司受资金来源限制,既要承受银行的竞争压力,又不得不将超过自身放贷能力的市场拱手让给银行。当贷款环境转差时,财务公司因资金运用渠道限制,难以提高利率向集团及成员单位放贷，而银行则可将资金投入债券市场或处于扩张期的集团外企业。

7. **监管跟不上**。从 2006 年开始，财务公司审批缓慢提速。2012 年 5 月，原银监会发布《关于鼓励和引导民间资本进入银行业的实施意见》，鼓励支持符合国家产业政策并拥有核心主业的民营企业集团，申请设立企业集团财务公司。到 2014 年末，财务公司数量从 2010 年的约 100 家增至约 200 家，几乎翻番。2017 年，原银监会发布《关于提升银行业服务实体经济质效的指导意见》，继续支持符合条件的民间资本发起企业集团财务公司等金融机构。行业不良率或已失真。虽然近年来监管处罚力度加大，但财务公司受到的处罚并不多，比如宝塔石化集团等已涉案财务公司，尚未受到监管处罚。随着监管审批门槛的放低，加之监管规制迟滞，财务公司的角色逐渐明显异化，成为企业的融资平台。财务公司的风险隐患已经越来越严重。

四、财务公司的风险管理和改革

1. **财务公司的功能定位需要被重新考虑**。财务公司的主要功能是资金集中管理，就是对成员企业的沉淀资金进行管理，资金池的总额就是成员企业沉淀资金的总和，但这个数额不会因财务公司而增加。现在，我国金融机构的各类业务已经很齐全而且不断创新，金融市场发展水平也相当高，企业集团（特别是央企集团）的各种金融业务需求全部可以由外部的各类金融机构提供，而且专业水平和效率肯定高于财务公司。就算是集团资金集中管理需要的各种业务，也可以委托商业银行、证券公司来做，而不需要集团内部财务公司。以上的推论如果成立，就不需要再批准成立财务公司，存量公司将逐步减少。

2. **撤销部分财务公司**。一是许多央企已经不需要财务公司了，可以撤销牌照，原因如上面的分析，而且撤销的影响不大，可以在集团内部解决。二是撤销一些监管指标不好的私营企业集团财务公司，特别是外部融资过多的公司，这些财务公司有大量外部融资违约，扩大了货币市场和债券市场的风险，2020 年已经发生 3 起财务公司票据违约事件，总金额达 1 000 亿元。

3. **调整财务公司业务范围**。限制外部融资比例，限制发行票据，限制在同业市场融资，预防风险外溢。

4.鼓励全国性商业银行替代财务公司的部分或全部业务。

第四节　金融租赁公司的风险管理

金融租赁公司是指由银保监会批准、以经营融资租赁业务为主的非银行金融机构，本节简要分析该类机构的风险特点和防控措施。

一、金融租赁公司基本情况

自 20 世纪 80 年代初诞生至今，我国融资租赁行业已历经 40 年，而金融租赁是主要业务形式。金融租赁是我国特有的概念，金融租赁公司的名称必须有"金融租赁"字样，而且，未经银保监会批准，任何单位和个人不得经营融资租赁业务，或者在其名称中使用"金融租赁"字样。金融租赁行业的服务范围既包括制造、电力、交通运输、航空基建、采矿、水利、基础设施、医疗器械等传统行业，也包括高端装备制造、节能环保、新能源、化工等新兴产业。现阶段，金融租赁公司的融资渠道大多依赖于银行信贷、金融债券和资产证券化产品，渠道相对较窄，受政策影响较大，后续预计租赁信托计划、保险资管项目和租赁理财产品等多种融资渠道将会被逐步打开。

（一）公司数量及资产状况

目前，国内共有 71 家金融租赁公司，注册资本合计近 2 700 亿元。其中，注册资本超过 100 亿元的金融租赁公司有 6 家，分别为工银金融租赁（180 亿元）、交银金融租赁和交银航空航运金融租赁（140 亿元）、国银金融租赁（126.42 亿元）、建信金融租赁（110 亿元）和中银金融租赁（108 亿元）。注册资本超过 50 亿元的金融租赁公司有 11 家，48 家金融租赁公司的注册资本在 10 亿～50 亿元之间。

71 家金融租赁公司总资产 3 万亿元左右，但分化程度比较明显，其中有 8 家金融租赁公司的总资产规模超过 1 000 亿元，3 家金融租赁公司的总资产规模超过 2 000 亿元（分别为工银金融租赁、交银金融租赁和国银金融租赁）。

71 家金融租赁公司包括 4 家金融租赁专业子公司（包括交银金融租赁的交银航空航运金融租赁、华融金融租赁的华融航运金融租赁、招银金融租赁的招银航空航运金融租赁、国银金融租赁的国银航空租赁等），且控股均为 100%。其中，国银航空租赁于 2016 年 9 月获批在爱尔兰成立一家海外金融租赁专业子公司（注册资本为 5 000 万美元）。

2014 年 7 月 11 日，《中国银监会办公厅关于印发金融租赁公司专业子公司管理暂行规定的通知》（银监办发〔2014〕198 号）正式拉开金融租赁专业子公司的设立大幕。交银航空航运金融租赁在 2013 年 9 月 29 日便已获批筹建，而其余 3 家金融租赁专业子公司均在 2015—2016 年成立。其中，招银航空航运金融租赁于 2015 年 1 月 13 日获批，华融航运金融租赁于 2015 年 3 月 9 日获批，国银航空租赁于 2016 年 9 月 2 日获批。

（二）金融租赁公司与融资租赁公司的区别

金融租赁业务是融资租赁业务的一种，但金融租赁公司与融资租赁公司不同，主要体现在以下几个方面。

一是数量上差别很大，我国共有 71 家金融租赁公司，而融资租赁企业（不含金融租赁）则高达 10 900 家。

二是融资租赁公司定位于一般工商企业，而金融租赁公司属于金融机构，前者的名称中不能带有"金融"二字，二者之间的关系有点儿类似于小贷公司和商业银行之间的区别，这也是金融租赁公司牌照价值更高的原因。

三是融资租赁公司的监管主体虽然已于 2017 年由商务部划转至银保监会，但银保监会主要负责制定规则，而地方政府负责对融资租赁公司实施具体监管。金融租赁公司则由银保监会按照非银行金融机构实施监管。

四是融资租赁公司的资金来源主要为资本金、银行借款，其与商业银行之间的关系是一般工商企业和商业银行之间的债权债务关系。而金融租赁公司的资金来源则包括资本金、股东存款、同业拆借与同业借款、发行金融债券等。相比较而言，金融租赁公司的融资成本更低，其与商业银行之间的关系属于金融同业关系。

二、金融租赁公司业务范围

金融租赁公司的业务范围主要包括：（1）融资租赁业务；（2）转让和受让融资租赁资产；（3）固定收益类证券投资业务；（4）接受承租人的租赁保证金；（5）吸收非银行股东 3 个月（含）以上定期存款；（6）同业拆借；（7）向金融机构借款；（8）境外借款；（9）租赁物变卖及处理业务；（10）经济咨询。

此外，经营状况良好、符合条件的金融租赁公司可以开办下列部分或全部本外币业务：（1）发行债券；（2）在境内保税地区设立项目公司开展融资租赁业务；（3）资产证券化；（4）为控股子公司、项目公司对外融资提供担保。

三、对金融租赁公司的监管要求

金融租赁公司除了受到风险分类指标约束，还有以下不同类别的指标约束：（1）金融租赁公司资本净额与风险加权资产的比例不得低于银监会的最低监管要求；（2）金融租赁公司对单一承租人的全部融资租赁业务余额不得超过资本净额的 30%；（3）金融租赁公司对单一集团的全部融资租赁业务余额不得超过资本净额的 50%；（4）金融租赁公司对一个关联方的全部融资租赁业务余额不得超过资本净额的 30%；（5）金融租赁公司对全部关联方的全部融资租赁业务余额不得超过资本净额的 50%；（6）对单一股东及其全部关联方的融资余额不得超过该股东在金融租赁公司的出资额；（7）金融租赁公司同业拆入资金余额不得超过资本净额的 100%。

同时，特定行业的单一客户融资集中度和单一集团客户融资集中度指标可以根据银保监会的要求适当调整。

此外，金融租赁公司监管导向也发生了变化。截至目前，关于金融租赁公司整体的监管政策主要有3个：（1）2000年6月央行发布的《金融租赁公司管理办法》；（2）2007年1月银监会发布的《金融租赁公司管理办法》（2007年第1号）；（3）2014年3月银监会发布的《金融租赁公司管理办法》（银监会令〔2014〕3号）。这3个政策文件实际上能够体现出监管政策导向上的一些变化，主要体现在3个方面：（1）股东资质要求放宽；（2）公司业务范围扩大；（3）允许设立子公司。详见表6-1。

表6-1　金融租赁公司监管导向变化

	主要变化
2007年1月《金融租赁公司管理办法》（2007年第1号）	1. 股东资格方面：规定只有商业银行、租赁公司、主营业务为制造适合融资租赁交易产品的大型企业及其他银监会认可的金融机构才可以成为主要出资人。 2. 最低注册资本金要求：将金融租赁公司最低注册资本金由5亿元降为1亿元人民币或等值的自由兑换货币，并提出必须满足8%的资本充足率要求。 3. 业务范围方面：对相关业务进行了整合，同时增加了"吸收股东一年期（含）以上定期存款，向商业银行转让应收租贷款"业务。并且要求真正实现合格租赁标的物的买卖及租赁。
2014年3月《金融租赁公司管理办法》	1. 出资人方面：（1）不再区分主要出资人和一般出资人，符合条件的五类机构均可作为发起人设立金融租赁公司；（2）取消了主要出资人出资占比50%以上的规定；（3）规定发起人中应该至少包括一家符合条件的商业银行、制造企业或境外融资租赁公司，且其出资占比不低于30%。 2. 扩大业务范围：（1）放宽股东存款业务的期限条件；（2）拓宽融资租赁资产转让对象范围；（3）增加固定收益类证券投资业务、为控股子公司和项目公司对外融资提供担保等；（4）在基本业务基础上，允许符合条件的金融租赁公司开办发行金融债、资产证券化以及在境内保税地区设立项目公司等升级业务。 3. 要求发起人应当在金融租赁公司章程中约定，在金融租赁公司出现支付困难时，给予流动性支持。 4. 允许金融租赁公司试点设立子公司。

四、金融租赁公司的风险特点

1. 租赁物风险的识别和防范难度不断提高。 金融租赁是至少由两个合同（买卖合同和租赁合同）构成的三边交易。这三方当事人相互关联，两个合同相互制约。在租赁期间，租赁物的所有权与使用权长期分离。在法律上，设备的所有权归属于出租人，设备的使用权则属于承租人。在租赁结束时，承租人一般对设备拥有留购、续租或退租三种选择权。承租人有权以较小的费用来取得设备的所有权。设备的保险、保养、维护等费用及设备过时的风险均由承租人负担。当基本租期结束时，承租人对设备拥有留购、续租或退租三种选择权。

在上述过程中，租赁物的性质、价值是判断是否构成融资租赁法律关系的重要依据。一方面，随着金融租赁业务的逐步拓展，所涉租赁物已从飞机、汽车、机器设备，拓展到新能源电站、污水处理设施、合同能源管理设施等实体经济的各个方面，因此，对合规租赁物的识别和选取、交易价格认定、租赁物动态管理等提出了更高要求。

另一方面，租赁期内外部环境、行业政策、行业竞争格局等的变化，都将对租赁物的价值带来较大的不确定性，租赁物创造现金流能力预测、租赁物可变现价值能力对租赁本金和利息的保障程度判断、必要时低成本收回并处置等等，这些都是金融租赁公司风险管理的首要能力。

2. 信用风险特点。 金融租赁产品租赁期平均为 3 ~ 5 年，部分项目如新能源电站项目租赁期限可达 10 年，较其他金融产品风险暴露期"长"。金融租赁公司面对的信用风险来自承租人和供货商。承租人信用风险主要表现在租金的支付逾期或者不付，从而给金融租赁公司资金回笼造成影响。而来自供货商的信用风险则主要是未按买卖合同中规定的时间发货交货，或者提供的货物在质量、数量上存在问题，给承租人后期使用造成损失，从而影响承租人对出租人合同的履行。

金融租赁公司一般实行总部集中办公，但业务覆盖全国甚至全球，离客户的距离远，不能像银行那样有分支行，贴近客户，能及时掌握信用动向。金融租赁产品一般要求承租人按季度甚至按月归还本金和利息，对承租人信用风险的判断更注重租赁期内每年、每季度甚至每月的现金流状况。理论上，金融租赁业务可以涉及所有"重固定资产"的行业和企业，以固定资产作为载体为客户提供融资租赁服务，租赁资产行业分布"散"。这些特点都增加了金融租赁公司信用风险管理的难度。

3. 期限错配增加了流动性风险。 除股东出资外，金融租赁公司主要依靠金融机构贷款、同业拆借、发行 ABS（融资模式）、发行金融债券、保理等方式融资，负债端往往以短期、低成本资金为主，资产端均为长期资产（租赁标的），存在较高程度的期限错配，流动性管理难度较大。2016 年市场出现"钱荒"的时候，金融租赁公司借入的短期资金成本高于扣除拨备后的资金投放收益，就是价格"倒挂"的现象，不少金融租赁公司出现亏损。

4. 合规风险的特点。 金融租赁公司近年来之所以能快速崛起，在租赁物选取、客户选择、业务模式丰富、交易结构设计等方面的不断创新功不可没。主动创新也是租赁产品和其他金融产品在直面竞争时的主要优势之一。在当前强监管环境下，既要确保合法合规经营，又要不断创新金融租赁产品、模式，这给金融租赁全面风险管理工作带来了一定的挑战。根据 2018—2020 年银保监会对金融租赁公司进行处罚的 30 个案例，我们发现监管处罚案所体现的合规风险主要集中在以下几个方面：（1）违规为政府或平台融资并要求地方政府提供担保；（2）租赁物不符合监管规定（如以公益性资产作为租赁物、未办理权属转移登记等）；（3）违规开展非固定收益类证券投资业务（固定收益类业务是金融租赁公司的业务范围之一），如衍生品业务等；（4）租赁资产违规出表且未计提资本；（5）租赁资金用途监控不到位；（6）客户融资集中度超标、关联交易违规；（7）售后回租业务中存在租后管理失职、租前调查不尽职、未有效识别关联客户授信风险进行统一授信等违法违规问题。

五、金融租赁公司的风险管理

1. 坚守合规底线，开展租赁创新。 在当前国内国际经济形势复杂多变、实体经济下行压力增大的大环境下，金融租赁公司更应深刻领会各项监管要求，牢固树立"合规就是底线，越线就是风险""合规就是效益"的意识，和谐处理业务创新与合规经营的关系。在合法合规的框架内，努力贴近市场，创新租赁产品。在 2018 年之前，我国不少金融组类公司利用"产品创新"走监管的"擦边球"，特别是为"二手车融资"、房地产融资、上市公司增发股票等提供"通道"，要引以为戒。

2. 直租业务风险管理。对直租业务，需要承租人、出租人（买受人）及出售人三方签订两个主要合同（《买卖合同》及《融资租赁合同》）。在此过程中，要特别关注以下问题：（1）承租人信用报告无瑕疵、无涉诉记录，且满足公司对出租人要求的财务指标等，承租人能够提供的担保；（2）承租人选择租赁物，包括但不限于产品型号、质量标准、价格及售后服务等，并且必须保证租赁物本身的瑕疵与出租人无关，出租人不得以租赁物的瑕疵拒付租金或弃租；（3）租赁物的出售人必须提供回购担保，回购的条件是出租人出现两期逾期，回购的金额为剩余租金的总额（包括本金、利息、滞纳金等）；（4）承租人必须按时足额偿还租金。如出现租金逾期，根据公司对租金管理的风险模型，要求出售人实施回购。

同时要切实做好充分的尽职调查，对承租人租赁标的物的目的及配套资金、承租人的还款意愿及还款能力、出售人的还款能力以及租赁物取回的难易程度要有充分的了解。

3. 售后回租业务的风险管理。售后回租业务强调租赁物的权属真实性，开展回租业务需要"承租人的还款能力及还款意愿"，即只有承租人有足够的还款能力，且租赁物变现性强，净现值高，折现率抵。对回租业务，需要签订两个主要合同（《租赁物转让合同》及《融资租赁合同》）。

对回租业务必须特别关注以下几点：（1）承租人信用报告无瑕疵、无涉诉记录，且满足公司对出租人要求的财务指标等，承租人能够提供的担保；（2）租赁物权属不清晰，已被抵押或对外担保等；（3）承租人必须提供足额的保证措施，包括不限于土地或偿付的抵押，应收账款的质押、实力雄厚的第三方担保等；（4）承租人将融资资金进行体外投资；（5）承租人或有负债居高不下；（6）承租人真实的财务状况和还款能力；（7）租赁物变现性及取回的难易程度。

4. 水电站、光伏电站、环保类租赁业务的风险管理。对水电、光伏电站、环保类租赁业务，应优先准入项目公司结构单一、权属清晰的项目。对自发自用、电费归集无法监管的项目，权属不清晰、所有权已抵押、被查封、公司的股东征信有瑕疵或涉诉记录的项目，要审慎介入。

需要特别关注以下几点。（1）租赁物风险。需查询项目公司所在地土地交易中心及房产权交易中心，确认所在的建筑物是否抵押，如已抵押，是否取得抵押权人的书面同意函。查询公司所在地城市中长期规划，确认无拆迁、搬迁规划。对光伏电站项目，项目公司应与屋顶所有权人签订《屋顶租赁协议》，最短租赁期限应超过融资租赁期限。（2）租金偿还风险。查询项目公司与用电客户签订优先用电协议，并考察用电客户的信用、持续经营能力及支付能力等是否严格执行了协议。通过对项目公司投资人的偿债能力分析、盈利能力分析、或有负债分析等，增加投资人担保并对补贴账户进行监管。（3）运营风险。对 EPC 项目[①]，需考察项目并对其建设的已并网项目进行验证，主要包括电站的发电情况、运行情况（故障率等）及盈利情况等。电站（租赁物）的转移及验收基于光伏电站作为租赁物的特殊性，EPC 完工后，公司应与 EPC 方、项目公司（承租人）签订三方的光伏电站验收单。之后需对 EPC 项目进行巡检，对电站进行动态监控。（4）投资人风险。从项目公司投资人的信用风险、财务风险及所处的行业风险等方面加强对项目公司投资人或有负债的分析，做好风险预警。（5）担保风险。项目公司及担保方出具《承诺函》，项目公司及担保方就应对所提供的资料（证明、文书等）、租金的支付（代偿）及联系方式等做出承诺，出具《承诺函》。（6）股权质押风险。项目公司的股权质押如在法院查封前已登记，具有优先受偿权，可以对抗第三人。最好的措施是在股权质押的同时，与项目公司投资人签订《股权转让协议》，一旦协议中约定的转让条件被触发，就可优先受偿。

---

① EPC 是指公司受业主委托，按照合同约定对工程建设项目的设计、采购、施工、试运行等实行全过程或若干阶段的承包。

第五节 汽车金融公司风险管理

汽车金融公司是经中国银行业监督管理委员会批准设立、为中国境内的汽车购买者及销售者提供金融服务的非银行金融机构。

一、汽车金融公司发展概览

（一）基本情况

汽车金融公司多隶属于各汽车集团，多数汽车金融公司的贷款投放主要是为本集团客户服务，面临的市场竞争主要是各汽车品牌之间的竞争。2019 年，全国共有 25 家汽车金融公司，资产总规模为 9 063.71 亿元，同比增长 8.03%。其中上汽通用汽车金融公司目前是市场份额最大的汽车金融公司，丰田汽车（中国）、大众汽车金融、宝马汽车金融、福特汽车金融等外资金融公司占据一定规模的市场份额，中资汽车金融公司起步较晚，规模不大。

（二）汽车金融公司融资情况

业务的持续发展促使汽车金融公司积极补充资本，拓展多样化的融资渠道，流动性风险控制能力进一步提高。增资巩固了汽车金融公司的资本充足程度，以进一步支持汽车销售市场发展，同时也能降低汽车金融公司的财务风险，更好地抵御市场波动带来的冲击。

2019 年有 7 家汽车金融公司完成增资，合计增资约 137.8 亿元。2017 年、2018 年也分别有 8 家和 7 家汽车金融公司进行了增资，行业连续 3 年增资超过百亿元。体现了汽车金融公司的股东方都对中国汽车金融市场的广阔前景有较强的信心，也体现了汽车金融公司因自身良好的经营发展和盈利能力而带来业务增长需要。2019 年，共有 15 家汽车金融公司发行了 32 只资产支持证券，总发行规模超过 1 500 亿元人民币，比 2018 年增加 49%。5 家汽车金融公司发行了 7 只金融债，总发行规模为 145 亿元。

（三）政策支持安排

监管机构对汽车金融公司开展业务提供了大量政策支持安排。2016 年 3 月，中国人民银行、银监会联合印发《关于加大对新消费领域金融支持的指导意见》（银发〔2016〕92 号），允许汽车金融机构在办理新能源汽车和二手车贷款时可自主决定首付款比例，并允许汽车金融公司根据消费者意愿提供附属于所购车辆的附加产品融资服务。此政策的出台有效丰富了汽车金融公司的业务种类和产品线，有助于汽车金融公司与银行贷款、信用卡等其他市场参与者进行公平竞争。得益于该政策，各大汽车金融公司自 2016 年 4 月开始推出车辆附加产品融资服务，在向消费者提供购车贷款的同时根据消费者需求提供针对车辆保险、车辆延保等产品的贷款，附加品贷款可与购车贷款一并申请、审批，无须提供额外资料，有效缓解了消费者购车时的首次支付压力。从短期看，这丰富了汽车金融公司的产品，增强了产品竞争力。从长期看，这将有力促进汽车金融公司从传统汽车金融服务商向汽车全生命周期金融服务商的升级转型，附加产品贷款或将成为汽车金融公司新的盈利增长点。

2017 年修订的《汽车贷款管理办法》取消了对汽车贷款抵押或其他担保的强制要求，给予机构更多的灵活度。

2019 年 6 月，公安部推行十项"放管服"新举措，简化了抵押流程，通过推行金融服务站等方式提高抵押效率。

2020 年 12 月，银保监会又发布了《中国银保监会办公厅关于促进消费金融公司和汽车金融公司增强可持续发展能力、提升金融服务质效的通知》，进一步加强对消费金融公司和汽车金融公司的监管政策支持力度。首先，适当降低拨备监管要求。在做实资产风险分类、真实反映资产质量，实现将逾期60天以上贷款全部纳入不良以及资本充足率不低于最低监管要求的前提下，消费金融公司、汽车金融公司可以向属地银保监局申请将拨备覆盖率监管要求降至不低于130%，汽车金融公司可以申请将贷款拨备率监管要求降至不低于1.5%。[①]其次，拓宽市场化融资渠道，支持消费金融公司、汽车金融公司通过银行业信贷资产登记流转中心开展正常类信贷资产收益权转让业务，进一步盘活信贷存量，提高资金使用效率，优化融资结构，降低流动性风险。相关业务开展要严格执行《中国银监会办公厅关于规范银行业金融机构信贷资产收益权转让业务的通知》（银监办发〔2016〕82号）的要求。再次，增加资本补充方式。支持符合许可条件的消费金融公司、汽车金融公司在银行间市场发行二级资本债券，拓宽资本补充渠道，增强抵御风险能力。

（四）作用发挥明显

汽车金融公司专注于支持汽车消费，进一步提升金融渗透率，用金融促消费。至2019年末，我国汽车金融公司零售贷款余额为7 193.8亿元，增幅13.1%。汽车金融公司紧密协同制造商，向大多为中小微企业的经销商提供稳定的资金支持，尤其是在2019年国五国六切换期间保障经销商信贷支持，针对部分经销商资金面紧张问题，通过延后还款、延长免息期等方式缓解经销商负担，同时稳定汽车厂商的销售体系，做到产融结合，以融助产。

2019年，汽车金融公司零售贷款车辆为664.6万辆，占2019年我国汽车销量的25.8%，同比增长4.2个百分点。经销商批发贷款车辆419.8万辆，占2019年汽车销量的16.3%。

---

① 对拨备指标下调释放的贷款损失准备，要优先用于不良贷款核销，不得用于发放薪酬和分红。

二、对汽车金融公司的监管要求

监管机构在对汽车金融公司进行大量政策支持的同时，也从防范风险的角度加强对其监管，主要体现在以下几个方面。

（一）明确业务范围

2008 年银监会公布的《汽车金融公司管理办法》，规定汽车金融公司可从事下列人民币业务：

1. 接受境外股东及其所在集团在华全资子公司和境内股东 3 个月（含）以上定期存款；

2. 接受汽车经销商采购车辆贷款保证金和承租人汽车租赁保证金；

3. 经批准，发行金融债券；

4. 从事同业拆借；

5. 向金融机构借款；

6. 提供购车贷款业务；

7. 提供汽车经销商采购车辆贷款和营运设备贷款，包括展示厅建设贷款和零配件贷款以及维修设备贷款等；

8. 提供汽车融资租赁业务（售后回租业务除外）；

9. 向金融机构出售或回购汽车贷款应收款和汽车融资租赁应收款业务；

10. 办理租赁汽车残值变卖及处理业务；

11. 从事与购车融资活动相关的咨询、代理业务；

12. 经批准，从事与汽车金融业务相关的金融机构股权投资业务。

（二）强化风险防控制度安排

一方面，监管机构强调汽车金融公司要不断提升核心风控能力，要摒弃"高收益覆盖高风险"的粗放风控思路，根据自身发展战略和业务定位优化资源配置，加大风险管理人才引进和专业能力培养力度，充分利用现代金融科技和微贷技术等手段，强化自主风控能力建设，提高风险识别和应对能力。自主开展对客户的信用评分，不得将授信审查和风险控制等核心业务外包。要高度重视客户自身还款能力，不过度依赖担保或保险机构的风险兜底。另一方面，明确有关风险防控的财务监管指标要求，包括：

1. 资本充足率不低于 8%，核心资本充足率不低于 4%；

2. 对单一借款人的授信余额不得超过资本净额的 15%；

3. 对单一集团客户的授信余额不得超过资本净额的 50%；

4. 对单一股东及其关联方的授信余额不得超过该股东在汽车金融公司的出资额；

5. 自用固定资产比例不得超过资本净额的 40%。

（三）加强消费者权益保护

监管机构要求金融公司和汽车金融公司不断完善风险定价机制，降低管理、获客和风险成本，最大限度降低利费水平，清晰披露贷款利率和收费标准。加强对催收公司的甄别，选择法律意识强和行为规范的机构协助催收，杜绝暴力催收行为。此外，还应加强对金融消费者的宣传教育，满足合理信贷需求，避免消费者过度负债。

三、汽车金融公司的风险特点

汽车金融公司相关监管指标总体表现良好，截至 2019 年底，行业平均流动性比率达 234.9%，比上年末大幅提高，增加 35.7 个百分点。行业资本充足率为 20.6%，比上年末增加 1.85 个百分点，行业平均不良贷款率为 0.5%。

（一）汽车贷款的欺诈风险

1. "不良中介" 欺诈。一些客户因资质相对较差无法通过正规的渠道获得贷款或者办理信用卡，此时不良中介会告知客户可首先通过贷款方式购车以取得信用记录，购车的首付由中介替客户支付，待购车之后申请办理信用卡时容易获得更高的额度。由于部分客户金融意识薄弱，认为"零首付"便可获得车辆，于是在不良中介的协助下递交金融机构一套合格的申请贷款资料，获得批复后，不良中介以用车办理贷款为由将车辆控制，并向客户索要大额手续费，客户无法支付才意识到上当受骗，导致逾期还款。

除此之外，不法中介还会寻找残疾人、低保户等低收入且法律意识淡薄的群体，以较低成本购买或直接盗用其身份证信息，用来办理车贷。其特点主要包括：（1）借款人无真实购车需求，其真实目的是通过贷款购车获取资产或征信记录以骗取银行信用卡授信；（2）借款人资质较差且征信记录信息较少，凭真实信息无法通过贷款审查；（3）看车、购车、贷款过程由第三方（贷款公司／黑中介／担保公司）主导陪同；（4）借款人首付由第三方支付；（5）借款人信息多为虚构，由第三方协助完成汽车金融公司的电话核查；（6）多由借款人授权第三方提取车辆，并通过非正常渠道将车辆抵押、转卖牟取暴利。

2. **"车辆套现"欺诈**。车辆套现的欺诈行为往往是客户利用汽车金融公司的零息、低息政策来获得车辆，但在提车后不配合办理抵押登记，将车辆过户给其他人获取现金。

车辆套现的欺诈行为目前也多由中介组织实施，由中介帮助客户支付首付，客户提车后将车辆转卖给中介公司，客户从中介处获得车辆的转卖款，而中介公司收取高额的中介费用。与单纯的不良中介欺诈相比，在车辆套现行为中，借款人一般对整个流程较为清楚，属于主动配合不良中介共同欺诈金融公司。其特点包括：（1）客户无真实购车意愿；（2）最终目的为获取现金；（3）不按照规定要求进行抵押登记；（4）拿到车辆后迅速变现；（5）借款人首付由第三方支付。

3. **传销类欺诈**。传销类欺诈是一种以欺诈的方式来获取利益的现象。诈骗集团利用的是一种类似传销的贷款方案，例如仅付款1万元提车，发展一定数量的下线后，可以免除首付和还款的"汽车团购销售模式"，这类欺诈方式涉嫌采用庞氏骗局的手法进行非法集资，风险极高。

具体的模式为：（1）客户交1万元入会费，并发展下线2名（下线也需缴纳入会费）；（2）骗贷集团帮助客户缴纳首付，客户实现零首付；（3）骗贷集团帮助客户支付的首付由担保公司或租赁公司进行首付贷；（4）骗贷集团对客户宣称零月供，实际月供由其发展的下线的入会费来还款。其特点包括：（1）诈骗集团到店前，已经确定购买车型，且车辆价格已经确定好，为目前市场行情的最低价格；（2）只买裸车，且都需要贷款买车，倾向选择一些信贷门槛较低的套餐，愿意做抵押；（3）首付由第三方支付。

四、汽车金融公司的风险管理

汽车金融公司的风险总体上取决于股东汽车制造商，如果完全合规做好汽车金融服务的主业，有汽车为抵押品，是可以大幅减少风险的。除了上面银保监会要求的风险管理措施，汽车金融公司的风险管理主要依靠信息技术。

1. 建立客户线上信息基础。因为汽车金融公司的贷款几乎全部是给车主（司机）的，所以，为了让客户在线上获取汽车金融服务的信息，汽车金融公司陆续开通了包括微信、汽车厂商平台、电商平台、垂直媒体、公司官网等在内的多渠道信息接入方式。这些线上接入方式为客户提供了更迅速、透明的汽车金融信息，也建立了风险管理的信息基础。多家汽车金融公司上线了电子征信授权和电子合同，以提高签约效率，降低成本和防范风险。汽车金融公司还升级客户自助在线贷后服务功能，利用大数据技术获得车主保险、加油、行驶等数据。汽车金融公司可以与个人征信持牌机构展开合作，增强了判断客户真正信用状况、贷款用途及偿还能力的水平。汽车金融公司不断利用数字化新技术优化贷中管理，进行完整的全生命周期管理。在贷后管理中，可利用人工智能技术实现贷后管理智能化。

2. 用 GPS 等技术智能管理抵押车辆。为了防止车主不按时还贷或者进行二次抵押，使用 GPS 定位器，可以随时查看车辆的实时位置，用于数据分析。如以 4G 北斗 GPS 定位器作为信息接收终端，可以收集记录车辆信息，然后发送到服务器。风控管理人员可以根据这些数据分析车辆历史轨迹，包括每天行驶路线、停留多长时间以及常去的地点等，以此推测出车主的日常活动范围。还可设置电子围栏区域，当车辆突然偏离以往的范围就会立即发送报警信息，提醒汽车金融公司对该车辆提高关注度。这样就可以精准排查可疑车辆并及时通知给风控人员，大大提高了风控效率，帮助企业降低了风控成本，**能有效把控车辆动向，控制坏账风险**。如果车主没有按规定及时还贷款，风控管理人员就可以通过 GPS 定位器查看车辆的实时位置，及时追回车辆，保证公司财产不受损失。在二手车交易市场、汽车抵押典当行、车辆维修点、借款公司、抵押点等，可以查看车主是否拆卸车贷 GPS 定位器或将车辆进行二次质押给另一家公司，从而及时挽回公司损失。

3. **完善汽车金融公司的催收系统**。按时催收，积极更新客户的相关信息，这也基于一个良好的催收系统，公司根据自己的实际情况，对客户进行评级，依据级别设置逾期租金的催收提醒。在例行性催收无果的情况下，公司可以采取法律催收函等方式。

第六节　消费金融公司风险管理

消费金融公司是指经银保监会批准，在中华人民共和国境内设立的，不吸收公众存款，以小额、分散为原则，为中国境内居民个人提供以消费为目的的贷款的非银行金融机构。

一、消费金融公司基本情况

消费金融公司所发放的贷款，主要用于客户购买个人耐用消费品。个人耐用消费品贷款是指消费金融公司通过经销商向借款人发放的用于购买约定的家用电器、电子产品等耐用消费品（不包括房屋和汽车）的贷款。2009年，中国银监会颁布《消费金融公司试点管理办法》，随后国内首批4家消费金融公司应运而生。试点阶段曾计划按照"一省一家"原则审批。

2013年，国务院再次强调，要助推消费升级，创新金融服务，支持居民家庭大宗耐用消费品、教育、旅游等信贷需求，并提出要扩大消费金融公司试点，鼓励民间资本探索设立消费金融公司。2014年，银监会开始发放第二批消费金融牌照，截至2021年3月底，银保监会已批准成立28家消费金融公司，其中早期以银行系为主导，渐渐向互联网系发展。蚂蚁、陆金所、度小满、携程、新浪、玖富数科、唯品会等互联网公司涌入持牌消费金融市场，线上化、科技化成为持牌消费金融公司的主要属性，对之前的消费金融公司造成极大冲击。从2020年获批的5家公司来看，北京阳光消费金融公司、唯品富邦消费金融、苏银凯基消费金融都是经过多年的监管和考核才获批的，另外的小米消费金融、蚂蚁消费金融和2019年年底获批的平安消费金融，则具有互联网基因，背靠商业巨头，在金融领域拥有多年经验和足够的数据、科技实力。目前申请设立消费金融公司的积极性仍然很高，大商业银行、互联网公司、零售连锁公司、房地产公司都想要牌照。2021年3月，滴滴出行全资子公司成为杭银消费金融公司第二大股东，持股33.34%，大股东杭州银行持股下降到35.14%，滴滴出行有4亿用户的数据。

截至2019年末，消费金融公司资产规模达4 988.07亿元，较上年增长28.67%。贷款余额4 722.93亿元，较上年增长30.5%，服务客户数1.4亿人，如表6-2所示。

表6-2　消费金融公司资产规模

公司名称	开业时间	现注册资本（亿元）
北银消费金融	2010–02	8.5
锦程消费金融	2010–03	4.2
中银消费金融	2010–07	15.14

公司名称	开业时间	现注册资本（亿元）
捷信消费金融	2010-12	70
兴业消费金融	2014-12	19
海尔消费金融	2014-12	10
马上消费金融	2015-06	40
中邮消费金融	2015-11	30
招联消费金融	2015-03	38.69
湖北消费金融	2015-04	5
苏宁消费金融	2015-05	6
杭银消费金融	2015-12	12.6
华融消费金融	2016-01	6
晋商消费金融	2016-02	5
盛银消费金融	2016-02	3
长银消费金融	2016-11	10.5
中原消费金融	2016-12	20
蒙商消费金融	2016-12	5
长银58消费金融	2017-01	9
哈银消费金融	2017-04	15
河北幸福消费金融	2017-06	6.37
尚诚消费金融	2017-08	10
金美信消费金融	2018-10	5
中信消费金融	2019-07	7
平安消费金融	2020-04	50
小米消费金融	2020-05	15
阳光消费金融	2020-08	10
苏银凯基消费金融	2021-03	6

二、消费金融公司的业务范围

银保监会规定的消费金融公司的业务范围是：

（一）发放个人消费贷款；

（二）接受股东境内子公司及境内股东的存款；

（三）向境内金融机构借款；

（四）经批准发行金融债券；

（五）境内同业拆借；

（六）与消费金融相关的咨询、代理业务；

（七）代理销售与消费贷款相关的保险产品；

（八）固定收益类证券投资业务。

三、对消费金融公司的监管要求

银保监会（原银监会）2014 年公布的《消费金融公司试点管理办法》对消费金融公司的监管要求包括以下几个方面。

（一）明确贷款发放要与客户风险承受能力结合

消费金融公司向个人发放消费贷款不应超过客户风险承受能力且借款人贷款余额最高不得超过人民币 20 万元。

（二）明确消费金融公司的主要监管指标

1. 资本充足率不低于银监会有关监管要求。

2. 同业拆入资金余额不高于资本净额的 100%。

3. 资产损失准备充足率不低于 100%。

4. 投资余额不高于资本净额的 20%。

有关监管指标的计算方法遵照银监会非现场监管报表指标体系的有关规定。银保监会视审慎监管需要可以对上述指标做出适当调整。

消费金融公司应当按照有关规定建立审慎的资产损失准备制度，及时足额计提资产损失准备。未提足准备的，不得进行利润分配。

（三）对金融消费公司进行分类监管

为健全消费金融公司风险监管制度体系，强化分类监管，推动消费金融公司持续健康发展，银保监会于 2021 年 1 月 13 日发布《消费金融公司监管评级办法》（以下简称《办法》）。《办法》从公司治理与内控（28%）、资本管理（12%）、风险管理（35%）、专业服务质量（15%）、信息科技管理（10%）五大维度，将消费金融公司划分为 1 级、2 级（A、B）、3 级（A、B）、4 级和 5 级。其中，监管评级为 5 级的消费金融公司，表明风险程度超出公司控制纠正能力，公司已不能正常经营，须责令其提交合并、收购、重组、引进战略投资者等救助计划，或依法被接管。对无法采取措施进行救助的公司，依法实施市场退出措施。

监管评级得分在 90 分（含）以上为 1 级；70 分（含）至 90 分为 2 级，其中 80 分（含）至 90 分为 2A 级，70 分（含）至 80 分为 2B 级；50 分（含）至 70 分为 3 级，其中 60 分（含）至 70 分为 3A 级，50 分（含）至 60 分为 3B 级，50 分以下为 4 级，无法正常经营的直接评为 5 级。

对于发生重大案件、存在严重财务造假、被给予重大行政处罚或监管强制措施的，则区别情形确定是否采取评级下调措施，且监管评级结果不高于 3 级。监管机构认定消费金融公司存在其他重大风险问题、足以影响监管评级结果的，则视情节轻重决定下调措施。

监管评级为 3 级的消费金融公司，表明存在的问题较多或较为严重，整体风险管控能力较弱，原则上每两年至少开展一次现场检查。对 3A 级的公司，重点关注公司存在的薄弱环节，进行监管提示或通报，督促公司采取措施改善经营管理。对 3B 级的公司，给予持续监管关注，提高现场检查频率和深度，并可视情况对业务活动依法采取一定限制措施，积极化解风险。监管评级为 4

级的消费金融公司，表明存在非常严重的问题和风险，甚至危害公司的生存能力。监管中应给予密切关注，增加监管会谈的频率，原则上每年至少开展一次现场检查，督促公司采取有效措施改善经营状况、降低风险水平、补充资本金，必要时可依法采取限制高风险业务活动、限制股东权利、限制分配红利、责令调整董事或高级管理人员等监管措施。

（四）不得跨区域设立线下实体分支机构

四、消费金融公司的风险特点

中国银行业协会 2020 年 9 月发布的《中国消费金融公司发展报告》将整体风险情况描述为：消费金融公司服务的主要对象为传统商业银行无法触达或未能有效服务的中低收入长尾客群（优质客群主要选择银行信用卡或银行消费贷款），风险成本相对较高。根据消费金融公司目前的状况，其主要风险有以下几点。

1. **贷款被挪用的风险。** 消费金融公司提供的消费信贷资金，已经不再仅仅被用于消费场景。不少个人以消费需求申请贷款后，将资金用于还贷、还债，甚至民间放贷、炒股的行为越来越多，风险很大。据不完全统计，2020 年来，裁判文书网已经公布了 30 起持牌消费金融大额现金贷款资金被挪用至购房购车、民间借贷、公司经营生意周转、炒股以及偿还个人债务等用途的案例。

2. **消费金融公司行业具有"无抵押、无担保"、"小额分散"、面向中低收入者的展业特点，与中国目前的信用制度不适应。** 由于个人征信体系尚不健全，粗放式的审批方式容易产生客户集体性违约风险，这造成了较大规模的坏账率，尤其是缺乏金融风险经验的非银行系消费金融公司，风险管理经验尚待积累。消费金融公司的风险一旦通过 BAS 公链、同业借款等渠道传染给信托公司和小商业银行，整个市场就会很危险。消费金融公司发放的小额消费贷款，存在相当一部分固定比率的违约贷款。它们的特征是：这些借款人通常没有收入或者收入极低，其信用度也极差。这部分人群构成了小额消费贷款的违约主力军。

3. 客户骗贷、逃债风险比较大。我国目前的征信系统还不适应大量个人小额消费贷款的需要，许多个人没有信用记录，但消费金融公司迫于竞争必须扩大客户群体，因为每人只能贷款 20 万元。结果，一些客户就从多个金融机构滚动贷款，买理财产品、炒股、放高利贷等等。最后一逃了之，导致贷款损失。这也成为我国存在很多"催收"公司的原因之一。

4. 线下代理风险。不少消费金融公司开辟线下代理渠道做贷款业务，如住房抵押贷款、保单、公积金贷款等。监管趋严后，为了降低风险，代理商已经由信贷转为抵押（一抵或二抵）。但是二抵刚刚兴起，具体的起诉、拍卖流程，并没有人真正操作过，蕴含着较大风险。

五、消费金融公司的风险管理

根据银保监会 2021 年 2 月出台的《商业银行互联网贷款管理暂行办法》和《网络小额贷款业务管理暂行办法》，2021 年 12 月以后，除了目前已有的网商银行、微众银行和新网银行 3 家网络直销银行，城市商业银行、网络小贷公司都不能再通过网络跨省域发放贷款，而消费金融公司却不受此限，这导致消费金融公司的牌照变得特别珍贵。事实上，我国现在的商业银行已经完全可以覆盖这类业务，特别是金融科技和移动支付的发展，针对个人的小额消费贷款的覆盖人群、便利性和风控技术纳入商业银行的统一监管更利于金融市场风险防范。而现有各家消费金融公司务必切实重视风险管理工作，严格业务范围、强化合规意识、规范业务流程。考虑消费金融公司不能跨区域设立线下实体分支机构的情况，各公司要有效利用网上风控技术、加强风险管理。

鉴于消费金融公司的服务群体比较特殊，公司首先要筛选出固定比率的违约贷款，其次要加强对剩余部分贷款的风险控制。下面是几种对消费金融贷款进行风险管理的方式。

1. 首先要进行刑侦筛查。身份识别，剔除欺诈行为。对那些带有刑事犯罪特征的劣质借款人，如采用伪造身份与借款历史的借款人，要加强对他们的审核。必要时，可以成立一个专门的带有刑侦特性的审核部门，审核整个证件、文件的真实性，或者采用电话问审的方式加强审核检验身份的力度。

2. **经过刑侦筛查环节，下一步是借助现代科技来自动化部分还款能力与还款意愿的审核过程，严格整个贷款的审批流程，加强征信管理。**这个环节主要审核借款人的还款能力与还款意愿。在普遍个人贷款审批环节中，有的环节审核抵押物估值、收入证明、资金流水、资产情况等内容，虽然相对较简单，但是比起小额消费贷款，情况还是要好一些。当前的小额消费贷款的信用审核非常宽松，几乎没有正规的审核过程。这在无形间扩大了违约贷款人群。如果能够加强贷款审核，这个问题就可以得到解决。借助现代科技，机构可以从收入、信用历史、还款意愿等多个方面加强对发放贷款的审核。例如，这群人的特征是没有收入或者收入极低，人们可以针对此特征特别要求他们出示经过认证的收入证明，并检验其具体真实的支出情况，等等，在此基础上做出判断，加强审核。

3. **由于小额消费金融收益率相对较低，所以消费金融公司都追求低成本运作。**而开发基于大数据的风控平台成本很高，由此需要与外部金融科技公司合作。考虑国内大型商业银行已经拥有控股的金融科技公司，可以为中小银行和金融监管提供各类风控和运营技术，消费金融公司可以优先考虑与这些大型商业银行合作。特别是，银保监会 2021 年也明确鼓励这种模式。这样有利于金融科技成果共享和消费者数据保护，也有利于合规和监管。

4. **购买违约贷款保险（信用保险），来降低潜在违约风险有可能带来的损失。**由于消费金融以消费品借贷为主要特征，而消费品不具备抵押物特征，它是被折旧的。所以购买保险是风险管理的好方式。

5. **控制消费金融贷款的资产证券化。**为了获取资金，一些消费金融公司把贷款打包成资产证券化产品（ABS）上市。其危险在于，当前的消费贷款模式受制于其设计模型的缺陷和不完全性，存在很高的违约风险。一方面，现行的消费贷款，尤其是小额消费贷款，缺乏合格的信用评估环节，任何人几乎都可以从渠道中获取资金。另一方面，将消费金融资产证券化的整个流程缺乏风险控制的手段：既没有违约抵押，又缺乏违约保护方法，蕴含的信用风险极高。有鉴于此，应切实控制 ABS 规模，防控违约风险。

6.明示贷款实际利率，杜绝违规风险。目前，我国消费金融公司以各种费用加贷款日（月）利率的方式，向消费者收取较高实际年利率，以覆盖违约风险。中国人民银行 2021 年 3 月 31 日发布公告，要求所有从事贷款业务的机构在网站、移动端应用程序、宣传海报等渠道进行营销时，应当以明显的方式向借款人展示年化利率，并在签订贷款合同时载明。也可根据需要同时展示日利率、月利率等信息，但不应比年化利率更明显。这里从事贷款业务的机构包括但不限于存款类金融机构、汽车金融公司、消费金融公司、小额贷款公司以及为贷款业务提供广告或展示平台的互联网平台等。消费金融公司要认真落实上述要求，改变以往不合规的做法，防范违规收取利率和费用的风险。

第七章

保险业机构风险管理

保险业是金融业的重要组成部分，发挥着经济补偿、资金融通和社会管理的重要作用。本章在简要介绍保险市场运行情况的基础上，以保险机构类型为切入点，介绍保险细分市场的发展情况、监管要求、主要风险及风险管理策略。

第一节　保险机构风险管理概述

经济补偿功能最能体现保险业的特色和核心竞争力，是保险业区别于其他金融行业最基本的特征。

一、保险市场总体情况

保险发端于 14 世纪的意大利海上保险。意大利热那亚商人于 1347 年签发的船舶航运保险契约是迄今发现的最古老的保险单，也是现代海上保险的萌芽。近年来，世界保险业发展迅速，保费收入由 2016 年的 4.7 万亿美元上升到 2020 年的 6.1 万亿美元，保险密度 ① 由 1999 年的 387 美元，上升到 2020 年的约 687 美元。全球保险业在金融业资产中占比近 20%。

（一）保险及其基本特征

《中华人民共和国保险法》将商业保险定义为："投保人根据合同约定，向保险人支付保险费，保险人对于合同约定的可能发生的事故因其发生造成的财产损失承担赔偿保险金责任，或者当被保险人死亡、伤残、疾病或达到合同约

---

① 保险密度，是指按照一个国家的全国人口计算的人均保费收入，它标志着该地区保险业务的发展程度，也反映了该地区经济发展的状况与人们保险意识的强弱。

定的年龄、期限时承担给付保险金责任。"一般来说，保险具有如下基本特征。

1. 互助性。保险的运行机制是通过共同出资建立保险基金，当被保险人因遭受约定的风险事故而受到损失时，由保险人从保险基金中对其进行损失补偿或给付，由此体现出"一人为众、众为一人"的互助特性。

2. 经济性。保险是通过经济补偿或给付而实现的一种经济保障活动。其保障对象即财产和人身都直接或间接属于社会再生产中的生产资料和劳动力两大要素。其实现保障的手段，大多最终都必须采取支付货币的形式进行补偿或给付。其保障的根本目标，都与社会经济发展相关。

3. 契约性。保险是一种契约行为，这是保险的法律性。保险当事人、关系人通过合同的形式约定各方的权利义务，合同的履行及变更都受法律的制约，保险当事人、关系人的意愿通过履行保险合同而体现。

4. 科学性。保险是处理风险的一种科学手段，在保险经营过程中，保险人运用概率论和大数法则等数理工具，测算各类风险，合理厘定保险费率，建立保险基金。保险经营的深度数理基础是科学性的重要体现。随着保险精算技术的应用与发展，保险自身的经营将更加稳健和科学。

（二）我国保险业的发展

近年来，党中央国务院十分重视保险业的发展，出台了一系列促进保险业改革发展的重要政策举措，行业得到了显著发展。

1. 保费规模快速增长，国际市场地位明显提升。2017年，我国保险市场规模首次超过日本，成为世界第二大保险市场。2010年以来，我国保费规模年均增长率接近20%，是全球保费增速的一到二倍。2019年，保费收入4.26万亿元，同比增长12.17%，对全球保费增长的贡献接近50%。

2. 保险深度[①] **和密度保持快速增长，风险保障需求潜力巨大**。2019年，我国保险密度为3 216元/人，相当于世界平均水平的65%。保险深度为4.3%，相当于世界平均水平72%。在过去10年间，我国保险密度增速约为167%，是

[①] 保险深度为保费收入占国内生产总值的比例。

世界平均增速的 6.4 倍，我国保险深度增速约为 51%，是世界平均增速的 3 倍。

3. **保险机构数量显著增加，保险业整体供给能力增强。**2000—2020 年，我国保险机构数量由 33 家增至 238 家。尤其是最近几年大云物移智 [1] 先进技术在保险业得到广泛应用，推动了互联网保险公司、相互保险组织、保险科技公司的涌现和发展，为人民群众提供了更多个性化的保险产品和服务。

4. **保险资产规模不断扩大，潜力巨大。**2004 年以来，我国保险业总资产复合增长率为 20.38%。截至 2020 年底，保险总资产 23.3 万亿元，占金融资产的 6.6%，为全社会提供了 8 709.9 万亿风险保障，约为 GDP 的 86 倍。另一方面，我国保险业在整个金融业资产中的占比还很小，只有 6% 左右，而美国金融业资产约为 110 万亿美元，其中保险业资产占比约 30%。

5. **资金运用持续优化，投资收益趋于稳定。**2019 年保险公司资金运用余额为 18.5 亿元，其中银行业存款 25 227 亿元，占比 13.62%，较 2014 年的 27.1% 下降近一半。投资于债券、证券投资基金等非银行存款的占比超过 85%。资金运用收益共计 8 824 亿元，资金运用平均收益率为 4.94%。2010 年以来，投资收益波动趋于稳定。

6. **偿付能力处于较高水平，具有较强的风险抵御能力。**2016 年，我国正式实施以风险为导向的偿付能力监管体系（简称"偿二代"）。目前保险行业的平均综合偿付能力充足率维持在 240% 左右。除了少数几家保险公司偿付能力充足率低于 100% 的监管标准，或者风险综合评级为较低的 C 类或 D 类，绝大多数保险公司偿付能力充足。

二、保险业经营模式

（一）保险市场的基本要素

从保险市场的基本构成看，保险市场必须具备两个要素，即保险市场的主体和客体。

---

[1] 大云物移智指大数据、云计算、物联网、移动支付、人工智能。

1. **保险市场的主体**。保险市场主体是指保险市场交易活动的参与者，包括保险商品的供给方（保险人）和需求方（投保人）以及充当供需双方媒介的中介方。

（1）**保险商品的供给方**。保险商品的供给方是指在保险市场上，提供保险商品，承担、分散和转移风险的保险经营机构。保险人可以是法人组织、合作性或个人组织，但必须是经过金融监管部门审批同意的持牌机构。

（2）**保险商品的需求方**。保险商品的需求方是指保险市场上所有现实的和潜在的保险商品的购买者，即投保人。投保人可以为自己投保，也可以为他人投保。当投保人为他人投保时，投保人、被保险人和受益人可统称为投保方，构成保险市场主体的组成部分。

（3）**保险市场的中介方**。保险市场的中介方包括活动于保险人与投保人之间，充当保险供需双方媒介，把保险人和投保人联系起来并建立保险合同关系的人，比如保险代理人和保险经纪人，也包括独立于保险人与投保人之外，以第三者身份处理保险合同当事人委托办理的有关保险业务的人，比如保险公估人。

2. **保险市场的客体**。保险市场的客体是指保险市场上供求双方具体交易的对象，即保险产品。保险产品必须以保险合同为载体和形式，以承诺在保险事故发生时提供经济保障为内容。

（二）保险经营的业务流程

保险公司以特定风险为经营对象，通常包括产品研发、保险销售、保险核保、产品理赔、资金运用等5个经营环节。

1. **产品研发**。产品是保险公司运作的核心，保险公司通过产品研发使得特定风险可以在保险市场进行交易。由于经营成本的不确定性，产品定价能力是保险公司核心竞争力的重要方面，例如精算师要做到在保险期间内现金流入的精算现值等于保险给付、相关费用和预期利润的精算现值之和。

2. **保险销售**。保险销售是指保险市场的供给方（也称保险人）通过直接销售或中介机构把合意的保险产品销售给目标客户（缴纳保费的人，也称投保人）。保险人与享有保险金赔偿请求权的人（也称被保险人），在保险合同约束与规范下建立起具有时效性的法律关系，表明保险合同生效，实现风险在供给方和需求方之间的转移。

3. **保险核保**。保险核保是保险人对客户的投保申请进行审核，从而决定是否接受其投保行为的过程。保险核保管理有核保选择和核保控制两部分。核保选择既包括事前对投保人或被保险人的选择，又包括续保、中止、注销等事后选择。核保控制主要是对逆向选择、道德风险等因素进行控制。

4. **保险理赔**。保险理赔指保险人依据合同约定对被保险人做出赔偿或给付。由于保险属于射幸合约，在缔约时仅约定一种索赔权利，因而，保险公司签订的每一笔保单都具有差异性，即使同一险种、保障条件相同的保单，其现金流入与流出也不尽相同。

5. **资金运用**。保险资金运用是保险人将积聚的保险资金（资本金、保单责任准备金等）进行投资增值的活动。保险资金运用作为资产端业务，是从属于保险承保业务即负债端业务的，也就是说，保险公司的商业模式是负债驱动资产型的。保险资金运用只有坚持以服务负债为中心，做到与负债的期限、收益、现金流之间的匹配，才能防止重大的资产负债不匹配风险危及保险公司的偿付能力和安全经营。

三、主要监管要求

（一）市场准入监管

市场准入是对保险公司风险经营能力和履行经济补偿义务的事前评估，只有具备满足相关法对市场准入的规定，监管机构才会颁发保险经营许可证。市场准监管可以有效降低消费者签订保险合约的交易成本和提高保险合约偿付能力，在很大程度上从源头上维护保险消费者的合法权益。

（二）偿付能力监管

偿付能力就是保险公司履行保单责任的能力。确保保险公司赔得起、拿得出，是对保单持有人的最根本的保护。偿付能力监管是现代保险监管的核心。

原中国保监会在 2003 年发布了《保险公司偿付能力额度及监管指标管理规定》，其后陆续发布了 16 项偿付能力报告编报规则，以及保险保障基金管理办法等法规，2008 年发布《保险公司偿付能力管理规定》，标志着我国第一代偿付能力监管制度体系建设完工。2012 年，原中国保监会开始"偿二代"的建设，到 2015 年发布"偿二代"17 项监管规则，2016 年起正式施行，中国保险业监管进入以风险为基础的现代化监管阶段。

我国"偿二代"在外形上采取了国际通行的三支柱框架，但从逻辑和内容看，它并不与欧美的监管体系相同，而是具有鲜明的中国特色。"偿二代"被推出之后，国际认可度和影响力不断增长，已经成为中国保险业的一张国际名片，展示了中国道路和中国方案的无穷魅力。

（三）公司治理监管

公司治理监管是对保险公司的"三会一层"运作的合规性进行监管，也包括对股东资质和股东行为的监管，对关联交易的监管，等等。公司治理是现阶段我国保险业的问题多发领域。从现实案例看，保险行业的重大风险事件和问题机构，基本上都源自程度不同的公司治理失败，比如大股东对保险公司资金的挪用或掏空。

（四）市场行为监管

市场行为监管是对保险机构与保险消费者之间的交易行为，以及保险机构的市场竞争行为等进行监管，比如防范和遏制保险销售人员的销售误导或欺诈行为，防止保险机构无理拒赔、惜赔等侵害消费者利益的行为的发生。市场行为监管是保护保险消费者最直接、有效的方式和手段。

四、保险行业主要风险

（一）保险行业的风险类型

保险公司在经营过程中面临的风险种类繁多，不同国家和组织采用的分类标注和方法不尽相同。国际保险监督官协会制定的《保险核心原则》（2000 年）认为，保险机构面临的风险包括承保风险、操作风险、法律风险、与准备金有关的风险、市场风险、机构和集团风险、信用风险等。国际精算师协会（IAA）在 2005 年发布的《保险公司偿付能力评估全球框架》中，将影响保险公司偿付能力的风险划分为承保风险、信用风险、市场风险和操作风险等几类。北美精算师协会将保险业风险种类分为资产风险、定价风险、资产负债匹配风险、其他风险。中国"偿二代"将保险公司的风险分为保险风险、信用风险、市场风险、流动性风险、操作风险、声誉风险和战略风险。

（二）保险业风险的一般形式——偿付能力风险

保险业偿付能力风险可分为固有风险、控制风险和系统性风险。

1. **固有风险**。固有风险是指在现有正常的保险行业物质技术条件和生产组织方式下，保险公司在经营和管理活动中必然存在的客观的偿付能力相关风险。固有风险又可以分为可资本化风险和难以资本化风险。

可资本化风险包括保险风险、市场风险和信用风险。其中，**保险风险**指赔付水平、费用水平及退保假设等的实际经验与预期发生不利偏离，导致保险公司遭受非预期损失的风险。**市场风险**指利率、权益价格、房地产价格、汇率等不利变动，导致保险公司遭受非预期损失的风险。**信用风险**指交易对手不能履行或不能按时履行其合同义务，或者交易对手信用状况的不利变动，导致保险公司遭受非预期损失的风险。

难以资本化风险包括操作风险、战略风险、声誉风险和流动性风险。**操作风险**指不完善的内部操作流程、人员、系统或外部事件导致直接或间接损失的风险，包括法律及监管合规风险。**战略风险**指战略风险制定和实施的流程无效或经营环境变化，导致公司战略与市场环境、公司能力不匹配的风险。**声誉风险**指保险公司的经营管理或外部事件等原因导致利益相关方对保险公司做出负面评价，从而造成损失的风险。**流动性风险**指保险公司无法及时获得充足资本金或者无法及时以合理成本获得充足资金，以支付到期债务或履行其他支付义务的风险。

2. **控制风险**。控制风险是指保险公司内部管理和控制不完善或无效，导致固有风险未被及时识别和控制的偿付能力相关风险。

3. **系统性风险**。2019 年，国际保险监督官协会发布《保险业系统性风险整体框架》，从风险来源和传导途径两个维度对系统性风险进行界定。从风险来源的角度看，系统性风险主要来自流动性风险、关联风险和替代性风险。从风险传导路径看，系统性风险传导路径包括资产清算、风险暴露和关键功能。

（二）保险业风险的特殊形式——衍生性和传递性风险

随着保险专业化分工，保险功能持续演变，由经济补偿这个核心功能衍生出资金融通和社会管理这些从属职能。与之相适应，保险市场体系也相继成了专业化特征突出的保险资产管理公司、保险中介机构和相互保险组织，并由此形成了保险业风险的特殊形式。

1. **衍生性风险**。衍生性风险是因风险管理专业化分工而产生的外生性风险，与保险市场风险关联性较强，是偿付能力风险在不同组织中的衍生形式。

（1）**保险中介机构衍生性风险主要为操作风险**。保险中介在缓解信息不对称、减少交易摩擦、降低交易成本方面提供服务，因而存在因追求利益最大化而突破有效服务范围边界的风险，易于成为"影子保险机构"。

（2）**保险资产管理机构衍生性风险主要为流动性风险**。作为保险公司受托人，保险资管机构存在为增加收益提成采取激进投资策略的激励，进而可能导致保险公司委托的资金出现流动性资金供需不匹配。保险资管机构一旦无法向受托保险公司提供现金流以履行支付赔偿责任，就会面临丧失受托保险资金的风险。

（3）**相互保险组织的衍生性风险主要为声誉风险**。相互保险采取会员制的经营模式，通过将具有同质保险需求的单位或个体吸纳为会员，缴纳会费和保费来形成互助基金，并由该基金对合同约定事故发生所造成的损失承担责任。若因声誉风险事件而导致会员对相互保险组织不信任或不认可，则会导致成员退出组织而无法形成足够的基金规模来分摊风险损失。

2. 传递性风险。传递性风险是保险资金专业化分工而产生的内生性风险，与资本市场风险关联较强并具有系统性特点。承保与投资是保险价值创造的"两个轮子"，"主动轮"依托保险市场创造承保利润，"从动轮"依托金融市场创造投资收益，两者能否有效链接，决定了它们是否具有传递性风险。

（1）资产负债错配带来传递性风险。保险公司负债端风险主要为保险风险，而资产端风险主要为信用风险和市场风险。资产与负债如果在期限结构、成本收益结构和现金流供需上存在差异，就会造成保险公司在资产端和负债端之间存在两者错配的风险。

（2）传递性风险容易诱发系统性风险。保险市场或资本市场的重大风险事件会通过资金流裹挟风险在两个市场间传递，如金融市场的损失需要承保端盈利或自有资本吸收，保险市场的现金流出需要资产出售回流进行资金补充。保险公司因偿付能力不足引发保险市场危机有可能向货币市场和资本市场传递，形成系统性风险。

五、保险行业风险管理策略

（一）健全风险管理架构，实现科学决策

在大多数情况下，保险机构风险管理组织架构由董事会、风险管理委员会、高级管理层、风险管理部门、职能部门和业务部门依据相关制度、依托信息系统协同治理。其中，董事会对保险公司偿付能力风险管理体系的完整性和有效性承担最终责任。风险管理委员会在董事会的授权下履行偿付能力风险管理职责。高级管理层负责组织实施偿付能力风险管理工作。风险管理部门作为承办部门对风险进行定性和定量评估，改进风险管理方法、技术和模型，合理确定各类风险限额，组织协调风险管理日常工作，协调业务部门在风险限额内开展

业务，监控风险限额的遵守情况，组织推动风险管理文化建设，等等。其他职能与业务部门则在风险管理部门的组织、协调和监督下，建立健全本单位风险管理的子系统，执行风险管理基本流程，定期对风险进行评估，对其风险管理有效性负责。

（二）完善风险管理流程，满足合规要求

风险管理流程由研判、识别、衡量、控制、改进 5 个环节构成。

1. 风险研判。 保险公司根据自身发展模式和风险状况，对经营管理和业务发展的风险进行研判，制定风险管理的总体目标、风险偏好、风险容忍度和风险管理政策等整体策略。

2. 风险识别。 在明确风险目标的前提下，保险公司业务部门和职能部门按照部门职责运用各种方法识别所面临的风险，分析风险的潜在原因。

3. 风险衡量。 风险管理部门收集、监管各职能部门和业务单位反馈的风险，采取定性和定量结合的方式，对风险可能产生的损失大小以及对保险公司实现经营目标的影响程度进行衡量。

4. 风险控制。 在做好对各类风险评估的基础上，保险公司运用全面预算、资产负债管理、资本规划与配置、压力测试、风险管理信息系统等工具，有效配置风险管理资源，确定风险控制在风险限额以内，确保偿付能力充足。

5. 风险改进。 保险公司定期对风险管理的流程及其有效性进行检验评估，不断提高主观风险与客观风险的一致性，以提高风险资源配置效率和风险管理能力。

（三）优化风险管理策略，提高管控水平

在产品线风险管理方面，先明确各产品线盈利目标和最大资本占用水平，结合产品运营情况优化调整产品核保政策，做好产品组合风险管理。在内控管理方面，将评估规则全面嵌入经营活动，以预防为主定期开展自评工作，提高偿付能力风险管理评分结果，降低控制风险最低资本对实际资本的占用。在资

产负债管理方面，加强对未来经营情况的预测，运用期限匹配、成本收益匹配和现金流匹配等工具来评估和监测，并嵌入风险相关矩阵，加强对流动性风险的关注，确保现金流充足。在实际资本管理方面，结合业务经营情况，超前谨慎考虑资本补充问题，合理安排增加股东投入、盈利积累、发行债务性资本工具等方式增加实际资本，保持偿付能力支持业务发展。

（四）培育先进风险管理文化，发挥叠加效应

风险管理文化是决定保险公司风险管理水平的内部动力。企业组织内部不同层级员工如果对风险主观认识存在差异，进而采取不同的行为，就会影响保险公司的风险管理能力。在企业内部建立风险管理文化，需要重点加强对治理层、经营层、中层管理人员、销售人员等关键环节人员的培训与宣导。切实发挥首席风险官在配置风险资源中兼顾长期与短期风险的作用。对中层管理人员建立奖惩机制，加大对违规行为的惩罚力度，树立高质量效益发展理念，提高企业内部对风险导向的风险管理策略的内部认同。

第二节　财产保险公司风险管理

近年来，我国财产保险业保持了平稳快速的增长，覆盖面不断扩大，渗透度不断提升，服务实体经济和人民群众生活的能力不断增强。与此同时，财产险行业所面临的体制性、结构性问题未能得到根本解决，经营状况欠佳，风险形势依然复杂严峻，需要优化深化改革，改善市场结构，加强风险管理，实现

可持续发展。

一、财产保险市场情况概述

财产保险公司主要经营财产损失保险、责任保险、保证保险、信用保险等以财产或利益为保险标的的保险业务。经监管机构核定，财产保险公司还可以经营短期健康保险业务和短期意外伤害保险业务。近年来，居民健康和财产风险防范意识逐渐增强，各类保险产品形态不断创新，财产保险公司也得到进一步发展。

1. **财产保险保费规模迅速增长。**截至 2020 年末，我国财产保险公司共 87 家，总资产 2.3 万亿元，全年实现保险保费收入 1.35 万亿元，同比增长 4.36%。从市场集中度看，2020 年，我国财险行业市场集中度高，前五大公司的市场份额合计超过 70%[①]，而美国的这一比例仅为 31%。

2. **财产保险渗透加速，发展潜力巨大。**我国财产保险业已成为世界第二大非寿险市场。但从渗透率看，我国非寿险的保险密度和保险深度均低于世界平均水平，仍有很大发展空间。2020 年我国非寿险保险密度为 1 507 元 / 人，非寿险保险深度为 2.09%，而 2019 年全球人均非寿险保险密度为 439 美元 / 人，非寿险保险深度为 3.88%。

3. **财产保险在服务实体经济和民生保障方面的作用不可替代。**2020 年财产险公司为社会提供风险保障约 7 511 万亿元，是 GDP 的 73.9 倍，占同期保险业提供风险保障比重的 86.25%。其中，为农户提供农业风险保障 4.13 万亿元，同比增长 8.40%，为小微企业提供贷款保证保险服务，助力解决民营小微企业的融资难问题。财产险公司积极参与社会治理，在建筑工程、交通出行、环境污染、医疗责任、食品安全、工厂生产等领域，提供责任保险风险保障 2 767 万亿元，同比增长 77.38%。同时，通过债权、股权和保险资管产品等形式，加强对先进制造业、战略性新兴产业、低碳循环经济的资金支持，不断提升服务实体经济质效。

---

① 人保财险占比 31.8%，平安财险占比 21.04%，太保财险占比 10.8%，国寿财险占比 6.36%，中华联合财险占比 3.88%。

4. **车险业务独占鳌头，非车险规模快速增长，险种结构持续改善。** 2020 年机动车辆保险的原保费收入达到 8 245 亿元，占财产险业务 60.70%，占比同比下降 3.63%，这与汽车市场销售量和车险综改单均保费下降有关。非车险原保费收入 5 339 亿元，占比 39.30%，较上年略有上升。健康保险、责任保险、农业保险和保证保险成为非车险的前四大险种，分别占比 8.20%、6.63%、6.00% 和 5.07%。

5. **财产保险公司偿付能力状况良好。** 2020 年四季度末，已公开披露偿付能力信息共计 83 家财产公司，82 家公司综合偿付能力充足率高于 100%，48 家公司和 33 家公司的风险综合评级分别为 A 类和 B 类，占比为 97.59%。

二、财险公司经营模式和主要监管要求

（一）经营模式

财产保险公司保单主要为不超过一年的短期保单，其盈利来自承保活动和投资活动。承保方面（负债端）通过经营管控将赔付支出和费用支出控制在合理范围，获取承保利润。由于所收取保费和实际赔付之间存在一定时间差，投资端可在此间隔差中将积累的保费进行投资获取收益。

在负债端，近年来国内财产保险公司致力于转型升级，注重发展价值型业务，回归保险本源，提高承保利润。与此同时，财产保险行业两极分化持续加剧，中小型公司发展空间被进一步压缩，车险和非车险业务规模、效益向"老三家"（人保、平安和太保）集中的现象进一步加剧。在资产端，低利率、经济转型、去杠杆和打破刚性兑付等因素促使财产保险公司逐步扭转投资收益导向，开始追求稳健投资，进行多元化投资。

（二）主要监管要求

1. **市场准入与退出。** 银保监会或属地银保监局负责对保险机构筹建、开业、解散、破产、分立或合并、撤销，扩大业务范围，变更名称、营业场所、注册

资本、公司 5% 股权以上的股东，修改公司章程，发行次级定期债及资本补充债、董事、监事和高级管理人员任职的审批。

在机构准入与退出方面，《保险公司管理规定（2015 年修订）》对保险公司及分支机构的设立、变更、解散与撤销进行了全面规定。设立保险公司要求有符合规定的投资人、合理的股权结构、发展规划策略、风险控制体系、章程草案和公司治理层（包括筹备组负责人）；投资人承诺出资或者认购股份，拟注册资本不低于人民币 2 亿元，且必须为实缴货币资本；在其住所地以外的每一省、自治区、直辖市首次申请设立分公司，应当增加不少于人民币 2 000 万元的注册资本；注册资本达到 5 亿元的，在偿付能力充足的情况下，无须再为设立分公司增加注册资本。《保险公司股权管理办法》还对保险公司股东资质、股权取得方式、入股资金、股东行为、股权事务等做了详细规定，明确了对保险公司股权实施穿透式监管和分类监管。此外，《保险公司分支机构市场准入管理办法》明确了财险公司分支机构设立的具体要求。

在高管准入与退出方面，银保监会于 2018 年修订了《保险公司董事、监事和高级管理人员任职资格管理规定》，明确相应人员的任职资格条件、核准、撤销退出机制。从 2021 年 2 月 1 日起，取消保险业董事、监事和高级管理人员任职资格考试，通过审核申请材料、考察谈话进行审查，通过现场检查、非现场监管等方式强化履职监管。

在产品准入与退出方面，《财产保险公司保险条款和保险费率管理办法》规定，针对机动车辆保险、非寿险投资型保险、保险期间超过 1 年期的保证保险和信用保险、监管机构认定的其他关系社会公众利益的保险险种和依照法律与行政法规实行强制保险的险种，其保险条款和保险费率，应提交监管机构审批，在监管机构批准前，不得经营使用。其他保险险种的保险条款和保险费率，应当在经营使用后 10 个工作日内报监管机构备案。同时，办法还明确了违反产品准入的惩罚退出机制。2020 年，银保监会办公厅印发《关于进一步加强和改进财产保险公司产品监管有关问题的通知》，将使用示范产品的机动车辆商业保险、1 年期以上信用保险和保证保险产品由审批改为备案。

在业务准入与退出方面，《机动车交通事故责任强制保险条例》规定，从事机动车交通事故强制保险业务应当经保险监督管理机构批准。根据银保监会《关于进一步明确农业保险业务经营条件的通知》，明确经营农险业务条件需具备的条件，建立农险经营资格名单制，并强化后端管控，明确农险经营退出机制。

2. 持续经营监管。一是偿付能力监管。我国"偿二代"与国际监管理念和模式接轨，将风险因素和价值导向注入保险公司经营管理各个环节，在防范系统性和区域性风险的同时，兼顾资本使用效率和效益，更加注重定性监管、市场适应性和动态性。围绕服务实体经济、防控金融风险、深化金融改革三项任务展开，在继续坚持风险导向不变的基础上，注重问题导向，治乱象、降杠杆、强执行，从严从实加强资本约束，提高保险业风险抵御能力和服务实体经济的能力。

二是市场行为监管。监管机构针对产品研发、销售、承保、理赔等方面均出台了相关规范性文件，加强财险公司各类市场行为的规范。2018 年 4 月银保监会成立后，出台了一系列监管政策，进一步加强了市场行为监管和保险消费者权益保护。

三、财险公司面临的主要风险

（一）保险风险

在可资本化的三大类风险（保险风险、信用风险、市场风险）中，保险风险是财险行业面临的首要风险。2020 年第四季度偿付能力信息披露数据显示，保险风险最低资本在最低资本中所占权重为 48%，位居第一。财产保险公司的保险风险具体包括保费风险、准备金风险、巨灾风险。

1. 保费风险。指保险事故发生的频度及损失金额存在不确定性，导致保费可能不足以支付未来的赔款及费用，从而使保险公司遭受非预期损失的风险。主要成因包括：一是缺少经验数据、不利因素变化、未考虑再保、竞争贬值等导致的产品定价不足风险；二是产品条款存在瑕疵，发生争议后造成超额赔付；三是未到期责任准备金提取不足风险，不能准确反映工程保险等长尾业务未来承担风险的情况。

2. 未决赔款准备金风险。指已发生未决案件在未来的赔付金额及时间存在不确定性，导致赔付可能超过准备金金额，从而使保险公司遭受非预期损失的风险。主要成因包括：一是理赔人员能力不足，对未决案件估损不准；二是不同机构乃至理赔政策和理赔操作规范不同，导致数据缺乏同质性和可信度，难以评估，导致准备金不足风险；三是精算评估方法假设的波动性也会导致准备金不足风险；四是宏观经营环境（如司法、监管政策）变化，可能会推高理赔成本。

3. 巨灾风险。指因发生地震、飓风、海啸、洪水等自然灾害或事故灾难、公共卫生事件和社会安全事件等造成保险公司巨灾赔付的风险。巨灾风险的主要成因包括：一是巨灾风险事件发生概率和影响高于预期，造成保险公司损失；二是保险公司承保风险管控不到位，承保区域、承保行业主要集中在易受巨灾风险事件影响区域和领域，造成累计巨灾风险较高；三是保险公司再保险安排不充分导致自留风险过大，发生巨灾或高额赔案后引起赔付率及承保利润的大幅波动。2020 年，自然灾害事件造成的全球经济损失为 1 900 亿美元，其中保险覆盖了 890 亿美元。

（二）市场风险

根据财险行业 2020 年第四季度偿付能力信息披露数据，市场风险最低资本在最低资本中所占权重为 31%，位居第二。

1. 利率风险方面。市场利率中枢大概率震荡下行，会导致保险资金中长期配置压力有所增大，再投资风险有所增加。但相对寿险公司而言，财产保险公司不存在利差损风险，利率风险影响相对较小。

2. 权益价格风险方面。国内保险资金权益类资产配置较发达市场高，面临权益价格波动风险。2019 年股市向好，行业增配股票近 1.3 万亿元，但有近两成公司投资股票亏损，财务收益率分布在 −10%~0 的范围内。三成以上公司股票投资的综合收益率小于 20%，低于大盘涨幅。2020 年新冠肺炎疫情叠加多因素导致全球资本市场强烈震荡，放大了权益价格风险。

3. 房地产价格风险方面。国家政策、宏观经济、房地产投资比例、投资区域等因素变化，导致保险公司面临房地产投资认可价值和风险特征发生变化带来的风险。

4. 境外资产价格方面。 全球宏观经济、政治、军事等因素，可能导致境外资产价格不利波动给财产保险公司投资收益、净利润等带来负面影响的风险。2019年，保险机构境外投资余额约700亿美元，折合人民币约4 700亿元，占行业上季度末总资产的2.75%。在当前全球经济增速整体放缓、地缘政治冲突持续存在、经贸摩擦等逆全球化趋势蔓延的宏观背景下，国内保险业境外投资的风险水平有所上升。同时，国内保险业走出去的经验仍较为欠缺，因而要审慎开展跨境投资，提高境外投资的整体风险管控能力。

5. 汇率风险方面。 汇率风险一般可分为交易风险、经济风险、会计风险。财险公司除了境外投资、境外上市产生的外币资产、外币资金汇率风险，基于国际贸易产生的国际保险业务、境外分保等，由于在承保与理赔方面不可避免地存在收付时间差，也会产生汇率风险。

（三）信用风险

根据财险行业2020年第四季度偿付能力信息披露数据，信用风险最低资本在最低资本中所占权重为21%，位居第三。财产保险公司面临的主要信用风险有以下几点。

1. 投资交易对手违约风险。 在经济转型、去杠杆和打破刚性兑付的背景下，保险资金运用面临的信用环境日趋严峻。截至2020年末，我国债券市场累计有220家发行人发生违约，共涉及到期违约债券544期，到期违约金额合计约4 383.25亿元[①]，且近年来，公募债券市场高信用等级发行人违约数量有所上升。在信用风险逐步释放的背景下，保险资金配置固定收益类资产面临的信用风险加大，叠加地方政府债务风险攀升，保险公司持仓的债券及非标产品的信用风险可能进一步暴露。

2. 应收保费风险。 财产保险公司农业保险等政策性保险业务、大型团体

---

① 数据来源：联合资信评估股份有限公司发布的《2020年中国债券市场违约回顾与展望》。

法人业务应收保费相对较高。如果出现政府财政困难或者法人单位偿债能力降低等情形，保险公司就会面临应收保费不能及时、足额收回的风险。

3.再保险交易对手违约风险。财产保险公司非车险分出比例较高，受再保分入人还款能力和还款意愿影响，再保险分出业务应收分保款项也存在一定的信用风险。

4.其他应收账款风险。财产保险公司在各类招投标业务、共保业务、分入业务中，存在交易对手违约，不能及时足额收回投标保证金、摊回应收赔款和收到分入保费的信用风险。

（四）操作风险

操作风险是难以资本化的风险中管理难度较大且可能对其他风险造成传染的一类重要风险，不仅可能给财险公司造成直接经济损失，还可能导致监管罚没、刑事责任，甚至引发负面新闻等声誉风险。从近年来监管检查、评估、投诉等发现的问题看，财险行业较为典型的操作风险包括以下几点。

1.人员风险。主要体现为：财险承保理赔等关键岗位配置不足、技能不适用岗位需要等，在保前风险评估识别、保中防灾防损、出险后协助客户及时施救、处置损余物资等关键风控环节工作不到位造成损失；岗位间缺乏制衡机制、关键岗位轮岗制度缺失，销售、理赔等从业人员利用职务便利侵占保费、虚构或扩大事故获取理赔金给保险公司造成损失。

2.内部流程风险。主要体现为：条款费率"报行不一"；给予投保人或被保险人保险合同约定以外的利益；虚假投保农险套取国家财政补贴；虚构中介业务套取资金；中介机构管理不到位导致越权代理、销售误导等问题；业务员投保代签名、未尽到条款说明义务等，免责事故发生后产生的合同纠纷及超额赔付；客户信息及承保标的相关数据采集不准确、不完整、不真实，导致不能准确计量风险，理赔时产生争议，以及客户服务不到位造成业务流失。

3.信息系统风险。主要体现为：第三方互联网对接业务产生的流程设计不规范、客户信息泄露和网络安全风险，以及线上服务模式面临的技术冲击和转型挑战。

4. **外部环境风险**。主要面临外部欺诈风险和恶意投诉风险。在车险、信用保证险、意外健康险等领域，欺诈风险较为突出，其中车险欺诈案件在所有保险欺诈案件中占比最高，并呈现团伙化、专业化和职业化等特征。国际保险监督官协会测算，全球每年有 20%~30% 的保险赔款涉嫌欺诈。据保守估计，我国车险行业的欺诈渗漏占理赔金额的比例至少达到 20%，对应每年损失超过 200 亿元。

（五）战略风险

1. **在公司战略与能力匹配风险方面**。董事长、总经理及其他高级管理人员频繁变动，会造成战略目标不明确、有效力量无法集中、各级人员的效能无法有效发挥的后果，从而对公司的发展造成严重的阻碍。股权过度集中或过度分散会导致公司决策层缺乏独立性或者不能高效地做出公司决策，进而无法有效激活公司治理机制。

2. **在公司业务战略风险方面**。指经营理念、业务发展模式、渠道策略、产品策略、业务风险管控能力等不到位可能带来的风险。目前，大部分财产保险公司仍在走拼费用、抢市场的老路，需要在精细化管理的战略定力和能力上狠下功夫，以实现财险行业整体高质量发展。

3. **在公司投资战略风险方面**。指市场环境分析不到位、投资战略与公司投资管理能力不匹配带来的资产负债错配、重大投资亏损等风险。近年来，宏观经济环境不确定性增加，利率下行，信用违约多发，这对财产保险公司投资战略管理能力提出更多考验。

（六）声誉风险

保险公司声誉风险来源复杂多样，且具有突发性、持续性和传染性，一旦爆发不仅直接损害保险行业的声誉，还会引发公众对整个保险行业的信任危机。财险行业声誉风险主要来源包括以下几点。

1. **销售和理赔环节消费者投诉，财产保险公司处理不及时、回应不利造成负面舆情。** 当前，消费者投诉渠道多样化，新媒体、自媒体兴起，传播速度快、波及面广，这给保险公司声誉风险管理带来挑战。根据银保监会已公布的数据，2020 年二季度至四季度，财产保险公司投诉总量 45 088 件，占保险公司投诉总量的 46.40%。其中理赔纠纷占 61.84%，销售纠纷占 20.01%，涉及的险种以机动车辆保险和保证保险为主。

2. **因违规问题受到监管处罚、员工违法违规被追究刑事责任等带来负面舆情。** 2020 年，银保监会全系统对财产保险公司开出罚单 714 张，数量占 41.88%，罚款金额 1.34 亿元，金额占 57.01%。

3. **因背书型保险业务造成保险公司的负面舆情。** 以增信为目的的投保业务，比如网贷平台履约保证保险、产品质量保证保险、产品责任保险等，投保方使用保险公司品牌为其增信背书，投保人或被保险人一旦出现各类危机或负面新闻，就极易波及为其提供承保业务的保险公司，并引起舆论广泛关注，对公司声誉造成巨大的负面影响。

4. **公开信息披露引起媒体关注可能发酵为负面舆情。** 随着各类信息披露力度加大，比如公司经营、偿付能力数据，法律文书公开披露，一些重大诉讼案件或诉讼对手方为知名企业，等等，这些极易引起媒体关注，带来声誉风险。

5. **非法集资风险引发声誉风险。** 近年来，非法集资风险通过冒用保险机构名义、伪造保单兜底理财产品本金收益、对保险保障进行不实宣传、保险从业人员参与销售等多种途径向保险业传递。

（七）流动性风险

财产保险公司在实际发展中面临投资亏损、重大理赔、重大负面报道、巨灾赔付以及融资渠道单一等各种问题，从而导致流动性风险。财产保险公司现金流承压主要来自以下 3 个方面。

1. **部分公司承保亏损造成经营现金流承压。** 当前，财险公司车险市场竞争激烈，车险综合改革后保费增速整体下滑，非车险市场集中度增加，业务风险管控难度较大，承保持续亏损导致公司现金流承压。2020 年，财险行业综合成本率为 100.9%，创近 10 来年历史新高，相较于 2011 年的 95.3% 增加了 5.6 个百分点。综合赔付率 63.34%，同比增加 1.64 个百分点，尤其是上市系财产保险公司综合赔付率均存在显著攀升现象，综合费用率为 37.56%，同比减少 0.84 个百分点。[①]

2. 应收保费大幅增长，经营性现金流入减少。 以 2019 年为例，财产保险公司应收保费合计达到 1 749.88 亿元，比 2018 年增长 31%，较 2016 年末增长了 3 倍。应收保费大幅增长，造成财产保险公司经营性现金流入减少，加大了现金流压力。

3. 集中赔付造成经营现金流承压。 部分保险公司巨灾风险分散、防灾减损机制等尚不健全，巨灾风险得不到有效分散，损失无法降低。巨灾一旦发生，集中赔付就可能会造成保险公司资金支付压力，极可能造成公司流动性风险。此外，信用保证保险受客户违约等因素影响，也可能带来巨额赔付责任，给公司带来流动性风险。

四、财险公司风险管理策略

"偿二代"第 11 号规则——《偿付能力风险管理要求与评估》明确了保险公司对各类风险的管理策略。同时，监管机构印发的一系列监管规定，为保险公司防范各类风险提供了指引。此外，银保监会定期对保险公司偿付能力风险管理能力进行现场评估（简称"SARMRA 评估"），并要求各保险公司对评估结果进行公开披露。具体而言，针对不同类型风险，可进行如下管理。

（一）保险风险管理策略

1. 保费风险。 （1）对于产品定价不足和设计风险，财产保险公司应按照《财产保险公司保险条款和保险费率管理办法》《财产保险公司保险产品开发指

---

① 数据来源:《上市系财险：去年赔付率显著攀升 综合成本率普通恶化》，新浪财经，2021 年 4 月 13 日。

引》等监管要求，结合自身实际建立有效的产品开发管理机制，对消费者需求进行市场调研，分析产品开发的可行性。基于经验分析和合理预期，科学设定精算假设，综合考虑市场竞争、再保险等因素，尊重承保本意设计产品条款，并对产品进行合理定价。建立产品价格科学回溯机制，根据最新经验数据，进行保险风险分析和趋势研究，并作为调整和改进产品定价的基础。在承保业务过程中按照规定使用经批准或者备案的保险条款、保险费率，避免通过保单特别约定、签订补充协议等形式改变经审批或者备案的保险产品，避免通过商业贿赂、高手续费等手段开展不正当竞争。

（2）对于未到期责任准备金提取不足风险。《保险公司非寿险业务准备金管理办法（试行）》及其实施细则（试行）以及《企业会计准则解释第2号》，为财产保险公司的未到期责任准备金的计提提供了行业标准。财产保险公司应对赔案发生规律进行分析，科学设定未来现金净流出、风险边际等精算假设，按照比例法或者风险颁布法计提未到期责任准备金。同时要开展保费充足性测试，并按监管规定提取保费不足准备金。

（3）2020年5月，银保监会发布《信用保险和保证保险业务监管办法》，对保险公司经营信保业务的资质要求、承保限额、经营范围、费率厘定等方面提出了具体要求，并针对融资性信用保证保险提出新的监管要求。2020年12月发布《责任保险业务监管办法》，保险公司不得以承保担保机构责任等形式实质承保融资性信用风险。在经济下行和信用违约事件增多的环境下，保险公司应适当放缓业务拓展，对风险较大或保险金额较高的企业保单严格把控，对个人消费信用贷款产品进行严格审贷和加大追偿力度，以实现有效控制信用保证保险风险。

2. 准备金风险。《保险公司非寿险业务准备金管理办法（试行）》及其实施细则（试行）以及《企业会计准则解释第2号》，为财产保险公司的未决赔款责任准备金的计提提供了行业标准。为降低财产保险公司未决赔款准备金不足风险，一是加强内控管理，提高数据有效性。提高工程险等低频、损失金额大的赔案的估损及时性与合理性，降低估损偏差率。及时跟踪人伤案件、诉讼案件等长尾业务案件进展与损失情况，及时合理估计未决赔款准备金。充分评估信用保证险等赔案风险情况，足额提取未决赔款准备金。提高报案和案件进入公司系统的及时性。二是提高精算技能，增强评估结果可信度。精算评估人员要充分了解产品线承保政策变化、保费充足性变化以及理赔流程、司法环境、理赔成本变化，更好地把握赔案发展趋势以及损失率的变化趋势，合理估计未决赔款准备金。采用各种精算评估方法和敏感性测试等工具，检验评估结果的合理性与有效性。建立未决赔款准备金充足性监测指标，及时反映未决赔款准备金的变化情况，不断进行后验分析，适时调整各种精算假设，使得评估结果在更合理的范围之内。

3. **巨灾风险**。财产保险公司应当建立有效的再保险管理机制，控制自留风险，一是控制高风险区域和行业的风险暴露，减少巨灾风险集中度。二是明确各险种最大自留额标准，对超过最大自留额标准的险种，应当及时进行再保险安排。三是科学、合理安排巨灾再保险，建立巨灾累积风险管理评估机制，并定期对公司巨灾累积风险数据、再保险安排效果进行评估。四是运用科技手段，推动建立巨灾风险模型，联合相关部门的力量，整合地震、暴雨等主要风险数据，匹配各地经济水平等基础数据，通过云计算、大数据、卫星遥感等手段，来为防灾减灾救灾等提供数据支持。此外，财险行业应加快保险产品创新，推动多种风险转移方式，如加快巨灾保险证券化领域金融创新，以及研究推广巨灾指数保险等。

（二）市场风险管理策略

《保险资金运用管理办法》为促进保险资金运用稳健发展和防范保险资金运用风险提供了坚实基础。2020 年 9 月，中国银保监会印发《关于优化保险机构投资管理能力监管有关事项的通知》，要求保险机构在开展相关投资管理业务前，应当对照规定的投资管理能力标准，做好调研论证、自评估和信息披露工作，确保人员资质、制度建设、系统建设等符合能力标准。

1. **利率风险**。财产保险公司应建立利率风险管理制度，一是分析公司在"偿二代"监管框架下受利率风险影响的资产和负债类别。二是定期采用久期、凸性、剩余期限等工具，综合运用情景分析、风险价值和压力测试等方法分析有关资产负债在偿付能力监管规则下利率风险的特征和变动规律、利率敏感性和利率风险状况。三是定期对宏观经济状况和货币政策进行分析，在公司既定的利率风险限额内，根据缺口状况，使用利率风险管理工具，有效管理利率风险。

2. 权益价格风险。《保险资金投资股权暂行办法》有以下几点规定。一是做好权益投资业务机制建设和流程管理，建立投资管理制度、风险控制机制、投资行为规范和激励约束安排等基础建设，建立项目评审、投资决策、风险控制、资产托管、后续管理、应急处置等业务流程，制定风险预算管理政策及危机解决方案，实行全面风险管理和持续风险监控。二是审慎考虑偿付能力和流动性要求，根据保险产品特点、资金结构、负债匹配管理需要及有关监管规定，合理运用资金，多元配置资产，分散投资风险。三是控制权益类资产的投资比例。《关于优化保险公司权益类资产配置监管有关事项的通知》规定，依据保险公司的偿付能力充足率及风险状况，对权益类投资比例上限实施差异化管理。四是定期监测评估权益价格风险，根据宏观经济状况及时跟踪影响市场整体和权益资产的有关信息，分析权益资产潜在的价格波动对公司的影响，运用风险暴露、风险价值、敏感性指标等工具对权益价格风险进行计量，及时分析、监控和防范权益价格风险。五是权益资产组合应在单项资产、行业、地区分布等方面实现分散化管理，采用定量分析指标，及时分析、监控集中度风险。六是定期对（境内外）子公司、合营企业和联营企业的权益风险，尤其是对非保险业的长期股权投资的权益风险进行评估。

3. 房地产价格风险。原中国保监会《关于加强和改进保险资金运用比例监管的通知》规定，保险公司投资不动产类资产的账面余额，合计不高于本公司上季末总资产的 30%。保险公司应建立房地产价格风险管理制度，一是建立房地产投资决策程序，重大投资决策应履行必要的审批程序。二是聘请专业机构提供尽职调查报告和法律意见书，制定有效的投资方案、经营计划和财务预算，并通过科学的交易结构和完善的合约安排，控制投资管理和运营风险。三是及时跟踪分析房地产所处国家和地区的经济发展、宏观政策等对房地产价格的影响，通过压力测试等方法合理评估房地产价格风险。四是合理控制房地产投资的规模及集中度，有效降低房地产价格风险。五是加强房地产资产后续管理，设置专门岗位，评估房地产资产价值和质量，适时调整投资策略和业态组合，防范投资风险、经营风险和市场风险。

4. **境外资产价格风险。** 原中国保监会《关于加强和改进保险资金运用比例监管的通知》规定，保险公司境外投资余额合计不高于本公司上季末总资产的 15%。保险公司应建立境外资产价格风险管理制度，一是建立境外资产投资决策程序，重大投资项目应进行充分的尽职调查，履行必要的审批程序。二是按国家、地区对境外资产进行管理和监测，建立覆盖境内外市场的信息管理系统，确保依规合法运作。三是对受托人和托管人进行尽职调查，定期评估受托人和托管人，充分了解托管人选择的托管代理人，关注相关风险。四是对全球宏观经济、政治、军事等重大事件持续关注，对有关国家和地区的主权评级持续跟踪，分析其对境外资产所在国家和地区经济可能的影响。五是结合自身风险偏好，综合评估境外资产价格风险，并根据需要选取适当风险管理工具，进行风险对冲。

5. **汇率风险。** 保险公司汇率风险管理策略主要包括：一是分币种进行分析、监测和管理；二是采用外汇风险暴露分析等方法，评估汇率变动对保险公司资产、负债和净资产的影响；三是根据汇率风险的大小及特性，选取合适的工具对冲汇率风险。

（三）信用风险管理策略

1. **资产端。**《关于优化保险机构投资管理能力监管有关事项的通知》明确了保险机构信用风险管理能力标准。保险机构应综合考虑投资收益性和安全性，加强大数据分析能力，建立内部评级体系，提升信用风险识别能力，有效防范信用风险。一是提升内部评级能力。保险机构应建立自己的内部评级体系，增强投资研究与分析能力。二是加强信用风险管控。一方面做好整个信用风险敞口的规划管理，另一方面加强对新项目以及持有的存量信用产品的信用风险评估，提前处置并主动化解相关信用风险。三是综合衡量投资收益与风险，建立重大投资风险应急应对预案。搭建风险定价体系，对投资的预期风险进行定价，在投资收益基础上充分考虑风险调整因素。同时，重视压力测试在资产配置中的应用，提前做好重大投资风险应对。

2. **负债端。**（1）再保险交易对手信用风险方面，按照《财产保险公司再保险管理规范》要求，一是财产保险公司应在满足监管要求的基础上，综合考虑信用评级、偿付能力、资本金、历史履约情况以及再保险接受人所在国家或地区的政治、法律风险等，审慎选择再保险接受人。二是财产保险公司应对再保险人接受份额进行额度管理，控制再保险信用风险集中度，提高再保险业务安全性。三是财产保险公司应建立应收账款管理机制，定期与再保险接受人和分出人核实再保险业务的应收款项，严控应收账款的规模和期限，避免应收账款形成坏账损失。同时，财产保险公司应建立规范、有效的催收制度解决长期应收账款问题。

（2）应收保费信用风险方面，按照原中国保监会《关于加强保险公司应收保费管理有关事项的通知》要求，保险公司要着力建立应收保费管理的长效机制。一是加强保险单证集中统一管理，严格单证印刷、使用、回销的监控。二是健全完善应收保费管理办法，明确应收保费的确认标准、考核指标和考核办法，落实应收保费管控部门、管控措施，将应收保费作为绩效考核的重要内容，与费用划拨、手续费结算、薪酬发放等挂钩，充分运用经济杠杆强化应收保费的管理。三是规范应收保费核销、保单补录时限管理，严格禁止利用非正常批单退费、注销保单等形式冲减应收保费。四是加强信息系统建设，业务和财务系统要实现无缝连接，确保应收保费业务和财务数据一致且准确、完整。充分运用信息技术，加强对各销售渠道应收保费余额、增速、账龄、应收率等指标的实时监控、动态预警和自动限制，为应收保费的管控、监督和绩效考核提供有力支持。五是加强应收保费真实性、完整性、合规性及账龄合理性等方面的稽核审计。六是加强应收保费分析监测、清理和催收，坚决纠正虚挂应收保费、违规核销应收保费等违法违规行为。同时，负债端也应加强大数据分析能力，建立内部评级体系，设置单一交易对手及其关联方的应收账款额度，并在总公司层级统筹管理。建立智能信用风险监测系统，实时监测交易对手的信用状况，防范信用风险。

（四）操作风险管理策略

1. **人员风险方面。**一是加强人员管理，通过职责分离、授权和层级审批等机制，形成合理制约和有效监督。二是对于关键岗位，应按照银保监会《关于银行保险机构员工履职回避工作的指导意见》，完善履职回避和岗位轮换机制，提升内控机制有效性，督促员工公平公正履职，防范舞弊风险。三是加强员工队伍专业能力建设，比如要经营好企财工程险，需要配置和培育既懂工程又懂保险的核保核赔人才，要经营责任保险，则需要配置和培育懂保险和法律的专业人才。四是加强对员工的风险合规教育。要把法律法规、监管制度、职业道德、内控制度等作为入职和在职培训的基本内容，切实提升员工合规守法意识和诚信规范经营理念。

2. 内部流程方面。 财险公司应完善销售、承保、理赔、再保险等保险业务，以及资金运用、公司治理、信息系统、财务管理、案件管理等条线的内部操作流程，建立有效的信息管理系统，将内部控制流程嵌入信息系统，在全面管理的基础上，对公司重要业务事项和高风险领域实施重点控制。对车险、信用保证保险、农业保险、责任保险、意外险等重点领域，银保监会先后出台了相关规定和指引，为财产保险公司有效防范风险提供了遵循指引。

3. 信息系统风险管理方面。 财险公司应定期对信息系统的适用性、安全性及可靠性进行评估并不断完善。根据相关监管要求，保险公司应遵循"积极防御、综合防范"的原则，逐步构建完备的信息系统安全保障体系，有效防控信息系统安全风险，确保信息系统安全、稳定运行。此外，面对保险科技带来的冲击，多家财险主体积极组建全新人才队伍，整合数字化相关业务，通过外部合作打通"科技"与"保险"的对接通道，也有的财产保险公司在集团下筹建保险科技平台或保险科创孵化器，加大对保险科技的自主研发。

4. 欺诈风险防范方面。 2012—2018 年，原中国保监会印发一系列规定引导险企提升反欺诈风险管理能力，并通过联合执法、建立行业合作平台、加强宣传教育等多方面措施，为行业强化保险欺诈打击力度营造良好的外部环境。财险公司应以相关监管制度为指引，完善组织架构和管理制度，建立欺诈风险的识别、计量、评估、监测、控制和报告机制。加强前端承保入口的风险管控，减少"病从口入"案件的发生。理赔环节是预防欺诈风险的最重要环节，财险公司要加强理赔部门对预防欺诈风险能力的提升，全流程环节融入保险欺诈风险的管理工作，同时要深化与同业机构、医疗机构、社保机构和公安部门等外部机构的合作，联合社会力量共同打击保险欺诈行为。此外，要加大人工智能、云计算、大数据等技术在保险反欺诈领域中的应用，建设智能反欺诈平台，精准识别欺诈风险案件。

（五）战略风险管理策略

为持续推动财险行业向高质量发展转变，2020 年 7 月，中国银保监会印发《推动财产保险业高质量发展三年行动方案（2020—2022 年）》，为险企科学规划发展战略提供了指引。

1. 公司战略与能力匹配风险。（1）强化股权管理，规范股东行为和关联交易。2018 年 3 月，原中国保监会印发《保险公司股权管理办法》，主要内容包括：一是投资入股保险公司之前的规则，包括对股东资质、股权取得方式、入股资金的具体要求；二是成为保险公司股东之后的规则，包括股东行为规范、保险公司股权事务管理规则；三是股权监督管理规则，包括对股权监管的原则、措施以及违规问责机制等。

为控制保险公司通过违规关联交易向关联方输送利益，2019 年 9 月，中国银保监会印发《保险公司关联交易管理办法》，从关联交易认定、关联交易的内控管理及外部监管等方面进行明确规定，核心在于加强关联交易穿透监管，旨在提高保险公司市场竞争力，控制关联交易的数量和规模，从而达到提高保险公司经营独立性，防止利益输送风险的监管目标。

（2）提高关键人员稳定性。一是要保持公司董事长、总经理和其他高级管理人员的稳定性，特别是公司董事长和总经理，以提高公司战略的稳定性和可持续性。二是要充分发挥监管、市场和公司内部监督部门的监督作用，完善公司治理机制，避免关键核心人员的履职失误引起公司战略风险。

2. 公司经营战略风险方面。在战略制定方面，保险公司要在充分考虑公司的市场环境、风险偏好、资本状况、公司能力等因素的前提下制定战略目标和战略规划。此外，战略目标和战略规划应当符合国家宏观经济政策、金融行业政策要求，并与公司风险管理文化及公司能力一致。在战略实施方面，应当配备专业化的人才队伍，加强战略管理，提高公司经营管理能力和风险管理能力，制定科学有效的业绩考核制度，确保战略实施符合公司整体规划。在战略调整方面，应当持续关注宏观经济金融形势以及宏观经济政策、金融行业政策的重大变化，并评估自身能力，根据情况调整战略目标和战略规划，确保公司战略与公司能力变化、经营环境变化相匹配。

3. 公司投资战略风险方面。 一是要提高公司投资管理能力，确保公司能力与投资战略相匹配。二是要密切关注市场环境变化，并根据市场环境变化及时调整投资战略。三是要提高权益投资、投资性房地产、信托等高风险投资的管理能力，在进行重大投资时，应当充分评估市场影响和公司风险管理能力。

（六）声誉风险管理策略

根据《保险公司声誉风险管理指引》要求，财产保险公司声誉风险管理应坚持预防为主，建立常态化声誉风险管理机制，注重事前评估和日常防范。声誉风险管理策略可分为事前评估、日常防范及声誉事件处置3个方面。

1. 事前评估。 财产保险公司应在经营管理的各方面充分考虑声誉风险，建立事前评估机制，主动发现和化解公司在产品设计、销售推广、理赔服务、资金运用、薪酬规划和人员管理等方面的声誉风险，并根据声誉风险事前评估结果制定相应预案。

2. 日常防范。 一是建立日常舆情监测制度，定期进行舆情监测与分析，及时发现有关公司的声誉风险事件，持续识别和关注声誉风险。分析舆情动态，提出声誉事件处置中有关信息披露和舆情应对的策略建议。二是建立统一管理的采访接待和信息披露机制，做好媒体服务和公共关系工作，避免造成公众误解和媒体误读，引发声誉风险。三是建立与投诉处理联动的声誉风险防范机制，及时回应和解决客户合理诉求，防止客户投诉处理不当引发声誉风险。四是建立声誉风险管理报告机制，定期向管理层汇报声誉风险管理情况。

3. 声誉事件处置。 一是建立职责明确的声誉事件处置机制和有效的报告、决策和执行流程，在公司董事会、管理层、各职能部门和分支机构之间实现快速响应和协同应对。二是建立声誉事件分级分类体系，明确处置权限和具体职责，采取有效措施：核查引发声誉事件的基本事实，分析公司的责任范围，预判声誉事件影响范围和发展趋势；采取合理补救措施控制利益相关方损失程度和范围；统一准备新闻口径，采取适当的方式对外披露相关信息，澄清片面和不实报道；加大正面宣传和品牌建设力度，介绍公司针对声誉事件的改进措施以及其他改善经营服务水平的举措，消除声誉事件的不利影响。

（七）流动性风险管理策略

1. **构建科学的流动性风险管理体系**。《保险公司偿付能力监管规则第 12 号：流动性风险》要求保险公司制定科学的流动性风险管理政策、模式、目标，对各层级职责进行明确，做好部门职责、报告路线的详细设定，使流动性风险管理有规可依、有章可循，不断强化流动性风险管控效果。构建包括日常现金流管理、业务管理、投融资管理、再保险管理、流动性风险监测、现金流压力测试、流动性应急计划等内容的科学流动性风险管理体系，确保流动性风险整体可控。

2. **建立科学的产品研发体系**。财产保险公司在产品研发时，要做好全面评估，充分考虑公司业务规模、产品结构、风险状况和市场环境等因素，明确产品性质，切忌出现"投机"心态。此外，在产品研发时应加强产品的费率厘定、市场需求等方面的研究，确保新产品风险可控、定价合理，降低产品自身的流动性风险。另外，财产保险公司应合理利用咨询机构、再保险公司等第三方的力量，科学评估公司巨灾累积风险，避免巨灾风险的过度集中。

3. **提升业务质量，完善资产负债管理体系**。一是财产保险公司应当树立高质量发展理念，提高业务质量，科学合理配置费用资源，控制公司综合成本率。二是加强应收保费的管理，建立清收和考核机制，控制应收保费规模，增加公司经营活动现金流。三是要不断完善资产负债管理体系，合理配置资产，避免因资产负债久期不协调导致期限错配，加剧流动性风险。

4. **建立多元化融资渠道**。财产保险公司应加强融资管理，确保公司可以以合理成本及时获取资金，满足其流动性需求。财产保险公司应加强以下渠道建设：一是积极与银行达成战略合作协议，取得授信额度；二是加强与股东全面的资金协商，利用股东优势获取合适的融资渠道作为资金支持；三是在其选定的融资渠道中保持适当活跃程度，定期检验其在各类融资渠道中的融资能力，提高融资渠道的分散化程度；四是加强对可抵押资产的管理，定期评估通过抵押资产融资的能力，密切关注金融市场流动性对保险公司外部融资能力的影响。

第三节　人身险公司风险管理

近年来，人身险行业坚持回归保障，保费收入稳健增长，资金运用规模不断扩大，产品种类日益丰富，问题机构稳妥处置，服务实体经济的质效明显提高。但随着新冠肺炎疫情的不利影响不断加深，人身险行业的传统销售模式面临重大挑战，在从高速增长向低速增长转变的过程中，各类风险和矛盾不断激化和暴露，资产负债匹配失衡的隐患不容忽视。

一、人身险市场情况概述

（一）市场主体情况

1. 原保险保费收入增速明显，寿险规模最大，健康险占比上升。2020 年人身险业务原保险保费收入 31 674 亿元，同比增长 7%，较 2010 年增长约 202%。就各分支险种而言，2020 年寿险业务收入 23 982 亿元，同比增长 5%，占比 76%，2010 年该值为 92%；健康险业务收入 7 059 亿元，同比增长 13%，占比 22%，2010 年该值为 6%；人身意外险业务收入 633 亿元，同比下降 2%，占比 2%。

2. **赔款与给付支出不断增长，寿险规模最大，健康险占比上升**。2020年人身险业务赔款与给付支出 6 952 亿元，同比增长 9%，较 2010 年增长约381%。就各分支险种而言，2020 年寿险业务给付金额 3 715 亿元，同比下降1%，金额占比由 2010 年的 77% 降至 2020 年的 53%；健康险业务赔款与给付支出 2 921 亿元，同比增长 24%，金额占比由 2010 年的 18% 提升至 2020 年的 42%；意外险业务赔款与给付支出 316 亿元，同比增长 6%，赔款占比维持在 3%~5% 的水平。

3. **业务结构趋于合理，业务质量提升**。就产品结构而言，一方面保障业务发展较快，2020 年健康险规模同比增长 13%，高于人身险业务总体规模保费增速。另一方面，传统产品回归主流，普通险、分红险占比提升，投连、万能险呈收缩态势。就渠道结构而言，个险渠道优势明显，对规模保费增长贡献度不断增加。就保费结构而言，由以新业务驱动为主的增长结构逐渐转向"新单、续期共同驱动规模增长"的合理结构。一方面，续期增长成新趋势，对规模增长的贡献度越来越高。另一方面，新单期交、长期期交占比持续提升，为行业形成长期稳定的现金流入奠定了良好基础。就业务质量而言，人身险业务价值稳步改善，新业务价值率以及内含价值率等指标均有不同幅度的提升。

4. **行业集中度略有降低，头部企业领先优势明显**。2020 年人身险公司共实现原保险保费收入 31 674 亿元，占保险市场原保险保费总收入的 70%。前六大寿险公司市场份额占比近六成，较前些年略有降低。头部人身险公司规模大、发展快，且占据可持续发展的资源优势，"领头羊"效应十分明显。内含价值、新业务价值甚至营销人员队伍人数在行业中均占较大比重，具有明显的领先优势。

（二）人身险资金运用情况

1. **资金运用规模占绝对优势**。截至 2020 年末，保险公司总资产 23 万亿元，较上年增长 13%。其中，人身险公司总资产 19.9 万亿元，增长 18%，约占保险业总资产的 86%，在保险资金运用中占主导地位。截至 2020 年末，保险公司净资产合计 2.7 万亿元，增长 11%，保险公司资金运用余额合计 21.6 万亿元，增长 17%。在保险公司净资产及资金运用余额中，人身险公司同样占主要的权重。

2. 资金配置结构追求稳健性，结构趋于合理。 截至 2020 年，在保险资金资产配置中，债券资产占比 36.69%，银行存款占比 11.98%，股票和证券投资基金占比 13.76%（呈上升趋势），其他类资产占比 37.67%。人身险公司负债久期长、缺口大、负债成本偏刚性，其资金运用在兼顾收益性和流动性的同时更强调稳健性，资产配置结构与行业总体趋同。此外，由于资金长期性以及资产负债匹配的要求，人身险公司对债券尤其是利率债的配置占比明显高于财险公司。

3. 资金投向服务于实体经济融资需求。 人身险公司的资金运营发挥资产长期投资的优势，通过基础设施债权投资计划、股权投资计划以及保险资管产品等形式服务实体经济，包括服务国家战略、服务小微企业和普惠金融、支持重大基础设施建设项目融资、服务民生建设、助力高端制造、绿色金融等方面。

二、人身险公司经营模式和主要监管要求

（一）人身险公司经营模式

1. 盈利模式。 人身险公司以人的生存、死亡或疾病作为保险标的，基于大数法则对各类风险进行定价，开发出寿险、重疾险等各类人身险产品。投保人通过购买保险产品，将个体风险转移至保险公司，从而实现风险的转移和聚集。伴随着风险的转移，资金也从投保人转移至保险公司。保险公司再通过资金运用的方式实现资产增值，为投保人提供风险保障。

人身险公司盈利情况主要取决于三差的大小，三差就是利差、费差和死差。其中，利差是指实际投资收益率和定价利率之差，费差是指实际费用率和定价假设费用率之差，死差是指实际死亡率或疾病发生率和定价假设死亡率或疾病发生率之差。目前，我国人身险市场盈利来源主要为利差（国外盈利来源主要为费差和死差），因此，资金运用风险的管控对人身险公司的盈利和持

续经营至关重要。

2. 负债经营。 负债经营是保险公司经营模式的本质特征。相较于财产险公司，人身险公司的负债与人的生命周期挂钩，具有周期长、不确定性大等特点，对人身险公司的风险管理能力提出了更高要求，也更加强调兼顾资产端和负债端的全面风险管理体系对人身险公司的重要性。

（二）人身险主要监管要求

人身险公司通过对人的生命周期提供产品服务以及长期稳定的资金运用，在维护社会稳定、完善社会保障制度以及支持实体经济发展等方面起到举足轻重的作用，因此严监管、防风险对人身险公司的健康持续稳定经营至关重要。我们将从市场准入、持续经营、市场退出等方面介绍人身险公司主要的监管要求。

1. 市场准入监管。 （1）机构及人员准入。对于寿险公司的筹建、寿险分支机构的设立以及寿险公司高级管理人员的聘任，保险监管机构均出台了明确的管理办法。

《保险公司管理规定（2015年修订）》规定，设立保险公司应当向中国银保监会提出筹建申请，并符合相应条件：（一）符合规定的投资人，股权结构合理，主要股东具有持续盈利能力，信誉良好，最近三年内无重大违法违规记录，净资产不低于人民币2亿元；（二）有符合《保险法》和《公司法》规定的公司章程；（三）不低于人民币2亿元的注册资本；（四）明确的发展规划、经营策略、组织机构框架、风险控制体系；（五）符合任职条件的董事长、总经理以及投资人认可的筹备组负责人等。

《保险公司管理规定（2015年修订）》《保险公司分支机构市场准入管理办法》以及《中国保监会关于进一步加强人身保险监管有关事项的通知》等多个监管制度，均对保险分支机构的设立提出相关要求。保险公司申请设立保险分支机构的，其在注册资本、偿付能力充足率、风险综合评级、公司治理及内控体系建设方面均需符合一定条件。对于积极发展风险保障型和长期储蓄型业务的保险公司，中国银保监会将视情况批准其新设分支机构，支持鼓励其规范健康发展。然而，对发生重大违法违规问题或遇到重大风险、董事长或总经理受到行政处罚、保险产品结构不合理等的保险公司，将在一年内不予批准其新设分支机构。

《保险公司董事、监事和高级管理人员任职资格管理规定》对保险公司董事、监事以及高级管理人员的学历背景、任职经历、受行政处罚情况等内容进行了规定，同时任职资格须报中国银保监会核准。《保险公司董事及高级管理人员审计管理办法》规定，应定期对保险公司董事及高级管理人员在任职期间所进行的经营管理活动进行审计检查，客观评价其依据职责所应承担责任的审计活动，并向中国银保监会报告。

（2）保险产品准入。《人身保险公司保险条款和保险费率管理办法（2015年修订）》对人身保险的种类、设计类型、命名规则、审批和备案要求、变更和停止使用、相关法律责任等进行了规定。《中国保监会关于规范人身保险公司产品开发设计行为的通知》规定，保险公司在开发设计保险产品时应当以消费者的需求为中心，以我国国情和行业发展为实际考量，以保险基本原理为根本的原则，切实发挥人身保险产品的保险保障功能，回归保险本源，防范经营风险。同时，《中国保监会关于规范人身保险公司产品开发设计行为的通知》对监管鼓励开发的人身保险产品以及开发设计人身保险产品时应当符合的要求均做了细致的说明。例如，保险公司开发的万能型保险、投资连结型保险产品应提供不定期、不定额追加保险费，灵活调整保险金额等功能，保险公司不得以附加险形式设计万能型保险产品或投资连结型保险产品等。此外，对违反监管规定开发设计人身保险产品，或者通过产品设计刻意规避监管规定的保险公司，中国银保监会将依法进行行政处罚，采取一定期限内禁止申报新的产品、责令公司停止接受部分或全部新业务等监管措施。

（3）投资能力准入。投资管理能力是保险机构开展债券、股票、股权、不动产等投资管理业务的前提和基础。《中国银保监会关于优化保险机构投资管理能力监管有关事项的通知》对保险机构投资管理能力的监管提出相关要求，明确了信用风险、股票投资、股权投资、不动产投资、衍生品运用、债权投资计划、股权投资计划等投资管理业务的管理能力标准，包含组织架构、人员配备、制度建设、系统建设、风控体系等要求。

2. 持续经营监管。（1）偿付能力监管要求。2016 年我国第二代偿付能力监管制度体系正式实施。"偿二代"是风险导向的监管体系，在与国际接轨的同时充分考虑了中国市场的特点，具有鲜明的中国特色。例如，中国"偿二代"体系中的定量监管和定性监管相辅相成，可以更加全面和科学地对保险公司进行监管和评价。评价一家保险公司除了看偿付能力充足率指标，还可以从风险综合评级（IRR）结果和偿付能力风险管理能力评估（SARMRA）得分来分析。同时，偿二代将偿付能力风险管理能力与偿付能力风险资本结合起来，对于偿付能力风险管理能力强的保险公司，给予资本要求上的优惠，反之给予资本要求上的惩罚。

（2）资金运用监管要求。《保险资金运用管理办法》对资金运用的范围、模式、组织结构与职责、流程、风险管控以及监管做出相应规定。《中国保监会关于印发〈保险资金运用内部控制指引〉及应用指引的通知》对资金运用的内部控制环境、风险评估要求、控制要求、信息沟通、内部监督等各方面做了详细的规范。

在资金运用流程方面，监管强调保险公司应明确各个环节、有关岗位的衔接方式及操作标准，严格分离前、中、后台岗位责任，定期检查和评估制度执行情况，做到权责分明、相对独立和相互制衡。资产配置、投资研究、决策授权、交易结算、绩效评估和考核、信息系统、风险管理等资金运用流程的各个方面，均需建立相应的管理制度，规范资金运用行为以及防范资金运用风险。此外，监管积极采用各类管理工具，对保险公司资金运用的风险进行监管。例如，针对大类资产设置上限比例、集中度比例以及各类风险监测指标，要求每半年对投资资产进行一次风险五级分类，定期进行资产负债匹配情况量化评估以及资产负债管理能力的定性评估，等等。最后，监管也积极推进保险公司各项投资管理能力的信息披露，从而促进市场化的监督管理。

（3）市场行为和保护消费者权益监管。中国银保监会发布的《关于银行保险机构加强消费者权益保护工作体制机制建设的指导意见》规定，银行保险机构董事会应设立消费者权益保护委员会，将消费者权益保护融入公司治理各环节，明确消费者权益保护的具体责任部门，并建立配套的考核、监督及信息披露机制。《关于做好保险消费者权益保护工作的通知》规定，保险公司应建立完善保险消费者权益保护工作制度和体制，加大信息披露以保障消费者的知情权，畅通投诉渠道以维护消费者的诉求表达权利以及完善调处机制以有效化解保险合同纠纷等。

为保护消费者利益，避免销售误导，监管部门在《中华人民共和国保险法（2015 年修订）》《中国保监会关于印发〈人身保险销售误导行为认定指引〉的通知》《关于人身保险业综合治理销售误导有关工作的通知》以及一系列配套制度中对销售误导行为进行了规范与禁止，明确了销售误导行为包含的内容、相关的惩处措施以及保险公司、行业协会、监管机构在防范销售误导工作中应尽的职责。

由于分红、万能、投连等新型人身险产品设计较为复杂，且与保险公司投资表现挂钩，存在较大的不确定性，监管部门出台了较多相关制度对新型人身险产品的结算利率、利益演示、风险提示、信息披露等多个方面进行规定，从而保护消费者的利益，防止销售误导等现象的发生。例如，中国银保监会发布的《关于强化人身保险精算监管有关事项的通知》规定了保险公司用于分红保险利益演示的红利不得超过一定的上限。《万能保险精算规定》规定了保险公司应当根据万能单独账户资产的实际投资状况确定结算利率，结算利率不得低于最低保证利率。《人身保险新型产品信息披露管理办法》规定了人身保险新型产品风险提示、利益演示、产品特征、账户基本情况等信息披露的要求。

3. 市场退出监管。《中华人民共和国保险法（2015 年修订）》规定，保险公司应当具有与其业务规模和风险程度相适应的最低偿付能力。对于偿付能力不足的保险公司，国务院保险监管机构应将其列为重点监管对象，限制业务范围、资金运用形式比例、责令停止接受新业务等。对于偿付能力严重不足或损害社会公共利益的保险公司，国务院保险监管机构可以对其实行接管。

《中国保监会关于强化人身保险产品监管工作的通知》规定，人身保险产品应建立退出机制。对于抽查发现并认定存在违法违规情形的备案产品，银保监会将责令保险公司停止使用违规产品以及公开披露产品停售信息。消费者认可度不高、销量不佳的产品或者在实际经营过程中发现存在违法违规、不公平不合理等情形的产品，应当主动退出市场。对于年度累计规模保费收入少于

100万元且年度累计销售件数少于5 000件的备案个人产品，保险公司应进行主动停售。

中国银保监会发布的《关于优化保险机构投资管理能力监管有关事项的通知》规定，对于不具备投资管理能力而开展相应投资业务或者在投资管理能力未持续符合要求的情况下新增相关投资的行为，银保监会将依法依规予以行政处罚。

三、人身险公司存在的主要风险

（一）人身险公司风险的特殊性

1. **市场风险与信用风险是寿险公司面临的主要风险类型。**人身险公司销售的寿险产品期限通常较长，产品保费的缴纳通常集中在前期，而公司需要在产品未来较长存续期间持续满足对客户的支付承诺，这使得寿险资金具有长期投资的属性。投资表现如果受市场等因素影响无法达到预期，就会对公司的经营表现带来不利影响，甚至造成亏损。

2. **保险风险也是寿险公司的主要风险类型。**在较长的产品存续期间内，保险赔付在时间与金额上均会存在很大的不确定性。实际情况如果偏离预期，就可能影响公司盈利等财务表现。例如，主销重疾产品的寿险公司如果由于环境等因素影响，实际重疾的赔付显著高于保费中收取的重疾成本，就可能面临亏损。

3. **对保险公司信誉和抗压性要求较高。**审慎稳健是保险公司经营中"永恒的主题"。由于产品存续期间长，对客户的支付承诺需在未来几十年内完成，这对寿险公司的长期信誉要求很高。寿险公司需要能够跨越多个经济周期，抵御住各种不利市场情况及保险事件的冲击，具有足够的"抗压性"，持续保证有足够的支付能力，达成对客户的支付承诺。

4. **保险公司各类风险互相影响、互相交织。**公司发展战略与公司内外部环境不匹配不仅会给公司带来战略风险，还可能引发保险风险，甚至市场风险、信用风险。而市场风险、信用风险反过来又将影响公司的偿付能力，进而再次对公司战略落实产生影响。操作风险无处不在，发生频率高，可能会成为其他各类风险的诱因。声誉风险主要在公司遭受负面舆论时产生，它可以成为其他类风险的诱因，也可以由其他类风险引起。流动性风险是发生频率低、影响大的风险，可以由保险风险、市场风险、信用风险、战略风险、操作风险、声誉风险等各类风险引发。

例如，在寿险公司成立初期，公司的股东方与管理层采取盲目扩张不计成本的战略，即战略风险过高，可能导致产品策略激进，或者在销售过程中误导刚性兑付，即操作风险。为应对激进的产品策略，其不得不承担过高的信用风险和市场风险来获取高投资收益以匹配负债成本。前期销售过程中的误导现象可能会导致客户群体性投诉，经媒体传播后引发声誉风险。声誉风险可能触发大规模退保，引发保险风险，最终可能出现资产流动性较差不足以支付退保金而导致流动性风险。

（二）七大类风险特征与影响

1. **战略风险**。目前人身险市场产品同质化严重，且头部公司占绝大部分市场份额。中小公司的战略如果为抢占市场份额，大量销售高结算利率万能险这类偏理财性质的产品，就必然会面临公司战略与市场环境不匹配的风险。叠加在利率下行的大环境下，公司投资收益很难支撑高结算利率的万能险产品的销售，战略目标很难实现。此后，公司可能会出现偿付能力不足的现象，受到监管限制新业务、限制资金运用、限制新机构筹建等，严重的可能会被监管直接接管。

2. **保险风险**。对寿险公司销售的重疾产品而言，由于社会环境变化，重疾发生率呈现恶化趋势，重疾赔付金额可能会高于预期，对公司盈利等造成负面影响，这是保险风险的一种。又如，保险产品通常在前期支付的费用较高，若保单存续期早期客户退保率超过预期，公司将无法弥补前期的费用，因而造成损失。

3. **市场风险**。国内寿险公司目前主要面临的是权益价格风险和利率风险。在权益价格风险方面，由于寿险资金具有长期投资属性，寿险公司通常会持有一定的权益类资产。然而，权益市场的波动可能会给公司短期投资收益带来影响，进而影响公司盈利水平。在利率风险方面，寿险公司的产品存续期间较长，负债期限较长，而投资端缺乏能匹配负债期限的资产，因此，寿险公司的资产负债期限错配缺口通常较大，这导致寿险公司通常面临较高的利率风险，即资产与负债的价值并不同步变化。因此，利率一旦发生不利变动，就可能对公司净资产等造成较大影响。此外，由于资产期限短于负债，寿险公司通常面临较高的再投资风险，利率不断下行将影响公司再投资收益，进而影响公司经营业绩。

4. **信用风险**。寿险公司面临的信用风险主要包括投资资产的信用风险以及再保对手方的信用风险。寿险公司投资的信用类产品，包括公司债、企业债、债权计划等，均会面临对手方无法按时支付本息的信用风险，违约一旦发生，就会使公司的投资收益受到负面影响。近年来，受国际市场及国内经济转型等因素的影响，国内金融市场信用违约案例不断增多，这对寿险公司信用风险管理能力提出了越来越高的要求。此外，寿险公司可选择将部分保险业务分给再保险公司，与其共同分担赔付以降低风险，但与此同时也面临着再保险方违约的信用风险。

5. **流动性风险**。通常由其他风险触发，如客户投诉造成声誉事件，进而造成客户大规模退保，同时无法及时获取充足资金以兑付客户的退保金，造成资金链断裂，将引发流动性风险。流动性是维持公司生命的血脉。在市场流动性枯竭的情况下，公司如果无法保持合理的流动性以兑付客户的支付义务，就会导致其难以为继。

6. **操作风险**。操作风险涉及面很广，保险公司的各个流程都可能存在操作风险。随着保险公司新型业务的开展，系统化程度的提高，系统和人工切换频繁以及业务流程复杂程度的提高，操作节点的增加，操作风险发生的可能性被不断放大。此外，除了内部操作流程或系统，人员误操作、销售误导、突发的外部事件等也可能导致操作风险。

7. **声誉风险**。在当今的自媒体时代，信息传播速度极快，片面不真实的信息很容易在短时间内误导很多人，为公司带来负面影响。声誉风险一旦变得严重，就可能引起客户的集体性行为，引发公司的流动性风险等。

四、人身险公司风险管理策略

（一）建立与自身业务性质、规模和复杂程度相适应的全面风险管理体系

全面风险管理是指从公司董事会、管理层到全体员工全员参与，在战略制定和日常运营中，识别潜在风险，预测风险的影响程度，并在公司风险偏好范围内有效管理公司各环节风险的持续过程。其目标是在公司整体风险偏好体系下，对各类风险进行有效识别、评估、计量、应对和监控，在实现战略目标的过程中有效平衡公司面临的风险和收益，最大化公司价值。

1. **风险偏好体系**。风险偏好体系是全面风险管理的"灵魂"，为兼顾各类风险、平衡风险和收益提供可能性。风险偏好体系由上至下包括风险偏好、风险容忍度及风险限额三个组成部分。风险偏好是指公司在实现其经营目标的过程中愿意承担的风险水平，为战略制定、经营计划实施以及资源分配提供指导。风险容忍度是指公司在经营目标实现的过程中针对既定风险水平出现的差异的可接受程度，是风险偏好的具体体现，一般采用定量与定性相结合的方式进行确定，与风险偏好保持一致，并涵盖所有风险类别。风险限额是对风险容忍度的进一步量化和细化。公司应在风险容忍度范围内，根据不同风险类别、业务单位、产品类型特征等制定风险限额。

风险偏好体系建设完成后，公司应当监测和报告风险偏好体系的执行情况。风险偏好或风险容忍度出现突破时，管理层应及时向董事会报告，采取应对措施降低风险水平，同时审查既定风险容忍度和风险限额的适当性。此外，公司应至少每年对风险偏好体系进行有效性和合理性审查，不断修订和完善。当市场环境和经营状况发生重大变化时，公司应考虑对各类风险水平的影响，对风险容忍度和风险限额进行调整，维持风险偏好的整体稳定性。

2. **风险管理流程**。包含风险识别和评估、风险计量、风险应对与控制、风险监测预警以及风险报告，并据此形成风险管理闭环，落实全面风险管理体系。公司应该通过风险识别描述风险的特征，系统分析风险的发生原因、驱动

因素和条件等。风险评估是指公司对已识别的风险进行分析和评价，评估其对公司经营目标实现的影响程度，形成风险管理依据。风险计量是指公司根据自身的业务性质、规模和复杂程度，计量公司潜在的经济价值损失，直观反映公司的风险状况。风险应对与控制是指公司围绕发展战略、风险偏好与容忍度，结合风险评估与计量结果制定风险应对方案。公司应平衡风险与收益，针对不同类型的风险，选择风险自留、规避、缓释、转移等风险应对工具。风险监测是指公司根据各类风险的特点，制定适当的定性定量风险监测标准，对各种可量化和不可量化的风险因素的变化和发展趋势进行监测。风险预警是指当风险状态偏离标准时发出警戒信息的过程。风险报告是指公司定期向特定对象报告风险识别和评估、计量以及应对方案执行情况的过程，从而形成上下互动、横向沟通的风险信息传递和报告机制。

3. 组织架构及风险文化。应当建立由董事会负最终责任、管理层直接领导，以风险管理机构为依托，相关职能部门密切配合，覆盖所有业务单位的全面风险管理组织体系。在公司层面应当建立以风险管理为中心的三道防线管理体系，第一道防线由各职能部门和业务单位组成，第二道防线由风险管理部门和法律合规部门组成，第三道防线由内部审计部门组成。

建立全员参与的风险管理文化，将其融入企业文化建设的全过程。在企业内部各个层面营造风险管理文化氛围，增强全体员工的风险管理意识，并将其转化为员工的共同认识和自觉行动，促进公司建立系统、规范、高效的风险管理机制。

4. "偿二代"风险管理体系的建设。"偿二代"采用风险导向的原则，全面覆盖保险公司的七大类风险，更加科学地计量保险公司的风险状况，并将保险公司的风险管理能力与资本要求挂钩，体现了风险监管的科学性和公平性，提高了保险市场的资本效率。

"偿二代"引入了控制风险最低资本的概念，要求保险公司必须提高自身风险管控水平，充分识别和控制风险。同时要求保险公司营造良好的风险管理文化，切实加强全面的风险管理，清晰组织职责分工，形成完整的风险管理框架。加强保险公司总公司层面的战略风险、声誉风险、流动性风险管理，将风险管理嵌入公司经营预算、资产负债管理、资本规划与配置等核心的经营决策流程，全面提升风险管理在公司经营管理中的价值。此外，"偿二代"还强调公司应恰当地运用全面预算、资产负债管理、资产规划与配置、压力测试、风险管理信息系统等工具，管理公司面临的各类风险。

（二）战略风险管理

战略风险可能会成为引发其他风险的源头，因此，战略风险的管理是保险公司的首要任务。一是建立由董事会负最终责任、相关专业委员会及高级管理层积极参与的组织架构与工作规则。二是综合考虑制定中长期规划。公司应充分研究分析宏观经济、行业发展、公司自身能力等综合因素后制定符合公司发展的中长期规划，一般规划期为 3~5 年。可以适当利用压力测试等风险管理工具进行相关测算，以帮助公司更有效地对偿付能力、资本需求、资产配置、利润等战略目标进行管理。三是制订相应的年度拆解计划，并定期追踪计划的落实情况，评估发展规划的适用性。公司可以设置相应的风险限额指标进行监测，当指标出现预警或超限的情况时应及时进行报告，并拟定有效的改善措施。四是适时进行规划调整。当内外部环境发生变化，导致发展规划与公司能力不匹配时，公司应及时组织发展规划的调整工作。

（三）市场风险管理

市场风险与资本市场联系紧密，且包含多个子风险，对公司各维度的影响机制各不相同。公司需要先建立起统一的顶层管理机制，再根据不同子风险的形成与演变机制，采取有针对性的评估与分析方法，有效统筹管理市场风险。

1.**顶层管理机制角度**。公司需要建立起市场风险管理政策、内部控制流程及工作流程，明确各职能部门的职责分工，明确有关决策的审批、授权流程，确保市场风险整体管理的一致性。此外，公司需要建立起市场风险限额管理机制，确定风险承担水平的边界。限额管理机制需要明确限额的种类和层级，为各类资产设定风险限额（如上市权益类资产占比上限、未上市权益占比上限等），并明确超限后的处理流程。

2. 针对市场风险的各子类风险，公司需要根据不同风险的特点，建立有针对性的管理制度。对于利率风险，公司需要定期对宏观经济状况和货币政策进行分析，采用久期、凸性、剩余期限等工具，综合运用情景分析、风险价值和压力测试等方法分析资产负债的利率敏感性及对公司主要指标的潜在影响，并据此制定有效的应对举措。对于权益风险，公司可以对权益资产组合在单项资产、行业、地区分布等方面实现分散化管理，采用定量分析指标，及时分析、监控集中度风险。对于权益风险的监控，公司需要定期对宏观经济状况进行分析，及时跟踪影响市场整体和权益资产的有关信息，综合运用风险暴露、风险价值、敏感性指标等工具，分析权益资产可能的价格波动对公司的影响，并提前制定应对举措。

（四）信用风险管理

对于信用风险，内部信用评级体系及交易对手管理最为关键，公司需要建立起"事前管理"与"事中监控"相结合的信用风险管理体系。

在事前管理层面，完善的内部信用评级制度体系是事前管理信用风险的重要保证。公司需要规范内部信用评级的方法和流程以及加强外部信用评级的运用，以把好资产"准入关"。同时，公司需要建立信用风险限额体系，在设定总体信用风险限额的基础上，可以按照交易对手，发行方，担保机构，不同国家、地区、行业等维度设定子限额，并定期根据实际情况调整限额，从而达到有效降低集中度风险的目的。此外，公司可以建立交易对手库，根据自身的风险偏好设定入库标准。

在事中监控层面，公司需要建立对交易对手进行持续监控追踪的管理机制，定期及不定期地根据外部环境、交易对手情况等更新内部评级，从而及早发现潜在信用事件并提前介入，尽量降低损失。为应对突发的重大信用事件，公司还需建立应急管理机制。此外，对交易对手库和各维度的信用风险限额，公司需要定期根据外部市场环境及自身风险偏好进行更新，使公司能在资产收益性与安全性方面达到平衡。

（五）保险风险管理

保险风险贯穿于公司产品开发、核保、核赔、产品管理、准备金评估、再保险管理等环节。因此，对保险风险的管理，公司既需要有统一的管理体系与机制，又需要根据各环节的不同特点，制定有针对性的子类风险管理体系。

在顶层制度层面，公司需要通过保险风险管理制度，明确风险管理、财会、精算、产品、核保、理赔、再保险等相关部门在保险风险管理方面的职责分工。

在子类风险层面，保险风险始于产品开发，因此，设计开发恰当的保险责任，合理定价，是管理保险风险最关键的环节。公司需要建立有效的产品开发管理制度，在对消费者需求等方面的市场调研的基础上，对新产品开发进行可行性分析，在经验分析和合理预期的基础上，科学设定精算假设，综合考虑市场竞争的因素，对新产品进行合理定价。同时，对新产品可能产生的风险，公司需要深入分析，并提出有效的风险控制措施。

核保核赔是管理保单质量与理赔风险的关键，应通过完善的内部控制流程，确保其管理有效性。产品管理是指对已上市产品的持续跟踪评估，是发现潜在保险风险并采取应对举措的前提。公司需根据在售产品的重要性程度，对其销售情况、主要经验（如死亡率、疾病率、费用率、退保率等）、利润、资本占用情况等进行经验分析和趋势研究。这些分析评估可以作为调整和改进今后产品定价的基础，同时也能据此及时调整公司的产品结构、销售政策、核保政策等，从而形成保险风险管理的"闭环"。

（六）流动性风险管理

流动性风险与其他风险的交织最为紧密，因此其风险管理既需要考虑自身管理模式，更需要关注其他风险触发流动性风险的可能性及管理手段。

1. 及时识别流动性风险是有效管理流动性风险的前提。保险公司需要识别关注可能引发流动性风险的重大事件，及时分析其对流动性水平的影响，包括大规模退保、重大理赔、投资大幅亏损、失去关键销售渠道、重大声誉风险事件等等。

2. **将流动性风险管理嵌入公司日常现金流管理、业务管理、投资管理、融资管理等主要环节。** 在日常现金流管理中，公司需要定期监测各账户与各分支机构的现金流入流出，根据公司的经营活动、投资活动和融资活动，合理估计公司每日现金流需求，合理调配资金。在业务管理中，公司在制订业务发展计划、销售新产品和开展各项保险业务活动前，需要充分评估对公司流动性的影响，以提前采取应对举措。在投资活动中，公司在制订投资计划时，需要充分评估投资活动对公司未来流动性水平的影响，保持合理的流动性，还需要定期评估投资资产的风险、流动性水平和市场价值，检验投资资产的变现能力。在融资管理中，公司需要提高融资渠道的分散化程度，定期检验各类融资渠道的融资能力，确保在需要流动性时可以以合理成本及时获取资金。上述的流动性管理需要采用现金流压力测试，流动性风险监测指标等均是重要的流动性风险管理工具。

3. **建立完善的流动性风险应急计划，明确触发应急计划的条件。** 包括各部门的职责分工，各类可用的应急措施，可筹集资金的规模和所需时间，组织实施的流程，以及与各相关利益方的沟通机制等。为确保应急机制的有效性，公司还需要定期进行桌面演练及评估，确保各环节能够达到预期的效果。

（七）操作风险管理

保险公司业务开展的各个环节均有可能产生操作风险，因此，在进行操作风险管理时应着眼于公司整体，着手于公司每个流程的每个环节。

1. **与公司的内部控制结合起来采用关键风险指标、操作风险损失事件、风险控制与自评估操作风险三大管理工具进行管理。** 其中风险控制与自评估是基础，在对公司业务流程进行全面梳理以后，公司应在每个关键节点上设置相应的控制措施，必要时设置关键风险指标进行定期监测，从而将操作风险发生的可能性降到最低。除此之外，公司还应该建立操作风险损失事件库，定期收集内外部发生的操作风险事件，明确事件的性质、发生频率、影响程度等因素。

通过建立损失事件库来总结历史规律，发现易发生风险的操作环节，及时采取相应的控制措施。

2. 注重风险管理文化的培训。 定期组织相关培训，提高员工的风险意识，从源头上遏制操作风险的发生。

（八）声誉风险管理

声誉风险具有发展速度快、成因复杂、影响程度大等特点。首先，必须建立自上而下的管理架构，提高上至董事会下至基层员工对声誉风险管理的重视程度。其次，实时监测与分析舆情，及时发现声誉风险。在公司治理、信息披露、客户投诉等方面提前考虑声誉风险，建立声誉风险事前评估机制对及时发现声誉风险的作用十分重要。此外，积极参与行业声誉风险协作活动，进行新闻媒体维护，建立声誉风险应急预案以及定期组织声誉风险应急演练，有助于积累解决声誉风险事件的经验，是公司声誉风险管理不可或缺的手段。

第四节　再保险公司风险管理

再保险是保险市场的重要组成部分，是保险市场的稳定器。再保险公司作为在风险、技术、人才、资本方面集约化的金融机构，在风险转移和资源优化配置方面发挥着重要作用，其风险管理能力和稳健经营对保险市场乃至整个金融市场的平稳运行都有重要影响。

一、再保险市场总体情况

（一）市场主体

1984年，中国人民保险公司从中国人民银行独立出来，作为全国唯一一家保险公司，同时经营再保险业务。1996年，中保再保险公司从中国人民保险公司拆分出来，成为第一家国有再保险法人主体。2003年1月，第一家外资再保险主体——慕尼黑再保险公司北京分公司成立。2016年12月，第一家股份制再保险主体——前海再保险股份有限公司成立。截至2020年末，我国专业再保险市场主体共14家，已基本形成以中资再保险公司为主、外资再保险分公司为辅，离岸再保险人与直保公司为补充，国有、股份和外资等多种股权的多元化市场机构体系，形成专业经营与兼业经营相结合、自由竞争、多元化发展的市场结构。

（二）市场规模

2020年，我国再保险公司分保费收入1 809亿元，分出保费规模611亿元，分出保费规模约占其收入的1/3。摊回分保赔付272亿元。2020年，再保险公司资产总额4 956亿元，营业利润87.39亿元。截至2020年末，再保险行业的综合偿付能力充足率319.3%，远高于100%的监管标准，也远高于财险行业和人身险行业。

（三）业务结构

再保险业务可以分为财产再保险和人身再保险，财产再保险一般按照险种分为不同的业务类型，人身再保险通常包括保障型业务和储蓄型业务。按照分出口径统计，2019年我国财产再保险市场保费规模1 222亿元，人身再保险市场保费规模838亿元。随着以风险为导向的"偿二代"的实施，直保公司分出业务与险种的风险特征密切相关，风险较低的车险等险种分出比例大幅下降，风险较高的财产险、工程险、船舶险、货运险等分出比例逐渐上升，保险行业承保风险更多向再保险公司转移，这导致我国再保险市场业务结构与原保险保费市场存在较大差异。2019 年，财产险分出保费中非车险业务占比达到72.3%，而财险直保市场中的非车险比重仅为 37%，再保险风险保障的行业功能更加凸显。

二、再保险公司经营模式和主要监管要求

（一）经营模式

1. **政府经营与市场化经营**。政府经营再保险，一般由国家设立国有再保险机构，并以法律法规、管理政策等形式规定国内各保险企业将业务的一定比例分给该机构。1985 年，我国发布实施《保险企业管理暂行条例》，规定了30% 的法定分保比例，由中国人民保险公司承办法定分保业务。2001 年，中国加入 WTO。根据入世承诺，自 2003 年开始，我国逐年降低法定再保险比例，直至 2006 年全面取消。2020 年 9 月，由财政部持股 55.9% 成立了中国农业再保险股份有限公司（以下简称中农再）①，其作为政策性保险公司，基本功能是分散农业保险大灾风险。根据相关规定，各直保公司应将其承接农险业务的 20% 向中农再办理分保。政府经营再保险具有较大的积极作用，有财政作为后盾，提供了强大的承保能力，为国家经济建设提供了有力的保险保障，为保险企业在高风险业务、大灾赔付等方面提供了有效的风险缓释措施，有利于

---

① 中国农业再保险股份有限公司由财政部、中国再保险（集团）股份有限公司、中国农业发展银行、中华联合财产保险股份有限公司、中国人寿财产保险股份有限公司、北大荒投资控股有限公司、中国太平洋财产保险股份有限公司、中国平安财产保险股份有限公司、中国人民财产保险股份有限公司 9 家机构发起，注册资本 161 亿元，其中，财政部持股比例为 55.9%。该公司作为政策性保险公司，遵循"政府支持、市场运作、协同推进、保本微利"原则，实行约定分保与市场化分保相结合的经营模式，定位于财政支持的农业保险大灾风险机制的基础和核心，基本功能是分散农业保险大灾风险，推动建立并统筹管理国家农业保险大灾基金，加强农业保险数据信息共享，承接国家相关支农惠农政策。

保险市场的发展。但由于带有强制性，它也使保险业务开展缺乏灵活性。

再保险市场的业务更多来自市场化经营主体。再保险交易双方遵循市场化原则开展再保险交易。相较于政府经营再保险，市场化再保险主体具有较强的灵活性，更加注重数据积累分析和产品创新，更加注重专业化服务。

2. 直保互保与专业再保。 直保互保是指保险公司之间互为分出公司和分入公司，多以交换业务方式进行风险责任分散，并且能够相互抵消分保费支出，降低成本。2019 年末，国内再保险市场直保互保的规模约占整体再保险市场规模的 13%。

再保险发展初期，再保险业务都由直保公司兼营。但随着保险市场的迅速发展，直保公司竞争加剧，同时再保险需求不断增大，直保互保的模式难以有效发挥专业化的风险分散功能，呈现出一定的局限性，专门从事再保险业务的公司逐渐产生。

专业再保是指保险公司向专门经营再保险业务的专业再保险公司办理分保。再保险公司只与直保公司发生交易，不与直保公司进行直接业务竞争，同时，其接受业务范围更广，风险分散效应更好，并具有较强的专业能力，可提供定制化的风险解决方案。因此，专业再保险公司在再保险市场具有较强的竞争优势，成为主要的分保渠道。

3. 专业经营与混业经营。 根据监管机构批准，我国境内的再保险公司可以经营中国境内和国际的财产再保险和人身再保险业务及其转分保业务。从经营的再保险业务范围看，目前专业再保险主体可以分为专业经营和混业经营两种类型，如中国财产再保险有限责任公司、人保再保险股份有限公司专业经营财产再保险业务，中国人寿再保险有限责任公司专业经营人身再保险业务，其他再保险主体基本上同时经营财产再保险和人身再保险业务。各再保险主体根据公司的战略、业务取向、专业能力等在具体再保险业务的险种选择、再保险分保方式上有所差异。

（二）监管要求

再保险市场是保险市场的重要组成部分。再保险公司首先需遵循《中华人民共和国保险法》《保险公司管理规定》等所有保险公司适用的行业基本法律法规。此外，为培育和发展再保险市场，加强对再保险业务的管理，针对再保险业务特点，监管机构制定了专门的《再保险业务管理规定》《中国保监会关于实施再保险登记管理有关事项的通知》。再保险公司的设立和经营需遵循下述主要规定。

1. 再保险公司设立。（1）股东要求。发起设立再保险公司的主要股东需具有持续盈利能力，信誉良好，最近3年内无重大违法违规记录，净资产不低于人民币2亿元。（2）资本金要求。发起设立再保险公司的投资人承诺出资或者认购股份，拟注册资本不低于人民币2亿元，且必须为实缴货币资本。

2. 机构变更。再保险公司变更名称、注册资本、营业场所，扩大业务范围，修改公司章程，变更主要股东等均需经银保监会批准。

3. 再保险业务管理。再保险业务分为寿险再保险和非寿险再保险。（1）再保险经营区域范围。再保险公司，包括外国再保险公司分公司，可以直接在全国开展再保险业务。（2）再保险登记制度。所有参与中国境内再保险业务的再保险接受人应在银保监会的再保险登记系统进行登记。符合标准的再保险接受人方可进入有效清单。中国境内的保险机构在选择再保险接受人时，应在有效清单中选择，不得与有效清单之外的再保险接受人开展再保险业务。

4. 偿付能力。再保险公司应按照银保监会偿付能力监管规则计量偿付能力充足率并建立健全偿付能力风险管理体系。核心偿付能力充足率不低于50%，综合偿付能力充足率不低于100%，风险综合评级在B类及以上方为偿付能力达标。

三、再保险公司的主要风险

（一）财产再保险的主要风险

1. 承保风险。（1）巨灾风险。较之普通损失，巨灾发生频率极小，而损失强度极大。较之直保人，巨灾对再保人的影响更显著。直保公司普遍通过再保安排将主要的巨灾风险转嫁至再保人。目前，受巨灾影响显著的再保业务条线通常主要集中于财产险和工程险，再保合同类型涉及协议分保、比例临分、超赔保障、巨灾指数等多种形式。巨灾事件一旦发生，往往就会对再保人的经营及再保费率带来显著影响。

中国的巨灾风险地域分布广。70%以上的城市、50%以上的人口分布在自然灾害严重的地区，东南沿海地区以及部分内陆省份经常遭受台风侵袭，东北、西北、华北、西南、华南等地均不同程度面临干旱的威胁，大陆大部分地区位于地震烈度Ⅵ度[①]以上区域，包括23个省会城市和2/3的百万人口以上的大城市。

（2）单一标的责任累积风险。单一标的责任累积风险是单一标的保险责任通过多层再保安排，叠加累积导致赔付较高的风险。对于保额巨大的单一项目，直保公司往往通过多种形式安排再保险以分散风险，包括协议分保、比例临分、非比例超赔等。国内主流的再保人作为重要的分保接受主体，对上述分保安排往往均有所参与。

再保人单一标的责任主要的累积路径如下：一是国内市场共保行为较流行，特别是大型项目普遍采取共保方式以便充分使用合同承保能力，由此对再保人形成自动的初始风险累积；二是再保人接受临分业务势必会与已接受的比例合同业务形成二次责任累积；三是再保人接受超赔业务，形成对单一标的风险的再次累积。

（3）新兴承保风险。经济、文化与科技的发展催生了创新保险产品，随之而来的是新兴承保风险，如网络安全险、环境责任险等。新兴风险涉及行业范围广，风险特征及相关规律在业务实操中缺乏数据支持，总结研究不够。此外，有别于传统的财产工程险，新兴业务的行业承保经验数据普遍不足，大多没有成熟的风险建模工具可以较为准确地估测风险敞口，在定价与风险管理方面有一定难度。同时，由于规模尚小，赔付尚未大规模发生，这类风险在实务中容易被忽略。

2. 准备金风险。对再保行业而言，准备金风险主要表现为两种情况。一种情况是短期内赔付金额不确定，主要表现为应对巨灾事件保险损失的发生而计

---

① 地震烈度是定点地面震动强弱的程度。我国将地震烈度分为12度，其中Ⅵ度表现为：多数人站立不稳，少数人惊逃户外；墙体出现裂缝，檐瓦掉落，少数屋顶烟囱裂缝；掉落河岸和松软土上出现裂缝，饱和砂层出现喷砂冒水；有的独立砖烟囱轻度裂缝。

提的准备金。较之普通赔案，巨灾事件的损失发展较难预测，估损难度较高，一般与历史案件赔付情况有较大差异，基于经验数据的统计方法与参数往往没有实质的参考意义。第二类情况是赔付期限不确定方面，主要涉及北美市场的石棉责任、劳工险等。不过，目前国内市场尚无此类涉及长期诉讼的再保险业务。

另一方面，在准备金评估实操方面，较之直保公司，全球的再保险行业普遍存在账单与赔案信息延迟、数据颗粒度相对有限等特点，给准备金评估带来一定不便。再保公司掌握的原始理赔数据在及时性、颗粒度方面存在不足，再保人获取的数据往往是经过直保公司统计处理后的汇总数据，难以进一步还原细化分析。

（二）人身再保险的主要风险

1. 保障型业务面临的主要风险。人身再保险的保障型业务组合一般包括来自不同分出公司的业务，整体风险相对于分出公司更为分散。一是由于底层业务覆盖了不同公司的被保险人，保险标的数量较直保公司更多且分散。二是相对财产再保险业务保单保额较小，单标的集中度风险较低。以国内业务为例，保障型业务的底层主要为健康险、意外险、定期寿险和部分两全保险保单，保额普遍在百万元以下（除个别高额保单，如名人对其具有高额商业价值的重要部位的保障，保额可为上亿元）。人身再保险保障型业务的主要风险为风险事件发生率恶化风险和极端事件风险。

（1）**发生率恶化风险。**人身再保险保障型业务涉及的风险事件发生率包括死亡率、疾病发生率、意外发生率（如意外死亡率和意外伤残率等）。风险事件发生率可能随着社会和环境的发展具有非预期的恶化趋势，进而导致整体赔付上升、保障型产品定价不足、未到期准备金计提不足等情况。尤其是近年来诊疗技术提升和线上销售简化核保加剧了信息不对称，疾病发生恶化趋势明显。相较于直保寿险公司，再保险公司没有更多的利差或费差等分散发生率恶化风险，发生率恶化风险更突出。

（2）**极端事件风险。**极端事件的发生率低但影响严重，如某些大型自然巨灾事件、大型流行病等，可导致多家分出公司在短时间内发生大额赔付，并通过比例分保或超赔等再保安排，导致分入业务的再保险公司发生较高金额的赔付。例如 2020 年新型冠状病毒肺炎在全球大流行，尤其是美国的相关保险赔付金额随着疫情持续时间的延长而不断增加。

2. 储蓄型业务面临的主要风险。 储蓄型业务是指人身再保险公司为分出公司承担利差风险的人身险业务，其底层业务包括分红险和万能险等。再保险公司通过再保险合同条款，向分出公司提供多种形式的投资收益率保证。因此，利差风险、资产负债匹配风险和退保风险是储蓄型业务面临的主要风险。

（1）利差风险。 储蓄型业务底层业务（如万能险）的结算利率具有一定的刚性，因此，分入业务的再保险公司需要确保匹配资产的投资收益率能够覆盖较高的业务成本。保证收益率较高的业务在低利率环境下，利差风险尤为突出。此外，为覆盖较高的负债成本而将资金配置到预期收益高、投资期限长、流动性低的资产上，这将导致投资风险加大。

（2）资产负债匹配风险。 储蓄型业务保费资金投资在现金流期限上无法与负债完全匹配，一方面可能导致投资资金到期、现金流晚于负债端给付时点而无法及时给付的风险，另一方面可能导致投资期限短于负债端期限而出现再投资风险。

（3）退保风险。 投保人购买储蓄型保险主要是为了满足投资收益需求，当其他投资产品收益率上升时，投保人可能转向其他投资产品，导致产品集中退保，对再保险人的现金流造成压力。

四、再保险公司风险管理策略

（一）财产再保险管理策略

1. 承保风险管理策略。（1）**自留额与承保限额管理。** 对于承保限额以内的部分，再保险人将结合业务的风险等级确定自留额。对于超出自留额部分，再保公司将对外进行转分。再保人在安排转分保时，通常会根据业务的具体情况和保障需求选择适当的转分保方式，以便在获得充分保障的同时保持一定的盈利水平。对于自留额以内部分，再保人通常也需要充分考虑业务风险实质，审慎地做出是否继续对该部分购买超赔保障的决策。

（2）充足定价与严格核保。 再保险公司通常会开发各种专业定价工具，对保险损失进行风险识别与定价建模，对各类风险和再保合同进行充足定价，以覆盖承担的风险成本并获得相应的利润。

核保是承保风险管控的首要关口。再保人通常会根据保险金额及相关标准建立分级核保授权制度来落实承保风险管理，同时进一步制定详细的承保政策与指引，在险种、保额、限额等方面做出进一步的调整细化。

承保前，再保人通常会对客户群体的赔付指标进行认真分析，并对承保标的进行全方位的查验。对高风险的业务提高门槛，通过浮动手续费与损失分摊等合同条件，将潜在风险降到最低。

（3）应用模型工具，控制巨灾风险。模型工具在财产再保险风险管理实务中发挥着关键作用。尤其在巨灾风险方面，再保人通常会考虑 AIR 和 RMS模型的运用，同时积极开发基于自身业务特征的巨灾风险监控预警平台，以便动态地监控和预警巨灾风险的发展变化，并及时做出应对。较之国际再保行业，国内再保人巨灾建模技术起步较晚，尚处于初级研发阶段。近年来，国内再保人正在积极学习国际经验，努力研发以期缩小差距。譬如中国财产再保险股份有限公司依托子公司中再巨灾风险管理股份有限公司开发了一款中国地震巨灾模型，目前已通过中国地震学会科学技术成果认证。

（4）新兴业务领域的前瞻性研究。作为尾部风险的管理专家，再保公司在新兴风险领域通常会高度重视前瞻性研究工作，同时为直保人提供相关的技术咨询。在前瞻性研究方面，国际领先的再保人如瑞士再保险、慕尼黑再保险等往往设有研究团队挖掘多方信息，引领行业动态，提前搭建模型，为直保客户提供业务指导。瑞士再保险设有研究院，定期向行业发布相关研究信息。慕尼黑再保险设有全球咨询中心，为直保客户定身量制相应的风险策略。

（5）开展离岸业务，全球分散风险。再保险市场是高度国际一体化的风险分散市场，离岸再保险市场是国际再保险市场的重要组成部分。稳健开展离岸业务可以有效分散承保风险，保持赔付率的相对稳定，有利于承保风险实现地域多样性，缓和分散国内巨灾对经营业绩的影响。此外，还可以了解和学习国际市场风险管理经验，丰富核保经验，提升境内企业承保水平，缩小与国际成熟市场的差距。

2. 准备金风险管理策略。 对于不同的再保合同条件，再保公司会采取相应的评估技术方法。关于巨灾责任准备金，各再保公司使用的评估方法不尽相同，往往会结合自身业务及精算师判断而选定方法论。在全球巨灾超赔业务实践中，再保公司逐渐提炼出一些方法，较为常用的包括赔付率法、直接进展法、隐含进展法、信度加权法等。关于北美市场的石棉责任、劳工险等，再保公司需保持关注境内类似涉及长期诉讼再保产品的出现，同时通过多方技术交流，提前研究、积累相关实践经验。

关于数据颗粒度，一方面，单个再保主体可与直保公司加强沟通，尽可能获取高颗粒度的经验数据。另一方面，行业协会需要监管的协助，制定分出业务的数据标准，从而为保险风险分散提供更坚实的技术基础。尤其对于我国财产再保险业务的准备金，再保险公司、直接保险公司和监管机构在内的整个保险行业需要共同合作和探索，研究出适合再保险业务特性的方法指引和制度规定。

（二）人身险再保险管理策略

1. **保障型业务**。（1）发生率恶化风险管理策略。再保公司可以在发生率经验数据及未来趋势的分析基础上，通过多种策略减少发生率趋势风险对赔付的负面影响，主要包括4种。

一是完善产品设计和对分出公司的再保安排。在与直保公司合作的产品设计工作中，再保公司可以通过产品调研、市场研究、销售核保规则设定等完善直保产品保障风险的定义和承保规则，按照实质影响设置分层级保障（如轻症责任理赔）等。此外，再保公司应根据风险事件的发生率风险趋势预判设定浮动费率保证条款，以降低赔付与发生率恶化的相关性。

二是做好再保险业务配套服务管理。为分出公司提供核保和理赔的培训和服务平台等服务支持，可从业务源头提升承保业务质量，从而缓解因逆选择引起的发生率恶化风险。参与支持健康服务行业发展，从引发疾病、死亡的多个因素着手提升被保人群健康水平，降低相关保险事件发生率水平。

三是提升定价和准备金计提的充足性。在中国风险导向偿付能力监管规则二期工程中，疾病风险最低资本的计量增加了疾病趋势因子，以体现相关风险。再保公司需借鉴偿付能力监管规则最低资本的计量方法，在定价和准备金计提中考虑发生率的恶化趋势。

四是按需做好转分保安排。再保公司可根据自身的资本情况和风险偏好，将部分发生率恶化较快的业务进行转分保，具体可通过险位超赔、比例分保等转分保形式。

（2）**极端事件风险管理策略**。再保公司可通过多种策略减少巨灾风险对赔付的负面影响，主要包括以下两种。

一是按需做好转分保安排。再保公司可根据自身的资本情况和风险偏好，将部分有巨灾风险的业务进行转分保，具体可通过险位超赔、巨灾超赔等转分保形式。

二是提升定价和准备金计提的充足性。充分考虑极端事件相关风险的发生概率和损失金额，体现巨灾风险对保险赔付的影响。

2. 储蓄型业务。（1）**利差风险管理策略**。利差风险的管理策略可以从负债端和资产端着手：在负债端方面，做好储蓄型业务分入的选择与业务谈判，结合市场实际情况和分出公司的风险保障需求，严格控制负债成本，降低利差风险；在资产端方面，做好资金运用和投资管理。根据公司资本情况和负债成本，明确投资风险偏好，做好资产战略配置，合理提升投资收益，并视需要通过衍生产品进行风险对冲，降低投资收益波动。

（2）**资产负债匹配风险管理策略**。资产负债匹配风险主要通过投资资产与负债的现金流匹配和久期匹配进行管理。结合负债端流动性需求，投资资产的配置尽可能满足负债端的支付需求。在现金流无法完全匹配的情形下，通过投资资产和再保业务负债的久期匹配来降低利差整体对利率的敏感性，必要时可通过衍生工具做进一步的久期管理。定期对未来到期投资资产与预计再保业务现金净流出进行预测，提前预判未来年度可能发生的流动性风险，并通过压力情景测试制定相应的流动性应对方案。

（3）**退保风险管理策略**。退保风险的管理策略包括两方面。一是作为分入公司，积极对分出公司的宏观经济环境、投资建议、储蓄型保险产品收益保证条款等建言献策，提高相关产品对客户的吸引力，降低退保事件发生的可能性。二是做好相关的流动性监测和应对，定期评估大额退保事件发生的可能性，以及相关事件对流动性可能产生的负面影响，日常做好流动性应急计划和流动性应急演练。

第五节　保险专业中介机构风险管理

保险中介是介于保险机构之间或保险机构与投保人之间，专门从事保险业务销售、风险管理与安排、价值衡量与评估、损失鉴定与理算等中介服务活动，并依法获取佣金或手续费的机构或个人。保险中介机构一般包含保险专业中介机构和保险兼业代理机构。保险专业中介机构又可进一步分为保险专业代理机构、保险公估人和保险经纪人。保险兼业代理机构、保险专业中介机构中的保险专业代理机构以及个人保险代理人统称为保险代理人，是指根据保险公司的委托，向保险公司收取佣金，在保险公司授权的范围内代为办理保险业务的机构或个人，如图 7-1 所示。

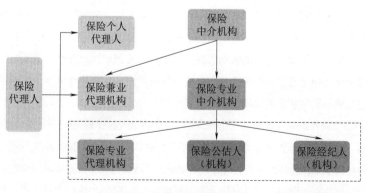

图 7-1　保险中介机构图示

我国保险中介仍然处于发展期，并随着外部技术和商业形态发展变化迈入互联网时代。与此同时，行业仍面临发展不均衡、管理不规范、新模式引入新挑战等多重风险。截至2020年末，全国共有保险专业代理法人机构1 776家，保险兼业代理机构3.2万家、网点22万个，个人保险代理人900万人，保险中介机构从业人员300万人。

一、保险专业中介机构的发展背景

（一）保险专业中介机构的定义及类型

保险专业中介机构包括保险专业代理机构、保险经纪人、保险公估人。从理论上讲，保险专业代理机构代表保险公司销售保险产品，保险经纪人代表投保人设计保险计划、向保险公司询价、促成交易，而保险公估人站在独立第三方立场，对保险事故所涉及的保险标的进行风险评估，对委托事件出具保险公估报告。

1. **保险专业代理机构**。保险专业代理机构是指根据保险公司的委托，向保险公司收取佣金，在保险公司授权的范围内代为办理保险业务的机构，包括保险专业代理公司及其分支机构。与此相区别的保险代理人包括保险兼业代理机构和个人代理人，前者利用自身主业与保险的相关便利性，依法兼营保险代理业务。后者则与保险公司签订委托代理合同，从事保险代理业务。

取得经营保险代理业务许可证的保险专业代理机构可以经营的业务包括：代理销售保险产品、代理收取保险费、代理相关保险业务的损失勘查和理赔，以及国务院保险监督管理机构规定的其他相关业务。

2. **保险经纪公司**。保险经纪人是指基于投保人的利益，为投保人与保险公司订立保险合同提供中介服务，并依法收取佣金的机构，包括保险经纪公司及其分支机构。取得经营保险经纪业务许可证的保险经纪人可以经营的业务包括：为投保人拟订投保方案、选择保险公司以及办理投保手续；协助被保险人或者受益人进行索赔；再保险经纪业务；为委托人提供防灾、防损或者风险评估、风险管理咨询服务以及中国银保监会规定的与保险经纪有关的其他业务。

3. 保险公估机构。保险公估机构是指接受委托，专门从事保险标的或者保险事故评估、勘验、鉴定、估损理算等业务，并按约定收取报酬的机构。保险公估人可以经营的业务包括：保险标的的承保前和承保后的检验、估价及风险评估；保险标的出险后的查勘、检验、估损理算及出险保险标的的残值处理；风险管理咨询以及原中国保监会规定的其他业务。

（二）保险专业中介机构在保险市场中扮演的角色

1. 保险交易活动的重要桥梁和纽带。保险专业中介机构在保险人与投保人之间形成有效的信息传递机制，进一步提高了市场信息的透明度，提升了保险市场的交易效率。

2. 丰富保险产品渠道和类别。保险专业中介机构可以通过分析主体公司产品策略，选择具有产品竞争力的保险公司作为供应商，搭建覆盖面广、市场细分、货比三家的产品销售体系。

3. 实现客户需求导向的定制化服务。保险专业中介机构能够集众家之长，以客户需求为核心，合理配置保险产品，为客户制定个性化的专属保险保障计划，较大程度上获得更多客户的认可。此外，在服务专业化水平方面，保险专业中介机构可凭借其专业的服务体系，在前端承保环节为保险人控制业务风险，同时在风险评估、防灾防损、投保方案设计等方面为投保人提供专业化的服务。

（三）保险专业中介机构的市场格局

1. 市场整体呈"小而散"的局面，各机构市场竞争激烈。截至 2020 年末，中国市场有 2 640 家保险专业中介机构，其中保险专业代理机构 1 753 家，占比 66.4%，多为区域性保险专业代理机构。另有保险经纪 496 家，保险公估 386 家，其他（中介集团）5 家。

2. 保费占比小但增速快。以 2018 年为例，保险行业原保险保费收入为 3.8

万亿元，其中，中介市场占了 89% 的份额，但由保险代理、保险经纪公司、保险公估机构组成的专业中介机构仅占保险市场份额的 13%。但 2014—2018 年，专业中介机构的保费规模逐年递增，市场份额翻了近两番，提升了 5.6%。

3. 线上模式带来新型市场参与者。传统保险中介机构业务模式主要为线下。随着互联网技术的发展，在以流量和生态驱动的获客和营销革新与保险公司及传统中介机构形成新的竞合关系的数字化时代，众多互联网基因的新玩家，如微保、水滴保险商城、小雨伞等，纷纷涌现。

二、保险专业中介机构主要监管要求

2014 年，"新国十条"明确指出，要充分发挥保险中介市场的作用，尤其是保险专业中介的作用，为此要不断提升其专业技术能力。从政策角度看，近年来监管机构致力于清理整顿保险专业中介市场，提升市场准入门槛和经营管理要求，积极推进专业中介机构规范化、规模化、健康化发展。

2018 年 5 月，原中国保监会发布了《保险经纪人监管规定》《保险公估人监管规定》；2020 年 11 月 12 日，银保监会发布了《保险代理人监管规定》，标志着由《保险代理人监管规定》《保险经纪人监管规定》《保险公估人监管规定》三部规章共同构建的保险中介制度框架基本建立完成，形成以《中华人民共和国保险法》为统领、以三部规章为主干、以多个规范性文件为支撑的科学监管制度体系，进一步促进保险中介监管法律制度体系协调统一，深化了保险中介市场改革。

具体来看，《保险经纪人监管规定》包括总则、市场准入、经营规则、市场退出、行业自律、监督检查、法律责任、附则八个章节，对保险经纪人实施分类管理，调整优化"保险经纪业务许可"流程，强化对保险经纪公司股东的审查，并对股东出资来源、注册资本托管、法人治理和内控、信息系统等提出明确要求，规范了经纪机构高管人员的任职要求。从自愿退出、强制退出、许可证延续等方面完善了市场退出制度。该要求对已取消许可的事项进行有效管理，强化法人的管控责任。细化经纪机构的报告流程和监管要求。确立执业登记管理制度，细化对从业人员的品行、专业能力要求。

《保险公估人监管规定》的出台对优化保险公估监管体系、保护保险公估活动当事人合法权益具有重要作用，将为实现保险公估由业务许可转为业务备案提供有效制度支撑。规定明确，保险公估机构股东或者合伙人出资资金应自有、真实、合法，不得用银行贷款及各种形式的非自有资金投资。要求保险公估人在开展公估业务时：不得利用开展业务之便，谋取不正当利益；不得以恶性压价、支付回扣、虚假宣传，或者贬损、诋毁其他公估机构等不正当手段招揽业务；不得分别接受利益冲突双方的委托，对同一评估对象进行评估。

《保险代理人监管规定》主要从以下几方面做出规范：一是理顺法律关系，统一了保险代理人的定义，把保险专业代理机构、保险兼业代理机构和个人保险代理人纳入同一部门规章规范调整，与《中华人民共和国保险法》保持一致；二是统一适用规则，对各类保险代理人在经营规则、市场退出和法律责任等方面建立了相对统一的基本监管标准和规则，进一步维护了市场公平；三是强化事中事后监管，理顺了"先照后证"的流程，做出一系列制度安排，完善准入退出管理，加强事中事后监管。强化保险机构主体责任，优化分支机构管理，强化机构自我管控。

此外，2020年12月出台的《互联网保险业务监管办法》明确"互联网保险公司应服务国家民生、支持创新"这一基调。根据规定，依法获得保险代理业务许可的互联网企业属于保险代理人的范畴。该办法对互联网保险业务、机构资质、业务模式进行了规范，提升了市场参与者的准入门槛，强化了市场的规范性。

三、保险专业中介机构面临的主要风险

总体而言，保险专业中介机构主要风险仍来自日常运营。一方面，其业务模式较保险公司相对简单，主要盈利模式为收取佣金和服务费，并不直接承担保单相关保险风险，也无投资端业务，因而市场、信用等金融风险亦较小。另一方面，行业整体人员队伍较庞大，管理方式相对粗放，市场规范尚未成熟，

因此运营风险较为突出。主要风险包括以下几方面。

（一）治理风险

保险中介行业处于发展初级阶段，股东背景种类多样，面临生存拓展压力，进而出现忽视公司治理，股权架构不清晰，决策机制不规范等问题。随着机构不断发展壮大，组织架构日显落后，公司在成长过程中的矛盾逐渐显现，极端情形下可能使公司在发展进程中陷入危机。

（二）运营风险

1. 人员管理。首先，保险市场扩容迅速，对高级管理人员的需求骤增，人才缺口较大且任职门槛较高，导致公司选择违规用人，管理层素质参差不齐，为保险专业中介机构市场行为风险埋下了隐患。2020 年前三季度，因聘任不具备任职资格的高管人员，保险中介机构被处罚累计 194.6 万元。其次，保险专业中介机构从业人员准入门槛低，且机构普遍重销售业绩，轻人才培养，人才激励方式短期化，导致了高上岗率、高脱落率的结果，不利于保险客户服务的稳定性。从风险管控角度看，由于缺乏人才而无法实现对风险的评估与监测，不仅不利于公司内部风险管理，而且自身风险隐患也更易传导至其他公司。

2. 机构管理。现阶段，我国保险中介市场仍然处于粗放型的发展阶段，主要存在在超出核准的经营区域从事业务活动、未按规定投保职业责任保险、编制或者提供虚假报表等问题。这从侧面暴露出部分保险专业中介机构盲目追求利润最大化，单纯以保费论英雄，忽略企业长期健康发展的问题。

3. 销售流程。销售流程中的主要风险是操作风险，包括出于业绩压力或者牟取不正当利益进行销售误导，欺骗投保人、被保险人，或者客户告知内容不规范、不充分，或者给予保险人保险合同约定以外的利益，通过佣金返还形式牟取不当利益等。这不仅侵犯了保单持有人的利益，还引发了签发相关保单的保险公司以及保险中介自身的合规风险和声誉风险。

（三）财务风险

1. 费用管理。保险市场竞争激烈，费用支出是公司展业的重要手段。但由于产生频率高、类型多样，审核方式人工化，因此人们容易钻空子。常见的费用管理中的风险事件主要有虚构业务或虚列各类支出套取费用和佣金，向营销员或合作的保险机构进行利益输送。费用管理上的舞弊增加了公司费用，损害了公司利益，且无形中增加了保险展业成本以及非正当竞争的压力，不利于保险行业的健康发展。

2. 资金管理。销售保单之后，通过互联网或中介代理人打款到中介公司账户，中介公司按照与保险公司约定的周期，根据业务量将保费按月或周结到保险公司账户。这期间中介机构如果采取比较激进的方式处理这些保费，就会存在一定的资金风险。一般来说，该风险多见于寿险产品相关的中介机构，因为产品缴费金额较大、期限较长、服务周期也较长。

四、保险专业中介机构的风险管理

（一）合规和内控机制的完善

内控机制和风险管理是保险中介机构防范风险的最关键的防线，内控机制设计合理、全面、有效，便能在机构各层级人员之间形成一道约束线，使得各级员工均能按章办事，有序高效。一是保险专业中介机构应建立健全激励约束机制，做好人员管理工作，完善责任追究流程，通过激励行为的准确引导与约束机制的有利制约，实现风险管理与经营盈利的均衡发展。二是建立分级授权、分层管理的分支管控机制。细化经营标准与管理流程，建立风险信息、管理资源信息交流沟通机制，集中管理资源，最大限度地建设分支机构灵活操作的空间，降低经营风险。三是增强内部稽核效力。设立内部合规部门，明确人员岗位和职责，充分发挥内部合规部门在风险管理中的作用。

此外，针对目前比较常见的风险事件，在一些重点流程上，公司采取的管理方式包括以下内容。首先，在销售管理方面，为防范销售误导，或者前端业务人员不恰当地进行销售内容的告知，中介机构可以利用技术工具和应用升级，做到尽可能统一。具体来说，公司通过开发和制作统一的展业工具，配备统一的物料、话术统一，加强各道风险管理防线的监控、抽查、回访，配套绩效和问责，夯实内控的有效性。其次，在费用管理方面，规范费用报销的管控，完善报销制度，改进报销流程，提高对费用报销真实性、合理性的要求，并加强审核以降低成本。同时，一些合作方式的改变和监管要求的完善，也使得套取费用的空间收窄。再次，在资金管理方面，注册资本金的托管能在一定程度上防范风险。但在管理业务流资金方面，还要从公司治理入手，如股东、出资方的关联交易，以及公司的董事会、监事会、独立核算等方面的监管。所以，应当将前述规范与其他手段相结合，如依法严格审查，完善信息披露制度，采取配套措施，加强跟踪和总结，根据具体实施情况及时总结经验，采取合适的政策措施，将行之有效的做法上升到规章和法律层面。

（二）人员管理

首先，要根据保险中介机构三大监管规定的要求，合理界定高级管理人员的范围。此外，高级管理人员的任职条件分为正面清单和负面清单，分别从应当具备的任职资格及不允许担任高级管理人员两个方面，对高管的任职资格予以限定。其次，中介机构应当聘任品行良好的保险中介业务从业人员。同时应当加强从业人员招录工作的管理，制定规范统一的招录政策、标准和流程。同时对保险从业人员列出负面清单。此外，可以对销售人员按照从业经历、业务能力、客户投诉等方面进行分级，以规范其销售行为，切实将合适的产品销售给合适的人群。

（三）信息系统建设

随着云计算、大数据等新兴技术的日趋成熟，一个比较可行的办法是打造一套统一标准的保险中介行业信息共享服务平台，汇集行业资源，包容各方发展的集体利益诉求，打破市场主体间的信息壁垒。首先，通过平台建立行业底层统一的业务规范，吸引软件供应商在平台上为中介机构提供各种版本的业务管理系统，这可以解决小而分散的中介机构信息化能力不足的问题。其次，平台通过与行业中所有的保险公司进行对接，为保险公司提供中介行业直连，在线开展保险产品的代理业务，将中介渠道的保险交易转变为规范标准下的平台，在线统一作业，逐步实现保单动态标准化和电子化，提高业务拓展能力，降低管控风险。最后，对外提供保险行业统一门户，方便消费者在线投保、查询理赔及相关信息，更好地解决数据真实性、准确性和时效性的问题，为行业主体提前发现经营过程风险、消费者主动管理个人保险账户提供直接帮助，改善保险消费体验。

第六节　保险资产管理公司风险管理

随着大资管行业的不断发展，依托庞大的保险资金规模、注重资产负债匹配下的资产配置能力和对绝对收益的获取能力，保险资管机构蓬勃发展，成为资管领域的一大亮点。

一、保险资管公司市场整体情况

（一）发展现状

随着 2018 年 4 月资管新规发布，我国资产管理行业逐步呈现统一监管、回归本源的"大资管"格局。保险资管公司从过去封闭、单一、被动的受托发展业务转向开放、全面、主动的资产管理业务，从单纯的账户管理转向账户管理与产品管理并举，从单纯的管理保险公司内部资金转向管理内部资金与第三方资金并举，从被动式负债投资转向资产负债管理，从行业内竞争转向金融业跨界竞争，寻求多元化发展。

保险资产管理已经成为资产管理市场上的一股重要力量。保险资管业协会数据显示，截至 2020 年底，35 家保险资管机构^①资产管理规模合计 21 万亿元，同比增长 19%，管理费及其他收入合计 321 亿元，保险资管人才突破 8 000 名。保险资管业管理的系统内保险资金规模占比近七成，管理的第三方资金来源多样化，涵盖了第三方保险资金、银行资金、基本养老金、企业年金、职业年金等。从大类资产配置来看，资产配置保持稳健态势，整体以固收类资产为主，其中债券占比 38%、金融产品占比 18%、银行存款占比 13%、股票占比 8%、公募基金占比 4%。从增速来看，2020 年组合类产品、银行存款以及股票的增速排名占据前三位，分别为 45%、35%、29%。

（二）行业前景与竞争格局

随着资管新规落地，大资管行业投资主体在投资范围、准入门槛、管理模式等方面趋于一致。保险资管作为后起之秀，在整个大资管行业竞争中面临挑战也拥有机遇。

在挑战方面，保险资产管理业面临更加激烈的竞争格局。首先，当前行业正在统一监管标准，资管行业回归代客理财本源，参与主体不断丰富。银行理财子公司陆续入局，与母行形成协同效应，传统资管机构如信托、券商、公募基金等也大力发展资管业务，科技公司、电商平台借助自身的金融科技、渠道等优势纷纷加入。此外，随着我国金融行业对外开放进程的加快，国际资管机构持续在中国资本市场布局。其次，保险资管经营优劣势分明。国内保险资管公司在绝对收益组合管理、固收投资和另类投资方面具有较为显著的优势，但在个人

---

① 包括截至 2020 年末已经开业的 27 家保险资产管理公司和 8 家其他具有存量保险资金业务的机构。

市场的销售推广、渠道宣传等方面与公募基金、银行理财等仍存在较大差距。

在机遇方面，在保险保障需求、个人财富管理需求的共同驱动下，保险资管行业前景广阔。首先，对标美国、日本等发达国家，保险业仍有巨大的发展潜力，我国保险业规模有望持续高速增长，保险资产管理规模也将随之快速提高。其次，随着保险资管新规开放个人高净值客户购买保险资管产品，保险资管机构在个人财富管理方面将迎来更大的发展空间。此外，国内保险资产管理公司管理的资金 70% 以上为保险资金，该比例距离国外大型保险资管公司 50%~70% 的三方资金比重还有较大提升空间。最后，保险资管新规出台强化行业竞争优势。《保险资产管理产品管理暂行办法》规定保险资管产品在投资范围上与其他资管机构一致。保险资管机构将在策略产品布局、权益投研、投资能力方面加大投入，建立更加透明化、规范化的产品运营和业务管理流程，以客户需求驱动创新。

二、保险资管公司经营模式与监管环境

（一）保险资管公司受托管理职能

保险公司一般根据其经营规模、专业化程度、监管限制等因素选择适合自身的模式，进一步围绕资产负债匹配管理的要求，将保险资金运用的全部或部分职能划分给保险资管公司，由其开展资金运用。在长期运作管理中，保险资管公司形成三种主要受托管理模式，分别为全受托模式、半受托模式和部分受托模式。

在全受托模式中，保险公司将多品种资产作为资产包整体交由保险资产管理公司开展资金运用。在此模式下，保险资管公司实质承担战略资产配置、战术资产配置以及品种投资职责。保险资金的战略资产配置制定主体是公司联系负债与资产的桥梁，在设定目标时需充分考虑负债端的长期性及成本约束，在构建组合时需基于大类资产的不同属性和风险特征建立科学有效的配置策略。该模式优势为，保险资管公司充当资产负债联动的枢纽，在充分了解保险业务、险资风险偏好的基础上，搭建长期投资策略，着重于保险资金的长期回报。但

该模式也具有潜在劣势，当保险资管公司与保险公司的利益发生冲突时，比如有些保险资管公司为追求较为短期激进的资产回报，会更倾向于放松对资产配置的上下限要求，起不到实质意义上约束保险资金投资的作用，导致投资风险加大，进而损害保险公司的长期利益。

在半受托模式中，保险公司设置资产配置与资产负债管理部门负责整个保险资金的资产负债管理以及战略资产配置，而将战术资产配置职能全部分配给保险资管公司，或者与其共同承担战术资产配置功能。在这种模式下，保险资管公司只对战术资产配置与品种投资的结果负责，通常不会对保险业务有更深入的理解，资产负债匹配与联动全部依赖于委托人的管理策略，保险资管公司更注重资本市场变化，尽可能在约定的投资框架下追求更高收益。但该种模式可能导致资产配置职能划分不清，互相扯皮降低资金运用效率。与此同时，资产配置的贡献分配难度较大，给保险公司投资端考核带来了一定挑战。

在部分受托模式中，保险公司的资产配置部门承担全部的资产配置职能，通常不会将整个资产包全部委托给一家保险资管公司，而是根据不同的组合管理策略，对保险资金进行分组合开展委托，资产配置部门承担市场的贝塔，保险资管公司更多去创造阿尔法。在该模式下，保险公司希望借助资管机构提升投资管理能力，创造更多超额收益，从而获得较好的资产负债结构和财务结果，因此一般委托相对收益组合。但也有国内保险公司为了实现较为稳健的投资收益，避免过大的波动，在实践中通过绝对收益考核方式进行单一品种委托。随着长期投资管理理念及市场经验愈加成熟，此类做绝对收益委托户的公司也在考虑向相对收益转型。保险资管公司接受分资产组合的委托，短期业绩会直接影响委托人的申赎行为，在考核方面会更加重视与公募基金或同类专户／产品的排名情况，因此投资上更加追求短期收益，管理模式上更接近公募基金。

总而言之，全受托、半受托运作资金的方式更利于保险资管公司理解负债端的想法，贯彻保险公司整体的经营管理思路，有利于资产负债匹配管理。但由于受托管理规模一定程度上受保费收入被动增加或减少，也容易导致保险资管公司缺少市场竞争力。部分受托模式则强调资管公司的投资研究、组合管理能力，但由于只管部分组合，相较于受托全部资金模式，投资策略缺乏一定的一致性与长期性。

（二）保险资管公司业务领域介绍

1. 传统投资类业务。投资类业务既包括投资于标准化的债券、股票、基金、衍生品类等，也包括投资于非标准化的债权计划、信托计划、项目资产支持计划、专项产品、信贷资产支持证券等。围绕投资业务，保险资管公司需要建立完善的投资研究、组合管理、交易管理、风险控制、估值核算、IT 运营、绩效评估等体系，以全方位为投资类业务保驾护航。

2. 发行类业务。一般以保险资管机构名义发起，设立基础设施债权投资计划、不动产投资计划、股权投资计划、资产支持计划等。这在实质上类似于投资银行业务，一端对接项目，另一端对接资金，一方面为企业融资提供综合解决方案，另一方面为保险资金寻找优质投资标的。

3. 金融科技赋能整体投资。除了传统的资管业务，近年来，随着云科技、人工智能、智能认知、区块链技术的发展与应用，金融科技正在加速改变保险资管业态，重视科技建设已成为整个行业的共识，特别是在风险管理领域的深耕更是离不开数据、模型、智能化等技术手段的支持。目前，一些资管公司正尝试探索结合自身的风险经验，融入对未来风险管理的思考，搭建智能化平台，并为整个资管行业提供科技类投顾服务，为全行业投资管理水平的提升赋能。

4. 拓展业务边界，发展新型业务。一些保险资管公司充分整合内部资源，持续拓展业务边界，将内部管理经验、技术模型、解决方案进行重塑后，输出专业管理能力，开拓财务顾问、理财咨询、资产配置服务等新类型的业务，并使其成为新的资管收入增长点。

（三）监管法规的影响

1. 资产负债双轮驱动的监管要求对保险资金运用产生深远影响。保险资管机构是保险资金运用最重要的专业管理机构，其发展亦始于保险资金运用的专业化需求。保险资金运用的监管要求主要分为三类：一是通过"偿二代"、资产负债管理等与资产负债相结合的综合监管政策，通过对偿付能力、资产负债等的管理对资金运用进行监管；二是通过各类资金运用的具体监管政策，明确投资范围、投资比例、风险管理及各具体投资品种的监管要求；三是在资管新规的监管要求下，通过针对保险资管产品的相关政策法规，对保险资管机构的资产管理业务进行监管和约束。

首先，偿付能力监管对保险资金运用产生了重大而深远的影响。保险资金主要来自长期、稳定的负债，因此，保险资金的特性决定了保险投资需满足期限匹配、收益覆盖、稳健安全三大原则。我国"偿二代"自2016年起正式实施，为保险行业提供了一个全面的风险量化体系，对市场风险、信用风险、保险风险都进行了高像素的量化，督促保险资管机构有的放矢地进行风险管理，建立风险偏好体系。具体而言，借鉴风险度量指标，重点把握尾部风险，在进行资产配置时考虑风险调整后的收益，追求长期、稳定、高质量的投资收益回报。同时，不同的资产配置会不同程度地消耗监管资本，从较深层次影响保险资产的配置结构。此外，面对复杂的利率环境和经济形势，保险资金投资的收益波动加大，与刚性负债的矛盾将日益突出。

其次，各类资金运用的具体监管政策，明确了各类投资监管要求。2018年发布的《保险资金运用管理办法》，对保险资金运用业务进行了系统性规范，强调保险资金服务保险业，遵循独立运作原则，不受股东违规干预，明确了资金运用范围、资金运用流程、决策运行机制、风险管控措施是保险资金运用最重要的纲领性的监管政策之一。在具体的投资比例方面，2014年2月出台的《关于加强和改进保险资金运用比例监管的通知》，将保险公司投资资产划分为流动性资产、固定收益类资产、权益类资产、不动产类资产和其他金融资产等五大类资产，针对保险公司配置的大类资产设置资金运用上限比例以及集中度指标，对保险资金投资形成多层次的比例监管，影响着保险资金运用的大类资产配置比例。针对不同的投资品种，如固定收益类资产、股票及基金、非标债权计划、信托计划、不动产投资等，监管都出具了各类政策及法规约束投资行为。针对衍生品投资，银保监会发布《保险资金参与金融衍生品交易办法》，将保险资金投资金融衍生品的目的由对冲或规避公司整体风险调整为对冲或规避资产负债错配风险，针对股指期货、利率互换、国债期货等金融衍生品，均出具了相应的监管管理办法。保险资管机构应根据监管要求，建立完善内部管理机制，严控内幕交易行为，严格遵守套期保值的原则，合理利用金融衍生品作为风险缓释工具，提高市场风险，特别是利率风险的管理能力。

再次，资管新规促使保险资管产品规则完善。保险资管机构的资产管理业务主要分为类投行业务（以发行设立债权投资计划、不动产投资计划、股权投资计划、资产支持计划等为主）及三方保险资管业务（以发行并管理组合类保险资管产品为主）。在资管新规统一资管业务的背景下，2020年，银保监会发布《保险资产管理产品管理暂行办法》（以下简称"产品办法"）以及《组合类保险资产管理产品实施细则》（以下简称"组合类细则"）、《债权投资计划实施细则》（以下简称"债权类细则"）和《股权投资计划实施细则》（以下简称"股权类细则"），保险资管"1+3"制度框架全面落地，保险资管行业迎来上位法。产品办法作为保险资管产品的母办法，三个细则作为规范性文件，结合三类产品各自特点，制定差异化监管要求。

组合类细则明确了产品投资范围，开放了保险资管产品参与个人业务的途径，明确了组合类保险资管产品由首单核准改为登记，标志着保险资管行业市场化进程进一步推进。同时对保险资管机构科研与风控能力的建设、产品开发与创新、投资者服务等方面提出了更高的要求。保险资管机构需要发挥自身多年在绝对收益、大类资产配置、固收资产投资，以及优质非标资产资源等方面的优势，同时也要进一步丰富产品线，借鉴公募基金等机构经验，并注重金融科技在投资研究、风险管理、产品开发、客户服务等方面的应用，迎接市场化的挑战。

债权投资计划与股权投资计划是保险资金等长期资金对接实体经济的重要工具。近年来，保险资管机构的债权及股权投资计划的发行业务持续发力，债权投资计划不断扩容。在债权类细则与股权类细则出台后，债权投资计划及股权投资计划有了统一规范其运作的专门法律文件。细则的出台扩大了可投范围，简化了产品注册流程并延长了注册时效，与其他同类产品的监管要求逐渐拉平。面对细则发布带来的新的业务空间，保险资管机构需提高发行端的投资管理能力及投后管理能力，加大债权计划、股权计划的项目储备和上报，优化产品交易结构的设计，坚持服务实体经济。

2. 监管优化保险机构投资管理能力，提升险资投资效率。截至 2020 年末，保险资金余额已超过 21 万亿元。为提升保险资金运用的效率和监管效能，2020 年 10 月银保监会发布《关于优化保险机构投资管理能力监管有关事项的通知》，优化整合保险机构投资管理能力，细化能力建设标准。调整后，保险机构投资管理能力共有信用风险管理能力、股票投资管理能力、股权投资管理能力、不动产投资管理能力、衍生品运用管理能力、债权投资计划产品管理能力、股权投资计划产品管理能力七类。该制度进一步深化了"放管服"改革，取消投资管理能力备案管理，将保险机构投资管理能力、管理方式调整为公司自评估、信息披露和持续监管相结合，形成了保险机构、自律组织与监管机构各司其职、彼此支撑的良性监管体系，赋予了保险资管机构更大的投资自主决策权，调动了保险资管机构自身的合规意识，同时保险资管机构也将承担相应的风险与责任。

3. 监管评级制度发布，保险资产管理公司进入分类监管时代。近年来，保险资产管理机构在大类资产配置、固定收益投资等领域的影响力逐渐扩大。自 2003 年首家保险资管公司成立，经过十余年的发展，资产管理规模已超过 21 万亿元。2021 年 1 月，银保监会发布《保险资产管理公司监管评级暂行办法》（以下简称《办法》），督促保险资管机构加强投资管理能力建设，加强全面风险管理能力建设，建立高效的交易运营保障体系和完善信息披露机制。《办法》选取了公司治理与内控、资产管理能力、全面风险管理、交易与运营保障以及信息披露等五个维度，建立实施保险资产管理公司的监管评级制度，同时根据评级结果，在市场准入、业务范围、产品创新、现场检查等关键领域采取差异化监管措施。《办法》的出台，对管理能力较弱的保险资管机构提升资产管理和风险管理能力，提升市场竞争力具有指导意义。能力较强的公司可以树立行业标杆，在保险资金长期投资、支持实体经济方面发挥作用。《办法》将业外资质、资产管理规模、服务业外资金、单位管理资产利润率等列入加分项，鼓励保险资管机构发挥各自特长，发展"小而美"的特色经营业务，同时也使各类资管公司具备横向可比性，有助于保险资管机构发掘优势，发现短板，提高行业整体的资产管理能力。

三、保险资管公司面临的风险以及在风险管理实践中面临的挑战

（一）保险资管公司面临的风险

1. 市场风险。 首先，利率长期下行且具有高波动性，增大了资产配置的难度。随着全球经济增长的放缓以及新冠疫情的影响，利率下行将在未来较长时间成为市场常态，资产投资回报率下降。同时利率周期长期存在，极端事件的发生更会改变利率走势与预期，增加了利率的波动性，传统的配置策略难以应对复杂的利率市场。

其次，市场系统性风险走高，传染性增强。逆全球化、中美博弈、新冠疫情等因素增加了经济增长的不确定性，事件性冲击反复影响股票市场预期，使得市场系统性风险加大，风险传导逻辑与链条变得更加多样。在极端情形下，风险呈现跨品种、跨行业、跨区域的快速传导特征。2020 年欧美新冠肺炎疫情暴发后，国际市场与国内市场风险交叉传导，权益市场、衍生品市场、商品市场、贵金属风险互相传染，同一阶段，标普 500 指数暴跌，原油价格变负，黄金价格暴跌，避险资产不再能"避险"，尾部风险加大。

再次，跨境资金流入推高国内权益市场估值。中国经济长期增长引擎转换，经济结构调整，产业转型升级，资本市场逐步完善，海外资金加紧布局国内核心资产，行业龙头估值屡创新高，权益市场估值逻辑可能面临重塑。近年来金融市场不断开放，如沪深港通以及未来拟推进的沪伦通，大量境外机构资金涌入 A 股市场，A 股市场涨跌与境外主要经济体股指相关性增大。而北向资金主要流入国内消费以及新兴行业龙头，推高了整体估值水平，对境内权益市场的估值逻辑产生重要影响，也对境内投资者的交易行为产生一定影响。

2. 信用风险。 一直以来，信用风险管理是金融机构面临的巨大挑战，自从国内打破信用刚性兑付之后，企业违约逐步常态化，信用债违约规模屡创新高，近年来，区域性、行业性风险呈现集中化态势。纵观国内信用债违约历史，2014 年债券市场才开始逐步出现违约事件，2018 年开始违约事件频发。此后政府兜底约束开始弱化，经济景气下行以及过剩产能行业影响负债主体偿债能

力，信用风险爆发的可能性显著增强。而保险资金的主要投资标的为债券，其中信用类资产占比普遍在 40% 以上，信用风险管理显得尤为重要。

3. 流动性风险。市场风险及信用风险均会衍生出流动性风险。随着国内金融市场的不断开放以及股市和债市机构参与者活跃度以及话语权日益增加，同质行为将放大相关风险。以股票市场为例，海外资金不断涌入且海外机构主要参与被动指数或对冲基金，交易高度量化及同质化，并逐步影响国内机构投资者的交易行为。当市场出现短期冲击时，机构同质化止损会造成踩踏式下跌，加大个股变现的冲击成本，客户赎回的情况会大幅加速资产流动性恶化。债券市场情况也类似，当债券面临违约风险时，机构行为亦具有同质化，导致该债券在市场上没有买盘及流动性。

4. 操作及内控风险。保险资产管理公司的操作风险管理主要体现在公司系统建设以及数据治理上。大部分保险资产管理公司的系统建设相对薄弱，主要搭建的是基础投资交易风控以及核算估值系统，以满足监管要求为主。在实际投资运作管理过程中，相对精细化的内部风险管理需求普遍较难通过系统进行直接管控，主要靠投资经理自控或者人工测算进行审批，这不仅耗费了较大的人力，而且容易出错，造成操作风险。此外，系统建设不够完善也容易引发数据质量问题。大部分公司在制作报告的过程中需要大量人工进行数据清洗，在手工模板测算之后形成报告。底层数据质量较差，人工处理环节过多也是最终数据出现质量问题的主因，同时也给风险管理带来较大困难。

（二）保险资管公司风险管理面临的挑战

1. 风险管理模式较为被动。保险资管公司对风险管理的理解存在一定差异，管理模式与体系也各不相同。一些保险资管公司将风险管理与合规法律管理放在一起，风险管理部门通常作为一个合规审批部门或者分析报告部门，对公司的风险做被动管理，而真正市场的风险通常依赖于投资经理的经验判断，没有系统化地建立投资风险管理框架与体系。还有一些保险资管公司将风险管理部门定义为投资绩效与风险分析部门，风险管理的内容强调对组合业绩的监控与归因，或者建立一些量化风险模型对风险进行精细化计量与分析。随着投资策略、资产类型的丰富以及市场的波动性加大，加之监管以及客户的风险管理需求日益精细化，被动式的监管应对、合规风险管理、传统的绩效归因、风险事件的分析与报告等均已无法满足风险管理的需要。

于是，在外部压力加大，投资理念不断转型的过程中，一些保险资管公司开始尝试使用量化手段管理风险，如建立风险预算体系，对各个投资品种、部门、组合的风险限额进行管控。再比如，使用一些经典模型开展绩效归因，对产品、投资经理形成风险画像，并在一定程度上开展风险绩效评价，以达到精细化的风险管控要求。但是，如果依赖大量基于经典理论以及历史分布假设或经验的指标和模型来衡量分析风险，不能及时捕捉新的风险信息，风险管理就会变成"事后诸葛亮"。

2. 风险管理体系难以适应公司业务快速发展需要。保险资管公司普遍存在公司风险治理架构尚不完善、风险防线职责不够明晰的问题。公司在经营管理过程中所面临的各类风险是相互关联和相互传导的，在缺失全面风险管理的统筹情况下，部分风险种类可能未完全覆盖。此外，从 2013 年起，监管放开保险机构开展委外投资业务，资产配置管理能力由保险资管公司移交回保险公司，普遍地由相关投资管理职能部门迁移到保险公司。从全委托模式转换到部分委托模式，大部分保险公司与保险资管公司的权责划分并不清晰，容易对保险资金投资风险管理产生遗漏。

3. 风险管理手段难以适应变化多端的市场情况。（1）市场风险的前瞻性识别与计量难度大。目前，行业常用的市场风险计量主要为风险价值，敏感性分析、情景分析以及压力测试等。而上述的风险计量方法需要大量的数据和模型验算，行业内普遍采用相对简单的模型（如历史法、参数法）、制式报表或人工报表形式来满足测算要求，模型及情景参数相对单一，频率也相对较低。而随着市场的不断变化，基于投资资产历史表现进行测算已不能满足对市场风险的预判，风险测算工具需更具前瞻性。

此外，传统的保险资产管理公司主营业务是受托保险资金的投资管理，根据保险资金的资产负债匹配、偿付能力情况及监管要求形成负债端风险偏好，制定对应的投资端风险预算。而随着资管新规的放开，保险资产管理公司大力发展组合类资管产品业务，三方业务更偏向于相对纯粹的策略投资，如固收＋、纯债型、指数增强、股票灵活配置等。三方业务面临较大的挑战为客户风险偏好并不清晰，如何匹配投资策略的风险特征和客户的风险偏好成为最大难点。

（2）**信用风险预警难度大**。一方面，国内违约历史数据较短，难以通过统计模型建立较成熟的违约概率和评级体系，且信用风险分析主要依赖于企业财务报告，但财报披露频率较低，财报粉饰和造假也给信用评估人员带来了一定挑战。另一方面，除了企业本身财务报表问题，市场情绪及交易盘的变动、负面舆情等均有可能影响信用债的估值，甚至影响企业的融资能力。此外，目前信用风险的传导扩散速度很快，前述风险因素的变动不仅可能影响债券违约风险，还会影响其市场风险。因此，风险预警需要联动，需要更为丰富的分析指标，以达到提前规避估值不利变动的效果。

（3）**流动性风险难以准确衡量与分析**。流动性风险主要来自市场风险和信用风险的衍生，难以通过较显著的风险指标来识别评估，需主要依靠专业经验。常用的资产流动性指标主要为变现天数和变现能力，两个指标的测算主要依赖于市场成交量数据。对于市场相对活跃的品种如股票、场内基金等，我们可以通过市场成交量数据来评估其变现能力，但对债券而言，其成交量活跃度相对较低，如银行间债券是否能变现主要依赖于交易员询价，而通过已成交的数据来评估该资产的变现能力相对不准确，且数据异常。

（4）**资产负债匹配动态联动与精细化管控存在难度**。资产负债匹配管理流于形式。资产负债匹配管理相辅相成，一般有两种模式，负债主导型和资产主导型，且以负债主导型为主，即针对不同的产品负债的期限、收益、流动性和风险承受能力等要求，制定相应的资产配置组合。但目前很多保险机构的资产负债匹配管理流于形式，战略资产配置与负债管理的关联度不高，很多保险机构主要只做成本匹配（制定资产端收益目标），而不会完全告知资产管理公司实际负债端期限缺口、现金流匹配情况，实际资产负债联动难度大。

资产负债匹配整体分析指标过于简单。资产负债匹配风险主要从三个维度被分析及管理，即期限结构匹配、成本收益匹配、现金流匹配。行业内对这三个维度的主要通用指标为到期期限、修正久期、综合收益率与负债成本率以及预期现金流，对指标的整体分析相对较简单。以期限匹配为例，较多公司对资产端主要使用整体修正久期。但随着利率市场结构化变动，各关键期限的利率曲线走势分化，其对负债端及资产端的影响可能呈现异质性，各关键利率期限上的资产及负债风险暴露是否匹配并不完全清晰，对实际风险的评估可能并不完全准确。

保险公司委外投资增多，保险资管无全量数据，管理风险增大。随着监管放开委外，保险公司逐步打开并加大委外投资管理。在原有的全委托模式下，保险资产管理公司承担资产负债匹配管理主要职责。但放开委外投资后，原本资产配置管理的职能被移交给保险公司，后续风险管理的相关职责由保险资管公司还是保险公司承担相对模糊。保险资产管理公司在不掌握全量数据的情况下，进行资产负债匹配管理面临较大的风险。

新会计准则的实行以及利率下行，增大了保险资产负债匹配管理的难度。随着保险机构全面推进 IFRS9 会计准则，资产端原则上以公允价值估值，会计分类为以摊余成本计量的信用品种均要计提信用损失，这实质上将加大资产端收益率的变动。而负债端以成本估值，成本利率并非跟随市场变动，尤其对长期险种来说更是如此。同时，目前国内利率市场整体下行，这对保险资金资产配置以及资产负债匹配管理提出了很大的挑战。

4. 投资考核强调业绩导向。保险资产管理公司的投资业务主要分为保险资金投资以及组合类资管业务，绝大部分以投资收益为导向。这与投资目标直接相关，如保险资金投资的目标主要是覆盖负债成本，不少保险机构为了拓展保险业务，在保险产品的设计上会增加各类条款，导致整体负债成本增加，对保险资产管理公司的考核要求也以业绩目标为主。同时，如果保险机构有委外业务，对保险资管公司的考核则会增加管理人排名。而在组合类资管产品业务中，考核模式类比基金公司，主要通过投资收益或排名来扩大市场影响力。在这样的考核氛围下，资管公司内部分解到投资经理的考核管理也会以投资收益为导向，整体风险导向的文化难以形成并推广落地。

此外，风险导向的考核较难选取定量的指标，行业内还是以合规和员工操守类的定性指标为主。而其他风险类的考核指标和统计口径较难选定，比如市场风险类，选择损益类的指标本身与收益考核相一致，且如果碰到系统性风险，资管公司就会对投资经理加重惩罚，这样做难以达到公平。此外，部分公司也考虑使用风险调整收益进行评估，比如夏普比率、信息比率，主要选取多长时间进行评估，或者在产品投资经理频繁变更的情况下如何处理均是比较大的挑战。信用风险考核也类似，部分公司会考核出险数量、不良率等指标。从信用市场的发展来看，未来信用违约事件频发的情况是可以预期的，并且弱资质的国企信用崩塌，如果过往保险资金配置的长期债券触发违约风险，那么该如何考核？尤其是，如果投资经理已变更多次，那么新投资经理如何考核也是巨大的挑战。

四、保险资管公司的风险管理策略

（一）风险管理模式主动化

1.**打造"投资、研究、风控"三位一体风险管理体系，真正做到高效专业和主动引领。**一方面，要加强对投资投向的专业研究和引领，形成投资、研究、风控的良性互动，扮演好"左右手"的角色，为投资保驾护航。另一方面，通过完善风险预算体系，打造安全垫，真正做到投资风险限额的前置化管理。

2.**保险资管机构风险管理模式的改变，离不开风险管理工具与手段的完善。**第一，保险资管机构应当不断研究学习海内外先进风险管理经验，充分吸收与利用各类先进的数学、统计学学术成果，搭建现金的风险量化模型，持续引入和应用国际先进理论，精确评估和揭示风险。第二，大数据、人工智能等科学技术的快速发展，尤其是在金融业的应用，为智能化的风险管理提供了基础。通过对各类技术的整合，借助过去的经验判断，逐步探索更为主动的风险管理模式，从逻辑推演出发，降低甚至避免风险的发生。

（二）风险管理体系全面化

保险资管机构较银行、证券等涉及的投资品种及业务更广泛，同时接受银保监会、证监会的监管，因此保险资管的风控工作范围广，风控人员参与程度深，主动管理程度高，风险管理既要支持引导投资，又要为公司守住风险底线，既需要融入投资，又需要保持独立客观，并充分考虑管理资金的多样性，因此风险管理必定是复杂的、多维的。依据风险管理的目标不同对其进行分层管理，可划分为公司层面、委托人层面、产品层面。

在公司层面，风险管理需统筹考虑。第一，在公司治理方面，首先应当打造全面风险管理文化，从治理架构上建立全面性和独立性的风险管理体系；其次，打通委托资金的全生命周期的风险识别、分析、评估、应对流程，推进精细化风险管理；再次，强化公司风险管理文化建设，压实一道防线风控职责，优化二道防线体制机制建设，建立全员负责的全面风险管理协同机制。第二，在管理手段方面，从整体出发，一方面深化宏观、中观风险研判，把握市场与政策导向；另一方面，对内部的产品与账户持仓进行测算与分析，综合内外部各类因素，跨板块揭示公司全面风险。

在委托人层面，不仅要主动了解委托人的风险偏好和收益目标，根据投资指引及合同制定风险规划，并开展风险指标与限额监控，还要根据公司层面风险管控要求，对不同投资部门、不同投资品种、不同风险类型进行风险监测与管控，并不断推进风险预算机制的建立。

在产品层面，首先应当遵循公司和委托人层面的风险管理要求，对产品风险进行总体管控。同时结合产品自身投资策略与风险收益特征，在新产品或新账户设立之前的投资策略形成确定过程中同步制定内部限额管理方案，并在管理过程中为产品绘制风险轮廓，根据风险轮廓对产品面临的各类风险进行精细化管控。此外，还应建立动态调整机制，根据不同的宏观经济环境及产品运行情况，对限额进行动态调整。

（三）风险管理的方法与工具科技化

资产管理的本质就是通过专业能力对各类信息进行深度加工与处理，综合一系列经验与预测结果，对各类型资金进行管理与配置。金融市场瞬息万变，信息错综复杂，如何在短时间内快速寻找各类数据与信息的关系，抓住市场演化的逻辑和可能面对的风险，并开展相应的风险应对，是资产管理的核心竞争力所在。

海量的大数据分析、先进人工智能技术的运用大大提升了风险管理的前瞻性，为资金运用提供了更大的价值。过去，做前瞻性风险分析依赖于资产的近期表现或者人为经验判断，通常无法捕捉到历史经验以外的变化。而机器学习可以学习捕捉更多的市场因子数据，并动态推测市场环境的变动，进而对业绩进行预测，为选聘与后续组合风险管理提供更多维的决策依据。

1. **在市场风险管理方面**。保险资管机构应当借助专业的组合管理经验，充分运用大数据分析工具，通过对组合风险智能分析、投资经理智能跟踪评估、多因子归因分析来实现对市场风险的精准刻画，实现对组合的过去、现在、未来进行风险管理。

2. **在信用风险管理方面**。保险资管机构应当基于过去信用评级的专业研究经验，结合大数据及人工智能技术，一方面搭建基于"财务指标"和"市场舆情"的多因子预警模型，另外一方面融合专家经验，基于大数据技术打造人工智能预警系统。通过对财务基本面分析、财务造假识别、舆情高效处理、风险传导量化来实现对信用风险的精准刻画和提前预警。

3. **在流动性风险管理方面**。保险资管机构应当基于各类金工模型，模拟各类压力情景，打造多维联动的流动性压力测试模型。借助专家经验，对历史市场进行切片，分析不同市场的风险因子变动情况和传导关系，建立风险因子协方差矩阵，形成风险传导链条，精准预测流动性风险。在排查流动性风险影响和冲击的过程中，行业、区域、资产等风险存在不同程度的关联性和传导性，这导致不能简单地靠单一的变现系数去做风险分析，而是要依赖对产业链条的层层分解去查找风险的传导路径，还原最真实的风险，预测真实资产在压力情况下的流动性风险水平。

（四）投资考核风险导向

投资收益绩效考核目标，有助于降低理解难度，一定程度上能帮助管理层提升管理效率，但可能导致投资人员在绩效的驱使下片面追求高收益，也可能导致公司出现资产与负债较大错配，信用过分下沉，再投资风险加大或信用违约，等等。此外，保险资管的资金来源主要是保险机构，也有一部分来自社保、银行理财子公司等，因此保险资管公司在开展保险资金运用时，应在资产负债管理的基础上综合考量资金特性、风险偏好等因素，争取做好收益投资管理活动。

综上所述，在评价投资管理活动时，公司不仅要关注投资收益率，更要重视投资管理人投资指引及长期战略配置、资产负债管理、风险管理目标的完成情况。因此，对保险资金的运用更应该以资产负债管理为基础，逐步搭建风险导向绩效考核体系。

一是对于产品策略稳健，财务目标对投资利差依赖度相对较低的保险多资产组合，投资策略一般较为简单，不配置或者很少配置风险类资产，以长期固定收益资产为主，严格控制利率风险，风险考核关注投资合规与纪律即可。

二是对于追求投资收益的多资产组合，投资策略通常涉及资产配置、择时择券等复杂操作，资金运用也通常需要多个投资业部门的协调合作，因此，风险考核应当从不同的资产属性出发，设定符合资金的风险偏好考核指标。

三是对于匹配类固定收益资产组合主要以长期持有、获取稳定持有期收益为目标，在会计分类上主要兼顾流动性和资本管理的要求，因此，并不考虑短期利率波动带来的可供出售类固收资产浮盈浮亏变动情况，风险考核更加重视期限匹配、流动性风险、信用风险等各类风险指标的考核。

四是对于非匹配类固定收益类资产组合，一类是以获得长期价值增长为目的的相对收益固定收益组合，另一类是通过捕捉短期机会获得价差收益的交易型固定收益类资产。对于获取相对收益的固定收益资产组合，风险考核更加注重长期业绩的考核，将风险收益比纳入考核权重。对于以捕捉短期市场机会为主获得价差收益的交易型固收类资产组合，激进的投资经理会依靠信用下沉或久期大幅偏离获取短期交易收益，风险考核应该更加关注久期错配风险、信用风险等。

与固定收益相比，权益投资在具有较高回报潜力的同时也承担了相对较高的风险，短期内的波动性和不确定性尤其高。为与保险资金等所需的长期稳定收益能力相对应，权益投资也应当以长期价值为主要出发点。保险公司在进行权益类资产风险考核评价时，应当更加关注长期业绩表现，在风险指标上强调组合回撤、波动的管理。

五是在另类资产的投资组合中，不同地区、行业、阶段、类型资产之间的投资回报存在明显区别，风险考核应当特别关注其长期收益能力以及投前投中投后流程的管理能力。

第七节　相互保险组织风险管理

相互保险历史悠久，起源早于股份制保险。其在国际保险市场仍占据重要地位，尤其是在高风险领域如农业、渔业和中低收入人群风险保障方面应用广泛。国际相互合作保险组织联盟（ICMIF）官方数据显示，2017 年，全球范围内的 5 100 多家相互保险组织共同创造了 1.3 万亿美元的保费收入，总资产达 8.9 万亿美元，从业者 116 万人，服务会员 9.22 亿。

一、相互保险市场总体情况

（一）相互保险的定义、特征及优势

1. **相互保险的定义**。相互保险是指具有同质风险保障需求的单位或个人，通过订立合同成为会员，并缴纳保费形成互助基金，由该基金对合同约定的事故发生所造成的损失承担赔偿责任，或者当被保险人死亡、伤残、疾病或者达到合同约定的年龄、期限等条件时承担给付保险金责任的保险活动。相互保险组织是指在平等自愿、民主管理的基础上，由全体会员持有并以互助合作方式为会员提供保险服务的组织，包括一般相互保险组织，专业性、区域性相互保险组织等形式。

2. **相互保险组织的特征**。与股份制商业保险公司相比，相互保险组织具有以下特征。一是所有权结构不同。相互保险组织没有外部股东，由全体会员

共同所有，保单持有人兼具组织所有人和被保险人的双重身份。二是组织形式和组织架构不同。股份制公司属于"资合性"组织，最高权力机构是股东大会，按股份多少进行表决。相互保险则属于"人合性"组织，最高权力机构是会员（代表）大会，一般实行一人一票的表决方式，会员平等参与公司管理。三是运营目标不同。相互保险核心目标是为全体会员提供最经济的保险服务，不追求通过对外经营获得商业利润，在运营上更重视被保险人的利益。四是分配机制不同。相互保险组织的保费收入在支付赔款和经营费用之后，盈余部分完全由会员共享，可以通过保单分红、降低来年保费等方式分配给会员。

3. 相互保险组织的优势。一是没有外部股东，投保人与保险人之间没有根本性的利益冲突，有效避免了保险人不当经营和被保险人欺诈所导致的道德风险。二是不以商业营利为目的，核灾定损准确度较高，经营成本只有股份制保险的 1/3 左右。三是可以不追求短期商业利润，发展有利于被保险人长期利益的险种。因为没有股东盈利压力，其资产和盈余都用于被保险人的福利和保障，可以根据会员群体风险保障需求灵活地设计条款、调整费率，发展有利于被保险人长期利益的险种，灵活性和适应性强，并应用于商业保险难以覆盖的低收入人群和高风险领域。

（二）我国相互保险市场概况

我国的相互保险实践始于 20 世纪 80 年代末，借鉴日本农业共济会的经验，把农业保险与其他商业保险分离，在河南等 9 个省市开展了政府政策引导和农民互助合作相结合的相互保险试点。20 世纪 90 年代中期以后，由于缺乏政策支持，相互保险的发展整体出现一定程度的停滞。但农业、渔业、林业以及职工互助等领域的部分相互保险组织仍不断发展，在提高高风险领域和低收入人群风险保障水平方面发挥了积极作用。

近年来，党中央国务院高度重视，并多次发文，明确要求加快发展相互保险。2015 年 1 月，原中国保监会正式印发《相互保险组织监管试行办法》，旨在规范相互保险组织健康发展。2016 年 4 月，经原中国保监会商原国家工商总局并上报请示，国务院正式批准同意开展相互保险社试点并进行工商登记注册。

截至目前，我国现有的相互保险组织按照是否已纳入保险监管范畴可分为以下两类。

一类是已经纳入保险监管的相互保险组织。2005 年，国务院批准阳光农业相互保险公司（前身是 1984 年成立的黑龙江垦区农业保险互助社）改制成为相互保险公司。原中国保监会分别在浙江宁波、瑞安两地开展农村保险互助社试点。2017 年，原中国保监会先后批准众惠财产相互保险社、信美人寿相互保险社、汇友建工相互保险社（2018 年 7 月更名为汇友财产相互保险社）三家相互保险组织开业，标志着相互保险这一国际传统、主流的保险组织形式在我国开启新一轮实践探索，我国多层次保险市场体系建设迈出了全新步伐。2020 年 5 月，农业农村部、中国银保监会加快推进渔业互助保险系统体制改革，规范渔业风险保障体系。

另一类是尚未纳入保险监管范畴的相互保险组织。主要包括中国船东互保协会、中国职工保险互助会，陕西、湖北、湖南等地设立的农机相互保险社，以及散见于全国各地的区域性养殖业、种植业农业互助保险组织。

（三）相互保险组织监管要求

目前，除了同时适用于保险公司和相互保险组织的监管法规，专门针对相互保险组织的监管规定主要有两份文件，分别为原中国保监会《相互保险组织监管试行办法》（以下简称《试行办法》）、《关于加强相互保险组织信息披露有关事项的通知》。其中，《试行办法》旨在规范相互保险组织健康发展，是开展相互保险监管的统领性、基础性文件，体现了相互保险监管的主要原则和核心理念，初步打造了"遵循基本规律、符合国际惯例、体现相互特色"新型相互保险监管体系，努力走出一条符合中国国情的相互保险发展道路。

从监管原则上看，一是总体趋同。相互保险与股份制保险之间的本质区别在于所有制和治理方式不同，而在日常经营和业务规则等方面没有明显差别，世界各国对两者的业务监管也基本保持一致。因此，《试行办法》遵循保险一般规律，与现有监管框架基本保持一致，在业务监管上采取与股份制公司基本趋同的规则。二是体现针对性。为充分体现相互保险会员制、人合性及民主管理的特色，《试行办法》在治理结构、信息披露等方面进行了针对性规定，提高经营透明度，切实防范内部人控制风险。特别是《关于加强相互保险组织信息披露有关事项的通知》从组织治理、经营管理、董监事及高级管理人员、关联交易、重大事项、监管措施等方面明确了相互保险组织的信息披露要求，进一步增强了相互保险组织经营管理的规范性与透明度，加强对相互保险组织的公众监督，充分保障参保会员权益。三是大小有别，适度区分。《试行办法》对不同规模的相互保险组织进行适当区别对待，其中，一般相互保险组织基本按照保险公司的现行监管制度进行监管，区域性、专业性和涉农相互保险组织则根据实际情况适当放宽了监管要求。对区域性、专业性等中小型相互保险组织将探索授权各保监局实施属地监管，条件成熟时，还可逐步实行注册制管理。

二、相互保险组织主要风险

与传统的股份制保险公司一样，相互保险组织也是以经营风险为主的保险机构，其具有的主要风险表现如下。

1. **公司战略风险**。战略风险更为集中和突出。相互保险组织会员既是投保人也是相互保险组织的所有人，其经营战略目标集中于特定区域、特定行业、特定人群、特定业务，在市场定位、目标区域、产品规划等方面均关乎会员市场的大小、保险需求的强弱及可开发性。而相互保险组织的战略方式、经营模式直接影响经营成本的高低。

2. **偿付能力风险**。相互保险组织没有股份制公司"法定资本"的概念，但有对会员分红或保费返还的要求，且外部筹资相对困难，因此偿付能力管理压力较大。与股份制公司相比，相互保险组织没有担保意义上的资本金，若以现行的偿付能力额度标准来衡量，相互保险组织往往表现为偿付能力不足。随着业务持续发展，为满足偿付能力监管需要，相互保险组织需要持续补充"资本"，但无法通过股权融资或资本市场直接融资。特别是在发展初期，相互保险组织尚不能通过留存利润的方式补充"资本"，也暂不具备发行资本补充债或次级债的条件。因此，现阶段改善偿付能力的唯一路径仍是通过向借款人借款来补充运营资金。此外，《试行办法》也未提及相互保险组织偿付能力的概念鉴定、具体要求和考核办法等监管规则，对相互保险组织偿付能力方面的监督无章可循。

3. 资本结构风险。 相互保险组织作为一家保险企业，同样需要有核心资本以及足够的财务基础来应对风险，履行承保责任，满足偿付能力监管要求。相互保险组织由全体会员共同所有，因此没有资本金，只有运营资金，由主要发起会员负责筹集，也可以来自他人捐赠或借款，且必须以实缴货币资金形式注入。与国外成熟的相互保险市场相比，我国正处于相互保险发展初级阶段，运营资金主要来自主要发起会员的借款，但借款人收益与风险不匹配加剧了融资难度。首先，从投资者角度看，长期债权形式的借款流动性较差，早期缺乏信用评级、固定利息为或有回报且获得利息的周期很长，相对其他可投债券不具比较优势，当前的固定利息回报模式无法分享相互保险组织的未来成长，难以调动运营资金提供人的积极性。其次，在实践中，按照现行监管规定，相互保险组织在经营良好的情况下，大致开业 10 年左右才能具备偿还利息的条件。但与此同时，借款人却承担着与股权投资类似的风险责任，并不具有与股东相同的公司治理权益。这进一步削弱了借款人的积极性，加大了相互保险组织的融资难度。

4. 法律合规风险。 首先，监管制度并不完善。相互保险组织在我国尚属新生事物，仅有《相互保险组织监管试行办法》《中国保监会关于加强相互保险组织信息披露有关事项的通知》两个专门监管规定。其次，相互保险组织内部合规体系建设亟待加强。总体而言，相互保险组织有内部合规管理办法和实施细则，但是合规管理仍然不成体系，且由多个部门分别行使合规管理的职能。合规风险检查方法落后，缺乏量化分析。在风险识别、度量、监测方面科学性不够，管理方法陈旧。

5. 产品定价风险。 保险产品定价基于大数法则，而相互保险经营的特定风险往往聚焦于特定区域的特定人群或特定行业主体，产品定价的合理性更难把握。当出现亏损且公积金无法弥补时，相互保险组织将难以为继。

6. 舆情声誉风险。 近年来，网络互助平台野蛮生长，但与此同时，其监管缺乏制度依据，处于无主管、无监管、无标准、无规范的"四无"状态。有的网络互助平台会员数量庞大，属于非持牌经营，涉众风险不容忽视，部分前置收费模式平台形成沉淀资金，存在跑路风险，如果处理不当、管理不到位还可能引发社会风险。而网络互助与原始相互保险形态有一定的相似性，非常容易导致消费者对二者产生混淆，因此对相互保险的声誉带来了一定影响，影响了相互保险市场的健康发展和舆论环境。

三、相互保险组织的风险管理

我国相互保险组织发展与监管尚处于探索阶段。此外，相互保险组织较传统的股份制保险公司所面临的风险更具有自身特性。因此，应借鉴发达国家的成熟经验，结合我国保险市场实际，制定监管制度与政策，采取相应的风险管理措施，确保相互保险能够在我国平稳起步，健康有序发展。

（一）完善保险监管规则，防范公司治理风险

2018 年以来，银保监会相继出台了股东股权管理、关联交易管理、独立董事管理等一系列规制文件，从制度上、组织上把党的领导融入公司治理各环节，严格规范股东股权管理，加强股东资质审查，实施股东入股"承诺制"，对违法违规问题股东坚决实施行业禁入。相互保险公司需要不断完善法人治理结构，按照监管要求和章程规定，召开会员代表大会和董事会，研究制定发展战略和执行规划，厘清战略定位，及时发现战略风险，排除经营风险，提高服务品质，控制竞争风险，与同业机构形成差异化竞争，更好地为广大会员提供优质服务。与此同时，2015 年颁布的《相互保险组织监管暂行办法》中的部分规定可操作性不强，亟须适时启动修订工作，按照统一监管、创新监管的原则，在组织治理、偿付能力、资本补充、分支机构等方面制定配套细则，创新监管手段，逐步构建一套完整、系统的符合中国国情的相互保险监管制度体系，推进我国相互保险规范有序健康发展。

（二）合理制定相互保险组织偿付能力监管标准，防范偿付能力风险

加强外部筹资，合理把握业务发展节奏，使其与筹资能力相匹配，防范偿

付能力不足的风险。同时，提取充足准备金，除了需要正常提取的责任准备金、赔款准备金及费用准备金，还应针对运营资金偿还和经营盈余分配提取准备金，防止资金波动引起的偿付能力风险。而为了保持相互保险组织的偿付能力，监管部门需适当限制对会员的盈余分配，除提取各种责任准备金的监管要求，还可以规定一些特殊限制，如盈余分配仅可以在设立费用已摊回后进行，在分配前需要先对组织基金出资者的盈余分配额进行提存，等等。此外，针对资本补充难题，尤其是无法进行股权融资或者通过资本市场进行直接融资，亟须借鉴发达国家经验，研究向出资人借款、发行次级债或资本补充债、发行特种票据等资本补充方式，明确相应监管规则，推动相互保险组织改善偿付能力，防范偿付能力不足等重大风险。

（三）完善信息披露监管机制，防范内部人控制风险

一方面，在信息披露内容上要尽可能全面，包括治理信息、经营信息、产品信息和风险信息等，对涉及治理、运营的关键信息予以重点披露，并进一步扩大对管理层信息披露的范围。另一方面，针对相互保险组织投保人即所有人的本质特点，要求相互保险组织既要披露组织治理信息、重大事项，又要披露经营管理情况、盈余分配方案，以充分维护会员作为消费者和所有者的双重权益，且在信息披露途径和方式上要灵活多样，建立多层次、全方位的信息披露机制。

（四）加强相互保险组织内部建设，防范内控合规风险

建立健全完善的管理制度，建立全面的内部控制与风险管理制度，强化内部控制的事前、事中防范作用。一是按照监管要求，完善内部组织架构、厘清职责和授权。二是完善风控制度和业务流程，维持统一的业务标准和操作要求，覆盖所有风险点和业务全流程。三是建立并制度化内部控制质量评价指标体系，完善组织内部的奖惩机制，严格执行内部控制质量标准。

（五）提升保险产品研发能力和会员服务水平，防范消费者投诉风险

发挥相互保险机制优势，大力经营有利于保险消费者长期利益的险种，不断提升产品创新能力和服务水平，研发技术水平高、内涵价值高、竞争能力强的保险产品。有效地针对具有同质风险保障需求的各类会员，提供成本相对较低、覆盖面相对较广、服务更加优质高效的一揽子保险服务解决方案。针对产品定价风险，建立价格弥补机制，即通过增加保费或降低赔款（保险金给付的方式），保证相互保险组织偿付能力和运营资金充足，并在组织章程中予以明确。更加注重会员权益，在充分了解投保风险的基础上为投保人提供更加周到细致的服务，创新客户服务模式，利用互联网移动技术和服务管理经济，建立全方位、立体化的网络移动客户服务平台，实现高效便捷的一站式全程服务，从而实现对会员的长期有效管理和服务，防范消费者投诉和舆情风险。

第八章

证券业机构风险管理

证券业机构是由证监会颁发营业执照、依法从事证券业务的机构，包括证券公司、期货公司、基金管理公司、基金销售机构等，这些机构是证券市场功能有效发挥的桥梁，也是市场风险产生的重要原因和风险防范的重要力量，本章将简要介绍该类机构的风险管理。

第一节　证券公司风险管理

证券公司是资本市场最重要的中介服务机构，是各个金融市场重点关注的持牌机构，做好证券公司的风险管理对于提高资本市场运行效率、防范化解市场风险具有重要意义。

一、证券公司的基本情况

（一）证券公司概况

证券公司是专门经营证券业务的法人机构，在不同的国家和地区有着不同的称谓。在美国，证券公司通常被称为投资银行或证券经纪商，在英国，证券公司被称作商人银行，在欧洲大陆（以德国为代表），由于一直沿用混业经营制度，投资银行仅是全能银行的一个部门，在亚洲则通常被称为证券公司。证券公司是金融体系中重要的非银行金融机构，是资本市场最重要的中介机构及活跃的参与者，通过开展各项业务活动，可以发挥融资中介、经纪服务等职能，能够促进资本市场的平稳发展，提升资本市场服务实体经济能力。

我国证券公司可以经营的业务包括投资银行业务、证券经纪业务、证券自营业务、融资融券业务、证券资产管理业务 ①、股票质押式回购交易业务、私募基金与另类投资业务以及证券投资咨询、金融产品代销、金融衍生品柜台交易、证券投资基金托管等业务。

（二）证券行业经营与发展情况

根据中国证券业协会统计数据，至 2020 年末（国内信息以下均同），我国共有证券公司 138 家。证券公司控股股东主要包括：大型国有金融控股集团，地方国有资本管理平台，大型国有企业，民营企业及个人。我国大型证券公司控股股东以大型国有金融控股集团、地方国有资本管理平台为主，中小型证券公司控股股东则以地方国有资本管理平台、国有企业、民营企业及个人为主。

2020 年末，国内证券公司总资产为 8.90 万亿元（母公司口径，下同），净资产为 2.31 万亿元，净资本为 1.82 万亿元，客户交易结算资金余额（含信用交易资金）1.66 万亿元，受托管理资金本金总额 10.51 万亿元。2020 年实现营业收入 4 484.79 亿元，利润 1 575.34 亿元。其中，实现投资银行业务净收入 672.11 亿元，同比大幅增加 39.26%，实现代理买卖证券业务净收入（经纪业务）1 161.10 亿元，同比增长 47.42%，实现资产管理业务净收入 299.60 亿元，同比增长 8.88%。

据 Wind 数据库统计，2020 年证券行业前十大证券公司（按营业收入排序）为中信证券、海通证券、国泰君安、华泰证券、申万宏源、广发证券、招商证券、银河证券、中金公司、中信建投，总资产、净资产合计分别为 5.47 万亿元、1.11 万亿元，占全行业的比重分别为 61.47%、47.93%，营业收入、净利润合计分别达到 3 128.47 亿元、989.78 亿元，占全行业的比重分别为 69.76%、62.83%，行业集中趋势明显。

---

① 证券资产管理业务和私募基金与另类投资业务风险及管理参见基金管理公司和私募基金管理机构部分。

（三）与国际投行比较

与国际投行相比，中国证券公司规模总体较小，同质化程度较高，国际竞争力不足。

1. 规模小。国内证券公司与海外大型投资银行相比，资本实力明显偏弱。2019年，美国高盛集团的资产规模6.95万亿美元，与国内所有证券公司之和基本相当，其营业收入2 559亿美元也达到国内全部证券公司总和的72.70%，更是达到国内十大券商的170%。

2. 同质化程度仍然较高。国内证券公司在财富管理、投资银行等业务方面整体同质化竞争较为严重，在专业化服务、错位竞争方面并不明显，这也导致价格战成为相互竞争的常用手段，经纪、投行业务手续费率持续走低。而海外头部投行在整体实力突出的情况下也具有各自鲜明的特色与优势，比如高盛以机构客户服务作为主要收入来源，而且综合协调能力强，客户黏性高，摩根士丹利采用多元化业务模式，嘉信理财打造以财富管理为主的综合型平台，资产管理业务、利息收入和经纪业务为其收入的三大支柱，合计占总营收比重的95%左右。

3. 国际化程度低。我国证券公司普遍国际化程度较低，根据中国证券业协会统计数据，2019年，境外子公司营业收入占公司营业收入比例超过10%的证券公司仅有海通证券、中金公司、中信证券和华泰证券4家，这反映了我国证券公司绝大部分还是依托国内市场，在国际市场上与西方先进投行直接竞争的实力仍然不足。

二、对证券公司的监管要求

因为证券公司在资本市场中的重要地位，其资本实力、专业能力、合规与风险管理水平等对保护客户及投资者利益、维护资本市场稳定具有重要意义。因此，各国和各地区金融监管机构均对证券公司进行严格监管，国内监管机构经过30多年的探索，已经形成独具特色的监管模式，主要包括以下几个方面。

（一）严格的机构与业务牌照管理

世界各地监管机构均对证券公司实施牌照管理，美国的证券公司牌照分为经纪牌照、投资顾问牌照、投资银行牌照等，由美国证券交易委员会（SEC）审核发放。在申请牌照时，美国证券交易委员会对证券公司的以下方面进行重点审核：（1）主要股东的历史背景、诚信情况；（2）公司主要经营管理层的从业经历、诚信尽职记录、相关的金融资质等；（3）资金来源是否清晰、合法合规；（4）内控制度是否完备，相关利益冲突处理机制是否完善；（5）基本的信息技术系统是否符合监管要求。

我国设立证券公司需要申领"经营证券业务许可证"。《中华人民共和国证券法》第 122 条规定：设立证券公司，必须经国务院证券监督管理机构（中国证监会）审查批准。未经国务院证券监督管理机构批准，任何单位和个人不得经营证券业务。对设立证券公司的控股股东也有严格的资质条件要求，例如主要股东应该具有持续盈利能力，信誉良好，最近 3 年无重大违法违规记录，净资产不低于人民币 2 亿元。

中国证监会对证券公司开展投资银行业务、证券自营业务、融资融券业务、资产管理业务、设立私募基金管理公司等具体业务也实施牌照管理，需满足与相关业务管理及风险控制相适应的特定资质条件，并在取得相应牌照后方可开展相关业务。

（二）全面综合监管

1. 对证券公司进行分类评价。中国证监会自 2007 年起，每年以证券公司风险管理能力 [①] 为基础，结合公司市场竞争力和持续合规状况，评价和确定证券公司的类别，分为 A（AAA、AA、A）、B（BBB、BB、B）、C（CCC、CC、C）、D、E 等 5 大类 11 个级别。其中被依法采取责令停业整顿，指定其他机构托管、

---

① 风险管理能力主要根据资本充足、公司治理与合规管理、全面风险管理、信息系统安全、客户权益保护、信息披露 6 类评价指标进行评价。

接管，行政重组等风险处置措施的证券公司，评价计分为 0 分，定为 E 类公司。评价计分低于 60 分的证券公司，定为 D 类公司。证监会依据分类情况，在监管资源分配、现场检查和非现场检查频率等方面区别对待，并将分类结果作为证券公司申请新业务、新产品试点范围、新设营业网点、发行上市等事项的审慎性条件和依据。证监会通过分类监管评级的指标设计及结果应用有效引导证券公司重视风险及合规管理工作。

2. 以净资本与流动性为核心的风险控制指标监管要求。中国证监会于 2006 年发布《证券公司风险控制指标管理办法》并不断修订完善，并于 2016 年发布了最新修订版，2020 年发布了最新的配套规则《证券公司风险控制指标计算标准规定》，建立了针对证券公司的以净资本与流动性为核心的风险控制指标监管体系，通过设定风险覆盖率、资本杠杆率、流动性覆盖率、净稳定资金率四大核心指标，以及其他反映资产负债结构、业务规模、证券与客户集中度的其他指标，规范指标计算、监控、预警、报告及违规处理机制，确保证券公司具有充足资本吸收风险，流动性风险可控，避免风险传递与外溢。其中：风险覆盖率指标监管要求为不低于 100%，120% 进行预警；资本杠杆率指标监管要求为不低于 8%，9.6% 进行预警；流动性覆盖率、净稳定资金率指标监管要求为不低于 100%，120% 进行预警。证监会依据证券公司分类评价等级对其计算风险控制指标的调整系数进行差异化处理。

3. 加强公司治理与内部控制。监管部门对证券公司治理结构提出明确的监管要求，包括股东会、董事会、经营管理层的运作，董事、监事、高级管理人员的责任，以及合规总监、首席风险官的设置等。证券公司治理结构监管要求特别关注证券公司控股股东资质、治理结构是否合理，制衡监督机制是否有效，督导证券公司建立健全、合理的法人治理结构。

监管部门明确了对证券公司内部控制的各项要求，包括证券公司内部控制的目标及应遵循的原则，对证券公司控制环境、风险识别与评估、控制活动与措施、信息沟通与反馈、监督与评价等要素予以规范，并就各项具体业务、会计核算、信息技术等做出内部控制要求。监管部门制定针对证券公司各项业务的规章制度时，也将具体业务的内部控制要求体现到职责分工、流程与机制安排、内外部监督机制安排的监管要求中。

4. 严格合规运作。监管部门对证券公司合规管理的目标与原则、职责分工、保障机制、监督管理与责任等进行了规范，强制要求各证券公司必须设立合规总监，在公司内部独立承担并开展合规管理工作，证券公司需保持合规总监的独立性。同时要求证券公司加大合规管理资源投入，确保合规管理贯穿所有业务事前、事中与事后的各环节。

5. 加强风险管理。监管部门对证券公司风险管理体系建设提出要求，证券公司将所有子公司以及比照子公司管理的各类孙公司纳入全面风险管理体系，强化分支机构风险管理，实现风险管理全覆盖。全面风险管理体系包括可操作的管理制度、健全的组织架构、可靠的信息技术系统、量化的风险指标体系、专业的人才队伍、有效的风险应对机制。证券公司应设立首席风险官并提供充分的履职保障，在证券公司进行分类评价、业务申请时将风险管理能力作为重要审查评估内容，通过开展行业并表监管试点工作，推进行业夯实风险管理基础设施，提高全面风险管理能力。

（三）强化业务监管

监管部门除在证券公司牌照申请环节实施严格的审查监管，对每一类业务都有资格准入，对证券公司经纪、自营、资产管理、投资银行业务等几项重点业务都有明确的监管要求。其中共性的监管要求包括：（1）证券公司对客户进行风险揭示及风险承受能力评估，向客户推荐的产品与服务应符合适当性要求；（2）证券公司为客户提供服务应诚实守信，履职尽责；（3）证券公司相关业务活动应杜绝利益输送、操纵市场、利用内幕信息为公司或他人牟取不当利益等；（4）证券公司业务规模、范围、风险指标等需要符合监管部门、自律组织要求；（5）证券公司应将业务数据信息、业务开展中的重大事项及时向监管部门、自律组织报送；（6）证券公司业务开展中出现违规违法事项，应受到相应的处罚。

三、证券公司的主要风险类型

证券公司业务类型广泛，既有不同业务面临的不同风险，也有公司总体层面的风险，简要分析如下。

（一）投资银行业务风险

证券公司在投资银行业务中应当诚实守信、勤勉尽责地承担中介机构责任，做好资本市场"看门人"。证券公司如果没有尽到中介机构义务，就可能导致不符合发行条件的欺诈发行成为现实，证券公司也会因此遭受重大风险，情节严重的会遭受行政处罚，乃至业务资格被暂停或取消。在投资银行业务中，证券公司面临的最主要风险是在保荐和承销过程中因未勤勉尽责被监管部门处罚、承担法律责任等风险，具体情况如下。

1. 因未勤勉尽责、涉嫌欺诈发行而被监管部门行政处罚。证券公司开展投资银行业务未勤勉尽责表现为：尽责调查工作不充分，未能发现发行人存在的重大风险；未对发行人申报文件及其他中介机构出具的意见审慎核查，申报文件存在虚假记载、误导性陈述、重大遗漏；作为保荐机构，财务顾问未按规定履行信息披露职责或义务等。更为严重的是，明知发行人存在过度包装、造假、虚假陈述等违法违规行为仍为其办理证券承销，甚至参与、协助发行人进行违法违规操作。发行人通过提供虚假信息进行欺诈发行上市的违规行为一经发现，参与该发行人保荐和承销的证券公司就面临被立案调查、经济处罚、暂停业务资格、取消牌照等重大风险。证券公司被立案调查或业务资格被暂停期间，证券公司将面临客户、员工大量流失，收入利润大幅下滑的风险，给证券公司长期形成的投资银行业务竞争优势造成毁灭性打击，给证券公司造成重大经济和声誉损失。海内外投资银行业务因未勤勉尽责而被处罚的案例屡见不鲜，瑞银亚洲及瑞银证券香港公司以及摩根士丹利亚洲有限公司遭香港证监会暂停业务，国内华南某证券公司因涉嫌某药业公司欺诈发行被证监会暂停业务，西南某证券公司 2016 年 6 月因涉嫌投行业务违规被证监会立案调查，该公司 2017 年募集资金总额较 2015 年减少 600 多亿元（行业排名下降 20 位），承销股票家数减少 46 家（行业排名下降 25 位）。

2. 因未勤勉尽责，让投资者遭受损失，承担连带责任风险。除行政处罚，在尽职调查过程中因未勤勉尽责而导致未发现发行人欺诈发行或提供虚假信息，让投资者遭受损失，证券公司将承担连带赔偿责任甚至刑事责任，证券公司也将遭受重大经济和声誉损失。2019 年新修订的《中华人民共和国证券法》第九十三条、第一百六十三条以及 2021 年 3 月 1 日起正式施行的《中华人民共和国刑法修正案》第十一条都进一步压实了保荐人等中介机构的"看门人"职责，明确将保荐人作为提供虚假证明文件罪和出具证明文件重大失实罪的犯罪主体。国内某生科 IPO（首次公开募股）因虚假陈述，作为其保荐机构及主承销商的深圳某证券公司出资 3 亿元设立"投资者利益补偿专项基金"。某电气 IPO 因欺诈发行先行赔付，作为其保荐机构及主承销商的福建某证券公司出资人民币 5.5 亿元设立"先行赔付专项基金"。另一个证券公司作为某建设公司债券发行主承销商，因专业把关不严，未勤勉尽职，被浙江省杭州市中级人民法院判决承担连带赔偿责任约 7.4 亿元。

3. 保荐与发行失败风险。投资银行业务通常周期较长，在业务承做期间，投资银行面临发行人自身经营情况发生重大变化，外部宏观、行业或监管环境发生不利变化等，存在发行人不再符合发行条件，监管审核注册中被否决或发行被暂缓等情况，引发项目被否决的风险。据 Wind 数据库统计，2020 年全年整体审核通过率为 96.69%，首发通过率为 95.43%，并购重组通过率为 82.76%。

4. 道德合规风险。发行承销还存在道德风险、合规风险等：投资银行业务人员未遵守职业道德准则，泄露在从业过程中获知的发行人信息，进行内幕交易；业务人员及其关联方持有发行人的股份；证券公司作为承销机构以不正当竞争手段招揽承销业务；未按照相关协议的规定进行承销活动，进行虚假承销；以不正当手段诱导、误导投资者；操纵发行定价；以代持、信托持股等方式牟取不正当利益或向其他相关利益主体输送利益等，存在上述违规行为也会面临监管处罚。

（二）经纪业务风险

经纪业务是国内证券公司最传统的业务之一，1990 年深圳、上海证券交易所先后成立，自此就有了经纪业务。在市场发展早期，"庄家"操纵市场的情况比较普遍，证券公司挪用客户资金的情况时有发生。随着监管机关、交易所对过度炒作的监管、处罚力度不断加大，操纵市场的情况得到极大扭转；而通过证券公司综合治理，特别是 2008 年客户保证金强制实施第三方存管制度，证券公司挪用客户资金的现象得以根除。

目前，国内证券公司经纪业务面临的主要风险是合规风险，主要包括员工或经纪人私自代客理财、"飞单"销售金融产品、客户违反实名制要求或涉嫌洗钱等。此外，由于目前客户交易方式主要依赖 App、网上交易等信息科技手段，信息技术系统故障导致的交易中断会让客户错失交易机会而蒙受损失。

1. **员工私自代客理财**。《中华人民共和国证券法》第一百三十六条规定，"证券公司的从业人员不得私下接受客户委托买卖证券"。在实践过程中，部分证券公司内控、合规管理不严，员工（含经纪人）心存侥幸，私下接受客户委托，为客户买卖股票，甚至私下约定收益分成。这种行为在客户账户亏损时容易引发投诉举报，代客理财行为一旦被查实，除了员工会受到处罚，证券公司也会因此受到监管处罚。

2. **违规代理销售金融产品风险**。在实践过程中，部分证券公司对分支机构约束不够、对员工行为管理不严，分支机构擅自销售未经总部统一审核、引进的金融产品，有些员工擅自销售非本公司引进的金融产品（市场称为"飞单"销售）。有些证券公司员工对客户风险揭示不充分，甚至为了达成销售目的使用虚假、误导性陈述，私下对客户承诺本金保障或收益水平。这些行为在产品亏损时容易引发纠纷甚至诉讼，一旦查实，证券公司也会因此受到监管处罚。

3. **客户违反实名制要求或涉嫌洗钱**。《中华人民共和国反洗钱法》要求"金融机构应当按照规定建立客户身份识别制度"，并对未按规定履行客户身份识别义务的情形订立了罚则。随着中国人民银行对证券公司履行反洗钱义务检查力度的加大，多家证券公司或分支机构因客户违反实名制要求或履行反洗钱职责不力而受到处罚。央行于 2020 年 2 月公示的行政处罚信息（银罚字〔2020〕1 号 –27 号）显示，华泰证券因未履行客户身份识别义务，未按规定报送可疑交易报告，与身份不明的客户进行交易，被央行合计罚款 1 010 万元。

(三)融资融券和股票质押业务风险

1. **融资融券业务主要风险**。融资融券业务风险通常是在融资人不能及时偿付本金或利息时,或者在担保物价值下跌导致客户信用账户[1]合约维持担保比例[2]下降而融资人不能及时追加保证金时,证券公司无法及时、足额处置担保物而面临损失的风险,该风险主要源于担保品管理不足、客户持仓集中度管理不足和对客户尽调不充分。

(1)**高风险担保物在极端市场行情下无法及时处置引发的风险**。对担保物的管控是证券公司对融资融券业务风险管理的基础。如果担保物管理不慎,客户持仓多是风险较高的股票,在出现市场价格大幅波动,特别是作为担保物的一只或多只股票出现连续跌停导致无法平仓时,客户就会资不抵债,证券公司将面临极大损失。

(2)**客户持仓集中度过高引发的风险**。证券公司对融资融券业务客户信用账户股票持仓集中度[3]通常按维持担保比例进行分级控制。行业内较为普遍的做法是在维持担保比例不高于180%时,单只股票持仓集中度不高于50%,随着维持担保比例提高,持仓集中度可以有所提升。如果持仓集中度管控机制不清晰、审批管控不严,低维持担保比例客户仓位过度集中于某只股票,该客户承受市场波动的能力就会降低。该只股票一旦出现连续跌停,客户信用账户就有穿仓危险,证券公司将面临潜在损失。

(3)**因对客户了解不够引发"马甲户"违约处置风险**。当客户资不抵债时,对客户继续追偿能否成功取决于客户信用账户外的资产状况、还款意愿。当出现信用穿仓时,如果客户已提前将相关资产转移而无其他资产可用于偿还负

---

[1] 融资融券交易只能在投资者在证券公司开立的信用账户上开展。信用账户是信用证券账户和信用资金账户的合称。信用证券账户是用于记录客户委托证券公司持有的担保证券的明细数据。投资者用于一家证券交易所上市证券交易的信用证券账户只能有一个。客户信用资金账户是用于记载客户缴存的担保资金的明细数据。

[2] 维持担保比例=(现金+信用证券账户内证券市值总和)/(融资买入金额+融券卖出证券数量×当前市价+利息及费用总和)

[3] 持仓集中度是指客户信用账户内单一证券市值占其信用账户内所有证券市值的比例。

债，证券公司就会面临违约处置风险。对证券公司来说，最大的潜在风险是遇到"马甲户"[①]。"马甲户"一旦资不抵债，证券公司对马甲户的追索往往没什么意义，而与背后的实际控制人又没有直接的法律关系，无法向其追索。这一情况如果叠加融资规模大、持仓集中度高等特征，将成为证券公司融资融券业务重大潜在风险隐患。

2. 股票质押业务主要风险。 股票质押业务风险通常指在融资人不能及时偿付本金或利息时，或者在质押标的价值下跌导致合约履约保证比例[②]下降而融资人不能及时追加保证金时，证券公司无法及时、足额处置质押标的而面临损失的风险。目前，证券公司股票质押业务的风险来自融资人、上市公司、质押物流通性三方面。

（1）融资人无法按时偿付本息的风险。 股票质押融出资金较多用于长周期的投资，证券公司股票质押业务通常以融资人滚动融资为第一还款来源。融资人一旦出现再融资能力下降的情形（比如持有股票大比例质押，上市公司出现经营不利等重大负面信息，融资人出现涉诉、资产遭受冻结等重大负面信息等），质押合约到期时融资人就会面临无法按时偿还本息的风险。

（2）上市公司业绩恶化等因素导致质押股票价格大幅下跌。 股票质押业务风险与股票价格直接相关，当股价出现大幅下跌导致履约保障比例跌破平仓线时，融资人如无力追加担保物或偿还负债，证券公司将面临损失风险。近年来，由于业绩情况恶化、财务造假暴雷等，市场上有不少公司尤其是流动性较差的小公司股价不断下跌，甚至出现闪崩或连续跌停的极端情况，导致股票质押融资项目履约保障比例大幅降低。

（3）质押标的的流通受限，导致证券公司无法通过平仓提高合约履约保证比例。 股票质押业务以股票作为抵押物，对股票的处置以市场流动性为前提。但股票质押业务的资金融入方主要为上市公司大股东、董监高等人员，所持股票通常为限售股，另外，处置受减持新规限制，证券公司在出现风险需要处置这

---

① 通常指背后的实际控制人使用别人，即用人们通常说的"马甲"的信用账户来开展融资融券，以及对自己实现风险隔离。

② 类似融资融券业务，股票质押业务履约保障比例为质押标的市值／负债本息。

些股票时，或无法第一时间处置，或处置周期较长、债权回收需要几个季度甚至更长时间，因而存在巨大隐患。

（四）自营业务风险

证券公司自营业务是运用自有资金在资本市场上进行股票、债券、外汇、商品及以这些基础资产为标的的衍生产品投资，以获取金融资产的资本利得、利息收入及股息收入等。国内金融市场波动相对较大，衍生工具不丰富，公司对冲风险能力不强，市场一旦出现大幅波动，证券公司自营持仓的风险就会提高。主要市场风险包括系统性风险、个股基本面风险、信用债发行人风险、组合不当风险。

1. **系统性风险。**系统性风险的变动会直接冲击证券市场价格，对证券公司自营投资组合损益产生不利影响。例如，2019 年末突发的新冠肺炎疫情导致全球经济与资本市场剧烈波动，2020 年一季度的上证综指因此下跌 9.83%，国内券商的证券投资收益同比下降 43.21%（根据中国证券业协会统计数据）。

2. **个股风险。**当证券公司所投资的个股股价发生不利变动时，证券公司的股票持仓会发生损失。国内不乏因上市公司财务造假引发股价大幅下跌甚至被退市的案例，证券公司自营一旦涉及这些股票，就会造成巨大损失。例如瑞幸咖啡、獐子岛、乐视网均曾发生财务造假事件，导致股价大幅下跌，引发投资人巨大损失。东北某上市公司因狂犬病疫苗生产记录造假等被国家药监局行政处罚，并于 2018 年 12 月被深圳证券交易所强制退市，公司市值缩水超过 200 亿元。

3. **信用债发行人风险。**证券公司多涉及公司债自营投资业务，债券发行人违约涉及金额较大，追偿申诉流程长，会对证券公司造成较大的影响。国内信用事件不断发生，证券公司因"踩雷"频繁出现损失。根据 Wind 数据库统计，自 2014 年国内债市首例违约开始，6 年间已有超 70 只发行时主体评级为 AAA 的债券发生实质性违约，仅 2020 年以来就超过 50 只，占比超过 70%。

4. **投资组合不当风险。**"不要将所有的鸡蛋放在一个篮子里"是机构自营投资应普遍遵循的道理。证券公司投资组合分散不够、自营头寸过度集中于少数几只证券，可能会因少数证券价格的不利走势而发生严重损失。

（五）证券公司流动性风险

证券公司流动性风险管理压力日益加大，自身业务扩张速度快，配置的资产流动性整体下降，投资策略的投资端与融资端存在显著的期限错配，融资渠道不畅，作为信用风险缓释工具的担保品、质押品因市场流动性风险无法及时以合理价格变现，衍生品业务需要向对手方或结算机构补充的保证金急剧增加，证券公司管理的理财产品因客户大额赎回、操作失误而需要证券公司承担结算义务导致额外占用公司自有资金，交易对手发生风险事件以及宏观经济政策等内外部因素，都容易引发证券公司流动性风险。

（六）信用风险

证券公司面临的信用风险，主要是指融资方、交易对手或债务融资工具发行人等违约导致损失的风险。经济的周期性波动、经济实体竞争加剧、信用评级质量不高、刚性兑付预期打破等因素造成公司债券等债务融资工具违约率上升，导致证券公司信用风险管理难度加大。

按照中国证券业协会《证券公司信用风险管理指引》，证券公司承担的信用风险主要产生于以下业务：股票质押式回购交易、约定购回式证券交易、融资融券等融资类业务；互换、场外期权、远期、信用衍生品等场外衍生品业务；债券投资交易（包括债券现券交易、债券回购交易、债券远期交易、债券借贷业务等债券相关交易业务），债券包括但不限于国债、地方债、金融债、政府支持机构债、企业债、非金融企业债务融资工具、公司债、资产支持证券、同业存单；非标准化债权资产投资；其他涉及信用风险的自有资金出资业务。证券公司在从事债券承销、资产管理、投资顾问、代销金融产品业务时，如果在充分履职、勤勉尽责、合规运作方面存在瑕疵，相关信用风险就可能转嫁到证券公司。

（七）合规与操作风险

由于资本市场所面临的环境瞬息万变、创新业务层出不穷、公司合规意识强弱不同，操作风险、合规风险事件仍是证券公司不容忽视的风险。

操作风险存在于证券公司所有业务和管理活动中，特别是随着互联网、移动互联网的飞速发展以及程序化交易的大量运用，经纪投资与财富管理等业务高度依赖信息技术系统的安全、稳定运行，信息技术与程序故障一旦出现，经纪业务服务就会中断，投资交易指令就会出错，这将给客户和公司带来经济损失，甚至引发市场系统性风险，导致纠纷乃至诉讼，引发法律风险和声誉风险，公司将遭受处罚。光大证券"乌龙指"事件导致整个股票市场波动，光大证券最终被监管机关罚没计 5.23 亿元并被暂停自营业务 3 个月，这是国内证券市场操作风险典型案例之一。

四、证券公司的各类风险管理措施

（一）投资银行业务风险管理措施

有效防范投资银行业务风险，证券公司要着力做好以下几个方面的工作。

1. **建立合理的组织管理架构。**一方面，证券公司应对投资银行类业务实行集中统一管理，明确界定总部与分支机构的职责范围，确保其在授权范围内开展业务活动，并建立健全投资银行类业务制度体系，对各类业务活动制定全面、统一的业务管理制度和操作流程。另一方面，证券公司要构建清晰、合理的投资银行类业务内部控制组织架构，建立分工合理、权责明确、相互制衡、有效监督的三道内部控制防线：项目组、业务部门为内部控制的第一道防线；质量控制为内部控制的第二道防线，对投资银行类业务风险实施过程管理和控制；内核、合规、风险管理等部门或机构为内部控制的第三道防线，通过介入主要业务环节、把控关键风险节点，实现公司层面对投资银行类业务风险的整体管控。

2. **建立完善的内部控制制度，切实加强业务人员管理。**证券公司建立健全并执行覆盖全部投资银行业务流程和全体业务人员的内部控制制度，将投资银行业务纳入公司整体合规管理和风险控制范围，包括但不限于项目承揽制度、立项制度、辅导制度、尽职调查制度、工作底稿制度、质量控制制度、问核制度、内核制度、反馈意见报告制度、发行承销制度、包销风险控制办法、持续督导制度、风险事件报告制度、合规检查制度、应急处理制度等。投资银行业务部门通过细化业务制度和操作规程、保证人员配备、加强项目管理等方式加强对投行类业务活动的管理，有效控制业务风险。

要切实强化对投资银行业务人员的管理，建立健全廉洁从业风险防控机制，包括建立对投资银行业务人员资格、流动等的管理制度，加强对业务人员行为的管理。不得以业务包干等承包方式开展投资银行类业务，或者以其他形式实施过度激励。不得将投资银行类业务人员薪酬收入与其承做的项目收入直接挂钩。针对管理和执行投资银行类项目的主要人员建立收入递延支付机制等。为投资银行类业务配备具备相应专业知识和履职能力的内部控制人员，确保内控人员数量与业务人员数量相匹配，可独立开展投资银行类业务内部控制工作。要求投资银行业务人员应当遵守职业道德准则，维护发行人的合法利益，对从业过程中获知的发行人信息进行保密处理。不得在开展投资银行业务的过程中牟取或输送不当利益，业务人员及其关联方不得以任何名义或方式持有发行人的股份等。

3. **合理确定报价、防范利益输送与内幕交易。**证券公司在开展投资银行类业务时，在综合评估项目执行成本基础上合理确定报价，避免低价竞争、破坏市场秩序等行为的出现。

4. **与发行人签订赔付协议。**在履行充分尽调职责的基础上与发行人签订赔付协议，避免因发行人欺诈发行导致证券公司承担连带赔偿责任所遭受的损失。

（二）经纪业务风险管理措施

1. **集中管理，合规展业。**公司应对经纪业务实行总部集中统一管理，通过完善业务系统风控功能、集中管理操作权限、统一规划业务流程等手段实现分支机构业务流程的标准化，对重要一线岗位实行双岗复核制。有条件的证券公司可以通过总部集中运营、业务集中审核等措施，管控经纪业务运营质量。

证券公司应加强分支机构员工的合规管理，总部对分支机构合规风控人员实行垂直管理，通过宣导、培训树立合规文化，通过制度、流程约束员工行为，通过考核、问责对违规人员进行惩戒。

2. 统一开展金融产品销售。证券公司应在开展金融产品销售的过程中，严格按照监管机构"实行集中统一管理"的要求，集中统一管理产品的引进与审核、协议的签订、组织销售、资金的清算、操作权限的设定、数据的收发、系统的运营维护、业务的监督稽核等事项。

证券公司应当审慎选择金融产品，充分了解金融产品的发行依据、基本性质、投资安排、风险收益特征、管理费用等信息。证券公司只有确认金融产品是依法发行，有明确的投资安排和风险管控措施，风险收益特征清晰且可以对其风险状况做出合理判断的，才可以引进销售。

3. 严格执行客户适当性制度要求，切实履行反洗钱义务。证券公司应按照中国证监会《证券期货投资者适当性管理办法》和其他关于客户适当性的监管要求，制定严格的客户身份核实及筛选程序。规范客户身份识别、风险教育、适当性匹配等柜台操作，制定统一的"了解客户""了解产品"程序和标准，并将重要措施融入业务环节，实行业务系统前端控制。

证券公司应积极搜集客户及其实际控制人、实际受益人的情况，从而深入了解其身份、业务、职业、活动及资产来源，并采取更严格的措施识别及分析从事洗钱和恐怖主义融资可能性较高的客户。

（三）融资融券和股票质押业务风险管理措施

1. 融资融券交易风险管理措施。融资融券业务的风险管控主要是对融资人、担保物的管控。

（1）采取有效措施，加强对融资人的风险识别与管理。一是加强事前尽调。建立明确的尽职调查机制与执行，全面了解客户家庭情况、工作情况、不动产情况、是否有稳定现金流，判断客户未来还款能力，等等。要特别关注融资金额大、有特殊条款要求的客户，注意识别疑似"马甲户"，关注"关联账户"，特别警惕潜在风险。

二是加强事中跟踪。定期或不定期开展事中调查，及时了解客户的资产变化，关注客户持仓及对应标的物的情况，尤其是在前期尽调中发现的那些潜在风险客户、高资产客户等。

三是认真做好事后清收与违约处置工作。证券公司应当建立健全事后清收、违约处置机制，制定清收策略，拟定协商和解方案，积极稳妥地开展清收与违约处置工作。

（2）加强对股票等担保物的管理。一是建立股票、债券等担保物筛选与折算率标准，剔除高风险的股票、债券。二是建立客户持仓集中度的管控机制，特别是对有放开集中度限制客户的审批机制。三是从单一客户和全体客户两个维度加强担保物集中度管理，同时控制单一客户、关联客户的融资规模。四是建立有效的合约展期管理机制。对维持担保比例低、持有特殊担保物、不满足持仓集中度要求等情形的客户，证券公司要严格展期管理的权限，强化风险管控。

2.股票质押业务风险管理。股票质押业务的风险管理也要对融资人进行事前尽调、事中跟踪、事后追偿，以及加强对担保物（所质押的股票）确定范围、质押率、集中度的管理，还要特别做好下面几点。

（1）加强对融资人个人质押比例的管控。股票质押交易通常只有单一质押标的，证券公司需要特别关注融资人个人质押比例、质押标的全市场质押比例，确保融资人的再融资能力。

（2）加强对融出资金用途的跟踪和还款来源的了解。股票质押业务的资金流出证券公司、流向融资人自己的账户，证券公司掌握资金用途有助于判断客户的真实还款能力。证券公司要严格按照监管机构、交易所有关股票质押的规定，建立资金用途跟踪管理机制，对融出资金的使用情况进行跟踪，实行资金用途"穿透式核查"，并防止融出资金被用于相关规定禁止的流向。

（3）做好质押标的流通性管理。股票质押业务中的限售股在质押股票中占有较高的比例，证券公司可以采取控制流通受限类业务余额在整体业务余额中的占比，对流通受限的标的适用更为严格的质押率、平仓线、预警线等方式，加强对股票流通性的管理。

（4）**加强期限管理**。与融资融券业务合约期限原则上是 6 个月不同，股票质押业务最长期限可达 3 年。证券公司应当尽量压缩质押期限，减少质押期限内的不确定性，同时做好展期管理工作，掌握主动性。

（四）市场风险管理措施

自营业务的市场风险管理主要包括以下几项措施。

1. **建立市场风险限额与监测机制**。证券公司应根据公司的风险偏好及容忍度建立相应的市场风险限额（如持仓规模限额、止损限额、投资组合的敏感性指标）以及压力测试制度等。证券公司的风险管理部门需对自营持仓的风险限额逐日监测，一旦发现自营持仓可能发生超过风险限额的情况，监测部门就要及时通知自营部门采取相应策略以降低市场风险暴露。

2. **建立清晰的交易授权机制，设定明晰的止损点**。证券公司要对自营部门建立清晰的交易品种、交易策略、业务规模的授权管理体制，避免自营部门开展超过风险限额或风险未识别完全的业务。自营部门必须严格按照取得的决策与授权开展交易业务，并在部门内部实行严格的业务授权制度。

证券公司可对其自营部门的单一证券、投资策略或整体组合设定止损限额。一旦达到止损限额，自营部门就需要及时进行止损处理，将投资损失控制在公司既定容忍度内。

3. **不断优化投资策略**。证券公司自营部门及资管部门应结合绩效安排与风险控制要求，制定切实可行的投资策略进行投资，并对投资策略、模型选择的适用条件、潜在风险等进行充分论证，并对其收益与风险状况及时进行综合评估，持续优化投资策略，提高投资绩效和风险控制水平。

4. **建立可投资证券池制度**。证券公司应对自营业务及资管业务建立证券池制度，选择具有投资价值和流动性、适宜投资的证券品种构建成可投资证券池，以限定可投资证券的范围，减少投资的盲目性，控制证券组合的非系统性风险。

5. **明确单一投资标的上限，注重风险分散**。证券公司自营部门及资管部门应对单一投资标的设定投资上限，如单一股票上限、单一债券发行人投资上限，避免在单一标的上暴露过高的风险，通过分散投资品种的行业、地域等属性，降低证券自营业务的投资集中度，以分散市场风险。

6.**正确运用风险对冲工具，杜绝投机冒险。**证券公司的自营部门可使用期货、期权等衍生工具对冲其自营持仓的风险，但在实施风险对冲策略前需进行充分的评估、验证，严格限制对冲市场风险，严禁投机冒险。在对冲策略实施过程中，要对整体风险对冲组合盈亏及风险敞口指标等进行监控，并定期不定期对风险对冲策略的有效性进行评估。

（五）流动性风险管理措施

证券公司流动性风险管理的主要措施包括以下几方面。

1.**建立有效的流动性风险管理组织架构并进行清晰的职责分工。**证券公司应明确董事会、经理层及其首席风险官、相关部门在流动性风险管理中的职责和报告路线，明确流动性风险管理的牵头部门，建立健全有效的考核及问责机制。规模较大、流动性管理较复杂的证券公司，则有必要设立专职流动性管理部门，对公司日常流动性风险进行识别、监测、评估、报告，制定流动性风险管理策略、措施和流程，统筹管理公司自有资金的筹集与运用，从资金筹集规划与实施、自有资金的配置、流动性资产储备管理、融资能力维护、流动性风险指标管理、流动性应急计划方面控制公司流动性风险。

2.**确定流动性风险偏好并实施风险限额管理。**证券公司应根据公司经营战略、业务特点、财务实力、融资能力、突发事件和总体风险偏好，在充分考虑其他风险与流动性风险相互影响与转换的基础上，确定流动性风险偏好与容忍度，体现公司在正常和压力情景下愿意并能够承受的流动性风险水平。

3.**资产负债流动性风险管理。**证券公司应建立集中统一的机构，统筹管理公司资产负债配置工作。资产负债配置在满足公司业务需求、预算要求的同时，还需要与公司流动性风险管理的偏好相适应，满足公司流动性风险限额要求。

4.**加强现金流管理。**证券公司资金部门应建立现金流测算和分析框架，开展现金流期限错配分析检测，加强日间流动性管理，合理安排资金配置、流动性资产储备，并利用资金拆借、融资回购等方式补充短期流动性，确保公司具有充足的日间流动性头寸，以满足在正常和压力情景下的日间支付需求，并避免限额指标超限。

5. 认真做好流动性风险监测与计量工作。 流动性风险监测是流动性风险管理的重要一环，是风险偏好和风险容忍度、风险限额以及日常流动性管理得以有效实施的重要保障。证券公司可以根据自身的流动性管理情况，设定包括风险限额指标在内的监测指标，明确监测主体及相关职责，建设流动性风险监控支持系统，做到逐日进行监测，并明确指标的预警标准及超限后的处理流程。

6. 经常开展流动性风险压力测试。 压力测试可以分析流动性风险导致的潜在损失。一是综合考虑公司资金需求、资产变现能力、融资能力等因素，审慎做好压力情景设计，在压力情景下公司满足流动性需求并持续经营的最短期限不应少于30天。二是要特别关注债券、股票等金融资产可能的变现损失、重要交易对手违约、重要融资渠道对融资能力的冲击、担保品价值的变化等重点风险因素的变化。三是切实认真做好测试工作，不能走过场，同时要重视压力测试结果的运用，不能出现"认真测试、测后忽视"的情况。

7. 保持充足的流动性储备。 首先，证券公司要认真审慎测算所需流动性资产储备规模，既考虑未来一定时间内可预期的现金流入和流出，也要对预期外的交易对手违约、交易或结算差错等预留一定规模的资金。其次，证券公司需要保持充足的流动性储备（包含现金、国债及其他国家级政府债券等）来应对流动性风险。再次，证券公司要定期测试流动性储备资产的变现能力，确保其具有足够的流动性资产，以应对在极端情景下出售资产可能带来的负面影响。

8. 制定流动性应急预案并进行应急演练。 证券公司应制定流动性风险应急预案，以应对极端的流动性事件。应急预案中要设置适当的预警指标，以保证有效识别流动性风险事件，并划分应急等级，制定应急融资策略。定期不定期组织流动性应急演练，在触发应急预案的事件发生时，迅速组织实施应急预案。

9. 构建外部救助机制。 欧美应对金融危机的成功经验表明，政府必须建立针对系统重要性金融机构的流动性风险的救助机制，以避免个别金融机构的流动性风险演变为整个市场的流动性危机。我国政府也在推进建设针对证券公司的流动性救助机制，例如，中国证监会2019年发布《证券投资者保护基金实施流动性支持管理规定》，建立通过投资者保护基金对证券公司流动性提供救助与支持的机制等。

证券公司除了依靠政府流动性救助机制，也需要基于自身资源与需求，构建外部救助机制。比如，与商业银行签署相关授信协议，由其在证券公司流动性紧张时提供资金，获取主要股东支持，由其提供流动性支持，等等。

（七）信用风险管理措施

证券公司的信用管理应当体现事前事中事后并重、个体与组合结合、既控总量又控集中度、覆盖交易对手和标的等四大原则。

1. **证券公司应根据自身容忍度以及业务特征制定风险限额与风控标准。** 证券公司可在公司层级、业务线层级进行信用风险计量并设定阈值，制定包括评级准入标准、个体授信限额、组合授信限额等在内的信用风险限额。

2. **对交易对手、融资人、发信人进行尽职调查、评级和授信，建立黑白名单制度。** 证券公司应对交易对手、融资人、发行人等认真开展尽职调查，直接或间接获取有关资本实力、信用记录、财务状况、偿债资金来源、增信措施以及监管制度、行业自律规章等要求的其他调查信息，有效评估其信用资质、偿债能力。在此基础上，对交易对手、融资人、发行人开展内部评级，建立黑白名单制度，并且进行定期不定期的评级调整。

3. **设定信用风险缓释措施。** 信用风险缓释是指通过事前运用适当的工具来转移或降低信用风险的安排，常见的风险缓释措施包括合格的抵（质）押品、一定数量的保证金、净额结算、第三方保证、信用衍生工具等。

4. **认真开展信用风险计量。** 根据《巴塞尔协议》，信用风险计量和评估应从违约概率、违约损失率，以及违约敞口三个维度展开。证券公司可在单笔交易、突发事件、单个产品、单个业务线评估的基础上，再在整个公司或集团层面对信用风险进行计量和评估。

5. **加强信用风险监测**。证券公司应建立有效的信用风险监测制度，对发行人、交易对手等信用状况实时监测，掌控信用风险主体的偿付能力等信用资质的变化，以便及时调整对信用风险主体的授信，及时采取措施降低信用风险暴露。

6. **加强后续管理**。证券公司应建立信用业务后续管理机制，定期不定期对信用业务进行后续跟踪、评估风险，跟踪交易对手、债务融资工具发行人信用资质、偿债能力变化，了解融资项目实施情况，对相关信用风险进行有效评估。

7. **健全有效的违约处置机制**。证券公司应当根据各类业务特点，建立风险资产违约处置管理制度与作业流程。根据违约事项的具体情况，通过担保品追加、担保品变现、提前了结合约、诉讼追偿等多种方式，及时处置、处理和化解信用风险。证券公司可以结合市场上风险化解与违约处置的实际经验，不断优化违约处置管理流程。

（八）操作风险管理措施

各类金融机构操作风险管理措施大体相似，包括建立完善内部控制机制，加强合规管理，严格管理员工行为，加强问责管理等，加强证券公司的操作风险防范，还要特别注意对信息技术系统进行集中统一管理，适当运用保险、外包等风险缓释手段。

1. **集中统一管理信息技术系统**。证券公司应加强信息技术风险管理，对信息技术系统实行集中、统一管理，通过建立有效的机制，加强对公司信息技术风险的识别和控制，促进公司安全、持续、稳健运行。

证券公司应建立健全信息技术治理架构，可以设立信息技术治理委员会，制定公司 IT 治理目标、IT 治理原则、IT 治理流程、IT 规划。信息技术部门负责实施信息技术规划、信息系统建设、信息技术质量控制、信息安全保障、系统运维与权限管理等工作，对信息技术风险进行监测，建立明确的预警及化解工作流程，对信息技术故障进行应急处置。信息技术系统使用部门应严格按照技术运用权限，组织员工在日常工作中安全、正确地使用信息技术系统。

证券公司建立信息技术风险监测机制，信息技术部门对各类重要业务系统安全运行情况进行监测，建设自动监测工具和人工巡检等方式相结合的监测机制，并规范异常信息监测、报告、处置流程，确保异常事件能被及时发现、尽早处置。

证券公司应建立数据安全管理机制，通过完善网络隔离、用户认证、访问控制、数据加密、数据备份、数据销毁、日志记录、病毒入侵检测和非法入侵检测等安全保障措施，保护经营数据和客户信息安全，证券公司应遵循最小功能以及最小权限等原则分派信息系统管理、操作和访问权限，并履行审批流程。

2. 善于运用操作风险缓释工具。操作风险的缓释工具主要有保险、衍生品、业务外包等。其中，保险是管理操作风险的有效工具，尤其是在应对低频高损的外部事件（如员工受到意外伤害）等方面功效显著。证券公司可以通过火灾保险、财产保险、人员意外保险等实现对相关风险的转嫁。证券公司可以将某些业务外包给具有较高技能和规模的其他机构来管理，以转移操作风险。同时，外包非核心业务有助于证券公司将重点放在核心业务上，从而提高效率，降低成本。

第二节　基金管理公司风险管理

证券投资基金是金融市场的重要组成部分，而基金管理公司是证券投资基金市场、财富管理市场最重要的机构，也是资本市场、金融市场重要的机构投资者，该类机构的风险防范对保护金融消费者特别是基金投资者的合法权益，对维护金融市场稳定有着特殊的重要作用。本节在简要介绍证券投资基金基本情况的基础上，简要分析基金管理公司的风险管理。

一、证券投资基金基本情况

证券投资基金作为一种金融投资工具，具有集中资金、专业理财、组合投资、分散风险等特点，其主要参与者包括基金投资人（基金投资者或基金份额持有人，是实际的出资者）、基金管理人（利用自己的专业能力从事基金资产投资管理，一般负责设计基金产品。有时也被称为基金管理机构，通常以基金管理公司为主，也包括获得特殊许可的证券公司或保险资产管理公司等）、基金托管人（负责保管基金资产的机构，通常是资产规模大、信誉好的商业银行或证券公司等）。

国内外经验表明，证券投资基金在金融体系中发挥了重要作用，特别是发挥了现代财富管理和普惠金融的作用，在投资大众及各类养老金资产的保值增值、发挥机构投资者的引领作用以及服务多层次资本市场建设和实体经济融资需求等方面发挥着越来越重要的作用。

（一）主要类型

1. **按资金募集对象和范围的不同，可分为公开募集（公募）基金和非公开募集（私募）基金两种形式。**公募基金是指基金管理人按照法定程序向基金监管机构（在国内指中国证监会）申请核准注册后，公开向社会公众发行基金份额募集资金成立的基金。私募基金是指通过非公开方式，面向少数个人或机构投资者等特定对象（合格投资者）募集资金的行为，合格投资者累计不得超过 200 人，不需要中国证监会核准，也不需要注册，但不得进行公开宣传和推介。

2. **按组织形式和法律地位的不同，可分为契约型基金和公司型基金。**契约型基金是通过发行基金份额、以信托契约集合投资人资金成立的基金，基金管理人、基金托管人和投资人三方当事人的权利、义务由基金契约约定。我国内地的公募基金，欧洲、中国香港的集合投资计划，日本、韩国和中国台湾地区的证券投资信托均为契约型基金。公司型基金是指基金本身为一家公司，具有独立法人资格，通过发行股份的方式筹集资金，通常被称为"投资公司"。投资者因购买基金股份成为投资公司的股东，投资公司与基金管理人和基金托管人签订委托协议。美国的公募基金是公司型基金，被称为投资公司（也被称为"共同基金"），投资公司聘用投资顾问（基金管理人）运作管理基金，基金托管人保管基金资产。美国基金发起人向美国证券交易委员会注册投资公司，并遵循美国《投资公司法》《投资顾问法》。

3. 按基金资产投资标的划分，可分为股票基金、债券基金、货币市场基金、混合基金以及基金中的基金（FOF）。按照国内法律法规规定：80%以上的基金资产投资于股票的，为股票基金；80%以上的基金资产投资于债券的，为债券基金；仅投资于货币市场工具的，为货币市场基金；80%以上的基金资产投资于其他基金份额的，为基金中的基金；投资于股票、债券、货币市场工具或其他基金份额，且股票、债券、基金投资的比例不符合股票基金、债券基金、基金中的基金规定的，为混合基金。不同类型的基金产品具有不同的风险收益特征，按收益和风险由高到低的排列顺序为股票基金、混合基金、债券基金、货币市场基金。

4. 按基金运作方式不同，可分为封闭式基金和开放式基金。封闭式基金采用封闭式运作方式，基金份额总额在基金合同期限内固定不变，基金持有人不得申请申购赎回基金。开放式基金采用开放式运作方式，基金份额总额在基金合同期限内不固定，基金份额可以在基金合同约定的时间和场所被申购或赎回。

（二）境内外基金市场发展状况

2019年末，全球公募基金资产规模54.9万亿美元，美国一直是全球最大的基金市场，基金资产规模达到25.7万亿美元（占其当年GDP的120%），占全球基金资产规模的47%。我国公募基金资产规模14.77万亿元，占全球基金资产规模的3.44%，相当于我国当年GDP的14.91%。

从基金类型看，目前绝大部分公募基金为开放式基金，封闭式基金比重很小。2019 年末，全球公募基金中股票基金占比最大（45%），债券型基金、混合型及其他基金各占 21%，货币市场基金占 13%。我国开放式基金约占全部基金的 90%，其中股票基金占 8.8%、混合型基金占 12.8%、债券型基金占 18.7%、货币基金占 48.2%。

2019 年末，美国公募基金市场前 10 家、前 5 家基金管理公司市场份额分别为 64% 和 53%，而我国前 10 家、前 5 家占比分别为 43.19%、25.65%，这显示出我国基金管理市场的集中度与美国相比有一定差距。

从资金来源看。2019 年末，美国约有 10 180 万人、约 45.5% 的美国家庭（5 650 万户），直接持有或通过退休账户持有的基金资产占美国基金总资产的 89%。2019 年末，我国公募基金资金的 48.31% 直接来自个人投资者，30.55% 来自银行自有资金和银行面向公众发行的理财产品（大部分仍是个人投资者），其余为保险、信托、证券公司及其子公司自有资金及其发行的资管产品。

对比中美公募基金市场的发展情况可以得出，我国公募基金发展仍处于较低水平。随着我国多层次资本市场体系的完善和继续大力发展权益类基金，推动资本市场更好地服务实体经济，增强公募基金财富管理和普惠金融的功能，公募基金的发展潜力巨大。[①]

二、基金管理公司的基本情况

（一）基金管理公司的主要业务

按照国内现行法规规定，基金管理公司的主要业务包括公募基金管理、私募资产管理和委托投资管理三大类业务，是最主要的资产管理服务机构。公募基金管理是指基金管理公司以公开发行基金份额的形式，面向投资大众募集资金，并将募集的资金通过专业化、分散投资的方式，投资于资本市场。

---

① 资料来源：中国证券投资基金业协会，美国投资公司协会（ICI）。

公募基金管理业务又包括基金的公开募集、资产托管、投资管理以及风险控制、基金份额登记、核算估值、信息披露等一系列业务环节，其中投资管理是公募基金运作管理的最关键一环，成为基金管理公司最核心的竞争力，是基金管理公司为投资者获取超额回报的根本保障。因公募基金涉及众多投资人的利益，又是资本市场重要的机构投资者，其市场营销与投资交易行为事关证券市场甚至整个金融市场的稳定，其合规风控日益成为基金管理公司的关键业务环节。此外，随着基金行业的迅速发展，其专业程度不断提高，信息披露、信息技术、基金份额登记、核算估值等附属业务也得到快速发展，在一定程度上影响着基金份额持有人的权益的保护状况和基金市场的运行秩序。

私募资产管理是指基金管理公司通过非公开募集资金或者接受财产委托的形式，设立私募资产管理计划进行投资活动的业务。基金管理公司可以为单一投资者设立单一资产管理计划，也可以为多个投资者（通常不多于 200 人）设立集合资产管理计划。委托投资管理主要包括基金管理公司接受全国社会保障基金、主权财富基金、养老保险基金、企业年金、职业年金以及合格境外机构投资者（QFII）等机构委托进行的投资管理活动。目前，基金管理公司受托管理的社保基金、基本养老金、企业年金、职业年金等各类养老金已占养老金境内投资市场份额的 50% 以上。

（二）基金管理公司总体情况

根据 Wind 数据库统计，截至 2020 年底，我国境内公募基金管理公司有 132 家，还有 14 家证券公司或证券公司资管子公司和两家保险资产管理公司取得公募基金管理资格，公募基金管理机构总数为 154 家。

从基金管理机构的股东背景看，属于国有企业的有 37 家，其中多为地方政府或财政部出资，个别公司由财政部或国资委直接出资。总的来看：国有企业仍然是基金管理机构股东群体中的重要力量；属于中外合资企业的有 44 家，第一大股东近一半为国有企业，外资股东多来自美国、欧洲等大型投资机构，也包括中国的香港、澳门、台湾地区，还有日本、新加坡等亚洲市场金融机构；

属于外商独资的一家；属于公众企业的 41 家；属于民营企业的 31 家，第一大股东为自然人的 19 家。

三、对基金管理公司的监管要求

对基金管理公司的监管是紧紧围绕保护基金持有人合法权益和资本市场平稳运行展开的，重点包括对基金管理公司和人员的专业化资质、独立性运作、防范利益输送等方面的监管。

（一）较为严格的市场准入

按照国际惯例，基金管理公司的成立以及开展基金募集和投资管理业务需经监管机构事先核准或备案，监管部门通常依法对基金管理公司以及发起人的资本实力、经营业绩、基金资产运作计划和核心管理层的素质等项目进行审查，符合法律法规要求的方可成立基金管理公司，开展相关业务。如《美国投资顾问法》规定，任何人从事投资顾问服务（也就是我们所说的基金管理公司的投资管理业务）均需依法在美国证券交易委员会登记注册。在投资顾问注册过程中，申请人必须填报一种 ADV 表格。公司注册成立开展业务后，ADV 表格还要在每年结束之日起 90 日内进行更新上报，公司股权、高管变更需及时更新报告。而公开募集基金则需要按照美国证券交易委员会要求履行严格的注册登记程序。

相比之下，我国基金管理公司的准入标准更高，《中华人民共和国证券投资基金法》对基金管理公司的设立条件（如股东资质和高级管理人员的资质条件、基金管理公司组织治理架构等）及应经中国证监会批准做了明确规定。而在每次募集基金之前，基金管理公司都必须严格按照法律法规规定的条件和程序，提交相关法律文件（如基金合同、托管协议与招募说明书草案、法律意见书、基金流动性风险评估报告等）进行登记注册，未经注册，基金管理公司不得公开或变相开展资金募集活动。

（二）公司独立运作要求

通过发行基金份额（通常称发行基金或理财产品），将大量投资者资金汇集起来，从事投资管理，基金管理公司就承担起了受托管理资产的责任，负有保护基金持有人利益的勤勉尽责诚信义务。在实践中，基金管理公司的股东、实际控制人的违法违规行为和不当行为往往会影响基金管理公司认真履行受托人义务，甚至侵害基金持有人的合法利益。为维护基金持有人合法权益，监管机构以法律法规形式要求基金管理公司必须独立运行，不能受股东、实际控制人的干预，要不断完善治理。《中华人民共和国证券投资基金法》要求基金管理公司明确界定股东会、董事会、监事会和高级管理人员的职责权限，建立独立董事制度，确保基金管理人独立运作。为此，基金管理公司要建立业务隔离、董事监事兼职要求制度，建立与股东之间的业务和客户关键信息隔离，股东、实际控制人不得干预基金管理公司的经营活动。独立董事要独立于基金管理公司及其股东，坚持基金持有人利益优先原则，专业勤勉尽责，依法对基金财产和公司运作的重大事项独立做出客观、公正的专业判断。

（三）业务运作中的基金财产独立、信息充分披露、公平交易与防控利益输送要求

1. 基金财产的独立性要求。基金管理以信托关系为基础，基金资产作为信托财产具有独立性。为保护基金持有人的合法权益，《中华人民共和国证券投资基金法》明确规定了基金财产的独立性。一是基金财产要独立于基金管理公司、基金托管人的固有财产。基金管理公司不得将基金财产归入其固有财产。基金管理公司因基金财产的管理、运用或者其他情形而取得的财产和收益，归入基金财产。基金管理公司因依法解散、被依法撤销或者被依法宣告破产等进行清算的，基金财产不属于其清算财产。非因基金财产本身承担的债务，不得对基金财产强制执行。这些规定有利于保障基金财产的独立性及基金财产的安全，有利于维护基金持有人的合法权益。二是管理公司管理的不同基金资产保持独立，体现基金单独管理、单独建账、单独核算的"三独"原则。基

金管理公司往往同时管理着若干只基金，每只基金都有自己的基金财产，基金持有人、受益人也不同。在管理不同基金财产时，如果无法保证不同基金的管理、记账之间的独立，相关基金持有人的利益就会遭受损失，比如，为使业绩表现良好，将一只基金的收益计入其他基金。因此，基金财产的独立性要求基金管理公司对不同的基金财产分别管理、分别记账、分别核算，确保基金财产的完整与独立。

2. **充分的信息披露**。为让大量投资者了解基金投资运作与损益情况，各监管机构均以法律法规形式要求基金管理公司认真履行充分信息披露义务，维护投资者信息知情权。在资金募集阶段（发行基金产品），基金管理公司要严格按照经审核注册的基金合同、招募说明书等向市场披露完整的信息。在基金开始运作后，基金管理公司还要按照规定的内容与格式定期（年报、中报、季报、每日基金份额净值等）或不定期公告基金资产投资与损益情况、基金管理公司及基金经理变动等。

证券投资基金主要业务环节

1. 基金产品设计

通常由基金管理人（主要是基金管理公司）负责基金产品开发设计，基金产品设计通常考虑基金名称、基金经理选择、基金募集对象等因素。

2. 发行募集与申购赎回

公募基金经中国证监会注册后方可发售基金份额、募集资金，对投资者而言就是购买基金份额。开放式基金可以随时申购与赎回，基金的申购和赎回都采取"未知价"原则，即基金申购与赎回以申请当日的基金份额净值为基准，而基金份额净值计算在当日股票市场收市以后才能得以计算、公布。

3. 基金资产托管

托管银行负责安全保管基金财产，这是基金托管人的一项最基本的义务。

4. 投资管理

世界各资本市场监管部门均要求公募基金采用资产组合管理的方式，以分散投资风险，即通常所说的"不要把所有鸡蛋放在同一个篮子里"，保障基金财产的安全和流动性，避免因基金财产投资过分集中于某一证券而影响该证券交易价格的公正性，维护基金份额持有人的利益。欧美基金的投资比例更为分散，持有单一发行人证券不超基金资产的 5%。我国内地及香港、台湾地区则为 10%。美国证券交易委员会还规定，一只基金投资于特定行业或行业组合不得超过基金资产净值的 25%。

5. 信息披露与净值计算和公告

公开披露的基金信息，包括基金年报、中报、季报、每日基金份额净值公告和临时公告，以及招募说明书、基金产品资料概要、基金合同、托管协议。

6. 收益分配

基金持有人享有按其所持份额取得基金收益的权利，基金管理人应当按照基金合同约定的收益分配原则确定基金收益分配方案，并按照基金合同约定的执行方式，及时向基金持有人分配基金收益。

3. **公平交易与利益输送防范**。各个市场监管机构都要坚持基金持有人利益优先的原则，公平对待自己管理的不同基金，防范利益冲突，禁止不当关联交易，并履行信息披露义务。严格禁止基金管理公司及其从业人员利用管理基金财产的便利条件从事"老鼠仓"交易或为他人进行利益输送等背信行为，并将利益输送视为违法行为。

（四）加强对内部控制的风险防范指导与要求

从全球基金业来看，各国监管部门均要求基金管理公司建立健全内部控制机制，目的是促进公司恪尽职守，履行诚实信用、谨慎勤勉的义务，保护基金持有人利益。中国证监会在 1998 年公募基金出现之初就要求基金管理公司建立督察制度，并设督察长及监察稽核部门负责公司内部控制与风险防范工作。此后，监管部门先后发布了基金管理公司内部控制指导意见、基金管理公司督察长管理规定、基金管理公司合规管理办法，以及公募基金流动性风险管理规定、销售监督管理办法、基金管理公司治理准则、公平交易指导意见等一系列监管要求，进一步加强了公司内部控制与风险防控。中国证券投资基金业协会（简称基金业协会）也发布了基金管理公司风险管理指引，引导公司强化风险意识，增强风险防范能力。

四、基金管理公司的主要风险类型

　　各证券市场监管机构和自律组织对基金、基金管理公司的风险有着不同的分类方法。由于基金独特的运作架构，基金管理公司面临的风险与基金运行密不可分，有些机构更为关注基金运作的风险，比如美国重点关注基金（投资公司）的风险，而不太关注基金管理公司（投资顾问）的风险，美国投资公司协会和独立董事理事会[①]将基金风险分为投资风险和操作风险两大类，美国共同基金董事论坛（MFDF）[②]将投资公司风险分为投资风险、操作风险、战略风险、监管风险四种特定风险。我国通常同时关注基金和基金管理公司的风险，比如，中国证券投资基金业协会就将基金管理公司及其受托资产的风险分为市场风险、信用风险、流动性风险、操作风险、合规风险、声誉风险和子公司管控风险，其中操作风险包括制度和流程风险、信息技术风险、业务持续风险、人力资源风险、新业务风险和道德风险，合规风险包括投资合规性风险、销售合规性风险、信息披露合规性风险和反洗钱合规性风险。从基金运作和管理公司角度看，影响最大的风险主要有以下几个。

[①]　参见：*Fund Board Oversight of Risk Management*，https://www.ici.org/pdf/pub_11_oversight_risk.pdf

[②]　参见：*Role of the Mutual Fund Director in the Oversight of the Risk Management Function*（*May 2020*），https://www.mfdf.org/docs/default-source/default-document-library/publications/white-papers/mfdfriskoversightpapermay2020f.pdf?sfvrsn=95c2cce4_4

（一）以利益输送为主要形式的道德风险

基金管理公司及其核心专业人员（基金经理）管理着大量资金，在利用基金财产进行投资的过程中，他们如果偏离基金持有人利益最大化原则，就会利用管理大量资金的便利条件，为基金持有人之外的第三人（比如管理公司的股东及其实际控制人、董事监事高级管理人员、其他从业人员及其关联人、其他基金或投资组合等）进行利益输送（通常所说的"老鼠仓"行为），这是最典型也是危害最大的道德风险。这些利益输送通常通过购买某些股票（或债券）或抬高某些股票（或债券）的价格为其提供变现获利机会，或者通过打压某些股票（或债券）价格为其提供低成本建仓机会等形式进行，也包括不同投资组合之间的利益输送，例如，公募基金向社保组合、基金管理公司自身年金组合进行利益输送，无业绩报酬的组合向收取业绩报酬的组合进行利益输送，低费率的组合向高费率的组合进行利益输送等。

证券市场监管机构、司法机构对基金利益输送行为历来坚决打击、严惩不贷。利益输送行为会给基金管理公司信誉带来极大的负面影响，严重的会导致基金管理业务资格被暂停、主要责任人员被行政处罚甚至刑事处罚的严重后果。2018年3月23日，北京市高级人民法院刑事裁定书裁定，某基金管理公司中央交易室股票交易员、副总监胡某夫涉嫌"老鼠仓"，被判处有期徒刑7年，处罚金9 000万元，追缴违法所得4 186万元（被市场称为老鼠仓最长刑期案）。某基金管理公司前债券交易员王某通过"老鼠仓"牟利1 773.67万元，2018年3月被重庆市第一中级人民法院刑事判决，获刑6年6个月，没收非法所得，判处罚金900万元，其父母利用其儿子知悉的非公开信息买卖相应股票，也分别获刑3.5年和4年，违法所得被没收并被判处罚金共计900万元。

（二）巨额赎回风险

巨额赎回风险是开放式基金所特有的一种风险，是指开放式基金单个开放日净赎回申请超过基金总份额的10%。当发生巨额赎回时，基金管理公司需要在短期内备付大量现金，直接影响基金投资的正常运行，而投资者可能无法及时赎回其持有的全部基金份额，出现类似于银行挤兑的风险，持续的大规模集中赎回将引致系统性风险，影响到资本市场乃至整个金融体系的稳定要求。

（三）投资管理过程中的风险

基金资产以组合投资方式投资于股票市场、债券市场和货币市场，市场价格波动引发的市场风险与流动性风险、持有债券的发行人信用风险都会对基金管理公司管理的基金业绩带来不利影响，进而影响管理规模的扩大和业务的持续增长。

与此同时，基金管理公司在资产投资过程中，还可能会违反监管部门及基金合同和基金招募说明书中有关资产投资比例的要求和约定，导致出现违规违约风险。例如，根据分散化要求，一只基金不得将 10% 以上的资产净值投资于同一家公司发行的证券。一个基金管理人管理的全部基金，不得持有同一家公司所发行证券的 10% 以上的份额。基金管理公司一旦出现以上违规、违约问题，就可能遭受行政处罚、罚款，投资人起诉等，相关责任人员可能会被给予警告，暂停或者撤销基金从业资格等，这会给基金管理公司的正常经营运行带来一定的冲击。

（四）公司治理风险

公司治理是涉及基金管理公司能否持续稳健经营、能否有效保护基金持有人利益的重大问题。公司治理不规范、不完善将会给基金管理公司持续稳健发展带来极为不利的影响。

公司股东层面可能存在股权管理不规范问题。例如，股东通过股权代持、股权托管、信托合同、秘密协议、股权收益权或表决权转让等形式处分其股权，违规质押所持基金管理公司股权等，都会影响公司股权结构的稳定，进而影响基金管理公司的长期稳定运行。公司运作管理层面可能存在股东会、董事会及高级管理层（两会一层）履职不规范，股东、实际控制人干预公司经营活动，优秀的高管人员、基金经理流失，独立董事未能勤勉尽责履行义务，利用关联交易向其关联方进行利益输送等问题，这都会影响基金管理公司专业、独立、规范的运作。

（五）合规操作风险

合规操作风险是指基金管理公司或其从业人员的经营管理或执业行为违反法律法规和准则，被依法追究法律责任、采取行政监管措施、给予纪律处分、出现财产损失或商业信誉损失的风险，也包括人为错误、系统失灵和内部控制的缺陷导致直接或间接损失的风险。

如 2005 年，个别货币市场基金片面追求收益率和基金规模，违规进行"长券短做"，规避投资组合有关平均剩余期限的限制，以实现更高的收益率。后因货币政策调整，基金出现大量浮亏并引发持续赎回，若干家基金管理公司只好动用自有资金弥补货币市场基金及短债基金亏损。

（六）反洗钱风险

基金产品销售主要依托代销机构，但基金管理公司在客户身份识别、可疑交易报告等方面依然承担着法定义务，面临反洗钱义务履行不到位的风险。例如，2019 年 1 月，某基金管理公司因未按照规定履行客户身份识别义务、未按照规定报送可疑交易报告而遭到中国人民银行相关部门处罚。

五、基金管理公司的各类风险管理措施

鉴于基金的募集与资产投资涉及众多投资人利益，也事关证券市场甚至整个金融市场的稳定，国内监管机构在市场发展初期，充分借鉴境外成功经验，本着"先立法、后试点、再发展"的原则，建立起基金财产独立与强制托管制度、管理公司专业独立运作、充分的信息披露制度、销售适用性与产品适当性

（适当产品卖给适当投资者）制度、投资风险自担制度（严禁刚性兑付）、公平交易制度、管理公司独立董事与督察长制度等独具特色的制度体系，对国内资产管理行业产生了重要的积极影响，保证基金行业实现了 20 多年的稳健发展，没有出现像其他行业屡次被清理整顿的现象。但从基金管理公司角度看，它们仍然需要努力防范各种风险，实现自身的稳健经营。

（一）防范以利益输送为主要内容的道德风险

首先要加强管理公司道德文化建设，加强员工职业道德文化教育，培养受托、诚信、尽责、合规、廉洁意识，讲究诚实守信，履行社会责任，遵从社会公德，牢固树立"投资者利益至上"的理念。

其次，建立严格的防范利益输送的管控制度，切实保护基金持有人的利益。一是建立有效的管理公司与股东之间风险隔离的制度，防范利益输送。二是公司建立严格的公平交易管理制度，公平对待不同投资组合，禁止直接或者通过与第三方的交易安排在不同投资组合之间进行利益输送，要加强投资决策和交易执行的内部控制以实现过程公平，通过同向交易价差分析等方法实现公平交易结果的核查，对其他可能导致不公平交易和利益输送的异常交易行为进行监控、分析，基金经理要对异常交易情况进行合理性解释。三是加强对投研核心人员特别是基金经理的管理，加强对信息管控、人员选聘、通信管理、合规培训、基金经理承诺等方面的管控，最大限度挤压"老鼠仓"行为滋生蔓延的空间。四是主动运用大数据监控技术，从公司内部对历史交易数据跟踪拟合、回溯重演，及时发现异常交易线索，及时分析异常交易情形，严格查处有可能损害公司形象的不当交易行为，保持威慑和警示，维护公司长远发展利益。

（二）防范巨额赎回风险

基金管理公司首先要确保开放式基金持有基金资产净值 5% 以上的现金或到期日一年以内的政府债券，以应对可能发生的巨额赎回。建立开放式基金申购赎回的事前监测与预警制度，加强对大额赎回、大量赎回的监测与压力测试。认真及时办理已经确认的赎回申请。建立巨额赎回延缓／阻断机制，限制大额资金短期套利、审慎接受、确认赎回申请，切实保护存量基金持有人的合法权益。加强信息公告，做好投资者特别是关键客户维护。做好事中管控与事后评估和经验总结，提高巨额赎回应对能力。

（三）加强投资管理风险防控

1. 做好投资组合管理控制。基金管理公司进行基金投资，首要的是严格按照基金合同和基金招募说明书中所约定的投资方向和投资比例进行组合投资，避免出现违规违约风险。基金管理公司，首先要建立一套有效的投资流程和投资授权制度，通过在技术系统中设置风险参数，对投资中的合规风险进行自动监控，并辅以手工监控和多人复核等措施。其次，要加强每日跟踪，每日评估投资比例、投资范围等合规性指标的执行情况，对所出现的偏差进行及时调整，确保投资组合符合基金合同和基金招募说明书中的约定和监管部门的有关要求。再次，建立健全股票、债券等证券池制度，严格股票债券池进出与投资选择程序，规范基金经理的投资行为。

2. 做好市场风险防控。基金管理公司要充分考虑基金财产的安全性和流动性，实行专业化管理和控制，防范化解市场风险。一方面，加强宏观形势和行业发展研究，评估宏观因素变化可能给投资带来的系统性风险，密切关注行业的周期性、市场竞争以及个股的基本面变化，评估非系统性风险，对市场风险较大的证券进行快速评估和定期跟踪。另一方面，在投资组合风险控制层面，设置风险管理团队，参考夏普比率、特雷诺比率和詹森指数等指标，密切关注投资组合的收益质量状况。运用定量风险模型和优化技术，分析各组合市场风险的来源和暴露。利用敏感性分析，找出影响投资组合收益的关键因素。运用情景分析和压力测试，评估投资组合对大幅和极端市场波动的承受能力，提出应对策略等。

3. 做好流动性风险防控。流动性风险管理的目标是确保开放式基金的变现能力与投资者赎回需求的匹配。一是根据基金的投资策略、估值方法、历史申购与赎回数据、销售渠道、投资者类型、投资者结构、投资者风险偏好等多种因素，按照变现能力对基金所持有的组合资产进行分类，审慎评估各类资产的流动性，有针对性地制定流动性风险管理措施。二是对基金资产及时进行流动性分析和跟踪，包括计算各类证券的历史平均交易量、换手率和相应的变现周期，关注组合资产的流动性结构、持有人结构和投资品种类型等因素。三是建立流动性压力测试和预警机制。流动性风险指标一旦达到或超出预警阈值，就要启动流动性风险预警机制，按照既定投资策略，调整组合资产结构或剔除个别流动性差的证券。定期不定期进行压力测试，分析投资者申赎行为，测算当面临外部市场环境的重大变化或巨额赎回压力时，冲击成本对组合资产流动性的影响，并相应调整资产配置。

4. 做好信用风险防控。信用风险管理的目标是对交易对手、投资品种的信用风险进行有效的评估和防范，将信用风险控制在可接受的范围内，获得较高的风险调整收益。基金管理公司要建立债券发行人的内部信用评级制度，并结合外部信用评级，有效管理组合持有债券的信用风险。建立交易对手信用评级制度，根据交易对手的资质、交易记录、信用记录和交收违约记录等因素，对交易对手进行信用评级并定期更新。建立信用风险监控体系，及时发现、汇报和处理组合所持债券的信用风险。

（四）防范公司治理风险

基金管理公司应当严格按照《中华人民共和国证券投资基金法》的规定，建立良好的内部治理结构，明确股东会、董事会、监事会和高级管理人员的职责权限，充分发挥独立董事的作用，遵循基金持有人利益优先的原则，确保基金管理人独立运作，建立长期激励约束机制，强调利益分享和风险共担，提高基金管理公司服务中长期资金和稳定市场运行的能力。

（五）防控合规操作风险

合规操作风险控制目标是确保公司及从业人员遵守法律法规、监管规则和基金合同的规定，认真履行受托职责，防范业务操作差错。一是建立健全包括董事会、管理层、各部门及一线员工组成的四道合规风控防线，形成严密的合规风控管理体系，涵盖公司管理、人员管理、投资运作、基金销售、基金运营、信息披露、信息技术、合规风控等各环节风险，对公司的各类合规操作风险实行全面有效的管理。发挥公司风险控制委员会在风险发现、风险处置和跨部门流程改进等方面的重要作用。有效发挥督察长制度在各项业务流程、作业程序、业务推介与投资管理等方面的合规检查作用，形成完整严密全覆盖的合规防控网络体系。二是建立有效的投资制度流程和授权管理制度，评估监控基金经理、交易员的交易行为，重点监控投资组合投资中是否存在内幕交易、利益输送和不公平交易行为。三是在投资交易系统中设置风险参数，自动控制投资交易合规风险。对于系统无法设置的风控指标，可以通过加强手工监控、多人复核等措施予以控制。设置合规管理团队，每日监控评估合规指标执行情况。四是事前审核基金宣传推介材料，加强销售行为的规范和监督，防止盘后交易、商业贿赂、误导、欺诈和不公平对待投资者行为的发生。五是加强流程管理和一线员工业务处理能力建设，制定完善部门及岗位操作流程手册和指引，严格执行关键岗位经办与复核制度。加强一线员工培训力度，提高一线员工业务处理能力，减少责任性和技术性差错的发生。

（六）加强反洗钱风险管控

基金管理公司要切实落实反洗钱要求，有效防范洗钱风险。一是建立健全基金客户风险等级划分和管理体系，与代销机构和服务提供商在相关协议中明确投资人身份资料的提供内容及客户风险等级划分职责。二是制定严格有效的开户流程，规范对客户的身份认证和授权资格的认定，对有关客户身份证明材料予以保存。从严监控客户核心资料信息修改、非交易过户和异户资金划转。严格遵守资金清算制度，对现金付进行控制和监控。三是建立风险导向的反洗钱防控体系，采用恒生反洗钱系统进行管控，建立符合基金行业特征的客户风险识别和可疑交易分析机制。四是对符合可疑交易标准等情形的，应当依法及时报告中国反洗钱监测分析中心、中国人民银行当地分支机构和其他有关部门。

第三节　期货公司风险管理

期货公司是期货市场[①]最重要的中介机构，是金融市场的有机组成部分。本节内容介绍期货公司基本情况、监管要求、主要风险类型及风险管理措施。

一、期货公司基本情况

期货公司是由中国证监会依照《中华人民共和国公司法》和《期货交易管理条例》批准设立、在期货市场中提供专业化交易和风险管理服务的金融服务机构。它既作为连通市场投资者与交易所的桥梁服务各类客户，参与期货交易所场内集中交易，又为大宗商品产业链上下游的各类企业提供个性化的交易及风险管理服务。其主要职责是促进期货市场功能的发挥，处置市场风险，维护市场秩序，对期货市场价格发现和风险管理功能的发挥有着不可或缺的作用。

（一）期货公司的业务范围

期货公司业务主要包括期货经纪业务、投资咨询业务、资产管理业务以及风险管理子公司业务四大类。

[①] 除特殊说明，按照国内习惯，本节及第十章所称期货市场即衍生品市场，包括期货和期权等衍生品。

1. **期货公司经纪业务**。期货经纪业务是期货公司传统主营业务，包括接受客户委托、按照客户的指令、以自己的名义为客户进行期货交易并收取交易手续费，为客户进行代理买卖期货合约、办理结算和交割手续，对客户账户进行管理，控制客户交易风险，为客户提供期货市场信息等服务。

2. **期货公司投资咨询业务**。期货投资咨询业务是指期货公司基于客户委托，根据监管规定及咨询合同约定，从事为客户的投资提供风险管理顾问、研究分析、交易咨询等服务的营利性活动。

3. **期货公司资产管理业务**。资产管理业务是指公司接受单一客户或特定多个客户的书面委托，根据监管规定及资产管理合同约定，运用客户委托资产进行投资，并收取费用或报酬的业务活动。

4. **期货公司风险管理业务**。为适应期货市场服务实体经济发展的需要，监管机构允许具备一定资本实力和经验的期货公司设立风险管理子公司，开展以风险管理服务为主的业务。该项业务从 2013 年 3 月开始试点，至 2020 年底，已有 88 家期货公司及子公司开展此项业务。通过不断探索，风险管理子公司灵活运用现货、期货、场内外期权、远期以及互换等多种类型的场内外工具，已经形成了仓单服务、基差贸易、场外衍生品以及做市商业务等多种具有较好发展前景的商业模式。

期货市场基本概念介绍

1. 期货（futures）与期权（option）。期货又称期货合约，是由交易所研究制定的、规定在将来某一特定的时间和地点交割一定数量标的物的标准化合约。

期权又称期权合约，期权是一种选择的权利，即能够在未来的特定时间或一段时间内按照事先约定的价格买入或卖出某种约定标的物的权利。

2. 开仓、平仓与持仓。开仓是期货交易者买入或卖出，并持有期货合约的交易行为。持仓是期货交易者手中持有的合约。平仓是期货交易者买入或卖出与其所持有期货合约的品种、数量及交割月份相同但交易方向相反的期货合约，了结期货交易的行为。

3. 强行平仓。交易所对会员或期货公司对投资者违规超仓的或者未按规定及时追加保证金的以及其他违规行为采取的强制平仓措施。

4. 标准仓单。简称仓单，是由期货交易所指定交割仓库在完成入库商品验收、确认合格后，按照交易所规定的程序签发给货物卖方的符合合约规定质量的实物提货凭证。仓单服务是指根据产业客户的不同需求，通过仓单销售、收购、串换等业务，为实体产业客户提供服务的一种业务形式。

5. 期货交割。商品期货交易的了结（平仓）一般有两种方式：一是交易平仓，二是实物交割。实物交割就是用实物交收的方式来履行期货交易的责任。期货交割是指期货交易的买卖双方于合约到期时，对各自持有的到期未平仓合约按交易所的规定履行实物交割，了结其期货交易的行为。通常，实物交割在期货合约总量中占的比例很小，然而，正是实物交割和这种潜在可能性，使得期货价格变动与相关现货价格变动具有同步性，并随着合约到期日的临近而逐步趋近收敛。实物交割处于期货市场与现货市场的交接点，是期货市场和现货市场的桥梁和纽带，是期货市场价格发现与风险管理两大经济功能发挥的重要前提。

6. 基差与基差贸易。基差（也称升贴水）是指在特定时间和地点的特定商品现货价格和期货价格之差，即基差 = 现货价格 − 期货价格。基差包含着两个市场之间的持有成本、运输成本和品质成本。基差贸易是指产业企业在按照某一期货合约价格加减基差（升贴水）方式确立点价方式的同时，在期货市场进行套期保值操作，从而降低套期保值基差风险的业务模式，目前已经成为国际国内大宗商品常用的贸易方式。

7. 套期保值。也称对冲，是指把期货市场当作转移价格风险的场所，利用期货合约作为将来在现货市场上买卖商品的临时替代物，对其现在买进、准备以后售出商品或对将来需要买进商品的价格进行保险的交易活动。套期保值的本质特征是，在现货市场和期货市场对同一种类的商品同时进行数量相近但方向相反的买卖活动，即在买进或卖出实物的同时，在期货市场上卖出或买进相近数量的期货，经过一段时间，由价格变动带来的现货买卖上的盈亏，可由期货交易上的亏盈去抵消或弥补。

8. 做市与做市商。做市是指为特定的期货、期权等衍生品合约提供持续报价或者回应询价，并利用自有资金作为交易对手方提供市场流动性服务的行为。在期货期权市场上，提供做市服务的独立经营法人被称为做市商，他们通常具备较强的实力、丰富的经验和良好的信誉。

9. 逐日盯市制度。也称每日无负债制度，是期货等衍生品市场一种独特的结算制度，是指每日交易结束后，交易所按当日各合约结算价结算所有合约的盈亏、交易保证金及手续费、税金等费用，对应收应付的款项实行净额一次划转。结算完毕，如果保证金不足，交易所将发出追加保证金（追保）通知，要求交易者在下一交易日开市前补足，否则交易所将按照一定逻辑处置其持仓。期货交易逐日盯市制度能够防止风险的累积，为交易者履约提供了保障。

（二）境外期货中介情况

美国衍生品市场是全球范围内历史较为悠久、发展相对成熟和开放的市场，美国商品期货交易委员会（CFTC）[①] 将期货中介机构主要分为三大类。一是业务代理机构或个人，包括期货佣金商（FCM）、场内经纪商（FB）以及场内交易商（FT），其中期货佣金商处于各种期货经纪中介地位的核心，其功能与我国的期货公司相类似。二是客户开发机构或个人，包括介绍经纪商（IB）以及助理中介人（AP），这类机构或个人接受客户指令，但不是自己直接下指令到交易所，而是将客户指令转给期货佣金商，他们不向客户收取手续费，但是要向期货佣金商收取业务收入分成。三是管理服务中介机构，包括商品交易

[①] 美国的期货市场监管机构，成立于 1974 年。

顾问（CTA）和商品基金经理（CPO）。商品交易顾问（CTA）是直接或间接为客户提供期货投资建议，并由此收取相应费用的人员或机构，对应国内期货公司的投资咨询业务。商品基金经理是发起并管理期货投资基金的人员，他们将诸多投资者的资金集中起来，以基金的形式交由专业人员进行统一买卖操作。2010 年 11 月，CFTC 建议新增互换交易商（SD）以及互换交易大户（MSP）两项注册类别，以此加强对互换交易相关机构的监管。

目前，CFTC 已将注册责任委托给美国全国期货协会（NFA），根据 NFA 的数据，截至 2021 年 1 月底，美国拥有期货经纪商资格的机构共计 63 家，拥有商品交易顾问资格的机构多达 1 389 家，拥有商品基金经理资格的机构共计 1 126 家。此外，从事介绍经纪商业务的机构也有 1 062 家，互换交易商数量相对较少，为 108 家，而互换交易大户已无机构注册登记。同时拥有 CPO、CTA 资格的机构共计 585 家，主要为基金公司。而在 63 家期货经纪商中，同时兼营 CPO、CTA 两项业务的机构仅有高盛、瑞银证券以及优势期货三家。

美国的期货中介机构虽然很多，但具有实力的期货中介机构通常为投资银行或其下属部门。在注册的 63 家期货经纪商中，我们可以找到高盛、摩根士丹利、J.P. 摩根、花旗、巴克莱等诸多国际知名投行的身影。客户权益规模排名居前的期货经纪商也均以综合性投资银行为主。这些机构资金实力雄厚，业务多元化，是全球金融市场的主要参与者。

（三）国内期货公司基本情况

新中国第一家期货公司在 1992 年底成立，随后一大批期货公司如雨后春笋般相继成立。截至 2020 年底，中国期货公司共 149 家，服务客户近 160 万个，总资产为 9 848.25 亿元，净资产为 1 350.01 亿元，客户权益规模 8 247 亿元。从期货公司的区域分布看，我国期货公司仍然主要集中在以三大城市为中心的三大区域，即以北京为中心，向天津、大连、山东和山西辐射的环渤海地区，上海、浙江和江苏相互促进、共同发展的长江三角洲地区，以深圳为中心，向广东辐射的珠江三角洲地区。这三大区域都是经济相对发达的区域，其经济的活跃带动了期货公司业务的增长，这些地区期货公司的整体发展规模、经营状况均具有相对优势。

目前，期货公司形成了以券商股东为背景的券商类、以实体企业股东为背景的产业系以及区域类期货公司的格局。在竞争日益激烈的期货市场，一方面，客户保证金规模、收入、利润等越来越向头部企业集中。另一方面，各家期货公司依据自身资源和优势，也越来越呈现出多元化的发展路径和鲜明的特色。

二、对期货公司的监管要求

（一）美国对期货中介机构的监管情况

美国作为全球最成熟发达的期货市场，对期货中介机构的监管基本上是政府行政管理、行业协会自律管理以及期货交易所一线管理的三级监管体系。

1.**政府行政管理**。美国联邦政府的监管机构是商品期货交易委员会。1974年的《商品交易法》确立美国商品期货交易委员会作为对期货期权市场进行监管的独立机构，其主要职能是负责监管美国商品期货、期权和金融期货、期权市场。任何在美国的期货交易所进行交易的公司都必须在美国商品期货交易委员会注册，并成为美国全国期货协会的会员。

2.**行业协会自律管理**。美国全国期货协会是非营利的自律性组织，它的资金来自会员的注册费用。该协会1982年开始运作，组建的目的是对期货市场和投资者进行保护，主要工作是防止市场欺诈和操纵，为投资者提供所需经纪公司的信息，对投资者的申诉进行仲裁和调解。

3.**期货交易所一线管理**。美国的期货交易所是整个管理体系的基础与核心，作为市场交易情况的监察者和信息反馈者，在政府监管和广大交易者之间起到了沟通和桥梁的作用。各期货交易所制定并实行其规则，如保证金制度、会员之间发生争论时的调解制度及监督会员的财务能力等。交易所的规则包括对经纪商的最低资金限额要求、交易记录、实际交易程序、客户订单管理、内部惩罚程序等。

交易所的自我管理活动受美国商品期货交易委员会的监督。交易所的规则必须经过美国商品期货交易委员会的批准，交易规则的实施也在其严格监视之下。

（二）国内对期货公司的监管要求

为适应期货市场发展新形势，提高期货监管效率，增强防范、控制和化解期货市场风险的能力，目前我国期货市场建立起包括中国证监会、地方证监局、期货交易所、中国期货市场监控中心有限责任公司（简称监控中心）和中国期货业协会共同协作的"五位一体"监管工作机制，按照"统一领导、共享资源、各司其职、各负其责、密切协作、合力监管"的原则开展工作，形成一个分工明确、协调有序、运转顺畅、反应快速、监管有效的工作网络。其中，中国证监会负责监管协调机制统一领导、统筹协调和监督检查，中国证监会及各地证监局对期货公司及其分支机构进行监督管理，期货交易所、中国期货业协会依照有关法律、行政法规和本机构的章程、规则对期货公司实行自律管理，监控中心对客户的保证金实施监控。在"五位一体"市场监管体系的基础上，期货行业多年来在推动和加强投资者监管和保护方面还做出了很多努力，例如建立了看穿式监管、一户一码制度、投资者保护基金、保证金封闭运行、投资者适当性制度等。

国内期货市场监控制度

1. 看穿式监管。是指监管部门可以"看穿"投资者账户，清楚掌握每个账户的情况。根据监管要求，期货公司需要采集所有通过期货公司入场交易的客户的登录终端信息。

2. 一户一码制度。国内期货交易实行一户一码制度。一户一码即一个投资者在同一家交易所内只能拥有一个交易编码。无论在几家期货公司开户，只要开户资料是同一身份证或同一企业营业执照，该投资者在同一家交易所内就只能拥有唯一一个交易编码。交易编码专码专用，不得借用、混用，并在规则及监管机构的设置上防范客户透支交易，占用其他客户保证金。期货公司一方面接受交易所管理并执行交易所对客户的管理规定，另一方面要对客户风险进行管理，在客户超出风险时垫付超出风险的损失。

3. 保证金封闭运行。在国内期货市场早期发展过程中，曾经出现挪用或抽逃客户保证金的情况。为保护投资者资金安全，中国证监会推动建立了保证金封闭运行制度，即期货公司客户保证金按照封闭运行原则，必须全额存入具有期货保证金存管业务资格的银行（资产规模较大、信誉好的大银行），与期货公司自有资金相互独立、分别管理，并在监控中心的监控下运行。监控中心在设立以及实施保证金封闭运行以后，客户保证金被挪用的情况基本被杜绝了。

4. 涨跌停板制度。涨跌停板是指交易所制定的合约价格的每日最大波动幅度。在国际市场上，并非所有的期货（或期权）合约都设定了一个固定的涨跌停板幅度。国内期货交易所目前普遍采用固定比例的涨跌停板制度，通常都要小于交易所规定的保证金比例，有效限制投资者亏损累计，避免引发会员结算风险。

5. 投资者适当性制度。该制度是规范投资者和期货公司之间权利义务关系的重要制度，是指期货公司在向客户提供期货产品或服务时，应确保其所提供的产品或服务与特定客户的财务状况、投资目标、知识经验以及风险承受能力等相匹配，不得将高风险产品或服务推荐或销售给低风险承受能力的客户而导致客户利益受损。该制度本质上是对投资者的一种保护。

6. 投资者保障基金。是指在期货公司严重违法违规或者风险控制不力等导致保证金出现缺口、可能严重危及期货市场安全甚至社会稳定时，用来补偿投资者保证金损失的专项基金。该基金由中国证监会集中管理、统筹使用，由监控中心具体负责实施。

现行的期货公司监管法规主要包括《期货交易管理条例》《期货公司监督管理办法》以及以此为总纲制定的各项部门规章，《期货公司分类监管规定》

等各类规范性文件，《中国期货业协会会员管理办法》等中国期货业协会自律规则，以及各期货交易所的相关交易规则及实施细则。具体监管要求主要体现在以下几个方面。

1. 高门槛的机构准入及业务持牌规则。期货公司作为金融机构，其设立、终止、变更等是需要证监会审核批准的，各项业务也是需要审核或备案的。期货公司业务实行许可制度，由证监会按照业务种类颁发许可证。

2. 期货公司要具备完善的公司治理及内部控制体系。证监会要求期货公司按照明晰职责、强化制衡、加强风险管理的原则，健全完善公司治理。一是要求期货公司完善三会制度，赋予期货公司股东（会）、董事会、监事（会）、经营层各自的职能并要求在章程中予以明确，并在各层级建立制衡机制，包括设立独立董事、首席风险官等。二是促进期货公司规范经营管理，包括制定期货公司会计规范，推动期货公司信息披露制度建设，要求期货公司与其股东、实际控制人及其他关联人的业务隔离，落实各项重要事项报告制度等。三是要求证监会及派出机构对内部控制的规范性和有效性进行常规检查，对涉及内控的重大变化和特殊情况进行核查，及时采取监管措施。

3. 严格的抗风险能力要求。期货监管机构对期货公司抗风险能力有具体要求，证监会《期货公司风险监管指标管理办法》要求期货公司需要满足净资本不得低于人民币 3 000 万元，净资本与公司风险资本准备的比例不得低于100%，净资本与净资产的比例不得低于20%，流动资产与流动负债的比例不得低于100%，负债与净资产的比例不得高于150%，规定最低限额结算准备金要求，等等。同时对风险监管指标设置预警标准，规定"不得低于"一定标准的风险监管指标，其预警标准是规定标准的120%。规定"不得高于"一定标准的风险监管指标，其预警标准是规定标准的80%。证监会派出机构对期货公司风险监管报表进行审核，持续监控期货公司净资本等风险监管指标是否符合标准，对期货公司进行现场检查，督促、指导期货公司净资本监管工作的落实，并及时采取监管措施。同时，期货公司业务范围与净资本规模挂钩。对资产管理业务、风险管理子公司业务，期货监管机构都有具体的要求。

4. 对期货公司实行分类监管。根据《期货公司分类监管规定》相关要求，证监会定期对期货公司进行类似于证券公司的分类评审，并对不同类别的期货公司实施区别对待的监管政策。2020 年，在全行业 149 家期货公司中，A 类公司 40 家，B 类公司 93 家，C 类公司 12 家，D 类公司 4 家。

分类评审是以期货公司风险管理能力为基础，结合公司服务实体经济能力、市场竞争力、持续合规状况，确定期货公司的类别。期货公司业务资格与分类监管评级挂钩。期货公司分类评审结果是确定新业务试点范围及推广顺序、确定期货投资者保障基金缴纳比例的依据，也是期货公司及子公司增加业务种类的审慎性条件。

三、期货公司的主要风险类型

期货公司作为期货市场最主要的中介机构，是连接客户与期货交易所的桥梁，期货公司所面临的风险更具复杂性和独特性，很大一部分风险都是客户转移来的。一方面源于期货市场独特的交易机制。期货市场实行的是"T+0"的双向交易和保证金交易机制，即期货投资者可以利用"杠杆作用"使用数倍于自己所投入的资金在期货市场进行期货交易，因此，其盈利和亏损的额度都可以数倍于其本金，风险也由此产生。另一方面源于风险偏好者带来的更大风险。期货市场的交易机制吸引了众多风险偏好者。尤其是期货投机者，其风险偏好要远高于其他金融市场的参与者，这些市场参与者产生大额亏损而无力承担的可能性要远高于其他市场的投资者，所以期货公司承担着更高的风险。

期货交易的连续性和高杠杆特征

1. 期货交易的连续性。有别于股票市场，期货市场普遍实行"T+0"交易制度，即可以当日开仓，当日平仓，不限次数。这就意味着期货交易的连续性，即投资者可以不断地交易期货合约，客观上增大了投资者交易的换手率。这种高换手率的交易行为所带来的高成交量，势必对期货公司交易系统造成更多压力。

2. 期货交易的杠杆性。期货期权等衍生品交易普遍实行杠杆交易，通常交易者只需缴纳一定比例的保证金即可进行买卖活动，保证金水平（杠杆率）高低因交易标的的不同而不同，通常金融类衍生品保证金水平较低（1%~2%），商品类衍生品较高（5%~10%）。期货交易的保证金制度虽然提高了投资者的资金使用效率，但同时增加了交易的风险。由于高杠杆交易，投资者对价格波动会更敏感，即使价格出现小幅波动，投资者也会因资金杠杆的使用而快速做出应对，下达交易指令。这客观上增加了期货公司交易系统的载荷，对 IT 系统的高效、稳定运行有着较高要求。

考虑到我国期货市场与海外期货市场产生的背景和所处市场环境存在差异，与境外成熟市场广泛允许的"先交易，后收钱"的信用交易模式不同，我国期货市场采用"先收钱，后交易"的保证金管理机制，不允许信用交易。如果没有事前控制这道防火墙，市场参与者在成交后才需要缴纳保证金，可能出现事前滥用信用，事后无力弥补的违约事件，增加交易所和期货市场风险。

期货公司在经营中所面临的主要风险类型有以下几种。

1. **价格波动风险**。期货交易是一种杠杆交易，是一种以小博大的交易。期货交易参与者的盈亏随着合约价格的波动而被放大，从而引发客户违约致使期货公司亏损的风险。在价格出现大幅波动时，投资者如果不采取相应的风控措施，反而通过重仓持有、加大杠杆来进一步放大风险，最终就会导致大量亏损，从而违约，促使期货公司价格波动风险增加。

2. **客户穿仓风险**。穿仓风险是指交易者的损失导致其客户账户权益出现负值的情况，通俗讲就是客户把账面已有资金全部亏掉并欠期货公司钱，这是期货经纪业务中最常遇到的风险。根据期货市场的制度安排，期货公司作为客户的代理方，首先要与交易所作为对手方承当结算义务，然后与客户进行结算清算。当客户出现穿仓后，期货公司首先需要以自有资金垫付，完成与交易所的结算，同时向客户提出追加保证金（追保）要求，若追保不成功、强行平仓后仍不能补足保证金，期货公司将损失垫付的资金。如果合约价格继续向不利的方向波动，客户穿仓风险将进一步加大。

3. **交割风险。** 交割违约风险是指在期货合约的交割环节，买方无法在交易所规定的时间内如数支付货款，或者卖方无法在规定时间内交付交割货物的风险。

按照目前国内期货市场结算制度安排，期货交割以会员（期货公司）的名义由交易所组织进行，这意味着交易所判定交割违约的直接对象是期货公司而不是客户，违约后果也由期货公司先行承担，期货公司再向客户追偿。期货公司如果风险控制不力，就可能导致客户交割风险向期货公司传导。

4. **结算风险。** 在国内期货市场现有当日无负债结算制度的安排下，交易、结算环环相扣，期货市场参与者在完成当天交易后，先由交易所对会员进行结算，然后由会员（结算会员）对本公司席位的交易者进行结算，完成当日无负债结算。在此过程中，期货公司的结算风险主要包括两类，首先是履约风险，体现为交易一方或各方不能按照约定条件足额、及时履行结算责任，结算被延迟或结算失败，导致结算对手方资金损失和整个结算系统不能正常运转。一方面，期货公司每日需要对所辖客户的当日交易进行准确结算，并进行资金的准确划转，交易所结算数据一旦出现偏差，期货公司就会因数据准确性涉及的法律纠纷面临结算风险。另一方面，客户保证金如果亏损数额较大且无法补足，期货公司就需要替亏损方承担履约责任。其次是时效性风险，是指期货公司需要及时完成结算服务，而不影响下一个交易日客户的正常交易，以及系统的正常运转。

5. **做市商业务风险。** 做市商业务是通过双边报价的形式履行做市义务，为期货、期权合约提供流动性并赚取中间价差的业务模式。期货公司做市业务风险是指其子公司作为做市商在履行做市义务时产生的风险，做市商也会面临市场风险、流动性风险和操作风险，同时还存在三类特有的风险，即存货风险、模型风险和信息不对称风险。

（1）**存货风险。** 是指做市商因为履行做市义务而持有的净头寸风险。做市商和其他市场参与主体不同，是通过双边报价来履行做市义务的。在理想状态下，期货做市商的双边报价同时成交，可以获得稳定的价差收益。但是，实际交易过程经常会形成单边成交或者双边成交但是数量不同的情况，这样做市商手中的头寸就会形成"存货"。存货风险的危害主要体现在以下几个方面。首先是给做市商带来资金压力和交割风险。做市商是通过自有资金进行做市的，如果短期内积累大量单方向头寸，做市商就不得不投入更多资金进行对冲平仓，如果对冲过程不顺利，做市商就会面临巨大的资金压力。当期货或期权合约临近到期时，做市商将不得不进行交割或行权，形成交割风险。其次是对市场流动性造成冲击。做市商存货一旦超过一定水平，就会暂停履行双边报价义务，市场流动性的提供者将减少，市场流动性将进一步下降。再次是加剧市场波动，期权做市商累积的头寸需要通过标的资产进行对冲，做市商购买标的资产则会进一步加剧市场的单边波动，形成波动风险。

（2）**模型风险**。是指做市交易策略使用的定价模型出现了偏差导致出现亏损的风险。模型风险会给市场和做市商带来巨大影响：一方面，做市商报价不准确将造成其本身的亏损；另一方面，做市商为市场提供了有偏差的定价，一定程度上影响了市场价格发现功能的发挥。

（3）**信息不对称风险**。做市商需要在一段持续的时间内进行双边报价，当一些交易者拥有的信息比做市商更多时，这些交易者将会以对自己更有利的价格与做市商达成交易，从而造成做市商的损失，导致信息不对称风险。形成信息不对称风险的来源主要有两个：一个是做市商对做市品种运行特征的了解不够充分而被对手方利用；另一个是做市商拥有的交易速度不够快，以至被对手方超越。信息不对称风险会使做市商被迫放宽相关价差，减少报价时间，当其亏损超过一定程度时，做市商将会退出做市，从而造成流动性供给的减少。

6. 场外业务风险。期货公司场外业务风险包括期现结合业务、场外衍生品业务两类风险。期现结合业务又包括围绕期货价格和现货价格波动而展开的基差交易、商品互换、合作套保等业务，通常会面临基差风险和信用风险。基差风险是指期货与现货之间价格波动不同步带来的风险。在发展期现结合业务时，现货贸易的交易对手可能会出现违约而产生信用风险，在套保交易中又可能出现期货公司在期货市场经常面临的市场波动、结算、交割等风险。

场外衍生品业务具有柜台交易和非标准化特点。期货公司在开展场外衍生品业务时，通常会采用自己开发并销售衍生品、投资购买场外衍生品和做市服务三种业务模式。期货公司开发销售非标准化场外期权等金融衍生品，虽然产品设计灵活性高，但通常会面临产品定价是否准确、风险计量能否准确、相关参数（如希腊值）设置是否合理以及市场风险和流动性风险。期货公司作为投资者购买场外期权，还需承担信用风险，也就是购买的场外期权到期后对手方毁约而不能行权的风险。期货公司通过识别不同客户的风险偏好，将场外衍生品进行匹配，提供做市服务并赚取中间差价，期货公司虽不用承担市场波动风险，但要承担交易对手可能产生的信用风险。

7. IT 系统风险。期货公司面临的技术系统风险是多方面的，很多风险也是其他金融机构同样面临的风险，例如可能由于系统自身软硬件的设计缺陷问题、外部恶意网络攻击以及不可抗力等引发信息安全与系统故障，交易所、监控中心、银行等外部系统中断导致正常交易无法进行等故障。近年来，随着高频程序化交易在国内期货市场的兴起，交易者对 IT 系统的速度和稳定性要求越来越高，这给期货公司 IT 系统承载能力带来巨大的新型挑战，任何系统不稳定或中断等故障都会造成风险，导致投资者不能正常交易，造成经济损失，从而引起投资者索赔等情况，给期货公司带来风险。

此外，期货公司也与其他金融机构一样面临操作风险。

四、期货公司的各类风险管理措施

中国期货市场经历 30 多年的发展，期货公司的风险管理能力也在不断提高。但风险管理是永恒的课题，需要期货公司结合市场发展特点不断予以完善提升。根据主要面临的风险类型，期货公司应制定、实施针对性的风险管理措施。

（一）价格波动风险的管理措施

期货公司的价格波动风险来自所辖客户，加强对客户的管理是关键。一方面要认真做好投资者教育工作，强化客户的风险意识，引导客户正确认识衍生品风险，合理应用衍生品工具，防范过度交易与投机。另一方面要制定严格的风控措施，实时监测客户的风险情况，做好风险预警工作，及时提醒客户进行风险防范。对风险程度较高的客户要切实加强管理，严格限制其交易行为。

（二）穿仓风险的管理措施

穿仓风险管理最重要的措施是在高度关注市场波动的基础上及时追加保证金与实施强行平仓。

1. **波动率跟踪与预判。**市场风险管理重要工作之一就是对价格波动率的跟踪与预判，在波动率可能放大的关键时间节点及时调整保证金水平。关键时间节点包括进入交割月、长假、重要事件、重要数据公布、关键价位突破等，这些时间节点都有价格大幅波动、波动率加大或出现跳空缺口、造成流动性短期缺失的共同特征。在波动率加大、流动性减少的情况下，调整保证金比例（杠杆比例）是有效控制客户风险的重要措施。

2. **风险测算与风控方案。**风险测算和风控方案是基于波动率跟踪及预测的重要风控事前措施。风险测算就是压力测试，基于波动率的预判，设定价格场景，对全体客户进行压力测试，筛选出风险客户。再根据不同客户的具体持仓情况，制定风控方案，在防止出现风险事件的基础上，最大限度保护客户，使其损失减少到最小。

3. **追加保证金与强行平仓。**追加保证金与强行平仓是风控的执行过程，是防范穿仓风险最重要的措施。在执行过程中，客户要么增加资金，要么减少持仓以降低风险。

4. **期货公司需要建立客户风险和信用评估体系。**在每次风控措施实施后，期货公司要根据客户风险爱好、追保及时程度、强平与否等对客户进行风险等级调整，从而调整相应的保证金比例，控制高风险客户交易杠杆。

（三）交割风险的管理措施

国内交易所在临近交割期时通常会提高交易保证金水平（一般会提高到合

约价值的 20% 以上），并规定，违约方需向守约方支付违约金（合约价值 20% 左右）来终止交割，从而提高交割违约成本。

期货公司应对每日交易情况和客户持仓进行监控，以防止个人及其他无交割资质的投资者持仓进入交割月份。在客户持仓进入交割月份前一段时间，期货公司应开始对临近到期合约持有客户进行交割风险提示，提示无交割资质的客户尽快完成平仓。若个人投资者等无交割资质的投资者未在交割月前及时平仓，期货公司应按照相应交易规则进行强行平仓，避免其持仓进入交割月承担交割义务。同时，在日常业务中加强对投资者的教育，及时了解客户经营动态，掌握客户抵御风险的能力水平，以免客户出现交割违约风险由期货公司先行承担，进而风险传递至自身的情况。

（四）结算风险的管理措施

期货公司防范结算风险，需要健全相关的风险管理制度，包括保证金制度、当日无负债结算制度、涨跌停板制度、持仓限额和大户持仓报告制度、风险准备金制度以及风险处置预案等。通过对完备的风险管理制度予以落实和执行，构建起风险防控网，以降低期货公司结算风险的发生。

如果确因客户信用违约或资金流动性发生结算风险，期货公司应及时启动风险预案，避免结算风险在期货公司之间传播和扩大。具体的风险预案通常包括但不限于以下程序：第一步，动用期货公司的结算准备金；第二步，暂停开仓交易；第三步，按规定强行平仓，直至用平仓后释放的保证金能够履约为止；第四步，动用风险准备金进行履约赔偿；第五步，动用期货公司的自有资产进行履约赔偿；第六步，通过法律程序继续对该客户进行追偿。

（五）做市业务风险的管理措施

当市场出现较大行情、剧烈波动及流动性枯竭的情况时，做市商进行做市的风险将大幅提高。期货公司风险管理子公司在进行做市风险防范时应该做到以下几点。

一是针对存货风险，严格控制风险暴露头寸，保证一定范围内的动态 Delta 中性调整，并根据市场变化及时进行对冲。对隔夜头寸和长假头寸进行严格控制，预留足够的资金，确保存货风险控制在一定的水平内。

二是针对模型风险，及时根据市场形成的新数据对现有模型进行评估，当现有模型不符合市场变化时，及时调整模型结构和参数，确保理论定价的准确性，减少模型风险对公司收益率的影响。

三是针对信息不对称风险，应努力研究做市品种的特征，不仅要了解该品种的期货期权交易特征，也要了解其现货特征，降低信息不对称风险。

（六）场外业务风险的管理措施

在基差交易风险管理措施上，要侧重交易与风险的限额控制：一是根据项目的规模、期现匹配度、品种以往的波动率、风险承受能力等，事先确定业务额度、敞口额度、止损额度和交易品种；二是根据持有成本、交割时间等选择合适的交易机会；三是日常监督业务数据，并在必要的时候启动应急措施；四是留有一定的冗余资金；五是对价格趋势进行研究预判。

期货公司在期现业务中最重要的风险就是信用风险，其风险管理要重点做好以下两点：一是要做好客户资质管理，对客户信用信息进行尽调和风险评级，建立对手方黑白名单制度，加强客户信用分析与资信评级管理；二是建立内部授信管理机制，主要包括建立资信评级指标和体系、制定信用限额、建立信用审批流程等。

在场外衍生品市场风险管理方面，期货公司要建立风险度量指标系统，包括敏感性指标、VaR 值和压力测试，建立事前的标的池，尽量减少交易流动性差的品种，建立限额管理，对交易组合的市场风险进行动态监控，定期对风险进行评估。

（七）IT 系统风险的管理措施

随着期货市场的不断发展，期货公司已由单一的经纪业务发展为目前的多种业务类型，很多公司已经意识到 IT 风险管理的重要性，开始引入大数据风险、区块链、全流程平台管理等技术手段和系统，金融数字化建设在期货公司风险管理中将发挥越来越重要的作用。引进成熟的交易业务管理系统，提升技术系统全流程风险管控能力，建立风险量化等管理手段，会不断提高期货公司技术风险管理水平。

针对高频程序化交易的风险管理，期货公司一方面可以采取包括限制客户高频交易量比率、订单成交比、加权交易量比率及其分类收费制度等经济手段，另一方面可采取技术措施降低 IT 系统压力。与此同时，技术系统突发事件，尤其是程序化交易引起的风险，常常伴随着系统导致的部分或全部客户无法进行交易报价、对冲交易、数据报送、交易结算、交割等问题，期货公司要及时启动应急预案，做出应急响应，及时处置化解相关风险，做到及时发现、及时处置。

期货公司操作风险的防范，如同其他金融机构一样，主要采取建立严格的标准化业务流程和执行标准、建立相互制衡的内控制度和机构、定期监督检查、持续升级基础设施、员工培训上岗、后续持续专业培训等措施。

第四节　基金销售机构风险管理

证券投资基金在海外被称为"营销导向"的行业，反映出基金销售以及承担具体销售工作的机构在基金市场发展中的重要作用，该类机构的风险管理对基金市场、资本市场乃至金融市场的稳健运行都具有重要作用。

一、基金销售机构的基本情况

基金销售机构是指经国务院证券监督管理机构依法注册并取得基金销售业务资格的机构。在基金运作实践中，基金管理公司可以直接销售本公司设计、开发并管理的基金，这通常被称为基金直销。也可以通过与基金销售机构签署销售协议，委托基金销售机构面向投资者办理基金产品销售业务，这通常被称为基金代销。目前，基金销售机构除了基金管理公司，还有商业银行、证券公司、期货公司、证券咨询公司、保险公司及其经纪、代理公司以及专门从事基金销售的独立销售机构。此外，针对某些特殊类型的基金，例如LOF（上市型开放式基金）、ETF（交易型开放式指数基金），基金份额在交易所上市后，投资者既可以通过基金销售机构申购、赎回基金，也可以使用证券账户在交易所场内像交易股票那样买卖上市基金份额。

从基金份额保有规模情况及客户数量看，绝大多数基金份额是通过基金代销机构销售的，基金管理公司直销渠道成长缓慢，直接销售规模占比比较低。公募基金行业高度依赖商业银行等代销机构开展基金营销的特征非常明显，与海外市场基本一致。截至2020年底，上述各类基金销售机构共计424家（不含基金管理公司），其中商业银行155家、独立基金销售机构124家、证券公司100家、期货公司26家、证券投资咨询机构9家、保险公司4家、保险经纪与代理公司6家，商业银行、证券公司、独立基金销售机构为基金销售机构中的重要主体。

二、对基金销售机构的监管要求

基金销售机构直接面向各种投资者，其基金销售活动与投资者合法权益保护息息相关，各个市场监管机构都对从事基金销售的机构及其营销行为施以严格的监管，以保护投资者的合法权益，防范投资者被误导、诱骗和欺诈，维护金融市场正常秩序。建立严格的基金销售机构准入标准、明确基金销售业务规范是各国监管机构的普遍做法。国内监管机构高度重视投资者合法权益保护，经过多年发展，目前已建立起包括法律、部门规章、行业协会自律规则等在内的多层次法律法规体系，形成一套成熟的监管制度规则，包括《中华人民共和国证券投资基金法》《证券投资基金销售机构内部控制指导意见》《公开募集证券投资基金销售机构监督管理办法》《证券期货投资者适当性管理办法》《开放式证券投资基金销售费用管理规定》《证券投资基金销售结算资金管理暂行规定》等，全面覆盖基金销售机构行业准入、内部控制与风险管理、投资者适当性、基金销售费用管理、销售结算资金管理、销售信息系统建设等多个方面。

（一）基金销售机构的行业准入

建立严格的基金销售机构准入标准也是各国监管机构的普遍要求。例如，所有在美国境内从事证券发售业务的机构和人员（无论是公募还是私募）都必须在美国证券交易委员会注册成为经销商。在美国从事证券行销或销售的中介、推荐人等也必须在美国证券交易委员会注册，或者与已在美国证券交易委员会注册的经销商联合销售，否则将会受到处罚和其他制裁，并可能使发行人遭受制裁和处罚，且赋予购买方撤销该买卖的权利。

《中华人民共和国证券投资基金法》明确规定，从事公开募集基金的销售、销售支付、份额登记、估值等的服务机构应当按照证监会的规定进行注册或备案。2004年6月，证监会发布《证券投资基金销售管理办法》（简称《销售管理办法》），并于2020年8月发布了修订后的《公开募集证券投资基金销售机构监督管理办法》及配套规则（以下简称"《销售办法》及配套规则"），明确了商业银行、证券公司、证券投资咨询机构、专业基金销售机构等申请基金代销业务资格的条件，确立了基金销售机构的资格申请、准入等监管框架和标准，从合规运作、财务状况、制度建设、营业场所、从业人员数量（取得基金从业人员资格的人员不少于20人）等多个方面明确了申请基金销售业务资格应具备的基本条件。

（二）严格基金销售业务规范

欧美等海外监管机构历来强调基金（包括其他投资理财产品）营销机构

要履行"了解你的客户"义务，销售机构在推销基金产品时必须认真了解客户的资产状况、风险承受能力、对产品的了解程度，并向客户介绍产品的特点与风险揭示。国内监管机构经过近 20 年的探索，在借鉴海外市场经验的基础上，也形成了适合中国市场特点的基金销售业务规范，其中最基本的是实施"投资者适当性管理"制度，强调基金销售机构应当将"适当的产品销售给适合的投资者"（双适当准则），实现"卖者尽责、买者自负"。根据中国证监会及基金业协会的相关规定，销售机构应对投资者的风险承受能力进行划分，同时对产品风险等级进行评价，做好投资者风险承受能力和产品风险等级的适当匹配，不得向风险承受能力最低的投资者销售风险等级高于其风险承受能力的产品，不得未经特别的书面风险警示，向投资者销售风险等级高于投资者风险承受能力的产品。按此原则，基金销售机构在销售产品或提供服务的过程中，要坚持投资人利益优先和风险匹配原则，应当勤勉尽责，审慎履职，全面了解投资者风险承担能力，向投资者充分揭示投资基金的风险，并基于投资者的不同风险承受能力以及产品风险收益特征，把合适的基金产品销售给合适的投资人，严禁误导、诱导和欺诈销售。

监管机构在基金销售行为及宣传推介规范方面，对基金销售机构及其从业人员从事基金销售业务提出一系列禁止性规定，如不得有下列情形：虚假记载、误导性陈述或者重大遗漏；违规承诺收益、本金不受损失或者限定损失金额、比例；预测基金投资业绩，或者宣传预期收益率；误导投资人购买与其风险承担能力不相匹配的基金产品；采取抽奖、回扣或者送实物、保险、基金份额等方式销售基金；实施歧视性、排他性、绑定性销售安排；挪用基金销售结算资金或者基金份额，等等。

（三）基金销售机构要加强内部控制

为促进基金销售机构诚信、合法、有效开展基金销售业务，构建以投资者利益为核心、长期理性投资的工作机制，监管机构对基金销售机构内部控制提出了明确的指导意见，要求基金销售机构按照健全、有效、独立、审慎的原则，建立健全并有效执行基金销售业务内部控制。

三、基金销售机构的主要风险

基金销售机构的主要风险包括以下几种。

（一）基金管理人及代销产品选择风险

鉴于金融市场严重的信息不对称及大量投资者自身认知能力的局限，最高人民法院 2019 年 11 月发布《全国法院民商事审判工作会议纪要》（以下简称"九民纪要"），充分体现了司法审判机关在金融消费者权益保护方面对投资者权益的保护。"九民纪要"针对适当性义务的责任主体，明确规定："金融产品发行人、销售者未尽适当性义务，导致金融消费者在购买金融产品过程中遭受损失的，金融消费者既可以请求金融产品的发行人承担赔偿责任，也可以请求金融产品的销售者承担赔偿责任，还可以请求金融产品的发行人、销售者共同承担连带赔偿责任。"基金销售机构接受基金管理公司委托为其代销基金产品，如基金销售机构选择合作的基金管理公司及其产品不审慎，当基金管理公司或代销的基金产品出现重大风险时，基金销售机构是直接面对终端投资者的一方，诉讼及赔偿风险容易传导至基金销售机构。特别是当基金销售机构为规模大、实力强的机构时，投资者会更倾向于向基金销售机构主张权利。从业务实践看，投资者因购买的基金产品亏损等原因，以销售机构未尽到适当性义务为理由，起诉基金销售机构承担赔偿责任的案例并不鲜见。

在 2008 年全球金融危机的背景下，美国雷曼兄弟申请破产保护，其之前通过中国香港地区多家金融机构销售的可赎回信贷挂钩票据（俗称雷曼"迷你债"）价值暴跌，引发大量投资者向香港金融监管机构投诉。香港金融监管机构对多家代销机构的销售行为进行了检查，检查重点就是围绕"代销产品尽职审查是否充足""是否向销售人员提供培训以确保销售人员充分理解雷曼迷你债券产品特点、结构和风险""是否针对产品销售及推广活动制定内部制度规范"等方面。最终，包括境内大型商业银行在港机构在内的 16 家代销机构与香港金融监管机构达成协议，由代销机构出资回购投资者所持有的未到期的迷你债券,其中向 65 岁以下客户按投资本金名义价值的 60% 回购,向 65 岁或以上客户按投资本金名义价值的 70% 回购。

(二)投资者适当性管理风险

如果基金销售机构没能尽到勤勉尽责义务,将不适合的产品销售给不适合的投资者,该产品投资一旦出现亏损或导致投资人利益受损的情形,基金销售机构就会面临诉讼和赔偿风险。随着基金发行产品数量日益增多、市场波动加大、广大投资者维权意识增强,基金销售机构在履行适当性管理方面会面临越来越多、越来越大的风险。正如"九民纪要"所指出的:"适当性义务的履行是'卖者尽责'的主要内容,也是'买者自负'的前提和基础。""九民纪要"明确了"卖方机构对其是否履行了适当性义务承担举证责任"的举证责任分配原则,特别强调"卖方机构简单地以投资者手写了诸如'本人明确知悉可能存在本金损失风险'等内容主张其已经履行了告知说明义务,不能提供其他相关证据的,人民法院对其抗辩理由不予支持"。例如 2015 年 6 月 2 日,投资者王某经五大银行之一的某行恩济支行(以下简称恩济支行)工作人员推荐,购买了一只基金。2018 年 3 月 28 日,王某进行了基金赎回,亏损 57.6 万元。王某以所投资基金为"较高风险"品种,与本人在风险评估问卷中表明的投资目的等风险偏好明显不符、应属于不适宜本人购买的产品为由向法院提起诉讼。法院经审理认定恩济支行未向王某出示和提供基金合同及招募说明书,没有尽到提示说明义务,具有侵权过错,判决该支行赔偿王某损失并赔偿相应利息损失。

(三)基金宣传推介及营销活动合规风险

基金营销宣传的合规性一直以来都是媒体及监管机构的关注重点,个别销售机构曾因宣传推介材料中存在"活动年化总收益 10%""欲购从速""100% 有保证""登载基金业绩未注明数据来源""引用基金评价机构的评价结果未列明基金评价机构的名称及评价日期"等违规表述,基金营销活动中存在"送红包""提供满减券"等基金有奖销售违规行为，被监管机构采取监管措施。2019年1月，江苏证监局对辖区某基金销售有限公司采取出具警示函并暂停办理公募基金销售业务的监管措施，指出该公司制作的宣传材料包含"排名靠前""抗跌能力强""业绩好于大多数同类基金""居货币型基金前七分之一"等字样，存在夸大或片面宣传基金产品、不同基金间业绩比较不严谨的情形。

（四）基金销售结算资金管控风险

基金销售机构开立基金销售结算专用账户用于归集、交收、划转基金销售结算资金，不同基金注册登记机构、不同基金管理人、不同基金产品、认购款、申购款、赎回款等不同类型的基金销售结算资金的交收、划转流程各不相同。此外，基金销售结算账户还具有资金进出频率高、资金量大、沉淀资金多、对账难度大等特征，这使得基金销售结算账户客观上存在因人工操作失误或舞弊而导致的销售结算资金被挪用、错误划付的风险。根据《北京市西城区人民法院（2019）京0102刑初761号刑事判决书》某基金管理公司运营部清算岗员工李某，在复核岗人员休假期间，利用独立操作系统的机会，将清算账户的沉淀资金10万元划至其个人网银。在该员工个人被追究刑事责任的同时，员工所在公司也因资金清算业务内控不健全，被监管机构采取责令改正的行政监管措施。

（五）投资者投诉、诉讼风险

随着投资者专业化程度的不断提升，广大投资者全面知权、积极行权、依法维权的意识也在不断增强。投资者针对基金销售机构服务不合规、不充分、不恰当等问题，向基金销售机构、媒体、监管机构等多种渠道投诉，已成为投资者维权的常态化方式。基金销售机构如果存在响应投资者诉求不及时有效、跟踪处理不到位、投诉处理程序不合规等情况，就可能进一步导致投诉风险发酵，矛盾纠纷升级，给公司造成极大合规风险及声誉风险。

四、基金销售机构的主要风险管理措施

（一）加强对基金管理人及代销产品的审慎尽调

为从源头上有效管控代销产品风险，基金销售机构应对基金管理人和拟代销的基金产品进行充分的风险评估和审慎的尽职调查。

针对基金管理人，一是认真做好尽责调查，力求全面真实了解基金管理人的情况。二是在完整全面了解基金管理人情况的基础上，建立基金管理人"白名单"制度和"白名单"库，明确可以接受委托、为其代理销售基金产品的条件、选择程序。三是严格基金管理人"白名单"库管理，对不再持续符合要求的公司要按程序中止代理销售业务，确保合作机构的资质质量。

针对拟代销的基金产品，基金销售机构应设立代销产品准入委员会或专门工作小组，制定销售产品的准入标准，审议确定销售产品的范围，对销售产品准入实行集中统一管理。产品准入标准，应充分考虑产品投资方向和投资范围、流动性、到期时限、杠杆情况、结构复杂性、管理人等相关主体的信用状况、产品过往业绩等因素。

（二）强化投资者适当性审慎管控

基金销售机构应严格落实中国证监会发布的《证券期货投资者适当性管理办法》，并参照基金业协会发布的《基金募集机构投资者适当性管理实施指引（试行）》，切实履行适当性管理职责。

1. **全面了解投资者情况，审慎评估投资者风险承受能力**。在为投资者开立基金销售账户时，基金销售机构可以通过电子或纸质表单形式，收集投资者的姓名、证件号码、职业、收入来源、投资经验、投资目标、风险偏好及可承受的损失、诚信记录等基本信息。同时，还应制作并向投资者提供风险测评问卷。综合客户身份信息及风险测评问卷评估结果，将投资者的风险承受能力按照由低到高，分为C1（含风险承受能力最低类别）、C2、C3、C4、C5（风险承受能力最高）五种类型，审慎做好投资者风险承受能力评估和认定工作。

同时，基金销售公司还要建立对客户风险承受能力的定期或不定期再评估机制，当发现影响客户风险承受能力评估的因素发生重大变化的，及时启动重新评估并更新投资者的风险等级。在投资者风险等级评估认定过程中，基金销售机构及基金销售人员不得通过诱导、误导等方式影响投资者的风险承受能力评估，不得以系统默认选项、销售人员代为填写、默认进行普通投资者和专业投资者转化等形式确定投资者风险承受能力。

2. 科学、合理划分产品或服务的风险等级。基金销售机构应该制定科学、合理的产品或服务风险等级评价体系，产品或服务的风险等级按照风险由低到高顺序，至少划分为 R1、R2、R3、R4、R5 五个等级。基金销售机构应考虑将流动性、运作期限、杠杆情况、结构复杂性、投资方向和投资范围、最低参与金额、发行人信用情况等纳入产品或服务的风险等级划分考虑因素，针对可能存在本金损失、流动变现能力较差、结构复杂难以理解等因素的产品或服务，应审慎评估风险等级。

基金销售公司在评估拟代销的基金产品风险等级时，要按照监管机构有关"基金销售机构向投资者推介基金产品时，所依据的基金产品风险等级评价结果不得低于基金管理人做出的风险等级评价结果"的规定，建立对基金管理人风险等级评价结果的核对和校验环节机制，并本着就高原则确定代销产品的风险等级。

产品或服务的风险等级评价工作并非"一劳永逸"，基金销售机构应建立长效工作机制对产品或服务的风险等级进行持续评估，当基金产品或服务的信息、市场情况、产品运作、基金管理人合法合规等情况发生变化时，要及时重新评估产品或服务的风险等级，避免产生评价结果显著低于产品或服务的实际风险、对投资者产生误导的情况。

3. 明确匹配方法和流程，认真做好适当性匹配工作。在投资者风险承受能力和产品风险等级评价工作的基础上，基金销售机构应制定投资者与产品或服务适当性匹配的方法，匹配方法至少应确定投资者的风险承受能力和产品或服务的风险等级之间对应关系、对最低风险承受能力类别投资者的特别要求以及适当性匹配的操作程序等。通过将适当性匹配逻辑内嵌至销售系统，不同部门、岗位互相监督等系统及业务流程设计，确保适当性匹配要求有效落实，将适当的产品或服务提供给适合的投资者。

4. **充分的信息告知及风险揭示**。基金销售机构向投资者进行充分的信息告知和风险揭示是履行适当性义务的核心，是让投资者真正了解产品或服务的风险收益特征的关键。基金销售机构在销售过程中需设置充分的信息告知及风险揭示环节，包括但不限于：提示投资人阅读基金合同、招募说明书、基金产品资料概要并提供有效途径供投资人查询；以显著、清晰、简明易懂的文字或语言等方式向投资者揭示投资风险；投资者风险承受能力与产品或服务风险等级的匹配情况；针对投资者要求购买的产品的风险等级高于其风险承受能力、向普通投资者销售高风险等级产品等情况，还需履行特别注意义务，增加特别的书面风险警示，追加了解投资者相关信息，给予投资者更多考虑时间，增加回访频次等程序，在相关风险告知、提示及确认环节需做好相应留痕管理。

（三）做好基金宣传推介及营销活动管理

1. **建立覆盖事前、事中及事后的宣传推介合规管控机制**。事前建章立制。通过内部制度，将宣传推介材料不得包含虚假记载、误导性陈述或者重大遗漏、不得使用"安全""保证""保本保收益""欲购从速"等违规表述的法规及监管要求予以进一步明确和细化，明确宣传推介材料的制作部门、合规审核部门、事后监督检查部门的职责及流程，将"未经合规事前审核，不得擅自发布宣传推介材料"的合规要求内嵌至具体业务流程中，将相关合规责任落实到部门、落实到岗。

事中有效履职。宣传推介材料制作部门是确保宣传推介材料合法合规的一线责任部门，应确保做到"三个严格"：严格按照合规标准制作宣传推介材料；严格按照业务流程要求事前提交合规审核；严格按照合规审核意见修改和执行，杜绝"未经合规审核擅自发布宣传推介材料""先发布、后审核""实际发布的内容与合规审核意见不一致"等违规情况。

事后强化追责。基金销售机构通过建立有效的合规检查及问责机制，定期及不定期对宣传推介材料的制作、审核、发布全流程开展合规检查。针对检查发现的问题，强化追责，确保宣传推介合规内控机制运行有效。

2. **坚守底线，杜绝违规销售行为。**基金销售机构不得采取抽奖、回扣或者送实物、保险、基金份额等方式销售基金。在开展与投资者教育相关的奖励活动时，不得存在刺激基金销售或保有规模导向，不得将开户、购买、持有基金产品作为投资者获取奖励的条件。

基金销售机构应构建以投资者利益为核心、促进长期理性投资的销售人员考核体系，引导投资者树立长期投资、价值投资的理念，杜绝诱导投资者短期申赎、频繁申赎、赎旧买新的行为。

基金销售机构应公平对待不同投资者，严格按照法律法规、监管规定以及基金合同、招募说明书和基金销售协议等约定收取销售费用，未经招募说明书载明，不得对不同投资者适用不同费率。

基金销售机构通过互联网或电话开展基金营销活动的，应根据投资者意愿设置禁扰名单与禁扰期限，通过信息技术系统进行电话号码屏蔽，防止因电话营销等业务活动对投资者形成骚扰。

3. **私募基金销售特别控制。**基金销售机构销售私募基金应确保符合"非公开""合格投资者"两项关键管控要求。

（四）确保基金销售结算资金安全

基金销售机构应建立健全基金销售结算资金管理制度、优化完善业务流程及信息系统等措施，围绕"独立、安全、及时、准确"四个基本原则，确保销售结算资金安全，划付准确、及时。

1. **确保销售结算资金"独立"。**基金销售机构应当在取得基金销售业务资格的商业银行或中国证券登记结算有限责任公司（以下统称"监督机构"）开立基金销售结算专用账户，同时应与监督机构签署监督协议，对销售结算专用账户的账户性质、账户功能、资金划转流程、监督方式、账户异常处理等事项做出约定。

基金销售机构应建立严格、清晰的销售结算资金管理内部业务流程和岗位分离制度，确保基金销售结算资金与公司自有资金、不同基金之间完全独立。

2. **职责分离，确保销售结算资金"安全"。**确保投资者销售结算资金安全，防范被挪用、盗用是基金销售机构的责任和义务，销售结算资金应在投资者结算账户、销售结算专用账户、基金资产之间闭环运作，不得提取现金或将销售结算资金用于其他用途。为此，基金销售机构应通过事前建立职责分离及岗位监督互控的销售资金清算工作机制，加强网银密钥管理。在参数设置、资金清算、资金交收等各个业务环节，提高系统化程度、强化授权与复核控制，明确各销售结算专用账户日终沉淀资金归集方式，实现日清日结。事后应加强账实核对，建立异常资金流水监控预警机制，通过必要的系统控制及流程管控，有效防范未经授权、越权的销售结算资金划付的舞弊风险。

3. **按时交收，确保销售结算资金划转"及时"**。基金销售机构通过信息系统、制度流程等控制方式，建立完整覆盖投资者结算账户—销售归集分账户—销售归集总账户—注册登记机构的注册登记账户/募集验资账户的全流程销售结算资金划转工作机制，确保严格按照法律法规、基金合同和基金销售协议等约定、基金注册登记机构业务规则的要求，及时将投资者认/申购款划转至基金注册登记机构，将赎回、分红以及未成功认/申购的退款划至投资者结算账户。

4. **多重管控，确保销售结算资金划转"准确"**。在销售结算资金交收中，不同基金管理人、不同基金注册登记机构、不同类型产品的销售结算资金交收时点、交收方式等均存在差异，基金销售机构与投资者、基金注册登记机构的资金交收时点也存在时间差，基金销售机构应建立资金清算台账，详细记录应收、应付资金明细账，通过投资者、基金注册登记机构、销售归集账户等多维度汇总、核对、分析方式，加强系统控制及人工复核，避免划款金额错误、重复划款。

（五）认真做好投资者服务及客户投诉处置工作

积极妥善地处理投资者投诉是基金销售机构切实履行投资者合法权益保护的重要工作内容。基金销售机构要充分认识到投资者教育工作对培育成熟理性的投资文化和健康良好的市场生态以及对基金销售机构树立品牌形象的重要意义，改变"重产品宣传、轻投资者教育"的工作思路，认真做好投资者教育工作。

1. **持续提供信息服务，充分保障投资者知情权**。基金销售机构建立并持续完善客户服务工作内容和标准，通过短信、微信等各类形式及时告知投资者认购、申购、赎回的基金名称以及基金份额的确认日期、确认份额和金额等信息。提供有效途径供投资者实时查询其所持基金的基金名称、管理人名称、基金代码、风险等级、持有份额、单位净值、收益情况等基本信息。按照与投资者约定的方式，至少每年度向投资者主动提供其基金保有情况信息，包括基金名称、基金代码、持有份额等。做好其他各类信息披露及信息传递工作，向投资者及时提供对其投资决策有重大影响的信息。

2. **加强投资者教育，引导投资者树立长期理性投资理念**。投资者教育已成为资本市场的一项必要的长期性、基础性的工作。从业务实践看，有相当一部分投资者投诉由投资理念不正确、缺乏专业知识、不理解业务规则等导致。通过投资者教育，引导投资者树立长期投资、价值投资的理念，向投资者传递"卖者尽责、买者自负"的原则，培养投资者风险意识，帮助投资者掌握资本市场必要的专业知识，积极培育行业良性发展生态。

3. **妥善处理客户投诉，全力维护投资者的合法权益**。基金销售机构需建立明确的投诉处理工作机制，指定专门部门负责投资者投诉处理工作，明确投诉处理牵头部门、投诉涉及事项的相关业务部门、合规部门、舆情管理部门等相关部门的职责分工，确保投诉处理及时高效、处理过程及结果合法合规。

为确保客户投诉处理服务质量，基金销售机构可为投资者提供人工客服热线电话等有效投诉处理渠道，配备数量充足的客服人员，将电话接通率、客户满意度等指标纳入考核，不断提升投资者服务质量，避免出现服务不充分、不恰当等问题导致的投诉升级情况。

（六）加强基金销售业务信息系统建设

1. **完善销售平台功能建设，全面支持基金销售业务**。基金销售平台应基于实用性原则，保障基金销售相关功能的完整、可用。

2. **强化安全保密措施，保障客户信息及资产安全**。基金销售机构应根据法律法规要求，依法合理地搜集、使用客户信息，向投资者明示客户信息搜集的目的、方式及范围，不得未经客户同意，擅自搜集个人信息。基金销售机构还应为投资者提供安全、可靠的个人身份验证方式，如复杂密码、动态口令等，防范投资者账户被盗用的风险。

基金销售机构应持续健全客户信息保密机制，建立相应的管理制度及技术保障，按最小化原则获取客户信息，加强客户信息保存和传输过程中的安全管控措施及监控手段，完善网络安全管理，防范客户信息从内部外泄或经外部攻击被泄露。

3. 加强销售平台运维管理，确保平台稳定运行。 基金销售平台是直接面向投资者、对投资者产生直接影响的核心业务系统，为防范系统中断对投资者利益带来不利影响，基金销售机构应持续完善网络架构，加强数据中心建设，建立系统运行监控预警机制，保障系统运行平稳，保障客户账户及交易数据的完整性及准确性。

（七）切实加强基金销售人员管理

为有效防范销售人员个人道德风险及操作风险，基金销售机构应综合使用培训、激励、问责等多种工作机制，持续提升销售人员的道德水平及履职能力。

第五节　私募基金管理机构的风险防范

与公募基金管理机构相似，私募基金的管理机构在私募基金运行与风险防范过程中起着最重要、最关键的作用，本节结合私募基金运行情况，就私募基金管理机构的主要风险及防范管理进行探讨。

一、私募基金与私募基金管理机构

（一）私募基金的类型与运行模式

1. 私募基金的含义。私募基金被称为非公开募集基金，是相对于公募基金而言的。顾名思义，两者的主要区别在于募集方式和募集对象。私募基金以非公开方式面向合格投资者募集资金，不可以公开宣传，投资者数量受限，上限不超过 50 人或 200 人[①]，投资范围包括股票、股权、债券、期货、期权、基金份额及投资合同约定的其他投资标的。

私募基金主要当事人与管理机构：类似于公募基金，私募基金的主要当事人也包括基金发起人、基金投资人、基金管理人、基金资产托管人等，其中基金投资人是出资人，基金发起人负责发起设立和募集基金，基金管理人（基金管理机构）负责基金资产的投资运作，基金托管人负责基金资产的保管。在上述私募基金当事人中，最重要、最关键的是基金管理机构，通常是依法注册成立的、从事私募基金管理业务的法人机构。私募基金管理机构须先取得营业执照，然后向中国证券投资基金业协会申请登记为私募基金管理人。

2. 私募基金的类型。按照我国的监管标准，私募基金按基金投资方向主要可以分为私募证券投资基金和私募股权投资基金（包括创业投资基金）两大类，前者主要投资于证券市场或金融市场，后者主要以股权形式投资于未上市公司。[②]

国际上的对冲基金（国际上耳熟能详的著名的索罗斯量子基金、老虎基金、文艺复兴科技、桥水联合基金等都属于对冲基金）投资范围较广泛，包括股票、债券、衍生品等等，而且普遍采用杠杆和对冲策略，基本对应我国的私募证券

[①] 合伙型、有限公司型私募基金投资者累计不得超过 50 人，契约型、股份公司型私募基金投资者累计不得超过 200 人。

[②] 根据中国证券投资基金业协会的分类，私募基金分为私募证券投资基金、私募股权投资基金、创业投资基金、私募资产配置类基金、其他私募投资基金。鉴于私募股权投资基金和创业投资基金的同质性，本章将其归为一类。资产配置类数量极少，其他类不属于监管鼓励的，规模逐步减少，为此本章对这两类略过不述。

投资基金。另类投资基金范围更为广泛，投资对象不属于股票、债券和现金等传统资产的都属于另类投资。它包含了对冲基金、私募股权和创业投资基金、商品基金等等，基本对应我国的私募基金。我国市场上的各类理财计划（银行理财计划、券商资管计划、特定客户资产管理计划、期货资管计划、保险资管计划及部分资金信托计划等），除了银行理财计划既有公募又有私募，其他的目前都属于私募范畴。

3. 私募基金的运作模式。私募证券投资基金普遍为契约型产品，根据私募基金管理机构履行的职责，可以分为管理人模式和投资顾问模式。在管理人模式中，私募基金管理机构担任私募基金的管理人，与私募基金托管人和私募基金投资者签订基金合同，与基金销售机构签订代销合同。在投资顾问模式中，基金管理机构担任其他私募资管产品的投资顾问。这些私募资管产品包括资金信托计划、券商资管计划、特定客户资产管理计划、期货资管计划、保险资管计划、银行理财计划等。在这种模式下，私募基金管理机构和资管产品管理人（通常包括信托公司、证券公司、基金管理公司、期货公司、保险资管公司、银行理财子公司等金融机构，负责设计、管理资管产品）签订投资顾问合同，资管产品管理人、资管产品投资者和资管产品托管机构签订资管产品合同。只有符合规定条件①的私募基金管理机构才能担任投资顾问。

私募股权投资基金（包括创业投资基金）一般采用有限合伙企业的形式，有限合伙企业包括普通合伙人（GP）和有限合伙人（LP），GP对合伙企业债务承担无限连带责任，LP以其认缴的出资额为限对合伙企业债务承担责任。GP是基金的出资人，负责运营私募股权基金，具有对基金资产的管理权限。在私募股权基金运营过程中，GP通常自行担任基金管理人，负责基金资产的投资运营，也可以另行聘请其他基金管理人进行投资管理。

---

① 根据目前的规定，担任证券期货经营机构私募资管计划、银行理财子公司理财产品的投资顾问的私募基金管理人应当是：在中国证券投资基金业协会登记满一年、无重大违法违规记录的会员；具备3年以上连续可追溯证券、期货投资管理业绩的投资管理人员不少于3人、无不良从业记录。

（二）境外私募基金发展情况和特点

私募基金在不同国家和地区的法律表述有所差别。在美国，私募基金包括对冲基金、私募股权投资基金、创业投资基金、房地产基金等等，通常采用投资顾问模式。在欧盟，其另类投资基金管理机构可以理解为我们所指的私募基金管理机构，另类投资基金包括了我们所指的私募基金，根据投资范围分为权益类、债券类、多资产类、房地产类、其他类等。根据另类投资管理协会（AIMA）的数据，截至 2020 年第三季度，全球对冲基金管理人 7 068 家，对冲基金 18 191 只，管理规模 3.7 万亿美元。在基金管理人中，北美 4 440 家，管理规模 2.88 万亿美元；欧洲 1 372 家，管理规模 6 500 亿美元；亚太地区 945 家，管理规模 1 470 亿美元。

根据美国证券交易委员会的数据，截至 2020 年第二季度，美国共有私募基金 34 901 只，管理规模 14.7 万亿美元。其中：私募股权投资基金 14 482 只，3.8 万亿美元；对冲基金 9 402 只，规模 7.78 万亿美元；房地产基金 3 107 只，6 660 亿美元；资产证券化基金 1 719 只，6 470 亿美元；风险投资基金 1 155 只，1 450 亿美元。私募基金投资顾问 3 228 家，其中私募股权投资基金的投资顾问 1 361 家，对冲基金投资顾问 1 724 家，房地产基金投资顾问 370 家，资产证券化投资顾问 159 家，风险投资基金投资顾问 153 家，其他私募基金投资顾问 678 家。

美国和欧盟的私募基金发展情况主要有以下几个特点。

1. 私募基金资产规模大，管理人数量少，平均管理规模较高。在美国，截至 2020 年第二季度，每家投资顾问平均管理规模为 45 亿美元，每只基金平均规模为 4.2 亿美元。其中对冲基金每家投资顾问平均管理规模为 45 亿美元，每只基金平均规模 8.2 亿美元。私募股权投资基金每家投资顾问平均管理规模为 28 亿美元，每只基金平均规模为 2.6 亿美元。

在欧盟，截至 2020 年第三季度，29 个国家另类投资基金 29 398 只，规模 6.76 万亿欧元，平均每只基金规模为 2.3 亿欧元。欧洲共有 4 500 家资产管理公司，包括另类投资基金和可转让证券集合投资计划（UCITS）的管理人，即便以最大口径计算，平均每家管理规模也有 15 亿欧元。

截至 2020 年第三季度，全球对冲基金管理人 7 068 家，基金 18 191 只，管理资产 3.7 万亿美元，每家管理人平均管理规模为 5.2 亿美元，平均每只基金规模 2 亿美元。

2. 私募基金投资者范围广泛，政府认可程度比较高。 私募基金在境外成熟市场已经得到了社会、政府的认同，养老金、政府实体、主权基金、保险公司等都可以投资私募基金。

根据另类投资管理协会 2020 年第三季度的数据，对冲基金投资者按照资金规模划分，公共养老金占 26%，私立养老金占 19%，捐赠计划占 11%，基金会占 9%，资产管理机构占 8%，主权基金占 7%，保险公司占 6%，财富管理机构占 5%，银行占 4%，家族办公室占 2%，其他类型投资者占 3%。根据美国证券交易委员会 2020 年第二度数据，在私募基金的投资者中，私募基金占 17%，州和市政府养老计划占 15.3%，养老计划占 13.6%，非营利组织占 10.1%，个人投资者占 9.8%，主权基金和官方机构占 6.8%，保险公司占 4.8%，银行、州和市政府实体等都可以投资于私募基金。在欧盟，养老金、主权基金、保险公司等都可以投资私募基金。

3. 对冲基金策略比较丰富，充分运用杠杆和各类衍生工具。 对冲基金只针对合格投资者募集，追求绝对收益，运用杠杆和各种衍生品，交易策略比较丰富，特别是对冲策略，是境外资本市场的重要参与者。美国证券交易委员会将对冲基金按照策略分为权益类、信用类、事件驱动类、相对价值类、宏观类、管理期货 /CTA 类。权益类又细分为偏多策略、多空策略、偏空策略、市场中性策略。信用类分为多空对冲策略、资产支持借贷策略。事件驱动类分为不良或重组策略、权益策略、风险套利或并购套利策略。宏观类分为全球宏观策略、商品策略、主动交易策略、货币策略。管理期货 /CTA 类分为量化策略和基本面策略等。对冲基金运用衍生品十分普遍，特别是利率衍生品、外汇衍生品，分别达到 5.2 万亿美元和 2.8 万亿美元。对冲基金普遍采用杠杆投资，在各类策略中，杠杆最大的是相对价值策略、宏观策略、多资产策略，分别是 5 倍、3.7 倍、2 倍。[①]

---

① 数据来源：美国证券交易委员会 2020 年第二季度私募基金统计报告。

4. 创业投资基金对科技创新支持巨大，培育了众多科技公司。 创业投资基金也叫风险投资，主要投资于最具创新前景的创业公司（通常所称独角兽公司[①]往往产生于此），其中互联网技术、生物医药是重点投资方向。这些创业公司一般处于起步阶段，拿不到传统的银行融资，预期 5~8 年后才能成熟。创业投资基金的支持孕育了许多高科技公司，美国目前市值最大的苹果、微软、亚马逊、谷歌和脸书，在成长早期都得到了创业投资基金的支持。美国在 2019 年底有 2 211 只活跃的创业投资基金，管理规模约 4 440 亿美元。2019 年美国有 10 430 家企业获得创业投资基金 1 330 亿美元的投资，其中独角兽企业获得 370 亿美元，占被投资金的 27%。2010—2019 年，美国共有 8.7 万多家企业获得 7 610 亿美元的创业投资基金投资。[②] 英国目前有 2 980 家公司受到私募股权基金和创业投资基金的投资，84% 的私募股权和创业投资基金投资于中小企业，2015—2019 年共有 270 亿欧元投资于 3 900 家英国公司。[③] 2015—2019 年，2.2 万多家欧洲中小企业得到私募股权和创业投资基金的支持，承诺出资金额达 10 亿欧元。[④]

（三）我国私募基金发展情况和特点

截至 2020 年 12 月底，全国共有私募基金管理人 24 561 家，远远多于公募基金管理公司（146 家）数量，其中私募证券投资基金管理人 8 908 家，私募股权和创业投资基金管理人 14 986 家，私募资产配置类基金管理人 9 家，其他私募投资基金管理人 658 家。共有私募基金产品 96 852 只，其中私募证券投资基金 54 355 只，私募股权投资基金 29 403 只，创业投资基金 10 399 只，私募资产配置类基金 10 只，其他私募投资基金 2 685 只。基金规模 159 749.63 亿元，其中私募证券投资基金 37 662.30 亿元，私募股权投资基金 94 603.65 亿

---

① 一般指估值在 10 亿美元以上、创办时间在 10 年以内的未上市企业。

② 数据来源：全国风险投资协会。

③ 数据来源：英国私募股权与风险投资协会（BVCA）。

④ 数据来源：投资欧洲网站（Invest Europe）。

元，创业投资基金 16 006.36 亿元，私募资产配置类基金 9.96 亿元，其他私募投资基金 11 467.35 亿元。[1]

我国私募基金的发展总体呈现以下几个特点。

1. 基金管理人数量多，平均管理规模小。截至 2020 年 12 月底，2.4 万家管理人管理 15.9 万亿元，平均每家管理 6.5 亿元，管理规模低于 5 亿元的管理人占比达 86%，远低于全球（5 亿美元）和美国（45 亿美元）的平均管理规模。

2. 私募基金行业竞争激烈。2019 年年底，行业排名前 5 的私募基金管理人管理规模占比 4.12%，行业前 10 的管理规模占比 6.68%，行业前 20 的管理规模占比 10.75%。行业管理规模排名前 5% 的机构规模占比 73.92%，前 10% 的机构规模占比 85.56%，前 20% 的管理规模占比 93.99%。其中，私募证券投资基金管理人集中度更高，行业前 5 的管理规模占比 12.36%，行业前 10 的管理规模占比 18.21%，行业前 20 的管理规模占比 26.27%。行业管理规模排名前 5% 的机构规模占比 78.24%，前 10% 的机构规模占比 87.88%。在私募股权投资基金和创业投资基金管理人中，行业前 5 的管理规模占比 5.02%，行业前 10 的管理规模占比 7.95%，行业前 20 的管理规模占比 12.67%。行业管理规模排名前 5% 的机构规模占比 66.95%，前 10% 的机构规模占比 80.22%，前 20% 的机构规模占比 90.45%。美国的行业数据显示，前 10 的对冲基金管理规模占比 14.8%，前 25 的规模占比 23.8%。将私募证券投资基金与对冲基金数据进行比较，可以得出，我国的私募基金行业集中度已经高于美国，行业竞争激烈，头部效应十分明显。另外，国内绝大多数私募基金管理人都找不到合作的金融机构，不到 5% 的私募基金能够和基金销售机构进行合作营销。

3. 社会和政府尚未形成有利于私募基金的公平竞争环境。虽然《中华人民共和国证券投资基金法》将私募证券投资基金和公募证券投资基金都列为证券投资基金，私募基金管理人和公募基金管理人都是法定的基金管理人，可以依法开展基金投资管理，但在实践中存在排斥私募基金的现象，比如，全国社保基金、企业年金、基本养老保险基金等被禁止投资于私募证券投资基金，私募证券投资基金管理人也被禁止参与上述基金管理人的投标。银行不愿

---

[1] 本章节关于中国基金行业的相关统计数据均来自中国证券投资基金业协会。

意推介在中国证券投资基金业协会备案的私募基金。近年来，少数私募基金管理人参与 P2P、假私募、伪私募，给投资者造成了损失，也损害了私募基金的社会声誉，直接影响了社会对私募基金发展的支持。

4. 私募基金已成为资本市场和直接融资体系的重要力量。一方面，私募股权投资基金和创业投资基金是支持科技创新创业的重要力量。目前，国内生物医药和互联网技术等方面的高科技创业公司，大多得到了创业投资基金和股权投资基金的支持。2019 年底，私募基金的规模相当于 GDP 总量的 14%，年末社会融资规模存量的 5.6%，各类私募基金累计投资于境内未上市未挂牌企业、新三板企业股权和再融资项目数量达 11.71 万个，为实体经济形成股权资本 6.89 万亿元。在投项目约 9.43 万个，投资本金 7.6 万亿元，覆盖了互联网、制造业、原材料、医药生物、半导体等产业升级和新经济领域。2019 年全年私募基金投向境内未上市未挂牌企业的本金新增 7 392 亿元，相当于同期新增社会融资规模的 2.9%，有力推动了改革与创新。另一方面，私募证券投资基金策略逐步多元化，其中股票策略约占 60%，主导地位明显，债券策略约占 13%，多策略、事件驱动、市场中性、管理期货、宏观对冲、套利策略等私募证券投资基金已在逐步发展。私募证券投资基金已经成为资本市场上的重要参与者，在优化资源配置、推动公司治理、提高投资效率等方面发挥了重要作用。

二、私募基金管理机构的监管要求

（一）境外私募基金监管的主要内容

2008 年金融危机之后，美国、欧盟等境外主要市场进一步认识到私募基金的风险问题及其对整个金融系统的影响，坚定了将私募基金纳入监管的决心并逐步付诸行动。私募基金的监管核心是通过对私募基金管理机构的监管，及时掌握私募基金的风险，保护投资者利益，维护市场稳定。境外市场对私募基金的监管主要体现在以下几方面。

1. 私募基金管理机构必须在监管机构注册或者经监管机构批准。美国的私募基金管理人根据管理规模的大小，分为小型投资顾问（管理规模小于

2 500 万美元）、中型投资顾问（管理规模在 2 500 万美元至 1 亿美元之间）和大型投资顾问（管理规模超过 1 亿美元）。大型投资顾问必须向美国证券交易委员会注册，中型和小型投资顾问须向州监管机构注册，怀俄明州的小型投资顾问、总部和营业地在纽约州或怀俄明州的中型投资顾问，须向美国证券交易委员会注册。欧盟的私募基金管理人，即另类投资基金管理人，必须向所在国监管机构申请并获得批准。中国香港的私募基金管理人须向香港证监会提出申请并获得香港证监会的 9 号牌照，即"资产管理"类牌照。

2. 私募基金管理机构须持续符合监管机构的要求。包括内控制度、销售行为、投资运作、职业操守、财务资源等方面。私募基金管理机构须定期向监管机构提交相关报告，披露相关信息。

3. 私募基金产品的设立不需要获得监管机构的批准，但是必须定期向监管机构报告基金产品相关风险内容。美国证券交易委员会要求管理规模在 1.5 亿美元以上的私募基金投资顾问每季度报送 PF 表格，内容涉及基金的投资者、集中度、杠杆比例、换手率、风险暴露等非常翔实的私募基金风险信息。欧盟要求另类投资基金管理人每季度向母国监管机构提供基金的详细清单、主要风险敞口和投资集中情况等。香港证监会要求基金管理人持续提供基金风险相关数据，包括杠杆率、资产负债数据、证券借贷、回购及逆回购等资料。

（二）我国私募基金监管的主要内容

2012 年 12 月修订的《中华人民共和国证券投资基金法》将私募基金纳入规范，2014 年 2 月，中国证券投资基金业协会开始对私募基金管理人实行登记，对私募基金产品进行备案。私募基金由中国证监会实施行政监管，中国证券投资基金业协会实行自律管理。私募基金监管基本遵循了底线监管、适度监管的思路。

私募基金监管包括管理人登记、基金备案、基金募集、投资运作、人员管理等各个方面，主要监管要求有以下几方面。

1. 私募基金管理人应当在中国证券投资基金业协会登记。私募基金管理人可以是公司或合伙企业，须向中国证券投资基金业协会申请登记。从 2021 年 1 月起，私募基金管理机构需要在名称中标明"私募基金""私募基金管理""创业投资"字样，并在经营范围中标明"私募投资基金管理""私募证券投资基金管理""私募股权投资基金管理""创业投资基金管理"等体现受托管理私募基金特点的字样。中国证券投资基金业协会将私募基金管理人分为私募证券投资基金管理人、私募股权投资（包括创业投资）基金管理人、私募资产配置类基金管理人三类。同一管理人不能同时管理私募证券投资基金和私募股权投资基金。

登记为私募基金管理人，须符合以下要求：

（1）具备开展私募基金管理业务所需的营业场所、资本金等运营基本设施和条件，具有基本管理制度。

（2）员工总人数不少于5名，其中高管人员不少于2名，都须具备基金从业人员资格，不从事与私募业务可能存在利益冲突的活动。

（3）私募基金管理人的名称和经营范围应当包含"基金管理""投资管理""资产管理""股权投资""创业投资"等相关字样。须遵循专业化运营原则，不得兼营与私募基金管理无关或存在利益冲突的其他业务。中国证券投资基金业协会对兼营民间借贷、民间融资、融资租赁、配资业务、小额理财、小额借贷、P2P/P2B、众筹、保理、担保、房地产开发、交易平台等业务的申请机构，不予登记。

（4）严禁股权代持，出资人应具备与其认缴资本金额相匹配的出资能力。不允许股权结构层级过多、循环出资、交叉持股等情形。出资人、实际控制人不得为资产管理产品。

（5）真实准确披露关联方，规范关联方同业竞争和利益冲突的关系，同一实际控制人下有多个私募基金管理人的，应当说明合理性和业务方向区别，如何避免同业竞争等问题。

2. 私募基金的募集销售需要符合监管要求。首先，私募基金的募集销售须由具备相关资格的机构实施。可以从事私募基金募集销售的机构包括私募基金管理人、在中国证监会取得基金销售资格并已成为中国证券投资基金业协会会员的机构。独立基金销售机构可以从事私募证券投资基金的销售，不可以从事其他私募基金的销售。

其次，私募基金募集销售必须严格遵循私募原则，不得通过报刊、电台、电视、互联网等公众传播媒体，讲座、报告会、分析会等方式公开销售，也不得通过布告、传单、短信、即时通信工具、博客和电子邮件等载体向不特定对象宣传推介。根据《中华人民共和国证券投资基金法》《中华人民共和国公司法》《中华人民共和国合伙企业法》的规定，单只私募基金的合格投资者数量不得超过200。不得通过将私募基金份额或者其收（受）益权进行拆分转让，或者通过为单一融资项目设立多只私募基金等方式，以变相突破合格投资者标准或投资者数量限制。

再次，私募基金销售必须严格遵守投资者适当性管理的要求，只能销售给合格投资者。按照目前监管机构的规定，合格投资者需同时符合以下条件：具备相应风险识别能力和风险承担能力；投资于单只私募基金的金额不低于100万元；符合下列相关标准：净资产不低于1 000万元的单位，金融资产不低于300万元或者最近3年个人年均收入不低于50万元的个人。对于下列投资者，法规视为合格投资者：社会保障基金、企业年金等养老基金，慈善基金等社会公益基金；依法设立并在中国证券投资基金业协会备案的投资计划；投资于所管理私募基金的私募基金管理人及其从业人员；中国证监会规定的其他投资者。

3. 私募基金产品必须在中国证券投资基金业协会备案。私募基金管理人应当在募集完毕后的20个工作日内通过系统向中国证券投资基金业协会申请备案，基金在备案后方可进行投资。不符合"基金"本质的，不可以备案为私募投资基金。契约型私募基金原则上应当由依法设立并取得基金托管资格的托管人进行托管，除非基金合同约定设置能够切实履行安全保管基金财产职责的基金份额持有人大会日常机构或基金受托人委员会等制度安排。

4. 私募基金的投资运作须符合监管要求。私募基金在投资运作方面的基本要求类似于公募基金，包括履行受托义务，基金资产单独管理、单独建账、单独核算，公平对待管理的不同基金、同一基金的不同投资者，禁止利益输送、防范利益冲突，严禁欺诈、内幕交易和操纵证券市场的行为等。同时，根据私募基金的实践教训，提出了特别要求：一是禁止资金池运作；二是开放式私募基金不得进行份额分级；三是私募基金的杠杆倍数须符合监管规定，目前股票类、混合类结构化产品的杠杆倍数不超过 1 倍，固定收益类结构化产品的杠杆倍数不超过 3 倍，其他类结构化产品的杠杆倍数不超过 2 倍；四是私募基金财产不得直接或者间接投资于私募基金管理人、控股股东、实际控制人及其实际控制的企业或项目等自融行为。

5. **私募基金的从业人员必须具备从业人员资格，并遵守相关行为规范。**私募基金从业资格的取得有两种方式：一是通过中国证券投资基金业协会组织的基金从业资格考试；二是通过资格认定方式取得基金从业资格。从业人员必须参加后续职业培训，遵守中国证券投资基金业协会《基金经营机构及其工作人员廉洁从业实施细则》和《基金从业人员执业行为自律准则》的规定。

6. **私募基金管理人须持续向中国证券投资基金业协会报送基金运行相关材料，并持续符合相关行为规范。**管理人每月向中国证券投资基金业协会报送规模 5 000 万元以上私募证券类基金和顾问管理类基金的月报，每季度报送所有基金的季报以及基金运行信息更新，每年度报送基金年度报告以及提供管理人经审计的财务报告，等等。私募基金管理人还需要满足证监会和中国证券投资基金业协会规定的内控制度和运作规范。

三、私募基金管理机构的主要风险

私募基金管理机构与其他金融机构一样，都面临市场风险、信用风险、操作风险、流动性风险、合规风险等一系列风险。但是每类机构所面临的主要风险具体内容存在差异，私募证券投资基金管理机构和私募股权投资基金管理机构的具体风险也存在差异。本节重点就私募基金管理机构共同面临的主要风险进行讨论。

1. **基金管理人被注销登记或列入异常机构的风险。**如果新登记的私募基金管理人在办结登记手续之日起 6 个月内仍未备案首只私募基金产品，中国证券投资基金业协会就会注销该私募基金管理人登记。私募基金管理人如果未按时向协会报送季度、年度和重大事项信息更新，就会被暂停受理私募基金产品备案申请。私募基金管理人未按时履行季度、年度和重大事项信息报送更新义务累计达两次的，将会被协会列入异常机构名单并对外公示，此后即使整改完毕，也要在至少 6 个月后才能恢复正常机构公示状态。

2. 基金产品备案失败的风险。私募基金募集完毕后需要在中国证券投资基金业协会备案。私募基金产品的设计、募集、运作都需要符合法律法规和自律规则。私募基金产品设计不合规、私募基金未进行托管且基金合同未约定保障私募基金财产安全的制度措施和纠纷解决机制等等，都可能导致基金备案失败。根据备案要求，未经备案的私募基金不得进行投资，私募股权投资基金如果备案不及时，或者备案准备不充分，就会导致备案时间过长，影响投资计划，甚至错过投资具体项目的机会。

3. 基金募集的违规风险。私募基金募集是风险高发、易发的重要环节，主要风险包括以下几点。

一是违背私募基金"非公开募集"的本质要求，实质进行公开宣传推介、公开募集，包括通过互联网媒介向不特定对象进行宣传推介，互联网宣传媒介未设置特定对象确定程序。

二是未履行投资者适当性管理要求，将私募基金推荐、销售给"非合格投资者"，或者将高风险基金推荐销售给低风险投资者。未对投资者进行风险评估，未对私募基金进行风险评级，向投资者承诺保本保收益，等等。

三是代销机构违规行为损害投资者利益，导致私募基金管理人承担责任。根据相关法规，委托基金销售机构募集私募基金的，不得因委托募集免除私募基金管理人依法承担的责任。

四是私募股权投资基金特有的风险，包括：（1）投资者原来承诺出资，但由于自身情况发生变化，在后期缴款的时候不能完成实际出资，由于募集问题影响基金的正常运作；（2）基金产品实行"明股实债"，管理人或明或暗给了投资者固定回报的承诺，基金投资明面是股权投资，实际是债权投资，被投企业向基金提供固定收益的承诺。

4. 基金投资的"踩雷"风险。私募基金管理人对投资标的尽调和研究不充分、跟踪不及时，未能及早发现投资标的财务造假、基本面发生重大变化、重大违规等严重问题，投资失败，俗称"踩雷"。私募证券投资基金和私募股权投资基金都存在投资失败的可能。"踩雷"会导致巨大投资损失，对私募股权投资基金可能影响更大，不仅存在被投标的破产导致的基金投资损失，还可能因股东身份导致基金账户被冻结，影响到其他正常投资。不过对创业投资基金来说，由于投资处于企业发展早期，被投企业最后不能达到预期并正常退出属于正常风险，毕竟成功的企业是少数的。

5. **基金的流动性风险**。私募证券投资基金定期开放申赎，如果在基金开放日赎回资金量过大，而基金的现金不足，就会面临流动性风险。一种可能是，基金管理人运营管理不当，未能准确、及时统计赎回量并准备足够的现金，导致流动性风险。另一种可能是，基金持有的资产流动性差，未能在市场上变现，导致基金资产现金不足。私募股权投资基金期限较长，具体期限由管理人和投资人在合同中约定，一般为5~7年。监管机构对退出政策的调整，以及所投项目上市或者并购不顺利，会导致基金不能及时退出，从而导致投资者无法赎回，引发流动性风险。

6. **基金估值错误的风险**。私募证券投资基金估值风险的发生为基金份额和净值数据计算错误，如果估值错误发生在基金开放日，不管是估值高了还是低了，都会对基金投资者的利益造成损失，私募基金管理人就需要承担赔偿责任。私募股权投资基金的投资标的在上市前，其估值并不具有流动性，投入标的的估值如果过高，在退出时落差过大，就容易引起质疑。

7. **未按规定进行信息披露的风险**。信息披露包括对投资者的信息披露和对监管、自律部门的信息披露。私募基金管理人没有按规定履行信息披露义务的情形主要包括：基金合同中未对信息披露事项进行约定；公司的信息披露制度本身违法违规；信息披露方式不符合基金合同约定；披露的信息不全面、不准确、不及时等等。私募基金管理人未履行信息披露义务，违反了法律法规和基金合同的相关规定，影响了投资者的投资决策，侵犯了投资者的知情权，在投资者遭受亏损时，私募基金管理人可能因为信息披露上的过错而承担赔偿责任。

四、私募基金管理机构的风险防范

私募基金的风险防范既要从宏观层面布局，也要从微观层面落实。做好风险防范，私募基金管理人应当建立有效的风险管理组织架构和风险管理制度：

一是制定符合法律法规和自律规则的制度和流程，而且制度和流程必须是可执行、可操作的；二是要树立稳健运行的理念，建立良好的风险管理文化，公司主要负责人必须敬畏和尊重风险管理，公司业务人员必须从内心尊重相关制度；三是风险管理制度必须全面覆盖市场、投资、研究、运营等所有业务环节；四是要有相对独立的风险管理部门、独立的风险管理专业人士和适当的风险管理系统，对风险管理制度的执行进行监督；五是必须定期不定期对制度、流程及其执行情况进行检讨，根据监管要求、业务实践及时进行完善。

针对私募基金管理机构存在的主要风险，可以采取相关具体措施，积极有效防范、化解。

1. 高度重视私募基金的产品设计。私募基金的产品设计，包括私募证券投资基金和私募股权投资基金，都应当遵循以下原则：一是必须遵守中国证券投资基金业协会的备案要求；二是必须遵循公平对待投资者的原则；三是产品相关规则必须是说得清、看得懂的，比如基金业绩报酬的提取规则；四是必须考虑投资者的风险承受能力，比如私募基金的杠杆问题。

私募证券投资基金的产品设计，还应当考虑以下因素：（1）开放日必须同时允许申购和赎回，业绩报酬提取日必须允许投资者赎回；（2）必须考虑基金产品运作后与外包机构的对接，有的产品设计可能理念和思想都很好，但是外包机构和系统对接实现不了；（3）慎重运用止损线，如果合作方提出必须有，就尽可能将止损线设得低一些，有利于投资运作。

私募股权投资基金的产品设计，还应当考虑以下因素：（1）原则上封闭运作，期限不得低于 5 年；（2）不得实行"明股实债"的安排，不得对投资者有保底保收益的安排；（3）给予产品备案和项目投资留出足够的时间。

2. 建立完善的私募基金募集制度和流程。私募基金的募集有两种途径：一种是私募基金管理人自行募集，俗称"直销"；一种是委托具有私募基金销售资格的机构销售，俗称"代销"。

私募基金管理人自行募集私募基金的，应当坚持非公开募集、向合格投资者募集，严格履行私募基金的募集程序，并做好投资者的风险测评和风险揭示，并设置有效机制，切实保障募集结算资金安全。私募基金管理人在募集过程中应当充分注意投资者适当性义务的履行，否则在投资者主张返还本金或者赔偿损失时，可能面临承担赔偿责任。涉及非专业投资者的，还需要进行双录。

私募基金管理人委托募集的，首先，要制定募集机构遴选制度，募集机构应当是获得中国证监会基金销售业务资格且成为中国证券投资基金业协会会员的机构。其次，要切实保障募集结算资金安全。再次，要确保代销机构是向合格投资者募集以及不变相进行公募。私募基金管理人应当对拟合作的销售机构进行充分的尽职调查，确保其募集流程的合规性，同时在相关代销协议中就责任的承担等予以明确规定，避免因募集机构适当性义务履行的瑕疵导致其自身承担连带责任。

对于私募股权投资基金，特别需要加强对投资者的背景了解。对于实行承诺出资的，为了防止投资者违反承诺，在需要资金的时候不能实际出资。

3. 坚持稳健的投资理念和完善的投研风控体系。对于私募证券投资基金，一是尽可能建立投资标的库制度，明确入库的程序和标准，规定标的跟踪要求，尽可能避免"踩雷"。二是进行集中度控制，平衡好集中持股和分散投资两个方面的要求，将基金持股集中度控制在一定范围内，保持基金流动性。三是根据实际情况做到公平交易，防范利益输送。公平交易涉及两个层面，一个层面是在投资决策中，对于同一基金经理管理的不同基金，在买卖同一投资标的时应该公平对待；另一个层面是在交易执行中，对于不同基金买卖同一标的的，在先后顺序上尽可能公平对待。四是慎重对待持股达到 5% 以上，以及定向增发或者通过大宗交易买入流动性受限的股票，以免影响流动性。根据规则，如果管理人管理的所有基金持有某公司股票比例达到该公司全部股份的 5% 以上，应该进行信息披露，6 个月之内不能卖出，就会构成短线交易，差价所得归上市公司所有。定向增发以及通过大宗交易买入流动受限的股票，同样有限售期，资金不够稳定的基金很可能会出现投资赎回而股票不能变现的流动性风险。五是建立投资风险监控机制，设立相应指标，安排专人通过系统每天监控基金的投资行为，达到预警的及时识别、报告，并督促基金经理在规定时间内纠正。

对于私募股权投资基金，一是要建立科学完善的研究体系和投资决策体系，审慎确定投资标的，科学确定投资估值，避免投入不该投的企业。二是要审慎运用对赌和回购条款，避免因过分依赖对赌和回购而导致投入估值过高的企业。三是建立完善投后管理体系，对被投企业进行赋能，加大投后跟踪、管理。

4. 建立利益冲突防范机制，规范员工投资行为。 对于私募证券投资基金，法律法规允许私募基金从业人员投资证券，私募基金管理人必须建立员工投资股票的申报、登记、审查、处置等管理制度，不得损害基金持有人的利益。如果私募基金员工投资了拟上市公司，也应当制定相关措施，防范上市后与所管理基金的利益冲突。

对于私募股权投资基金，应当建立利益冲突防范机制。一是需要防止投资团队因拿回扣而投入了不该投的企业，或者投资估值过高，损害基金利益。二是需要防范投资团队跟投时的利益冲突，包括估值的公平性问题、退出时机的公平性问题。

5. 坚持审慎经营的原则，确定与其经营水平相适宜的外包范围。 私募基金管理人应建立健全外包业务控制，并至少每年开展一次全面的外包业务风险评估。在开展业务外包的各个阶段，关注外包机构是否存在与外包服务相冲突的业务，以及外包机构是否采取了有效的隔离措施。

6. 建立健全信息披露控制，维护信息沟通渠道的畅通。 保证向投资者、监管机构及中国证券投资基金业协会披露的信息的真实性、准确性、完整性和及时性，不存在虚假记载、误导性陈述或重大遗漏。

在实践中可以采取以下措施：在披露信息的制作过程中可以加强复核，确保披露信息的准确、真实；指定专人负责信息披露事务，确保信息披露工作全面及时；加强信息披露后的核查监督，以防遗漏和错误披露。

7. 建立有效的人力资源管理制度，健全长效激励约束机制。 确保员工具备与岗位要求相适应的职业操守和专业胜任能力。

私募基金管理人对可能存在利益冲突的人员及岗位须进行相应隔离，可以建立激励奖金递延发放机制，防止短期激励，降低投资风险。每年必须保证一定时间的合规培训。教育员工严守廉洁从业底线，不得牟取不正当利益，不得向公职人员、客户、正在洽谈的潜在客户或其他利益关系人输送不正当利益。

8. 建立完善的合规风控体系，积极开展合规自查工作。 私募基金管理人尽可能每年一次对内部控制制度的执行情况进行自查，排查内部控制制度是否存在缺陷及实施过程是否存在问题，并及时予以改进，确保内部控制制度的有效执行。

第九章
上市公司风险管理

　　上市公司虽然不属于持牌类金融机构，但作为资本市场的基石，在资本市场安全运行与风险防范方面起着极为重要的作用。本书特别安排一章，在简要介绍国内上市公司情况的基础上，对上市公司运行中的主要风险及其防范进行论述。

第一节 上市公司基本情况与风险概览

一、上市公司基本情况

20世纪90年代前后，随着上海老八股和深圳老五股①的公开发行，一些优质的、具有市场化发展理念的企业逐渐以上市公司的形式出现在我国资本市场，30多年来，上市公司从小到大，由少到多，从不规范到逐渐规范，形成了主板、中小板、创业板、科创板在内的多层次市场体系。这些上市公司既是改革开放试验田里的先行者，也是国民经济主战场的引领者，在国民经济中居重要地位。

（一）上市公司数量与市值已居世界前列

过去30年，上市公司的数量持续快速增长，上市公司数量已基本与国际成熟市场在当地交易所上市的上市公司数量相当。截至2020年底，在沪深交易所发行上市的上市公司总数已达4 154家，其中，在上交所上市的1 800家，在深交所上市的2 354家。分板块看，主板上市公司2 053家，中小板上市公司994家，创业板上市公司892家，科创板上市公司215家。截至2020年底，

---

① 上海老八股是指申华控股、豫园商城、飞乐股份、真空电子、凤凰化工、飞乐音响、爱使电子、延中实业。深圳老五股是指深发展、深万科、深金田、深安达、深原野。

中国境内股票总市值已达 79.72 万亿元，市值规模全球排名仅次于美国，位居第二位，是日本和中国香港之和。分板块看，主板上市公司总市值 52 万亿元，中小板 14 万亿元，创业板 11 万亿元，科创板 3.35 万亿元。

（二）上市公司在国民经济中已居重要地位

一方面，上市公司已成为实体经济的支柱。历经 30 余年发展，4 100 多家上市公司已涵盖国民经济全部行业，既有关系国家安全和国民经济命脉的大型国企，也有成长型的科技创新企业。2019 年末，A 股上市公司营业总收入合计为 50.39 万亿元，占同期 GDP 的比重已超过 50%。2020 年上半年，非金融类企业上市公司利润总额接近全国规模以上企业利润总额的一半，研发投入超过一半，上市公司在我国经济与资本市场中的支柱地位越来越重要。另一方面，上市公司已经成为各行业的龙头企业。从整体看，我国各行业的头部公司、骨干企业基本上都成为上市公司。以制造业为例，金属制品、食品加工、医药制造、纺织服装、汽车制造、仪器仪表等大型制造企业均已成为上市公司，且在资本市场的培育和支持下不断发展壮大。工农中建交等主要的大型银行均已成为上市公司，北京银行、上海银行等地区型银行也紧随其后陆续上市。

（三）上市公司是优化资源配置的重要引领

上市公司是现代企业制度的先行者，以上市为契机，企业被倒逼加快转型接轨步伐。同时，多层次资本市场的建立为各类企业提供了市场环境和发展机会，造就了一批行业龙头企业，发挥了良好的示范效应，上市公司通过资本市场的良好环境获得了企业扩大再生产所需的充裕资金，充分发挥了市场在资源配置中的基础作用。一是利用资本市场发展壮大直接融资。据统计，我国上市公司仅通过资本市场股票发行上市融资总额累计超过 15 万亿元，通过在交易所发行公司债券融资累计超过 30 万亿元。在股票融资中，IPO 募集资金达 3.67 万亿元，再融资达 12.41 万亿元。同时，上市公司积极拓展海外资金来源，根据 Wind 数据库统计，2010—2020 年，中概股 IPO 融资达 603 亿美元，H 股 IPO 融资达 1.08 万亿港元。二是通过开展并购重组，实现业务持续稳健运营。借助资本市场的不断发展与完善，并购重组已成为 A 股上市公司调整业务布局、优化资产结构的重要途径。据统计，2015—2020 年，A 股市场并购重组共计 17 839 起，交易总金额累计达到 12.71 万亿元。三是让更多投资者分享上市公司经营成果。近 30 年来，上市公司分红持续增长，2019 年达到历史新高 1.36 万亿元，累计分红突破 10 万亿元。

二、上市公司运行中的主要风险类型

《国务院关于进一步提高上市公司质量的意见》（国发〔2020〕14 号）明确提出，上市公司经营和治理不规范、发展质量不高等问题仍较突出，与建设现代化经济体系、推动经济高质量发展的要求还存在差距。上市公司发展 30 年，客观上积累了不少问题和风险，这既有历史形成的，也有新发生的，既有普遍存在的，也有在特殊发展阶段必然出现的，还有一些与我国经济金融发展特点密切相关。本章节在研究上市公司风险时，借鉴了境内外上市公司所发生的风险历史和现状，从上市公司的公司治理、公司行为、公司发行、公司交易，到投资者诉讼，探索了上市公司全生命周期可能面临的风险。

（一）上市公司治理相关风险

我国上市公司在快速发展的过程中，充分借鉴国际最先进的理念，建立了现代企业制度，引入了公司治理机制和框架，要求上市公司建立和完善科学决策机制，充分发挥股东大会、董事会、监事会、经理层各自职责，引入独立董事开展外部监督，旨在形成制衡机制和利益共同体，推动上市公司利益的最大化。然而，一股独大问题、诚信环境问题、发展阶段问题等，导致公司治理机制在国内上市公司难以有效发挥作用，大股东占用、内部人控制、不当关联交易长期困扰公司经营与发展，成为公司发展过程中面临的主要风险。特别需要关注的是，在诚信体系尚待进一步完善的情况下，上市公司股票质押风险在境内资本市场较为突出，已经成为当前急需解决的重大难题。

（二）上市公司行为相关风险

第一，上市公司作为公众公司，需要与其相关信息披露义务人一起，按照相关法律法规和监管规定要求，及时、准确、完整地披露相关信息。然而，上市公司及相关信息披露义务人信息披露文件质量低下，违反信息披露的最基本原则，误导市场误导投资者，损害投资者利益，动摇市场运行基础，也给上市公司带来了行政处罚、诉讼赔偿和刑事处罚等方面的风险。第二，上市公司为了重整业务、扩大生产范围，或者提升竞争力，在境内外市场开展并购重组，也将面临标的资产财务信息真实性、人员可控性，以及重组后的经营风险，在境外并购还面临政治和文化等环境风险。

（三）上市公司发行相关风险

证券发行是上市公司成为公众公司的起点，欺诈发行也就成为发生在资本市场入口端的违法违规行为，这种行为主要发生在违法成本较低的情况下，因非法巨额利益驱动，上市公司发行人、中介机构相互勾结进行财务造假或者非财务造假，达到欺诈发行募集资金的目的。然而，在现在的法律框架下，欺诈发行给上市公司带来的风险是毁灭性的，不仅可能导致上市公司难以经营或直接退市，还可能给上市公司带来巨额赔偿和行政刑事风险。

（四）上市公司交易相关风险

上市公司交易相关风险主要包括操纵市场、内幕交易的相关风险，这在境内外历史上也有大量案例，如美国 2010 年指数闪崩、境内"3.27"国债期货风波事件、2015 年股市异常波动等。上市公司及其相关人员联手市场交易者，利用最先进的科技手段，开展操纵市场、内幕交易等违法违规交易活动，不仅会破坏市场生态，还将严重影响上市公司融资能力，受处罚后公司正常经营将受到干扰，有的可能还会影响公司的可持续发展。

（五）上市公司诉讼相关风险

近年来，随着我国法制体系的不断完善以及人民法律意识的不断进步，越来越多的投资者开始尝试使用法律武器来维护自身的合法权益。上市公司作为重要的市场主体，在业务开展过程中不可避免地会遇到各种各样的权利纠纷，进而引发诉讼问题。2020年新《证券法》的实施，以及最高法关于集体诉讼的相关规定，使得集团诉讼或集体诉讼成为上市公司今后面临的最重要的外来风险，稍有不慎，不仅可能损坏声誉，还可能被诉讼，并赔偿到倾家荡产，这在美国、英国等成熟市场已司空见惯。

三、上市公司的监管要求

鉴于上市公司在内部治理、股票发行与交易、司法诉讼等方面存在突出风险，且风险直接涉及广大投资者利益，影响市场公平和效率，甚至可能造成系统性风险，冲击国民经济稳定运行，因此，如何强化上市公司监管和规制上市公司行为，多措并举降低上市公司风险，一直以来都是各国证券监管机构的重要职责。目前，我国上市公司监管体系在适应国内公司治理生态的基础上，充分吸收国际监管经验，形成了一套以政府监管为主、自律监管为辅的监管模式。

（一）以强化信息披露为核心任务

投资者与上市公司之间天然存在信息不对称，不论发行还是交易，投资者只有利用真实、准确、完整、及时、公平披露的公司生产销售、财务运营、重大经营决策等方面的信息，才能形成合理预期，确定交易时间、数量、价格，并依法履行监督职责，促进市场价格发现与资源配置作用的有效发挥。"阳光是最好的消毒剂，灯光是最好的警察。"2020年新《证券法》设专章规定信息披露制度，通过扩大信息披露的义务主体、完善信息披露原则、增加境内外同步披露的要求、扩充界定"重大事件"范围、提高信息披露违法成本等一系列强化措施，强调了信息披露在上市公司监管中的核心地位。

（二）以提高公司治理为内在要求

上市公司经营和治理不规范、发展质量不高等问题是上市公司风险的主要来源。因此，提高上市公司质量，强化上市公司治理水平，是上市公司监管的内在要求。2020 年《国务院关于进一步提高上市公司质量的意见》正式印发，要求推进上市公司完善公司治理制度规则，加快推行内控规范体系，提升内控有效性，并优化政策环境，支持各类上市公司建立健全长效激励机制，从而进一步强化上市公司自我制约、权力制衡，着力破除当前各类上市公司治理乱象。

（三）以强化发行上市与退市为关键环节

强化发行监管是证券市场监管机构把守的第一道门，也就是把好资本市场的"入口关"。注册制改革背景下，发行上市监管要求切实压实中介机构"看门人"责任，证券监管机构和交易场所对发行主体申报文件的全面性、准确性、真实性和及时性做形式审查，敦促申请 IPO 企业全面披露生产与销售情况、持续盈利能力、抗风险能力、内部控制、会计处理、关联交易等真实有效信息，把选择权交给市场。加大退市监管力度是实现"优胜劣汰"的必要手段，即畅通市场的"出口关"，将一些运行质量长期很差、股价长期低迷、交易清淡、失去持续经营能力，或通过欺诈发行、财务造假、利益输送、操纵市场等方式严重违法违规扰乱市场秩序的公司及时清出市场，有力保障投资者合法权益，推动市场健康发展。

四、加强上市公司风险管理意义重大

上市公司在我国的经济发展、金融市场建设与金融风险防范中均扮演着至关重要的角色，没有好的上市公司，就不可能有好的资本市场，金融风险就无法实现良好防控，国民经济就无法实现长足发展。

（一）提高上市公司质量的必然要求

2020 年 10 月 9 日，国务院发布《国务院关于进一步提高上市公司质量的意见》指出，上市公司是资本市场的基石，提高上市公司质量是推动资本市场健康发展的内在要求，是新时代加快完善社会主义市场经济体制的重要内容。要坚持存量与增量并重、治标与治本结合，发挥各方合力，强化持续监管，优化上市公司结构和发展环境，使上市公司运作规范性明显提升，信息披露质量不断改善，突出问题得到有效解决，可持续发展能力和整体质量显著提高，为建设规范、透明、开放、有活力、有韧性的资本市场，促进经济高质量发展提供有力支撑。

（二）防范金融风险的重要抓手

上市公司在发行交易环节存在的信息披露违法违规、市场操纵、财务造假等行为风险及内部治理风险，将直接推动股票大涨大跌，严重者甚至被退市，给广大投资者造成巨大损失。特别是一些在国民经济中发挥"领头羊"作用的上市公司，其往往在实体和金融领域展业纵横交错，自身风险事件极易扰乱市场秩序，冲击市场信心，触发大规模债务违约，形成信贷、股市、债市、期市、汇市跨市场风险传导，危及金融系统安全。同时，随着经济高质量发展持续推进，产业更新迭代不断加速，加之注册制改革建立起市场化发行上市退市机制，上市公司将面临更激烈的展业环境和更市场化、更严格、更透明的监管环境，"二八分化"和"优胜劣汰"现象将更加常态化，其内外部存在的各类风险也将加速暴露。因此，持续强化信息披露、提升公司治理水平、规范发行上市与退市，对发挥上市公司监管效能，阻击金融风险具有重要意义。

（三）提升资本市场治理能力的核心力量

党中央明确提出，资本市场在金融运行中具有牵一发而动全身的作用，要打造一个规范、透明、开放、有活力、有韧性的资本市场。在"十四五"开局之年，资本市场必须着眼于新发展阶段，贯彻新发展理念，服务新发展格局，着力提升资本市场治理能力。加强上市公司风险管理是提升资本市场治理能力、提高上市公司投资价值的基础，是增强资本市场吸引力，进一步提高直接融资比重、提高资本市场服务实体经济水平的核心，是完善资本市场监管，培养企业敬畏法治、遵守规则，强化诚信契约精神，优化国内营商环境的主战场。

第二节　公司治理的风险管理

公司治理在上市公司依法合规运营过程中起着至关重要的作用，国际组织和证券市场监管机构都予以高度重视，防范上市公司治理风险是提升上市公司质量、提高资本市场运行效率的重要内容。

一、公司治理的基本情况

（一）公司治理的概念及演变

公司治理通常指一种实现公司相关方利益最大化的制衡体系，是控制和运营公司的机制、流程和关系的集合。上市公司具有股份有限公司的全部法律特征，如公司所有权和经营权完全分离、股东承担有限责任、股份均等性，且上市公司建立在公开募集基础上，公司经营完全公开化，股东人数更广泛，股份发行转让也更公开、自由，因此，上市公司治理问题的焦点在于解决上市公司股东与管理层之间代理关系、大股东与中小股东利益制衡、众多中小投资人与发起人之间信息不对称等问题。

公司治理的概念发端于 20 世纪 60 年代，当时荷兰和英国因成立大量特许贸易公司，出现了公司制的企业和可以在交易所自由买卖的股票，公司的董事会领导经理人管理公司。当然，在这些特许贸易公司中，股东无法参与公司经营，出现公司控制权和所有权分离的情况，管理层逐渐在公司中处于支配地位，出现了委托代理人问题。为解决代理问题，实现企业所有者和管理者利益均衡，1975 年，威廉姆森提出了公司治理的概念，之后随着股东和管理层之间的博弈，公司治理概念的内涵和模式不断演变。

国际学术领域主要有 4 类公司治理的概念和模式。第一类强调股东利益，从保护股东利益的角度界定公司治理，因此被称为"股东治理模式"。这种观点认为，公司治理是为公司股东服务的工具，公司治理结构是解决所有者（股东）与经营者的关系，使所有者与经营者的利益相一致的制度和机制。第二类强调公司利益相关者与股东利益并重，被称为"利益相关者治理模式"。这种观点认为，公司治理不仅应当考虑股东利益，还应考虑其他利益相关者，如债权人、职工、供应商、客户等的利益，强调公司治理应是保护利益相关者利益的制度和机制。第三类强调公司治理的职责或监督功能，这种观点认为，公司治理是由一整套包括监督、评价和控制公司经理层以使他们的行为不损害公司股东和利益相关者利益的制度和机制。第四类强调公司治理的资源配置功能，这个概念由经济合作与发展组织（OECD）于 1998 年提出，1999 年以《公司治理准则》的形式向成员国推广。OECD 认为，好的公司治理结构会激励公司董事会和经理层实现公司和股东的利益，并使公司的监控机制更有效地运行，从而促进公司更有效率地配置资源。

国内关于公司治理的概念和模式也有不同的观点学派。有学者强调公司治理结构的相互制衡作用，提出公司治理是指由所有者、董事会和高级执行人员即高级经理人员三者组成的一种组织结构，并形成一定的制衡关系。有学者强调企业所有权或企业所有者在公司治理中的主导作用，认为公司法人治理结构是法人财产制度在公司内部关系中的具体化，涉及企业内部资本所有者与经营者以及全体员工的关系，核心是所有者与经营者的关系。有学者强调利益相关者在公司治理中的权益要受保护，认为公司治理是支配公司投资者、经理人员和职工之间关系和实现各自经济利益的一套制度安排。有学者强调市场机制在公司治理中的决定性作用，认为公司治理包括结构和制度两层含义。从结构上看，它是由公司的股东大会、董事会和经理人等组成的组织结构。从制度安排上看，它明确了企业为谁服务，企业由什么人来控制，企业的决策层怎样科学决策，投资人（股东和贷款人）、经理人、员工及其他相关利益者怎样分担风险和分配利益。

（二）公司治理的重要性

经过 60 多年的发展和实践，公司治理已经成为现代企业的基本要求，正如世界银行前行长沃尔芬森所说："对世界经济而言，完善的公司治理和健全的国家治理一样重要。"良好的公司治理是现代市场经济和资本市场健康稳定运行的微观基础。首先，公司治理关乎企业的经营绩效。公司治理涉及公司的股东大会、董事会、监事会和管理层等，良好的公司治理架构将促使这些机构共同作用，实现公司利益最大化。大量关于上市公司的实证研究也证明了这一点，如叶陈刚、裴丽、张丽娟在委托代理及公司治理的理论框架指引下，以2007—2014 年沪深两市 A 股非金融类上市公司为研究对象所做的研究。研究结论表明，公司治理水平越高，企业财务绩效越高，企业的内部控制质量越好，企业的财务绩效也越好。其次，良好的公司治理有助于科学决策。科学决策和良好治理结构是互为表里的，科学决策是良好治理结构的目的和要求，良好治理结构是科学决策的保障。公司权力主要有公司决策权、管理权和监督权，公司内部权力的分立制衡，有助于建立起一套完整的决策机制、措施和流程等，形成民主决策、科学决策，最终实现公司经营目标。再次，良好的公司治理有利于企业资源的有效配置。良好的公司治理机制能有效缓解公司所有者和经营者、债权人、大小股东以及其他利益相关者的代理矛盾，不但保护了投资者与公司其他利益相关者的利益，而且促进了公司的发展，在一定程度上能提高公司资源配置的效率。资源配置的优化也就意味着将资本集中在回报率较高的行业，同时减少对回报率低的行业的投资。最后，良好的公司治理通过股东大会投票、充分信息披露等方式，更利于保护广大中小投资者的合法权益。

二、对上市公司治理的监管要求

（一）境外国家主要使用 OECD 公司治理原则

1998 年召开的 OECD 部长级会议提议，OECD 将联合各国政府、有关国际组织和私营部门，共同制定一套公司治理标准和指导方针，最终形成了《OECD 公司治理原则》，于 1999 年发布实施。该准则为公司治理基础提出了一些共同要素，包括公司的管理层、董事会、股东和其他利益相关者之间的一整套安排。其主要内容包括：（1）维护股东的权利；（2）小股东和外国股东拥有平等待遇；（3）利益相关者的合法权利；（4）及时准确地披露与公司有关的任何重大问题，包括财务、经营、所有权和公司治理的信息；（5）确保董事会对公司的战略性指导和对管理人员的有效监督，对公司和股东负责。从准则的效力看，该准则对国家立法没有约束力，旨在提供一种参考性服务，但随着该准则在成员国和非成员国中被不断推广，基本上成为这些国家公司治理的行动基础，也成为世界银行和国际货币基金组织相关公司治理内容的基础，在世界范围内产生了广泛的影响力。

《OECD 公司治理原则》于 2004 年和 2015 年进行了两次修改，2015 年版《G20/OECD 公司治理原则》旨在帮助政策制定者评估和完善公司治理的法律、监管以及制度框架，从而助力于经济效益、可持续增长和金融稳定。准则在公司治理政策对投资者信心、资本形成和配置等广泛经济目标的实现的基础上制定，承认雇员和其他利益相关者的权益，并考量环境、反腐或道德等问题与公司决策流程相关的其他因素。2015 年版《G20/OECD 公司治理原则》从确保有效公司治理框架的基础，股东权利和公平待遇以及关键所有权功能，机构投资者、证券交易所和其他中介机构，利益相关者在公司治理中的作用，信息披露与透明度，董事会责任等 6 个方面提出公司治理原则和指导意见。

（二）中国《上市公司治理准则》及基本要求

改革开放40年来，我国经济体制改革沿着由计划经济向建立完善社会主义市场经济的道路不断前进，在微观经济组织层面，企业改革的目标就是建立"产权清晰、权责明确、政企分开、管理科学"的现代企业制度。随着20世纪90年代我国资本市场的建立和发展，我国企业开始进行股份制改造，并伴随着资本市场的发展壮大日趋成熟，在企业公司治理方面有较多实践和探索。2001年中国加入WTO后，企业市场运作的各种规则需要进一步健全和完善，解决旧体制下一股独大等历史遗留问题，遵循国际市场规则和公司治理准则，迫切需要建立一套既符合国际规范，又适合中国国情的公司治理机制。2002年1月，在借鉴《OECD公司治理原则》与有关国家实践的基础上，中国证监会和国家经贸委共同推出《上市公司治理准则》，确立中国上市公司治理的基本原则和标准，内容包括股东与股东大会、控股股东与上市公司、董事与董事会、监事与监事会、绩效评价与激励约束机制、信息披露与透明度等。

随着我国上市公司数量的不断增长、行业类型的逐渐丰富，加上日趋复杂的境内外社会经济环境，上市公司治理面临许多新问题、新挑战，老准则已经很难适应新变化。同时，中国是《G20/OECD公司治理原则》的倡导国和支持国，有必要对接新的原则与标准。2018年9月30日，中国证监会发布了新修订的《上市公司治理准则》，此次修订落实习近平新时代中国特色社会主义思想，增加了党建工作和新发展理念的内容。坚持本土化原则，完善了投资者保护相关内容。注重国际化规范化，增补了完善机构投资者、强化监管和自律惯例的内容。坚持实效性原则，结合我国市场发展中出现的上市公司收购反收购和控股权争夺等情况，提出了新的规范要求。

《上市公司治理准则》（2018年修订）的基本要求有以下几点。（1）上市公司应当贯彻落实创新、协调、绿色、开放、共享的发展理念，弘扬优秀企业家精神，积极履行社会责任，形成良好的公司治理实践。（2）上市公司治理应当健全、有效、透明，强化内部和外部的监督制衡，保障股东的合法权利并确保其得到公平对待，尊重利益相关者的基本权益，切实提升企业整体价值。

（3）上市公司股东、实际控制人、董事、监事、高级管理人员，应当依照法律、行政法规、部门规章、规范性文件和自律规则行使权利、履行义务，维护上市公司利益。董事、监事、高级管理人员应当持续学习，不断提高履职能力，忠实、勤勉、谨慎履职。（4）根据《中华人民共和国公司法》的规定，上市公司应设立中国共产党的组织，开展党的活动。上市公司应当为党组织的活动提供必要条件。国有控股上市公司根据《中华人民共和国公司法》和有关规定，结合企业股权结构、经营管理等实际，把党建工作有关要求写入公司章程。（5）控股股东、实际控制人对上市公司及其他股东负有诚信义务。控股股东对其所控股的上市公司应当依法行使股东权利，履行股东义务。控股股东、实际控制人不得利用其控制权损害上市公司及其他股东的合法权益，不得利用对上市公司的控制地位牟取非法利益。（6）控股股东、实际控制人与上市公司应当实行人员、资产、财务分开，机构、业务独立，各自独立核算、独立承担责任和风险。特别提出控股股东、实际控制人及其关联方不得占用、支配上市公司资产。（7）鼓励社会保障基金、企业年金、保险资金、公募基金的管理机构和国家金融监督管理机构依法监管的其他投资主体等机构投资者，通过依法行使表决权、质询权、建议权等相关股东权利，合理参与公司治理。（8）上市公司及其他信息披露义务人应当严格依照法律法规、自律规则和公司章程的规定，真实、准确、完整、及时、公平地披露信息，不得有虚假记载、误导性陈述、重大遗漏或者其他不正当披露。信息披露事项涉及国家秘密、商业机密的，依照相关规定办理。

三、我国上市公司治理存在的主要风险

公司治理风险最早于 1992 年被提出，美国反虚假财务报告委员会下属的发起人委员会（COSO）提出了《内部控制—综合框架》，在内部框架五要素中提到了公司治理风险的评估、监控过程。2004 年，COSO 在原有内部框架的基础上将风险扩展到内部环境、目标设定、事件识别、评估风险、应对风险、监督等 8 个要素，并实现了企业从内部控制综合框架到企业风险管理综合框架的上升。我国关于公司治理风险的研究基本与国际市场同步，对上市公司治理高

度重视，并于 2001 年引入国际公司治理专家团队，重点推动中国内地建立了独立董事制度，并在之后出台了一系列旨在提高上市公司质量、破解公司治理风险的政策措施。然而，纵观 30 多年资本市场的发展历史，我国上市公司治理风险依然存在并不断呈现出阶段性特点，近年来主要表现在大股东利用控制权侵占上市公司利益和内部人控制两个方面。

（一）大股东利用控制权侵占上市公司利益

1. 大股东侵占上市公司利益形式多样。公司治理中最易滋生问题的因素往往并非来自外部，而是来自为追求个人利益最大化而侵占公司利益的控股股东、实际控制人。从资本市场发展初期到公司治理已深入人心的今天，由于公司缺乏合理有效的监督机制，无论是在国有企业，还是在民营家族式企业中，"一股独大"都给公司的发展带来诸多隐患，无法及时发现并制止控股股东违规行为，其中，大股东通过保理业务占用资金、对外投资套取公司资金、虚构交易占用上市公司款项、与控股股东公司进行非经营性资金往来、盗用或假借上市公司名义借款、向控股股东拆借资金及作为共同借款人为股东借款等方式，随意占用上市公司资金、掏空上市公司的案例屡见不鲜，已经成为是公司治理的顽疾。

2. 大股东违规占用上市公司资金，或者变相将上市公司视为融资平台，或者肆意掏空上市公司。这导致公司的经营受到严重影响，资金短缺，利润下降，更严重的情况是导致公司的资金链断裂，公司被迫走向破产清算，最终被收购或直接退市。以某酒业上市公司为例，因其控股股东长期通过合资成立保理公司、借款等方式违规占用上市公司资金，最终因大股东无法足额还款，大股东持有的该酒业公司 70% 的股权被另外一集团以拍卖方式获取，酒业上市公司大股东易主。以 *ST 华某公司为例，*ST 华某大股东在 2013 年至 2015 年间，先后通过虚构贸易往来和票据造假等手段，累计占用上市公司资金近 40 亿元，最终导致该公司资金链断裂而退市。又如，某上市公司实际控制人庄某在 2015 年到 2017 年 3 年的时间里，借助自己的股权优势，通过对外投资、预付账款、应收账款、违约担保多种手段，绕过正常的审批程序，安排公司与一系列情况不明、资信存疑的交易对手进行业务往来，最终掏空了上市公司，触发退市情形，该公司于 2020 年 5 月 27 日被退市摘牌。

3. 大股东侵占行为损坏市场公信力，破坏上市公司赖以生存的生态体系。 上市公司治理结构形似神离，作为大股东，其所持有的上市公司股份一般占绝对或相对控股地位，控股大股东可以利用其控股权，通过多种方式将上市公司的募集资金或利润向大股东转移，加之上市公司管理层一般也是由大股东委派的，董事会运行缺乏独立性，独立董事基本上演变为"花瓶"，内部缺乏必要的监督和约束机制，这使得上市公司逐步沦为大股东的提款机。这种情况很容易扭曲证券市场的资源配置功能与效率，如果公司被掏空现象在市场上形成蔓延趋势，就会严重影响上市公司正常运营，破坏上市公司赖以生存的土壤，损害中小投资者的合法权益，危及股市安全，加大证券市场的系统性风险，影响和降低资本市场服务实体经济的能力。

（二）内部人控制风险

公司治理的目的就是解决"委托—代理"问题，即内部人控制问题。"内部人控制"一词最早是由美国斯坦福大学教授青木昌彦提出的，即代理人或者公司管理层为了谋取自身的最大利益，做出违背委托人利益的行为。内部人控制通常是在企业的外部成员，如股东、债权人或监管机构等监管监督不力的情况下，内部人掌握了实际控制权，内部人通过对公司的生产、经营、投资和分配等主要经营活动产生决定性影响，并使其满足内部人的利益偏好。

1. 内部人控制形式多样。 内部人控制主要通过故意隐瞒或误导出资人或股东，实现瓜分企业资产或利益，全面或部分侵占出资人或股东权益的目的。一是私分企业资产，即企业经营层通过各种方式，直接瓜分企业资产，侵占企业利益。这是最明目张胆的内部人控制方式。二是财务造假，即利用出资人与经营层的财务信息不对称，隐藏或虚增利润，实现对企业利益的侵占。如美国著名的安然公司财务造假丑闻，就是内部人控制的直接结果。20 世纪 90 年代，一些国有企业负责人为低价收购自己负责经营的企业，故意制造企业财务亏损或瞒报利润，这也属于典型的内部人控制。三是职务侵占与职务挥霍。职务侵占是企业负责人利用职务上的便利，侵占本单位财物。而职务挥霍则是企业负责人通过不受约束的畸高职务消费，任意挥霍企业财产。职务侵占与职务挥霍均对企业资产形成侵蚀。四是关联交易与利益输送。有的企业负责人通过与自己有重大利益关系的关联方进行内部交易，让渡业务资源或权益，进行利益输送。有些企业负责人利用本企业无形资产监管漏洞，在无形资产处置中，通过关联交易，有意让渡国有权益。这些行为较为隐蔽，不仅给国有权益带来损害，还在企业内部形成侵蚀国有权益的利益团伙。五是违规决策。有些企业负责人为了自身的利益绑架董事会或者绕开董事会，进行非法授权或者实施未经授权的决策。有的企业经营层为了实现个人目的不惜以身犯险，不顾国家相关法律和政策。甚至还有的企业负责人目无董事会、股东会权利，凌驾于股东会、董事会之上，大搞"一言堂"，强行要求通过决策提案。

2. 内部人控制不仅侵蚀股东权益，降低企业信誉，影响公司经营，还不利于科技创新和进步。一是导致上市公司优质资产流失。当前，我国上市公司国有企业体量大，是国民经济的重要行业和关键领域，内部人控制可能导致重大国有资产流失。二是影响上市公司诚信体系。上市公司的经营者利用企业的决策与执行中的信息不对称，通过内部人控制实现其个人利益，产生示范效应后导致其他公司的经营者追随效仿，加快通过内外寻租，侵吞出资人的权益，瓜分上市公司这块"唐僧肉"，此风一盛，必然会对上市公司甚至整个社会诚信体系造成冲击。三是因经理人等内部控制人员没有搞活企业的动机，科研人员地位不高，科研经费严重缺乏，技术人员逐渐流失，使得企业丧失追求科技进步的动力。四是上市公司经营者追求个人利益最大化而损害公司利益，使得企业运营缺乏质量和效率，导致企业经营处于瘫痪状态，最终可能导致公司亏空甚至倒闭。

四、我国上市公司对公司治理风险的防范措施

对上市公司治理风险的防范，已经成为上市公司有效识别、控制和规避潜在风险的重要手段。国内对上市企业的公司治理风险的防范和预警，已经有了

相应的研究，包括风险防范模型、预警财务指标、公司治理各方风险防范等。我国正处于经济发展关键时期，资本市场的整体运营决定了我国经济发展的整体模式，公司治理作为公司发展的重要组成部分，也是我国上市公司风险控制需要关注的重点环节。

（一）完善公司股权结构

股权结构是公司治理的基础，我国市场经济的转轨中，国有控股占绝大比重，治理结构失衡，这就意味着股权的流通性不足，激励作用有限。在我国上市公司的股权结构中，大股东占有绝对话语权，中小股东占比较小，在股东大会上，大股东往往决定着企业发展决策事宜，小股东没有相应的话语权，不利于公司长效稳定发展。要解决上述问题，应减少和控制大股东占股比例，降低"委托—代理"成本，分散股权，发展多元化投资主体，引入核心大股东，引入外部机构投资者，保护中小股东的利益。

（二）建立董事会共同治理机制

在我国上市公司的治理结构中，董事长与总经理往往高度重合，多数公司董事长由政府机构派来，董事长职责无法独立，且董事会人数过多或过少都会对公司经营产生不利影响，董事会结构尚需完善。独立董事受大股东决议影响，在公司治理中发挥不到应有的指导作用。董事共同治理的内容之一是建立职工董事制度，根据国外治理结构经验，我国上市公司的国有成分有必要引进职工董事制度，实现对中小股东权益的保护。

（三）切实强化独立董事制度

建立独立董事制度目的在于强化监督作用，维护中小投资者的利益，但目前制度执行效果不佳，出现了激励不够、弱化履职尽责、专业性不强、"一股独大"制约独立性等现象。借鉴美国经验，应进一步明确界定独立董事的任职独立性，提高董事会和专业委员会（如审计委员会、薪酬委员会等）独立董事占比，并推动有关法律赋予独立董事特殊监督权，激励独立董事参与制定公司战略，评估公司政策，履行内部监督的使命。

（四）充分发挥监事会作用

在我国上市公司的治理结构中，监事会往往职能弱化，没有尽到真正监督企业财务及经营情况的职责。上市公司应进一步明确监事会职能职责，监事会作为公司内部的监督机构，对董事会及公司经营有监督的权利，对维护股东、确保公司利益负有重大责任。上市公司要建立健全监事任命机制，公司监事应具备财务、法规等知识储备，对公司财务、法规具有审核权。

（五）进一步提高信息披露质量

《OECD 公司治理原则》很重要的一条是，及时准确地披露与公司有关的任何重大问题。近年来，上市公司财务舞弊案件频发，不仅有损股东的合法权益，而且有碍于我国上市公司的健康发展。站在更高的角度上，公司要坚持三公原则，主动披露上市公司信息，特别是与上市公司风险相关的各种信息，为广大投资者客观判断公司价值提供基础。

（六）建立以股权激励为主的管理层薪酬激励机制

目前，多数公司薪酬激励政策缺乏完善的治理制度，管理层无法良好发挥其有效性。股权激励作为一种长期公司治理机制，上市公司可以科学地建立激励制度，紧密地联系公司管理人员和股东之间的利益关系，公司高管通过掌握股票，充分享有股东的权利与责任感，有效地促进了公司业绩的增长，通过加强经营层薪酬的灵活度与管控的方式，驱使经营层目标与公司目标相一致。

第三节　信息披露的风险管理

证券市场是一个信息驱动的市场，信息对称是保障市场运行公平、资源配置有效的基础，信息披露制度是证券市场平稳运行的基础性制度。上市公司作为证券市场信息披露的主要义务人，依法合规履行信息披露义务是其重要责任，也是提升自身价值、维护投资者权益的前提基础，做好信息披露风险防控工作至关重要。

一、信息披露的基本情况

（一）信息披露的基本概念

信息披露是指发行人 ① 及其他信息披露义务人在证券发行、上市和交易等一系列环节中，按照法律、行政法规、部门规章、股票上市规则等规定，以一定的方式向投资者公开与证券有关的财务及相关信息而形成的一整套行为惯例和活动准则。发行人真实、准确披露信息，投资者才有可能根据发行人的真实情况和自身投资偏好做出价值判断和投资选择。信息披露的实质，是通过信息的公开化实现市场参与者对信息占有的地位和机会平等，进而实现公平、公正的价值目标。

---

① 一般指上市公司或申请上市的公司。

（二）信息披露的分类

信息披露分为发行阶段信息披露和持续信息披露。发行阶段需要披露《招股说明书》《上市公告书》等文件，披露拟上市公司的具体情况。持续信息披露包括定期报告和临时报告。定期报告包括年度报告、中期报告和季度报告。以是否具有重大性 [1] 为界限，临时报告又分为强制性披露和自愿披露。强制性临时报告应披露可能对证券交易产生较大影响的重大事件的起因、发展状态及可能产生的影响，自愿披露是指除强制性信息披露，信息披露义务人还自愿披露与投资者做出价值判断和投资者决策有关的信息，但应注意不能与依法披露的信息相冲突。

（三）信息披露的制度起源与演进

信息披露制度最早见于 1720 年英国的《反金融欺诈和投资法》。18 世纪初，英国法律对公司的约束很松懈，证券市场投机风波此起彼伏，证券欺诈现象严重，最终，1720 年爆发了震惊英国乃至世界的"南海泡沫事件"。该事件的直接后果是英国国会当年通过了《反金融欺诈和投资法》，也叫"泡沫法"，该法案对后世资本主义的商事制度、会计制度和法律制度产生了深远影响，其中一个很重要的影响就是规定公司股东负有发行的真实披露义务，该法案标志着信息披露制度的萌芽。

现代意义的信息披露制度，以 1844 年英国出台《合作股份公司法》为标志被真正确立下来，该法案对股份公司的注册、设立都提出了相应的要求，强制性信息披露制度开始诞生。1908 年英国颁布《公司法》，成为规范上市公司信息披露的主要法律，要求公司的公开说明书必须记载 14 项基本信息 [2]，并要求公司向股东公布年度财务数据，1929 年后要求公司公开损益表和资产负债

---

① 指信息对投资者进行价值判断和投资决策有影响，即只有重大信息才被强制披露，对投资决策没有影响的信息（如董监高的星座、血型、身高，公司办公电脑的品牌、型号等）无须披露。

② 参见英国 1908 年《公司法》第 81 条。

表，1948 年后要求新增公布董事会报告、审计报告等。

1908 年英国《公司法》规定披露的 14 项基本信息

（1）章程的内容、发起人的姓名、声明和地址，以及发起人认购的股份数量；发起人、管理层以及股东在公司获取收益的性质和范围；

（2）对董事任职资格以及董事薪酬的规定；

（3）董事或拟任董事的姓名、简介及地址；

（4）配股时董事的最低认股额，以及每股的应付金额；

（5）两年内发行或拟发行股票和债券的数量、金额以及现金认购的比例；

（6）募集资金购买资产的供应商名称和地址；

（7）上述财产以现金、股份或债券形式已付或应付的金额，以及商誉的应付金额；

（8）两年内支付或应付的发行股票、债券的承销费用以及承销费率；

（9）筹备费用的预估金额；

（10）两年内支付或应支付给发起人的筹备金额以及支付的对价；

（11）两年内所有购销合同的双方当事人、签署日期和签署地点；

（12）公司审计人员的名称及地址；

（13）董事在公司获取利益的性质和范围的详细情况；

（14）含特别表决权股票的情况。

美国证券市场信息披露制度始于《蓝天法》。1911 年，美国堪萨斯州出台《蓝天法》，强制规定了股份公司有公开披露信息的义务，并要求对重要的证券发行与交易信息进行完全的公开。1929 年，美国发生了经济危机，华尔街证券市场的大阵痛，以及阵痛前的非法投机、欺诈与操纵行为，促成了《美国 1933 年证券法》和《美国 1934 年证券交易法》的颁布。《美国 1933 年证券法》提出了公开、公平、公正的原则，使得证券发行市场具有可靠性与真实性。

《美国 1934 年证券交易法》要求股份公司定期和不定期发布持续的信息披露报告。以《美国 1933 年证券法》和《美国 1934 年证券交易法》为基础，美国上市公司信息披露的规则体系由联邦法律、美国证券交易委员会制定的规则以及证券交易所制定的自律规则构成。美国证券交易委员会负责具体执行证券监管职责，而作为自律组织的证券交易所则制定具体规则，约束上市公司的信息披露行为。

我国上市公司信息披露制度充分借鉴了国际市场经验，并在实践中不断发展和完善。2019 年修订的《中华人民共和国证券法》对信息披露专章规范，凸显了我国资本市场上市公司信息披露的重要性，并提出了信息披露的最基本理念，即信息披露义务人披露的信息，应当真实、准确、完整、简明清晰、通俗易懂，不得有虚假记载、误导性陈述或者重大遗漏。

二、信息披露的国际与国内监管要求

（一）境外信息披露监管要求——以美国为例

拥有最发达资本市场的美国也拥有国际上最成熟的信息披露制度。《美国 1933 年证券法》规定了发行阶段的信息披露监管要求，其中规定，即使是根据本法第 3 条豁免注册的证券，其招股说明书也必须遵循真实、完整的披露要求，即不能包含不实陈述或可能造成误导的遗漏。[1]另外还规定，在发行证券的过程中，直接或间接进行欺诈或虚假陈述都要承担刑事责任。[2]《美国 1934 年证券交易法》规定了持续信息披露要求，其中由 10b 规则发展而来的 10b-5 规则明确禁止证券欺诈行为，包括不真实的陈述或遗漏实质性事实[3]，确立了持续信息披露真实、完整的监管要求，并且规定，违反监管要求要承担法律责任。《美国 1933 年证券法》与《美国 1934 年证券交易法》明确了信息披露制度和公开原则要求。美国证券交易委员会也制定了《财务报告编制公告》

---

[1] 参加《美国 1933 年证券法》第 12（2）条。

[2] 参见《美国 1933 年证券法》第 17（a）条。

[3] "实质性事实"是指对确保陈述不具有误导性的必要事实。

《财务信息披露内容与格式条例》等规则指导上市公司进行信息披露。此外，《国家环境政策法》将环保纳入信息披露范围，《揭示预测经营业绩指南》和《保护盈利预测安全港规则[①]》鼓励公司披露盈利预测。1980 年美国证券交易委员会发布了《S–X 规则》，形成了信息披露的综合披露模式。1982 年通过了《415 规则》，建立了框架注册制度。2000 年的《公平披露规则》明确禁止上市公司从事选择性信息披露行为。2002 年颁布的《萨班斯–奥克斯利法案》成立了监管审计师的上市公司会计监督委员会（PCAOB），强调注册会计师的独立性，创设了公司高级管理人员个人对财务报告的保证义务，专门用第四章强调了"强化财务信息披露"的要求，将信息披露由"及时"提高到了"实时"，加重了违法行为的处罚措施。2020 年美国还专门针对外国公司出台了相关法案，即《外国公司问责法案》，对外国公司在美上市提出额外的信息披露要求。比如，证明自身不受外国政府所有或控制等，外国公司如果连续 3 年不能满足美国上市公司会计监督委员会的审计要求，就会被禁止在美国任何交易所上市，等等。在这一系列信息披露的框架安排下，美国的信息披露内容更加全面综合，披露信息对投资者进行分析决策更加有效，违反监管要求被处以的相关措施更加严厉。

（二）国内信息披露监管日趋完善

我国上市公司信息披露制度从建立到不断完善，与我国证券法律体系建设密切相关。1993 年颁布的《中华人民共和国公司法》要求上市公司进行强制性的信息披露和会计信息审计。1998 年颁布的《中华人民共和国证券法》规定了证券发行上市阶段、持续上市阶段及收购过程中的信息披露要求，奠定了我国上市公司信息披露的制度基础。2006 年修订的《中华人民共和国证券法》进一步细化了上市公司的信息披露义务，如提前了申请上市公司披露发行文件的时间节点，要求公司在向证监会提交申请文件后应预披露发行申请文件。年度报告的披露内容新增了"实际控制人"一项。临时报告披露内容进一步完善

---

① "安全港规则"是指，"如果预测性信息是根据合理基础及诚信原则推导出来的，且披露时伴有充分的警示性陈述，那么，即使预测的信息最终于事实不符，也不被视为虚假陈述"。

了应当披露临时报告的重大事项，明确了遭受超过净资产10%以上的损失为应当披露的重大损失，新增了一项重大事项，即公司及董监高涉及犯罪。2007年，中国证监会颁布的《上市公司信息披露管理办法》对《中华人民共和国证券法》的要求做了进一步细化和完善，会计信息披露内容更加全面透明。2019年修订《中华人民共和国证券法》，着重强调了应当建立以信息披露为核心的上市公司监管制度，并提高了违反信息披露监管要求的行政责任，如提高行政罚款数额、扩大责任主体范围等。在此过程中，信息披露相关法律法规更加完善，在逐步与国际接轨的同时，我国也为注册制的稳步实施打下了坚实的制度基础。在法律制度建设和演进过程中，我国形成了国家法律法规、证监会部门规章及规范性文件和证券交易所、行业协会信息披露规则三个层次的上市公司信息披露制度框架。

2019年修订的《中华人民共和国证券法》第七十八条对信息披露提出了明确的法定要求，概括起来包括对信息披露时间、内容以及形式3个方面5个具体要求。

1. **及时性要求**。及时性是信息的价值基础，滞后的信息难以体现出信息本身具有的价值。信息披露的及时性要求信息披露义务人应及时有效地按照规定披露信息，如年度报告应在每一会计年度结束之日起4个月内（4月30日前）披露，中期报告应在每一会计年度的上半年结束之日起两个月内（8月31日前）披露。临时报告一般应在信息形成之日或触发信息披露义务之日起两个交易日内披露。考虑到国内一些公司同时在境内外公开发行证券的现实情况，新修订的《中华人民共和国证券法》增加了"同时性"要求，对证券同时在境内外公开发行、交易的信息披露义务人，要求其在境外/内市场披露的信息，应同时在境内/外披露，以保障境内外投资者能够公平、及时地获取信息。

2. **真实性要求**。信息披露真实性要求信息披露义务人所披露的信息内容必须是客观真实的，不能带有虚假性记载和误导性陈述以欺骗投资者。信息披露制度的目的是打破信息壁垒，确保信息对称，只有真实的信息才能实现上述目的，虚假的信息反而会加重信息的不对称，严重侵害投资者权益，扰乱市场正常运行秩序。

3. **准确性要求**。信息披露准确性要求披露的信息必须有确切的含义，且能准确表明信息的本质，不得含糊其词，以免对投资者决策产生误导。进行信息披露应避免使用会产生歧义的词句，应按照行业准则（如财务报告应按照会计准则规定编制）或惯例遣词造句、编制信息披露文件，避免信息在传导过程中失真而使投资者产生误解。

4. **完整性要求**。信息披露的完整性要求信息披露义务人必须全面地披露可能对投资者决策产生影响的信息，不能有重大遗漏，不能选择性披露利好或利空信息。证券市场是信息的聚集地，投资者决策建立在对上市公司披露信息综合分析的基础之上。投资者因教育经历、风险偏好等条件不同，对信息的敏感度和重视度亦有不同，信息披露义务人完整地披露信息是所有投资者公平投资、决策的前提和基础。

5. **简明性要求**。简明性为2019年修订的《中华人民共和国证券法》的新增要求，信息披露的对象为证券市场中的投资者，因受专业、年龄、文化程度等影响，各个投资者对信息披露文件的阅读能力和理解水平参差不齐，故要求信息披露义务人所披露的信息表述应清晰浅显、通俗易懂、简洁直白，能够让一般投资者理解。

除了上述《中华人民共和国证券法》规定的信息披露要求，证监会部门规章（如《上市公司信息披露管理办法》《首次公开发行股票并上市管理办法》《信息披露解释性公告》等）、交易所自律监管规则对信息披露也有各种监管要求。特别是证监会发布的各类《信息披露内容与格式准则》等对信息披露提出了要式性原则，要求信息披露文件应遵循一定的格式要求和内容要求，不能特立独行、擅自"删改增"，以保障信息披露文件内容与格式的规范性。证券交易所也对上市公司信息披露具体规则做出规范，例如，上交所发布的《上海证券交易所上市公司环境信息披露指引》规定，上市公司应当披露与环境保护相关的重大事件，而且，被列入环保部门的污染严重企业名单的上市公司应当披露污染物情况、应急预案以及下一步工作安排等事项。

三、我国上市公司信息披露中的主要风险事项

由于非法利益驱动、合规意识淡漠或公司相关员工专业素养不高等，上市公司及其他信息披露义务人在信息披露中违反信息披露监管要求的情况时有发

生。上市公司一旦违反监管要求，就可能导致公司发行、重大资产重组、收购等事宜"被否"，甚至引发投资者举报事项或媒体关注，进而被监管机构立案调查等一系列不利后果，严重的则会构成虚假记载、重大遗漏、误导性陈述等违法违规行为，造成损害投资者权益、扰乱市场运行秩序的严重后果，上市公司也会面临承担民事赔偿、行政处罚的风险，还可能构成"违规披露、不披露重要信息罪""欺诈发行罪"等而触发刑事责任。我国上市公司信息披露的主要风险事项包括以下 6 个方面。

（一）信息披露不及时

违反信息披露监管及时性要求，未按规定及时披露发行文件、未按期披露定期报告或未及时披露对公司证券交易价格可能产生较大影响的重要信息，将面临行政处罚及交易所的自律监管处罚。如某 ST 公司未按规定时间披露 2018 年度报告，被所在地证监局实施警告、罚款等行政处罚，某创业板公司涉及多项仲裁、诉讼，涉及金额合计 4.39 亿元，因对这些仲裁、诉讼事项延迟披露被当地证监局实施行政监管措施。

（二）信息披露不真实

违反信息披露监管真实性要求，将捏造、编造的虚假事实记载于披露文件，构成虚假记载，将面临民事赔偿、行政处罚，甚至刑事犯罪等法律风险。如 2016 年，某电气公司因应收账款不实，致使 IPO 申请文件中的相关财务数据存在虚假记载，上市后披露的定期报告财务数据也存在虚假记载，被证监会认定构成欺诈发行、虚假记载而对公司、董监高以及实际控制人实施罚款、终身市场禁入等严厉处罚[①]，2017 年 8 月公司被正式摘牌退市。为化解欺诈发行责任人与投资者群体的民事纠纷，该电气公司的保荐机构出资 5.5 亿元设立先行赔付专项基金，并最终向 11 727 名投资者共赔付 24 198 万元。

---

① 参见证监会行政处罚决定书〔2016〕84 号。

（三）信息披露不准确

违反信息披露监管准确性要求，披露的信息含糊其词，"炒热点""蹭概念"，表述意思不准确，预测性信息显著偏离客观基础，呈现信息与真实情况产生偏差，甚至包装粉饰、夸大其词、暗示误导，使投资者对上市公司信息产生错误判断进而决策失误，构成误导性陈述，公司将面临民事赔偿、行政处罚，甚至刑事犯罪等法律风险。如某传媒公司在收购某文化公司的过程中，在收购融资存在极大不确定性的情况下贸然予以公告，严重误导市场及投资者，引发市场和媒体的高度关注，致使该文化公司股价大幅波动，严重扰乱了正常的市场秩序，被证监会认定该传媒公司构成误导性陈述而对其实施警告、罚款的行政处罚。① 又如，某生态公司重大资产重组预测盈利显著偏离事实，披露文件对重大资产重组项目的描述与事实不符，导致预测盈利所基于的条件偏离事实，构成误导性陈述，被证监会处以警告、罚款的行政处罚，其财务顾问某证券公司也因此被警告，受到没收顾问收入并罚款的行政处罚。②

（四）信息披露不完整

违反信息披露监管完整性要求，未在信息披露文件中将应披露的信息予以完全记载，存在遗漏、选择性披露信息，或者未披露应当予以披露的关联方、关联交易、重大诉讼、对外担保等重大事项，构成重大遗漏，将面临民事赔偿、行政处罚，甚至刑事犯罪等法律风险。如某科技公司未在定期报告中披露与关联经销商的重大关联交易事项，被证监会认定其行为构成重大遗漏，公司和董监高均遭受警告、罚款的行政处罚。③ 2018 年，投资者针对该科技公司重大遗漏行为向上海金融法院提起民事诉讼，法院认定该科技公司长达 10 年未披露金额巨大的关联交易信息，客观上剥夺了投资者对公司经营业绩分析判断的

① 参见证监会行政处罚决定书〔2018〕32 号。
② 参见证监会行政处罚决定书〔2019〕52 号、69 号。
③ 参见证监会行政处罚决定书〔2017〕43 号。

机会，无法消除投资者对公司财务数据失真的顾虑，构成虚假陈述，判决该科技公司对投资者承担民事赔偿责任。[1]

（五）信息披露不简明

若违反信息披露监管简明性要求，信息披露文件内容冗长繁杂，语焉不详，不够简明清晰、通俗易懂，让监管机构和投资者"看不懂""摸不清"，则可能会导致自身错失融资机会，甚至有可能被认定为构成虚假陈述，需要承担相应的法律责任。如某网络公司在创业板 IPO 申报文件中，未清晰介绍其主营业务，前后申报描述不一致，最终未能通过发审委审核。[2]

（六）信息披露不同步

违反信息披露监管同步性要求，未同时向所有投资者公开披露信息，无法确保所有投资者平等获取同一信息，存在私下提前向特定对象单独披露、透露或泄露信息的情况。如 2019 年 1 月 16 日下午，某知名电器公司召开股东大会，公司董事长在股东大会上发表了 2018 年税后利润等有关公司业绩的言论，而该公司当日晚间才对外披露业绩预告公告，被认定违反了信息披露公平性原则而被交易所采取监管关注措施。

四、上市公司对信息披露风险的防范和应对措施

与非上市公司相比，上市公司在融资能力、知名度等方面享有更多资本市场带来的利益，信息披露是上市公司应当履行的基本义务，是所有投资者获取信息对称地位的重要手段。及时、完整、真实的信息披露对实现公开、公平和

---

[1] 参见〔2018〕沪 74 民初 330 判决、[2019] 沪民终 263 号判决。

[2] 参见 2017 年 11 月 29 日证监会发布的《第十七届发审委 2017 年第 56 次会议审核结果公告》。

公正原则至关重要，有利于维护证券市场秩序，实现证券市场的持续健康稳定发展。上市公司加强信息披露风险管理是十分必要的。为切实防范相关风险，可从以下 5 个方面着手。

（一）强化公司守法合规意识，完善信息披露监督制度

针对上市公司治理、内部控制机制不健全的问题，应强化上市公司守法合规意识，明确内部控制及其信息披露责任主体，规范"三会"职能及议事程序，建立健全信息披露绩效评价和激励机制，加强对公司治理、内部控制信息披露的具体内容和格式要求，以形成有效内控管理制度，完善层级监督、报告制度。上市公司应在内控自我评价工作过程中制作和保留相关工作底稿，建立健全公司治理、内控机制，进而将信息披露和规范运作落到实处。

（二）加强公司人员培训，强化专业知识素养

针对部分上市公司存在人员专业素养不足、信用缺失导致的违规情况，需大幅提高上市公司人员整体专业技能，规范日常工作行为，同时提高工作人员合法合规披露信息的法律意识，有针对性地进行事前培训、事中考核、事后追责。对大股东、实际控制人、高级管理人员、董事会秘书、财务会计人员及业务人员等"关键少数"的培训显得尤为重要。董事会、监事会、内部审计机构及信息披露义务人各司其职，保证独立性和专业度，也是防范信息披露风险的必要举措。

（三）完善财务会计制度，健全内部控制机制

完备的企业现代会计制度是提高信息披露质量，尤其是规范披露财务报告的前提基础。上市公司应着力完善内部会计制度，严格会计核算的基本程序，健全财务收支制度，建立良好的会计基础，确保财务数据的真实性和完整性。在构建会计制度的基础上，上市公司还须完善内部审计制度，设立内部审计机构，建立与公司治理相关的会计信息披露评级体系，完善独立的审计监管体系。

（四）发挥中介机构职能，提升证券服务质效

证券公司、律师事务所、信息披露专业咨询机构等中介机构具备熟悉市场规则和监管要求的专业技能，上市公司充分利用中介机构所提供的专业服务，可降低信息披露风险的概率。在适当情况下，可考虑将持续督导期间延长并支付专业服务费用，增强专业风险防控，并聘请专业律师咨询法律问题，聘请信息披露专业咨询机构规范信息披露行为。上市公司通过中介机构的各项服务，增强合规意识，避免信息披露造成的违规风险，防范信息披露违法行为的发生。

（五）妥善处理与投资者、竞争对手和媒体的关系

上市公司要充分重视投资者的质询，积极回答投资者的问题，妥善处理与竞争者的关系，实时关注、妥善应对媒体的报道，也可降低信息披露风险。通过上述措施，上市公司能够尽早关注并防控监管机构调查和处罚的因素，降低信息披露风险。

第四节　欺诈发行的风险管理

欺诈发行在境内外市场屡见不鲜、影响恶劣，不仅破坏证券市场的秩序，也极大地侵害了广大投资者的合法权益，是证券市场中一种恶劣的违法行为，一直以来都被监管机构严厉打击。本节简要介绍欺诈发行的基本情况、海内外对欺诈发行的打击以及如何防范欺诈发行风险。

一、欺诈发行的基本情况

（一）欺诈发行的基本概念

欺诈发行是指发行人（一般指上市公司、拟上市公司、债券发行主体）在发行股票、债券等有价证券、募集资金的过程中，通过欺诈手段骗取发行资质、欺骗投资者从而达到募集资金的违法行为。该行为发生于证券市场的融资环节，发行人通常在向监管机构提交的证券发行与资金募集审核文件以及向市场公开发布的招募说明书等证券发行、资金募集文件中，隐瞒重要事实或者编造重大虚假内容（造假），骗取核准或注册许可，进而蒙骗投资者募集资金，是一种性质恶劣的扰乱证券市场秩序、侵害投资者合法权益的行为。

（二）欺诈发行的类型

欺诈发行是通过发行人的造假行为完成的，发行人造假行为分为财务和非财务两种形式。

1. 财务造假方式。 监管机构对证券发行人有许多资产与财务状况的要求，上市公司欺诈发行的主要形式也集中在财务造假方面。（拟）上市公司进行财务造假可谓花样繁多，但总结起来主要包括以下三个方面。

一是虚增收入。主要是采用虚构销售合同、工程合同、收货证明、项目结算书等虚增公司的营业收入，还有的企业通过虚构客户、自我交易、虚增合同单价、提前确认收入等方式虚增收入。

二是虚增资产。主要采用虚增固定资产、在建工程和无形资产，少计提资产减值准备和已损坏存货的跌价准备，操纵应收账款回款，少计提大量坏账准备，虚增应收账款和预付账款，伪造银行对账单、银行回单等方式。

三是虚减成本费用。主要采用少计、少结转成本和虚减费用、前移或后移成本费等方式，实现在某段时期减少成本、增加利润的目的。

2. 非财务造假方式。 监管机构除了对证券发行人有资产与财务状况要求，还对发行人的技术研发、股权结构、法律关系、守法诚信等诸多方面有明确要求，并在核准注册环节予以关注，特别是在科创板、创业板发行上市方面，对发行人的核心技术研发、股权机构等非财务事项格外重视。证券发行人为了满足发行上市条件、获取发行资格，也会在财务信息以外的方面造假，主要包括：一是在核心技术与研发方面，如在芯片技术与研发、前沿技术（如大数据、区块链、人工智能、量子通信、生物医药等）科技项目、工程进展等方面造假，特别是为了在科创板上市，有的公司为凑足上市标准，虚构国家有关部门批准文件或夸大技术优势，虚构研发投入等；二是隐瞒重大事项，如隐瞒行政处罚、擅自修改发行文件、隐瞒关联交易、自买自卖等问题；三是产品造假，主要是针对公司本身的产品、交易流水等造假，如长生生物疫苗造假事件于2018年被曝光，后直接退市；四是股权结构造假，虽然从表面看符合公司发行上市的股权结构，实际上却采用委托持股、信托持股等方式，以达到某些非法目的，如隐瞒关联关系、关联交易暗中输送利益，隐瞒实际控制人地位逃避监管，隐瞒股东身份逃避有关外资监管、合格投资者监管，等等。

（三）欺诈发行屡禁不止的复杂原因

最早的欺诈发行应数英国的南海股份公司蓄意篡改数据、散布各种所谓"好消息"，导致英国市场出现巨大泡沫，催生泡沫法案。美国2002年先后曝出安然公司、世界通信公司、施乐公司假账丑闻，这些都是成熟市场欺诈发行的典型。中国资本市场也先后出现了多起欺诈发行案例。

欺诈发行似乎是资本市场屡禁不止的违法现象，究其原因，巨额利益的驱动是欺诈发行的根本内在动因。发行上市可以为发行人及实际控制人和关联人带来巨额个人财富，提高其社会地位。在巨大利益的诱惑下，不少人铤而走险，在不符合公开发行证券募集资金的条件下，采取欺骗手段获取发行资格谋利益。[①]

内部监督机制失衡是造成欺诈发行的根本原因。内部监督机制缺失主要表现为，上市公司内部治理存在缺陷。已发现的欺诈发行案例普遍存在董事会、

---

① 李培华. 股票欺诈发行之辨析 以《证券法》第189条为中心 [J]. 法律适用，2013, (12): 20-24.

监事会、独立董事等公司制度和架构形同虚设、未构成有效制衡，发行人的实际控制人和主要管理人员诚信缺失，串谋进行欺诈等情形。

外部监督机制缺位也是欺诈发行的重要原因。主要表现在中介机构看门人的监督作用失效，中介机构未能勤勉尽责，诚信缺失或能力缺陷，甚至与发行人故意合谋欺诈，未能有效发挥"看门人"的核心功能，为发行人欺诈发行提供了可能，甚至提供了专业指导。

欺诈发行具有很强的隐蔽性，而发行证券又具有较强的专业性，往往涉及复杂的法律、财务和金融专业知识，且需要履行较多程序环节，还涉及众多个性化问题的专项解决，相关过程及所涉及的问题点存在较高的专业知识壁垒，因此，非专业人员一般无法发现欺诈行为，这种隐蔽性导致欺诈发行者存在较强的闯关心理。

发行人与监管者、投资者的信息不对称是欺诈发行能够"成功"的直接原因。监管者、投资者等外部人员无法充分了解公司的实际情况，在多数情况下只能通过发行人披露的信息进行决策，这就使得发行人"有机可乘"，对发行文件披露的信息进行造假。

欺诈发行具有严重的社会危害性。欺诈发行股票、债券等有价证券是严重的违法行为，破坏了资本市场的基本秩序，也直接给投资者造成了较大损失。另外，由于股票、债券发行所涉及的募集资金金额较大，往往涉及较多市场主体，且多数参与主体在市场中的交易地位相比发行人处于弱势地位。发行股票、债券一旦存在欺诈行为，广大市场参与主体就会处于极为不利的地位，从而对证券市场失去信心，这将严重影响证券市场稳健发展。

二、境内外防范与打击欺诈发行的措施

为维护资本市场公开公平公正原则，各市场监管机构普遍对欺诈发行施以严格的处罚。

（一）境外对欺诈发行的监管措施——以美国为例

《美国 1933 年证券法》和《美国 1934 年证券交易法》将故意进行旨在

操纵金融市场或诱使投资者根据欺骗性或虚假信息做出金融投资决策的欺骗性行为定义为"证券欺诈",是一种涵盖范围广泛的非法活动,涉及欺骗投资者或操纵金融市场。联邦政府主要通过美国证券交易委员会起诉证券欺诈案件。同时,每个州也有自己的证券欺诈法律和州证券委员会。任何证券欺诈犯罪都可能根据州或联邦法律受到惩处,但通常会被起诉为联邦犯罪。

《美国1934年证券交易法》规定:证券欺诈犯罪主体为自然人的,最高可判处20年监禁或500万美元的罚金,或两罚并处;非自然人则判处最高2 500万美元的罚金。《美国1933年证券法》第13条规定,对欺诈发行的起诉时效为发现违规之日起1年以内或违规发生之日起3年以内。

在每次重大违法犯罪事件发生后,美国通过采取制定新的证券监管法律等措施努力防范类似案件再次发生。针对安然事件,美国2002年出台了《萨班斯-奥克斯利法案》。针对全球金融危机,2010年出台了《多德-弗兰克华尔街改革与消费者保护法》,并赋予美国证券交易委员会额外权力,如针对欺诈行为可依据《美国1933年证券法》处以民事罚款[1],可以宣告取消有欺诈行为或因发布虚假信息被判处刑罚的市场主体发行或出售证券的资格[2]等等。另外,对于类似欺诈发行的庞氏骗局,责任人麦道夫被判处在北卡罗来纳州的Butner联邦惩教所监禁150年,并在2009年被迫没收1 700亿美元,同时他的三处房屋和游艇也被美国法警拍卖。

此外,美国大量存在的证券集团诉讼使得在美国资本市场上欺诈发行或财务造假、协助他人欺诈发行或财务造假,都面临巨额处罚甚至倾家荡产的结局,安然、世通公司的轰然倒塌就是最好的例子。

(二)境内对欺诈发行的责任认定趋严

境内防范打击欺诈发行行为的相关规定主要体现于《中华人民共和国证券法》《中华人民共和国刑法》和证监会部门规章制度,呈现出监管规制和打

---

① 参见《多德-弗兰克华尔街改革与消费者保护法》第929P条。

② 参见《多德-弗兰克华尔街改革与消费者保护法》第929条。

击力度逐渐趋于严厉的态势。

1. **扩大欺诈发行认定范围、加大惩罚力度**。2006 年《中华人民共和国证券法》一百八十九条规定的构成欺诈发行的要件包括三部分：一是发行人不符合发行条件，即前提要件；二是发行人故意采用欺骗手段，即主观要件，若发行人并无主观故意，如会计差错或第三方原因等，则不构成欺诈发行；三是骗取发行核准，即结果要件，若没有取得核准，则一般认定为信息披露违规。2019 年修订的《中华人民共和国证券法》一百八十一条对欺诈发行构成要件进行了改变，删除了前提要件和结果要件，使其变成了只要符合"公告的发行文件"+"故意隐瞒"+"重要事实或重大虚假内容"便构成欺诈发行，这显然比原《中华人民共和国证券法》规定的欺诈发行构成要件宽泛。同时，2019 年修订的《中华人民共和国证券法》大幅提高了欺诈发行的行政责任，其中对尚未发行证券的，罚款从 30 万元以上 60 万元以下大幅提高到 200 万元以上 2 000 万元以下。针对已经发行证券的，罚款从非法所募资金金额的 1% 以上 5% 以下，大幅提高到非法所募资金金额的 10% 以上一倍以下。

2. **刑法法律体系对欺诈发行股票、债券罪的惩戒力度也逐步提高**。2021 年 3 月 1 日发布实施的《中华人民共和国刑法修正案（十一）》大幅提高了欺诈发行的刑罚力度，从判处 5 年以下有期徒刑提到判处 5 年以上有期徒刑，取消了罚金上限限制，并扩大了责任主体范围，将控股股东、实际控制人等"关键少数"及证券公司、会计师事务所、律师事务所等中介机构纳入责任主体范围，提高了威慑力度。

三、欺诈发行证券给公司带来的风险

欺诈发行一般数额巨大，涉众多，影响面广，持续时间长，一旦被发现，就会给公司及相关机构和人员带来极大风险。

一是发行人及其他相关责任人将信誉扫地，相当长时间或者永久失去融资能力，如触及退市或暂停上市红线，其股票将被暂停上市或终止上市，还有可能导致企业破产。其他责任人，如发行人实际控制人、控股股东、董监高等"关键少数"将承担法律责任，严重者可能被采取证券市场禁入措施，甚至承担刑事责任。

二是主要团队要负行政和刑事责任。上市公司财务报告中的利润调节、虚假记载，即投资人平常所说的做假账，一旦被监管机关立案查实，上市公司及相关责任人会被行政处罚并处罚款，涉及犯罪的还要承担刑事责任。

三是给中介机构带来执业风险。新股发行价的定价与招股说明书中的每股收益呈正相关，每股收益高，发行价水涨船高，也会增加首募资金量，因此，IPO公司有动力粉饰上市前的利润，主承销商、会计师等也难辞其咎，他们多是辅导券商，经历了数年的辅导期，对拟上市公司基本"门儿清"，仍对做假账公司出具保荐报告，难言"履行尽职调查义务、有效履行持续督导义务"，在事发后必将遭到严厉处罚，比如广发证券因承销康美药业而被暂停保荐机构资格6个月、暂不受理债券承销业务有关文件12个月的监管措施。

四是面临集体诉讼和巨额赔偿的风险。这在国外成熟市场是非常常见的，欺诈发行将面临以律师为首的投资者的集体诉讼，大多以巨额赔偿和解，有的企业最终走向破产。我国新证券法也引入了集体诉讼的概念，实行代表人诉讼，比国外参与诉讼的人数更多，面临的风险更高。

四、对欺诈发行的风险防范举措

针对欺诈发行给上市公司带来的风险，主要可从前端内控监督与后端监管追责两方面进行防范。从上市公司自身出发，应保障前端义务主体规范性，形成"上市公司＋中介机构"双层约束机制，以防范欺诈发行的发生。从外部监管机构出发，应强化后端监管追责有效性，建立"民事＋行政＋刑事"立体责任网络，压实法律责任，形成悬在上市公司头顶的达摩克利斯之剑，震慑打消上市公司可能产生的欺诈念头，最终达到防范风险的目的。具体举措如下。

（一）完善上市公司内控机制，强化责任主体的守法合规意识

作为股票、债券等证券的发行主体，上市公司内部必须建立配套合规制度和流程，充分发挥监事会、职工监事和独立董事的监督作用。上市公司等发行

人对涉及发行股票、债券等证券的相关条件和材料，如财务数据信息、重要事项信息等，必须经过法定程序，按照流程进行合规检查和确认，否则上市公司就无法从内部根本有效地防止欺诈发行股票、债券等现象的发生。

（二）健全监督责任机制，有效发挥中介机构职能

在申请发行证券的过程中，证券公司、审计评估、法律服务等中介机构归位尽责，切实发挥好资本市场"看门人"的作用，可有效降低欺诈发行风险。进一步健全中介机构的责任约束机制，包括建立中介机构执业质量评价机制，定期对保荐人等中介机构执业质量进行评价，加大对评价结果较差的中介机构的监督检查力度。同时，强化资本市场声誉与诚信约束机制，及时公示监管案例，警示违规行为，并将发行人、中介机构及责任人员的信用记录纳入国家信用信息平台，强化失信联合惩戒力度，推动发行人、中介机构认真履职尽责。

（三）积极鼓励代表人诉讼和"吹哨人"制度

鼓励投资者就证券欺诈发行开展代表人诉讼，通过投资者保护机构，集中广大散户的力量，用法律武器向发行人、发行人控股股东、实际控制人、相关机构和个人争取投资者的合法权益，用群众的力量严厉惩戒震慑欺诈犯罪行为。同时，可借鉴美国"吹哨人"制度，对发行人欺诈发行行为等开展详细调查，在证据确凿后，可向监管机构实名举报相关行为，查证后监管机构向举报人发放奖励金，同时配套一系列举报人保护制度，促进大家共同维护市场规范、透明的生态。

（四）建立实施发行人回购欺诈发行股票和先行赔付制度

欺诈发行责令回购股票制度是有效防范、打击欺诈发行行为的有力措施，将使欺诈发行人声誉严重受损、违法违规成本进一步提高。对于欺诈发行且已

经上市的，监管机构可责令负有责任的控股股东、实际控制人买回股票。如果控股股东、实控人在发行人实施欺诈发行过程中存在过错，或者存在共同参与等方面的行为，那么控股股东与实控人将有回购股票的义务。

2019年修订的《中华人民共和国证券法》第九十三条新增了先行赔付规定，规定发行人因欺诈发行等重大违法行为给投资者造成损失的，发行人控股股东、实际控制人、相关中介机构可以与投资者达成协议，对投资者损失予以先行赔付，切实保障投资者权益，防范风险外溢。[①] 国内股票市场已有若干赔付案例实践。

（五）从严处罚欺诈发行，提高上市公司风险意识

新实施的《中华人民共和国证券法》和《中华人民共和国刑法修正案（十一）》均对欺诈发行做出了从严从重处罚的安排，司法机关和监管机构应坚守"违法必究、执法必严"原则，从行政处罚和刑事处罚两个方面入手，加大处罚力度，形成不能、不敢、不想欺诈发行的严肃氛围，切实防范欺诈发行的风险。

第五节　操纵市场的风险管理

操纵市场是资本市场危害深、影响广、后果重的一种违法违规行为，严重

---

① 张保生，朱媛媛. 证券先行赔付制度的定分止争功能与效果的反思——以欣泰电气欺诈发行先行赔付专项基金后续争议为引入 [J]. 证券法律评论，2018(01): 355-367.

扰乱政策市场秩序，侵害上市公司和其他投资者利益。虽然操纵市场的行为通常并非上市公司有意为之，但公司股价被操纵势必给上市公司造成形象贬损、再融资难等风险和危害，加强对操纵市场的风险管理对上市公司稳健运行具有重要意义。

一、操纵市场的基本情况

（一）操纵市场行为的内涵和类型

    1. 操纵市场的内涵。操纵市场多指利用资金、持股、信息等优势，通过虚假申报、事先约定交易、连续交易、利用重大信息交易等手段制造市场假象，影响市场价格或交易量，诱导投资者在不了解真相的情况下进行投资交易，试图从中牟取不当利益的行为。操纵市场行为人为地扭曲证券市场价格，制造虚假供求关系，严重违反公开公平公正原则，严重扰乱市场秩序，侵害投资者利益，是一种危害极大的违法违规行为。

    2. 操纵市场类型。操纵市场行为的种类和手法众多，海内外通常以列举方式进行分类。

    英国对市场操纵的规定主要体现在《金融服务与市场法》中，将市场操纵分为交易型操纵[①]、策略型操纵[②]、散布虚假消息型操纵[③]、扭曲型操纵[④]

---

① 交易型操纵是指行为人在交易或交易订单中制造金融工具供需、价格及价值假象或将其价格控制在人为虚假水平。

② 策略型操纵是指行为人在交易或交易订单中使用虚拟设备以及其他欺诈手段，操纵交易订单。

③ 散布虚假消息型操纵是指行为人在明知或应知具有虚假或误导性的情形下，通过媒体及其他方式发出关于金融工具的虚假或误导性信号。

④ 扭曲型操纵是指行为人通过虚拟卖空，不能按时向投资者交付金融产品，而对一般市场参与者而言构成扭曲市场的行为。

四类^①。美国《证券交易法》通过实务判例来界定操纵行为，比如制造虚假活跃交易的对倒与对敲、发布虚假消息操纵股价等行为以及"幌骗"^②和"闪电交易"等手法。"幌骗"通过假装有意在某价格水平买进或卖出、引诱其他交易者进行交易，影响市场，并从中获利，"闪电交易"通常指以快于一般公众交易速度的交易指令迅速成交。

我国 2019 年修订的《中华人民共和国证券法》对操纵市场列举了以下 8种影响证券交易价格或证券交易量的手段：一是市场参与者单独或者通过合谋，集中资金优势、持股优势或者利用信息优势联合或者连续买卖；二是与他人串通，以事先约定的时间、价格和方式相互进行证券交易；三是在自己实际控制的账户之间进行证券交易；四是不以成交为目的，频繁或者大量申报并撤销申报；五是利用虚假或者不确定的重大信息，诱导投资者进行证券交易；六是对证券、发行人公开做出评价、预测或者投资建议，并进行反向证券交易；七是利用在其他相关市场的活动操纵证券市场；八是其他操纵市场的手段。

最高人民法院、最高人民检察院 2019 年公布的《关于办理操纵证券、期货市场刑事案件适用法律若干问题的解释》，明确了七类可被认定为操纵市场的行为：一是蛊惑交易操纵，是指行为人通过公开传播虚假、不确定的重大信息来影响交易的行为；二是抢帽子交易操纵，是指行为人通过对股价、期货等公开评价、预测或进行投资建议来影响交易的行为，通常是在建议他人买进之前自己先买进（或已经买进）；三是重大事件操纵，即"编故事、画大饼"型操纵行为；四是利用信息优势操纵，是指行为人通过控制信息披露的内容、时点或节奏影响交易的行为；五是虚假申报操纵，是指行为人通过不以成交为目的的频繁申报、撤单影响交易的行为；六是跨期现货市场操纵，指行为人超过实际需要大量囤积现货，影响特定期货品种市场行情交易的行为；七是其他操纵行为。

---

① 蔡娇.英国证券市场操纵认定标准实证研究 [D].重庆：西南政法大学，2017；张子学：首例上市公司增发股份操纵股价处罚案分析与启示 [J].清华金融评论，2014(12): 77–81；廖光宇.我国证券市场操纵行为的现状及法律规制的完善 [D].广州：暨南大学，2008.
② 幌骗，一种虚假报价再撤单的行为，通常先下单，随后取消订单以影响市场价格和交易量。

（二）操纵市场已成多发案例，上市公司牵涉其中

国内操纵市场违规案例有所增多，操纵方式和手段也呈现多样化趋势。在中国证监会 2020 年发布的证券违法典型案例中，2020 年全年新增操纵市场立案案件 51 起，同比增长 11%，并呈现有组织实施操纵市场的现象，投资机构、上市公司或其控股股东经常被牵涉其中。从涉案金额看，全年共有 22 起操纵市场案件，交易金额超过 10 亿元，平均获利约 2 亿元，严重损害投资者利益。

投资者的非理性行为以及管理资产规模较多的投资机构追逐利益的动机恶性膨胀是产生操纵市场的主要动因，投资机构容易利用资金优势拉抬打压股价，从而在短时间内快进快出获取利益。程序化与高频交易工具和手段也为一些机构和个人操纵市场提供了便利。而上市公司管理层或其大股东出于套现、股权质押贷款、业绩报酬以及不当利益追求等目的，具有刻意抬高股价的动机，并已成为操纵股票价格的重要推手。

二、操纵市场带来的风险

在公平的市场环境中，信息充分流动，投资人根据公开的信息，自主决策判断证券价值并做出投资决策，通过供求关系使得价格真实反映证券价值。上市公司可以在合理的价格范围内，根据自身发展需要在市场中充分进行融资，满足业务持续和长远的发展需要，使企业进入发展与融资的良性循环。而股价一旦被操纵、游离于真实价值范围之外，就势必给市场、上市公司以及投资者带来诸多风险，既影响上市公司再融资，也扰乱了正常的市场环境。

（一）破坏市场的公平秩序

公平和秩序是一个市场的灵魂，也是上市公司借助资本市场长期健康发展的前提。公平的市场秩序要求交易行为必须以诚信为基础，自由买卖，公平买卖。市场的公平并不是用同样的资金获取同样的收益，而是能够获取同样的信息，有同样的投资机会。操纵市场行为以欺骗、操控等手段干扰正常交易行为，

如果放任拥有资金优势、持股优势、信息优势的市场操纵者利用操纵手段获取不公平竞争优势，在自由市场中以大欺小、倚强凌弱，就会破坏市场中公平竞争的环境，动摇市场公平、公正、公开的基石，动摇市场参与者的信心和希望，破坏资本市场的发展基础，还会严重影响市场的资源配置效率，破坏整个上市公司融资的生态环境，造成市场失灵。

（二）扰乱上市公司估值体系

操纵市场行为削弱了上市公司再融资能力并阻断了企业长期发展的路径。操纵市场者人为地扭曲了市场正常价格，造成了虚假的供求关系，使市场本身无法通过正常供求关系发挥其自我调节的作用，无法为上市公司合理估值，违背上市公司价值波动的客观规律。特别是上市公司若与机构合谋，以市值管理、并购重组等名义相互勾结，与上市公司发布各类利好信息配合操纵股价，就会严重影响上市公司形象，导致上市公司失去市场信任，严重破坏上市公司的合理估值体系。市场无法合理定价，在供需关系紊乱的环境中，价格长期偏离价值，会导致资本长期错配或无法有效配置，流动受到阻碍、资金的配置效率逐步失灵，从而使上市公司估值进入恶性循环。

（三）影响上市公司战略发展

当上市公司股价被操纵，股价波动较大、股票价格远高于企业合理价值时，企业估值过高，往往不被投资者看好，从而导致再融资失败，阻断上市公司融资渠道，这样就会使得一些潜力大、效益好的项目得不到资金支持，从而贻误投资时机。过高的股票价格也成了上市公司持股的管理层套现或减持的动机，不利于公司团队稳定和长远发展。当股票价格低于企业实际价值时，一是为获取等量的资金，低价使得上市公司需要发行更多的股份，大股东控制权被稀释，同时持股管理层的经营业绩也未得到应有报酬，可能导致公司管理层不稳定，不利于上市公司的团队稳定和长远发展。二是过低的股票价格不利于企业换股并购，变相阻断或收窄了上市公司横向或纵向发展的渠道，甚至会改变或影响上市公司的战略发展路径。

（四）损害投资者利益，降低投资信心

信息不对称普遍存在于资本市场中，操纵市场依存的就是市场信息中的非对称性，当操纵者从自身利益出发，依靠信息优势和资金优势操纵股价，直接受害的就是处于信息相对劣势的中小投资者。中小投资者的投资情绪在短时间内过度乐观之后又陷入低迷，股价也应声下跌，上市公司股价甚至面临崩盘风险，这导致投资者对上市公司失去信心。

三、境内外对操纵市场行为的防范与打击

鉴于操纵市场给资本市场带来的严重危害，各个国家和地区监管机构均通过建立健全法规制度对该类行为进行严厉打击。

（一）境外对操纵市场的打击

境外监管机构历来重视并持续加强对操纵市场的防范和处罚工作。《美国1934年证券交易法》将操纵市场作为欺诈行为进行监管，明确禁止洗售股票、连续交易、散布谣言、传播虚假误导资料，将操纵股价行为定性为诈骗罪，最高处以5年有期徒刑，同时，任何遭受操纵市场影响的投资者，都可向法院提起诉讼，要求赔偿遭受的损害。美国拥有强大的市场交易监控体系，美国金融业监管局（FINRA）通过高效监管和技术支持来加强投资者保护和市场诚信建设，在技术手段上，使用一套综合审计系统，分析与美国资本市场相关的所有交易数据信息，从中找到操纵市场的可疑线索并采取相关措施。英国《金融服务与市场法》对操纵市场行为进行了规定，明确了针对操纵市场违法行为具有三类强制令，分别是责令停止违法行为、责令采取补救措施、限制处置资产，并要求操纵者做出声明，通过发布声明使操纵者遭受名誉上的惩罚。同时，英国法院可以要求操纵者以获利金额与投资者受到损失的金额之和为限进行赔

偿。在日本，违反《证券交易法》禁止操纵市场规定的人，将面临500万日元罚款的行政责任和5年以下监禁的刑事责任，获利情形严重的操纵者，将面临3 000万日元罚款和5年以下监禁。在澳大利亚，违反《2001年公司法》、操纵市场的人也将面临罚款和最高5年的监禁，同时或将面临禁止从业或取消执照的行政处罚。民事方面受到损失的投资者也可提出赔偿。

在2010年5月6日美国股市的闪崩事件中，美国司法部指控一名36岁的英国男子在过去几年里利用自动程序生成大量卖单，推低价格，欺骗市场，然后取消这些交易，再以较低价格买入合约，从中获利约4 000万美元，通过电信欺诈来操纵市场。闪崩事件导致道琼斯工业指数在2010年5月6日当天瞬间暴跌1 000多点，市值一度缩水近1万亿美元。美国司法部对该男子提起22项指控，最终罚款3 800万美元，并永久性禁止其从事交易。2020年3月2日，美国一名投资者在线发布虚假信息，宣布Arrayit公司研发成功新冠肺炎检测方法，诱导投资者购买股票，并通过幌骗交易的方式，提前巨额下单并临时取消报单，营造市场对股票具有大量需求的假象，成功推高公司股价，非法获利13.7万美元。美国证券交易委员会对其采取了交易禁令，并没收违法所得，后续还将对其进行巨额罚款。

（二）我国对操纵市场的防范与打击

我国司法部门和监管机构一直重视对操纵市场的防范与打击，证监会系统、交易所不断出台部门规章、规范文件、自律监管文件，完善法规规则体系，将法规规则逐步从早期的行业管理规章、行政规范性文件升级为国家法律法规层面，并进入国家刑法定罪范围，由此不断加大对操纵市场的行为的打击力度。

1998年《中华人民共和国证券法》明确禁止任何人通过集中资金优势、持股优势或者利用信息优势、与他人串通等手段操纵证券交易价格。2007年中国证监会发布《证券市场操纵行为认定指引（试行）》，细化了对操纵行为人和操纵手段的认定：任何人直接或间接实施操纵行为均可认定为操纵行为人，影响证券交易价格或证券交易量的行为可认定为操纵手段。之后证监会系统、交易所一直出台行政规范文件、自律监管文件，对操纵市场的行为进行打击，特别是 2019 年修订的《中华人民共和国证券法》进一步加大了对操纵市场的行为的惩戒力度：一是从操纵方式上，以列举的方式列明了 8 种操纵市场的手段（如前文所述）；二是大幅提高罚款金额，将罚款上限从 5 倍提高至 10 倍；三是将没收违法所得或者违法所得金额标准从 30 万元提高至 100 万元，罚款金额上限也从 300 万元提高到 1 000 万元，大幅增加了违法成本，增加了市场震慑力。

刑法对操纵市场的打击和威慑力度也不断增强。1997 年《中华人民共和国刑法》将操纵市场纳入定罪范围，明确了 4 类操纵行为，并对操纵证券交易价格、获取不正当利益或者转嫁风险，情节严重的处 5 年以下有期徒刑或者拘役，并处或者单处违法所得一倍以上 5 倍以下罚金。2019 年最高人民法院、最高人民检察院发布关于《关于办理操纵证券、期货市场刑事案件适用法律若干问题的解释》对《中华人民共和国刑法》中操纵市场方式、情节严重性在司法实务方面进行了细化。2021 年 3 月 1 日发布实施的《中华人民共和国刑法修正案（十一）》从刑期和罚金上提高了操纵市场证券期货犯罪的刑事惩戒力度，将情节特别严重的处罚年限从 5 年以下提高至 5 至 10 年。同时，将实践中较多出现的"幌骗交易""蛊惑交易""抢帽子交易"3 种新型操纵市场行为入刑，扩大了操纵证券市场犯罪行为的表现形式，在刑法层面上对情节严重的市场操纵行为的社会危害性进行了认定。

司法机关和监管部门在日常工作中始终对操纵市场保持高压态势。2006 年 7 月至 2008 年 5 月，某投资顾问公司汪某使用本人及他人名义开立多个证券账户，利用公司名义在新浪网、搜狐网、《上海证券报》、《证券时报》等媒介上对外推荐并操纵证券，非法获利 1.25 亿元，汪某被中国证监会处以 1.25 亿元的罚款，并被司法机关以操纵证券市场罪判处有期徒刑 7 年。证监会发布的《2020 年证监稽查 20 起典型违法案例》中就有两起典型案件涉及操纵市场。最为典型的是上市公司凯瑞德实际控制人操纵本公司股价案件，被处罚款 5.1 亿余元。某投资公司实际控制人徐某与王某、竺某共同与 13 家上市公司实际控制人合谋后，发布"高送转"方案，释放公司业绩，引入热点题材等利好信息的披露时机和内容，合谋形成信息优势，操纵上市公司股票交易价格和交易量，被判处有期徒刑 5 年 6 个月，并处罚金人民币 110 亿元。

在民事诉讼领域，中小投资者对操纵市场行为提起诉讼维权也日益增多。2021 年 1 月，历经两年多的司法程序，全国首例操纵市场民事赔偿支持诉讼终获胜诉。此案是自 1999 年《中华人民共和国证券法》颁布以来，全国操纵市场民事赔偿案件中第一单投资者胜诉的判决，具有里程碑式的意义，此案将对上市公司具有重要的警示作用。上市公司如果与投资机构合谋操纵市场，就不仅会面临刑事和行政处罚，还将面临巨额的民事赔偿。

四、操纵证券市场风险的防范机制及措施

任何操纵市场的行为都会对上市公司及相关主体造成实质性伤害，上市公司防范和警惕操纵市场行为是一项重要的课题，结合我国资本市场现状，可从以下几个方面着手。

（一）及时充分的信息披露是降低市场操纵的基础

上市公司作为公众公司，信息披露必须真实、准确、完整、及时。上市公司应该严格按照信息披露的流程，合理规划信息披露路径，将其信息及时对外公开，加强信息管理，杜绝来自公司内部的操纵行为，避免被人借机炒作操控，防止信息被外部机构利用。在实践中，一些上市公司或投机者为了提升短期市值，选择以"蹭热点"的方式披露信息，这为市场操纵提供了温床，也必然会面临监管趋严的压力，最终受损的往往是上市公司自身和普通投资者。上市公司的信息只有得到充分、有效、及时的传递，股票被外界操纵的概率才能尽量减少，只有降低被市场误导的可能，各类市场投资者才能充分地了解公司的经营情况和市场价值，上市公司的市场公信力才能得到提升，上市公司才能谋求长远稳定的利益。

（二）促进上市公司规范经营是防范市场操纵的保障

上市公司规范经营，有助于减少市场上关于公司的负面信息，从源头上抑制

股价操控。上市公司如果正常稳定经营，就能从各个渠道不断地向市场释放正向信号，增强投资者信心，维持股价的平稳变动。公司的正常稳定经营，也使得公司在面对市场不利情形时能有底气、有证据地提出应对措施和解决方案，将不利影响造成的损失降到最低。另外，公司还要加强对内部员工守法合规方面的教育，使员工充分了解操纵市场的行为和法律后果，从主观上避免内部员工与外部人员或机构合谋操纵上市公司股价的行为，为上市公司股价平稳发展保驾护航。

（三）加强舆情管理是防范市场操纵的必要举措

上市公司身处公开市场，整体舆论关注度显著高于普通公司。特别是在自媒体时代，舆论环境错综复杂，利好或利空的相关信息都可能直接影响上市公司股票的价格，进而引起股价的大幅波动，给操纵者尤其是信息型操纵带来可乘之机。上市公司加强舆情管理的重点是"功夫在平时"，构建舆情监控和管理制度体系，关注主要信息传播渠道，如主流财经媒体、报纸杂志、微博微信、社交网络媒体平台等。此外，未雨绸缪，防患于未然，建立细致完善的危机应急处理机制和预案，一旦发现不利信息，就"先下手为强"，抓住舆情应对的最佳时机，通过主流媒体或有效渠道及时发声，向市场披露正确信息，将潜在的损失降到最低。

（四）及时关注股价波动，积极配合监管机构

当操纵市场的行为发生后，监管机构的监控力度、打击力度不断加大。因此，上市公司一旦监控发现市场操纵风险，就可以及时发布临时公告，向市场及时释放信息。还可以通过向交易所申请临时停牌的措施，拖延二级市场虚假股票价格的形成，使真实信息得以释放，从而使市场价格充分反应和揭示公司的真实价值，避免短时间内股价和交易量的异常波动，避免投资者在短时间内大量跟风操作，放大操纵的效果。充分向市场揭示上市公司信息，市场化引导市场参与者充分博弈定价，抑制或减缓投资者的非理性行为，从而稳定上

市公司的股票价格。

操纵风险一旦发生，公司就应及时关注股价波动，采取控制措施，降低违法成本，积极配合监管机构调查取证，促进公司股价尽快回归正轨，尽量避免股票价格被操纵所带来的损失，这样投资者才能受到保护，也才能实现公司利用资本市场长远发展的目标。

第六节　内幕交易的风险管理

内幕交易是资本市场最常见的违法犯罪现象之一，是典型的资本市场投机行为。内幕交易破坏了市场秩序，提高了上市公司的融资成本，严重侵害了投资者利益。因此，加强内幕信息管理，有效防范内幕交易风险尤为重要。

一、内幕交易的基本情况

内幕交易，是指证券交易内幕信息知情人或非法获取内幕信息的人，在内幕信息公开前买卖相关证券，或者泄露该信息，或者建议他人买卖相关证券的行为。[①]内幕交易主要有 3 个构成要素，即内幕信息、内幕人员、内幕交易行为。[②]

---

① 定义来源：2007 年证监会印发的《证券市场内幕交易行为认定指引（试行）》。

② 刘艳军. 论证券欺诈诉讼 [D]. 重庆：西南政法大学，2007.

（一）内幕信息是认定内幕交易的基础

内幕信息是指证券交易活动中涉及上市公司的经营、财务或者对该上市公司证券的市场价格有重大影响的、尚未公开的信息。内幕信息具有两个基本条件，一是内幕信息涉及上市公司的经营、财务或对股价具有显著影响的信息。这类消息可以是利好消息，也可以是利空消息，它们都会导致股价波动。二是内幕信息是尚未公开的信息，已经公开的信息不属于内幕信息，即重大事件在未公开前都应该被认定为内幕信息。比如，公司的经营方针和经营范围的重大变化、重大投资、重要合同、重大担保或关联交易、重大债务、重大债务违约、重大亏损、生产经营外部条件发生重大变化、董监高发生变动或无法履职、大股东或实际控制人发生变动、分配股利或增资、被依法立案调查等事件。

（二）内幕人员包括内幕信息的知情人以及在信息传递过程中获取内幕信息进行证券交易的人

对于证券交易内幕信息的知情人，《中华人民共和国证券法》第五十一条规定，证券交易内幕信息的知情人包括：发行人及其董事、监事、高级管理人员；持有公司百分之五以上股份的股东及其董事、监事、高级管理人员，公司的实际控制人及其董事、监事、高级管理人员；发行人控股或者实际控制的公司及其董事、监事、高级管理人员；由于所任公司职务或者因与公司业务往来可以获取公司有关内幕信息的人员；上市公司收购人或者重大资产交易方及其控股股东、实际控制人、董事、监事和高级管理人员；因职务、工作可以获取内幕信息的证券交易场所、证券公司、证券登记结算机构、证券服务机构的有关人员；因职责、工作可以获取内幕信息的证券监督管理机构工作人员；因法定职责对证券的发行、交易或者对上市公司及其收购、重大资产交易进行管理可以获取内幕信息的有关主管部门、监管机构的工作人员；国务院证券监督管理机构规定的可以获取内幕信息的其他人员。归结来看，主要是指掌握了内幕信息的内部人。而在信息传递过程中，获取内幕信息进行证券交易的人由于个案不同，难以通过法律规定来一一列举，这取决于具体事实的认定。

（三）内幕交易行为的表现形式

内幕交易行为通常表现为以下 3 种形式。一是买卖公司证券。内幕人员知悉上市公司的内幕信息，并在内幕信息公开前买卖该内幕信息影响的证券。二是泄露内幕信息。内幕信息知情人将内幕信息泄露给他人，结果他人利用内幕信息进行交易，牟取不正当利益。三是建议他人买卖证券。内幕人员并没有自行从事买卖证券的行为，而是利用自己所了解的内幕信息，向他人提出买卖受该内幕信息影响的证券。

（四）内幕交易产生的原因

内幕交易产生的原因主要有三点。一是内幕人员合规意识不足。从实践看，我国上市公司内部人员为内幕交易最主要的违规主体，相对于外部投资者，上市公司内部人员容易通过自己的职务便利接触到内幕信息，上市公司高管人员直接参与公司经营管理，处于获取内幕信息的"第一线"，方便快捷的信息渠道为其提供了内幕交易的违法条件，内幕信息知情人员合规意识不足，对证券市场及相关法律法规不知悉，从而存在大量上市公司内幕信息知情人员利用这一信息进行相关交易的情况。二是内幕交易利益驱动大。内幕交易者以低价买入股票并在股价上升时以高价卖出，从而获得额外收益。还可以在利空消息的情况下进行内幕交易，从而避免股价下跌风险，巨大的利益驱动导致部分内幕信息知情人铤而走险。三是上市公司重大决策链条长，内幕信息保密制度不够完善。比如，重大资产重组需要经过董事会、股东大会审议，发行股份购买资产要提交证监会审核，每一阶段都有对应的信息披露义务和停牌要求，由于登记、保密制度不够完善，违规主体容易在长时间范围内找寻机会钻空子利用内幕进行交易。

内幕交易严重影响了证券市场的公平与公正。投资者之所以参与到证券市场中来，是基于对公平公正市场环境的信赖，追求一种基于市场诚信而自发形成的公平的市场环境，而内幕交易行为因不公平的交易，无疑会使投资者对证券市场的公平与公正失去信心，减少流入证券市场的资本，增加上市公司发行证券的成本，降低市场效率，对证券市场的健康发展造成严重影响。

二、内幕交易的境内外监管情况

（一）境外内幕交易的监管情况

境外监管机构对内幕交易监管的力度持续加大。

1. **美国的做法**。美国是世界上最早通过立法禁止内幕交易的国家，而且不断从法律法规层面上，在内幕交易认定违法、处罚、诉讼时效等几个方面，通过规则制定修订持续加大防范与打击力度。美国最早打击内幕交易的法律依据是《美国 1934 年证券交易法》第 10 条（b）款[①]，它是一条反证券欺诈的一般性条款，规定"禁止任何人使用邮件或商业设施在买卖证券时，采用或使用任何操纵或欺骗性的手段或设计侵害公共利益或投资者"，此处的操纵或欺骗一般是指内幕交易、证券欺诈、操纵市场等行为。此条款以反欺诈的形式规制了内幕交易，禁止侵害证券市场与投资者，美国的司法机关以此作为内幕交易行为的"母法"。由于内幕交易违法犯罪严重影响了社会公众对证券市场的信任，为进一步细化法律要求，1988 年美国国会颁布了《内幕交易与证券欺诈执行法》，增加了实际控制人防止内幕交易的监督过失责任，授权美国证券交易委员会对内幕交易违法犯罪告密者的奖励权等规定。美国证券交易委员会于 2000 年再次通过执行规则，明确了内幕交易违法犯罪要件认定标准：行为人在从事相关证券交易时，获取重大未公开信息并以此牟利的，可以认定其利用内幕信息从事证券交易。家庭成员之间私用信息从事证券交易同样可以被认定为内幕交易。

---

① 江旻、苗波. 论美国证券交易法上的默示责任——以 10b 条款和 10b5 规则的诉讼要件为中心 [J]. 云梦学刊，2003(03): 35-37.

在处罚规则上，美国对内幕交易处罚非常严厉。1984 年美国通过了《内幕交易处罚法》，基于强化内幕交易犯罪的刑事处罚标准，对那些根据内幕信息买卖股票而获利或减少损失者，按照其"违法所得"或"避免损失"金额处以 3 倍的罚款。4 年后，1988 年《内幕交易及证券欺诈制裁法》引入了行政罚款制度，无须考虑内幕交易者是否有"利润所得"，而一概予以罚款，自然人处罚金额被提高至 10 万至 100 万美元，法人则可被处以 50 万美元至 250 万美元的行政罚款。2002 年美国国会出台的《公众公司会计改革和投资者保护法》进一步规定，任何人通过信息欺诈或价格操纵、内幕交易在证券市场获取利益，最多可处监禁 25 年或处以罚款。[①]

美国还延长了关于内幕交易诉讼时效的规定。《美国 1934 年证券交易法》关于证券欺诈（包含内幕交易）的诉讼时效规定，私人诉权自违法行为发现后一年，或违法事件发生后 3 年内消灭。2002 年《公众公司会计改革和投资者保护法》将私人诉讼时效延长至违法行为发现后的两年，或违法行为发生后的 5 年。[②] 除了民事与行政处罚，还有一些其他措施，比如，对那些具有再犯内幕交易可能性的人，美国证券交易委员会也可以通过向联邦法院提起内幕交易诉讼，请求法院发布禁止令，以防止被告再次从事内幕交易；在法院做出永久性禁止令的裁决生效后，被告将终生不得从事禁止令所禁止的行为，以防止其再次从事内幕交易。违法者即便为了不受法律处罚而寻求和解（实际有近 90% 的案件是通过和解的方式解决的），也要付出高昂的代价，按照美国证券交易委员会设计、法院批准的方案分配给受害投资者。此外，美国证券交易委员会设立举报者奖励制度，制度规定美国证券交易委员会将内幕交易民事罚款的 10% 奖励给举报者，以此鼓励检举揭发内幕交易，构建强大的市场监督机制。

2. 欧盟的做法。 欧洲国家一开始不像美国那样重视打击内幕交易，但在美国的强力干预下，从 20 世纪 70 年代开始陆续通过立法禁止并打击内幕交易。法国率先在 1970 年通过立法禁止内幕交易。欧共体 1989 年对内幕交易发出

---

① 刘峰. 公众公司会计改革与投资者保护法案及其启示 [J]. 中山大学学报（社会科学版），2004(05): 22-27.

② 孙尉钧. 关于证券欺诈的诉讼时效研究 [J]. 甘肃政法学院学报，2005(03): 139-142.

指令，要求其成员国必须以立法形式禁止内幕交易。^①欧盟成员国在规制内幕交易立法方面遵循市场原则^②，以保护投资者利益并增进其对证券市场公平性的信心为宗旨。欧盟立法对于内幕交易行为的规制主要以《禁止内幕交易指令》和《禁止内幕交易和市场操纵指令》的出台为标志。指令明确授权各成员国自行决定对内幕交易施以何种处罚，只是要求"处罚应当足以促进守法交易"，因此，成员国因任何类型的内幕交易而被定罪的处刑率差异较大。在奥地利，《证券交易法》对内幕交易的犯罪规定了一年监禁（适用于直接内幕人）并处以相应罚金。在比利时，内幕交易犯罪的最低监禁期限是3个月，而最长刑期虽然只有一年，但在监禁之外，犯罪人员将面临250欧元至5万欧元的罚金。根据比利时《公司和金融服务法》，任何人如果被判处3个月及以上的监禁，将自动失去从业资格，不能担任公司董事，也不能受雇于银行和金融服务业领域的任何职位。法国的刑事法律涉及内幕交易的是《货币和金融法典》，该法规定对内幕交易的刑罚处以两年以下的监禁及150万欧元以下的罚款，而且罚款最高可以达到犯罪获利的10倍，在任何情况下都不能低于获利额的一倍。德国《证券交易法》规定，任何人从事内幕交易都可能被处以5年以下的监禁及罚款，与奥地利和葡萄牙一样，德国的处罚也是按天数来计算的，对内幕交易的最高处罚是360天。^③英国在脱欧之前对内幕交易的刑罚相对更加严厉，根据其1993年的《刑事审判法》，所有被公诉的内幕交易犯罪将被处以不超过7年的监禁或无限额的罚款。^④

（二）境内持续打击各种形式的内幕交易

在制度体系建设方面，我国资本市场关于内幕交易的相关法律规定主要体

---

① 《欧洲如何禁止内幕交易》，搜狐网证券助手，2015年10月13日。

② 傅穹，曹理. 内幕交易规制的立法体系进路：域外比较与中国选择[J]. 环球法律评论，2011，33(05):125-141.

③ 被告"一天"的收入，从1欧元到5000欧元不等。

④ 傅穹，曹理. 内幕交易规制的立法体系进路：域外比较与中国选择[J]. 环球法律评论，2011，33(05):125-141.

现于《中华人民共和国公司法》《中华人民共和国证券法》《中华人民共和国刑法》，以及证监会部门规章、行政规范性文件、交易所自律规则等多层次法律框架体系。从立法演进来看，对内幕交易监管的态度逐渐趋于严厉，法律责任认定逐渐趋于严格，具体表现为以下几点。

1. 作为资本市场的核心法律，1998 年《中华人民共和国证券法》提出了禁止证券交易内幕信息的知情人员利用内幕信息进行证券交易活动的要求。同时，对内幕信息知情人员进行列举，说明了证券交易活动中涉及公司经营、财务或者对该公司证券的市场价格有重大影响的尚未公开的信息为内幕信息。2006 年，《中华人民共和国证券法》对内幕交易要求做出了细化规定。一是补充了禁止非法获取内幕信息的人利用内幕信息从事证券交易活动的规定。证券交易内幕信息的知情人和非法获取内幕信息的人，在内幕信息公开前，不得买卖该公司的证券，或者泄露该信息，或者建议他人买卖该证券。内幕交易行为给投资者造成损失的，应当依法承担赔偿责任。二是禁止证券交易场所、证券公司、证券登记结算机构、证券服务机构和其他金融机构的从业人员、有关监管部门或者行业协会的工作人员，利用因职务便利获取的内幕信息以外的其他未公开的信息，违反规定从事与该信息相关的证券交易活动，或者明示、暗示他人从事相关交易活动。利用未公开信息进行交易给投资者造成损失的，应当依法承担赔偿责任。三是对内幕交易的民事责任也做出规范，内幕交易行为给投资者造成损失的，应当依法承担赔偿责任。

2019 年修订的《中华人民共和国证券法》进一步提高了内幕交易违法成本，对内幕交易等证券违法行为的处罚力度达到了新高度，变化有 3 点：一是内幕交易违法所得处罚由旧法的一倍至 5 倍提高至一倍至 10 倍；二是没有违法所得或者违法所得不足 50 万元的，处罚由 3 万至 60 万元提高至 50 万至 500 万元；三是提高单位从事内幕交易的处罚金额，对直接负责的主管人员和其他直接责任人员的处罚由 3 万至 30 万元提高至 20 万至 200 万元，为进一步严厉打击内幕交易提供了强有力的法律支撑。

2. 刑法法律体系也对内幕交易不断提高打击力度。1997 年《中华人民共和国刑法》是我国第一次在法律层面规定内幕交易为刑事犯罪，为打击内幕交易犯罪提供了强有力的法律依据，其中一百八十条规定：证券、期货交易内幕信息的知情人员或者非法获取证券、期货交易内幕信息的人员，在涉及证券的发行，证券、期货交易或者其他对证券、期货交易价格有重大影响的信息尚未公开前，买入或者卖出该证券，或者从事与该内幕信息有关的期货交易，或者泄露该信息，情节严重的，处五年以下有期徒刑或者拘役，并处或者单处违法所得一倍以上五倍以下罚金；情节特别严重的，处五年以上十年以下有期徒刑，并处违法所得一倍以上五倍以下罚金。单位有此行为的亦为违法。此罪的构成要件分为以下四项：一是主观方面，行为的主观方面只能为故意，包括直接故意和间接故意，过失不构成本罪；二是客观要件，即行为人违反有关法规，在对证券价格有重大影响的信息公开前，利用自己所知的内幕信息进行了证券交易，或者泄露内幕信息的情节严重的行为；三是主体要件，单位和自然人皆可构成此罪主体；四是本罪侵犯的客体为复杂客体，既侵犯证券交易方等投资者的利益，也侵犯证券市场的正常管理秩序。2009 年《中华人民共和国刑法修正案（七）》对涉及内幕交易的内容进行了修订，补充规定明示、暗示他人在重大信息尚未公开前买卖证券，也属内幕交易犯罪。同时增加条款规定：证券交易所、期货交易所、证券公司、期货经纪公司、基金管理公司、商业银行、保险公司等金融机构的从业人员以及有关监管部门或者行业协会的工作人员，利用因职务便利获取的内幕信息以外的其他未公开的信息交易的，依法予以处罚。2012 年的《最高人民法院、最高人民检察院关于办理内幕交易、泄露内幕信息刑事案件具体应用法律若干问题的解释》一是细化了"非法获取证券、期货交易内幕信息的人员"情形，如利用窃取骗取等手段获取内幕信息、在内幕信息敏感期内与内幕信息知情人员联络接触并异常交易。二是详细列举了交易行为明显异常的情形。三是明确了行为人有正当理由或正当信息来源不属于内幕交易的情况。[①]

3. 中国证监会行政规范性文件对内幕交易行为的认定不断细化。2007 年证监会印发了《证券市场内幕交易行为认定指引（试行）》，对内幕人、内幕信息、内幕交易行为的认定、不构成内幕交易行为的认定、证明标准进行了

---

① 肖中华，马渊杰.内幕交易、泄露内幕信息罪认定的若干问题——以"两高"司法解释和证监会规章的比较为视角 [J].贵州大学学报（社会科学版），2013，31(01)：98-103.

详细的规定。一是界定了内幕人的范围，除 2006 年《中华人民共和国证券法》授权的内幕信息知情人，还包括其配偶、子女和其他因其亲属关系获取内幕信息的人员，以及骗取、套取、偷听、监听或者私下交易等非法手段获取内幕信息的人。二是界定了内幕信息的范围，除 2006 年《中华人民共和国证券法》规定的内幕信息，其他对证券交易价格有显著影响的信息也属于内幕信息。三是内幕交易行为的认定，以单位名义实施内幕交易行为，且违法所得归单位所有的，应认定为单位的内幕交易行为，强化了上市公司的主体责任。

4. 从监管实践情况看，监管机构一直严厉打击内幕交易。 2007 年广东中山市市长李某某因中山公用内幕交易案获刑，其上任中山市市长后，任命亲信为中山公用母公司的董事长，以此方式获取内幕信息，并在内幕信息敏感期内，串通其丈夫、弟媳等人购买股票 670 多万元，两个月内非法获利 1 980 多万元，被处以罚款 2 000 万元并处以有期徒刑 11 年。2008 年 11 月至 2014 年 5 月，某基金公司交易管理部交易员王某，在工作期间利用职务之便获取某基金公司股票交易指令等未公开信息，伙同亲友同期或稍晚于某基金公司进行证券交易，非法获利 1 773 余万元，被处以有期徒刑 6 年 6 个月，追缴违法所得并处罚金 900 万元。

2020 年，证监会新增内幕交易案件立案 66 起，占全年立案件的 23.4%。证监会发布的《2020 年证监稽查 20 起典型违法案例》中就有两起案件涉及内幕交易。一是内幕交易人与上市公司健康元内幕信息知情人密切联络、接触，与亲属共同控制 21 个账户买入健康元股票 10 亿余元，获利 9 亿余元，虽未被刑事处罚，但被处以行政罚款 36 亿余元。二是上市公司易见股份大股东筹划变更控制权，内幕信息知情人将信息泄露给同学、同事、朋友、医生等人并引起再次传递，导致 11 人因内幕交易被行政处罚。

三、内幕交易带来的风险

内幕交易扰乱了证券市场的正常运行秩序，对上市公司而言，内幕交易行为会与公司利益发生冲突，侵害上市公司的利益，从各方面来看，都不利于公司长远健康发展。

（一）破坏市场秩序，违法者面临行政、刑事处罚和民事赔偿

内幕交易严重违背了市场的"公平、公开、公正"原则：内幕交易者在内幕信息公开之前利用内幕信息进行交易，为不公开；凭借其特殊地位，通过便利渠道获取信息，并以此进行交易，为不公平；内幕交易使少数交易者凭借其特殊地位获得暴利，广大投资人遭受损失，更与公正原则背道而驰。

内幕交易不仅严重扰乱资本市场秩序，而且违法者最高还将面临行政、刑事处罚和民事赔偿。内幕交易搅浑了资本市场的一池清水，而处于池中的上市公司自然不能幸免，如果搅浑一池清水的人是上市公司内部人员，对上市公司的损害就更加严重，相关人员也将面临刑事处罚。从长远来看，只有维护平稳健康的市场，上市公司的发展之路才能走得更远更宽。

（二）影响上市公司融资渠道

内幕交易危害到了广大投资者的合法权益，造成投资者对上市公司的信任度下降，长此以往，可能对上市公司的市场声誉、品牌形象等造成不可逆的损害，进而可能对公司的日常经营造成不利影响，上述情形又会对公司股价形成反作用，使得公司股票吸引力进一步下降，并导致公司融资能力下降，不利于上市公司优化自身资本结构，阻碍上市公司通过再融资取得企业发展所必需的资金，从而影响上市公司的正常发展。

（三）降低上市公司运作效率

如果内幕交易不被禁止，在出现内幕交易时，股票价格就难以真实反映公司的正常生产经营情况而偏离其实际价值。重大非公开信息公布时间越晚，此种偏离表现得越明显。比如，上市公司的基层员工利用知情的内幕信息进行内幕交易，想方设法通过拖延向上层员工传递信息的时间来达到长期获利的目的，这造成上层员工难以及时掌握重大信息，影响决策的正确性和及时性，最终降低了公司的管理水平和效率。

内幕交易还可能导致上市公司管理层的行为异化。[①] 在上市公司日常经营过程中,管理层人员铤而走险,暗自从事内幕交易,为了能够从内幕交易中获得巨额收益,不安心经营上市公司,而倾向于在公司内频繁开展能够造成内幕信息的经营行为,比如开展脱离公司实际需要的高风险项目、热衷于并购重组等行为。特别是在上市公司股权结构较为分散、管理层能够实际控制上市公司的情况下,上述情况更容易发生,这将直接导致上市公司的经营风险和投资风险陡然增加,将来若出现高风险项目失败、并购标的的盈利能力不及预期等情形,公司可能会承受较大损失、资金链断裂、生产经营活动停摆等,最终,上市公司可能会缺乏持续经营能力,甚至面临退市的风险。

四、上市公司对内幕交易风险的防范措施

(一)规范上市公司治理

上市公司的许多内幕信息往往是在董事会、监事会和股东大会三会决策过程中产生的,每一次会议的召开都伴随着涉及企业重大经营事项的决策的出现。依法建立健全公司法人治理结构,明确审批权限,严格根据审批权限限定内幕信息知情人范围,避免内幕信息在公开披露前扩散。同时,对容易知悉内幕信息的人员专门制定内部控制管理制度,明确各自保密义务,强化内幕信息知情人责任。比如,可制定重大信息管理与报告制度、接待机构投资者和媒体相关制度、公司信息发布制度、内幕信息知情人报备制度等,从制度层面构建起完整的防控体系,从源头上做到重大信息的搜集、传递、监控和披露均有规可依,做到防控工作的规范化、制度化、明确化,有利于更好地防范内幕信息泄露。

---

① 冯宗容,赵山. 股市内幕交易对上市公司的负面影响及其限制 [J]. 福建论坛(经济社会版),2001(06):21-23.

（二）规范上市公司重大事件信息披露程序

规范上市公司重大事件信息管理流程和机制，缩短信息接触链条，明确岗位信息保密和传递的职责，严格内部授权，防止授权过度，加强对重要岗位人员的考察监控，对股价敏感事项尤其是关于公司业绩、利润分配与公积金转增股本、重大资产重组、再融资、股权激励、重大合同等事项，严格按照决策机制和内部流转程序办理。在信息披露之前，采取必要措施，限定知悉人员范围、材料传递方式、储存方式和途径，尽量避免内幕信息的外泄。把住信息产生和流转的各个环节的关口，避免出现信息流转漏洞。从提请三会会议召开这一时点起，至三会会议结束后相关事项公告这一时点止，上市公司均应有制度化程序化的规范运作，控制会务信息知情人的范围，确保重大事项通过决策后能及时对外披露。

（三）提高上市公司人员风险意识

公司内部人了解公司内幕，在实践中，许多进行内幕交易的行为人风险意识不足。因此，要提高内幕信息知情人风险意识，进行内幕信息法律法规培训，使上市公司员工对内幕交易的定义、内幕信息知情人、内幕信息内容、内幕交易行为有准确的认识。同时，要对员工的保密意识和沟通技巧进行培训，避免他们在业务洽谈、接受采访等过程中无意泄露公司内幕信息。关注监管机构颁布的政策法规，及时向内幕信息知情人进行解读，并将政策精神传达落实到位，让知情人了解作为上市公司一分子应尽到的责任和义务，培养保密意识，树立良好的职业道德观念。上市公司的内幕知情人只有从思想上真正了解并重视内幕交易带来的危害，才能在日常的工作中自觉加强内幕信息的管理，从而在源头上减少内幕交易发生的可能。

（四）合法合规经营，促进监管体系发展

实现对内幕交易的有效监管，不仅要靠监管机构的监管能力和监管效率，

还要靠上市公司合法合规的经营，营造出规范发展的市场环境，为自身营造一个风清气正的长远发展环境。

第七节　并购交易的风险管理

上市公司并购是优化资源配置、提高市场运行效率、做优做强公司的重要手段之一。随着上市公司并购交易的逐渐活跃，并购交易行为引发的风险和内幕交易案件逐渐显现，并购交易风险管理已成为国内上市公司规范运作的重要内容。

一、上市公司并购交易简介

（一）并购的含义和方式

1. **并购交易的含义**。并购是兼并和收购的组合称谓，兼并又称吸收合并，是指两个以上公司合成一体，设立形成一家新的公司，原来的公司均注销。收购是一家公司通过现金或者有价证券购买另一家企业（通常称为标的公司或目标公司）的股票或者资产，以获得对该企业的全部资产（或某项资产）的所有权或对该企业的控制权。

实践中所称的上市公司并购通常包括两部分：上市公司收购和上市公司重组。上市公司收购是指收购方通过购买上市公司股权、取得上市公司控制权的交易行为，通常是一种股权交易，交易双方分别为收购方和上市公司股东，交易标的为上市公司股份。上市公司重组是指上市公司及其控股或者控制的公司购买（或出售）资产，且购买（或出售）的资产规模达到一定标准的情形，交易双方主体为上市公司和资产所有者，交易标的可以为土地、房屋等有形资产、知识产权等无形资产以及公司股权等。对上市公司生产经营具有重大影响的重大资产重组行为往往成为市场关注的焦点。

2. 并购交易的基本类型与方式。上市公司并购有许多分类方式，按照并购主体所在行业产业链位置的不同可以分为：同一行业产业链同一位置的横向并购、上下游位置的纵向并购以及不同行业之间的多元化并购。目前国内上市公司并购主要以横向及纵向的产业并购为主。

按照上市公司与并购标的所在地域不同，上市公司并购交易可以分为境内并购和跨境并购。

按照收购方是否事先经标的公司董事会允许，上市公司并购交易分为善意或友好收购（事先经标的公司董事会同意）、恶意或敌意收购（事先未经目标公司董事会同意）以及管理层收购等。

按照上市公司支付对价的方式不同，上市公司并购交易可分为现金收购重组、发行股份购买资产和发行股份及定向可转债购买资产等形式。现金收购重组的优势是程序简单，仅需上市公司内部决策程序即可，但对公司的现金流要求较高，且该笔投资款被长期占用，若收购后无法产生预期收益，公司就可能背负大额不良资产，对公司财务状况造成负面影响。发行股份和可转债购买资产，对公司现金流要求较低，但程序较复杂，除了履行公司内部决策程序，还需要取得监管机构的行政许可，其审核时间更长，监管也更严格。

按照资金来源方式的不同，上市公司并购交易可分为自有资金并购和融资并购。融资并购是指通过发行证券、银行借贷、资管计划等方式筹集资金再购买资产，前文介绍的发行股份购买资产、发行股份及定向可转债购买资产均属于融资并购。此外，杠杆收购是海外（特别是美国市场）常见的融资并购方式，是指以被收购公司的资产和未来现金流收益作为担保，通过银行抵押借款、机构借款和发行垃圾债券（信用等级较低、风险大、利率高的债券）的方式，获得资金购买资产。在杠杆并购方式下，并购方仅需要出小部分资金，大部分资金来自借贷，收购方通过经营使公司增值，并以被收购公司的资产和未来现金流量及收益支付本息。

根据收购方式的不同，上市公司并购交易可分为协议收购和要约收购。协议收购是指收购人与被收购公司的股东（主要是持股比例较高的大股东）在证券交易所之外，私下就收购股票的价格、数量等问题进行协商，达成协议后购买目标公司的股票，以达到收购上市公司的目的。要约收购是指收购人公开向被收购公司的股东发出要约，表明愿意以一定价格购买目标公司的股票，在一定期限内，被收购公司股东可自行决定是否接受该要约，待收购期限届满，收购人再购买目标公司股东的股份，以达到收购上市公司的目的。无论收购人采取协议收购的方式还是要约收购的方式，当收购人持股比例达到一定数额时，法律都会强制其向被收购公司的全体股东发出公开收购要约，此为"强制要约收购"，强制要约收购是为了让所有股东（特别是中小股东）有公平参与收购交易的权利。

上市公司并购交易具有交易金额大、参与主体多、程序复杂、不确定性高等特点，对上市公司生产经营具有重大影响，因此，上市公司需要重点关注并购交易对上市公司的潜在风险。

（二）美国市场并购情况

根据相关统计，美国并购重组规模为 1.4 万亿美元，占全球交易的 40%，欧洲并购重组交易总额 9 900 亿美元[①]，排全球第二。

自 19 世纪末至今，美国发生过多次并购浪潮，每次并购浪潮发生的行业都不相同。19 世纪至 20 世纪前期，美国并购浪潮主要发生在钢铁、石油、煤炭、化工等重工业领域以及汽车、家电、房屋建筑等制造业，部分企业通过横向并购扩大了规模，或者通过上下游并购完成产业布局，并形成行业垄断。从 20 世纪中叶起，并购浪潮向医药、电子、航天、生物等新兴技术行业领域转移，并购行业也不局限在单一产业上，逐渐开始多元化并购。20 世纪末，并购浪

---

① 全球企业动态：《2020 年全球企业已完成的 15 个大型并购案》，https://baijiahao.baidu.com/s?id=1687819383072455187&wfr=spider&for=pc。

潮以金融、服务、商业等第三支柱产业的并购为主，跨境并购活跃。

尽管美国每轮并购浪潮中的并购行业、并购企业规模、并购目的、并购方式等因素均呈现较明显的阶段性特征，但也有共同特点[1]：

一是经济发展和产业升级是并购交易的内在动力，基本上每次并购浪潮都出现在经济复苏和稳定增长时期，新技术、新产业的产生以及产业升级转型，提高生产效率的内在需求都驱使企业开展并购。

二是繁荣的资本市场是并购交易的重要支撑，每一次并购浪潮的发生都与资本市场的繁荣息息相关。简单来说，股市行情好，并购交易增加，股市行情不好，并购交易萎缩，因为大量的并购交易都是以发行股票或金融创新工具的方式支付对价的，特别是资本市场的繁荣带来更多金融工具的创新，为收购方融资带来了便利。例如，20 世纪 80 年代兴起的杠杆并购浪潮成为并购历史上重要的创新，垃圾债的兴起节约了资金成本，使得收购方可以用较小的成本取得目标公司的控制权。

三是美国并购多在非上市公司之间，主要以私有化、产业整合为目的。在美国并购交易总价值中，上市公司所占比例从 1993—1999 年的 5.56% 下降到 2003—2007 年的 1.78%，2020 年全年并购交易总量为 281.88 万，上市公司并购交易占比不到 5%。1996—2004 年美国有 43 个平均交易额超过 3 亿的案例，有 23 个是上市公司私有化，美国股市近一半的公司退市原因是被并购或私有化。

四是金融机构是并购交易的助推力量。金融机构不仅为并购企业提供并购所需的巨额资金，而且积极充当并购企业的中介，为企业的并购交易提供咨询服务。

（三）中国市场并购情况

Wind 中国并购数据库统计数据显示，2009 年以来，我国并购交易市场呈

---

[1] 徐兆铭，乔云霞. 美国五次并购浪潮及其历史背景 [J]，科技情报开发与经济，2003(13)：145-147；卢文华. 美国并购浪潮对我国并购市场的启示 [J]. 现代管理科学，2019(11)；陈希. 美国百年并购历史回顾及启示 [R/OL].（2017-05-15）[2021-10-20]. http://www.sse.com.cn/aboutus/research/report/c/4306280.pdf.

现不断增长趋势，尤其是自 2014 年开始，并购交易数量出现爆发式增长，交易规模大幅攀升。[①] 近两年，我国并购交易规模不断上升，在全球市场中扮演着越来越重要的角色。2020 年，中国并购活动交易金额占全球并购市场的 15%。[②]

我国的并购交易呈现以下特点。

1. **并购交易以上市公司为主导**。与美国并购多发生在非上市公司之间的情况相反，中国的并购主要以上市公司为主导。Wind 中国并购数据库统计数据统计，2020 年中国企业境内并购和出境并购共发生 9 379 例，交易总金额 2.42 万亿元。A 股上市公司并购交易金额合计 1.66 万亿元，占中国企业并购交易金额的 68.84%。[③]

2. **并购交易以获取壳资源、做大公司市值为主要目的**。我国上市公司主体具有特殊地位，即存在"壳资源"价值[④]，许多收购最终以获得上市公司"壳资源"为目的。同时，并购交易多以新的资产注入上市公司进行整合以提高公司业绩、做大做强上市公司市值为重要目的。

3. **并购交易方式相对简单**。与美国丰富的并购交易方式不同，目前我国并购交易主要以现金、股份和定向可转债三种支付交易方式为主。现金收购中除了上市公司自己累积的资金，许多进行现金收购的上市公司还会选择非公开发行股份募集资金来筹集交易所需的资金，或者偿还交易相关的借款。据统计，2007 年至 2020 年，我国 80% 以上的并购交易均是通过增发股份募集资金的形式实现的。[⑤] 2019 年赛腾股份（603283）取得证监会的核准批文，成为我国第一例以定向可转债和股份共同作为并购支付手段的案例。

4. **并购交易"三高"特点与"忽悠式"现象明显**。并购交易"三高"指的是高估值、高商誉和高承诺。高估值是指当上市公司并购某资产时，其对并购

---

① 包婷婷.中国并购市场发展现状、原因及未来发展趋势分析 [J]. 现代管理科学，2017(10)：54-56.

② 普华永道会计师事务所：《2020 年中国企业并购市场回顾与 2021 年前瞻》。

③ 证监会副主席阎庆民在第 25 届中国资本市场论坛上的讲话，2021 年 1 月 16 日。

④ 李彤.百丽国际私有化退市案例分析 [D]. 南昌：江西财经大学，2019.

⑤ 根据 Wind 数据库整理统计。

标的资产的价格估值非常高，超过标的净资产公允价值，而超过净资产公允价值的差额部分，通常在会计处理中计入"商誉"。[①]并购交易的高估值通常伴随着高商誉、高承诺现象，因此，简称"三高"并购。在并购交易时，上市公司通常会要求标的公司原控股股东进行未来业绩承诺，如承诺期内无法完成业绩承诺，则标的公司原控股股东需要对上市公司进行补偿。例如2015年上交所上市公司的并购重组，有业绩承诺的并购重组平均估值溢价为577%，无业绩承诺的则为444%。[②]业绩承诺通常在会计处理中也被计入"商誉"，若后续标的公司未完成业绩，会计提"商誉减值"，这会导致公司利润下滑，出现亏损风险。

2012年至2018年，我国并购交易的"三高"现象较为明显，2012年至2018年，上市公司因并购交易形成1.4万亿商誉总规模，使得商誉减值成为上市公司和监管机构无法忽视的潜在风险。2017年，我国上市公司商誉减值达到高峰，规模达366亿元。[③]随着监管关注力度的加大，"三高"类并购交易现象有所缓解，2020年上市公司并购标的资产溢价率平均值为240%左右。

我国的并购重组还存在"忽悠式"重组，"炒壳"重组等现象。"忽悠式"重组是指公司在公布重组预案复牌后股价大幅上涨，大股东等相关方借机减持，随后公司又宣布重组失败。"炒壳"重组的根源为"借壳上市"，非上市公司通过把自己的资产注入一家市值较低的已上市公司（所谓的壳），得到这家上市公司一定程度的控股权，从而使得自己的资产上市。在2019年《中华人民共和国证券法》修改之前，我国IPO实行核准制，难度较大，因此，上市公司作为一种"壳"资源较为稀缺，部分上市公司虽然业绩极差，但非上市公司仍

---

① 商誉被视为标的资产，因品牌、历史、人员、技术等优势在未来期间能带来超额利润的潜在经济价值。例如，并购标的净资产评估价格为100万元，上市公司因其品牌度高、未来发展潜力大等，对其估值300万元，则差额200万元被列为"商誉"。并购后若标的资产利润未达预期，会计处理时将计提商誉减值，大额计提商誉减值会导致上市公司净利润减少甚至亏损。

② 新浪财经：《上交所把脉重组高估值高承诺 监管运筹对症下药》，http://finance.sina.com.cn/roll/2016-05-25/doc-ifxskpkx7796288.shtml，2016年5月25日。

③ 林虹：《并购重组新周期提前预警：严控高估值泡沫》，《21世纪经济报道》，2018年12月7日。

愿意支付高额对价，将自己的资产注入上市公司，以寻求重组上市。

二、对上市公司并购交易的监管要求

（一）境外上市公司并购交易的监管要求——以美国为例

美国目前仍是并购交易最为活跃、交易规模最大的市场。虽然美国的并购交易自 19 世纪末盛行至今，但其对上市公司并购的监管主要始于 1968 年《威廉姆斯法案》的颁布。《威廉姆斯法案》最开始是为了防止收购方恶意收购上市公司，扰乱市场秩序，其监管要求主要包括以下几方面。

1. 以列举方式规定了要约披露要求公开的内容。"收购者的背景、身份、国籍以及受益所有权的性质；在收购中被使用的资金或其他等价的数量和来源；购买的目的，如果收购者购买的目的是控制公司，那么其对目标公司未来的计划是什么；受益股份数量和任何合伙人的详细情况；与任何人在目标公司证券方面的任何合同、协议或非正式协议的详细情况。"

2. 规定了并购过程中的信息披露要求。包括禁止在信息披露文件中进行虚假陈述，以及禁止在公司收购中有任何欺诈、使人误解的行为和任何操纵行为。如果出现这些情况，投资者可以据此对公开要约中的虚假陈述提出起诉。

3. 规定了大额持股信息披露的规则。即持股超过 5% 的股东，必须在 10 日内向美国证券交易委员会、交易所和被收购公司备案。此后，每发生买入或卖出 1% 以上该种股票时，股东须及时向上述机构补充备案。

此外，美国关于并购交易的监管要求还散见于各州立法体系、反垄断立法体系、兼并准则等法律文件。各个州会制定自己的收购法，例如特拉华州反收购法。美国的反垄断立法体系包括《谢尔曼法》《克莱顿法》《联邦贸易委员会法》等，对一些大型公司的并购交易必须通过反垄断的审核批准。

（二）我国并购交易的监管要求

经过多年努力探索，我国已形成《中华人民共和国证券法》《上市公司收购管理办法》《上市公司重大资产重组管理办法》以及沪深交易所制定的上市公司并购重组自律监管指引与业务操作指南等完整的法律规章规则体系。对上市公司并购重组监管要求主要有以下几点。

1. **并购重组交易应有利于增强持续经营能力。** 并购交易是否可以有效提高上市公司的盈利水平、增强持续经营能力是监管关注的重中之重。在 2020 年未获中国证监会并购重组委审核通过的 15 个案例中，12 例审核意见认为，"标的持续盈利能力存在重大不确定性，不符合《上市公司重大资产重组管理办法》第四十三条关于提高上市公司资产质量、改善财务状况和增强持续盈利能力的规定"。

2. **按照收购持股比例实施差异化监管。** 根据《上市公司收购管理办法》，在信息披露和审议程序方面，证监会视收购持股比例采取不同的监管方式：对收购持股介于 5% 到 20% 之间的投资者，要求其简要披露信息，仅须报告即可；对收购持股介于 20% 到 30% 之间的投资者，要求其详细披露；对收购方成为公司第一大股东的，比照收购人的标准，要求其聘请财务顾问出具核查意见，监管部门对其实行事后监管，发现不符合收购人要求的，通过并购委员会审议，监管部门可责令其停止收购，限制其表决权的行使；对收购方持股达到 30% 以上的，要求其聘请财务顾问出具核查意见，依法向监管部门报告，并履行法定要约义务或申请豁免，监管部门在 15 日内限期审核；将意图成为公司实际控制人的间接收购，一并纳入规范。

3. **明确重大重组的界定与核准范围。** 根据《上市公司重大资产重组管理办法》的规定，如果上市公司购买、出售的资产总额，或购买、出售的资产在最近一个会计年度所产生的营业收入，或购买、出售的资产净额较上市公司合并报表对应指标超过 50%（资产净额指标需超过 50% 且超过 5 000 万元），则本次资产购买、出售行为构成"重大资产重组"。"重大资产重组"的程序要比普通购买资产的程序复杂一些。普通购买资产仅需履行公司内部决策程序并进行信息披露即可，重大资产重组则可能涉及证监会的行政审批。

根据《上市公司重大资产重组管理办法》，需要取得证监会行政许可核准方可实施的重大资产重组交易类型有：发行股份购买资产；重组上市（借壳上市）。如果上市公司拟实施的重组交易为现金收购资产，按照上市公司公司章程及其他公司内部制度规定的权限，经公司董事会等审议程序审议通过即可实施，不需要取得证监会的行政许可。

4. 关注并购重组有关资产定价的公允性和方案的审慎性。上市公司并购重组的实质是资产交易行为，由于上市公司的特殊性，交易定价是否公允影响着全体股东特别是中小股东的切身利益。因此，监管将标的资产估值结果、增值原因及合理性作为关注重点之一，以促进并购重组交易的资产定价公允合理，防止损害上市公司和股东合法权益行为的发生。

由于"三高类""忽悠式"重组对上市公司后续经营运作和二级市场价格影响较大，甚至可能因并购重组未能成功完成、商誉减值较大、大股东利用并购重组"圈钱"等引发较大的剧烈价格波动，给上市公司和市场投资者带来损害。因此，监管机构在对上市公司并购重组方案进行审核时，应关注方案审慎性，特别是关于交易资金的来源、交易价格、交易完成后的安排、交易标的未来业绩预测、业绩奖励、业绩承诺等内容，避免上市公司利用高杠杆等方式进行交易。

5. 做好内幕信息保护与内幕交易防控。并购重组消息属于可能影响上市公司二级市场股票价格的重要信息，在交易信息未公开披露之前，交易各方及其董事、监事、高级管理人员及主要经办人员，以及中介机构的各参与人员均负有严格的保密义务。中国证监会自2016年起先后通过《关于规范上市公司重大资产重组若干问题的规定》《关于加强与上市公司重大资产重组相关股票异常交易监管的暂行规定》《关于强化上市公司并购重组内幕交易防控相关问题与解答》等一系列规范性文件，对内幕信息保护与内幕交易防控提出明确要求。

6. 规范上市公司涉及并购重组的内外部工作程序。监管机构要求上市公司开展并购重组交易，应规范公司内外部程序，避免出现内幕消息泄露、引发股价异常波动。内部程序主要包括：在磋商阶段与交易对手、独立财务顾问、律师团队等签订保密协议；董事会、股东大会就重组事项做出决议，其中股东大会需要经出席会议的股东所持表决权的2/3以上通过；交易实施完成，独立财务顾问履行持续督导责任。外部程序以停复牌和信息披露为主，包括：及时披露董事会、股东大会决议；发布进入重组程序的公告；披露并购重组预案；

当信息泄露或进入重大资产重组程序时，应当申请停牌；等等。

公司并购重组属于重大信息，对上市公司股价影响较大，因此，交易所对公司并购重组过程中的停复牌监管要求较多。公司宣布即将开始并购重组之前，应先申请停牌，并在披露重组预案或草案后申请复牌。为了明确投资者预期，避免出现长期停牌现象，交易所对上市公司停牌时间也做出相关规定，包括：上市公司应当在停牌期限届满前披露重组预案并申请复牌，未能按期披露重组预案的，应当终止筹划重组并申请复牌；上市公司筹划重组申请停牌的，应当在停牌时即披露交易标的、交易方式及对手方；拟申请停牌的，应当在首次披露有关事项时立即申请停牌；以股份方式支付的重组，其停牌时间不超过 10 个交易日。公司在披露预案或者草案提交证监会等待审核和回复期间，原则上也不再停牌，上市公司连续停牌时间原则上不得超过 25 个交易日，等等。

交易所通过上市公司日常信息披露、定期报告披露进行事后监管，针对上市公司并购重组事后重大事项进行问询与自律监管。

三、上市公司并购交易中存在的主要风险

（一）标的公司资产与业绩真实性风险

上市公司在并购交易时面临最大的风险是信息不对称引发的资产与业绩真实性问题，标的公司及其实际控制人基于推动并购交易的顺利进行以及获得更多的交易对价，会"美化"交易标的资产状况、历史业绩以及未来业绩或进行高额业绩承诺，甚至会隐瞒事实，制造虚假的动机。"美化"粉饰资产与业绩会给收购方带来收购成本增加、股价非理性波动、容易引发内幕交易、操纵市场等违法违规行为，给并购后的公司的经营带来巨大困难，给上市公司和中小投资者造成损害。上市公司并购交易需要重点防范交易标的业绩真实性风险。例如，广东某机电上市公司斥资 34 亿元收购某科技公司，但完成收购后发现该科技公司前实际控制人在重组期间违规对外巨额担保、财务造假等，导致该科技公司生产经营受到严重影响，几乎所有银行账户都被冻结，资金链断

裂，严重影响上市公司正常生产经营，只好以极低价格再次转手。[①]

（二）上市公司大额商誉风险

根据现行会计准则要求，商誉不做摊销，只在存在减值迹象时计提减值准备。交易标的如果出现较大的减值迹象，企业就要计提大额的商誉减值准备，这会对企业当期经营业绩产生重大影响。而影响商誉价值高低的信息也容易被人为操纵。可以说，巨额商誉是高悬在上市公司头顶上的重大风险，因此，上市公司需要重点关注并购交易中的商誉过高的风险。例如某汽车领域上市公司2019 年年度报告中披露净利润为 -112 亿元，其中一个重要原因是标的公司盈利性存疑而计提商誉减值准备逾 60 亿元。

（三）交易对方业绩补偿不足的风险

在上市公司并购交易中，要求交易对方做出业绩承诺并通过分批解锁本次交易股份的方式是上市公司防范交易估值虚高的重要手段，但实践中存在交易对方质押未解锁股份（提前套现或已被提前处置），或者未解锁股份不足以承担业绩补偿的情形，这使得要求交易对方做出业绩承诺、防范估值虚高的初衷落空。例如，某上市公司向所在地法院起诉并购交易对方履行业绩承诺股份补偿义务并终审胜诉，但由于交易对方股份已被司法拍卖过户、关联人拒不配合等原因而无法获得足额补偿。

（四）并购完成后的整合风险

上市公司完成并购后能否顺利实现整合是其面临的另一个重大风险。并购方在完成并购之后因管控不力等会出现标的公司管理运行失控现象，加强对标的公司的有效管理，防范公司并购以后出现失控是上市公司开展并购业务的一

---

① 资料来源：新浪财经，2021-01-07。

大考验。例如，某文化类上市公司曾发布公告，称公司收购某教育类公司完成后，教育公司不配合公司管理，导致公司完全失去对教育公司的控制，得不到任何财务资料，教育公司工商登记信息异常、人去楼空、无法联系。

（五）恶意收购风险

上市公司收购虽然本质上属于上市公司股东之间的股权交易，但是相关收购交易如果是在未经标的上市公司董事会或实际控制人知悉、允许的情况下进行的，就构成了恶意收购行为，容易引发上市公司控制权之争，势必会对上市公司正常经营活动产生影响。伴随着上市公司收购交易的增多，国内市场也出现了一些引人注目的上市公司控制权争夺案例，其中"宝万之争"[①]就是一个典型的例子。因此，上市公司在日常经营过程中还需要关注恶意收购风险。

（六）其他风险

并购重组消息属于可能影响上市公司二级市场股票价格的重要信息，上市公司如果没有做好保密工作，导致相关信息泄露，就会出现内幕交易风险，甚至导致本次并购重组交易的提前终止。

上市公司并购重组涉及多方面法律关系，除了证券监管，还可能涉及国资监管、国防军工审查、经营者集中审查、外汇监管等，公司如果不能提前做好相关审批准备工作，就容易导致并购重组交易因不符合监管规定而被提前终止的失败风险。而对于跨境并购，并购者如果对标的公司所在国家或地区证券监管规定、公司法、劳动保护等法律法规以及当地文化特点、员工行为等特征了解不够充分，就很容易出现因法律、文化差异等导致的并购交易失败或并购以后的经营失败。

---

① 深圳市钜盛华股份有限公司及其一致行动人举牌收购万科 A。

四、应对上市公司并购风险的主要措施

针对上述并购交易中的常见风险，公司可以采取如下措施进行风险防范。

（一）高度重视并认真做好并购尽职调查工作

上市公司在开展并购业务之前，务必做好与并购业务相关的法律法规、标的公司的资产财务状况、标的公司实际控制人与管理团队情况、标的公司所在地文化、劳动保护与员工行为特征等方面的尽职调查工作，真正做到心中有数，"不打无准备之仗"，这是有效防范并购交易风险最重要、最关键的一环。

尽职调查重视全面实质，采取严谨科学的方法，避免简单形式化，这对降低并购交易风险而言非常重要。可以通过重点关注标的公司收入结构、应收账款余额及增长幅度、期后回款比例、存货余额及增长幅度等，从内部角度核查标的公司业绩的真实性。通过银行对账单、应收账款函证、存货盘点、客户与供应商的实地走访等外部独立程序核查标的公司业绩真实性。通过关注标的公司历史沿革、行政处罚情况、未决诉讼与纠纷、负面新闻报道等，核查标的公司潜在法律风险。通过关注交易结构的设计、交易条款的具体内容，核查并购交易的潜在法律风险。

上市公司应聘用高水平专业咨询机构提供并购交易服务，充分尊重相关中介机构的独立意见，并为相关中介机构开展尽调提供便利条件，使得中介机构能够全面、深入地开展相关尽调工作，及时发现相关问题并防范相关风险的发生。国外许多大公司不惜重金聘请专业机构提供有关并购的法律、财务、文化咨询等服务，可以说每一个成功的并购案例都需要高水平专业机构的巨大支持。

（二）切实重视标的公司和资产的估值状况，防范三高与忽悠式并购重组

在制定并购交易方案与实施的过程中，上市公司应特别关注标的公司历史业绩情况，并结合行业发展情况、同行业可比状况、标的公司业务订单以及通过其他方式获取的具体真实信息，对标的公司或资产的真实性做出审慎判断，

认真分析标的公司未来业绩预测的合理性，避免不合理的高估值，警惕并购交易产生的高商誉对上市公司经营业绩的潜在不利影响。同时，上市公司还应该关注业绩补偿义务的可实现性，可以通过核查相关股份的真实锁定与处置情况、追加锁定期、限制质押、实施共管账户等方式降低业绩补偿不足的潜在风险。

（三）完善并购交易方案内容，加强对标的公司的有效管控，防止出现失控现象

为实现上市公司对标的公司的实际控制，并购交易方案应对标的公司的管理做出全面周到的安排，特别是要以对标的公司主要负责人（总经理、财务负责人）等关键职位享有人事任免权等方式实现对标的公司的实质控制，上市公司也可以与交易标的原核心管理团队签订服务期和竞业限制协议，实现对标的公司人力资源的控制。并购交易完成后，上市公司还应注重加强标的公司内控制度的建设，避免产生内控缺失的风险。

（四）加强并购交易过程与程序的规范化管理

在并购交易过程中，上市公司应关注内外部的程序规范，避免出现因程序瑕疵引起的交易价格不公允、利益输送、后续整合存在障碍等问题，董事会、股东大会决策应符合监管要求，特别是在决策事项、表决权比例等方面。还有，资产评估机构、外部财务顾问的选聘应符合公司及监管规定等。

（五）切实加强信息披露和股票停牌管理

对上市公司而言，并购交易通常属于利好信息，上市公司披露并购信息会引起股价的上涨，如果信息被提前泄露可能导致公司股价异常波动，因此，上市公司在并购交易过程中应重视信息保密、信息披露和股票停复牌管理。一是要特别注重保密工作，在信息披露前与相关知情人签订保密协议，注意信息知情人的范围，防止相关信息被提前泄露，或利用信息进行内幕交易。二是关注

市场舆论动向，避免在交易筹划阶段，相关信息被提前泄露。三是按照监管要求规定，及时披露并购重组预案和相关公告。四是做好股票停复牌管理，一旦发现信息泄露导致股价异常波动，上市公司应及时向交易所申请停牌。

第八节　大股东股票质押的风险管理

上市公司大股东以股票这一自有财产权利进行质押融资，是一种普遍存在的民事行为，为其生产经营活动提供了较好的流动性支持。但大股东作为主要经营决策人员，在上市公司经营发展中发挥了至关重要的作用，其股票质押行为也必然深刻影响上市公司经营运行的稳定性。特别是在 2018 年前后，我国 A 股市场出现了大范围、高比例、长期间的"无股不押"现象，股票市场的整体震荡下挫在全市场范围内引发了广泛的质押风险，给上市公司正常经营运行和市场整体稳定带来明显冲击和较大威胁。防范大股东股票质押风险已经成为上市公司规范运作、提高上市公司质量、维护市场稳定的重要问题。

一、大股东股票质押基本情况

（一）大股东股票质押的内涵

股票是股份公司发行的所有权凭证，它既代表着其股东享有诸如参加股东大会、投票表决、参与公司的重大决策等经营管理权利，又代表着其股东享有收取股息或分享公司经营红利等财产权利。依据《中华人民共和国民法典》第

115条规定，权利可以依据有关法律规定，被设定为物权客体。第四百四十条规定，债务人有权处分的、可以转让的股权，属于可以被设定为物权客体的权利，可以被质押给债权人，作为向其融资的担保。这种使用诸如股权等财产权利作为融资担保的质押方式，被称为权利质押。因此，股票就有了被作为担保物，向商业银行、信托公司、证券公司等金融机构进行融资的基础。

质押作为一种典型的担保融资方式，强调将担保物（动产或权利）移交给债权人，由债权人保管。债务人一旦出现违约，或出现其他约定的情形，债权人有权就该担保物优先受偿。而将担保物移交给债权人保管的动作被称为出质，并由此形成质权，由债权人享有。所以，在质押活动中，债权人又被称为质权人，债务人被称为出质人。这也是质押与另一主要的担保融资方式——抵押的本质区别，因为抵押不需要转移担保物，仍由债务人持有，即不需要出质。

具体来说，大股东股票质押，指的是大股东（出质人）与商业银行、信托公司、证券公司等金融机构（质权人）签订股票质押合同，以出质股票作为担保，从质权人处融入所需资金的融资方式。通常按照合同约定，出质人和质权人将到证券登记机构办理出质登记，将用于质押的股票标记为"质押不可卖出"状态，这使得出质人无法再对相应股票进行出售或将其另做他用，实质上，这相当于将质押的股票交由债权人保管，即出质给质权人。质押期间，相关股票所产生的孳息，如送股、转增股份、现金红利等股东权益也一并予以质押。自股票出质之日起，质押合同正式生效，质权人将按照合同约定，向出质人融出相应资金。

（二）大股东股票质押的业务形式

按照股票质押业务是否在证券交易所开展，大股东股票质押可分为场内质押和场外质押两种形式。

1. **场内质押**。主要指股票质押式回购交易（简称股票质押式回购）业务。它是以证券公司或其成立的资管计划为质权人，在上海、深圳证券交易所股票质押回购交易系统，按照程序化操作步骤，完成股票质押交易的申报、成交（含股票出质）、清算、交收与违约处置等全部操作的质押业务形式。

2. **场外质押**。主要包括商业银行的股票质押贷款业务和信托公司等其他机构开展的股票质押融资业务。它是指在证券交易所以外，由商业银行、信托公司等非证券公司金融机构作为质权人，与出质人签订质押合同，并由质押双方自行（或委托证券公司代为）向中国证券登记结算有限责任公司（简称中国结算）办理出质登记的质押业务形式。该业务形式的股票交收、处置以及其他各项操作，均由质权人和出质人双方按照质押合同约定自行办理，无须通过上海、深圳证券交易所的系统进行。

在 2013 年以前，国内大股东股票质押业务主要采用场外质押模式。在商业银行，大股东（出质人）可以向开办股票质押贷款业务的商业银行申请质押贷款。商业银行按照正常贷款流程对出质人进行尽职调查后，与出质人签订股票质押贷款合同，双方按照合同约定办理股票质押、解押和贷款发放、偿还等有关事宜。在信托公司，信托公司主要与商业银行合作，接受商业银行的委托资金，设立单一信托计划或结构化集合资金信托计划，由相应信托计划与出质人签订股票质押合同，接受出质人的股票质押，向出质人融出资金。此外，信托公司的信托计划也可进一步投资于证券公司的资管计划，由证券公司资管计划向出质人提供股票质押融资，形成多层业务嵌套。

2013 年 5 月，中国结算分别与上海、深圳证券交易所发布《股票质押式回购交易及登记结算业务办法（试行）》后，场内股票质押式回购业务开始快速发展，目前已经成为国内大股东进行股票质押的主要方式。

相对于场外质押，场内股票质押式回购业务具有以下明显优势。（1）交易流程标准、便捷。场内质押均由证券公司接受客户委托，在证券交易所股票质押回购交易系统办理，交易流程相对标准化，股票质押和资金发放等均在交易所系统完成，客户在 T+2 日即可获得资金。（2）风险管理安排要求更加规范、明确。2018 年修订的《股票质押式回购交易及登记结算业务办法》（简称质押新规），不仅对证券公司及其资产管理子公司健全完善各类风险管理制度机制提出了明确要求，而且对质权人接受股票质押提出了明确的集中度和质押率标准，对建立盯市机制、设立警戒线、平仓线等做出明确要求。（3）违约处置更加便利。在场内质押中，出质方一旦违约，证券公司就可以立刻向证券交易所股票质押回购交易系统提交违约处置申报，自 T+1 日起即可直接在场内卖出质押股票，处置变现。相比之下，商业银行和信托公司对股票资产的处置存在很大限制，需要质押双方到中国结算现场申请将股票质押状态由"不可卖出"调整为可卖出，再按合同约定委托证券公司协助卖出股票。

（三）大股东股票质押的特点

大股东股票质押作为以股票为质押物的一种融资形式，具有以下三方面的突出特点。

1. 大股东股票质押是一种民事活动。一方面，质押股票是大股东依据《中华人民共和国民法典》所享有的民事权利。根据《中华人民共和国民法典》第一百一十四条和第二百四十一条，民事主体依法享有物权，所有权人有权在自己的不动产或者动产上设立用益物权和担保物权。另一方面，质押双方是纯粹的民事合同关系。质权的设立（将股票出质给质权人占有），是由出质人和质权人双方采用书面形式订立质押合同，才得以实现的（《中华人民共和国民法典》第三百三十八条）。

2. 大股东股票质押没有改变大股东对所上市公司的所有权、控制权。依据《中华人民共和国民法典》第二百四十一条和第三百八十九条：大股东作为股票所有权人出质股票，只是在自己股票上设立质权（担保物权），由质权人享有；质权的担保范围仅限于主债权及其利息、违约金、损害赔偿金、保管出质财产和实现质权的费用；质权人行使权利，不得损害大股东的所有权权益。对于质权人未经出质人同意，擅自使用、处分和转质质押股票，造成出质人损害的，要承担赔偿责任（《中华人民共和国民法典》第四百三十一条和第四百三十四条）。因此，大股东进行股票质押，只是暂时限制了其对股票的出售等处置权利，并未影响其享有现金红利、配股等财产权利，更不会影响大股东的持股比例和控制权。

3. 由于股票价格波动性较大，质权人普遍与大股东约定设置了警戒线和平仓线等履约保障安排和强制平仓等违约处置安排。不同于不动产和动产的价值相对固定，股票价值因上市公司自身及外部宏微观因素的影响而不断变化，这导致质权人所占有的质押物价值不断变动，很容易因股价下跌造成质权人风险暴露。为减少质权人风险损失，依据《中华人民共和国民法典》第四百三十三条和第四百三十六条：当股票价格出现明显下跌、足以危害质权人权利时，质权人有权请出质人提供补充担保；如果出质人不提供补充担保或质押合同到期未履行还款义务，质权人有权依据协议卖出质押的股票，并对所得资金优先受偿。

在股票质押实践中，为应对股票价格变化给质权人带来的风险，相关部门通常会就履约保障和违约处置做出安排。（1）质押双方通常会在质押合同中就履约保障比例（质押物价值与出质方应还本付息金额之比），专门设置警戒线与平仓线。双方约定，随着股票价格下跌，履约保障比例一旦低于警戒线，质权人就有权要求出质人补充质押物（如双方约定的股票、现金等），以确保履约保障比例维持在警戒线以上。履约保障比例一旦低于平仓线，质权人就有权对质押股票进行强制平仓。（2）质押双方通常会在质押合同中对出质人违约（如出质人未能及时补充质押物，或在合同到期时未能按时还本付息），或者履约保障比例低于平仓线后质权人有权采取强制平仓等违约处置机制、流程等进行详细约定。例如，对于无限售条件的股票，质权人可以按照约定通过公开交易或协议转让等方式及时出售变现，所得价款优先用于偿付本息。对于有限售条件的股票，质权人可以按照约定在限售期满后再进行处置，或通过司法途径予以拍卖、变卖等。

（四）国内大股东股票质押的发展现状

根据 Wind 数据库统计，目前我国大股东股票质押现象较为普遍，呈现出质押比例较高、股价接近平仓线的比例较高等特点。2018 年底，国内 A 股市场有 3 432 家上市公司存在股票质押情况，占全部上市公司数量的 96%，几乎到了无股不押的地步。鉴于大面积股票质押可能引发的风险，证监会高度重视，要求交易所、证券公司和上市公司采取积极措施，严格业务标准、强化机构监管、提高信息披露要求，尤其是压实控股股东责任，采取了一系列行之有效的防控风险措施。经过多方努力，主要风险指标都呈现出趋势性好转的态势，但截至 2020 年底，仍有 2 632 家上市公司存在股权质押情况，占全部上市公司数量的 63.57%。其中 1 698 家上市公司存在大股东股票质押情况，占 A 股全部上市公司数量的 41.01%，大股东质押比例超过 50% 的，共有 827 家，占 A 股全部上市公司数量的 19.98%。大股东质押股数为 5 556.53 亿股，占其所持总股本的 18.98%。大股东未平仓总市值为 32 881.29 亿元，疑似触及平仓市值为 17 816.44 亿元。

由于大股东在上市公司经营决策中占据核心地位，因此，平仓风险一旦发生，就会危及上市公司控制权的稳定性，给上市公司的正常经营运行乃至持续发展带来显著冲击。即使在股票质押和风险处置过程中，大股东为了自身利益最大化，也可能做出一些危及上市公司及中小股东利益的行为，这些都需要上市公司提前加以分析研判，做好防范。

二、大股东股票质押的监管要求

如前文所述，大股东所持有的上市公司股票，被《中华人民共和国民法典》明确列为可以用于质押融资的担保物，为债权人提供必要担保保障。这与美国《统一商法典》中的有关规定相似，《统一商法典》第九编"担保交易"9~102 条规定，不论出于任何意图、采取何种交易形式，股票都可以通过合同设定担保物权，用于质押融资等担保交易。海内外监管部门为维护金融市场稳定，特别是降低质权人风险暴露、降低市场杠杆率，普遍对包括大股东股票质押在内的股票质押业务做出了诸如最高质押率、最低警戒线和平仓线要求等专门的监管规定。

（一）美国对以购买股票为目的的股票质押的监管要求

1929 年股灾之后，美国有关各方意识到，以购买股票为目的的股票质押将提高股票市场杠杆率，增加股票价格及股票市场的脆弱性。因此，美国国会在《美国 1934 年证券交易法》第 7 章第（a）条中，对以购买股票为目的的股票质押活动提出了专门的质押率要求，并授权美联储制定相关条例和规则，根据市场实际需要对相关质押率标准进行调整。1934 年、1936 年、1971 年，美联储先后出台 T 规则、U 规则和 X 规则，分别用来规范来自证券公司、商业银行及非银行贷款人以及海外机构的股票质押活动。根据 T 规则第 12 条、U 规则第 7 条和 X 规则第 3 条，美联储在 3 个规则中采取了统一标准，要求在初始融资时，融资规模和质押股票的市值之比不得超过 1∶1。这也是美国目前实际执行的最基础的质押率标准。

美联储在 3 个规则中明确指出，交易所、证券业协会等自律监管机构以及证券公司、商业银行及非银行贷款人等质权人，可以根据实际需要，提出更加严格的质押率要求，或者采取更加合适自身的保护措施。例如，作为美国最大的证券业自律监管机构，美国金融业监管局在其第 4210 号规则中提出了额外保护措施——"维持保证金"要求。该要求规定，在质押期间，出质人保证金账户的权益（当前账户总市值减去初始融资额）必须始终高于当前账户总市值（质押股票的市值，加上融资后买入的股票的市值，及买入股票后剩余的资金）的 25%，否则，质权人将要求出质人追加担保物。如果出质人未能及时追加担保物，质权人就会强制卖出出质人质押的股票，来补充保证金账户权益，直至达到 25% 以上。

对可被质押的股票（又称保证金股票）范围，美联储在 T 规则第 2 条做出专门规定，包括：（1）在全国性证券交易所上市交易或具有未上市交易特权的权益证券；（2）1999 年 1 月 1 日以后在纳斯达克股票市场上市交易的权益证券；（3）1999 年 1 月 1 日以前的柜台（OTC）保证金股票，和经美国证券交易委员会批准可以在全国市场系统（NMS）交易的柜台权益证券；（4）外国保证金股票；（5）可以转换为保证金股票或者保证金股票购买权的债券；（6）由（依据《证券投资公司法》成立的）开放式投资公司或单位投资信托发行的权益证券。[①] 并在第 11 条中明确指出，柜台股票的最低平均报价至少要达到每股 5 美元，才能被许可作为保证金股票。并且后续相关股票的最低平均报价必须维持在至少每股 2 美元，才能继续作为保证金股票。

美联储还明确了对股票质押融资业务的信息报告要求。在 T 规则中，根据第 3 条（a）款，由质权人（证券公司）负责对每个账户的所有交易信息进行记录。根据美国金融业监管局第 4521 号规则，这些质权人应该在每月最后一个工作日向美国金融业监管局报送客户账户中的全部借记余额数据和贷记余额数据。在 U 规则中，根据第 3 条（c）款规定：如果质权人是商业银行，当

---

① 美联储在 U 规则第 2 条也做出相似规定。

股票质押贷款金额超过 10 万美元时，出质人应当填写美联储 FR U–1 表格；当质权人是非银行贷款人时，无论贷款金额大小，出质人都应填写美联储 FR G–3 表格；相关表格主要用于填写贷款数额、贷款目的和质押股票的详情等。根据第 3 条（b）款规定，非银行贷款人如果一个季度内的贷款总额等于或超过 20 万美元，或在任何时间点出现未偿贷款余额等于或超过 50 万美元的情况，就需在该季度结束的 30 天内填写美联储 FR G–1 表格。

（二）我国对场内股票质押的监管要求

我国场内股票质押式回购业务的开展，目前主要依据 2018 年中国结算分别与上海、深圳证券交易所修订的《股票质押式回购交易及登记结算业务办法》。同时，2017 年中国证监会印发的《上市公司股东、董监高减持股份的若干规定》，对上市公司控股股东和持股 5% 以上股东的股票质押行为的信息披露进行了规定。

对场内股票质押式回购业务的监管主要遵循 3 个原则：一是聚焦服务实体经济，融入资金应当用于实体经济生产经营，禁止以投资股票为目的的股票质押行为；二是强化风险管理，对股票质押比例等有一定要求；三是规范业务操作，明确开展股票质押的金融机构应具备相关资质。

1. 质押双方资质要求。 一般情况，上市公司股东作为股票质押的资金融入方，其不得是金融机构或金融机构发行的产品。符合一定政策的创业投资基金，可以作为融入方。此外，上市公司股东在进行质押融资过程中，如果出现未按约定回购、违规使用融入的资金等情况，就会被证券业协会记入黑名单，一年之内无法获得证券公司的股票质押融资。

证券公司作为股票质押的资金融出方，根据证券公司的净资本规模和分类评价等级确定质押融资业务规模，最高质押融资规模不得超过证券公司净资本的 150%。同时，证券公司对融入方建立信用风险持续管理机制。

2. 质押协议要求。 在股票质押业务中，上市公司股东与证券公司之间根据参与主体的不同应签订股票质押的《双方协议》或《三方协议》。当资金融出方为证券公司或证券公司管理的资管计划时，股东应和证券公司签订《双方协议》。当资金融出方为证券公司资管子公司管理的资管计划时，应由股东、证券公司、证券公司资管子公司签订《三方协议》。

《业务协议》内容应包括质押标的范围、质押率上限、风控指标要素、交易要素、资金用途、履约保障、违约处置等必备条款。除必备条款外，上市公司股票价格存在波动，因此，关于履约保障比例、预警线、平仓线、标的股票停牌期间市值计算等内容也应当约定清楚。

3. 质押流程要求。 上市公司股东进行股票质押，与证券公司签订《业务协议》后，委托证券公司通过交易所的系统进行股票质押回购的交易申报。交易系统对交易申报进行确认，并将成交结果发送中国结算。中国结算根据质押结果，对质押的股票进行质押登记以及后续的清算交收等。

4. 质押标的条件。 目前，我国法律法规对 A 股股票作为质押标的没有明确的条件限制，限售股也可作为质押标的。但是金融机构从风险防控的角度，会对质押标的进行谨慎评估，业绩较差、长期停牌、夕阳行业或受限行业、高估值或高出质率、公司涉及违法违规或涉诉的股票在实践操作中通常难以作为质押标的。

5. 质押率、质押比例及回购期限。 质押率是指融资金额与被质押股票市值之间的比率，上市公司股东进行股票质押，其质押率上限不得超过 60%。限售股的质押率应低于非限售股。

质押比例是指被质押的股票数量与该公司 A 股总股本数量之间的比例。单一证券公司作为资金融出方，接受单只 A 股股票质押比例不得超过 30%。单一资管产品作为资金融出方，接受单只 A 股股票质押比例不得超过 15%。单只 A 股股票的市场整体质押比例不超过 50%。

股票质押的回购期限不得超过 3 年。

6. 融入资金的使用。 大股东通过股票质押融入资金，首次融资金额不得低于 500 万元，后续每次不得低于 50 万元。融入的资金存放于证券公司指定的银行专用账户，用于实体经济生产经营，不得用于淘汰类产业、新股申购或买入股票，股东作为融入方有义务定期报告资金使用情况。

7. 履约保障安排和违约处置安排。 证券公司应当建立健全盯市机制，持续跟踪质押标的证券价格波动和可能对质押标的证券产生重大影响的风险事件。在质押合同中应明确约定：（1）设置警戒线、平仓线，在履约保障比例（质押物价值与出质方回购应付金额的比值）达到或低于警戒线、平仓线等约定数值时，要求出质方补充质押股票或其他担保物、提前回购，或采取其他方式等；（2）如果出质方违约，证券公司应按照质押新规规定或合同补充约定的违约处置程序，及时处置质押证券，所得资金优先偿付质权方。

8. 信息披露要求。 股东持有上市公司 5% 以上股份被质押的，股东应当在该事实发生之日起 2 日内通知上市公司，上市公司应及时将情况向交易所报告并予公告披露。

（三）我国对场外股票质押的监管要求

银保监会、证监会对场外股票质押也提出了相应的监管要求。[1] 一是依照原中国银监会 2007 年印发的《关于进一步防范银行业金融机构与证券公司业务往来相关风险的通知》，银行业金融机构向股东发放的股票质押贷款，不得以任何方式违规流入股市。二是由于股票质押式回购属于非标准化债权资产（非标资产），商业银行通过信托计划、资管计划等向股东提供的股票质押融资，均受到非标资产额度限制（非标资产占其理财总资产不超过 25%，且不超过其上一年度总资产的 4%）[2]。三是与场内质押类似，上市公司控股股东和持股 5% 以上股东的股权被质押的，该股东应当在 2 日内通知上市公司并予公告（《上市公司股东、董监高减持股份的若干规定》）。

三、大股东股票质押的风险及影响

大股东股票质押作为上市公司核心决策人员以质押股东权利为前提的一

---

[1] 虽然我国监管部门对证券公司以自营股票向商业银行申请股票质押贷款也做了专门规定，但是由于证券公司受监管限制，对单一权益证券的持股比例不得超过 5%，无法成为上市公司大股东，因此相关监管要求本节不再赘述。

[2] 详见《商业银行理财业务监督管理办法》。

项融资行为，不可避免地会给上市公司正常的经营活动带来不同程度的负面影响和潜在风险。其中既包括因大股东片面谋取自身利益最大化可能引发的道德风险、违法违规风险和侵占中小股东合法权益的风险，也包括股票质押行为本身引发的外部负面预期和潜在的强制平仓可能性，以及由此引发的流动性风险、市场风险、控制权转移和经营风险等。

（一）可能激化上市公司代理人问题，容易引发大股东道德风险

大股东质押公司股票，其控制权并不受影响，但是对大股东而言，其预期中的收益权可能受到影响甚至不复存在。首先，将股票及孳息质押给质权人，大股东面临着股价触及平仓线后，质物被强制平仓的风险，导致质押期间其收益权的兑现存在不确定性。其次，由于股票市场本身波动性较大，持有股票必然面临股价下跌的市场风险，大股东将股票质押，可以在市场环境或公司经营出现显著恶化、股价大幅下跌时主动违约、套取现金，相当于将质押期间的股价下跌风险转移给了质权人。因此，大股东在质押期间也会预期其存在不再收回收益权的可能。再次，大股东减持股票受到监管限制，包括限售股在限售期间不得卖出，因此，个别大股东进行股票质押可能本身就是为了变相减持股票、套取现金，其将预期不再收回收益权。

大股东预期中的收益权的下降甚至不复存在，这将激化上市公司所面临的代理人问题，使大股东更加有动机利用手中的控制权来"掏空"上市，向自身及关联方输送利益，引发严重的道德风险。[①] 例如，大股东可能通过上市公司董事会和管理层，推动上市公司开展不当关联交易，向利益相关方低价出售优质资产或高价收购劣质资产。大股东还可能会违规占用上市公司资金、资产，为自己和利益相关方牟取不当利益等。此外，张瑞君 [②]、文雯 [③] 等学者研

---

① 郑国坚，林东杰，林斌 . 大股东股权质押，占款与企业价值 [J]. 管理科学学报，2014(09): 72-87.

② 张瑞君，徐鑫，王超恩 . 大股东股权质押与企业创新 [J]. 审计与经济研究，2017(04): 63-73.

③ 文雯，陈胤默，黄雨婷 . 控股股东股权质押对企业创新的影响研究 [J]. 管理学报，2018(07): 998-1008.

究发现，大股东股权质押所激发的道德风险将助长大股东的短视行为，使得大股东更加注重短期业绩，忽视长期发展，抑制上市公司研发投入等创新发展活动。

（二）影响市场预期和公司信用，增加融资成本和流动性风险

大股东如果质押比例较高，一方面就可能向市场传递出大股东缺少流动性资金或者大股东不看好公司发展（如向质权人转移股价下跌风险或变相减持等）的信号。另一方面，大量股票被质押将降低公司股票的流动性，增加股票波动性，股票价格容易出现暴涨暴跌。特别是在股价下跌时，大股东一旦未及时补充质押或未能及时补充质押，大比例的质押股票就会被强制平仓，这将给公司股价、正常决策经营（如可能引发控制权变化）等带来严重冲击。

负面的市场预期将影响投资者、债权人和供货商等利益相关方对上市公司的发展信心和信用评价，进而影响上市公司的后续融资，增加融资成本，甚至影响公司财务稳定，引发流动性风险。[1] 例如，投资者可能选择出售股票，导致公司股价下行，增加公司增发股票的难度和成本，严重时还会触发平仓风险，导致公司暂时陷入融资困境。债权人可能对公司债券提出更高收益率要求，导致公司财务成本大幅增加，影响经营利润和财务安全。供货商可能收紧商业信用，对面向该上市公司的新增应收账款缩短信用期限，减少或取消现金折扣，等等。[2]

（三）潜在的强制平仓可能，增加了上市公司市场风险，以及控制权转移和经营风险

股票价格受到宏观经济环境、行业发展和上市公司自身发展的影响，频繁

---

[1] 郭金龙，薛敏 . 民营上市公司股票质押风险及防范措施 [J]. 银行家，2019(04): 76-79.

[2] 潘临，张龙平，欧阳才越 . 控股股东股权质押与商业信用融资——基于内部控制质量和审计质量的考量 [J]. 财经理论与实践，2018(04): 80-87.

上下波动本是正常现象。但大股东在质押合同中与质权人约定了平仓线，若股价下跌，一旦触及平仓线，就将触发质权人对质押股票的强制平仓，引起股票价格暴跌。而且，这种平仓风险的存在本身也会影响投资者预期。即使股价远未跌至平仓线，投资者也可能为规避平仓风险、提前卖出股票离场，导致股价下跌，而股价下跌又可能促使更多投资者为规避平仓风险卖出股票，形成恶性循环，最终导致强制平仓事件的发生，增加上市公司所面临的市场风险。[1] 特别是在宏观经济环境显著收紧的情况下，多家上市公司如果同时出现这种现象，就可能在全市场范围内引发股价崩盘的系统性风险。

此外，大股东股票被强制平仓，可能导致上市公司控制权出现非正常转移。上市公司控制权的稳定对保持经营决策和生产经营的持续稳定性具有重要意义，特别是在一些专业技术性较强的行业，强制平仓处置引进的新的控股股东如果缺乏相应专业背景和行业经验，就可能对上市公司未来发展和稳定经营带来不利影响。[2] 在质押风险处置过程中，上市公司董监高等核心经营管理人员也可能无法集中精力推动公司经营发展，上下游合作伙伴等也将减少业务往来，给公司正常经营活动的开展和经营秩序带来负面影响。而且，上市公司通常是各行业的龙头企业，这种非正常的控制权转移如果在股票市场频繁发生，就会影响我国实体经济的整体健康发展。

（四）为避免质物被强制平仓，大股东及上市公司可能会违法违规

谢德仁等人的实证研究发现[3]，股票一旦被强制平仓，就会给大股东及上市公司带来严重经济后果，导致大股东及上市公司采取各种可能措施提振公司短期业绩，以避免公司股价出现大幅下跌。其中可能涉及很多违法违规手段[4]，

---

① 沈冰，陈锡娟. 股权质押、投资者情绪与股价崩盘风险 [J]. 财经问题研究，2019(09): 72–79.

② 袁明. 上市公司股权质押风险与防控措施探析 [J]. 财经界，2020(04): 98–100.

③ 谢德仁，郑登津，崔宸瑜. 控股股东股权质押是潜在的"地雷"吗?——基于股价崩盘风险视角的研究 [J]. 管理世界，2016(05): 128–140.

④ 方杰，杨超颖，方重. 上市公司股权质押的风险探析 [J]. 清华金融评论，2016(12): 77–81.

例如，大股东可能会操纵上市公司信息披露，在股价下跌时，违规披露利好消息，回避或拖延披露不利消息。[①] 大股东可能会干预公司财务报表制作，操纵上市公司进行财务造假，以提振公司短期业绩，甚至不惜向审计人员行贿，以改变审计结果，等等。这些都将导致大股东及上市公司受到不同程度的监管处罚乃至引发刑事责任，给上市公司带来严重的负面影响。

（五）容易引发中小股东合法权益被侵占的风险

上市公司大股东与中小投资者之间存在信息不对称问题，上市公司的中小股东对大股东的融资行为及大股东在股票质押期间可能存在的各种不当行为后知后觉，导致中小股东只能被动接受股价下跌带来的损失。例如，大股东股票质押的真实目的如果是恶意套现，那么最终必然引发质权人的强制平仓，导致公司股价暴跌，中小投资者将遭受惨重损失。大股东如果在质押期间出现道德风险，或者其自身及控制的上市公司出现违法违规行为，最终就会导致上市公司价值受损，进而影响中小股东的持股市值，等等。此外，在股票质押期间，大股东为了稳定公司股价，可能会采取各种手段（包括前文所述的各种违法违规手段），影响普通投资者对公司真实经营发展情况做出判断，诱导投资者高价买入股票，对中小投资者合法权益造成侵害。

四、大股东质押风险防控策略

（一）完善信息披露制度，对大股东股权变动信息做到应披尽披

上市公司遵守股权质押融资的信息披露制度，股东在进行股票质押时应及时告知公司，配合公司履行信息披露义务，将其负债金额、到期时间等信息及时公开披露，减少信息不对称，避免股价因质押信息不对称产生急剧波动。

---

① 李常青，幸伟．控股股东股权质押与上市公司信息披露 [J]．统计研究，2017(12): 75-86.

（二）健全内部控制机制，通过公司决策控制大股东质押比例

上市公司不断完善内部控制机制，定期对公司股份质押情况进行查询和监测。当控股股东质押比例过高时，公司应适当限制其表决权等股东权利，抑制控股股东的质押融资冲动，合理控制融资杠杆，防范控股股东通过质押恶意套现的潜在风险。

（三）借助专业力量，多措并举应对风险

无论是上市公司还是金融机构，在化解大股东质押风险时，都可以多措并举进行应对。上市公司在出现质押风险时，可借助律师、投行等专业团队的力量，以协议转让、并购重组、成立救助基金等方式，解决平仓问题，谋求上市公司稳定发展，尽量减少对上市公司经营的冲击和影响。金融机构出现质押风险时，可严格控制质押比例，避免融资人高比例质押，采取多种措施对融资主体的诚信情况进行严格的调查，关注公司经营业绩和基本面，防范风险。

此外，当股票质押出现流动性风险，导致金融机构出现大量资金坏账时，上市公司可借助纾困基金缓解风险。纾困基金是指为帮助上市公司及其大股东化解股票质押风险，由地方政府牵头，各类金融机构共同出资设立的专项投资基金。纾困基金为大股东提供融资支持，其缓解股票质押风险的方式有两种。一种是"转质押"的方式，即当股票面临被强制平仓的困境时，纾困基金将资金借给大股东，帮助大股东偿还前期融资，赎回被质押股票，并将赎回的股票重新质押给纾困基金。相较于普通的股票质押，纾困基金对质押期限、质押比例、质押平仓线等方面的要求相对宽松。另一种是股权投资的方式，即大股东将其持有的股票转让给纾困基金，再利用转让股票所获得的资金偿还前期融资，解除股票质押。

（四）严格流程规范，防范违法违规行为

上市公司和金融机构在开展股票质押的过程中应当严格流程规范。大股东

进行股票质押时，应按照公司内部规章制度的规定，做好内部决策程序和外部信息披露。金融机构应审慎评估股票质押项目风险，并在股票质押存续时做好盯市，在质押平仓时还需要遵循各项内外部监管政策制度。通过流程规范，避免因程序瑕疵引发大股东与上市公司"合谋"，或者与金融机构"勾结"，发生利益控制权操纵利润、粉饰业绩等违法行为。

（五）加强信息监控，避免股价剧烈波动

为避免质押股票被强制平仓的风险以及因股价持续低迷和强制平仓互相传导引发的市场系统性股票质押风险，上市公司和金融机构日常应加强对股票价格的信息监控和对股票质押预警线、平仓线的关注。当股票价格下跌时，股东应及时按照约定追加担保或购回股票。此外，公司关注市场舆论动向，及时对公司负面消息做出澄清，避免"流言蜚语"引发公司股价暴涨暴跌。

第九节　投资者诉讼的风险管理

投资者保护是资本市场建设的重要内容，上市公司应重视投资者保护，合法合规经营，提高公司治理水平，避免因经营管理不规范与投资者产生纠纷，引发投资者诉讼。随着我国资本市场法律体系的不断完善和投资者维权意识的逐渐增强，投资者诉诸法律维权的概率越来越高，上市公司面临的投资者诉讼风险也随之增加，上市公司需要高度关注。

一、投资者诉讼概况

投资者为维护自身权益，可通过投诉、和解、调解、仲裁、诉讼等多种方式进行维权，民事诉讼是投资者维权的一项重要方式。

（一）投资者诉讼类型

1. 股东直接诉讼和股东间接诉讼。根据投资者向法院请求加以确认和保护的权益归属和目的不同，投资者诉讼可分为股东直接诉讼和股东间接诉讼。股东直接诉讼是指股东为了自身利益对公司及公司大股东、董事、监事、高级管理人员以及公司职员提起的诉讼。股东间接诉讼又称股东代位诉讼，是指当公司董事、监事、高级管理人员或者他人违反法律、行政法规或者公司章程，给公司造成损失，公司拒绝或者怠于向该违法行为人请求损害赔偿时，股东代替公司提起诉讼，请求违法行为人赔偿公司损失。股东直接诉讼维护的是股东自身权益，股东间接诉讼是为了保护公司利益和股东整体利益，而不仅仅是股东自身的利益。

在股东直接诉讼中，有一类比较特殊的诉讼类型，即代表人诉讼，又称集体诉讼、共同诉讼，在有些国家体现为"集团诉讼"。代表人诉讼是指诉讼中有一方（通常为原告方）为多数人，彼此具有共同的利益诉求，为提高诉讼效率，方便审判，由其中一人或数人代表全体，为全体的共同利益进行起诉。代表人诉讼通常在证券民事赔偿诉讼案件中使用较多，因公司虚假陈述、操纵市场、内幕交易以及财务造假等违法行为引起，此类违法行为牵扯的中小股东人数众多，金额较大，为方便案件审理，使公司和众多股东尽快达成一致的赔偿方案，便采用代表人诉讼的形式。

2. 确权之诉、行权之诉和赔偿之诉。按照投资者诉讼请求的不同，可将投资者诉讼分为确权之诉、行权之诉以及赔偿之诉。

确权之诉，即通过提起诉讼，要求公司承认其股东资格。特别是在股份代持案件中，隐名股东请求确认股东资格诉讼。行权之诉，即投资者基于股东身份，通过提起诉讼的形式，要求对公司行使股东权利，例如，要求行使股东知情权，查阅公司财务报告，要求行使表决权参与公司决策，要求行使分红权，让公司分配股利股息，要求公司召开股东大会，确认股东大会或董事会决议效力，等等。赔偿之诉是指当投资者因上市公司存在过错，导致其权益受到损害时，投资者向上市公司提起诉讼，要求赔偿其损失。证券民事赔偿诉讼即为赔偿之诉的一种。

（二）引发投资者诉讼的原因

引发投资者诉讼的根源之一是上市公司信息披露存在违规。信息披露作为投资者了解上市公司的主要渠道之一，直接影响着投资者对公司的认知，左右着其投资判断。因此，监管机构对上市公司的信息披露行为有着严格的要求，信息披露也受到社会公众的高度关注，任何信息披露上的错误或瑕疵，都可能成为公司被起诉追责的重要依据。

除了因信息披露违规直接误导投资者，引发投资者诉讼，因信息披露不真实、不准确、不完整导致虚假陈述、操纵市场、内幕交易等证券违法行为也是引发众多投资者共同向上市公司提起诉讼的主要原因。根据相关学者对证券纠纷案件裁判文书的统计，证券欺诈责任纠纷裁判文书最多，占全部裁判文书的76%，远高于其他类型的案件，其中绝大多数为证券欺诈责任纠纷，具体包括证券虚假陈述、内幕交易、操纵证券交易市场、欺诈客户四种类型，其中证券虚假陈述责任纠纷占绝大多数。[1]

二、代表人诉讼制度

代表人诉讼是投资者诉讼类型中较为有特色的一类，在化解上市公司与投资者之间的纠纷方面发挥了重要作用。据不完全统计，美国每年大约有 200 家

---

[1] 隆安律师事务所:《证券诉讼审判大数据分析报告》, http://www.longanlaw.com/legals/
4566.html/。

上市公司遭遇"集团诉讼"。[①]

（一）境外集团诉讼制度的起源及演进

代表人诉讼又称集团诉讼，起源于英国。17 世纪英国商业的发展催生了很多商业公司，这些商业公司的成员数量庞大，分布广泛，当成员认为自身权益被商业公司侵犯并起诉商业公司时，所有成员参与诉讼并不现实，于是英国法院创设了名为"息诉状"的诉讼程序，即允许其中一个或几个成员作为原告代表到庭参与诉讼，判决结果对全体原告均有效力，无论其是否到庭。"息诉状"制度便是集团诉讼制度的前身。

随着英国殖民地的扩张，集团诉讼制度传入美国。最开始，代表人诉讼制度主要适用于海商案件，其对未参加庭审的当事人不具备约束力。1853 年，联邦最高法院通过判例形式创设了对未到庭当事人也产生约束力的代表人诉讼制度。随着美国经济社会的发展和制度的演进，代表人诉讼制度逐渐演变为现代意义上的集团诉讼制度。1966 年，《美国联邦法院民事诉讼规则》明确了集团诉讼制度的"默示加入，明示退出"。

所谓"默示加入、明示退出"是指当原告人数众多时，一个或几个原告作为代表参加法院庭审，判决结果对所有原告均产生效力，未参加庭审的原告可以依据判决向被告要求赔偿，除非该原告明确表示不参加该诉讼。

此后，美国针对证券民事纠纷先后于 1995 年制定了《私人证券诉讼改革法案》，于 1998 年制定了《证券诉讼统一标准法》，集团诉讼制度是其中的重要内容。

根据《美国联邦法院民事诉讼规则》《私人证券诉讼改革法》《证券诉讼统一标准法》的相关规定，美国证券集团诉讼的案件受理范围没有限制，所有证券市场违法行为均可被起诉受理。证券集团诉讼案件应满足"起诉方人数众多"这一先决条件，"多少人才算人数众多"由法院自行判断。诉讼的代表人应尽到

[①] 安宁：《新证券法"利剑"高悬 切除公司财务造假"毒瘤"》，https://baijiahao.baidu.com/s?id=1665089007257696787&wfr=spider&for=pc。

起诉职责，熟悉了解案情，品行端正，能充分代表所有集团成员并维护成员利益。案件的起诉、撤销以及和解，通过邮件、报纸、电视、互联网、公告等形式通知所有集团成员，包括已知的集团成员和潜在的集团成员。集团成员在收到起诉通知后，若不想参与诉讼，需明确提出，但是美国投资者"明示退出"的概率极低，2004 年的一份报告显示，1993—2003 年，退出权使用率仅为 0.7%。[①]

安然公司和世通公司是美国证券历史上两个典型的证券赔偿案件。2001 年，美国安然公司欺骗投资者，通过虚构交易、夸大收入，4 年虚增利润 6 亿美元，被投资者提起集团诉讼，被告包括安然公司及其高管人员、为安然公司提供审计服务的安达信会计师事务所及美林证券、花旗集团、德意志银行、摩根大通等金融机构。最终，投资者累计获赔 71.4 亿美元。在业绩亏损、投资者赔偿等多重因素下，安然公司最终破产。2005 年，美国世通公司因被曝财务造假和债券欺诈发行，被投资者提起集团诉讼，最终，投资者与摩根大通等承销世通债券的投行达成和解，受损失的投资者获得总计约 60 亿美元的赔偿金。

从国际经验看，代表人诉讼制度已经被证明是一种解决证券纠纷的有效方式，结合国际经验以及国内证券市场及司法环境的实际，推动和完善中国代表人诉讼制度已经成为必然。

（二）我国证券代表人诉讼制度的发展

1. 我国代表人诉讼制度最初见于 1991 年《中华人民共和国民事诉讼法》。根据该法第五十二条、第五十三条和第五十四条的规定，代表人诉讼是共同诉讼的一种。当共同诉讼一方当事人众多时，可推选代表人参与诉讼。代表人诉讼的行为和法院的裁判判决对参加权利登记的诉讼当事人均发生效力，如果当事人之前没有在法院进行权利登记，随后在诉讼时效期间又自行提起诉讼的，

[①] 董毅智：《证券欺诈默示录 02：集团诉讼退出制》，https://www.sohu.com/a/320341286_118776。

可以适用之前的法院判决。

2003 年的《最高人民法院关于审理证券市场因虚假陈述引发的民事赔偿案件的若干规定》，也规定了证券市场虚假陈述民事赔偿案件可采取代表人诉讼制度。

然而，我国代表人诉讼制度在证券领域的早期实践过程中通常以"一案一立、分别审理"的方式开展，其主要原因有三点。一是除了虚假陈述，其余证券市场违法行为，如内幕交易、操纵市场等是否可以适用代表人诉讼制度，一直存在争议，不同法院的处理各不相同。二是虚假陈述案件的受理，需要以证监会的行政处罚决定书或法院的刑事裁判书的事实认定作为前置条件。如果虚假陈述行为没有被行政处罚或刑事判决，则无法提起民事诉讼。这在一定程度上制约了投资者提起民事赔偿诉讼。三是根据《中华人民共和国民事诉讼法》的规则，代表人诉讼采用的是"明示加入"，如果投资者未在法院进行权利登记，则无法作为原告之一加入代表人诉讼，且代表人变更诉讼请求或与对方达成和解，均需取得所有被代表人的同意，而在实践中，被代表人通常难以形成统一意见。

2019 年 11 月 14 日，最高人民法院正式发布《全国法院民商事审判工作会议纪要》，针对证券虚假陈述案件，允许有条件的人民法院可以选择个案以《中华人民共和国民事诉讼法》第五十四条规定的代表人诉讼方式进行试点审理。这一规定推动了证券代表人诉讼制度的落实。

2. 证券代表人诉讼制度的正式明确。 2019 修订的《中华人民共和国证券法》明确建立了证券代表人诉讼制度，并赋予了投资者保护机构①代表人的诉讼地位，在诉讼成员范围的确定上采用"明示退出、默示加入"的方式，在《中华人民共和国民事诉讼法》的基础上确立了"中国式证券集体诉讼制度"。2020 年 3 月 24 日，上海金融法院发布《上海金融法院关于证券纠纷代表人诉讼机制的规定（试行）》，系统规定了各类代表人诉讼的规范化流程，明确回应了各类代表人诉讼中的难点问题。

---

① 我国的投资者保护机构现专指中证中小投资者服务中心有限责任公司、中国证券投资者保护基金有限责任公司。

2020年7月31日，《最高人民法院关于证券纠纷代表人诉讼若干问题的规定》[1]（以下简称《规定》）正式出台，将《中华人民共和国证券法》确立的代表人诉讼制度分为普通代表人诉讼和特别代表人诉讼[2]，细化了代表人诉讼制度先行审查、代表人推选、审理与判决、执行与分配等程序问题，准确回应了证券代表人诉讼制度中的实践困境，强调充分发挥投资者保护机构以及证券登记结算机构的职能作用。

自此，我国证券代表人诉讼制度正式明确，投资者既可采用传统的单独诉讼和共同诉讼方式，又可采用代表人诉讼方式，并且可视情况转换为特别代表人诉讼。

需要说明的是，我国的"默示加入、明示退出"只适用于由投资者保护机构作为诉讼代表人的特别代表人诉讼制度。在普通的代表人诉讼中，对于投资者起诉主张权利，仍采用登记明示加入的方式，即只有投资者明确表示要加入该诉讼，代表人的诉讼请求及司法判决才对其有效。

三、我国投资者诉讼的规则和机制

投资者保护是《中华人民共和国证券法》的立法基础。《中华人民共和国公司法》《中华人民共和国刑法》等法律法规均有涉及投资者保护的相关规定。《中华人民共和国证券法》数次修订，投资者保护措施也在不断探索完善，包括提高上市公司信息披露透明度、严惩证券市场违法行为、设立投资者保护机构、运用多元化纠纷解决机制等。2019年修订的《中华人民共和国证券法》设立了"投资者保护"专章，对投资者诉讼维权做出了规定。这种专章体例设计在凸显投资者保护重要性的同时，随着我国证券代表人诉讼制度的正式落地，也间接对上市公司提出了更高的要求，上市公司面临巨额投资者赔偿的风险也相应提高。了解投资者诉讼的相关规定，重视投资者保护，避免发生投资者诉讼，对上市公司日益重要。

---

[1] 证券代表人诉讼制度各项规定的具体内容及流程详见文后附件。
[2] 参见《最高人民法院关于证券纠纷代表人诉讼若干问题的规定》第五条、第三十二条。

（一）投资者起诉上市公司的情形

投资者起诉上市公司的情形主要有两类。一是股东诉讼。《中华人民共和国公司法》第九十七条和第九十九条等条文对股东的权利进行了规定，包括知情权、问询权、参加股东大会行使表决权等。如果上市公司违反《中华人民共和国公司法》规定，侵害投资者作为公司股东的权利，例如拒绝让投资者参与股东大会的议案表决、拒绝投资者查阅公司财务报告的要求等，投资者可以提起诉讼。二是证券纠纷民事赔偿诉讼。根据 2019 年修订的《中华人民共和国证券法》第九十五条规定，投资者因上市公司虚假陈述可提起诉讼。若起诉的投资者众多，可推选代表人进行诉讼。投资者保护机构可作为诉讼代表人，接受 50 名以上投资者委托参加诉讼。

（二）投资者保护机构对投资者诉讼的支持

2019 年修订的《中华人民共和国证券法》规定，投资者保护机构为投资者维权提供支持，进一步加强了证券市场投资者保护力量。未来，如因上市公司违法违规引发投资者维权事件，上市公司不再面对单个投资者，其面对专业投资者保护机构的诉讼风险增加。根据 2019 年修订的《中华人民共和国证券法》的规定，投资者保护机构对投资者维权支持主要体现以下几方面。一是表决权征集。投资者保护机构可以作为征集人，中小股东把表决权委托给投资者保护机构，使其可代表中小股东的利益向上市公司提出股东议案，并在股东大会上进行表决。二是支持投资者诉讼。当投资者起诉上市公司时，投资者保护机构可以为投资者的诉讼提供支持。在目前的实践中，支持投资者诉讼主要体现在为投资者提供律师作为诉讼代理人、损失计算、协助搜集证据等方面。三是做出调解。当上市公司与投资者之间发生纠纷时，投资者保护机构可以作为调解人，在投资者和上市公司之间开展调解工作。上市公司和投资者均可向投资者保护机构提出调解申请。四是股东间接诉讼。投资者保护机构持有上市公司股份，当上市公司的大股东、实际控制人或董事、监事、高级管理人员等侵害公司利益，给上市公司造成损失时，投资者保护机构可作为股东，为公司的利益以自己的名义向法院提起诉讼。五是代表人诉讼。投资者利益受到损害的，投资者保护机构可以接受 50 名以上投资者委托，作为代表人参加诉讼，并采用"默示加入、明示退出"的原则。

目前，我国专门的投资者保护机构包括中证中小投资者服务中心有限责任公司（简称"投服中心"）、中国证券投资者保护基金有限责任公司（简称"投保基金"）。其中，投服中心于 2014 年 8 月经证监会批准设立并受其直接管理，属于证券金融类公益机构，其主要职能是为中小投资者自主维权提供教育、法律、信息、技术等服务，具体包括：公益性持有证券等品种，以股东身份行权和维权；受中小投资者委托，提供调解服务；为中小投资者自主维权提供法律等服务；面向中小投资者开展公益性宣传和教育；代表中小投资者，向政府机构、监管部门反映诉求。投保基金于 2005 年 6 月由国务院批准，根据中国证监会、财政部和中国人民银行联合发布的《证券投资者保护基金管理办法》设立，主要职责是管理运作投资者保护基金、开展证券公司风险处置、证券公司风险监测、投资者保护状况评价、投资者调查、多元化解证券期货投资者赔偿纠纷等工作。

（三）上市公司化解投资者纠纷的其他方式

2019 年修订的《中华人民共和国证券法》就如何高效实现投资者的民事赔偿权利，及时化解上市公司与投资者双方纠纷等做了相关制度创新，具体包括纠纷调解、支持诉讼、责令购回、先行赔付等制度。支持诉讼前文已介绍，纠纷调解主要由投资者保护机构作为调解机构，支持诉讼即投资者保护机构为投资者提供诉讼支持，在此不再赘述。

2019 年修订的《中华人民共和国证券法》第二十四条对责令购回制度进行了规定。责令购回是指上市公司在发行股票时，其股票招股说明书中隐瞒重要事实或编造虚假内容，欺骗投资者，致使投资者购买其股票受到损失的，证监会可要求上市公司对投资者购买的股票进行回购。责令购回制度适用于 IPO、上市公司融资、并购重组等各个环节的股票发行行为。回购人既可以是上市公司，也可以是负有责任的上市公司控股股东、实际控制人。回购价格以市场交易价格和投资者购买价格中的高者为准。

2019 年修订的《中华人民共和国证券法》第九十三条规定了先行赔付制度。先行赔付是指上市公司发生欺诈发行、虚假陈述或者其他重大违法行为时，在对上市公司做出行政处罚或刑事司法裁判前，由可能承担民事赔偿责任的连带责任人（通常为上市公司的保荐机构、承销机构）先行垫资向投资者进行赔偿，然后由先行赔付者向上市公司及其他责任人进行追偿。建立先行赔付制度的初衷，是证券市场的行政处罚和刑事判决需经过立案、侦查、起诉、判决等环节，耗时较长，且证券民事赔偿诉讼旷日持久，为了让投资者尽快获得损失赔偿，特制定该制度。[①]

四、投资者诉讼给上市公司带来的风险及影响

（一）投资者民事赔偿起诉前置条件放宽，公司遭遇诉讼的风险概率上升

根据 2003 年公布的《最高人民法院关于审理证券市场因虚假陈述引发的民事赔偿案件的若干规定》第六条："投资人以自己受到虚假陈述侵害为由，依据有关机关的行政处罚决定或者人民法院的刑事裁判文书，对虚假陈述行为人提起的民事赔偿诉讼，符合民事诉讼法第一百零八条规定的，人民法院应当

[①] 在 2019 年修订的《中华人民共和国证券法》明确之前，我国证券市场便有关于先行赔付的相关实践案例，分别为 2013 年的万福生科案、2014 年的海联讯案及 2017 年的欣泰电气案。2013 年的万福生科案为首例先行赔付的案件，平安证券作为万福生科的保荐机构及主承销商，出资 3 亿元设立"万福生科虚假陈述事件投资者利益补偿专项基金"，并委托中国证券投资者保护基金有限责任公司担任基金管理人，设立网上和网下两种方案与投资者实现和解，最终受偿投资者占比达到 95% 以上，补偿金额占比达到 99% 以上。后续的海联讯案和欣泰电气案分别由控股股东、保荐机构及主承销商出资设立专项基金。（中证中小投服中心：《结合新证券法谈谈先行赔付制度入法》，证监会网站，http://www.csrc.gov.cn/pub/shanghai/ztzl/pfzl/202008/t20200804_381110.htm，2020 年 8 月 4 日。）

受理。"这条规定明确了行政处罚或刑事处罚是投资者起诉上市公司虚假陈述的前置程序，主要是出于对行政机关执法权的尊重以及专业性、重大性的考虑，但实践中存在诸多弊端。一方面，由于前置程序的限制，投资者无法及时提起诉讼，只能等待行政机关的调查结果，以致错失追索的最佳时间，而且由于行政处罚或刑事处罚大多伴随高额的罚款或罚金，公司的生产经营或将开始恶化，从而使得投资者难以得到有效的赔付。另一方面，行政机关的调查结论也可能影响法院自主判断的独立性。

2020 年，最高人民法院《规定》发布后，放宽了投资者民事赔偿起诉的前置条件，投资者不但可以依据证监会的行政处罚决定书起诉，也可以依据被告自认材料、证券交易所给予的纪律处分或者采取的自律管理措施等证明材料进行起诉。对投资者而言，此次修订放宽了其起诉标准，扩大了立案范围，利于其维权。对上市公司而言，这意味着更高的合规风险和诉讼风险，上市公司或将付出更多的精力应对诉讼。

（二）诉讼人数、金额的增加，公司风险敞口被放大

由于权益分散，成本高昂等原因，许多中小投资者提请司法程序进行权利救济的意愿并不强烈。受限于信息渠道、委托意愿、损失金额等各方面因素，在以往的虚假陈述民事诉讼案件中，很多投资者不敢诉、不愿诉，致使相关案件的实际索赔金额很可能小于投资者遭受的真实损失。代表人诉讼制度的出现将极大地改善该类问题，"默示加入、明示退出"原则及其他诉讼成本的降低，能够有效激发投资者的维权积极性。未来该类案件的参与人数、索赔规模等都将呈现大幅增长态势。

（三）诉讼旷日持久，公司经营发展可能受到影响

金融类案件案情复杂且专业性较高，行政处罚或刑事处罚环节多、时限较长，加之民事诉讼阶段的一审、二审、再审或调解等程序，一般需要一至两年甚至更长的时间，旷日持久，上市公司需要投入大量的时间和精力进行应对。此外，

上市公司还面临着高额的索赔，以及社会舆论等各方压力。整体外部环境的恶化，使得投资者的信心产生动摇，融资的渠道或将受阻，公司大量的精力被牵扯住，正常的生产经营可能难以持续，各方面都将受到不同程度的负面影响。

（四）诉讼被高度关注，公司声誉可能受到影响

随着互联网的发展和自媒体的涌现，上市公司的一举一动都被关注。特别是关于上市公司的负面新闻，通过互联网进行"发酵"，引起社会关注。投资者诉讼周期长，上市公司被诉新闻在互联网和媒体上被长期"曝光"和传播，容易给上市公司造成负面影响，有些上市公司可能因诉讼导致公司形象"一落千丈"，难以翻身，致使公司声誉受到严重影响，从而间接影响公司股价、资本运作以及生产经营活动。

五、上市公司对投资者诉讼风险的防范措施

（一）合法合规经营，减少纠纷发生的风险

产生证券纠纷，导致投资者诉讼的根源是上市公司未能合法合规经营，上市公司董监高未能在上市公司经营管理过程中勤勉尽责，从而导致上市公司存在公司治理和信息披露等方面的问题，甚至发生内幕交易、财务造假等严重的违法行为，损害了投资者合法权益，最终引发诉讼。因此，防范投资者诉讼的最主要、最有效的措施是公司合法合规经营，公司董监高勤勉尽责。

（二）提升公司治理水平，避免经营不规范导致投资者利益受损

上市公司不断提升公司治理水平和信息披露质量，建立有效的公司内部控制治理体系，通过整合管理层、董事和财务人员的组织架构，建立更为健全、相互制衡的公司治理体系，从而加强公司内部控制及企业监管的有效性，避免因公司大股东发生资金占用、违规担保、股份质押等风险事件，导致投资者利

益受损，引发诉讼纠纷。

（三）加强董监高责任意识，督促董监高勤勉尽责

《中华人民共和国证券法》规定了上市公司实际控制人、控股股东以及董事、监事、高级管理人员的连带责任问题，对实际控制人、控股股东以及董事、监事、高级管理人员来说，其自身利益和公司利益是紧密相连的，他们与公司是利益共同体，要让他们充分意识到对公司负责就是对自身负责，加强他们的责任意识。

董监高责任险是指董事、监事、高级管理人员在履职中失误，需要进行民事赔偿时由保险公司赔偿的一种保险，可以在一定程度上转嫁民事赔偿责任。为了降低赔偿风险，上市公司可以与保险公司合作，参与投保，或者与保险公司共同开发匹配集体诉讼风险的保险产品，通过购买董监高责任险，转嫁部分集体诉讼的风险。

（四）提升公司应对纠纷的能力，及时化解诉讼风险

1. **密切掌握相关监管动态。** 近年来，监管机构为完善市场基础制度建设，出台了各种规则及配套措施，上市公司的权责义务也日益清晰明确。上市公司可密切关注监管规则变化，及时组织学习新规要求，充分认识到监管动态对发行人、控股股东、实际控制人、董监高等主体的要求，积极采取应对措施，避免"无知犯错"。

2. **建立危机管理机制。** 上市公司可以预先制定危机管理机制，就涉及证券诉讼可能产生的突发情况，配备相应的风险管理预案，制定对外的公关策略以及对内的整改策略。例如，当危机发生时，上市公司在媒体上即时响应，对公司治理情况、财务情况进行信息披露等。通过这些手段增强投资者的信心，适当防止股价非理性下跌，从而减轻损失。这些措施也有助于公司在面对证券集体诉讼时处于相对有利的辩护地位。

3. **注重相关专业人员的选聘。** 上市公司董事、监事、董秘或者董办工作人员等高级管理人员应具备一定的法律知识，注重提升法律素养，配置专职法

务人员或者与公司的法律顾问密切合作，强化专业能力，努力避免发生重大的违法违规事件。

4. 加强舆情监测。通常，上市公司一旦因发生投资者诉讼而被媒体关注、报道，就会产生引发公司股价下跌、影响公司生产经营等一系列的连锁反应。当发生投资者诉讼时，上市公司应当加强舆情监测，及时正面对诉讼纠纷进行回应，避免市场妄自猜测，减少因诉讼带来的负面影响。

（五）运用多元化方式解决纠纷

诉讼虽然是投资者解决证券纠纷的重要工具，但依然存在成本高、耗时长、执行难等弊端。同时，漫长的诉讼"马拉松"也会影响公司后续的经营，甚至拖垮公司。从成本、耗时、便利性等角度考虑，公司在应对投资者纠纷时，可充分运用多元化解决方式，妥善处理纠纷。多元化纠纷解决机制包括诉讼和非诉讼方式，非诉讼方式包括调解、和解、仲裁等。2020 年修订的《中华人民共和国证券法》也对证券纠纷多元化解决机制进行了规定，例如，投资者和上市公司可以向投资者保护机构申请调解等。

（六）做好投资者关系维护

上市公司在日常经营中应注重加强与投资者的互动交流，对投资者关心的问题及时回应，及时处置投资者的投诉和上访问题，防患于未然。当发生投资者诉讼时，从接收案件通知到集体诉讼的证据交换和开庭审理，需要持续一段比较长的时间。因此，对被诉的上市公司来说，它可以在各个环节与投资者开展定期交流，提升透明度，安抚投资者情绪，防止矛盾进一步激化。此外，上市公司也应当对诉讼风险做出客观准确的识别，由管理层做出果断决策，准确把握是否和解、何时和解以及如何和解的问题，将公司的各方面损失降到最低。

第十章
金融市场基础设施风险管理

　　金融市场基础设施是为各类金融活动提供公共性服务的设施及其运营机构，是金融市场运行的基础和枢纽，具有系统重要性特征，也是金融市场稳健高效运行的基础性保障，对于畅通货币政策传导、加速资金周转、优化资源配置、维护金融稳定、促进经济增长有重要意义。本章在简要介绍金融市场基础设施基本情况以及国际组织基本监管要求的基础上，简要介绍国内依法设立的几种主要金融市场基础设施的职能定位、监管要求、主要风险及风险控制措施。

第一节　金融市场基础设施的基本情况

在 2008 年国际金融危机中，金融市场基础设施在提高风险处置效率、维护金融稳定方面的突出表现，使得加强金融市场基础设施统筹监管，构建高效、透明、规范、完整的金融市场基础设施成为国际金融改革的一项重要内容。

一、国内外金融市场基础设施监管制度概览

国际主要金融监管组织对金融市场基础设施及其风险管理的统一标准和建议是近 30 年才开始建立并不断发展完善的。

1989 年 3 月，G30 发布了著名的《全球证券市场清算交收系统》报告，首次提出统一交收期、建立货银对付（DVP）及滚动交收 ① 制度、引入 ISO 统一信息数据标准等理念，强调了交易对盘的重要性、集中存管的必要性，并建议建立证券借贷机制，这是全球最早对证券市场登记结算系统提出的改善建议。

---

① 货银对付（DVP）又称券款对付，它是指在证券交收过程中，当且仅当资金交付时给付证券、证券交付时给付资金，即俗称的"一手交钱，一手交货"。DVP 目前已经成为国际资本市场通用的结算准则。滚动交收是与会计周期交收相对的概念。会计周期交收是指在某一会计周期内的所有交易，均在会计周期结束后的某一特定日期全部完成交收。滚动交收是指对每一天达成的交易，均在交易达成后的固定天数后完成交收，如，在第 T 天完成的交易，在第 T+N 天完成交收，在第 T+1 天完成的交易，在第 T+1+N 天完成交收，如此滚动，交易日与交收日始终间隔 N 天。

2001 年 1 月，国际清算银行支付结算体系委员会（CPSS）[1]发布了《重要支付系统核心原则》（CPSIPS），为具有系统重要性的支付系统的安全高效设计和运行提供了 10 条原则。2001 年 11 月，CPSS 和国际证监会组织联合发布《证券结算系统建议》（RSSS），提出了 19 条促进证券结算系统安全性和效率的建议。2004 年 11 月，CPSS 和国际证监会组织联合发布《中央对手方建议》（RCCP），提出了 15 项针对中央对手方面临的主要风险类型的建议。2008 年国际金融危机后，CPSS 和国际证监会组织为支持金融稳定理事会完善核心金融基础设施和市场的工作，对之前三套标准（包括 CPSIPS、RSSS 和 RCCP）进行全面评审，并于 2012 年 4 月联合发布了《金融市场基础设施原则》（PFMI）。PFMI 将各类金融市场基础设施纳入整体考虑，全面加强并提高了对金融市场基础设施的风险管理要求，并加强了对相关国际标准的实施要求，现已成为国际上普遍认可的统一标准。

各国央行及监管机构都声明遵从 PFMI，这就形成了以 PFMI 为指导框架，与各国的法律法规相配套的监管体系。欧盟在 2013 年、2014 年先后出台了《欧洲市场基础设施监管规则》（EMIR）[2]、《中央证券存管机构管理条例》（CSDR）[3]，美国除了遵从 PFMI，还遵从《多德 - 弗兰克华尔街改革与消费者保护法》关于支付、清算和结算的监管，澳大利亚也出台了金融市场基础设施规则改革。

我国作为 CPSS 和国际证监会组织的正式成员，为促进我国金融市场基础设施的安全、高效、稳定运行，履行国际组织成员职责，中国人民银行和中国证监会分别于 2013 年印发了关于实施《金融市场基础设施原则》有关事项的通知，中国人民银行、发改委等六部门又于 2020 年 3 月联合印发了《统筹监管金融基础设施工作方案》，进一步加强了对我国金融市场基础设施的统筹监管与建设规划。

---

[1] 现更名为支付与市场基础设施委员会。

[2] 参见：Regulation (EU) No 648/2012 of the European Parliament and of the Council of 4 July 2012 on OTC derivatives, central counterparties and trade repositories, OJ L 201。

[3] 参见：Central Securities Depositories Regulation。

二、金融市场基础设施的职能定位与主体类型

（一）职能定位

金融市场基础设施涉及交易、支付、征信、登记、存管、结算等多个环节和领域，为金融市场交易活动提供公共性服务支持，具有系统重要性特征，也被称为系统重要性机构。

金融基础设施在 3 个方面发挥了重要基础功能。一是为金融市场参与者提供市场基础服务，如金融交易基础服务、清算、结算和记录等服务。二是提供风险管理服务，通过规范交易机制对市场参与者实现有效管理。三是为监管部门提供辅助监管服务，如市场监测和信息披露服务，方便监管层清晰地了解各市场参与者的风险暴露状况，并在宏观审慎监管的时间维度和空间维度得到有力的风险监测支撑。

（二）国内外主体类型分类

根据 PFMI，金融市场基础设施主要包括支付系统（PS）、中央证券存管机构（CSD）、证券结算系统（SSS）、中央对手方（CCP）和交易报告库（TR）等 5 个主要类型。在此基础上，CPSS 和国际证监会组织建议其成员国根据各自司法管辖的不同，进一步制定用于认定金融市场基础设施的标准，自行决定将 PFMI 的管理框架和规则全部或部分应用于 PFMI 未涵盖的基础设施。交易所、交易执行设施等在组织市场交易、维护市场秩序、提升市场活力方面发挥了至关重要的系统性、基础性作用，因此，包括我国在内的多国已经将其纳入金融市场基础设施范围，接受 PFMI 管理框架和规则的约束。

经过多年建设，我国逐步形成了为货币、证券、基金、期货、外汇等金融市场交易活动提供支持的、功能比较齐全、运行整体稳健的基础设施体系。我国的《统筹监管金融基础设施工作方案》将金融市场基础设施划分为金融交易设施、金融资产登记托管系统、清算结算系统（包括开展集中清算业务的中央对手方）、重要支付系统、交易报告库、基础征信系统等 6 类。

（三）各类金融市场基础设施介绍

1. 交易设施。是指为证券等金融资产集中交易提供场所和设施的机构，如美国的纽约证券交易所（简称"纽交所"）、美国证券交易所和纳斯达克股票市场，伦敦的伦敦证券交易所，日本的东京证券交易所，等等，它们都为股票、债券等证券交易提供了场所。美国的芝加哥商业交易所（CME）和洲际交易所（ICE）、英国的伦敦金属交易所、欧洲大陆的欧洲期货交易所等为期货、期权等衍生品合约交易提供了场所。我国国内的交易设施包括：证券交易所市场的上海和深圳两家证券交易所、全国中小企业股份转让系统有限责任公司、全国35家区域股权交易中心（四板市场）；期货交易所市场的上海期货交易所、郑州期货交易所、大连期货交易所、中国金融期货交易所、广州期货交易所；银行间市场的全国银行间同业拆借中心（中国外汇交易中心）、北京金融资产交易所等；此外，还有上海黄金交易所、上海票据交易所、保险交易所、信托交易所等专门交易场所。

2. 中央证券存管机构和证券结算系统。中央证券存管机构是指在一个国家或地区，集中提供证券账户登记、集中保管服务和资产服务（包括公司行为管理和赎回管理等）的机构。证券结算系统是指通过簿记系统，按照预先设定的规则，进行证券转让与结算的机构，是证券结算[①]环节的核心组织者。根据PFMI，证券结算系统既可以作为一个独立机构完全独立运作，也可以作为中央证券存管机构的组成部分运行。

在美国、英国、德国、法国等国家，中央证券存管机构与证券结算系统是相互独立的。例如在美国，政府债券、抵押贷款支持证券等由美联储运营的 Fedwire Securities 系统负责集中存管和实际交收，由美国固定收益清算公司（FICC）的政府债券部（GSD）和抵押贷款证券部（MBSD）负责在簿记系统中的清算和交收。股票、公司债券等其他证券由美国证券存管公司（DTC）负责集中存管和实际交收[②]，由美国全国证券清算公司（NSCC）负责簿记系统中的

---

① 证券结算由证券清算和交收两部分组成。

② 除美国外，DTC 还为其他 131 个国家或地区提供证券集中存管服务。（戴文华，2020）

清算和交收。[1]

在中国、加拿大、韩国、新加坡等国家，中央证券存管机构与证券结算系统是集中统一的。例如在我国，沪深证券交易所、全国股转系统上市或挂牌的证券，由中国结算统一提供集中存管、清算和交收服务。银行间市场的国债、政府债等，由中债登统一提供集中存管、清算和交收服务。银行间市场的短期融资券、中期票据、同业存单、大额存单、金融机构债券等，由银行间市场清算所股份有限公司（上清所）统一提供集中存管、清算和交收服务。

3. 中央对手方清算机构。证券结算环节的基础设施，除了有进行非担保交收的证券结算系统，还有通过自身介入已成交合约的交易双方之间、进行担保交收的中央对手方清算机构。在非担保交收模式下，证券结算系统只是根据清算结果，组织交易双方进行证券、资金的交收，不对交易双方的履约行为做任何保证。在担保交收模式下，中央对手方清算机构通过约务更替[2]、公开要约系统[3]或具有法律约束力的类似安排，成为每个卖方的买方和每个买方的卖方，作为交易对手，对所有卖方和买方承担证券和资金交收的履约责

---

[1] 虽然 DTC 与 NSCC 都是美国证券存托与清算公司（DTCC）的子公司，但其各自相对独立运作。

[2] 参见戴文华的相关论述：约务更替是指用新合约替换旧合约的过程。例如，根据一份证券交易合约，买方需要向卖方支付资金，卖方需要向买方交割证券。CCP 如果介入，与买方达成新的合约，就要由它代替卖方向买方交割证券，买方向它支付资金。同时，它与卖方也达成新的合约，由它代替买方向卖方支付资金，卖方向它交割证券，并且原有合约作废。此时，买方（和卖方）进行资金和证券收付的权利和义务将不会发生改变，除了其履行合约权利和义务的相对方，分别由卖方（和买方）变为 CCP，即 CCP 成功用两份新的合约替换了原有合约，成为买方的卖方和卖方的买方。

[3] 参见戴文华的相关论述：公开要约与约务更替在实现 CCP 介入买方和卖方之间，并承担对权利方履行义务和对义务方行使权利的职责方面是一致的。但是约务更替是在买卖双方达成原始合约后，用两份新的合约替换旧的合约，使旧合约消亡。公开要约，是由 CCP 向市场中的买方和卖方发出要约，当买卖双方达成交易意愿（如交易的品种、数量、价格等）后，由 CCP 参照双方的交易意愿，直接与买方和卖方分别签订相应买卖合约，而买方和卖方之间自始至终都未签订直接的买卖合约。

任①，且不以任何一个交易对手履约为前提。②根据中央对手清算机构与交易设施之间的股权关系，中央对手方的治理架构可以分为垂直模式和水平模式。

在国际国内证券市场，中央对手方清算服务通常是由独立于证券交易设施的第三方提供的（水平模式）。如美国政府债券和抵押贷款支持证券、其他证券和股票期权的中央对手方清算服务，分别由 FICC、NSCC 和美国期权结算公司（OCC）提供。我国沪深证券交易所市场、全国股转系统的中央对手方清算服务由中国结算提供，银行间市场的中央对手方清算服务由上清所提供。在国际国内期货市场，中央对手方清算机构通常是以期货交易所独立业务部门或控股子公司的形式运营（垂直模式）的，如芝加哥商品交易所控股 CME 清算所提供中央清算服务，我国 5 家期货交易所分别内设清算部门负责各自上市的衍生品交易的中央对手方清算服务。

4.**支付系统**。是指两个或多个参与者之间资金转账的一套工具、程序和规则，该系统包括参与者和运行上述安排的单位。他们通常以参与者和运行者之间的双边或多边协议为基础，使用商定的运行基础设施实现资金转账。我国已经形成以中国人民银行支付系统为核心、银行业金融机构行内支付系统为基础、票据支付系统、银行卡支付系统、互联网支付等为重要组成部分的支付清算网络体系。

5.**交易报告库**。是集中保存交易数据电子记录（数据库）的单位。通过集中收集、存储和传递数据，交易报告库可为有关管理部门和公共部门提高交易信息的透明度，促进金融稳定，并为检查和防止市场滥用提供支持。在欧美国家，交易报告库主要由各国或国际中央证券托管机构、各国交易所和电子交

---

① 在交收过程中，中央对手方清算机构通过中央证券存管机构，在其自身证券交收账户和结算对手证券交收账户之间完成证券过户，通过支付系统，在其自身资金交收账户与结算对手资金交收账户之间完成资金划转。

② 这意味着，即使有买方（或卖方）对中央对手方清算机构违约，也不会影响中央对手方清算机构对其他卖方（或买方）继续履约。

易平台设立。[①] 目前，我国在场外衍生品业务方面设立了中国期货市场监控中心交易报告库（CFMMC-TR），中国外汇交易中心暨全国银行间同业拆借中心（以下简称中国外汇交易中心、交易中心或同业拆借中心）和中证机构间报价系统股份有限公司分别负责记录利率类、外汇类场外衍生品交易数据和股权类场外衍生品交易数据，它们均被视为类交易数据库[②]。

6. 征信系统。是指对企业和个人的信用信息进行采集、整理、保存、加工和发布的单位。他们为信息主体、取得信息主体本人书面同意的信息使用者和国家机关提供相关信用信息查询服务。目前，中国人民银行已经建立了全国集中统一的企业和个人征信系统，设立中国人民银行征信中心（征信中心），专门负责该系统的建设、运行和维护。2013 年 3 月 15 日施行的《征信业管理条例》，进一步明确了该系统是由国家设立的金融信用信息基础数据库的定位。

三、对中央证券存管机构和中央对手方清算机构的专门介绍

金融市场基础设施的产生与发展，多是为了满足金融市场发展对效率和安全的基本需求，其中尤以中央证券存管机构和中央对手方清算机构最具代表性，因此有必要对其进行专门介绍。

（一）中央证券存管机构

1. 中央证券存管机构的发展由来。证券的保管方式伴随着证券交易、交收方式的变化，大致经历了个人持有、分散化托管、中央存管 3 个演变阶段。

在市场早期，投资者在小范围内自主寻找交易对手，面对面交易、交收

---

① 例如，美国证券存托与清算公司分别在欧洲地区和美国设立了 DDRL 和 DDR 两个交易报告库。芝加哥交易所、伦敦洲际交易所和伦敦交易所集团分别成立了交易报告库 CME TR、ICE TVEL 和 UnaVista Limited。彭博公司分别在欧洲和美国设立了交易报告库 BTRL 和 BSDR。夏露，庞业军. 交易报告库的发展经验及启示 [J]. 金融市场研究，2018（02）：114–121.

② 焦瑾璞：《中国金融基础设施功能与建设研究》，社会科学文献出版社，2019。

证券，因此主要以实物形式直接持有证券。随着市场规模的扩大，投资者开始通过证券经纪人撮合交易，为了方便证券转让、提高保管安全性，他们开始将实物证券委托给证券经纪人或专门的托管机构代为保管、交收。到 20 世纪 60 年代末，美国证券市场交易量出现爆发式增长，证券交易开始由分散化交易模式向交易所集中交易转变。每天大量繁杂的纸质过户文书给交易所结算部门带来巨大处理压力，这引发了华尔街著名的"纸面作业危机"。为解决这一问题，纽交所于 1968 年推出集中纸面证券服务，并于 1973 年成立了美国第一家证券存管机构——美国证券存管公司，之后发展成为全国性机构。1987 年华尔街发生股灾后，中央存管模式开始在全球范围内推广，并成为主流模式。[①]

2. 中央证券存管机构的特点与功能。首先，通过建立中央证券存管机构，投资者所持有的实物证券便可通过托管机构集中存放，这使得证券交收环节不再需要进行实物证券的交付，只需要在中央证券存管机构的簿记系统进行证券划付即可实现证券所有权的转移，实现了证券的"非移动化"。

其次，信息技术的快速发展使得对证券所有权的登记由纸质形态转化为电子形态。中央证券存管机构为证券市场提供了一个完整的簿记系统，提高了证券交易、登记、托管、存管、清算、交收等各环节的电子化处理效能，推动实现了证券的"无纸化"，极大地提高了证券交收效率和安全性，从根本上解决了证券交易所交易量大幅提升后其所面临的"纸面作业危机"。目前在全球主要市场，大多数发行人已不再发行实物证券，证券的中央存管由集中保管实物证券变为记录电子数据。

3. 对中央证券存管机构的国际监管实践。中央证券存管机构作为证券市场的枢纽，若出现重大风险，将对整个金融市场造成巨大影响。美国及欧盟等国际成熟债券市场均通过专门的法律法规，明确了有关中央证券存管机构设立、展业、运营的监管要求，并规定对其进行持续监督。

（1）美国市场。Fedwire Securities 由美联储监管和建设运营。美国证券存

---

① 除了上文提到的美国和中国境内的中央存管机构情况，在英国，由 Euroclear UK & Ireland 的 CREST 系统为整个证券市场提供中央证券存管和实际交收服务。在澳大利亚，由 ASX Settlement 为证券市场提供中央证券存管和实际交收服务。

托与清算公司（DTCC）同时受到 3 个监管机构管理，作为美联储的州级成员银行，接受美联储的监督和管理。在美国证券交易委员会注册的清算机构，接受美国证券交易委员会对其业务的监管，在纽约注册的有限目的信托公司，接受纽约州银行厅的监管。

（2）欧洲市场。在 2012 年以前，欧盟各成员国中央证券存管机构受 PFMI 和各国不同的法律框架、监管授权及宏观审慎管理规则监管。2012 年，欧洲证券及市场管理局（ESMA）颁布了《欧洲中央证券存管条例》（CSDR），形成了对欧盟市场内中央证券存管机构的有效监管体系。CSDR 基于宏观审慎监管原则，对中央证券存管机构业务的监管授权和业务运营两个方面进行了规定。

在监管授权方面，CSDR 要求中央证券存管机构在首次开展业务、变更业务范围前应当获得其注册所在地有权监管机构的授权和批准。有权监管机构（如各国央行）同意中央证券存管机构开展业务的，应当及时与相关监管机构（如各国证监会）沟通，并向 ESMA 报送获批中央证券存管机构的名称及业务范围。

在业务运营方面，CSDR 一是要求中央证券存管机构提供公平公开、全面透明的参与者服务，包括明确参与者准入要求，提供完善的多级托管账户体系，施行透明的收费制度和建立参与者投诉处理程序，等等。二是要求中央证券存管机构构建安全有效的风险管理体系，包括制定清晰完善的业务规则和业务流程，建立科学合理的管理、经营和 IT 体系，在中央银行、授权信用机构或其他中央证券存管机构持有高流动性金融资产时，要求其按照合适比例持有风险应对资本等。

（二）中央对手方清算机构

1. 中央对手方清算机构的发展由来。伴随金融市场的建立与发展，清算机制大致经历了由双边清算到多边清算，由环形清算到中央对手方清算的发展趋势。

双边清算是自物物交换时代就开始使用的清算机制，由交易双方根据交易情况计算相互间应收应付的数额。到 17 世纪以后，金融市场出现了同时服务多个市场参与者的专业清算机构，多边清算开始萌芽，即根据多个交易主体间的所有交易情况，计算这些交易主体相互间的应收应付数额。

在多边清算的早期，清算机构主要采用环形清算模式，即由 3 个及以上的清算会员共同组成一个清算环路，通过轧差^①简化原先复杂冗长的清算过程，以提高效率。到了 19 世纪末 20 世纪初，随着欧美商品期货市场金融产品标准化程度的不断提高，中央对手方清算机制开始出现。芝加哥期货交易所（CBOT）于 1925 年建成了全球第一家现代意义上的中央对手方清算机构——芝加哥期货交易所结算公司（BOTCC），明确其将充当所有卖方的买方和所有买方的卖方，中央对手清算机制正式成形。

2008 年金融危机期间，中央对手方清算机制的优势在伦敦清算所（LCH）处置雷曼兄弟破产事件中体现得淋漓尽致。其后，中央对手方清算机制得到国际社会的广泛认可^②，开始由场内市场向场外市场扩展。截至 2019 年底，场外市场利率衍生品通过中央对手方清算的比例达到 77%，信用衍生品通过中央对手方清算的比例达到 56%（数据来自国际清算银行）。

2. 中央对手方清算机制的特点与功能。中央对手方清算机制相对于其他清算结算机制最本质的区别是，其通过约务更替或公开要约实现了信用替代，使得买方（和卖方）的交易对手，即原本的卖方（和买方），被替换为中央对手方清算机构，买方（和卖方）原本承担的卖方（和买方）的信用违约风险也被替换为中央对手方清算机构的信用违约风险，消除了所有买方和卖方所面临的信用违约风险，为他们的债权权益提供了担保履约。同时，约务更替或公开要约简化了原本各交易主体之间错综复杂的交互关系，特别是信用替代大幅简

---

① 根据国际清算银行术语解释，轧差就是对手方之间债务的抵销，能够减少支付的数量和价格或在一系列交易中减少交收的次数。简单来讲，轧差就是抵销相等数额，计算余额。

② 在国际金融危机期间，中央对手方清算机制的优势在伦敦清算所处置雷曼兄弟破产事件中体现得淋漓尽致。在雷曼违约后，伦敦清算所迅速处置 9 万亿美元利率互换未平仓头寸，仅动用了雷曼缴纳初始保证金的 35%，没有给其他市场主体和伦敦清算所带来任何损失。与之形成鲜明对比的是，雷曼 720 亿美元的信用违约互换由于采用双边清算机制，头寸未及时平仓，加上市场恐慌情绪无序传染的羊群效应，最终给其他交易对手带来了约 52 亿美元的净损失。

化了市场中的信用风险暴露关系，将原本复杂的交互网络即风险传导网络简化为中心辐射结构（如图10-1所示）。中央对手方清算机制通过建立风险共担机制，以及保证金管理和净额结算等一整套制度安排，将单个交易主体的信用违约风险控制在可控范围内，避免了信用违约风险在市场中的传染和扩散。

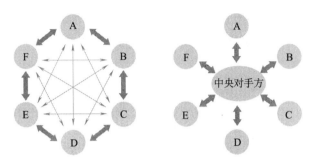

图10-1　非中央对手方清算机制与中央对手方清算机制下的债权债务关系

此外，中央对手方清算机制作为集中管理机制，通过对重要市场信息的搜集、整理和合理披露（包括向监管部门报送），提升了市场透明度，在提升监管部门监控监测能力、稳定投资者信心等方面发挥了巨大作用。而且，中央对手方通过调节保证金总体规模等集中管理手段，也可以助力防控系统性风险，抑制羊群效应和顺周期效应等。

3. 国际监管实践。对中央对手方清算机构的国际监管主要体现在国际层面和国家层面两个维度。

（1）国际层面的监管侧重建立包括中央对手方清算机构在内的核心金融市场基础设施业务技术标准，以期维护国际市场安全稳健运行，防止跨境监管套利。

《金融市场基础设施原则》是规范包括中央对手方清算机构在内的金融市场基础设施的国际统一标准，为中央对手方清算机构等各类金融市场基础设施建设提供了更详细的指导和更严格的标准，能有效切断风险的跨系统、跨境传染，能更好地保障金融体系的安全稳定。金融市场基础设施标准体系建设越来越重视对中央对手方的考量。CPMI和国际证监会组织于2014年10月、2017

年 7 月陆续发布关于中央对手方清算机构恢复的报告，对恢复计划的可操作性、资源补充、非违约造成的损失，以及恢复工具的透明度和应用性这 4 个方面进行了详细说明，以确保在危机情况下，中央对手方清算机构能继续提供关键服务。2015 年 2 月，CPMI、国际证监会组织基于 PFMI，发布了《中央对手方公开量化披露准则》，提出了中央对手方清算机构应满足的披露数据最低要求，进一步完善了 PFMI 的标准体系。2017 年 7 月，CPMI 和国际证监会组织发布了关于中央对手方清算机构韧性的 PFMI 进一步指引报告，完善了相关原则要点，以更好地关注中央对手方清算风险管理框架的建设，旨在提高中央对手方的韧性和恢复能力。

（2）国家或地区层面的监管通常依据 PFMI 基本原则，侧重就 CCP 资质、经营等进行细化规定，赋予其职责并提出要求。

欧盟市场。 根据《欧洲市场基础设施监管条例》（EMIR），欧盟对中央对手清算系统的监管部门分为 3 个层次：第一层由欧盟各成员国中央对手清算系统的主管机构和监管机构组成，负责对欧盟成员国的中央对手清算系统进行监管；第二层由欧洲证券及市场管理局负责对欧盟成员国的监管和对第三方国家监管机构的协调，并确定统一的监管标准；第三层由欧盟委员会和欧洲证券及市场管理局联合监管，并保证欧盟经济不受外部冲击影响。其中，欧洲证券及市场管理局在市场监管中发挥核心作用，通过制定相关监管技术标准，推进 EMIR 等规则的实施。

EMIR 遵循 PFMI 的框架和原则，对中央对手方清算机构监管制定了具体措施和要求。一是在市场准入方面，由欧洲证券及市场管理局和申请者所在国的监管当局等组成审核委员会进行审核，申请者应"递交所有必要信息，以使监管部门确信该中央对手方清算机构在获核准时，其所有的必要安排将使其符合规则的所有要求"。二是在公司治理方面，中央对手方清算机构的资本金与中央对手方清算机构活动产生的风险要成比例且不少于 750 万欧元，中央对手方清算机构应建立健全董事会、风险委员会、高级管理层等治理机制，明确内控流程。三是在日常运作方面，中央对手方清算机构要应针对不同产品设定清算会员准入类别和标准，及时评估流动性和信用风险，建立保证金、清算基金等充足的风险准备资源，设立详细的违约程序，定期开展模型审查、压力测试和回溯测试，向利益相关方保持足够的透明度，等等。

美国市场。根据《多德–弗兰克华尔街改革与消费者保护法》，美国中央对手方清算机构监管当局有 3 个：一是美国商品期货交易委员会，期货和互换交易（证券或窄基证券指数的互换交易除外）的中央对手方清算机构应在美国商品期货交易委员会注册成为衍生品清算组织（DCO）；二是美国证券交易委员会。证券或窄基证券指数的期货、期权和互换的中央对手方清算机构应在美国证券交易委员会注册成为清算机构（CA）；三是美联储。若 DCO 或 CA 被认定具有系统重要性，美联储将对其进行宏观审慎监管。

《多德–弗兰克华尔街改革与消费者保护法》第 725 条（c）规定了 DCO 应满足的 18 项核心原则，主要包括：一是合规性原则，DCO 应当遵守该法规定的核心原则及其相关规则强制执行的任何要求，同时享有合理的自由裁量权；二是财务资源充足原则，DCO 应当保持为履行职责所需要的足够的财务、运营和管理资源；三是参与人与产品合格原则，DCO 的会员资格应当被公平和公开地获得并被客观、公开地披露；四是足够保证金的风险管理原则；五是旨在识别和控制风险的结算程序原则；六是风险最小化的资金安全处理原则，DCO 持有的投资资金和资产应当是信用风险、市场风险和流动性风险最小的投资工具；七是明确公开的违约处理规则和程序原则；八是保障规则强制执行的原则，DCO 应当保持充分的资源，以保证有效地监督会员遵守与执行规则，保证有能力处罚、限制、暂停或终止会员违反规则的活动；还有可靠安全系统保障原则、信息报告原则、营业活动记录存档原则、信息公开原则、信息共享原则、必要行为的反垄断豁免原则、治理健康标准原则、禁止利益冲突原则、市场参与者参与治理原则和法律风险控制原则，等等。

四、金融市场基础设施的主要风险类型

金融市场基础设施作为复杂的多边系统，集中了大量风险并与其参与者建立了广泛的联系，这些都导致金融市场基础设施容易集聚、产生并传播一定的潜在风险。目前，国际上普遍认可并采纳 PFMI 的分类方法，将金融市场基础设施所面临的风险分为系统性风险、法律风险、信用风险、流动性风险、一般

业务风险、托管与投资风险和运行风险等 7 类。

1. **系统性风险**。系统性风险指一个或多个参与者无法按照要求履行义务，导致其他参与者到期无法履行义务的风险。多个 FMI 之间可能存在相互依赖关系，FMI 自身的支付、清算、结算和记录过程可能依赖于一个或多个其他 FMI 的功能，因此，单个 FMI 中断会影响其他 FMI，最终传导至市场其他参与者，产生一系列"连锁反应"，有可能导致金融体系崩溃。

2. **法律风险**。指法律法规的适用超出预期的风险，例如，因法律法规适用导致交易对手合同非法或无效，或法定程序造成金融资产头寸冻结导致损失。跨境场景可能会出现法律风险导致的 FMI 参与者承担损失。

3. **信用风险**。指 FMI 参与者在到期日无法履行金融义务的风险，如与对手发生未结算交易造成收益损失。结算银行、托管机构或相连的 FMI 未履行其金融业务也可能导致信用风险。

4. **流动性风险**。指某个交易对手没有足够资金按期清偿金融债务产生的风险。包括资产卖方不能如期收到资金而不得不借款或变卖资产以完成其他支付，或者买方无法如期获得资产而不得不借入资金来完成自身交割任务。

5. **一般业务风险**。即与 FMI 管理和运营相关的风险，比如收益降低或费用增长使得 FMI 财务状况受损。一般业务风险若不能得到妥善管理，就可能导致 FMI 业务运行中断。

6. **托管与投资风险**。托管风险指在托管人或次级托管人无力偿还、玩忽职守、欺诈欺骗、管理不善等情况下损失托管财产的风险。投资风险指 FMI 将自身资源或参与者资源用于投资所面临损失的风险。

7. **运行风险**。指信息系统或内部处理中的缺陷、人为错误、管理不善或者外部实践干扰造成 FMI 提供服务减少、恶化或中断的风险，该风险可能导致延迟、损失、流动性问题甚至系统性风险。

五、金融市场基础设施的核心风险管理原则

金融市场基础设施在金融体系和更广泛的经济活动中起着至关重要的作用。为了更好地应对、管理乃至消除金融市场基础设施可能面临的风险，

PFMI 从建立清晰的法律基础、有效的治理安排和全面风险管理等 9 个方面（共计 24 条金融市场基础设施原则）提出了金融基础设施的风险管理框架，全面强化了相关风险管理要求，以期实现对市场和自身风险的全面管理。目前，有关内容已经被 CPSS 和 IOSCO 成员国（或地区）作为加强司法管辖内金融市场基础设施风险管理的核心原则。我国也已经在国内法律框架内最大限度地采纳了这些原则，要求各类金融机构切实加以遵守。

1. 在法律依据与风险管理总体框架方面。（1）为避免遭受法律风险，金融市场基础设施应当就其活动的每个实质方面，具有稳定、清晰、透明和可执行的法律基础，从而确保金融市场基础设施基于这样的规则和程序开展的活动不会被废止、撤销或者被迫中止。（2）作为系统重要性机构，金融市场基础设施应当根据国内法律、所有制结构和组织形式，做出清晰、透明、可查的治理安排，以实现安全、高效的目标，更好地服务于金融稳定和相关公共利益。（3）金融市场基础设施应当具备稳健的风险管理框架，全面管理法律风险、信用风险、流动性风险、运行风险和其他风险。

2. 在信用风险和流动性风险管理方面。为应对信用风险，支付系统、结算清算系统和中央对手方应以高置信度来使用抵押品、保证金和其他预付的金融资源，以完全覆盖对每个参与者的当前暴露和潜在的未来暴露。在接受抵押品时，应当将其严格限制为低信用风险、低流动性和低市场风险的资产，审慎评估其变卖价值并进行逐日盯市，等等。中央对手方还应建立有效的、基于风险的和定期接受评审的保证金制度，使其保证金水平与产品、组合以及所服务市场的风险和特性相匹配。此外，为应对流动性风险，中央对手方还应持有足够的所有相关币种的流动性资源，在各种可能的压力情境下，以高置信度实现当日、日间、多日支付债务的结算，并持续、及时地识别、度量和监测其结算和资金流。

3. 在结算方面。为避免结算延期的出现（可能给参与者和利害相关者带来信用和流动性压力），支付系统、证券结算系统和中央对手方的规则和程序应该明确定义结算的最终时点，即在这一时点后，结算的支付、转账指令或其他债务均不得被参与者撤销。在进行货币结算时，参与各方应首先使用中央银行货币，以规避信用风险和流动性风险。如果不能使用中央银行货币进行结算，那么可以使用商业银行货币作为替代，但应严格监测、管理和限制源于结算银行的信用风险和流动性风险。在实物交割中，参与各方应当明确其可接受的实物交割的资产类别以及不同资产类别的具体交割办法，并制定适当的程序、方法和控制手段来管理保管和交割实物资产引发的风险。

4. 在中央证券存管机构和价值交换结算系统方面。 中央证券存管机构应采用适当的规则、程序和控制措施，以保障证券发行人和持有人的权利，防止证券未经授权被创设和消除。应以固定化形式或者无纸化形式处理证券，并采用簿记方式转账，以提高效率，降低额外风险和成本。应采用强有力的内控措施，并确保不同参与主体之间的资产相分离，以保护资产免受托管风险。此外，支付系统、证券结算系统和中央对手方结算的金融交易，在涉及两项关联债务的计算时，应通过 DVP、DVD[①] 或 PVP[②] 结算机制，作为价值交换结算系统，将两项债务的最终结算关联起来，确保当且仅当其中一项债务的最终结算发生时，与之关联的另一项债务才被最终结算。

5. 在违约管理方面。 支付系统、中央证券存管机构、证券结算系统和中央对手方应该具备有效、定义清晰的违约规则和程序，确保当参与者违约时，其自身能继续对非违约者履行义务，如规定适当的自主裁量程序、明确不同类型资源的使用顺序以及违约之后在适当时间内补充资源的计划等。中央对手方还应具有分离[③] 和转移[④] 客户头寸和抵押品的规则和程序，从而有效保护参与者客户的头寸和相关抵押品，免受参与者或同一参与者的其他客户违约或破产的影响，如采用的账户结构应能便捷地识别参与者客户头寸并分离相应抵押品，建立的转移安排应能实现完整、高效转移等。

6. 在一般业务风险和运行风险管理方面。（1）金融市场基础设施应具备

---

① DVD 是一种关联两种或两种以上证券交割的证券结算机制，当且仅当一种或者多种证券交割发生时，对应的另一种证券才完成交割。

② PVP 是指当且仅当一种或者多种货币的最终转账发生时，另一种货币才发生最终转账的结算机制。

③ 分离是指通过分开持有和记账，保护客户的抵押品和合约头寸的方式，包括客户与参与者之间的分离和客户与同一参与者的其他客户之间的分离。

④ 转移是指将合约头寸、资金或证券从一方转至另一方的操作。

稳健的管理和控制系统，识别、监测和管理一般业务风险，持有充足的权益（如普通股本、公积金或者留存收益）性质的优质且充分的流动性净资本，以确保其在面临一般业务损失时能持续运营和提供服务。（2）支付系统、中央证券存管机构、证券结算系统和中央对手方应通过受监管的单位进行资产托管，确保由托管人保管的资产能够及时获得，并且不会被托管人的债权人追偿，以及确保其投资策略应与整体风险管理策略一致且能及时变现等，来化解托管和投资风险。（3）金融市场基础设施应建立健全运行风险管理框架，采用适当的系统、制度、程序和控制措施，识别运行风险的内部和外部源头，持续评估运行风险不断变化的特性，分析其潜在缺陷，采取适当措施加以防控。

7. 在准入方面。金融市场基础设施应通过设定客观的、基于风险的、公开披露的参与要求，确保与其相连接的主体具有必要的运行能力、金融资源、法定权利和专业风险管理知识技能，以控制相关参与主体带来的风险。当金融市场基础设施的间接参与者通过其直接参与者获取其服务时，分级参与安排就会产生。这要求金融市场基础设施应通过相关规则、程序和协议，确保其被允许搜集间接参与者的基本信息，并能在必要时对间接参与者采取风险集中度限制措施，以识别、监测和管理由分级参与安排对其产生的任何实质性风险。中央证券存管机构、证券结算系统、中央对手方和交易报告库在与其他金融市场基础设施建立连接时，还应持续识别、监测和管理连接安排可能产生的风险。

8. 在效率方面。为确保金融市场基础设施具备满足其服务所需的效率和效力，其设计应在清算和结算安排的选择、运行结构、清算结算和记录产品的范围，以及对技术和制度的使用方面重点考虑效率问题，兼顾成本控制，并明确规定可度量、可实现的效力目标，切实加以监督和审计。而且，为了确保参与者能够与金融市场基础设施进行及时、可靠、准确的通信，金融市场基础设施应使用或者至少兼容国际通行的相关通信程序①与标准②，特别是在核心功能上要采用国际通行的通信程序与标准。

---

① 标准化的通信程序提供了一套跨系统的通用信息交换规则。

② 标准化的通信标准，包括标准化的报文格式和用以识别金融工具和交易对手的参考数据标准等。

9. **在透明度方面。**金融市场基础设施应采用清晰、全面的规则和程序，向参与者和潜在参与者提供充足的信息，以便他们能够清晰地识别并充分了解参与的风险和职责。交易报告库应该根据法规和行业预期向有关管理部门和公众分别提供详尽的数据，还应该提高市场透明度，并支持其他公共政策目标。

我国作为支付和结算体系委员会及国际证监会组织的会员国，参照 PFMI 要求对国内金融基础设施进行统筹管理，以更好地发挥金融基础设施作用，防范金融市场风险。

第二节　证券交易所风险管理

新中国证券市场诞生于 20 世纪 90 年代初，经历了从无到有、从小到大的过程，逐渐成长为世界最大的证券市场之一，对中国经济发展与转型升级做出了巨大贡献。证券交易所作为证券市场的组织者、监管者和服务者，在维护证券市场平稳运行、提升市场运行效率、防控和处置各类风险过程中起着至关重要的作用，其自身的风险防控能力已成为核心竞争力的重要内涵。

一、证券交易所基本情况

（一）国际交易所发展情况

证券交易所是为证券集中交易提供场所和设施、组织和监督证券交易、实行自律管理的法人，是证券市场核心金融基础设施。17 世纪初，荷兰东印度公司股票流通需求强烈，世界第一家证券交易所——阿姆斯特丹证券交易所应运而生，迅速成为欧洲最活跃的资本市场，阿姆斯特丹也发展成 17 世纪世界金融中心。第一次工业革命后，英国经济实力迅速崛起，伦敦证券交易所一度发展成世界最大的证券交易所。两次世界大战使得世界金融中心从英国转移至美国，纽约证券交易所逐步发展成为全球总市值最大的交易所。1971 年，美国信息技术行业的兴起催生了纳斯达克交易所，它是第一个完全采用电子交易、为新兴产业服务的股票市场，是目前世界最大的电子证券交易市场，交易量已经超越纽约证券交易所。

截至 2020 年底，世界交易所联合会（WFE）成员共有 250 家市场基础设施提供商（包括证券交易所、期货交易所和综合性交易所），目前在 WFE 成员交易所上市的公司超 4.7 万家。全球排名前 20 的证券交易所 2020 年实现融资金额合计 8 195 亿美元（约合 5.3 万亿元人民币），成交金额合计 154 万亿美元（约合 1 000 万亿人民币），股票总市值合计 103 万亿美元（约合 670 万亿元人民币），超过了当年全球 GDP 总和。从总市值、上市公司数、融资金额、IPO 数量、成交金额等方面综合来看，第一梯队证券交易所主要分布于美国、中国、日本和欧洲，证券交易所排名基本代表了各国在全球经济金融体系中的地位（如表 10-1 所示）。

表 10-1　全球交易所前 10 名表单（2020 年）

交易所	总市值 (万亿美元)		上市公司数		本年度融资金额 (亿美元)		本年度 IPO 公司数		本年度成交金额 (万亿美元)	
	数值	排名	数值	排名	数值	排名	数值	排名	数值	排名
纽约证券交易所	26.23	1	2 366	6	1 335.76	1	46	11	26.44	2
纳斯达克	19.06	2	2 933	3	513.14	7	184	2	63.64	1
上海证券交易所	6.98	3	1 800	12	1 322.81	2	234	1	12.21	4
东京证券交易所	6.72	4	3 758	1	380.77	9	92	5	6.98	5
香港联合交易所	6.13	5	2 538	5	954.92	3	144	4	3.14	7
泛欧证券交易所	5.44	6	1 493	13	603.55	5	37	13	2.40	9

交易所	总市值（万亿美元）		上市公司数		本年度融资金额（亿美元）		本年度IPO公司数		本年度成交金额（万亿美元）	
	数值	排名	数值	排名	数值	排名	数值	排名	数值	排名
深圳证券交易所	5.24	7	2 354	7	824.54	4	161	3	17.84	3
伦敦证券交易所	4.05	8	2 347	8	587.48	6	72	6	2.74	8
多伦多证券交易所	2.61	9	3 394	2	283.93	12	51	10	1.87	11
印度国家证券交易所	2.55	10	1 959	11	332.98	10	20	17	1.64	12

注：根据 WFE 2020 年 12 月 31 日公布的数据，按交易所汇总统计（取前 10 名）。

证券交易所组织形式一般分为公司制和会员制两种。20 世纪 90 年代，交易所公司化和上市浪潮席卷全球。1993 年瑞典斯德哥尔摩交易所成为第一家公司化交易所，1998 年澳大利亚交易所率先上市，纳斯达克交易所、纽约证券交易所分别于 2002 年、2006 年上市，2008 年之前的 10 年，WFE 公司制交易所成员数量增加了两倍多，约占全部成员的 80%。截至 2020 年底，除了沪深证券交易所，全球第一梯队证券交易所均为公司制。

伴随着大量证券交易所从会员制转变为公司制，部分头部交易所开始通过并购整合做大做强。2000 年，阿姆斯特丹交易所、布鲁塞尔交易所、巴黎交易所合并为泛欧证券交易所，2007 年泛欧证券交易所与纽约证券交易所合并为纽约泛欧交易所集团，2013 年美国洲际交易所集团收购纽约泛欧证券交易所集团，成为全球最大的交易所集团。截至 2020 年，美国洲际交易所集团旗下共有 5 家证券交易所、5 家衍生品交易所、4 家 OTC 市场和 6 家清算公司，营业收入、净利润均位居全球第一。纳斯达克交易所、东京交易所、香港交易所等也经历了一系列并购重组，发展成交易所集团。

海外证券交易所在组织架构发生变化的同时，其业务发展也呈现出一些新变化。一是交易产品多元化。交易所不再限于单一类型，而是呈现综合化的趋势，除了传统的股票债券交易业务，还包括衍生品业务、清算与存管业务、数据服务与技术系统输出等。例如，印度国家证券交易所自 2000 年来大力发展衍生品业务，相继推出指数期权、个股期权、个股期货、利率期货等产品，2019 年其衍生品成交量高达 59.61 手，位居全球第一。二是连接场外市场。2008 年金融危机后，多国监管当局要求场外衍生品必须进行集中清算，为交易所通过提供清算服务切入场外市场提供了契机。三是技术系统整合与统一。在多资产、多产品和多服务的情形下，为便利客户、降低经营成本和统一全球运行标准，交易所将技术系统整合，使多元服务在单一平台上运行。

（二）境内交易所发展情况

境内证券交易所起步较晚。1984 年，十二届三中全会通过《中共中央关于经济体制改革的决定》，股份制试点伴随着企业改制快速展开，全国各地涌现出一大批股份制企业，催生了股票流通和交易的需求。1990 年 12 月 1 日深交所开始试营业，12 月 19 日上交所开始营业，拉开了境内资本市场规范发展的序幕。随着股票发行从试点走向全国，沪深交易所上市公司数量显著增加，实现了由区域性市场向全国性市场的跨越。[①]

2004 年 5 月，深交所按照国务院分步推进创业板市场建设要求，设立中小企业板[②]，聚焦于服务主业突出、具有成长性的中小企业。2009 年 10 月，创业板在深交所被正式推出，定位于深入贯彻创新驱动发展战略，服务成长型创新创业企业，支持传统产业与新技术、新产业、新业态、新模式深度融合。2019 年 6 月，上交所推出科创板，面向服务国家战略、突破关键核心技术、市场认可度高的科技创新企业，并先行试点注册制。2020 年 8 月，创业板改革并试点注册制平稳落地。2021 年 4 月，深圳证券交易所主板与中小板合并顺利实施。2013 年 1 月，全国中小企业股份转让系统有限责任公司正式揭牌运营。经过持续的探索和改革，我国形成了主板、创业板、科创板、新三板、

---

① 1995 年 1 月，西藏明珠股份有限公司公开发行股票 300 万股，随后在上交所挂牌上市。自此，全国所有省、自治区和直辖市都有了上市公司。

② 2021 年 2 月，证监会批准深交所主板和中小板合并。

区域股权市场等组成的多层次资本市场体系。

境内证券市场经过 30 多年的发展，从无到有、从小到大，实现了历史性突破和跨越式发展，股票、债券市场规模位居全球第二，2020 年深、沪交易所股票交易排名分列世界第三和第四。服务实体经济能力取得显著成效，上市公司数超过 4 200 家，累计实现股权融资超过 21 万亿元。资本市场改革取得重大突破，开创性地实施了股权分置改革，持续推进发行审核制度改革，股票发行试点注册制取得阶段性成果。高水平双向开放新格局加快形成，建立健全 QFII（合格境外机构投资者）、RQFII（人民币合格境外机构投资者）制度，深化沪深港通等互联互通机制，行业机构外资持股比例限制全面放开，境外投资者持股市值持续提升，国际影响力显著增强。

二、证券交易所监管要求

（一）证券交易所监管体制

欧美国家证券交易所诞生时间普遍早于证券监管机构设立时间，因而，早期证券市场具有鲜明的自律监管特征。自 20 世纪开始，欧美国家政府纷纷设立证券监管机构，全面加强对证券市场的行政监管，建立了各具特色的监管体系。

美国属于典型的政府主导型监管。1911 年堪萨斯州诞生了美国第一部州证券法，证券公开发行被纳入州政府监管范畴，此后 20 年内几乎各州都制定了类似的证券法案，这类法案被统称为"蓝天法"。1933 年罗斯福政府实施"新政"，在对 1929 年大萧条进行全面反思的基础上，制定了《美国 1933 年证券法》，推动美国证券交易委员会成立，将纽约证券交易所纳入联邦监管范围。《美国 1934 年证券交易法》确立了全国性证券交易所及其他自律监管组织与美国证券交易委员会行政监管相结合的综合市场监管框架。1975 年美国国会对《证券交易法》进行重大修改，强化了美国证券交易委员会对交易所等自律组织的控制，1996 年美国国会进一步扩大美国证券交易委员会的权力，要求美国证券交易委员会每年对证券交易所至少进行一次现场检查。2007 年，在美国证券交易委员会的协调下，纽交所会员监管、执行和仲裁部门与美国全国证券交易商协会（NASD）^①合并，成为美国金融业监管局，负责 NASD 及纽交所所有会员的检查、执法、仲裁及调处业务。纽交所将其会员监管业务移交给美国金融业监管局后，继续负责市场监察、上市公司法规遵循及相关执法业务。交易所在组织证券交易、制定交易规章制度、提供交易通信等方面需服从美国证券交易委员会管理，在美国证券交易委员会授权下进行核查及处罚。

英国证券市场诞生时间较美国更早，但其由自律监管转向政府监管时间较美国更晚。1980 年以来，英国金融监管法制化程度不断加深，1997 年英国金融服务管理局的成立标志着其形成了自律监管和政府监管并举的监管体系。2013 年，英国金融监管体制发生重大变革，英国金融服务管理局主导的金融监管模式被金融政策委员会、审慎监管局以及金融行为监管局（FCA）取代。具有审慎重要性的金融机构（包括银行、保险、证券公司等）由审慎监管局和 FCA 进行双重监管，其他金融机构，包括证券交易所、基金管理公司等由 FCA 单独进行行为监管。在监管职责分工方面，FCA 负责上市审核，伦敦证券交易所负责核准证券在该所交易，FCA 和伦敦交易所都具有交易监察职责。FCA 借助公司监管、交易监控、经济形势研判等方式识别评估潜在风险，并采取相应风险应对措施。

我国境内证券市场监管体制经历了由分散监管到集中监管的发展过程，逐步形成以政府监管为主、自律监管为辅的监管体制。1992 年以前，证券市场规模较小，没有统一、专门的证券监管机构，监管职权分散在中国人民银行、原国家计委、原体改委、财政部等多个部门中，法律法规以地方政府的规章为主要规范和依据。1992 年 10 月，为加强证券市场监管，国务院证券委员会和中国证监会成立，负责制定证券市场法规制度，打击违法违规行为，维护证券市场健康发展。1997 年 7 月，国务院决定将沪深交易所划归证监会直接管理，11 月，原由中国人民银行监管的证券经营机构划归证监会统一监管。1998 年4 月，国务院证券委员会被撤销，其职能归入证监会，8 月，地方证券管理部

---

① 1971 年，美国全国证券交易商协会创立了纳斯达克市场，1998 年纳斯达克与美国证券交易所合并，两年后纳斯达克脱离 NASD，成为一个独立机构。

门划归证监会垂直管理。1999 年 7 月起实施的《中华人民共和国证券法》以法律形式结束了证券市场多头监管的现状，确认了由证监会集中统一管理的证券市场监管体制。同年，证监会在全国设立 36 家派出机构，对证券发行、交易活动实行集中统一监督管理，全国集中统一的证券监管体系正式形成。除了证监会，证券交易所、证券业协会和上市公司协会等自律机构对其成员的证券交易活动进行自律监管和一线监管，在集中统一监管前提下，构成对证券监管活动的有效补充。

（二）核心监管原则

根据国际证监会组织确立的证券监管目标和原则，各成员国证监会应当持续对证券交易所和证券交易体系进行管理监督，确保通过公正、平等的规则维持交易的公平性，这些规则应当在不同市场参与者的需求之间取得适当平衡。监管应当提升交易透明度，制定规则的目的是查明和制止操纵及其他不公平的交易行为。监管的目标还包括，确保对大规模风险敞口、违约风险和市场混乱进行适当管理。

2012 年，国际证监会组织为金融市场基础设施制定了 24 项原则，其中和证券交易所相关的共有 12 项：一是金融市场基础设施应为其在每个司法管辖区的活动建立一个基础良好、清晰、透明和可执行的法律基础；二是金融市场基础设施应具有清晰透明的治理安排；三是金融市场基础设施应具有完善的风险管理框架；四是金融市场基础设施应建立有效明确的规则和程序来管理参与者违约；五是金融市场基础设施应识别、监控和管理其一般业务风险；六是金融市场基础设施应保护自己和参与者的资产，并将这些资产的损失和延迟使用风险降至最低；七是金融市场基础设施应识别内部和外部操作风险的合理来源，并通过使用适当的系统、政策、程序和控制措施来减轻其影响；八是金融市场基础设施应该有客观的、基于风险的、公开披露的参与标准；九是金融市场基础设施应识别、监控和管理与其建立联系的其他金融市场基础设施相关的风险；十是金融市场基础设施应高效地满足参与者及其所服务市场的要求；十一是金融市场基础设施应使用或至少适应国际公认的通信程序和标准；十二是金融市场基础设施应具有明确全面的规则和程序，并应提供足够的信息，使参与者能够准确了解参与金融市场基础设施所产生的风险、费用和其他物质成本。

美国证券交易委员会对美国证券交易所的监管遵循一系列原则，综合来看主要包括以下几点：一是对非全国性证券交易所跨州提供交易服务进行严格限制，交易所注册为全国性证券交易所需要向美国证券交易委员会申请；二是全国性证券交易所制定和修改规则需经过美国证券交易委员会批准，对于未批准的申请则会提供听证机会；三是全国性证券交易所应当促进公正、公平的交易，推动从事证券交易、清算、结算以及相关信息处理的利益相关方之间的合作与协调。

中国证监会作为国际证监会组织成员，对沪深证券交易所以及新三板的监管既符合国际证监会组织确立的监管原则，也具有一定的中国特色。具体来说，一是具有严格的设立门槛，证券交易所和新三板日常管理接受证监会的监督，高层组织人事变动需要经过证监会批准。二是证券交易所及新三板制定、修改涉及重大事项的业务规则，应当在发布前报证监会批准，并向市场征求意见，以确保规则公正透明。三是证券交易所和新三板作为自律性监管组织，在证监会的统一集中管理下，在证券发行上市、证券交易、上市公司及会员管理等方面开展审核或一线监管活动，防范化解市场风险，维护市场"三公"原则，保障投资者合法权益。

（三）具体监管要求

1. 证券交易所设立与定位。欧美国家普遍要求在设立证券交易所时，需要履行严格审批流程。根据美国《证券交易法》第6条a项，证券交易所可以向美国证券交易委员会提交注册申请书，注册为全国性证券交易所。其他国家对于设立证券交易所，几乎都建立了与美国类似的严格审批机制。

根据我国《证券法》第九十六条、第一百条，证券交易所的设立需经国务院批准，其他任何单位和个人不得使用证券交易所或近似名字。目前，境内仅有沪深两家依法设立的证券交易所以及新三板。由于非法金融交易场所缺乏监管、运营不规范，扰乱正常交易秩序，监管机构曾多次开展清理整顿，及时肃清市场乱象，化解潜在风险隐患。例如，1997 年监管机构对各地方设立的场外股票市场和柜台交易中心进行清理，2017 年对各类违法交易场所进行清理关闭和撤并整合。

1998 年《证券法》明确将证券交易所定位为提供证券集中竞价交易场所的不以营利为目的的法人。2005 年《证券法》第一次修订，将证券交易所定位修改为"证券交易所是为证券集中交易提供场所和设施，组织和监督证券交易，实行自律管理的法人"，首次强调交易所自律管理职责。2019 年新修订的《证券法》进一步强调证券交易所自律监管职能，新增证券交易风险监测职能，并要求证券交易所履行自律管理职能应当遵守社会公共利益优先原则，维护市场的公平、有序、透明。《证券交易所管理办法》对证券交易所的定位与证券法基本保持一致，对交易所职能进行了进一步细化补充，明确证券交易所职能包括制定和修改本所业务规则，审核、安排证券上市交易，组织和监督证券交易，对会员、上市公司进行监管，等等。

2. **制定和修改规则。**业务规则是证券交易所开展业务和履行自律管理职能的基本保障和依据。世界各证券监管机构几乎都会对交易所规则制定及修改进行监督或审批。根据美国《证券交易法》第 19 条 b 项，交易所制定和修改规则需经过美国证券交易委员会批准方可生效，但属于对现有规则的含义、实施和执行等有关政策、实践进行解释说明等情形的，仅需向美国证券交易委员会申报。根据香港《证券及期货条例》第 24 条，交易所制定和修改规则需取得证监会批准，但证监会可公告豁免交易所某些类别规则的报批，该等规则需于制定后尽快向证监会呈报。

我国境内规范证券市场与交易所运行的法律法规体系，最高层次的是《证券法》和《公司法》，部门规章由证监会制定发布，包括《证券交易所管理办法》《证券登记结算管理办法》等。业务规则由证券交易所制定，是对业务实施的具体规定，包括《深圳证券交易所交易规则》《上海证券交易所科创板股票上市规则》等。根据《证券交易管理办法》等规定，证监会对证券交易所制定和修改规则进行监督，这种监督根据规则的重要程度分为两种方式：一是对于证券交易、上市、会员管理等涉及重大事项的业务规则，应当在发布前经交易所理事会通过并报证监会批准；二是对于其他业务规则，由证监会进行事后监督。

3. 证券发行上市与退市。注册制是当前成熟证券市场普遍采用的证券发行上市制度。在美国市场，公司公开发行股份由联邦和州监管机构执行审查并注册，上市则由相关证券交易所负责审查。公开发行和上市是两个分支，公司股票可以公开发行但不上市，也可以一次性公开发行并上市。对于披露信息，联邦、州、交易所监管侧重点有所不同：美国证券交易委员会重点要求披露对股价有实质影响的信息，州监管机构侧重于投资风险与收益是否公平合理，交易所重点关注在财务、流动性、公司治理方面的信息披露。在退市制度方面，美国《证券交易法》规定美国证券交易委员会有权下令否决或取消证券的登记注册，同时，美国各交易所也自行制定退市标准，在做出企业退市决定方面具有较大自主权。

境内证券发行上市制度历经多次变迁，发展初期采取审批制，1999年7月改为核准制，2019年开始实施注册制改革，2019年5月设立科创板并试点注册制，2020年8月实施创业板改革并试点注册制。在注册制下，证券交易所承担证券发行审核职责。一方面，证券交易所要判断发行人是否符合发行条件、信息披露要求，督促发行人完善信息披露内容，把好市场入口关。另一方面，注册制下证券首发上市、上市公司再融资、重组申请均有明确的受理、审核时限，交易所需要在规定时间内完成审核工作。同时，沪深证券交易所依法履行上市公司退市相关职责。2005年《证券法》第五十五条、第五十六条首次明确证券交易所有权依规决定暂停或终止股票上市。现行《证券法》出于优化退市流程考虑，删除了暂停上市相关规定。

4. 组织交易及交易监管。建立证券交易所的初衷和首要职责就是为投资者提供交易撮合服务，证券交易所身处市场一线，汇集各类市场交易信息，因而是进行交易监管的主体。海外证券交易所多为营利性机构，被赋予的监管权限相对较小，但普遍被要求对异常交易行为进行监控。欧盟法规要求交易所应对异常交易进行记录和存档，并且识别和判断其是否构成违法违规行为，然后向上级监管部门和执法机关报告涉嫌内幕交易或市场操纵的交易线索和证据。证券交易所在承担实时交易监控任务时，有权实施暂停可疑交易等监管措施。

为了提高一线监管效率，欧盟《市场滥用行为监管规定（2014/596/EU）》规定了异常交易的判断标准，以便于交易所迅速识别异常交易行为并及时有效进行监管。

我国境内法律法规要求证券交易所在交易监管方面承担系列职责。根据《证券法》第一百一十二条、《证券交易所管理办法》第四十二条、第四十四条，证券交易所应当对证券交易进行实时监控，及时发现、处理和报告异常交易行为，视情况采取限制交易等自律监管措施，对市场操纵、内幕交易等涉嫌违法违规的交易行为进行核查、分析并上报证监会。根据《证券交易所管理办法》第五十六条，证券交易所还应当督促会员成为识别、发现、制止异常交易行为的重要关口。《证券法》第一百一十三条进一步明确：证券交易所应当加强对证券交易的风险监测，出现重大异常波动的，证券交易所可以按照业务规则采取限制交易、强制停牌等处置措施，并向国务院证券监督管理机构报告；严重影响证券市场稳定的，证券交易所可以按照业务规则采取临时停市等处置措施并公告。证券交易所依照该条规定采取措施造成的损失，除存在重大过错外，不承担民事赔偿责任。

5. 上市公司信息披露监管。对上市公司进行监管是证券交易所的重要职责。美国证券交易所对上市公司的监管主要体现在对上市公司治理的强制性要求上，这些治理准则是公司上市的前提，也是所有上市公司必须持续遵循的要求。自1998年我国第一版《证券法》颁布以来，对上市公司信息披露进行监督一直是境内证券交易所的法定职责。根据现行《证券法》第八十七条、《证券交易所管理办法》第六十五条，证券交易所应当对上市公司信息披露文件进行合规审核，督促相关方依法、及时、准确地披露定期报告、临时报告等信息，对上市公司违法违规线索进行评估、分析并上报证监会。

6. 会员监管。欧美证券交易所虽多为公司制，但仍保留了会员的概念。美国《证券交易法》第6条b项明确规定，证券交易所会员包括注册经纪商、交易商以及与注册经纪商、交易商关联的自然人。纽交所及纳斯达克会员监管业务由美国金融业监管局负责，但证券交易所有权决定是否对会员或与会员关联的人员进行纪律处分、终止会员资格或限制对其提供服务。

沪深证券交易所实行会员制，证券经营机构作为证券交易所会员，受证券交易所监管。《证券交易所管理办法》明确要求，证券交易所在会员资格、席位、风险控制、技术规范等方面制定规则并开展监督。《证券交易所管理办法》2017年修订时，进一步强化了证券交易所对会员的管理职责，增加了会员投资者适当性管理、防范系统性风险等相关要求。《证券交易所管理办法》第五十八条明确要求，证券交易所应当督促会员建立并执行客户适当性管理制度，要求会员在向客户推荐产品或者服务时要充分揭示风险，并不得向客户推荐与其风险承受能力不适应的产品或者服务。《证券交易所管理办法》第五十四条授权证券交易所为了防范系统性风险，可以要求会员建立和实施相应的风险控制系统和监测模型。

7. 维护系统安全运行。 随着信息技术的发展和交易量的增长，证券市场正常运转对交易系统的依赖度越来越高。根据国际证监会组织关于金融市场基础设施系统建设和维护的要求，金融市场基础设施的系统设计应确保高度安全性和操作可靠性。一是对系统、操作和控制措施定期进行审查、审计和测试。二是确保系统具有足够的可扩展能力来处理不断增加的业务量。三是具有全面的硬件和软件安全政策，以解决所有潜在的漏洞和威胁。四是制订一个业务连续性计划，以应对可能导致业务中断的重大风险事件。五是该计划应确保关键技术系统能够在中断事件发生后两小时内恢复运行。六是定期测试这些安排。七是识别、监控和管理关键参与者、其他金融市场基础设施以及服务提供商可能对其运营造成的风险。

中国证监会将交易所系统安全运行纳入监管范围。《证券交易所管理办法》第四十七条规定，证券交易所应当建立符合证券市场监管和实时监控要求的技术系统，并保障交易系统、通信系统及相关信息技术系统的安全、稳定和持续运行。证监会要求各交易所按照"两地三中心"①建设布局生产与灾备系统，以保证业务连续性。2016年，中国证监会发布《资本市场交易结算系统核心技术指标》，进一步对包括证券交易所在内的核心机构交易结算系统技术指标进行细化和规范，设置了订单峰值吞吐速率等8个性能指标标

---

① 金融行业重要基础设施（特别是交易所）实施的技术安全保障机制，两地指同城和异地，三中心指生产中心、同城灾备中心和异地灾备中心。

准、日订单处理容量等 5 个容量指标标准、系统恢复时间等两个连续性指标标准、最大证券个数等 6 个静态指标标准，以及风控支持能力等 16 个功能指标标准。

三、证券交易所主要风险类型

证券交易所在证券发行上市、交易等方面为市场参与者提供服务与便利的同时，也集中承担了大量风险。证券交易所作为证券市场的组织者，安全运行风险始终是其面临的最大挑战。安全运行风险主要包括技术风险和操作风险。一方面，证券交易对技术系统依赖度高，技术系统故障一旦发生，就可能直接影响市场正常交易。另一方面，随着交易所产品不断推陈出新，操作流程越来越复杂、链条越来越长，操作风险管理对交易所的重要性不断提升。

对境外交易所来说，除了安全运行风险，信用和流动性风险一般也是最受关注的风险类型。沪深交易所在发展初期也曾参照境外模式，分别与上海和深圳证券登记公司合并，承担清算交收职能。如果证券买卖方无法履行证券或资金交收义务，其信用或流动性风险将传导至证券交易所。2001 年，中国证券登记结算公司成立，沪深交易所的清算交收功能被集中剥离，实现了证券交易和证券清算交收相互隔离，信用和流动性风险不再是境内交易所风险管理的重点领域。

沪深交易所与境外公司制交易所相比，一线监管职能范围更广、责任更重，不但要关注自身风险，而且要关注市场稳定运行风险。过去的 30 多年，证券市场出现过庄股横行、场外配资违规入市、上市公司财务造假等违法违规行为，也集中爆发过债券违约、股票质押爆雷、融资融券强平等风险情形，给投资者带来重大损失，同时给市场信心和交易所声誉造成较大伤害。在防控和处置各类市场风险的过程中，交易所不断完善业务规则，严厉打击违法违规行为，扩充和丰富风险应对工具箱，力求将风险事件对市场稳定运行的负面影响降到最低。

对我国境内的证券交易所来说，其关注的风险类型主要包括以下几方面。

（一）股市大幅波动风险

股市大幅波动主要表现为股市主要指数短期内出现"暴涨"和"急跌"。各大证券市场均经历过股市大幅波动。例如，1995—2002年，美国出现互联网泡沫，引发股市大幅波动，对实体经济造成显著冲击。纳斯达克指数由751点上涨到5 132点，涨幅为583%，随后互联网泡沫破裂，纳斯达克指数下跌73%。2020年3月，受新冠肺炎疫情影响，美国股市一度暴跌，3月9日、12日、16日、18日先后出现4次熔断。国内A股市场同样经历过股市大幅波动。2005—2008年，上证指数从998点上涨至6 124点，涨幅为514%。随后，受美国次贷危机等因素影响，最低下跌至1 664点，跌幅达73%。2014—2015年，场外配资等杠杆资金大量入市，上证指数、深证成指、创业板指分别上涨152%、146%、178%，市场风险急剧加大。随后，监管层严控杠杆规模，股市大幅快速回落，6月15日—7月8日，上证指数、深证成指、创业板指在17个交易日内分别下跌32%、40%、41%，多次出现千股跌停情况。

（二）上市公司财务造假风险

为达到发行条件、规避退市、抬高股价等目的，一些上市公司采取虚增收入、虚增资产、关联交易操控利润等手段虚报财务信息、掩盖真实经营状况。无论是美国市场的安然、世通，还是境内的琼民源、银广夏、万福生科等财务造假案，均严重违反了市场"三公"原则，扰乱了资本市场正常秩序，损害了投资者利益特别是中小投资者的利益，引发了巨大舆论风波，对资本市场造成了恶劣影响，不利于市场长期健康发展。财务造假事件如果频发，特别是重大恶性财务造假事件不断发生，就会对交易所的监管能力与公信力和信誉带来巨大挑战，尤其是在注册制实施后，交易所将面临更大的审核监管压力。

（三）上市公司退市风险

上市公司因经营不善、重大违法、股价过低等会被退市处理，公司股票会被交易所摘牌。欧美证券交易所实践表明，严格的退市制度是维持市场健康发展、提高市场投资价值的重要保障机制，大量绩差上市公司不能及时退市出清，会给市场和投资者带来长期负面影响。2018 年之前，退市难、退市慢较大程度上助长了垃圾股炒作，甚至造成"劣币驱逐良币"的怪象。2014 年至2017 年，市场一度热炒 ST 股票，市场定价机制和资本配置功能严重扭曲。如何在保护投资者利益的情况下高效清退绩差、劣迹公司，是当前沪深交易所维护资本市场健康发展的重要课题。与此同时，退市与投资者特别是中小投资者利益息息相关，交易所退市程序如果处理不慎，就可能引发投资者投诉或群访，尤其是针对市场具有争议的退市案例，交易所甚至可能面临诉讼风险。

（四）债券违约风险

近年来我国已经进入了债券兑付高峰期，加上监管层有序打破债券刚性兑付，交易所债券违约时有发生。特别是 2018 年以后，中美经贸摩擦不断，宏观经济下行压力加大，民营企业融资难融资贵现象突出，违约案例明显增多，部分地方国企甚至中央国企债务违约风险也明显增大。2018—2019 年，交易所市场债券违约数量总计 211 只，为 2014—2017 年违约总和（54 只）的近 4倍。个别债券违约是市场正常现象，但大面积违约可能导致市场机构面临较大流动性风险。部分债券发行主体为上市公司或上市公司控股股东，发行人经营风险、规范运作风险和债务风险可能发生交叉传染。公募基金持有的债券违约会波及个人投资者，在极端情形下不排除引发群访等次生风险。某些恶性的逃废债行为可能会给市场带来连锁的负面影响。交易所如果处理不好，就会对其声誉产生极为不利的影响，妨碍证券市场健康发展，甚至引发系统性风险。

（五）技术系统风险

交易、通信等核心技术系统是资本市场安全运行的重要支撑。2010—2019 年，全球主要证券交易所平均每年发生一两起严重技术故障事件，2020

年全球证券交易所技术风险事件发生频率陡增，其中被媒体广泛报道的就多达16件，泛欧交易所、东京交易所、新西兰交易所等全球多个交易所因技术故障而停市。一方面，随着国内证券市场高速发展，交易品种不断增多，单日委托峰值屡创新高。另一方面，国际竞争日趋激烈，业务创新日益频繁，技术系统复杂性明显提升，对交易所技术系统功能、效率、容量、安全性、可靠性等提出了更高要求，交易所技术系统风险防控非常关键。

（六）操作风险

证券交易所涉及大量业务操作，业务操作流程不完善或人员操作失误等原因会影响交易所安全高效运行，甚至会引发重大事故。部分操作对市场参与者可能造成影响。境内交易所诞生初期，业务操作以手工办理为主，风险防控机制不完善，操作风险事件时有发生。随着交易所操作技术系统的不断改进，人为操作失误的风险在一定程度上有所减少，但业务操作与技术系统耦合度不断提高，操作风险与技术风险关联度也逐步提升。尤其是随着交易所不断推出新产品新业务，操作流程越来越复杂，业务人员操作不熟或者疏忽可能会引发操作风险事件，影响市场正常运行。

四、证券交易所风险防控

证券交易所是证券市场的组织者和一线监管者，它始终将维护证券市场安全稳定运行作为其重要使命。经过 30 多年的探索发展，特别是各类风险因素的暴露和处置，证券交易所积累了大量风险防控经验，风险管理制度不断完善，风险监测预警能力不断加强，风险应对处置能力不断提升，形成了一套较为有效的风险防控机制。

（一）股市大幅波动风险防控

1. 不断完善交易机制，提高市场交易效率。为适应国内股票市场波动性强的特点，交易所应充分借鉴海外成功经验，按照市场化导向，不断完善交易机制，形成与市场发展阶段、板块特征及投资者群体相适应的交易定价机制，提高市场运行效率。

2. **持续优化投资者结构，吸引长期资金入市**。为了改变境内市场以散户投资者为主的市场结构，监管机构一直积极推进机构投资者发展培育工作，大力发展证券投资基金，允许国有企业、国有资产控股企业和上市公司三类企业投资股票一级和二级市场，推动保险公司、社保基金和企业年金逐步入市，合格境外机构投资者和人民币合格境外机构投资者制度也先后实施，推出沪深港通、沪伦通等，持续引进外资参与中国资本市场，专业化机构投资者不断壮大，投资者结构不断优化。交易所应加大工作力度，积极回应专业化机构投资者的合理诉求，吸引长期资金持续进入市场，不断优化投资者结构，提升市场效率。

3. **完善风险管理工具，降低股市波动性**。国内 A 股市场做空机制不完善，一定程度上加剧了市场单边运行风险。2010 年 3 月，融资融券交易试点启动，证券市场开始引入做空机制，并建立风险控制指标浮动管理机制。2010 年 4 月，沪深 300 股指期货合约上市交易，又为市场稳定运行注入了新的机制。交易所在 2015 年和 2019 年分别推出上证 50ETF（交易型开放式指数基金）期权和沪深 300ETF 期权，进一步丰富了投资者的交易策略和风险管理手段，吸引了更多长期资金入市。上述期货、期权产品的推出，既有助于投资者根据自身的风险承受能力，通过期货或期权产品配置多样化的风险管理策略，开展套期保值和风险对冲，以此实现风险规避或转移，也能增强投资者持股意愿和投资信心，有效提升市场的流动性和稳定性。交易所应持续加大期货期权等风险管理工具的上市力度，为市场参与者提供丰富多样的风险对冲工具，推动市场内在稳定力量的建设。

4. **建立风险监测预警体系，完善应急处置预案，防范系统性风险**。资本市场影响因素多，风险爆发的时机与强度不确定性很大。证券交易所应建立健全涵盖宏观经济、汇率、境外资金流入、市场估值、价格波动等方面的风险监测预警指标体系和技术系统，运用人工智能、大数据等前沿技术，加强对海内外市场运行状况的跟踪监测和异常交易监测监控，建立有效的预警机制。同时，要不断完善市场波动风险防范应急预案，加强应急演练，提升风险处置能力，切实防范系统性风险。

（二）上市公司财务造假风险防控

1.**加大对上市公司财务造假打击力度。**提高违法成本是打击财务造假的重要手段。现行《证券法》已大幅提高了财务造假的处罚力度，证监会和各地证监局也加大了对涉嫌信息披露违法违规上市公司的查处力度，调查数量较往年同期明显提升。证券交易所应利用纪律处分、退市机制等手段，并及时通报监管机构，加大财务造假打击力度，对存在欺诈发行、重大信息披露违法行为的上市公司，及时实施终止上市处罚。

2.**推进中介机构归位尽责，压实资本市场"看门人"职责。**2004年，《证券发行上市保荐制度暂行办法》正式实施，确立了资本市场保荐制度，要求保荐机构对企业发行文件进行审查并对其真实性负责，并对公司进行持续督导，督促上市公司真实、准确地披露信息，明确中介机构"看门人"职责。现行《证券法》也提高了中介机构惩罚力度，科创板、创业板先后实行了保荐机构跟投制度，其中科创板要求保荐机构相关子公司认购2%~5%的股票，倒逼保荐机构归位尽责，防范"只荐不保"。证券交易所应采取有效措施，推进中介机构归位尽责。

3.**加强信息披露监管，强化财务造假识别能力。**信息披露监管是及时识别财务造假、增强造假威慑力的重要抓手，交易所作为上市公司信息披露的直接监管者，应通过"发函问询＋交易监管＋现场检查"等方式多管齐下，提高监管效率。同时，要积极利用大数据、文本挖掘技术的企业画像系统等科技手段，提高财务造假的识别能力，提升监管精准度。

（三）上市公司退市风险防控

1.**加强退市风险揭示，强化退市风险公司监管力度。**从2003年起，沪深交易所已实施退市风险警示制度，对存在退市风险的股票，在其股票简称前冠以"*ST",充分揭示退市风险,专门设立"风险警示板",对 ST、*ST 股票实行另板交易。同时,交易所要根据上市公司风险分类管理要求,持续优化对具有退市风险的高风险公司的信息披露监管机制,进一步加强退市风险解释。

2. 不断完善上市公司退市机制,推进市场优胜劣汰。 为提升上市公司整体质量,证券交易所已建立"年度审计报告非标意见退市""面值退市""市值退市""成交量退市"和重大违法违规退市等指标,拓宽上市公司退市渠道,精简退市流程,积极推动解决退市难、退市慢[①]等问题,退市效率明显提升。交易所要严格执行退市标准,精简退市工作流程,持续提高退市效率,大力推进市场优胜劣汰,提升上市公司质量。

3. 积极引导投资者理性投资。 证券交易所切实加强投资者教育,向投资者详细全面解读退市规则、强化退市案例宣传,提升退市威慑力度,为投资者树立理性健康的投资理念。

(四)债券违约风险防控

1. 以受托管理人为抓手,完善债券风险防控工作机制。 证券交易所应建立健全以受托管理人/计划管理人为核心的多层次信用风险防控体系,形成完备的防范化解债券风险的管理体系和工作机制。从管理体系看,交易所应对债券发行人实现分类监管,区分一般风险、次高风险和高风险债券,重点加强高风险类发行人及产品信用风险排查。从工作机制看,交易所要秉承"以受托管理人为中心"的监管思路,做好一线监管和风险防控。对于高风险债、违约债,要督促受托管理人积极尽职履责,加强发行人、债券持有人之间的沟通协调,探索协商展期、场外兑付、撤销回售等方式,努力避免债券实质性违约。

2. 完善信用风险出清渠道,加大风险化解制度供给。 交易所市场应在证监会的统筹指导下,探索开展包括债券回售撤销、回售转售、公开购回债券、

---

① 参见 2020 年 12 月 31 日沪深证券交易所发布新修订的上市规则(简称退市新规)。

特定债券交易、公司债置换等便利债券违约风险出清的产品和交易机制，充分运用市场化、法治化手段防范化解债券信用风险。

3. 运用信用保护工具，丰富信用衍生品体系。 信用保护工具是由买方向信用保护卖方支付保护费作为对价，将特定企业或其特定债务的信用风险转移至信用保护卖方，并在约定的信用事件发生时获得信用保护卖方赔付，是欧美市场最为重要、规模最大的信用衍生品之一。境内交易所市场信用保护工具主要包括信用保护合约和信用保护工具。2018 年 11 月，沪、深交易所同时启动信用保护合约试点，随后分别于 2019 年 12 月、2020 年 10 月启动信用保护凭证试点。截至 2020 年 10 月，深交所累计达成信用保护合约 67 笔，合约规模 30 亿元，实际支持实体企业融资 180 亿元，受保护债务主体多为民营企业，对提升投资者认购民企债券，降低民企融资成本起到积极作用。

（五）技术风险防控

1. 加强重要系统自主研发，提高系统安全性能。 国内交易所要高度重视重要系统的自主研发工作，不断迭代更新交易与信息系统，不断向完全掌握世界先进交易系统的设计和维护技术的方向迈进，实现处理能力更强、容量更大、安全性更高。

2. 健全一体化管理体系，保障系统安全平稳运行。 交易所要构建支持多层次、多品种、跨市场的技术管理体系，加强新系统、新软件上线的测试管理，做好变更及上线测试验证工作，持续跟踪测试反馈情况，及时解决问题隐患。

3. 建立运维好同城及异地灾备，提升连续服务能力。 同城灾备有助于防范化解技术风险，异地灾备能够提高抵御特大自然灾害风险的能力。交易所要切实按照"两地三中心"的生产布局做好同城与异地灾备中心建设和维护工作，真正做到实时运行、及时切换，提高核心交易系统对台风等不可抗力自然灾害的防范能力，有效提升交易所业务连续性保障能力。

4. 加强网络安全体系规划，提升网络安全防护能力。 网络安全是信息安全的技术基础，交易所要持续加强网络隔离和网络防护，跟踪最新网络安全技术，在网络边界采取入侵检测、流量清洗等措施，不断提高系统抵御攻击和网络防护能力。同时加强网络安全监控，建立健全网络安全预警机制，提高网络安全隐患与故障的实时响应能力，把网络安全故障的损失降到最低。

（六）操作风险防控

1. **健全业务操作流程，建立操作节点集中监控机制**。交易所业务流程涉及大量数据录入、审核办理操作，可以通过复核、背靠背录入、系统稽核、初审复审等方式提升业务操作和办理的准确性，每日对当日所有操作进行整体检查，防范遗漏操作风险。不断完善业务流程管理系统（BPM）的多层次、全链条集中监控机制，从最底层基础设施、中间件、应用组件，到最上层业务状态，以及对任何人员操作过程中的所有节点，实施全方位监测覆盖，实时掌握业务操作及办理情况，及时发现异常。

2. **运用操作风险管理工具，加强操作流程梳理排查**。交易所应高度重视操作风险管理，在《巴塞尔协议》风险与控制自我评估（RCSA）、关键风险指标（KRI）和损失数据收集（LDC）三大工具的操作风险管理范式的基础上，结合实际情况，建立适合自身特点的定期操作风险排查、专项操作风险排查、操作风险信息报送等机制，并针对各个业务部门的各项业务，系统地梳理业务操作流程，明确与市场运行、交易所声誉相关的核心关键环节，评估控制措施的有效性，提出应急处置措施，形成具有指导性的操作风险管理指引手册。

3. **强化操作风险应急演练，建立操作风险事件库**。针对各类操作风险情形，交易所应制定应急预案，定期组织应急演练，并持续优化预案中的相关控制措施，构筑操作风险管理闭环。交易所可以根据以往操作风险案例，建立操作风险事件库，形成风险案例汇编，并不定期开展风险案例分析交流等活动，持续积累操作风险防控经验。

4. **营造审慎风险管理文化，建立操作风险防控长效机制**。交易所应积极营造浓厚的风险管理文化氛围，开展风险管理宣传工作，将风险防控意识融入交易所的各个业务条线，将操作风险防控措施真正落到实处。

第三节 期货交易所风险管理

现代期货市场是商品经济和贸易发展的产物，可以公开、集中、高效地反映市场对未来价格的预期，为市场参与者提供管理价格波动风险的工具，在发现市场价格、提供宏观经济和政策调控信号、合理配置资源、建立完善现代金融体系、提升国际贸易竞争力和影响力等方面发挥着越来越重要的作用。期货交易所在服务国家战略和服务实体经济方面起着重要作用，已成为国民经济高质量发展不可或缺的"稳定器"。期货交易所作为期货市场的组织者和监管者，承担着保障市场平稳运行，促进市场功能发挥的重要职能，也逐渐成为大宗商品定价中心和国际金融竞争的核心平台。鉴于期货交易所在期货期权等衍生品交易和金融市场的特殊地位，以及在服务国家战略和实体经济等方面的关键作用，其市场风险防范也是各国政府和监管机构重点关注的问题。本节将从期货交易所基本情况、对期货交易所的监管要求、我国期货交易所管理的风险类型及防控机制等 4 个方面进行介绍。

一、期货交易所基本情况

现代期货交易可以追溯到 18 世纪欧洲流行的"到货合同"交易，多用于买卖即将到港的船运货物。1848 年，由于美国农产品市场在新旧作物年度交替时价格波动剧烈，提前签订约定交易价格、谷物质量及数量等要素的"到货合同"（远期交易）可以很好地满足买卖双方的风险管理需求，世界上第一个有组织的商品交易所——芝加哥期货交易所应运而生。新中国期货市场自 20 世纪 80 年代末开始，经历 30 多年的探索和发展，从无到有、从小到大、从乱到治，走出了一条独具特色的发展道路，已成为全球最大的商品期货交易市场和农产品期货交易市场，并成功上市了期权、互换等衍生品，在原油、铁矿石等品种上引入境外投资者，呈现多元开放发展格局。

（一）国际期货交易所介绍

迄今为止，全球范围内共有超过 50 家期货及衍生品交易所，分布在美国、欧洲、亚太等各个主要国家和经济体，交易范围涵盖了大宗商品、证券、利率、汇率等重要资产，也包括期权、互换等多类衍生品。根据美国期货业协会（FIA）数据，2020 年全球期货期权成交 467.68 亿手，金融类占比 80.0%，商品类占比 20.0%。2020 年底，全球持仓也达到历史新高 9.87 亿手，同比增长 9.7%（如表 10-2 所示）。

表 10-2　2020 年全球各类别产品期货期权成交量

单位：亿手，单边

类别	产品	2020 年成交量	2019 年成交量	同比增减	市场份额
金融类	股指	186.09	124.61	49.3%	39.8%
	个股	98.97	60.99	62.3%	21.2%
	利率	45.24	39.39	14.9%	9.7%
	外汇	41.52	47.72	−13.0%	8.9%
	金融类小计	371.82	272.71	36.3%	80.0%
商品类	能源	31.52	25.42	24.0%	6.7%
	农产品	25.69	17.68	45.4%	5.5%
	非贵金属	14.47	8.89	62.8%	3.1%
	其他	14.33	14.40	−0.4%	2.6%
	贵金属	9.83	5.82	68.8%	2.1%
	商品类小计	95.86	72.21	32.7%	20.0%
总计		467.68	344.92	35.6%	100.0%

注：其他包括商品指数、信贷、化肥、航运、住房、通胀、木材、塑料和天气。

从称谓上看，期货与期权等衍生品交易所名称不尽相同，有的叫商业交易所（如芝加哥商业交易所等），有的叫商品交易所（如纽约商品交易所、东京商品交易所、印度多种商品交易所、郑州商品交易所、大连商品交易所等），有的叫期货交易所（欧洲期货交易所、上海期货交易所等），有的按交易种类命名（如伦敦金属交易所、芝加哥期权交易所、马来西亚衍生品交易所、中国金融期货交易所等），也有直接按地理位置命名的（如美国洲际交易所、巴西商品期货交易所）。

从治理架构上来看，期货交易所可分为会员制和公司制。交易所建立初期大多采用会员制，归全体会员所有，具有互助或者合作性质，实行自律性管理的非营利机构。会员制交易所经营管理稳定性强，不易受外界干扰，有利于交易所初期发展起步。近年来，随着信息技术的飞速发展和经济、金融全球化进程的加速，交易所之间的竞争愈加激烈，相对封闭的会员制组织形式失去了优势，境外主要交易所治理结构开始向公司制转化。2002 年，芝加哥商业交易所进行公司制改造并在纽交所上市，成为美国首个上市的期货交易所，随后通过并购等方式先后与芝加哥期权交易所、纽约商品交易所、纽约商品期货交易所和美国堪萨斯期货交易所等交易所合并，形成了今天的芝加哥商业交易所集团。目前，我国 3 家商品期货交易所仍为会员制，但 2006 年成立的中国金融期货交易所和正在筹备的广州期货交易所均采取了公司制的治理架构。

从业务架构上看，交易所可分为水平清算和垂直清算两种模式。有的交易所只开展交易业务，委托第三方机构进行清算（水平清算），有的交易所则统一开展交易、清算业务（垂直清算）。水平清算是指交易所委托独立的清算机构为其提供清算服务，美国的多数期权交易所，如芝加哥期权交易所等均委托独立的期权清算公司（OCC）进行清算，我国两家证券交易所内部也不设立结算部门，统一由中国结算负责证券交易的登记、存管和结算工作。垂直清算是指交易所自身经营或控制清算所，一体化开展交易、清算业务。国际市场大部分期货交易所，例如芝加哥商业交易所、欧洲期货交易所等，都采用垂直清算的业务模式。我国 4 家期货交易所均采取垂直清算模式，在交易所内设置清算部门，负责交易所与会员之间的清算业务。垂直清算有利于交易所整合资源，协调交易、清算流程，为新品种、新业务上市提供便利，同时也意味着交易所将承担中央对手方职责，防范化解相关风险。

从市场功能看，国际知名商品交易所已成为大部分大宗商品的定价中心。例如原油价格参考芝加哥商业交易所的轻质原油 WTI 期货和洲际交易所（伦敦）的布伦特原油期货，农产品价格参考芝加哥商业交易所的大豆、玉米、豆粕、豆油等期货，贵金属价格参考芝加哥商业交易所的黄金、白银期货，橡胶价格参考新加坡交易所和东京交易所的橡胶期货，有色金属价格参考伦敦交易所的铜、铝等期货。一个特例是，铁矿石定价仍普遍采用普氏价格指数（由美国麦格希集团下属的普氏能源资讯制定），而非期货价格。我国大连商品交易所上市铁矿石期货后，市场规模和影响力不断提升，自身建设也在加强，以期打造国际铁矿石定价中心。

（二）中国期货交易所介绍

20 世纪 90 年代初，我国处于价格双轨制向市场机制转变的历史节点，市场迫切需要完善的市场价格形成机制，以提供对经济运行具有指导意义的价格信号，进而促进资源的合理配置。具有这些经济功能的期货市场应时而生，成为我国价格机制改革过程中的历史选择和发展必然。目前，中国期货市场经过30 多年的建设和发展，不忘服务国家战略和实体经济的初心，已经进入期货期权工具齐备、境内境外连通、场内场外协同的多元开放新时代。

1990 年 10 月，郑州粮食批发市场正式开业，这是我国第一个拥有期货交易品种的市场。1992 年以后，期货市场发展迅猛，到 1993 年底，国内期货交易所达到 50 多家，期货经纪公司 300 多家，期货兼营机构（银行、证券公司、信托公司）2 000 多家。但与此同时，期货市场也呈现出无序发展、无法可依、投机炒作等亟待解决的问题。经过国务院先后两轮的清理整顿，到 1998 年，国内期货市场仅保留了上海期货交易所（上期所）、郑州商品交易所（郑商所）和大连商品交易所（大商所）3 家交易所。之后，中国金融期货交易所（中金所）于 2006 年成立，成为国内第四家期货交易所。目前，我国第五家期货交易所广州期货交易所正在紧锣密鼓地筹备建设，将成为我国期货交易所和期货市场发展的新起点。

党的十八大以来，我国期货市场进入创新发展阶段。2013 年 8 月 29 日，习近平总书记视察大商所，寄语大商所"要脚踏实地，大胆探索，努力走出一条成功之路"。在党中央、国务院的坚强领导下，期货市场日益创新。商品期货品种大幅增加。金融期货发展步伐加快，增加了上证 50、中证 500 股指期货两个品种。国债期货市场起步，推出了 5 年期、10 年期国债期货两个品种。场内期权实现"零"的突破，2015 年上市了首个金融期权上证 50ETF 期权，2017 年先后上市了豆粕、白糖商品期货期权，市场工具逐渐齐备。一些重要的战略性大宗商品期货品种如铁矿石期货、原油期货相继上市并允许国际投资者参与交易，实现了境内境外连通的重大突破，我国期货市场正式走向国际，进入多元开放的发展新阶段。2016 年，"保险 + 期货"首次写入中央一号文件，为服务三农、优化农业支持保护机制贡献了期货方案。

目前，我国期货市场已上市 88 个期货、期权品种，涵盖粮油、禽畜、能源、黑色、化工、纺织、林业、金融等主要板块，涉及中国 60 个实体产业链，能够有效服务国内实体经济产业。据美国期货业协会统计数据，2020 年，大连商品交易所、上海期货交易所、郑州商品交易所和中国金融期货交易所在全球交易所期货期权成交排名中分别位列第 7、第 9、第 12 和第 27。

我国期货交易所及监控中心情况简介

郑州商品交易所是在郑州粮食批发市场的基础上发展起来的，成立于 1990 年 10 月 12 日，最初开展期现货交易，1993 年 5 月 28 日正式推出标准化期货合约，实现现货远期到期货的转变。目前上市交易棉花、白糖、精对苯二甲酸（PTA）等 22 个期货品种，以及白糖、棉花、PTA、甲醇、菜粕、动力煤 6 个期权，在 PTA 品种上引入了境外交易者。

上海期货交易所由上海金属交易所、上海粮油商品交易所和上海商品交易所合并组建而成，于 1999 年 12 月正式营运。经中国证监会批准，2013 年 11 月 6 日，上海期货交易所发起设立上海国际能源交易中心股份有限公司。目前上期所已上市铜、原油等 20 个期货品种，以及铜、天然橡胶、黄金、铝、锌 5 个期权，在原油、20 号胶、低硫燃料油和铜 4 个品种上引入了境外交易者。

大连商品交易所成立于 1993 年 2 月 28 日，并于同年 11 月 18 日开始营业。目前已上市大豆、玉米、铁矿石、生猪等 21 个期货品种，以及豆粕、玉米、铁矿石、液化石油气、聚丙烯、聚氯乙烯、线型低密度聚乙烯 7 个期权，初步形成了以粮食、油脂油料、木材、禽畜、化工、能源矿产等为支撑的综合性品种体系，加之已获批立项的集装箱运力期货，大商所上市品种将覆盖农产品、化工、黑色、能源和航运五大板块。

中国金融期货交易所（简称中金所）是专门从事金融期货、期权等金融衍生品交易与结算的公司制交易所。中金所由上海期货交易所、郑州商品交易所、大连商品交易所、上海证券交易所和深圳证券交易所共同发起，于 2006 年 9 月 8 日在上海正式挂牌成立。中金所目前上市的品种包括沪深 300、中证 500、上证 50 股指期货，以及 2 年期、5 年期和 10 年期国债期货等 6 个金融期货，以及沪深 300 股指期权一个期权产品。

中国期货市场监控中心有限责任公司（原中国期货保证金监控中心，以下简称"监控中心"）于 2006 年 3 月正式注册成立，是中国期货市场特有的监管制度创新。监控中心由国内 4 家期货交易所共同出资建立，受中国证监会监管。监控中心成立后，期货保证金存管银行须在规定时间内（当日结算后）向监控中心报送客户保证金账户的资金变动情况，投资者保证金挪用事件鲜有发生，有效保障了资金安全。经过十余年的发展，监控中心已在期货市场统一开户、保证金安全监管、期货市场运行监控、实际控制关系账户报备和穿透式监管等风险管理方面发挥了非常重要的作用。

二、对期货交易所的监管要求

现代期货交易所经过近 200 年的发展，已经成为具有高度严密性、组织规范的交易组织与服务机构，在市场运行、功能发挥、大宗商品与金融产品定价和提升国家竞争力等方面发挥着越来越重要的作用。各个国家或地区虽在期货市场发展程度和市场结构上存在差异，交易的品种上市与运行规则有所不同，但普遍都成立了专门的监管机构对期货市场和交易所进行监管，旨在为投资者提供公开、公平、公正的市场环境，维护市场平稳运行和市场秩序，防范市场风险，促进市场功能发挥。

（一）核心监管原则

尽管各国监管机构对期货交易所的监管理念和做法存在差异，但均存在以下基本共识：一是期货合约只能在国家规定的交易场所进行交易，任何个人或单位在未取得相关许可的情况下不得组织开展期货交易；二是明确承担清算职能的期货交易所为中央对手方，属于重要金融基础设施，应按照 PFMI 国际准则要求运行和管理；三是建立法律、行政和自律层面的立体化监管体系，夯实交易所一线监管责任。此外，国内监管机构还特别强调期货交易所要服务实体经济、防控市场风险、维护三公原则，要求期货交易所在产品设计、市场监管和风险防控等方面均以服务实体经济为导向，维护市场平稳以夯实服务实体经济的基础，发挥市场功能以提升服务实体经济的深度和广度。

美国商品期货交易委员会是期货市场的联邦监管机构，对期货交易所实行"以原则为导向"的监管理念。为降低市场风险、增加透明度、完善市场监管，美国商品期货交易委员会根据《商品交易法》《多德–弗兰克华尔街改革与消费者保护法》为交易所建立了一套综合监管框架，对交易所行为进行监管和规范，包括23条核心原则。主要内容包括：交易所必须接受美国商品期货交易委员会的监管，禁止过度投机交易，防止市场操纵、价格扭曲等违规行为，实施持仓限制，制定应急预案，公开交易所的规则、监管政策、运行状态和上市合约等信息，确保市场参与者的财务安全，等等。

如前所述，我国期货市场经历30多年的探索，已经形成具有中国特色的五位一体的监管模式，由中国证监会集中统一监管。在职能定位上，将交易所作为非营利性的自律组织，不以营利为目的，承担市场运行一线监管职责，并接受监管部门直接管理。

从近年来的市场运行情况看，独具中国特色的"五位一体"监管体系很好地发挥了风险防控作用，有效防范了类似美国全球曼氏金融公司挪用客户期货保证金等风险事件的发生。我国期货市场平稳度过 2008 年全球金融危机、2015 年股市巨幅波动、2019 年中美贸易摩擦等考验，核心业务都没有出现大的风险事件，这与我国期货市场独具特色的监管体系和责任安排密切相关。

（二）较为严格的交易所准入安排

尽管现代期货交易所的雏形是由农场主、贸易商等自发形成的商会组织，但随着国家对期货交易监管体系的逐渐完善，目前，无论是在美国还是在中国，设立交易所都须履行严格审批流程。例如，美国期货市场在发展初期设立期货交易所不需要经过国家行政审批，导致各类期货交易所良莠不齐，风险多发。1974 年，美国商品期货交易委员会正式成立，按照《美国商品交易法》规定将期货交易所的设立纳入行政审批范围。截至 2020 年底，美国市场共有包括芝加哥商业交易所在内的 15 家期货交易所，另有 6 家正在履行审批程序。

我国期货市场在试点初期，同样经历了各地竞相设立交易所、管理混乱的窘境，1999 年 6 月，国务院颁布了《期货交易管理暂行条例》，明确规定，"未经国务院批准或者国务院期货监督管理机构批准，任何单位或者个人不得设立期货交易场所或者以任何形式组织期货交易及其相关活动"。截至 2020 年底，我国共有 3 家商品期货交易所和一家金融期货交易所，2020 年 10 月 9 日，经国务院批准，中国证监会决定成立广州期货交易所筹备组，标志着我国第五家期货交易所的创建工作进入实质阶段。

（三）工具与产品上市核准与备案

目前，美国监管机构对交易所上市期货品种采取审批制和自主认证两种方式。交易所可自主选择通过审批或者自主认证的方式上市新产品。在审批制要求下，美国商品期货交易委员会将对交易所上市的品种做出明确批复，上市品种可使用"美国商品期货交易委员会准许上市"的标签。而在自主认证流程中，交易所只需要按美国商品期货交易委员会要求提交相关材料，美国商品期货交易委员会不会就是否允许产品上市进行批复，但可以根据监管需求要求交易所改为审批制的流程。2003年，美国商品期货交易委员会曾要求芝加哥期权交易所将自主认证的玉米、大豆和小麦迷你合约转为美国商品期货交易委员会审批，体现了其对基础农产品市场的从严监管。2017年，芝加哥商业交易所通过自主认证的方式上市了一系列比特币期货及相关产品，引发了大量市场争论和监管质疑，也迫使美国商品期货交易委员会重新审视自主认证的监管方式，并临时增加了对比特币期货的监管要求，包括从严进行大户报告、加强期现市场联动交易监管等。

相比较而言，我国对期货交易所上市品种的监管更加严格审慎。目前，交易所上市新的期货、期权品种须经过复杂的审批程序，首先由交易所按照证监会规定的程序在进行充分调研论证的基础上提出上市品种申请，证监会在正式批准上市之前，还要征求发改委、工信部（或农业农村部）等相关部委及行业协会的意见并报请国务院同意。

（四）规则制定与修改

期货交易所制定或修改发布重要业务规则事关期货市场公平与效率，各监管机构都会实施相应的监管措施，以促进市场的公平公正，防范市场风险。

在美国，对于交易所发布的有关基础性的重要规则及其修改需要经过美国商品期货交易委员会事前审批（审核期限一般为45天），对于特别重要的基础性制度（例如基础品种的持仓限额制度），美国商品期货交易委员会还会直接做出监管规定，交易所制定的限仓标准不可以超过美国商品期货交易委员会的规定。对于交易所日常业务需要的、非主要的规则制定与修改，美国商品期货交易委员会则给予一定的自由裁量权或豁免审批权，实施相对宽松的自主认证。豁免审批的事项，交易所需在事后每周向美国商品期货交易委员会报告相关情况。

我国对交易所制定和修改规则的监管也采取类似的方式。对于交易所章程和交易规则等重要的基础性制度的制定或修改由证监会进行审批。而对于业务细则、管理办法等自律性规则制度的制定或修改采取报告制，交易所在完成规则制定和修改的所内论证和审核后，履行适当的报告程序后即可发布实施，证监会仅在必要时给予指导和建议，给交易所自律监管和发展预留了空间。

（五）市场风险防控

防范市场风险、加强风险管理是各监管机构普遍重视的问题，尤其重点关注系统性、结构性等重大风险。美国商品期货交易委员会成立了专门的部门和委员会负责市场风险管理，其清算和风险管理部门负责监督各交易所和市场参与者（包括期货交易所、期货公司会员、互换交易商、交易量较大的客户等）在清算过程中遇到的风险，其市场风险咨询委员会主要负责研究分析影响金融市场稳定的系统性风险，以及金融市场不断发展变化带来的结构性风险，并为风险管理决策提供意见和建议。

我国监管机构对风险管理的要求更加具体。一是对系统性风险的宏观审慎管理。2015 年以来，中国证监会多次要求交易所参照《金融市场基础设施原则》对风险管理的要求进行对照自查，并邀请世界银行专家组对交易所进行检查，不断完善交易所风险管理架构和体系。2019 年，中国证监会正式认定我国 4 家期货交易所为合格中央对手方，对交易所的风险管理提出了更高的要求。二是制定风险监测指标，督导交易所及时有效管理市场风险。2016 年，中国证监会发布《期货市场持续监测指标体系》，就期货市场风险预警、交易行为监测、违法违规交易行为监测、市场交割及结算风险监测和跨市场风险传递监测等多个维度建立了量化或分析指标，并要求交易所在此基础上进一步丰富和完善监测指标内容，做到及时发现、处置异常交易行为，抑制过度投机风险，防范市场操纵，维护正常交易秩序。三是要求交易所定期或不定期进行市场风险评估，及时报告风险处置措施预案和执行情况。交易所在风险管理和市场监管过程中，也形成了一整套的机制安排和工具，用于防范市场风险，维护市场平稳运行。四是如同证券交易所一样，证监会要求期货交易所按照两地三中心布局，加强信息系统自主可控建设与安全运行管理，切实防范信息系统风险。

（六）市场运行与功能评估

在市场功能发挥方面，监管部门也会对交易所进行必要的监管和指导。美国商品期货交易委员会通过专业委员会了解市场意见和建议，发现和修正市场运行中可能出现的问题，不断优化和完善市场功能，专业市场委员会成为监管部门与市场参与者之间沟通交流的桥梁和纽带。

中国证监会采取市场功能评估的方式督导交易所保障市场平稳，促进功能发挥。一是证监会在价格波动、市场结构、套期保值效率、成交持仓规模等方面设计了具体的量化指标，对交易所上市品种的运行和功能发挥情况定期进行评估，将评估结果纳入交易所考核，对于功能发挥受限的品种，证监会要求交易所进行优化和完善。二是证监会每年组织交易所、产业客户代表以及期货公司代表等开展市场功能评估座谈会，研究讨论市场运行出现的各项问题，并要求交易所有针对性地研究解决。例如，近年来产业客户在座谈中普遍反映，我国大部分商品期货合约存在"159"现象，即只有1月、5月和9月合约有足够的流动性和代表性满足产业客户的套期保值需求，而对连续生产经营的现货企业来说，合约连续活跃可以为其风险管理提供更大的便利。针对这一现象，证监会指导交易所采取一揽子方案促进合约连续活跃。

三、我国期货交易所风险概述

作为中央对手方的国内期货交易所，在为整个期货市场的交易、结算和交割等活动提供服务和便利的同时，也集中承担了市场运行的大量风险。参照《金融基础设施原则》的一般性原则，结合中国期货市场实际情况，国内期货交易所在风险识别和防范上有其自身特点，主要包括以下几点。

一是在系统性风险、法律风险、运行风险方面，国内期货交易所与国际标准一致，需重点关注导致整个期货市场无法正常运行的风险，如交易所的宕机导致期货交易系统停止运行、合约价格大幅波动、市场交易过热等多个风险叠加出现，可能导致整个市场运行受到较大冲击。二是在信用风险方面，我国目前市场信用体系建设尚不完备，市场参与者诚信度不高，国内交易所将信用风险的识别和管理进行前置，并在相应业务环节加以防范，其中"先交钱、后交易"的逐笔事先风控以及建立集中统一的市场监控中心等都是很好的制度安排。三是我国期货交易所立足于服务实体经济和"不以营利为目的"的定位决定了其不会像国际上多数公司制的交易所那样注重商业运营，因此也不会承担过多的一般业务风险与投资风险。四是我国期货交易所市场以中小投资者为主，流动性相对充裕，在行情来临时容易出现借机炒作。而我国期货交易所重视上市品种市场功能发挥和服务实体经济，不盲目追求成交量和市场规模，更加注重防范市场出现交易过热风险，避免期货价格因过度投机出现价格失灵的情况。

具体到交易所面临的风险，主要有以下几种。

（一）市场价格大幅波动风险

期货市场是价格双向波动的杠杆市场，风险承受能力较弱的客户在价格大幅波动时容易出现较大损失，2020年4月20日，芝加哥商业交易所实物交割的WTI原油期货5月合约受多方面因素影响价格大幅下跌至负值。其盘中最低值约为-40美元/桶，结算价为-37.63美元/桶，跌幅超过300%，部分多头投资者单日损失惨重。

我国期货市场仍处于发展阶段，中小投资者占市场参与客户数的95%以上。中小投资者资金实力不强，风险应对能力较弱，在价格波动较大时往往难以承受大额亏损。价格大幅波动既可能影响市场平稳运行和功能发挥，也不利于投资者保护。客户如果不能及时弥补损失，那么其会员需为其承担，会员如果也无力承担，那么风险将传导至交易所，对期货交易所甚至整个期货市场产生更大的负面影响。

（二）结算风险

结算风险是指结算业务不能按预期发生的风险。我国期货结算均采用交易所内设结算机构的形式，期货交易所作为中央对手方，统筹负责交易、结算等业。交易所的每日盈亏计算及相应的资金划转过程，出现某个客户或会员保证金亏损数额较大，且无法按时补足，这时可能会出现结算风险。此时期货交易所作为中央对手方，需替亏损方承担履约责任，支付资金承担亏损。而当多个会员同时资金不足，出现"穿仓""爆仓"等情况时^①，交易所的结算体系就会受到冲击，导致信用风险甚至系统性风险。

国际上多个期货交易所曾出现因没有妥善管理和应对价格大幅波动风险，进而出现违约甚至破产倒闭的情况。1974 年，巴黎清算公司在白糖期货市场大幅波动的情况下没有及时向市场追加保证金，最终导致自身无法履约而破产。1983 年，吉隆坡商品结算所在棕榈油价格大幅波动的情况下没有及时采取适当风控措施，最终倒闭。1987 年，香港股票、期货市场因"黑色星期一"停市 4 天，市场面临大面积违约，而交易所自身财务资源无力承担潜在损失，最终由香港当局联合银行等各方共同出资救市。2020 年 3 月 20 日，浪人资本有限公司因在标普 500 指数期权隐含波动率指数（VIX 指数，亦称"恐慌指数"）的衍生品交易中出现巨额亏损，无法履行作为芝加哥商业交易所、美国证券存托与清算公司以及纽交所清算公司的自营清算会员的财务资本和支付要求，出现违约。各清算所第一时间取消了该公司的会员资格，并拍卖其持仓以处置结算风险。

（三）逼仓与交割风险

实物交割是指期货合约的买卖双方于合约到期时，根据交易所制订的规则和程序，通过期货合约标的物的所有权转移，将到期未平仓合约进行了结的行为。一般来说，采用实物交割的商品期货合约到期后，所有未平仓合约都需进行实物交割，因此，实物交割作为履行合约义务的关键环节，受到国内期货交易所的格外关注。商品期货的交割风险大多来自卖方（"钱比货多"），卖方无货可交或有货但不能交付。逼仓是交割风险的一类具体表现，指交易一方利用

---

① "穿仓""爆仓"均为行业术语，保证金不足时称"穿仓"，保证金不足且难以补足时称"爆仓"。

资金、仓单或市场结构等获得交割能力优势，从而影响市场价格，导致另一方被迫以不利价格平仓或违约的行为。

（四）交易过热（过度投机）风险

交易过热（过度投机）风险是指市场参与者为追求不合理利润，以脱离基本面的价格大量炒作交易引发的风险。我国期货市场参与者以中小投资者为主，从众心态严重，当市场出现大幅上涨行情、炒作题材丰富时，易出现"羊群效应"，他们会盲目追逐行情，市场交易量特别是日内交易量可能会快速增加，成交持仓比快速升高，容易出现交易过热风险，影响市场功能发挥。识别和防范交易过热风险已经成为国内各期货交易所面临的独具中国特色的重要问题。

（五）市场操纵风险

市场操纵是参与者利用资金、信息等优势操纵或影响市场价格的违规行为。市场操纵会严重违反市场"三公"原则、侵害市场参与者利益、导致市场机制失灵，还会诱发过度投机，是各期货交易所需着力防范与打击的违法违规行为。

（六）信息系统风险

随着计算机和网络科技的不断发展进步，电子交易与信息系统已成为期货交易不可或缺的基础设施，信息系统风险也成为期货市场应着力防范的重要风险。与其他金融基础设施一样，期货交易所信息系统常见的风险类型也包括人为操作错误、硬件故障、软件缺陷等，它们可能导致交易系统中断、结算清算系统故障、信息发布链路失灵等风险。近年来，程序化交易、高频交易的不断发展也对交易所系统产生了较大冲击，交易所系统能否平稳运行已成为各交易所高度关注的问题。需要特别注意的是，近年来国际金融博弈日趋激烈，各主要经济体围绕金融主导权的竞争加剧，从贸易战到金融战，从全球化到保护主义，国际金融呈现百年未有的保守与创新、孤立与开放并存的复杂竞争局面。在此背景下，大国之间的对抗、制裁以及信息上的控制使得信息系统自主可控的问题变得至关重要。我国期货交易所的交易、结算所需的基础技术设施、架构、网络、操作系统等核心软硬件系统未能实现自主可控，高度依赖于外部竞争对手，面临"卡脖子"的风险。

此外，我国期货市场的业务系统是内部高度耦合、外部高度联系的复杂系统，期货交易、结算系统环环相扣，交易所、会员的技术系统高度联系，交易系统出现问题，可能影响结算业务正常开展。一个交易所系统的升级不但涉及内部相关系统改造，还需要所有会员系统乃至全市场所有相关系统的功能适配。一个交易所系统出现问题，也可能影响其他交易所正常开展业务。这种情况影响着我国期货市场系统的优化效率，也是信息系统风险的潜在诱因。

如前所述，不少国际知名交易所都发生过系统故障。我国期货市场近年来也发生过多起因系统故障或操作失误引发的风险事件，例如 2018 年 11 月 29 日下午开市后，某交易所交易系统故障，导致交易停止 22 分钟。2019 年 12 月 25 日收盘后，某交易所结算系统发生故障导致无法按时完成结算，决定延迟当日夜盘开市时间，其他两家商品交易所也被迫相应延迟当日夜盘开市时间，给市场正常交易带来一定的负面影响。

四、我国期货交易所风险防范举措

我国期货市场经过 30 多年的发展，借鉴国际期货市场经验，结合自身特点，探索建立了良好的风险管理架构和体系，建设了市场风险监测监控系统和风险分析识别机制，形成了一套行之有效的风险管理制度、措施和实施工具，风险防控能力不断提升。各交易所应根据实际情况及时采取适当措施，积极防范化解市场风险。总的来看，要做好风险防范，交易所应从以下几方面着手。

首先，交易所应当强化风险防控意识，牢牢守住不发生系统性风险的底线和红线，特别是对影响国计民生和国家战略的重大品种，提高政治站位和敏感性，这样才有利于维护市场平稳，服务实体经济。

其次，交易所应当进一步完善市场监测监控机制，加强对市场整体的价格波动、成交持仓变化等宏观指标，以及个体参与者的交易行为、持仓变动等微观指标的实时监控。交易所应通过建立有效的监测监控机制和合理的风险识别参数和阈值，通盘把握市场整体风险情况，及时发现潜在的风险苗头，更好地做好防范应对准备。

再次，交易所应当丰富风险管理手段和机制来管理市场风险。交易所应根据市场情况和品种特点备好、用好风险管理工具箱，通过主动预研预判、定制风控预案、加强风控演练等措施来应对具体的风险场景，有针对性地防范化解市场风险。

最后，交易所要加大对违法违规行为的打击力度，充分发挥"五位一体"监管效能和"穿透式"监管科技的作用，提高监管威慑力，引导市场理性合规交易，防范因市场操纵等违法违规行为引发的市场风险。

期货交易所风险管理工具箱

1. **风险警示。**一旦出现市场价格异常波动、会员或投资者交易行为异常、持仓变化较大等现象，交易所就可以要求会员和投资者报告情况，与会员和投资者进行谈话，或者发布风险提示函提醒风险。

2. **及时调整交易保证金。**在市场出现交易过热或过度投机等风险迹象时，交易所可以通过提高保证金标准释放监管信号，提高投资者交易与持仓成本，以期实现降低市场热度，这是各交易所常用的控制市场过度交易的措施之一。

3. **调整涨跌停板幅度。**在市场价格波动较大时，调整涨跌停板幅度一方面可以避免价格运行受到过度限制，影响市场流动性，另一方面可以限制市场参与者单日亏损幅度，避免引发更大风险。

4. **调整手续费水平。**在市场行情剧烈波动时，提高交易手续费水平，特别是日内交易手续费水平，可以提高投资者短线交易成本，压缩短线炒作盈利空间，降低市场热度，这是各交易所最常用也是非常有效的控制市场过度交易的措施。

5. 交易限额。 为防范过度投机对市场造成的不良影响，交易所可对会员或者投资者某一合约在某一期限内开仓的最大数量进行限制。同时，交易所可根据市场情况规定单个或全部会员或投资者某一合约在某一期限内的最大开仓数量。交易限额通常针对短线交易，套期保值交易和做市交易一般不受影响。

6. 投机持仓限额。 为了减少过度投机，防止市场操纵和逼仓等，期货交易实施限仓制度。限仓制度是指交易所对单个会员或投资者可持有或控制的单个合约的最大持仓规模进行限制。限仓制度的实施能够有效防止相关主体持仓过于集中而带来流动性下降、风险敞口过大和市场操纵等潜在风险，从而提升市场稳健性。目前，国内期货交易所都对限仓实施前端管理，交易所的系统会对会员或者客户的持仓量进行检查，超过限仓标准的开仓委托会被交易所系统拒绝。

7. 实际控制关系账户管理和穿透式监管。 为避免投资者通过分仓等形式规避限仓制度、交易限额等风控制度，利用持仓优势等影响价格或企图影响价格，期货交易实施实际控制关系账户管理制度。交易所要求所有符合实际控制关系账户监管标准的投资者，主动向交易所和期货市场保证金监控中心申报实际控制关系，交易所对上述账户进行合并管理。实际控制关系账户交易行为、限仓标准、交易限额等均按照单个投资者管理。实际控制关系账户管理制度能有效遏制期货市场分仓行为，有效防范企图利用持仓优势等影响价格的违规行为。

8. 大户报告。 当单个客户持仓量达到限仓标准的一定比例时，投资者应通过其经纪公司及时向交易所报告其持仓、资金情况以及交割意图等信息。大户报告制度能够使交易所随时掌握其市场参与大户的有关情况，有利于交易所尽早发现并及时有效防范可能产生的市场风险。

（一）防范价格异常波动及系统性风险

当宏观政策、供需关系以及市场预期发生重大变化时，期货价格常常出现大幅波动，可能引发系统性风险。交易所应根据具体市场情况采取相应措施。

一是交易所应及时进行风险警示，提醒市场注意风险。根据风险程度不同，风险警示既可以小范围有针对性地对重点客户进行，也可以向全市场公开发布。

二是当价格波动可能进一步加剧时，交易所应及时提高交易保证金水平和涨跌停板幅度，在确保客户预留足够资金覆盖潜在亏损和保证履约的同时，通过提高交易成本引导市场理性合规参与期货交易。

三是当市场风险进一步扩大，可能影响交易所平稳运行时，交易所应采取更加严格的措施予以化解，必要情形下应采取紧急措施做好风险处置。例如，当期货合约出现大面积连续涨跌停板单边行情，可能导致大量会员和投资者保证金严重不足且无法平仓出场时，交易所应采取强制减仓措施，释放风险，避免出现大面积的会员或投资者爆仓引发的系统性风险。

（二）防范交易过热（过度投机）风险

为防范交易过热风险，中国证监会 2016 年 11 月印发的《期货交易持续监测指标体系》，将成交持仓比作监测市场交易是否过热的重要指标，要求当成交持仓比达到阈值时，交易所需根据市场情况采取措施。当市场过热时，交易所应采取的防范和应对措施有以下几种。

一是在出现交易过热迹象时，交易所应及早进行风险警示，向市场释放降温信号。

二是适时提高日内交易成本，这是解决过度交易的有效方式。提高短线交易成本的主要方式包括提高交易手续费标准，特别是日内交易手续费标准。交易所也可以视市场情况提高交易保证金水平，防范大量资金涌入进一步造成市场过热。

三是在必要时实施交易限额。交易限额可以直接控制客户日内交易规模，防止单个客户交易规模过大。

（三）防范逼仓与交割风险

当出现逼仓与交割风险时，交易所应从限仓制度设计、保证金水平设置、市场结构和交易行为监测和违规监管等多个方面应对。一是交易所在限仓制度设计上应随着合约临近交割逐步收紧投机限仓额度，特别是对可供交割量相对紧张的品种应从严设置交割月份限仓标准。二是交易所在保证金水平设置上，应随着合约临近交割适度提高交易保证金水平，以此引导没有交割能力或意愿的客户有序平仓离场。三是交易所应摸清市场交割能力，尤其在合约临近交割时，应加强对可供交割量、仓单量、交割预报量和交割库容等维度的监测监控，摸清投资者的交割意愿和能力，评估分析是否可能出现交割资源不足的情况。四是重点关注市场持仓结构是否过于集中，排查是否存在利用分仓、约定交易等方式联手影响市场价格的情况，对出现风险和违规迹象的投资者，交易所应根据市场情况采取风险警示、监查问询、约谈、现场检查以及立案调查等措施进行及时处置。五是妥善处置不能交割的持仓，例如个人客户持仓和非交割单位整数倍持仓，防止其进入交割月份引起价格大幅偏离甚至进入交割环节引发违约风险。

（四）防范市场操纵风险

防范市场操纵风险，最重要的是要防止市场参与者通过持仓和资金优势影响市场价格。这就要求交易所在合理设置投机持仓限额的基础上，严格执行持仓限额制度，并及时处置超过交易所投机持仓限额的会员或者客户，对那些试图通过实际控制关系账户进行分仓的行为予以坚决打击和查处。严格执行大户报告也有利于交易所了解和摸清投资者资金、交易意图等情况，从而有利于防范市场操纵风险。交易所应根据市场情况，及时对大户报告标准进行调整。此外，近年来高频交易行为在国内期货市场有所发展，尽管高频交易具有提供市场流动性、加深市场深度的积极意义，但是从欧美市场情况来看也存在幌骗、试单、扰乱交易行为以及滥用市场等涉嫌操纵行为，因此交易所应加强对高频交易行为的监测，量化指标，完善制度，对高频交易行为采取有效监管。

（五）防范信息系统风险

为确保信息系统平稳运行，提升信息系统安全性和可靠性，交易所应做到以下几点：一是重视完善技术治理体系，不断提升技术性能，满足业务增长需要；二是持续加强技术系统人才队伍建设，提升业务技术水平，为系统开发建设提供人才保障；三是加强系统质量控制，对关键系统、关键功能确保研发效能，加大系统测试力度，重视测试与生产系统并行，高标准严要求开展系统测试和优化工作；四是做好应急准备，在升级和更新现有系统的同时做好业务回退方案和应急处置预案，建设同城和异地灾备（"两地三中心"），保障系统在出现异常情况时可以快速切换，正常运行；五是重视自主开发与备选机制建设，减少对外部系统和技术的依赖，努力实现技术系统自主安全可控，掌握主动权。

总而言之，期货交易所的风险防控是一门技术活，需要分析处理大量的数据和资料，通过各式各样的模型来预测风险，制定相应的参数。更重要的是，风险管理是一门精细的、平衡的艺术，需要根据不同的市场发展阶段、市场结构、市场参与者水平来制定合理的风险管理政策，这样才能做到风险管理与市场发展相平衡、相协调、相促进。最重要的是，风险管理是一种文化，是每个交易所都应时刻警醒和注意的达摩克利斯之剑，如果麻痹大意，疏于防范，风险就会成为影响交易所发展进步的阿喀琉斯之踵。

第四节　银行间市场交易场所风险管理

银行间市场交易品种广泛，规模庞大，是各个国家和地区金融市场的重要组成部分，做好银行间市场交易场所的风险管理对金融体系的安全稳健运行具有重要意义。

一、银行间市场与相关基础设施概况

银行间市场通常指机构间资金融通市场，是在场内集中交易场所（交易所）之外的场外市场的统称，交易品种涵盖货币、债券、外汇、金融衍生品等多种类型。场外市场是金融市场的重要组成部分，不同国家由于社会历史条件、经济发展阶段等方面的差异，发展模式不尽相同，但都日趋完善，存在较多共性，如央行承担最终贷款人职责、交易工具的多样化和市场参与主体的多元化、场外各子市场相互关联形成统一整体等。

（一）境外场外市场的发展

1. 境外货币市场场外交易。海外货币市场已经历了数十年乃至数百年的发展，总体上在发展的同时兼顾了市场稳定和效率问题。

美国早期货币市场是指证券经纪人之间的短期拆借市场，现在的货币市场是指一年以下短期资金市场，形成"联邦基金市场＋回购市场"的基本体系，主要包括联邦基金市场、政府证券市场、商业票据市场、可转让定期存单市场、银行承兑汇票市场以及对经纪人贷款与欧洲美元市场。联邦基金市场[①]是美国主要的银行同业拆借市场。美国回购市场又进一步划分为双边回购市场和三方回购[②]市场。三方回购是近年来在欧美发达债券市场迅速发展的一种回购交易形式。美国的货币市场没有固定场所，只有许多专业经纪人和中间商进行交易活动。

[①] 联邦基金是指商业银行和其他金融机构存储在联邦储备系统账户内的可作为法定准备金的存款，这部分资金在联邦基金市场上交易后，可随时转入金融机构在联邦储备系统的账户上。

[②] 根据国际清算银行的最新定义，三方回购是指在回购交易中，证券和资金由交易对手方交付给一个独立的托管银行、清算所或证券托管机构等第三方托管机构，由其负责在交易存续期间确保和维持有足额价值的担保品。

英国货币市场的发展有 200 多年的历史，分为贴现市场、平行货币市场和金边证券回购市场。英国的贴现市场起源于 18 世纪末 19 世纪初，是世界最古老的、20 世纪 50 年代以前英国唯一的货币市场，贴现市场分为国库券市场、短期资金拆借市场、商业票据市场和短期金融工具市场。平行货币市场是在 20 世纪 50 年代中期形成的一种新型货币市场，由银行同业拆借市场和大额可转让存单市场构成，参与者有清算银行、大型欧洲银行、贴现行、国际证券公司、政府机构，主要包括地方政府货币市场、银行同业市场、存款证市场、金融型存款市场和公司同业市场五大类。平行货币市场也是一个无形的、由经纪人通过电话与资金需求和资金供给方联系进行交易的电话市场。从 1996 年起，由政府担保的金边证券回购市场也正式运作。

欧洲回购市场参与者包括商业银行、资产管理公司、货币市场基金、证券公司和中央银行等。欧洲期货交易所是最主要的中央对手方交易平台，其回购交易平台（Eurex repo）支持瑞士法郎回购、欧元回购以及抵押品标准池回购交易等回购业务。MTS Repo 为匿名的订单驱动的电子交易平台，由伦敦清算所提供中央对手方服务，回购抵押品覆盖欧元区主权债、政府债、公司债、超主权债券等品种。ICAP 的 BrokerTec 交易平台以特殊抵押品回购交易为主，主要的抵押品种有德国、法国和意大利等国家的政府债券。

日本货币市场发展较快，并形成了不同于欧美类型的独具特色的货币市场。20 世纪 70 年代前，除了短期拆借市场，日本货币市场其余子市场都未形成或很不发达。1972 年 4 月，东京美元短期拆借市场创设。在日本同业拆借市场上，短资公司是同业拆借和中央银行货币政策操作的中介人，日本银行公开市场操作的一部分有价证券买卖，也是通过短资公司进行的。

2. 境外债券市场场外交易。 从国际债券市场的发展经验看，债券交易绝大部分在场外市场进行，而在场外市场中做市商制度是核心的交易制度，发挥着活跃市场、稳定市场的重要作用。

早期场外交易主要以电话询价等声讯方式达成，随着技术进步，债券电子交易系统兴起并逐渐取代传统的声讯方式。据美国债券市场协会的调查，美国八成以上的债券交易由电子交易系统完成。电子交易系统可分为交易商间（D2D）和交易商对客户（D2C）两类。前者以交易商为参与主体，交易商之间可直接进行债券交易，也可通过经纪商代理交易，属于债券批发市场，典型代表有 ICAP BrokerTec 和 eSpeed 等。后者以投资者和交易商为参与主体，投资者可与交易商、经纪商及其他投资者进行交易，交易品种多样，单笔规模较小，属于债券零售市场，典型代表有 Tradeweb、Bloomberg 等。美国债券场外市场是由做市商和经纪商形成的债券交易商联络网，由做市商通过各自的报价系统向公众提供报价，而做市商之间的交易主要通过债券经纪商来完成。

英国债券场外市场主要以政府发行的金边债券为主，由金边债券做市商（GEMMS）负责金边债券市场的做市职责，平衡市场的供给与需求，为所有金边债券、指数债券、远期利率债券等给出竞争性价买价、卖价，并确定连续有效的双向价格。做市商间经纪人为 GEMMS 提供便利设施进行交易，使其能轧平普通市场和回购协议市场上出现的仓盘。

日本债券场外市场 2003 年引入做市商制度，做市商需在日本证券交易商协会（JSDA）进行做市商注册，做市券种由做市商向 JSDA 申请后确定。做市券种只能在做市商系统内进行交易，如日本相互债券公司为做市商提供的 BB交易系统等。

3. **境外外汇市场场外交易**。全球外汇市场交易相对分散，缺乏集中的交易场所，场外市场交易规模超过 95%。场外交易又以银行间市场交易为主，零售市场交易规模较小。场内市场主要以外汇期货交易为主，其中芝加哥商业交易所集团交易规模最大。

传统场外交易的买卖双方主要通过电话或聊天工具等形式直接联系，达成交易。20 世纪 80 年代后期，电子交易平台兴起。目前，国际外汇市场以电子交易方式为主，市场份额超过 70%。欧美已形成若干较为成熟的大型电子交易平台，电子交易方式本身也呈现多元化特征。电子经纪系统方面主要有 EBS[①] 和路透 Dealing 3000。电子交易系统方面既有单交易商平台，也有多交易商平台，包括 Fxall、Currenex 等。声讯经纪交易方面主要有英国毅联汇业、德利万邦等货币经纪公司。

---

① EBS 是目前国际上最主流的外汇电子经纪交易平台，为超过 50 个国家的 2 800 多个交易商提供多币种、多方式的外汇交易服务。

（二）我国银行间市场

我国银行间市场是我国主要金融要素市场的重要组成部分，是以机构投资者为主的场外市场，起步于外汇市场，目前已经形成包括货币、债券、外汇、黄金市场等多个子市场的规模庞大、品种丰富的市场体系。

1. 银行间市场总体概况。2019 年，我国银行间市场总交易量达 1 454.3 万亿元，日均交易量 5.8 万亿元，在我国主要金融要素市场交易中占比 76.1%。其中，货币市场和债券市场是交易量最大的子市场，2019 年交易量分别为971.3 万亿元和 218.4 万亿元，两者合计占银行间市场交易总量的 81.8%。截至2020 年 11 月底，银行间市场债券存量规模约为 100 万亿元，占我国债券市场约 86%，其中信用类债券存量规模约为 17.4 万亿元，占信用债总规模约 59%。2019 年，银行间市场债券成交 209 万亿元，占比超过 96%。

随着银行间市场规模不断扩大，交易主体也日益丰富，产品和服务不断丰富，制度进一步完善。截至 2020 年 11 月，银行间市场法人机构超过 4 000 家，覆盖商业银行、政策性银行、证券公司、保险公司、基金公司、农村信用联社、资产管理公司等多种类型的金融机构法人及其产品。

2. 银行间货币市场。我国银行间货币市场包括同业拆借市场和债券回购市场，是金融机构之间进行短期资金融通和流动性管理的市场。同业拆借市场是指由各类金融机构相互进行无担保短期资金借贷活动而形成的市场，是我国发展最早、最快、规模最大的一个货币市场，于 1984 年起步。最初建立的统一拆借市场由两个交易网络即一级网络和二级网络组成。[①] 中国人民银行于1998 年停止了融资中心的自营拆借业务，同业拆借业务主要通过全国银行间同业拆借中心的一级拆借网络办理。此后，拆借市场参与机构进一步扩展至证券公司、消费金融公司、财务公司等非银行机构，市场规模逐渐扩大。

债券回购交易指交易的一方将持有的债券卖出，并在未来约定的日期以约

---

① 一级网络利用中国外汇交易中心进行交易，成员包括国有和区域性商业银行总行、规模较大的城市合作银行总行和 35 家融资中心；二级网络由 35 家融资中心牵头，经总行授权的地市级以上的商业银行分支机构和非银行金融机构共同参与。

定价格买回的交易行为，现阶段分为质押式回购和买断式回购两种方式。

3. **银行间债券市场**。银行间债券市场交易的债券包括国债、地方政府债券、企业债、中央银行票据、政府支持机构债、金融债、非金融企业债务融资工具等债券品种。

我国债券市场自 1981 年恢复国债发行以来，经历了曲折的探索阶段和快速的发展阶段。1990 年 12 月，国库券分别在上海证券交易所、证券交易自动报价系统上市交易，形成了柜台交易市场和交易所场内市场并存的局面。1993年，证券公司和银行之间以及证券公司之间开始进行债券回购交易，债券回购成为融通短期资金的一种手段。1993 年 10 月，上海证券交易所开办了国债期货交易试点。1997 年上半年，随着股市的大涨，大量银行资金通过交易所债券回购方式流入股票市场造成股市过热。1997 年 6 月，国务院决定同业拆借中心开办国债、政策性金融债和中央银行融资券回购业务，规定商业银行的债券回购业务必须通过全国统一同业拆借市场进行，同时明确同业拆借中心开办国债现券业务。由此，全国银行间债券市场正式建立。

2002 年，金融机构参与全国银行间债券市场由审批制改为备案制，实现了银行间债券市场、银行柜台市场、交易所债券市场的有效联结，极大便利了金融机构进入银行间市场，基本形成了我国以银行间债券市场为主的多层次债券市场体系。2005 年 5 月，中国人民银行允许符合条件的企业在银行间债券市场发行短期融资券。2005 年底，中国人民银行借鉴国际市场信用债发展经验，同意包括商业银行在内的所有银行间债券市场投资者投资企业债券，加快企业债券向机构投资者参与、以场外市场为主的市场转变。此后，以短期融资券、中期票据等债务融资工具为代表的公司信用类债券在银行间市场快速发展起来。银行间信用债券市场发展步入快车道。近年来，债券市场实现稳步发展，形成了以银行间市场（场外市场）为主、沪深证券交易所（场内市场）为辅的格局，市场规模持续增长，投资者不断扩容，产品类型继续丰富，市场机制不断创新，对外开放持续推进，有效满足了各类经济主体的融资需求和各类投资主体的资产配置需求，有力促进了实体经济发展。

4. **我国银行间外汇市场**。银行间外汇市场的正式建立以 1994 年 2 月中国外汇交易中心成立为标志，是中国外汇体制改革的成果。目前挂牌交易的外汇产品序列和币种包括外汇即期、外汇远期、掉期、货币掉期、期权等交易产品以及人民币对24种货币的直接挂牌交易，拥有协调发展的多种交易机制，涵盖询价交易、撮合交易、询价点击成交（ESP）功能、协商交易机制、主经纪业务等。

为配合人民币汇率形成机制的改革，从2005年开始，中国外汇交易中心在市场产品、交易机制等方面加大创新力度，市场规模从1994年的400亿美元扩大至2019年的25.5万亿美元，年均复合增长率超过30%。一方面，外汇产品序列和挂牌币种不断扩容，从市场成立初期的外汇即期品种扩大至外汇远期、掉期、货币掉期、期权等交易产品，同时，为配合人民币国际化步伐，中国外汇交易中心还陆续推出人民币对24种货币的直接挂牌交易。另一方面，市场交易机制持续创新，从市场成立初期的单一竞价交易模式到多种交易机制协调发展，涵盖询价交易、撮合交易、询价点击成交功能、协商交易机制、主经纪业务等。目前，中国外汇交易中心市场会员超过700家，包括商业银行、财务公司、企业集团、证券公司、境外机构等不同类型机构。其中，境外机构会员超过100家。

5. 银行间市场对外开放。2010年，中国人民银行先后准许境外三类机构[①]、人民币合格境外机构投资者与合格境外机构投资者投资我国银行间债券市场。2016年，投资者范围进一步扩大到境外各类金融机构及其发行的投资产品。2017年7月，"债券通"适时启动，通过内地和香港金融市场基础设施间的联通，国际投资者可以在基本不改变原有交易结算制度安排和习惯的情况下接入并投资银行间债券市场所有类型债券，这是我国债券市场对外开放的重要里程碑。"债券通"与原有的直接入市及QFII、RQFII等多种渠道并存的开放模式较好地满足了境外投资者的需求，推动我国债券市场对外开放进一步高质量发展。2018年5月，中国外汇交易中心开启同业拆借20:30至T+1日8:30的夜盘交易，交易服务实现了全球全时区覆盖。2020年9月，银行间债券市

---

① 境外人民币清算行等三类机构，简称境外三类机构，是指境外中央银行或货币当局（简称境外央行），中国香港、澳门地区人民币业务清算行（简称港澳人民币清算行），跨境贸易人民币结算境外参加银行（简称境外参加银行）。

场现券买卖交易时段延长至 20:00。截至 2020 年 11 月，共有近 3 542 家境外机构进入银行间债券市场，覆盖全球 60 多个国家和地区。

6. 银行间市场基础设施情况。银行间市场主要基础设施分为两类，一类是金融市场交易平台，另一类是登记托管结算机构。我国银行间市场交易平台主要由中国外汇交易中心、北京金融资产交易所（以下简称"北金所"）提供一些债券发行与交易服务。登记托管结算机构为中央国债登记结算有限责任公司（以下简称"中央结算公司"）与银行间市场清算所股份有限公司（以下简称"上海清算所"）。银行间市场参与者通过中国外汇交易中心参与前端交易，后端需在中央结算公司或上海清算所开设账户。

同业拆借中心成立于 1994 年，1996 年启用人民币信用拆借系统，1997 年随着银行间债券市场的兴起，同业拆借中心开办国债现券业务与银行间债券回购业务，现涵盖货币、现券、人民币衍生品三大领域的本币市场业务，产品序列完整，交易机制灵活多样。目前，同业拆借中心向全球 50 多个国家和地区的 3 万余机构投资者提供服务，日均成交量超 4 万亿元人民币。

中国外汇交易中心在中国人民银行和外汇局的监管下，组织银行间人民币外汇、外币、外币利率等市场的交易行为，为银行间市场提供交易服务、交易后处理服务、信息服务、基准服务与技术服务五大类服务，覆盖多类型利率、信用等交易品种，支持询价、做市报价、请求报价、双边授信撮合等多种交易方式，还为市场成员提供同业存单发行服务和常备借贷便利服务。同时，同业拆借中心承担市场交易的日常监测、利率定价自律机制和全国外汇市场自律机制秘书处工作，为中央银行货币政策操作与传导提供支持和服务，受权发布人民币汇率中间价、人民币参考汇率等外汇基准指标以及上海银行间同业拆放利率（Shibor）、贷款市场报价利率（LPR）等，并为中国人民银行公开市场操作和货币政策传导提供保障服务。

北金所成立于 2010 年 5 月 30 日，是中国人民银行批准的债券发行和交易平台。主要为债务融资工具提供簿记建档、信息披露等基础性服务，建设运营非金融机构合格投资人交易平台，并开展到期违约债券转让和回购违约担保品处置业务等。2014 年 10 月，中国人民银行明确北金所可为非金融机构合格投资人提供交易、信息等服务。

二、银行间市场及基础设施监管要求

经过多年发展，我国银行间市场逐渐形成了包括基础设施一线监测、自律组织自律管理和监管部门行政管理在内的多层次监管协调体系，对各子市场有不同的具体监管要求。

（一）银行间市场监管体系

随着市场的深化发展，我国银行间市场监管已经形成了多层次监管协调的监管体制，由基础设施的"一线监测"、自律组织的自律管理、监管部门的监督管理以及跨部门监管协调4个层次组成的立体式监管体系，有效促进了市场的改革、创新和发展。

1. **基础设施的"一线监测"**。同业拆借中心、上海清算所和中央结算公司在中国人民银行的组织和指导下，对银行间货币、债券市场参与者的交易、清算、结算等行为实施一线监控。对监测发现的疑似重大异常情况，银行间市场建立了联席会议机制，组织专家团进行判定和处理，并及时将相关信息报送中国人民银行和中国银行间市场交易商协会（以下简称"交易商协会"）。中国外汇交易中心在国家外汇管理局的监管下，负责外汇市场的组织和日常业务管理，也承担市场的一线监督管理职责。

2. **自律组织的自律管理**。2007年9月，经国务院同意和民政部批准，中国银行间市场交易商协会正式成立，成为银行间货币市场、债券市场的行业自律组织，对银行间市场进行自律管理。

在中国人民银行、国家外汇管理局的指导下，2016年6月外汇市场自律机制得以建立，2017年4月中国外汇市场指导委员会成立，指导委员会和自律机制的双层架构共同构成中国外汇市场的自律体系，推动中国外汇市场从过去的以他律为主转向他律和自律并重，对促进中国外汇市场改革、发展和规范具有重大意义。

3. **监管部门的行政管理**。我国银行间货币市场和债券市场由中国人民银行依据相应的法律法规履行监管职责，银行间外汇市场由中国人民银行和国家外汇管理局监管。

（二）银行间市场监管要求

1. **货币市场监管要求**。主要包括参与者准入、交易限额、期限管理等监管要求。

在市场准入方面，我国拆借市场早期一直采取行政审批制，2013 年按照国家简政放权有关要求，行政审批被取消，但考虑到同业拆借市场是高信用级别的主体进行无担保资金拆借的场所，流动性较高、风险传染性大，中国人民银行保留了对参与同业拆借市场的金融机构类型、资质、限额管理和期限管理等的规定。目前，有 19 类机构能够参与拆借市场的交易，符合要求的金融机构可与同业拆借中心联网进行拆借交易。

在交易限额方面，中国人民银行规定了不同类别金融机构的拆入和拆出限额，其中银行类金融机构与存款额度挂钩，非银行类金融机构多数与净资本挂钩。同业拆借中心根据限额规定，在交易系统中设定交易成员的交易限额，超过其可交易余额的，交易系统不予确认成交。交易成员还可以根据自身业务需要设置对手方限额和交易员限额，做到风险的分级把控。在回购交易中，对买断式回购交易一方单只券种待回购债券余额和待回购债券总余额均进行成交前判断与控制，不符合要求的，交易系统不予确认成交。

在期限方面，规定货币市场工具期限在一年以内，其中，拆借市场根据市场成员的机构类型不同设置了从 7 天到一年不等的拆入期限限制，且市场成员拆出资金的最长期限不得超过对手方由中国人民银行规定的拆入资金最长期限。债券回购期限在一年以内。同业存单发行采取了标准化的发行期限，分为一个月、3 个月、6 个月、9 个月与一年期。

2. **银行间债券市场监管要求**。中国人民银行从债券发行、债券流通与异常交易等方面对银行间债券市场进行规范。

在债券发行方面，在银行间市场发行的金融债券实行核准制，发行金融债需经中国人民银行核准，还要求发行人不得认购或变相认购自己发行的金融债券。债务融资工具发行实行注册制，非金融企业发行债务融资工具应在交易商协会注册，交易商协会依据相关法律规定对债务融资工具的发行与交易实施自律管理。

在债券交易流通方面，银行间债券市场形成了以询价交易为主，做市成交、指示性报价、请求报价以及匿名点击交易方式为辅的交易格局。

在异常交易管理方面，要求不得操纵价格或制造虚假价格，或通过其他行为误导市场，特殊情况下在发生偏离交易前需备案。若出现债券交易结算失败的情况，该笔债券交易的参与双方应当于结算次日向相关基础设施报备。严禁线下交易，且不得随意撤销和变更，严禁代持及利益输送等违规行为。

3. 外汇市场的监管要求。外汇市场监管主要包括波幅管理、准入管理、交易规范管理、交易额度及授信管理等要求。

在人民币汇率波幅管理方面，人民币汇率实行以市场供求为基础的、有管理的浮动汇率制度，中国人民银行授权交易中心每日计算和发布人民币对各币种汇率的中间价，规定和调整每日外汇市场交易价格的最大浮动幅度。银行间外汇市场会员需在规定的价格波幅范围内开展外汇交易。

在外汇市场准入管理方面，银行间外汇市场实行会员制，只有会员才能参与外汇市场的交易。外汇管理部门针对不同的市场品种和机构类型，从结售汇和衍生品业务资格、业务规模、人员资质、技术能力等各方面规定了机构的入市申请条件，符合条件的会员机构方可申请入市，而且只有向中国外汇交易中心申请成为银行间外汇市场会员，才能参与银行间外汇市场相应品种的交易。同时，会员选派的交易员必须经过培训，获取资格证后方可上岗参加交易。会员机构的市场准入和交易员的实名管理，确保了市场参与机构和个人具备从事外汇市场交易相应的业务能力和风险管理水平，有利于市场参与主体和交易平台、监管部门追踪交易流程与识别风险，有效降低了因资质与业务能力不足导致的信用风险和操作风险。

在市场交易规范管理方面，外汇市场会员应公平、诚实参与交易，禁止任何阻碍市场公平交易、妨碍价格发现、影响市场运行秩序的不当行为。中国外汇交易中心制定相关业务规则，制定市场违规交易行为标准，禁止会员机构从事市场操纵、市场欺诈、内幕交易、利益输送、滥用交易系统和信息数据等行为。对于违反相关规则的会员机构，中国外汇交易中心根据情节严重程度依法予以处罚。

在交易额度与授信管理方面，银行间外汇市场机构间在达成交易前，会员机构需配有一定的授信额度或与中央清算对手方建立授信关系，机构之间需在授信额度内开展交易。会员机构内部需建立健全交易额度限制、分级授权、合规内控管理等机制，切实有效防范风险。

（三）银行间市场基础设施的监管要求

中国人民银行依法对银行间市场的行业自律组织进行指导和监督，可根据《中华人民共和国中国人民银行法》对交易中心及相关人员的不当行为进行处罚，不当行为包括：（1）不按照规定及时发布市场信息、发布虚假信息或泄露非公开信息；（2）交易系统和信息系统发生严重安全事故，对市场造成重大影响；（3）因不履行职责，给市场参与者造成严重损失或对市场造成重大影响；（4）为金融机构同业拆借违规行为提供便利；（5）不按照规定报送债券交易、交割有关情况及统计数据或未及时上报同业拆借市场异常情况等。

三、银行间市场风险概览

从整体看，银行间市场风险包括市场运行风险和基础设施自身风险两类。其中，货币市场面临的主要是流动性风险，债券市场面临的主要是信用风险，外汇市场风险主要包括价格波动、资本流动、结算与操作风险等，基础设施自身面临的主要是业务操作风险和系统安全风险等。

（一）货币与债券市场风险

主要包括流动性风险、信用风险和违法违规风险等。

1. 流动性风险。 货币市场流动性风险主要表现为杠杆比率偏高和对手方违约风险。部分市场参与者因自身业务需要临时突破杠杆限制或因历史遗留问题杠杆偏高，导致净资产规模不能覆盖全部未到期负债，货币与债券市场一旦受到市场利率波动或债券负面传闻等因素影响，就会发生流动性危机。违约风险是指因对手方资金短缺或恶意违约、系统故障等无法如期兑付导致被违约方遭受资金短缺风险，甚至引发相关交易链条上更多机构的流动性风险。

2. 信用风险。信用风险是指在债券约定的到期兑付日，债券本金或利息未能得到按时足额偿付，或者破产等法定或约定原因导致债券提前到期且债券本金或利息未能得到按时足额偿付的风险。发行人债券违约会使市场参与者抛售相同发行人或类似发行主体的债券，市场风险由单一个体风险向全市场恐慌性抛售风险蔓延。

3. 违法违规风险。违法违规风险集中表现为债券代持和利益输送。债券代持指交易双方协议以约定的方式和价格将标的债券转让给对方，同时约定在未来某一时间以约定的价格将标的债券买回的业务，其本质是资金融通业务，但目前债券代持已成为表外杠杆工具。利益输送则可通过多种方式进行，如"丙类户"[①]、债券结构化发行等，通过关联交易、价格操纵等方式将利益输送至关联方。

（二）外汇市场风险

1. 价格风险。汇率风险和利率风险可统称为价格风险。对银行间外汇市场而言，市场汇率的剧烈波动可能使市场参与者因价格的不利变动遭受损失，同时还可能导致市场流动性降低，市场参与者无法及时对冲其外汇头寸。利率风险主要是指，在一定时期内外币利率的相对变化导致市场参与者的实际收益与预期收益或实际成本与预期成本发生背离，从而获得收益或遭受损失的可能性。

2. 资本流动风险。目前我国对外开放已从贸易开放走向了金融开放，而

---

① 中债登设置甲、乙、丙三种债券托管账户。具备资格办理债券结算代理业务或办理柜台交易业务的商业银行法人机构方开立甲类账户；不具备前述业务资格的金融机构以及其分支机构可开立乙类账户和丙类账户。丙类账户与甲、乙类账户的区别在于不能通过中央债券综合业务系统联网交易，必须通过结算代理人来交易。

金融开放又从长期资本开放走向了短期资本开放，资本流动对外汇市场的影响日趋显著。例如2015年、2016年我国外汇市场面临人民币汇率贬值、外汇储备下降的压力，主要是资本项目的流出超过了经常项目顺差，导致外汇储备下降，汇率贬值。

3. 结算风险。外汇结算风险主要包括信用风险与流动性风险。如银行在营业日发生倒闭，可能使对手方损失外汇交易涉及的全部本金。在全球化背景下，商业银行容易受到内源性或外源性意外事件的影响，导致一家或多家银行无法履行其外汇交易义务。如果未在到期时收到买入的货币，交易对手方需要弥补这一缺口，这就会导致流动性风险。由于信用风险和流动性风险外溢性较大，外汇交易的结算风险往往比汇率风险和操作风险带来的风险敞口更大。

4. 操作风险。会员机构交易过程中的人为错误、交易接口的故障以及内部系统故障等，可能导致机构报价错误或偏离市场水平，在给交易参与机构带来损失的同时，也可能对市场造成信息误导。

（三）基础设施自身风险

基础设施自身风险是指基础设施在业务运行过程中可能面临的运营风险和法律风险等。

1. 运营风险。交易中心承担银行间市场交易平台的职能，交易系统的安全运行需要确保基础的通信网络、服务器、备份及恢复的安全，杜绝运行风险。此外，交易系统涉及各类业务操作，业务操作中的错误都可能引发业务操作风险。综上所述，交易平台重大风险包括业务操作风险、软件质量风险、应用系统运维风险、通信网络风险、服务器系统安全风险、备份恢复风险、机房环境安全风险等。

2. 法律风险。交易平台的法律风险体现为法律、法规不支持交易平台的交易规则或相关交易安排所产生的风险。主要包括内部治理不合规，新产品、新业务违反监管规定，违反商业贿赂法、海外腐败法、反垄断法、反不正当竞争法、反洗钱法等的监管规定，知识产权保护不力、使用不当或发生侵权行为，合同签订、履行不当或发生违约纠纷，对外投资或重大合作存在法律漏洞，发生诉讼或仲裁纠纷等可能导致被监管机构处罚、业务无法正常开展、资金损失、声誉受损等等。

四、银行间市场风险管理措施

针对银行间市场可能面临的市场风险和基础设施风险，监管机构、自律组织和基础设施需制定相应的风险管理措施，并在发现风险苗头时快速反应，及时处置，防范化解重大金融风险。

（一）市场风险管理

对于货币市场市场风险管理，监管机构可通过金融机构内部管理、基础设施一线监测、强化信息披露和加强风险处置等措施防范流动性风险。对于债券市场，监管机构可以通过快速反应及时处理、健全违约处置机制、建立到期违约债券转让安排、强化监测管理和统一联合执法等加强信用风险管理。对于外汇市场风险，监管机构可以通过加强监测管理、把好市场准入关、规范交易机制、提供信息支持等措施防范外汇市场价格波动、资本流动以及结算和操作风险。

1. 货币市场风险管理。（1）建立健全内部风险管理制度。金融机构应当将同业拆借风险管理纳入本机构风险管理总框架，并根据同业拆借业务特点建立健全同业拆借风险管理制度，设立专门的内部风险管理机构。同时应妥善保管交易记录及相关资料。

（2）切实加强一线市场监测。银行间同业拆借中心、中央结算公司要加强对银行间货币市场交易的一线监测：在宏观市场方面，分析相关政策对市场的影响，建立交易结算风险预警指标体系；微观行为方面，监测和了解市场交易行为，重点监测异常交易和违规交易行为，针对市场异常情况，向市场成员问询情况，并可要求其提供书面的情况说明；在信息收集方面，汇总、整理和报送相关数据信息，如对市场成员的杠杆率进行监测，要求机构及时报送财务数据。

（3）**强化信息披露**。交易中心需为金融机构在同业拆借市场的信息披露提供服务。进入同业拆借市场的金融机构需承担向同业拆借市场披露信息的义务，金融机构的董事或法定代表人应当保证所披露的信息真实、准确、完整、及时。债券交易流通期间凡以自己发行的债券为标的资产进行债券回购交易的，投资者应及时通过交易中心进行信息披露。

（4）**及时进行风险处置**。对已发生的风险违约事件的违约方，交易中心可以采取口头警告、发送警告函、通报批评和暂停及取消业务资格等措施。对于同业拆借市场违约的机构，在经人民银行批准后，交易中心可对市场成员的拆借限额进行调整。在回购市场上，若因回购交易中正回购方触发违约事件且交易双方未能就违约处置协商一致的，逆回购方可委托交易中心通过匿名拍卖等市场化机制处置相关回购债券。

2. 债券市场风险管理。（1）强化一线监测和自律管理。和银行间市场交易一样，交易中心及各基础设施和交易商协会分别承担一线监测和自律管理职能。交易中心应从融入融出的资金利率、余额、交易量以及结算失败情况和技术性到期还款违约等方面进行日常监测，特别是，对下列几种情形，要加大监测力度，并就突发流动性风险防范做出处置安排：出现实质性违约、无法偿付的；机构发生重大变故，严重影响机构经营或偿付能力的；机构母公司或同一母公司下其他子公司出现重大信用风险事件，可能直接影响机构偿付能力等风险情况。

在自律管理方面，交易商协会建立银行间市场的自律规则体系，不断加大对二级市场的自律管理和自律处分力度。针对从业人员违规行为启动自律调查程序，根据调查结果给予相应自律处分，针对违约处置推动机构间的交流联系，加强对违约机构的督导，维护银行间市场平稳运行。

（2）完善债券违约处置机制。随着公司信用类债券违约常态化，部分极端的信用风险事件可能会使市场风险由单一个体风险向多个主体信用风险蔓延，为守住不发生系统性风险的底线，交易中心应建立健全违约债券处置机制，及时处置违约风险。

中国人民银行配合最高人民法院于 2018 年 7 月发布了《全国法院审理债券纠纷案件座谈会纪要》，统一了债券纠纷司法审判的法律适用，进一步畅通了持有人的司法维权渠道。同月，中国人民银行、发展改革委、证监会三部委联合发布《关于公司信用类债券违约处置有关事宜的通知》，明确了违约处置的原则、核心制度、发行人义务及其他相关各方的职责，构建了统一的债券违约处置框架。交易商协会发布《银行间债券市场非金融企业债务融资工具违约及风险处置指南》《银行间债券市场非金融企业债务融资工具受托管理人业务指引（试行）》等系列自律规则，聚焦于银行间市场违约处置问题，为建立健全债务融资工具违约处置机制、明确债券违约的处置路径、丰富市场化处置手段提供了制度保障，有利于进一步提高违约处置效率，保护投资者合法权益。2019 年 12 月 31 日，中国人民银行发布《关于开展到期违约债券转让业务的公告》，进一步明确了银行间债券市场到期违约债券转让相关机制安排，以完善信用风险分散和分担机制。交易中心要认真落实相关安排，切实承担起违约处置相关责任，维护市场有效运行。

（3）统一联合执法。2018 年 12 月 3 日，经国务院同意，中国人民银行、证监会、发展改革委联合发布《关于进一步加强债券市场执法工作的意见》（银发〔2018〕296 号），标志着债券市场统一执法机制取得重大突破。统一执法机制的建立对银行间债券市场的稳健发展具有积极意义，能够充分发挥证监会体系在查处资本市场重大违法违规方面的经验和优势，有效弥补自律组织在查处手段和惩戒力度上的不足，对维护市场秩序、保护投资人合法权益起到良好效果。在监管部门的积极推动和指导下，债券市场统一执法已有实质性进展。交易中心要积极协助配合相关机构，完善相关工作机制，提高联合执法效率。

3. 外汇市场风险管理。（1）加强市场监测管理，及时发现处置异常波动风险。外汇交易中心要加强外汇市场的监测和异常交易行为处理，及时发现和处置市场风险点，保障市场有序平稳运行。一方面，要实时监测市场报价成交行情以及机构交易行为，评估市场流动性状况和情绪趋势，特别是特殊风险事件冲击下市场非理性情绪的蔓延以及流动性波动。另一方面，外汇交易中心应针对可能对市场行情造成误导、扰乱市场正常交易秩序的不当交易行为开展监测，受理市场投诉和举报，并根据情况采取口头警示、市场通报、暂停或取消会员交易权限或会员资格等措施。

（2）履行交易数据汇集和报告职能，为防范外汇市场系统性风险提供信息支持。2008 年美国次贷危机表明，市场透明度及数据可得性对监管部门有效履行监管、监督及监测职责至关重要。在此背景下，交易报告库成为监管部门推动场外衍生品市场监管改革的重要抓手。外汇交易中心汇集了银行间外汇市场全部交易数据，应及时准确地向中国人民银行和外汇局进行报告，履行交易数据汇集和报告职能，为防范外汇市场系统性风险提供信息支持。

（3）严格市场准入与实名认证，降低市场操作风险。外汇交易中心在接受会员入市申请时，应严格按照监管部门规定的条件审慎评估会员资质，加强市场准入管理，对会员机构及其指派的交易员代表加强实名制准入与行为管理，未通过实名认证的交易员不允许登录交易系统进行报价交易，以降低市场操作风险。

（4）与国内外交易后基础设施开展合作，协同化解外汇结算风险。目前，银行间外汇市场实施的净额结算机制主要有中央对手方清算和双边清算两种模式。上海清算所提供中央对手方清算服务，支持外汇即期、远期、掉期和期权交易多边净额清算服务，市场参与者可根据需要选择是否参加。双边清算则由运营部门对前台达成交易通过交易中心交易后处理平台或 SWIFT 报文进行交易确认，之后再通过大额支付系统和境外结算代理行办理人民币和外汇资金结算。交易中心于 2017 年 10 月推出人民币对卢布交易同步交收（PVP）业务，该业务涉及交易的两种货币均于同一时间完成交割，标志着我国外汇市场正式建立人民币对外币同步交收机制，是我国外汇市场基础设施建设取得的重大进展，对消除本金交割风险，防范不同交易时区交收时差风险以及提高外汇市场运行效率意义重大。有鉴于此，交易中心需积极与清算所及市场机构协商合作，加强清算与交收环节管理，防范化解外汇结算风险。

（5）交易全流程防范管理结算与信用风险。额度与授信管理能够在交易前控制交易参与主体之间的头寸暴露，有效降低市场信用风险。衍生品冲销业务能够通过衍生品合约的提前终止实现释放授信额度、降低资本占用、降低总体信用风险、节约运营成本的作用。在国际市场上，自《巴塞尔协议 III》实施以来，金融机构为满足衍生品交易的监管要求、减少场外衍生品交易的风险敞口、降低银行资本占用和杠杆率，已大量开展场外衍生品冲销业务。外汇交易中心需不断完善交易前的额度授信管理以及交易冲销等专业化的交易后处理服务，构建金融产品全生命周期的管理体系，降低市场风险，提高市场运行效率。

（二）基础设施自身风险管理

针对基础设施的相关风险，交易平台需遵循全面统筹、重点防范、制度先行、预防为主的原则，加强自身运行管理。

1. 建立健全风险管理制度。交易平台要建立健全风险管理体制机制，设立风险管理委员会（以下简称委员会）统筹协调风险管理相关事项，发挥决策支持作用。委员会指导风险管理部门建立健全风险管理制度。风险管理部门通过制定制度建设整体规划、对新制度加强审核和进行制度宣传及执行监督等措施督促交易平台持续完善内外部制度。风险管理部门定期进行风险管理制度评估，根据制度评估结果和实际情况进行制度的立、改、废，督促各部门及时进行制度学习并加强制度执行。

2. 严格进行风险评估。风险管理部门牵头各部门评估交易平台风险。依据历年安全生产事件、安全生产责任事故、市场服务投诉情况以及交易平台风险管理工作实际，定期组织开展风险点的重新评估。经重新评估后风险点有增减的，要及时更新。

3. 加强日常风险防范管理。交易平台各部门根据风险管理流程规范，对各类风险进行跟踪监测，及时提示风险，加强防范，并按风险管理部门的要求，及时准确报告有关情况。通过定期召开风险管理例会，对风险管理工作进行总结、评估并完善相关防范措施，做好相关岗位的风险管理专业培训。风险管理部门对重大风险管理工作进行常规检查，并视风险评估情况组织开展专项检查。

4. 及时进行风险处置与报告。当发生相关风险事件时，业务、技术、内部管理部门根据应急管理、业务技术管理相关规定进行处置，将事件发生及处置的动态信息及时告知风险管理部门，并在完成事件应急处置后，向风险管理部门提交书面报告。风险管理部门密切跟踪报告事件的动态信息，调查事件发生的原因并进行责任认定。

第五节　黄金交易所及其他金融资产交易所风险管理

黄金交易所、金融资产交易所和票据交易所以及信托、保险交易所作为重要基础设施，在金融市场稳定运行方面发挥着重要作用，做好自身风险管理也非常重要。

一、黄金交易所风险管理

国内黄金交易全面市场化以来，已经形成了上海黄金交易所、上海期货交易所、金融机构黄金业务共同发展的格局，逐步形成了以上海黄金交易所集中统一的一级市场为核心，竞争有序的二级市场为主体，多元衍生品市场为支撑的多层次、全功能的黄金市场体系，涵盖了竞价、定价、询价等市场板块。2019 年，上海黄金交易所黄金交易量居全球交易所市场第三位。

（一）基本情况简介

1. 国际黄金市场情况简介。伦敦黄金市场历史悠久，是目前全球最大的场外市场。伦敦黄金市场之所以能够迅速崛起并成为世界最大贵金属定价中心，有两点决定性因素：一是具有支持场外交易的合格交割认证体系，二是其定盘价交易机制。作为伦敦黄金市场的组织机构，伦敦金银市场协会（LBMA）

在这两项体系机制的维护和改革方面发挥了至关重要的作用。LBMA是目前成立时间最长、发展最为完善的贵金属行业协会，其主要职责是提高伦敦黄金市场的运作效率，同时扩大伦敦黄金市场的国际影响力。此外，在实物黄金标准制定、交易行为准则、监管沟通等方面，LBMA也发挥着重要作用。

纽约黄金市场成立于1975年，是随着黄金管制的废止、黄金市场化的推进而产生的，在纽约商品交易所交易的一个场内黄金市场。纽约商品交易所目前由芝加哥商业交易所集团控股，该集团是全球最大的衍生品交易所集团，纽约黄金市场也是全球最大的黄金期货市场，同时对黄金现货市场有着巨大的影响力。2019年，该集团旗下的纽约商品交易所黄金、白银期货全年交易量（统计数据来自各交易所官网，双边统计口径）分别为54.27万吨和754.10万吨，在全球主要交易所中均排名第一。

欧美市场以外，东京工业品交易所（TOCOM）是亚洲最著名的商品期货交易所之一，主要产品有贵金属（黄金、白银、铂金和钯金）期货和期权合约。TOCOM成立于1984年，于2008年改制为营利性的股份制公司，2019年10月被日本交易所集团收购。2020年7月起，TOCOM的贵金属合约全部转移至日本交易所集团旗下的大阪交易所（OSE）进行交易。2019年，TOCOM黄金期货交易量为1.73万吨，全球排名第四位（第二、第三位分别为上海期货交易所和上海黄金交易所）。

在新兴市场方面，印度仅次于中国，是世界第二大黄金消费市场，年黄金需求量超过800吨，约占全球实物黄金需求量的25%。印度黄金市场虽起步较晚，但发展势头迅猛，也是世界黄金市场的重要组成部分。多家印度交易所均已推出黄金期货、期权产品，包括印度多种商品交易所（MCX）、印度国家证券交易所（NSE）、孟买证券交易所（BSE）等。其中，MCX的黄金期货2019年交易量为8 332.98吨，同比增长64.81%，在全球主要交易所中排名第五。目前，印度正在积极筹建本国首个现货黄金交易所。

2. 国内黄金市场发展历程。新中国成立以来，我国黄金市场的发展大致分为3个阶段：全面管制、统购统配和全面市场化。

新中国成立后全面管制阶段。此时，国内的黄金市场一直是封闭的，黄金的市场流动需要申请和配额。1950年4月，中国人民银行制定下发了《金银管理办法》（草案），冻结民间金银买卖，明确规定国内的金银买卖统一由中国人民银行经营管理。

改革开放后逐渐放开为统购统配。随着中国经济的不断发展，国民收入的提高，黄金市场逐渐放开。1993年，国务院下发文件，明确对当时的黄金实行统购统配，但未来将对黄金市场的管理逐步推行市场化。

2001年后实现全面市场化。2001年4月，时任中国人民银行行长戴相龙宣布取消黄金"统购统配"的计划管理体制。2002年10月30日，上海黄金交易所正式开业，标志着我国黄金市场"统购统配"体制的结束，中国黄金市场实现全面市场化。

3. 上海黄金交易所的职能定位与发展现状。目前，中国已逐步形成以上海黄金交易所集中统一的一级市场为核心，竞争有序的二级市场为主体，多元的衍生品市场为支撑的多层次、全功能的黄金市场体系，涵盖竞价、定价、询价、报价、金币、租借、黄金ETF等市场板块。2019年，上海黄金交易所黄金交易量居全球交易所市场第三位。

根据国务院决策部署，2001年中国人民银行组建上海黄金交易所。上海黄金交易所实行会员制，是为黄金的集中交易提供场所、设施、相关服务，实行自律管理的法人，截至2019年底共有会员270家。其中，国内会员既有银行、券商、信托等金融机构，也包括各类产金用金企业，国内会员单位年产金、用金量占全国的90%，冶炼能力占全国的95%。国际会员均为国际知名银行、黄金集团及投资机构。

（二）监管要求

1. 黄金市场监管要求。黄金由于兼具实物与金融双重属性，市场参与主体范围较为广泛，监管部门主要是对金融属性的黄金业务进行规范。目前出台了账户黄金、黄金资产管理、互联网黄金、黄金积存等业务管理办法，主要界定出具有金融属性的黄金业务，再按照金融业务必须持牌经营的要求，明确金融属性黄金业务的开办主体。

在此基础上，对各类黄金业务的内涵进行限定，并针对业务开展过程中实际存在的问题进行规范。例如，对黄金资产管理业务，明确其是金融机构的表外业务，要求金融机构在上海黄金交易所开立总账户，登记所托管的实物黄金。对金融机构互联网黄金业务，要求金融机构和互联网机构做好投资者适当性管理，不得向风险承受能力不足的投资者销售黄金产品。对黄金积存业务，明确其仅限银行业存款类金融机构开办，应纳入金融机构资产负债表进行管理。

2. 对黄金交易所的监管要求。中国人民银行对上海黄金交易所的日常业务进行监管。主要管理制度有：《关于促进黄金市场发展的若干意见》（银发〔2010〕211号），明确了黄金市场在促进黄金产业发展中的重要作用，同时从发展定位、服务体系建设、风险防范等方面对上海黄金交易所提出发展要求。明确指出，上海黄金交易所要规范会员行为，维护市场秩序，根据市场变化情况及时采取应对措施，防范市场风险。

还有《上海黄金交易所业务监督管理规则》（银发〔2011〕93号），明确了中国人民银行对黄金交易所的管理规则，包含对黄金交易所的各项授权及其需要遵守的各项管理规定。根据该文件，上海黄金交易所受到以下几方面的管理要求。

在业务许可方面，中国人民银行要求黄金所制定修改章程、交易规则等应当报中国人民银行批准，上线交易系统、批准或取消会员资格等应当报中国人民银行备案。

在资金管理方面，上海黄金交易所应当建立交易结算资金和保证金管理制度。交易结算资金和保证金应专户存储，且只能用于担保合约的履行。

在内部建设方面，上海黄金交易所应完善业务系统、网络等硬件设施，建立应急处理机制、内部控制和风险管理机制等内控制度，以保障业务正常开展。

在信息报告方面，上海黄金交易所需定期向中国人民银行报告市场运行情况，及时准确发布当日市场行情及有关信息，并及时向中国人民银行报告市场重大异常等情况。

（三）风险概况及类型

1. 黄金市场风险。（1）市场风险。市场参与者在亏损后无法履约、市场因涨跌停板而丧失流动性、强平对市场行情进一步造成冲击等原因使得黄金市场存在市场风险。

虽然与货币和一般商品相比，贵金属价格的波动率通常较低，但近年来随着投机行为的增加、地缘政治和新冠肺炎疫情等因素的影响，贵金属价格波动加剧，市场风险显著增加。譬如 2020 年 7 月，全球贵金属市场出现大幅上升行情，黄金现货价格突破了 2011 年 9 月 6 日的历史最高价 1 920.24 美元 / 盎司。7 月 28 日，黄金延期合约创出 435.99 元 / 克的历史高点，纽约商品交易所黄金期货 12 月合约一度突破 2 000 美元大关，随即出现强势调整。

（2）实物风险。实物风险是指黄金等贵金属实物在交割、运输、存储等方面可能引起的风险，主要包括两个方面，分别是实物质量方面的风险和实物安全保管方面的风险。

2. 交易场所风险。黄金交易场所主要面临以下几方面的运营风险：一是应用系统风险，主要是其竞价、询价交易，清算、风控、反洗钱等应用系统出现软件故障；二是通信风险，主要是硬件发生故障，或者业务数据负载超过了可用资源等，导致网络吞吐量下降甚至网络完全瘫痪等现象，在这种情况下，核心信息、业务系统无法处理业务；三是基础设施风险，主要是电力、火灾、设备浸水、基础软硬件故障等情况，导致设备无法使用，从而影响系统运行；四是业务操作风险，比如市场基础数据录入错误、核心基准数据发布延迟或错误、应急录入交易错误、业务应急发布错误、市场行情受影响等；五是法律风险，比如推出新产品、新业务不符合监管规定，上位法依据不足等。

（四）风险防范管理措施

上海黄金交易所作为我国黄金市场的重要基础设施，在防范化解黄金市场风险方面发挥了重要的作用，黄金所通过制定全面的风险管理框架，综合运用事前、事中、事后各项防控措施来防范化解风险。

1. 关于防范黄金市场风险。（1）市场风险。上海黄金交易所具备以《上海黄金交易所交易规则》为核心，配套《上海黄金交易所风险控制管理办法》《上海黄金交易所限仓额度申请审批管理细则》《上海黄金交易所异常交易监控制度的暂行规定》等制度的市场风险管理框架。

上海黄金交易所主要通过以下 3 个方面的防控措施进行市场风险管理。

在事前防控方面，上海黄金交易所采取一系列交易制度规范交易行为，控制风险。如保证金制度规定，交易双方需向交易所缴纳保证金，用于结算和保证合约履行。涨跌停板制度对竞价市场各上市合约的每日最大价格波动幅度进行规定，将每日的市场风险控制在一定范围内。限仓制度规定会员席位或客户在某一合约单边持仓的最大数量，避免因集中持仓带来的市场风险和价格操纵风险。

在事中防控方面，交易限额制度规定会员或客户对某一合约在某一期限内开仓交易的最大数量。利用实时风险监控系统，可以依据《上海黄金交易所异常交易监控制度的暂行规定》要求，对会员或客户的频繁撤单、大额撤单、自成交等行为进行实时监控，可有效监督并发现价格异常、报单异常、交易异常、持仓异常等异常交易行为，避免发生自买自卖、高买低卖、对敲等市场操纵行为，保证市场平稳有序运行。

在事后防控方面，大户报告制度要求会员席位或客户持仓量在达到上海黄金交易所限仓规定的 80% 时，应向上海黄金交易所报告其资金、头寸等情况。强行平仓制度保证了上海黄金交易所在资金不足、超仓、违规等风险发生的情况下，对会员席位持仓实行平仓，释放资金缓释风险，同时上海黄金交易所有权暂停会员办理出库、租借和质押等实物库存相关业务。根据风险警示制度，上海黄金交易所在认为必要时，可以分别或同时采取要求报告情况、谈话提醒、公开谴责、发布风险警示公告等措施中的一种或多种，用以警示和化解风险。

（2）实物风险。上海黄金交易所通过《上海黄金交易所交割细则》、《上海黄金交易所可提供标准金锭企业及其金锭品级资格注册认定准则》、《上海黄金交易所可提供标准金条企业及品牌金条资格注册认定准则》、《上海黄金交易所可提供标准银锭企业及其银锭品级资格认定准则》、SGEB2-2019《金条》、SGEB1-2019《金锭》、《中华人民共和国国家标准 GB/T 4135-2016 银锭》等制度、标准来防范、控制实物风险。

交易所建立了实物质量管理体系以防范实物风险。首先是实物质量标准体系。交易所交割的金锭、金条为经交易所认定的可提供标准金锭、金条企业生产的符合交易所执行的《金锭》《金条》标准的实物，及交易所认可的国际相关市场认定的合格供货商生产的标准实物。交易所交割的银锭为经交易所认定的可提供标准银锭企业生产的符合交易所执行的《银锭》标准的实物，及交易所认可的国际相关市场认定的合格供货商生产的标准实物。其次是实物质量管理体系。建有质量长效监督检查机制，包括分析检测能力验证、质量管控能力评估以及精炼企业月报制度和年度送检制度等，以及有健全的精炼企业认定准入机制，多措并举、全流程、多维度地监督认定企业，确保实物质量稳定、可靠。

在实物保管风险方面，上海黄金交易所设立指定仓库为实物交割及会员、客户实物仓储业务等提供相关服务。上海黄金交易所指定仓库在设立前，必须符合国家有关部门的行业标准并履行相关审批、验收程序。上海黄金交易所通过建立制度、细化流程、排查风险等方式，对在用指定仓库采取多种措施，确保对每一个在用指定仓库安全管理的全覆盖，保障指定仓库的安全运行。

（3）流动性风险。上海黄金交易所通过制定和执行《上海黄金交易所结算细则》《上海黄金交易所最低结算准备金管理办法》《上海黄金交易所会员履约操作须知》《上海黄金交易所保证金存管银行管理办法》《上海黄金交易所充抵保证金业务管理办法》，从制度层面防范和化解流动性风险。上海黄金交易所主要通过以下3个方面进行流动性风险管理。

一是结算业务服务平台。在日常结算业务中，上海黄金交易所利用其结算业务的核心系统，在交易结束后对全市场进行结算，第一时间判别违约事件，对会员进行追保。通过存管银行管理，上海黄金交易所主板共有保证金存管银行18家，主要用于存放和管理会员交易资金。会员的交易资金必须通过在上海黄金交易所绑定的银行账号划入指定的存管银行账号。代理席位通过保证金封闭系统管理出入金，保障客户资金安全。通过大额支付系统调拨交易保证金，保障会员资金安全。此外还有各类应急操作，主要包括应急出入金、资金冻结和解冻等，可以用于防范流动性风险。

二是结算业务数据服务平台。使用历史数据查询功能，可查询2002年至今的相关数据，包括会员资金、清算量、各类费用、出入金明细等，用于比对数据、模拟历史场景。利用各类统计报表，形成标准化的表格，严格按照审计、合规要求进行使用和管理。

三是风险监控系统。预清算功能可在交易时间段内对市场进行实时清算，预防违约风险。通过压力测试设置保证金率、涨跌停幅、结算价等参数，对下一交易日的行情进行预估，提早防范市场风险和流动性风险，同时也可模拟多日极端行情等按需求设置的场景条件，进行压力测试和风险预估。利用各项指标监控大额资金的流入和流出、会员实时盈亏、出入金笔数等指标，辅助风险防范。

2. 关于应对交易场所风险。上海黄金交易所制定了防范黄金交易场所风险的相关内部管理机制。理事会下设风险管理委员会，承担全面风险管理的专业咨询责任，高管层承担全面风险管理的实施责任，风险管理部负责全面风险管理，各业务部门负责制定不同风险的风险管理机制，同时由法律合规内审部负责审计各业务部门的风险管理履职情况，对全面风险管理的充分性和有效性进行独立审查和评价。具体而言，主要从以下 3 个方面防控风险。一是定期进行风险评估，对全面风险管理和各类重要风险管理状况进行评估。二是日常风险管理，各业务部门建立风险管理机制，对风险进行识别、计量、评估、监测、报告、控制、缓释，确保相关风险得到有效管理，同时负责风险应急处置。三是风险预警与处置，业务部门收集可能对系统运行造成影响的预警，并对预警进行确认与分级，对于较为严重的预警信息，以及已经发生的风险事件，按照风险应急预案进行处置应对。

二、金融资产交易所风险管理

金融资产交易所（以下简称"金交所"）的发展起源于 2010 年，为地方金融资产提供登记托管、清算结算、交易等金融基础设施服务。十余年来，金交所经历迅速发展、清理整顿、规范发展 3 个阶段，在满足地方经济发展需求等方面发挥了积极作用的同时，也派生出乱象和风险，需要完善相关风险管理制度。

（一）金融资产交易所基本情况

2010 年，各地政府为盘活地方金融资产、促进地方金融市场发展，相继设立了地方性金交所，主要为地方企业提供融资产品，为地方金融资产等提供交易和信息展示服务。其发展可以分为迅速发展、清理整顿、规范发展3个阶段。

1. 迅速发展阶段。 从2010年开始，各地方金交所相继建立，短期内基本上实现了一省一家甚至多家，并由各地金融办直接监管。高峰时期，全国范围内的金交所达80多家。业务涉及金融股权、金融不良资产、实物资产交易、金融产品发行及转让等。

2. 清理整顿阶段。 地方金交所属于新兴业态，缺乏相应的管理规定，各地对交易场所的设立和管理标准把控不一，部分地方交易所的展业活动未受到有效监督，因此累积了一定的风险。为了防范各类地方交易机构风险，2011年国务院颁布了《关于清理整顿各类交易场所切实防范金融风险的决定》(国发〔2011〕38号)，2012年颁布了《国务院办公厅关于清理整顿各类交易场所的实施意见》(国办发〔2012〕37号)。由证监会牵头成立了清理整顿各类交易场所部际联席会议办公室（简称"清整联办"）对各类地方交易场所（包括金交所）开展清理整顿工作，各省陆续发布了清理整顿各类交易所的通知和实施办法。2018年，清整联办发布《关于稳妥处置地方交易场所遗留问题和风险的意见》(清整联办〔2018〕2号)，一些违法违规的金交所被清除或整合。

3. 规范发展阶段。 随着清理整顿工作的开展，各金交所按照监管要求整改或转型，存量业务风险逐渐被化解，经营范围被限定在监管部门要求的范围内，交易场所内部也逐步建立起规范的产品管理和内部控制制度。由于业务范围、展业活动受到严格监管，各金交所的经营规模也压缩在一定的范围内。

（二）监管要求

在监管方式上，监管部门对地方交易所的管理实施中央统筹、省级政府履行监管职责的方式。中央层面建立了由证监会牵头，有关部门参加的"清理整顿各类交易场所部际联席会议"制度。地方层面由省级人民政府按照属地管理原则负责监管，并做好统计监测、违规处理和风险处置工作。

在监管内容上，中央监管部门发布了多份清理整顿地方交易所相关通知和指导意见，省级政府也各自制定了交易所管理办法。2020年《关于进一步做好金融资产类交易场所清理整顿和风险处置工作的通知》（清整办函〔2020〕14号）发布，这是中央层面首个专门对金交所做出具体要求的文件，主要内容有以下几点。

1. 依法合规经营。 金交所应经省级人民政府批准设立，恪守合规性、区域性、非涉众的原则。

2. 严守业务边界。 金交所不得违法从事中央金融管理部门监管或禁止的金融业务，涉及中国人民银行、银保监会、证监会业务许可事项和其他国家部委管理的业务的，应取得相应业务牌照或获得主管部门指定。金交所及其经营主体未经批准，不得发行、代销（代理销售）、交易中央金融管理部门负责监管的金融产品、私募投资基金产品。不得以登记、备案等名义参与其他机构违规发行和销售金融产品等的活动。不得与网络借贷平台等互联网金融企业、房地产等国家限制或有特定规范要求的企业（平台）及融资性担保公司、区域性股权市场、小额贷款公司、典当行、融资租赁公司、商业保理公司、地方金融资产管理公司违规开展业务合作。不得为金融机构或非金融机构相关产品提供规避投资范围、杠杆约束等监管要求的通道服务。不得将任何权益拆分为均等份额公开发行。

金交所为金融资产提供登记托管、清算结算、交易等金融基础设施服务的，应当符合国家及中央金融管理部门有关金融基础设施的规定。经中央金融管理部门评估认定为具有系统重要性的金融基础设施的，转由中央金融管理部门监管。

3. 强化投资者资质管理。 要严格投资者适当性管理，不得向个人（包括面向个人投资者发售的投资产品）销售或者变相销售产品，机构投资者不得通过汇集个人资金或为个人代持等方式规避个人投资者禁入规定。持牌金融机构、私募投资基金不得与金交所违规开展合作业务。

4. 限定展业区域。 金交所的经营活动应当限于注册地省级行政区域。不得通过与互联网平台合作等方式在其他省级行政区域展业，不得为异地企业发行产品。

5. 完善公司治理。 金交所应当股权明晰，不得代持股权，不得出租、出借资质牌照、让渡实际经营权。金交所的股东要履行出资人职责，防止其滥用股东信用为违法违规活动背书。严禁其利用金交所开展自融活动。

6. 分类处置风险。 分类化解违规存量风险，切实防控增量风险。债权存量业务于 2021 年 6 月底前化解完毕。各地区不得新批设、新开业金交所，按照"一省最多一家"的原则通过整合、退出或者转型为一般企业等方式压减数量。

此外，省级政府陆续发布了地方交易场所管理办法，从设立要求、股东约束、业务范围、投资者管理、信息披露、登记清算等方面做出规定，细化了地方交易所的管理措施。

（三）主要风险类型

金交所涉及的风险主要包括业务合规风险、产品本身信用风险、产品违约涉众风险、关联交易风险。

1. 合规风险。 2017 年以前，地方金交所创设了多种产品为企业提供融资服务，例如定向融资计划、资产收益权产品。此类业务在性质上属于类债券或类证券化产品，按照金融持牌经营的原则，应该在中央金融管理部门的授权范围内开展。但地方金交所普遍仅有地方金融管理部门的业务授权，业务开展的合法性依据不足。同时，此类游离在主流金融市场监管范畴之外的产品也为部分金融机构规避投资范围、杠杆约束等监管要求提供了便利，积累了潜在的金融风险。

2. 信用风险。 一些金交所的融资性产品的准入标准低、项目审核不严格、投资者适当性管理不当，导致了信用风险的出现。一方面，金交所对融资类项目的风险识别能力不足，为了拓展业务规模，降低了准入门槛，对备案产品的合规性、底层资产的真实性把握力度较弱，导致大量良莠不齐的中介服务机构、资产涌入，埋下了信用风险隐患。

另一方面，一些金交所内部缺乏完善的产品管理制度，未做到风险的揭示和重要事项的披露，将产品销售给了缺乏相应风险承受能力的投资者，加剧了产品的信用风险。例如《关于稳妥处置地方交易场所遗留问题和风险的意见》（清整联办〔2018〕2号）要求金交所制定投资者适当性制度，其标准不低于资管新规要求的合格投资者标准。根据资管新规，合格投资者投资于单只固定收益类产品的金额不低于30万元。但在实践中，不同金交所对个人合格投资者的标准把控不一，部分金交所违背了资管新规的标准，将起投金额降低到1万元甚至5 000元。

3. 产品违约涉众风险。2018年以前，金交所为了扩充业务量，与大量互联网借贷平台、P2P机构、第三方财富公司等合作销售产品，致使单个金交所的风险通过互联网传染到全国。并且，部分金交所未做好投资者适当性管理，将大量产品销售给了缺乏风险识别能力的个人投资者，扩大了产品违约的影响范围。例如，2019年3月，由于一款名为"当代控股融通宝"的产品逾期，多名自然人分别对温州金融资产交易中心提起诉讼。

4. 关联交易风险。由于金交所融资的便利性，一些金融控股集团、实体企业通过控股地方金交所来实现自我融资的目的。这些企业往往同时担任交易平台、融资者、中介服务机构、增信机构等多种角色，利用地方金交所为其下属公司融资提供通道，通过多层嵌套转换实现自融、变相挪用资金等。个别金交所成为控股股东关联交易、自我融资的工具，产生了风险隐患。

2018年底以来，随着金交所清理整顿的开展，上述存量业务风险逐渐化解，增量风险受到管控，金交所逐渐走向规范化发展道路。

（四）风险的防范管理措施

针对金交所的监管采用中央统筹、地方监管的管理方式，既分工明确又相互协调。从风险防控角度看，这种监管可以分为政府部门监管和金交所自律管理两种方式。

1. 地方政府对金交所的监管方式。一是区域性风险隔离。金交所的设立由省级地方金融监管部门批准，业务范围限于本省行政区域内，不为异地企业发行产品，不得与互联网平台合作销售产品。将金交所的业务风险控制在省级区域内，建立起省与省之间的"防控墙"，防止风险传染。

二是严格设立（变更）管理。地方金融监管部门强化属地职责，对金交所的设立实施严格审批股东资质、出资结构等事项，并对新设交易方式、对外投资、管理人员变动等事项建立起报批报备制度，实现对金交所的严格监管。

三是加强业务指导，实施穿透式监测监管。地方金融监管部门指导金交所建立健全风险防控体系，并逐步建立起与金交所之间的信息报送制度和定期检查制度，全面准确掌握其业务数据和财务会计信息，及时发现风险隐患，强化对金交所的持续监测和穿透式监管。部分地方金融监管部门通过建设统一的登记结算平台和资金存管账户，实现对交易全流程的在线监管和资金的统一结算。

四是严肃违规处理。地方金融监管部门根据监管工作需求，依法对金交所实施检查，发现违法违规行为及时采取约谈、风险提升、责令整改、报请省级政府取消开业资格等方式，及时化解风险。

2. 金交所自身的风险防控措施。 一是严守业务范围，创新业务及时报批。加强存量业务存续管理，稳步化解风险，新增业务严格遵守监管部门对金交所业务范围的规定。对于创新类业务，金交所要及时向相关部门履行报批或报备手续。

二是建立全面的风险防控体系，包括制定风险管理制度、内控制度、健全组织架构、配备专业人员等，制定突发事件应急预案和交易投诉处理制度，遇到重大事项及时向监管部门汇报。

三是建立投资者适当性制度。依照资管新规和金交所监管文件要求，加强投资者管理，为不同风险等级的投资者提供相适应的产品。定期开展投资者教育，提升其风险防控能力。

四是建立信息披露机制，及时披露涉及投资者的交易行情、重大事项、交易规则等，确保披露信息的真实准确。对于需要保密的交易信息，切实履行好保密职责。

五是加强交易系统建设，对交易信息系统采取完备的数据备份和安全保护措施，并积极接入地方监管系统，定期报送业务数据。同时，按照地方监管部门要求建立第三方存管和资金托管制度，防范风险事件发生。

三、票据交易所风险管理

（一）票据市场与上海票据交易所基本情况

我国票据市场是改革开放后我国金融市场体系发展最早的组成部分之一，以商业汇票为主。我国票据市场的发展历程，大致可以分为 4 个阶段。

1979—1994 年为我国票据市场的起步和探索阶段。中国人民银行开始批准部分企业签发商业承兑汇票，之后逐步推广商业汇票的承兑、贴现和背书转让。这一阶段，在以票据信用替代挂账信用、规范商业信用发展的政策驱动下，票据在解决"三角债"问题、搞活企业资金、增强企业活力方面开始发挥作用。

1995—1999 年为票据市场制度建设和培育发展阶段。1995 年 5 月 10 日，第八届全国人大常委会第十三会议审议通过了《中华人民共和国票据法》，自 1996 年 1 月 1 日起施行。随后在 1997 年，中国人民银行发布一系列票据市场规章制度。这一时期票据市场发展动力主要源于企业与银行对票据作用的认识提升，票据融资和盈利功能逐步显现，以及相关法律法规的制度红利释放。

2000—2009 年，票据市场进入专业经营和快速发展阶段。2000 年 11 月，工商银行在上海成立了我国首家票据专营机构——中国工商银行票据营业部，开启了票据业务专业经营模式。2008 年 12 月，中国人民银行提出注重通过再贴现引导信贷投向，沉寂多年的再贴现工具开始发挥定向调控的政策作用。2009 年，中国人民银行建成电子商业汇票系统并投产运行，我国票据市场进入了电子化发展新阶段，票据的交易流转逐步由纸质票据转化为电子票据。

2016 年之前，票据市场仍以纸质票据、线下交易为主，电子化水平低，尚未形成全国统一的票据交易平台。票据市场在不同地区、不同机构间割裂、透明度低，信息严重不对称，部分中介机构深度介入票据市场。2016 年，部分银行爆发票据案件，根据国务院决策部署，中国人民银行牵头筹建全国统一的票据交易平台，上海票据交易所（以下简称票交所）正式成立，票据市场进入规范发展阶段。

上海票据交易所作为我国票据市场的重要基础设施，其主要职责有以下几点。一是提供登记托管服务。票交所为系统参与者开立票据托管账户，依据其业务行为指令，以电子账簿的方式记载其持有票据的余额及变动等情况，借此对票据权益进行管理和维护。二是提供交易报价服务。票交所系统支持会员开展票据买卖、质押融资等业务，业务品种包括转贴现、质押式回购、买断式回购等。三是提供清算结算及票交所资金账户服务。票交所在票据交易、提示付款、追偿等环节为系统参与者提供资金清算结算服务。四是提供数据信息服务。票交所为市场参与者、管理部门和社会公众提供数据统计、信息产品和研究分析服务，提升市场透明度，激发市场活力。五是推动票据业务规范创新发展，提高市场配置效率，加大服务实体经济力度。

票交所成立以来，票据市场从区域分割、信息不透明、以纸质票据和线下操作为主的传统市场向全国统一、安全高效、电子化的现代市场转型，重构了票据市场的生态环境，为深化票据应用奠定了坚实基础，提升了票据市场服务实体经济的能力。票据市场发生了切实的改变。

（二）监管要求

1. **票据市场监管要求。**票据市场监管包括法律、行政规章、规范性文件等多个层面，从票据签发、承兑、贴现、再贴现各个环节为各类主体参与票据活动制定了基本规则，引导、规范票据市场的发展。

在票据签发环节，要求出票人为银行以外的法人或其他组织，应在承兑机构开立账户，且需资信状况良好，具有支付汇票金额的可靠资金来源。

在票据承兑环节，要求承兑银行具有承兑业务办理资质，与出票人具有真实的委托付款关系，且具有支付汇票金额的可靠资金来源。同时，商业汇票具有真实贸易背景是各类管理制度中明确的核心要求，金融机构在办理承兑业务时须审查承兑申请人与票据收款人间的真实贸易关系，仅在具体审查方式上有所调整。

在票据贴现环节，企业申请贴现纳入银行信贷管理，要求贴现需具有真实交易关系，且贴现资金投向应符合国家产业政策和信贷政策，银行要加强对贴现资金划付和使用情况的管理。

在票据转贴现环节，放松真实交易背景审查要求，不再要求提供贴现申请人与其直接前手之间的交易合同、增值税发票或普通发票。同时，对商业银行有风险资本计提要求，商业银行通过转贴现卖出票据后，作为背书人存在被追索的可能性，根据相关监管规定在票据债务履行完毕前，按照风险权重为20%或25%计量风险资产。

2. 对票交所的监管要求。为加强票据市场基础设施管理，促进票据市场健康规范发展，中国人民银行制定了《上海票据交易所业务监督管理规则》(以下简称《规则》)，明确中国人民银行依法对上海票据交易所业务进行管理、监督和指导。上海票据交易所根据中国人民银行的业务指导，对照金融市场基础设施建设有关标准进行系统建设和管理。

《规则》一是明确了上海票据交易所可从事组织票据交易和公布交易行情、票据登记托管、票据交易的清算结算等业务，并应保障再贴现政策传导渠道畅通。二是规定了上海票据交易所为保障业务正常开展应具备的人员和岗位管理、应急和灾备机制设置、业务系统合规达标等条件。三是要求上海票据交易所应当遵循安全、高效的原则，建立全面、稳健的风险管理框架，采取有效措施监测、评估和管理信用、流动性、代理接入等风险，保障业务连续性和准确性，建立符合要求的数据管理机制和监测机制，全面落实金融市场基础设施原则的有关要求。同时，《规则》明确了上海票据交易所应向中国人民银行报告的事项，包括业务运行情况及经营情况、相关业务重大事项等。中国人民银行可按照有关规定对上海票据交易所的制度建设、业务处理、系统运行、服务质量、风险控制、参与者管理等情况开展检查评估。

(三)主要风险概览

1. 操作风险。票据流转长期以纸质为主，传统的风险一般为假票风险，包括伪造、克隆票据进行诈骗，随着防伪技术的提高，发生假票风险的概率大大降低。但由于纸质票据人工操作环节较多，操作风险较大，主要表现为金融机构内控问题。2016年以前，票据业务仍以纸质形式流转为主，加上票据业务本身链条长，若金融机构内控不严、操作规范执行不严格，则很容易给不法分子可乘之机，发生票据实物在保管环节被挪用、非法机构冒用银行的名义通过同业账户开展票据业务等风险，如 2016 年发生的部分银行票据被"掉包"案件、因资金划付与票据交割不同步在流转过程中票据或资金被挪用案件等，性质较为恶劣，引起了社会的广泛关注。

为此，国务院决策部署设立统一的票据交易平台，中国人民银行推动成立上海票据交易所，对票据交易和登记托管进行集中管理，降低风险和提高透明度。同时，中国人民银行会同银保监会印发《关于规范和促进电子商业汇票业务发展的通知》（银发〔2016〕224 号），强化票据业务管理规定，明确 2018 年 1 月 1 日之前，100 万元以上的票据应全部通过电子票据管理。上海票据交易所成立后大力推广电子票据，不断提高电子票据业务的运行效率，票据业务电子化程度和透明度大幅提升。2019 年后，电子票据占比已达 95% 以上，票据"掉包"等操作风险得到有效控制，交易流转效率大大提升，票据业务模式也从商业银行分支行逐步向总行专营集中。

2. **信用风险**。票据市场信用风险是整体经济社会信用状况的一个切面，信用风险上升是经济下行周期实体经济风险释放的自然反应。因此，票据信用风险有所显现，在于票据债务人履约能力的变化，其中票据承兑环节的信用风险较为突出。

首先，部分中小银行存在过度承兑现象，影响自身流动性，造成信用风险。我国票据市场以银行承兑汇票为主，其中中小银行承兑规模占比较高。2019 年，银行承兑汇票累计承兑 17.4 万亿元，其中中小银行承兑 5.8 万亿元，占银行承兑总额的 33%。部分中小银行通过大量过度承兑扩张信用、吸收存款，承兑规模较大、承兑余额与总资产比例较高。过度承兑的中小银行由于依赖票据承兑保证金维持流动性，承兑业务一旦受阻，就要直接承担兑付责任形成垫款，同时存款大量流失，双重压力将迅速增加自身流动性风险，造成持票金融机构流动性紧张，引发风险传染。如宝塔石化财务公司大量开展票据承兑业务、挪用票据保证金，最终无偿付资金，导致大量票据无法兑付。

此外，部分企业虚构贸易背景签发商业承兑汇票用于套取资金。商业承兑汇票（以下简称"商票"）指由非金融企业承兑的、以商业信用为基础的商业汇票。近年来，随着企业间应收账款的增加，票据电子化进程推进，商票承兑量逐步上升，一定程度上缓解了企业间资金流转、融资等问题。但部分企业组织关联企业或勾结票据中介虚构贸易背景签发商票，再通过贴现套取资金，易引发违约风险，损害其他相关机构利益。如在金贵银业案件中，金贵银业与上海稷业通过互开商票并签署回购协议，虚增资产从银行获得融资，最终由于上海稷业将拟回购票据质押给第三方，到期被金贵银业拒付而引发违约。

3. 市场风险。随着宏观经营环境的变化和票据市场交易效率的提高，票据市场价格波动更趋常态化，影响因素更趋复杂，市场风险更需关注。

首先，票据交易价格易受到资金面影响。2016 年底全国统一的票据交易平台建立后，票据交易更加透明，票据价格与货币市场的关联性更强。以2018 年二季度票据利率走势为例，受市场资金面影响，票据市场利率单边下行，国有股份制商业银行期限在一年左右的转贴现交易利率从 5% 以上降至2% 的水平，市场参与者将不得不面临利率波动带来的市场风险加剧的现状。

其次，票据市场参与者的结构变化会影响交易价格。一方面，目前市场参与者仍以银行为主，风险偏好和风险研判趋同，一些关键时点或重大事件的出现容易形成同质化交易的趋势，"羊群效应"导致票据市场的价格极端变化。另一方面，一些非银机构逐步参与票据交易，但部分新型参与者对票据业务的规则缺乏深入研究和实践，恐会加剧价格波动。

4. 运行风险。票交所负责电子商业汇票系统、票据交易系统等票据市场业务系统的运营管理。相关票据业务系统连接了所有票据市场参与主体，集中处理票据生命周期的各项业务，其高效运转可以提高全市场的效率和安全，是风险防控的利器，能减少系统性风险。但是如果相关系统出现运行不畅或运转失灵，票据市场业务就会停摆，影响票据相关方合法权益。此外，票交所出现内部管理不严、公司治理出现问题等情况，在一定程度上也会影响票据业务系统的正常运行，从而给票据市场造成负面影响。

（四）风险管理措施

上海票交所作为票据市场基础设施，应通过制度设计、系统建设、措施创新，不断丰富票据市场风险防控的手段和工具，着力应对各类票据市场风险。

1. **加强内控管理**。持续完善公司治理安排，加强关键业务岗位管理，关键岗位应建立复核制度和轮岗制度。建立全面的风险管理架构，成立风险管理委员会和风险防控领导小组，制定明确的风险处置规则和流程，完善内部管理和市场沟通机制，提高风险处置规范性和效率。

2. **保障系统平稳运行**。持续完善票据各业务系统故障应急处理机制和灾难备份机制，确保有关数据和系统的安全。不断完善数据仓库，提高数据分析能力，更好地为票据市场的监测和政策制定提供参考。定期开展网络安全检查评估、应用系统质量评价等，提升信息安全管理水平。

3. **完善业务规则**。根据市场实际情况，结合票据业务相关法规制度，不断完善票据业务细则，逐步形成清晰透明、科学规范、标准统一的票据业务规则体系，更好地服务票据市场参与者，降低可能因规则造成的风险。同时，充分考虑参与者的需求，切实提高业务运营服务水平和质量。

4. **加强市场监测**。建立健全票据市场风险监测指标体系，构建风险识别、分析、评估机制，提高风险预警水平，重点防范价格异常波动、价格操纵等风险情况，维护市场运行秩序。

四、保险交易所风险管理

2014—2016 年，建设保险业基础设施成为国家提升保险业竞争力、促进现代保险服务业发展的重要内容。2015 年，经国务院同意，中国人民银行等六部委和上海市人民政府联合印发《进一步推进中国（上海）自由贸易试验区金融开放创新试点加快上海国际金融中心建设方案》，明确支持设立上海保险交易所（以下简称保交所），推动形成再保险交易、定价中心。保交所于 2015 年 11 月获国务院批准同意设立，2016 年 6 月 12 日正式开业，由原中国保监会牵头筹建，目前由中国银行保险监督管理委员会直接管理。保交所是严格按照公司法组建的股份有限公司，由 91 家股东 ① 发起设立，首期注册资本 22.35

---

① 其中包括 72 家保险公司、保险集团等保险行业内股东，以及央企、国企、股权基金、科技企业等 19 家行业外股东。

亿元，注册地位于上海自贸区。

（一）保交所基本职能

保交所的主要职责，一是提供交易场所和制定规则。保交所为保险、再保险、保险资产管理及相关产品的交易提供场所、设施和服务，制定并实施相关业务规则。二是促进和撮合保险交易。保交所协助委托人选择保险经纪公司、保险公司、再保险公司等保险机构办理相关手续，代理销售保险及相关产品并代理收取费用。三是提供交易配套和科技服务。保交所提供保险、再保险、保险资产管理的支付、结算，提供信息安全咨询、信息技术外包服务。四是发挥中央交互和消费者教育功能。保交所提供与保险、再保险市场相关的研究咨询、教育培训及数据信息服务，开展与公司业务相关的投资，法律法规允许的其他业务。五是推动保险市场规范创新发展，服务监管防范化解风险，服务行业高质量发展。

保交所致力于推动和支撑保险市场更好地发挥风险管理和长期保障功能，在全球保险业发展史上开辟了一条建设多层次保险市场的中国路径。自成立以来，保交所针对行业风险防控的重要领域、关键环节以及长期困扰保险业发展的同质竞争、理赔难、销售误导突出等问题，主动作为，提出了许多原创性的解决方案，打造了覆盖保险资产负债两端的保险交易框架体系，建设数字化健康保险交易平台，促进保险业更好对接人民群众日益增长的健康保障需求，首创集中统一的巨灾共保交易机制，推动巨灾保险制度全面落地，承接监管重要部署，服务监管加强关联交易风险及保险资金运用风险防控，融合区块链技术建设再保险登记清结算平台，提升信用风险防范水平，加快推进场内保险生态体系建设，更好地支持监管防范化解金融风险，支持行业数字化转型和高质量发展。

（二）保交所风险管理措施

保交所已经建设并运营着的系统和平台有保险产品交易系统、数字化再保险登记清结算平台、中介服务平台、关联交易监管系统等，这些系统和平台自身的运行也存在风险，其稳定运行是保交所功能发挥的基础。有效的风险防控体系是支持保交所稳健发展、场内保险交易有序开展的重要前提。保交所应在对内部管理风险和业务平台风险实施分类管理的基础上，以建立健全规章制度为抓手，以建立健全合规管理机制为核心，以关键环节和重点岗位的风险控制为重点，逐步建立起组织体系健全、职责分工明确、制度流程完善、监督问责有力、风险监测有效的"全面、全程、全员"的风险防控体系，守住不发生重大风险事件的底线。

一是明确组织架构，确保风险管理有岗有责。要搭建以风险闭环管理机制为核心，以关键环节和重点岗位的风险控制为重点，组织体系健全、制度流程完善、职责分工明确、监督问责有力、报告路线清晰、风险监测有效的"全面、全程、全员"的合规与风险管理框架。

二是建立制度体系，确保风险管理有规可依。要制定"风险（合规）管理办法"，明确公司风险管理的目标、范围、组织管理及职责、流程等。针对重点领域和流程，逐步配套建立各类业务平台风险管理办法等，逐步构建完整的风险管理制度体系。

三是完善激励约束机制，确保风险管理见实效。制定"违规问责办法"，明确违规行为责任追究的方式、标准和流程，强化责任意识，将履行风险管理职责情况作为重要考核指标。

四是建立风险监测体系，确保风险管理有落实。定期开展风险识别，建立全面、系统、规范化的风险控制体系，确保覆盖所有内部管理和各类业务平台的风险。重大项目事前事中事后全流程防控，建立健全"新业务、新产品、新制度、新流程"的合规评估机制。锁定重点控制的环节，对重要业务事项和高风险领域实施重点控制。建立重大风险应急机制，监测到重大风险或遇突发风险事件应立即启动重大风险应急机制，妥善处置和应对。

五是营造风险合规文化，确保风险管理有长效。建立宣传培训机制，综合运用宣传、教育、培训等多种方式强化风险管理理念，提升风险意识、培育风险文化。建立信息畅通机制，明确相关信息的收集、处理和传递程序，确保能够及时、准确地获取所需信息。

在上述各类重要金融基础设施之外，为加强对国内信托产品发行、登记、交易转让、估值等业务的管理，经国务院同意，由原中国银监会成立中国信托登记有限责任公司（以下简称中国信登）以加强对信托市场和相关业务的管理。

中国信登于 2016 年 12 月 26 日成立，注册地为中国（上海）自由贸易试验区，注册资本 30 亿元人民币，由中央国债登记结算有限责任公司控股，中国信托业协会、中国信托业保障基金有限责任公司、国内 18 家信托公司等共同参股。

中国信登的主要功能是为信托公司的信托产品发布提供登记信息服务，让投资者可以查询，让银保监会第一时间获得监管信息，定位为我国信托业的信托产品及其信托受益权登记与信息统计平台、信托产品发行与交易平台、信托业监管信息服务平台三大平台。随着全部信托产品登记基本信息于 2018 年 8 月末的归集完成，信托产品全覆盖、全口径、全流程、全生命周期的集中登记成为现实，信托登记正式步入"全登"新时代。总体而言，中国信登是一个信息平台，不是交易所，不开展信托产品的二级市场交易，也没有提供信托产品的财产确权、托管、账户系统等基础设施服务。

第六节　证券交易所市场登记结算机构风险管理

本节将在简要介绍我国证券交易所市场登记结算机构基本情况及境内外监管安排的基础上，分析证券交易所市场登记结算机构的主要风险及风险管理方法。

一、证券交易所市场登记结算机构的基本情况

（一）我国证券交易所市场登记结算机构——中国结算的基本情况介绍

中国证券登记结算有限责任公司是根据《证券法》和《公司法》规定，经国务院同意和中国证券监督管理委员会批准，于 2001 年 3 月 30 日组建成立的中国证券交易所市场集中统一的证券登记结算机构，上海证券交易所和深圳证券交易所是中国结算的股东，各持 50% 的股份。

中国结算是中国境内的中央证券登记机构、中央证券存管机构（CSD）、证券结算系统（SSS）、中央对手方（CCP），为上海、深圳证券交易所和全国中小企业股份转让系统有限责任公司等证券交易场所全部上市或挂牌的证券及金融衍生品提供登记存管、清算和交收服务，服务产品类型包括在沪深交易所上市的 A 股、B 股、DR、国债、公司债、企业债、ETF、LOF、封闭式基金、资产证券化产品、权证以及股票期权等金融现货和衍生产品，以及在全国中小企业股份转让系统有限责任公司挂牌的证券。

（二）中国结算的基本业务与运行模式

根据《证券法》和《证券登记结算管理办法》的相关规定，中国结算履行以下职能：一是证券账户、结算账户的设立；二是证券的存管和过户；三是证券持有人名册登记；四是证券交易的清算和交收；五是受发行人的委托派发证券权益；六是办理与上述业务有关的查询、信息服务；七是国务院证券监督管理机构批准的其他业务。中国结算构建了全面无纸化的证券登记结算簿记系统。完整的证券交易周期包括开户、交易、登记存管、结算四个环节。

1. 证券账户的开立。中国结算建立了统一的证券账户管理系统，依法为每个投资者开立证券账户，提供账户资料变更、账户资料查询及证券账户注销等服务。对于个人和一般机构等普通投资者，中国结算通过委托证券公司作为开户代理机构来代为办理证券账户业务。对于证券公司、保险公司、商业银行、

证券投资基金等特殊机构及产品投资者，中国结算直接为其办理证券账户开立、变更等证券账户业务。

2. 证券的交易。完成开户之后，投资者可以进行证券买卖。普通投资者可以通过证券公司向证券交易场所（包括上海证券交易所、深圳证券交易所和全国中小企业股份转让系统有限责任公司，下同）申报交易指令进行证券交易。特殊机构及产品投资者通过自有交易单元或者租用证券公司交易单元等渠道，向证券交易场所申报交易指令进行证券交易。

3. 证券的登记存管。根据《中国证券登记结算有限责任公司证券登记规则》，中国结算依法受证券发行人的委托办理证券登记及相关服务业务。中国结算设立电子化证券登记簿记系统，根据投资者证券账户的记录，办理证券持有人名册的登记。

证券登记分为初始登记和变更登记，初始登记是在证券交易场所上市或挂牌交易前，中国结算依据证券发行人的申请，办理证券持有人名册的登记。证券的变更登记包括证券过户登记、证券司法冻结、证券质押等，其中过户登记包括证券交易场所集中交易过户登记和非集中交易过户登记，通过证券交易场所集中交易的，中国结算根据证券交易的交收结果办理过户登记。对于非集中交易过户登记、证券司法冻结、证券质押等业务，中国结算有专门业务规则办理登记。对于退市或摘牌证券，中国结算为发行人办理退出登记。此外，中国结算为发行人和（或）投资者提供证券持有人名册服务、权益派发服务、查询服务、网络投票服务等证券登记相关服务。

4. 证券的结算。国内交易所市场证券和资金结算实行分级结算制度，而针对不同的证券品种和业务类别，中国结算可以作为 CCP 提供多边净额结算服务，在交收过程中为守约方提供交收担保，也可以不作为 CCP 提供非担保结算服务。中国结算作为 CCP 提供多边净额结算服务的，负责办理其与结算参与人①之间的证券和资金的集中结算。中国结算不作为 CCP 提供结算服务的，根据结算参与人委托办理结算参与人之间的证券和资金的结算。结算参与人负

---

① 结算参与人是指经中国结算审核同意，在中国结算登记结算系统内直接参与结算业务的证券公司及中国证监会批准的银行、信托公司等其他机构。

责办理其与客户之间的结算，其中证券交收部分委托中国结算代为办理。

（1）**多边净额担保结算**。作为CCP，中国结算为投资者在证券交易场所达成并锁定的证券交易提供多边净额的担保结算服务。结算环节可进一步细分为清算环节和交收环节。

一是清算环节。中国结算在T日（交易日）日终接收来自证券交易场所的交易数据，以结算参与人为单位，按照多边净额结算方式计算出各个结算参与人在交收日的应收应付证券数量以及净应收或净应付资金数量。为防范结算参与人的信用风险，中国结算建立了最低结算备付金、结算保证金、质押式回购质押券、国债预发行保证金、股票期权保证金、结算风险基金、一般风险准备金等制度安排。

二是交收环节。中国结算针对不同产品的特点，采取了不同的交收期安排和交收机制安排。对A股采取"非标准"DVP结算，证券的最终交收时点为T日16:00，资金的最终交收时点为T+1日16:00。对B股采取"标准"DVP结算，证券和资金的最终交收时点为T+3日16:00。中国结算正是在立足中国国情和证券市场实际情况的基础上，推进A股DVP制度改革有关工作的。

（2）**非担保结算方面**。中国结算按照双边净额或者逐笔全额等方式，提供DVP非担保交收，每笔交收同时考虑应付证券和应付资金足额情况，两者同时满足则交收成功，其中一方不足额则交收失败。

二、证券交易所市场登记结算市场的国际标准及监管安排

国内外监管组织都对证券登记结算机构进行了非常严格的监管，从证券登记结算机构的设立、证券账户的开立与管理、证券登记存管的集中统一，到证券的资金交收模式、证券交收违约处置都做了非常明确的监管规定。本部分将简要介绍境内外对证券交易所市场登记结算机构的监管安排和要求。

（一）境外对证券交易所市场登记结算机构的监管安排

英国、美国、法国、澳大利亚、荷兰、德国、韩国、日本等国家证券登记

结算机构的监管安排有所不同，总体来看可分为三类：一是最为常见的模式，央行和其他监管机构共同享有法定监管权，美国、法国、澳大利亚、荷兰、德国和韩国六国皆如此；二是央行独享登记结算机构的法定监管权，英国采取该模式；三是央行以外的监管机构享有重要登记结算机构的法定监管权，而央行不具有法定监管权，日本采取该模式。

（二）境外对证券交易所市场登记结算业务的主要监管要求

境外对证券登记结算业务的监管要求通常都被列入当地的证券法中，《美国 1934 年证券交易法》《英国 2000 年金融服务与市场法》、欧盟的《欧洲市场基础设施监管规则》（EMIR）等都对该国证券登记结算机构的设立、证券账户管理、证券登记存管、证券结算和风险管理给出了相应标准。

1.**证券登记结算机构的设立与职能**。在境外，证券登记机构、证券托管机构及证券清算机构通常都是分散的，因此往往受到不同的监管，其设立也需要满足不同的条件，但通常当地法律都会有明确规定。例如，在美国只有满足《美国 1934 年证券交易法》第 17 章 22 条（"结算机构标准"）[①]才能成为注册的证券结算机构，该标准就注册的结算机构如何保持有效的风险管理程序和控制以及如何持续满足交易法下的法定要求确定了最低要求。在英国，需要满足《英国 2000 年金融服务与市场法》第 18 部分"或认可的投资交易所和结算所"中的相关规定，并得到英国央行的许可，方能成为注册的清算机构。在欧盟，成为合格的 CPP 需要满足《欧洲市场基础设施监管规则》第 17 部分的相关要求。

2.**证券账户的管理**。证券账户管理制度与证券持有模式密切相关，持有模式不同，证券账户体系设置也不尽相同。当前，全球各国家和地区主要分为直接持有、间接持有和介于两者之间的看穿式间接持有三种证券持有模式。在

---

① 该标准于 2012 年由美国证券交易委员会根据《多德–弗兰克华尔街改革与消费者保护法案》制定，于 2013 年 1 月 1 日生效，并于 2016 年修订（备兑结算代理标准），为满足"覆盖结算代理"定义的实体提供增强的标准。

直接持有模式下，投资者通常以自己的名义在证券登记结算机构直接开立证券账户，澳大利亚、我国境内就以此种账户设置模式为主。在间接持有模式下，投资者通常在相应的中介人处（如证券经纪商、代理人等）开立证券账户，由中介人记载投资者的证券明细。同时，中介人以自己的名义在证券登记结算机构开立账户并以中介人的名义登记在发行人名册上，证券登记结算机构不负责管理投资者的明细账，美国、中国香港等即以该种模式为主。看穿式间接持有模式与间接持有模式类似，投资者也是在中介人处开立证券账户，不同之处在于，证券登记结算机构可看穿投资者的持有明细，我国台湾地区即以该种模式为主。

3. 证券的登记存管。（1）对证券登记业务的监管要求。境外市场的证券登记大都属于竞争性行业，一般情况下只要满足法律规定的开展证券登记业务的准入条件，就可以为市场提供登记服务，例如美国、中国香港等市场。

（2）对中央存管制度的监管要求。在中央证券存管制度下，实物证券集中存管于中央证券存管机构，证券交收不再需要实物的交付，只需要在簿记系统中记录证券权属的转移。目前，几乎所有证券市场都设立了证券中央存管机构，其中绝大多数国家和地区都将中央证券存管制度列为强制性要求。

对中央证券存管机构，《美国1934年证券交易法》规定：当结算机构提供中央证券托管服务时，首先要以固定或非物化的形式以簿记方式进行证券过户，确保证券发行的完整性，最大限度降低和管理证券保管和过户的相关风险；其次要实施内部审计和其他控制，维护证券发行人和持有人的权利；再次要通过与其运营辖区相关法律、规则和法规相一致的适当规则和程序，保护资产免受托管风险。

4. 证券清算与交收。全球各国及地区在其法律中均对证券结算的关键制度，包括分级结算安排、净额清算、资金交收安排、货银兑付、中央对手方等进行了相应明确。例如，《美国1934年证券交易法》对"清算机构"的定义明确指出，清算机构的作用之一是"减少证券交易的结算数量"，《联邦存款保险公司改进法案》（FDICIA）也对清算机构的净额清算行为做出了规定。

5. 风险防范和交收违约处理。作为风险管理中至关重要的一个环节，全球各个国家和地区的监管均对违约处置的流程及条件给出了明确的监管要求。

例如，在美国，《纽约总合同法》《纽约合同条例》《证券交易法》《联邦存款保险法》《破产法》《多德-弗兰克华尔街改革与消费者保护法》等各级法律条文都对证券交收违约处置进行了相应规定。此外，美国的证券托管及结算机构都被认定为对系统重要性金融基础设施（SIFMU）进行监管。作为SIFMU，被要求满足规定的风险管理标准，并加强监管机构的监督，以促进稳健的风险管理和安全稳健，减少系统风险，并支持更广泛的金融体系的稳定。美联储还发布了《HH条例》以落实《多德-弗兰克华尔街改革与消费者保护法》对系统重要性金融基础设施提升风险管理标准的要求。《HH条例》历经多次修改，将重点放在风险监测、风险处置及稳定市场预期等方面，具体内容涉及提升董事会标准、改进风险管理预期、扩充恢复与处置计划、改进流动性缺口规则及程序要求、提出更广泛的风险管理要求和提高信息透明度及披露要求等6个方面。

（三）国内对证券交易所市场登记托管结算机构的主要监管要求

《证券法》规定：证监会依法对证券的登记、存管、结算等行为进行监督管理；对证券登记结算机构的业务活动进行监督管理；依法制定有关证券市场监督管理的规章、规则，并依法进行审批、核准、注册，办理备案。证监会根据《证券法》的规定，制定了《证券登记结算管理办法》，该办法是对《证券法》涉及证券登记结算相关规定的细化，并且在证券账户的管理、证券的登记、证券的托管和存管、证券和资金的清算交收以及风险防范和交收违约处理等方面做了监管要求。

1. **证券登记结算机构的设立与运营。**第一，证券登记结算机构应当持牌经营。根据《证券法》第一百四十五条，设立证券登记结算机构必须经国务院证券监督管理机构批准。第二，证券登记结算机构不以营利为目的。根据《证券法》第一百四十五条、《证券登记结算管理办法》第四条，证券登记结算机构是为证券交易提供集中登记、存管与结算服务、不以营利为目的的法人。第三，证券登记结算机构应当集中统一运营。根据《证券法》第一百四十八条、《证券登记结算管理办法》第四条，在证券交易所和国务院批准的其他全国性证券交易场所交易的证券的登记结算，应当采取全国集中统一的运营方式。

2. **证券账户的管理**。第一，证券登记结算机构应当依法制定证券账户业务规则。证券账户是投资者参与证券市场的基本工具，是投资者进入证券市场、进行证券交易的前提和基础，证券登记结算机构依法制定证券账户业务规则，行使证券账户的开立和管理职能。第二，证券登记结算机构应根据业务规则，直接为投资者开立证券账户，或委托证券公司代为办理，并对代为办理的证券公司进行监督。第三，证券登记结算机构应当落实账户实名制要求。《证券法》第一百零六条、一百零七条、《证券登记结算管理办法》第二十二条、第二十四条要求证券登记结算机构监督证券公司开立证券账户的活动，禁止证券账户出借行为，在证券账户开立和使用环节落实实名制要求。

3. **证券的登记存管**。第一，证券登记结算机构应当依法制定证券登记存管业务规则，制定并公布证券登记及服务协议的范本，制定和公布证券交易、托管与结算协议中与证券登记结算业务有关的必备条款。第二，证券登记结算机构应当保证其托管的证券的安全，禁止挪用、盗卖。根据《证券法》第一百五十条、《证券登记结算管理办法》第三十九条，在证券交易所或者国务院批准的其他全国性证券交易场所交易的证券，应当全部存管在证券登记结算机构，证券登记结算机构不得挪用、盗卖客户的证券。第三，证券登记结算机构应当保证证券持有人名册和登记过户记录真实、准确、完整。根据《证券法》第一百五十一条、《证券登记结算管理办法》第三十条，证券登记结算机构应当根据证券登记结算的结果，确认证券持有人持有证券的事实，提供证券持有人登记资料，并保证证券持有人名册和登记过户记录真实、准确、完整，不得隐匿、伪造、篡改或者毁损。

4. **证券和资金的清算交收**。证券登记结算机构应制定结算业务相关规则，明确证券结算业务的基本原则和制度，依法开展证券和资金的清算交收。一是应当明确中央对手方和净额结算的概念和内涵，应当实行货银对付制度。二是应当对结算最终性做出安排，明确定义结算具有最终性的时点，交收完成后不可撤销。三是应当明确结算财产履约优先原则，在交收完成之前，任何人不得动用用于交收的证券、资金和担保物。

5. **风险防范和交收违约处理**。第一，证券登记结算机构应当制定完善的风险防范制度和内部控制制度，建立完善的技术系统，制定由结算参与人共同遵守的技术标准和规范，建立完善的结算参与人和结算银行准入标准和风险评估体系，对结算数据和技术系统进行备份，制定业务紧急应变程序和操作流程。第二，证券登记结算机构应当与证券交易所相互配合，建立证券市场系统性风险的防范制度。第三，证券登记结算机构应当依法设立和管理证券结算风险基金、证券结算互保金、证券结算备付金等，依法规范交收担保物、回购质押券等相关制度。

三、证券交易所市场登记结算机构面临的主要风险

证券交易所市场登记结算机构面临的风险主要是指，在证券交易的结算过程中交易一方或各方不能按照约定条件足额、及时履行交收义务，交收被延迟或交收失败导致结算对手方资金损失或整个结算系统不能正常运转的可能性。根据其成因不同，大致可以分为来自结算对手方的风险、来自结算系统运作环境方面的风险和系统性风险。

（一）来自结算对手方的风险

对手方风险是指在结算过程中，因交易对方不能按时足额地履行结算义务而引发的风险，它是结算风险的最主要、最基本的来源，主要包括信用风险和流动性风险。

1. **信用风险**。证券登记结算机构的信用风险主要表现为，交易对手在结算日或以后的时间均不能足额履行证券交付和资金支付义务而给交易另一方带来的风险。信用风险又包括两种类型：一是"本金风险"，是指卖方交付证券后无法获得资金，或者买方支付资金后无法获得证券的可能性；二是"价差风险"，是指由于交易一方违约造成交收失败，交易另一方虽未损失本金，但需重新进行该种交易而遭受市场价格波动损失的可能性。

2. **流动性风险**。同信用风险比较，流动性风险是由交收的时效性不够引起的风险。如果交易一方不能按时交付证券或资金，就会造成其对手方应收的

证券不能及时卖出，或者应收的资金不能及时动用。被违约方为了保证其他合约的履行，不得不到市场上变现其他资产、拆借资金或证券。因此，流动性风险一般不会产生本金亏蚀，但会增大价差风险，给被违约方造成损失或额外的成本。光大乌龙指事件就是一个经典案例。

（二）来自结算系统运作环境的风险

除了来自交易对手方的风险，证券登记结算机构还面临产生于托管、操作系统和法律环境等运作环境的风险。

1. 托管风险。 证券登记结算机构的托管风险是，资产托管人因破产倒闭而无力偿还、玩忽职守、欺诈欺骗、管理不善或记录不全等情况，导致登记结算机构托管的资产遭受损失的风险。比如，结算银行如果挪用结算资产或者破产，该证券登记结算机构就会面临托管风险。

2. 运行风险。 证券登记结算机构的运行风险主要表现为，证券登记结算机构的硬件、软件和通信系统发生故障，或人为操作失误，结算机构管理效率低下，致使结算业务中断、延误和发生偏差而引起的风险。其中，由硬软件系统等功能不足、效率不高、缺乏自主可控与灾备能力、软硬件系统运行出现故障等引起的，被称为"客观性运行风险"，由人为因素造成的，如工作人员违章操作、恶意篡改系统数据等引起的，被称为"主观性运行风险"。运行风险属于小概率事件，具有突发性，这类风险一旦发生，结算系统就会遭受很大破坏。

3. 法律风险。 登记结算机构的法律风险主要表现为，决定交易和结算各方之间的债权债务关系的法律法规不透明、不明确或法规适用不当造成对证券和资金清算交收及对相关资产所有权的处理出现较大的不确定性，从而使有关当事人遭受损失的可能性。中国香港市场应对 2008 年雷曼破产危机事件便是一个典型案例。

（三）系统性风险

登记结算机构还面临系统性风险，受上述各类风险影响的可能不止一两个当事结算参与人,有时这些风险可能会对整个证券行业甚至整个经济领域产生连锁性的不利影响,这时就会产生系统性风险。例如,某一市场参与者因为巨额损失或者流动性不足的问题未能履行交割义务,进而影响其他市场参与者无法履行交割义务,最后扩散到整个市场,甚至可能导致结算体系崩溃。事实上,影响结算系统顺利运行的事件都可能是引发系统性风险的因素。

四、证券交易所市场登记结算机构风险防控措施

(一)防控来自结算对手方的风险

1. **信用风险防控措施。**上文已经提到,信用风险可以分为本金风险和价差风险。化解和管理本金风险最主要的手段就是采用 DVP 结算模式。

具体而言,证券登记结算机构应对信用风险主要采取如下措施。一是采用 DVP 结算制度,要求证券登记结算机构在与结算参与人交收过程中,当且仅当资金交付时给付证券、证券交付时给付资金。二是做好结算参与人管理,一方面基于合理的与风险相关的考虑,对不同类型结算参与人提出不同的资格准入要求,并向市场公开披露。另一方面对结算参与人进行持续性管理,视情况检查监测其合规情况,对违反或不遵守参与要求的结算参与人执行中止及有序退出处理。三是落实财务资源安排,确保在绝大部分风险情形下保证金或抵押品能够弥补风险损失。以中国结算为例,其财务资源包括处置违约结算参与人各类抵押品所得的资金、违约结算参与人缴纳的结算保证金、其他结算参与人缴纳的结算保证金(互保部分)、结算风险基金、一般风险准备金等。四是扎实开展信用风险监测工作,包括通过严格的压力测试来决定自身财务资源总量,定期检测在极端的市场环境下发生单个或多个参与人违约时可用财务资源的充足性。五是制定明确的结算参与人违约处置规则与程序,规定相关财务资源的使用顺序,确保在结算参与人违约时能够及时控制损失,继续履行交收义务。六是建立外部监督机制,在中国大陆证券市场,外部机构的监督机制为信用风险防范增加了一重保障,如交易所前端监控制度、投资者保护基金等。

2. **流动性风险防控措施。**流动性风险防控的核心是财务资源的充足性,

证券登记结算机构需要持有足够的流动性资源，在各种可能的压力情景下，以高置信度满足当日或多日的债务支付义务。

具体来说，证券登记结算机构应对流动性风险主要采取如下措施：一是落实流动性资源安排，流动性资源包括符合最低要求的流动性资源以及补充流动性资源，前者包括了在中央银行的存款、在商业银行的存款、授信额度、高度市场化的抵押品以及易于变现的投资；二是有效监测流动性风险，对财务资源总量、结算参与人违约、抵押品折算率下调等可能引发流动性风险的因素进行定量监测，及时发现潜在风险；三是建立稳健的制度框架管理来自所有参与人和其他机构的流动性风险，并向参与人提供充足的信息和控制系统，以帮助他们管理流动性需求和风险。

（二）防控来自结算系统运作环境的风险

1.托管风险防控措施。证券登记结算机构应对托管风险的主要措施是做好托管人管理。首先，托管人必须是受监管的机构，具备稳健的会计实践、保管程序和内部控制，具有稳健的财务状况，能承担运营问题或非托管活动带来的损失。其次，托管人要具备健全的法律基础，可以确保托管资产不被托管人的债权人追偿，对于资产的保存方式还应满足快速获取的要求。再次，将自有资金和结算参与人交付的资金以存款形式分户存放于多家商业银行，"不把所有鸡蛋放在一个篮子里"，形成资产分离。最后，建立结算银行定期考察制度，综合考核其时效性、安全性和准确性，最大限度降低结算资金托管风险。

2.运行风险防控措施。证券登记结算机构应对运行风险主要采取如下措施。一是技术系统管控，一方面，建立信息系统管理制度，涵盖技术系统的建设、开发、维护等各个阶段。另一方面建立完整的物理安全和信息安全管理体系，前者包括建立相关安全管理制度、流程和安全措施，以抵御办公场所、控制中心、机房等由低风险区域至高风险区域的物理威胁，后者包括信息安全管理流程、内部审核流程、变更流程、人员权限划分、数据备份等信息安全政策。二是人员风险管控，包括建立内部检查和外部稽审制度，明确员工职责与权限，确保不相容岗位的分离与制衡，有效提升业务人员的业务水平和综合能力，提高业务人员的警惕性和风险意识，等等。三是内部流程管控，制定并落实包括岗位设置、流程管控、印章和业务资料管理、业务系统管理等在内的各项控制制度。四是外部风险事件管控，切实重视软硬件自主可控安排，做好应急预案管理、灾备安排、外部关联机构管理，确保外部风险事件发生后能及时恢复运行和继续履行义务。

3. 法律风险防控措施。证券登记结算机构应对法律风险主要采取如下措施。一是明确法律基础，建立与其一致的、清晰的、易懂的规则、程序及合约，并对结算最终性、轧差安排、约务更替等关键环节有明确认可和支持，特别是确保自身的业务规则体系可以得到强制执行。二是严格依法合规办理登记存管和结算业务，杜绝违规办理业务。三是做好法律制度、业务规则等的解释宣传工作，向各方阐明证券登记结算机构各项活动的法律基础、业务规则等。

（三）防控系统性风险

证券登记结算机构对系统性风险的防范更注重"防患于未然"，通过全面风险管理框架管理好法律风险、信用风险、流动性风险等各类风险，在风险"质变"之前阻断其进一步扩散。

第七节 银行间市场登记结算机构风险管理

我国债券市场在发展过程中，借鉴国际成熟市场建设经验，结合自身实际，形成了三家中央登记存管与结算机构分工合作的体系，为债券市场发行人和投资人全面提供登记托管清算结算等各项基础性服务。本节主要介绍银行间市场登记存管与结算机构风险管理情况。

一、银行间市场中央存管机构风险管理

（一）银行间市场中央存管机构的基本情况

我国银行间债券中央存管机构（CSD）包括中央国债登记结算有限责任公司和银行间市场清算所股份有限公司两家机构。

1. 发展历程和现状。 与国际债券市场的发展历程相类似，我国债券市场的托管体制也经历了从实物券托管到无纸化托管，从市场自发、相对分散的托管体系到较为集中、统一规范的托管体系的演变。20 世纪 80 年代，我国债券均以实物发行，主要包括国债、企业债、金融债、对外债券等四类。当时全国各地纷纷开办有价证券转让场所，也产生了众多配套的证券托管结算机构。此时，债券市场的登记托管体系极度分散，运行很不规范，效率也不高，并逐渐出现托管机构不当竞争、证券经纪商挪用客户证券等一系列问题。

为改变国债分散托管的局面，1996 年 12 月，财政部与中国人民银行共同组织成立了中债登，负责建设和运营统一集中的国债托管结算系统。1997 年，银行间债券市场成立后，中债登成为银行间债券市场的登记托管机构。2001 年，上海和深圳证券交易所各自的登记托管公司合并为中国结算，该公司成为对境内证券交易所提供证券托管结算服务的唯一后台系统。2009 年 11 月，在充分吸收金融危机经验和教训的基础上，上清所成立，成为我国银行间市场唯一一家专业化集中清算机构，同时成为银行间市场公司信用类债券登记托管结算中心，服务于公司信用债、金融债、货币市场工具和结构性产品等创新金融产品。至此，我国债券市场形成了 3 家 CSD 分工合作、共同提供债券登记和托管服务的格局。各 CSD 按照场内场外、托管券种的不同，为债券市场投资人开立电子簿记账户，记载其托管债券的品种、数量和变动情况。

与此同时，中国债券市场也逐步从实物券转变为无纸化债券。从 1998 年起，可流通国债发行均为电子记账式，从 2003 年起，企业债及此后其他债券品种也全面实现无纸化发行。

2. 存管机构的职能。 CSD 最初成立的主要目的是实现证券的非移动化、以电子簿记方式进行证券转移，保障证券资产的安全保管及转移效率，证券市场发展至今，大多数 CSD 仍以上述业务为基本职能。我国 CSD 自建立以来发挥后发优势，在基本职能的基础上，进一步建立健全多维服务体系，积极为市场安全高效运行服务。

为发行人提供的服务包括 4 个方面：一是发行服务，运营中国人民银行债券招标发行系统，并作为技术支持单位提供相应支持，同时为发行人分配本地代码和申请 ISIN 编码；二是信息披露服务，建立信息披露平台并履行相关形式的审核和监测职能，发行披露、流通要素披露、定期披露、重大事项披露等已成为市场重要信息来源；三是登记服务，包括初始登记、分销及二级市场交易和非交易的变更登记、注销登记等，这是登记机构的法定、基础和核心职能；四是公司行为服务，包括持有人名册查询、各类选择权处理、持有人会议支持、付息兑付、公司重组等相关的债务承继、债券违约后续处置等服务。

为投资人提供的服务包括 5 个方面：一是账户服务，建设债券账户业务直通处理系统，为投资人提供直通式账户开立、信息变更、注销等服务；二是结算服务，为投资人提供一级市场投标认购、承分销服务、二级市场 DVP 结算直通式处理、违约债券转让、柜台债券结算、资金划拨管理等服务；三是托管服务，为投资人提供债券非交易过户、交易违约后续处置、含权债行权处理，以及各类查询、询证等服务，同时应市场诉求为管理人提供其管理的资管产品集中信息查询服务；四是抵押品管理服务，为投资人提供央行货币政策操作、跨托管机构债券借贷、回购交易质押券管理、债券非交易质押担保等担保品管理服务；五是估值服务，每日编制发布覆盖全市场债券的收益率曲线和指数产品等。

（二）银行间市场 CSD 的监管要求

根据《中华人民共和国中国人民银行法》相关规定，中国人民银行负责监督管理银行间债券市场。2009 年，中国人民银行出台《银行间债券市场债券登记托管结算管理办法》（中国人民银行令〔2009〕第1号），据此对银行间债券市场债券登记托管结算机构和债券登记托管结算业务进行监督管理。

《银行间债券市场债券登记托管结算管理办法》从以下几方面对银行间市场CSD提出了具体监管要求：一是CSD的业务范围，CSD应当在办法规定范围内开展业务；二是CSD开展业务的前提条件，包括系统设备、应急处理、公司治理及业务规则等方面；三是重大事项需向中国人民银行批准报备的范围；四是CSD的职责与义务，包括在设立债券账户、开展登记托管结算业务、市场监测及报告、信息公开、数据保密等方面的具体要求；五是CSD的处罚措施。

（三）银行间市场 CSD 的相关风险

CSD是复杂的功能集合体，处理的交易结算笔数大、货币价值高，还可能与其他金融基础设施存在紧密联通和依存。除了系统性风险，CSD相关的潜在风险还包括法律风险、信用风险、流动性风险、托管风险、运行风险等。

1.**法律风险**。法律风险是指法律法规的适用超出预期所产生的风险，通常会造成损失。相关法律、法规适用的不确定性也会造成法律风险。例如交易对手方可能因法律或法规的适用出人意料导致合同非法或无效而面临的风险，又如因法定程序造成金融资产头寸冻结而产生损失的风险。在跨境情形下，不同的法律可以适用于同一交易、同一行为或同一参与者，市场相关方面可能承担因司法管辖内的法院未按预期适用法律而造成的损失。

2.**信用风险**。信用风险是指对手方在到期日及之后无法履行金融义务的风险，包括本金风险和重置成本风险。信用风险也会产生于其他源头。例如，结算银行、托管机构或金融基础设施未能履行其金融义务。

3.**流动性风险**。流动性风险指交易对手方没有充足的头寸按照预期清偿金融债务（即使其未来可能有能力偿还）产生的风险。流动性风险包括资产的买方不能如期备足资金，可能不得不借款或变卖资产以完成支付。也包括资产的卖方不能如期获得交割资产，可能不得不通过借入资产来完成其自身的交割义务。因此，在结算日，交易双方都会面临潜在的流动性风险。流动性风险还可能来自其他源头，如结算银行、托管银行、流动性提供者以及金融基础设施未按预期履行金融义务。

4. 托管风险。托管风险是债券委托人面临的，因债券托管机构（如 CSD、托管行等）无力偿还、玩忽职守、欺诈欺骗、管理不善或记录不全等情形损失托管资产的风险。

5. 运行风险。运行风险是指由于信息系统或内部处理中的缺陷、人为错误、管理不善或外部事件干扰造成的服务减少、恶化或中断的风险。《巴塞尔协议 III》将运营风险进一步细分为内部欺诈，外部欺诈，第三方故意欺骗、盗用财产或违反法律的行为，未对特定客户尽职，资产损毁，业务中断和系统故障，交割及流程管理执行问题七大类风险。

（四）银行间市场 CSD 的风险防范和管理措施

为服务债券市场安全、稳定和高效运行，CSD 可以借鉴"金融市场基础设施原则"等国际公认规则，并充分结合我国债券市场实际情况，通过以下措施和机制，助力债券市场提升风险防范和管理水平。

1. 推动夯实登记托管结算的法律基础。国际广泛认可和遵循的"金融市场基础设施原则"明确提出，债券市场的法律基础由法律框架和金融基础设施的规则、程序和合约组成。

推动夯实债券登记托管结算制度法律基础，CSD 一方面应当充分了解、调研和总结债券市场运行情况和实际需要，积极建言和推动相关部门建立健全债券登记托管结算相关法律法规并实现跨境监管互认，包括但不限于 CSD 的准入和监管、无纸化债券的证券权利和登记效力、结算最终性、净额有效性、DVP 安排、金融担保品快速处置等。另一方面，应当以清晰易懂的方式向有关部门、参与者以及参与者的客户阐述与各项活动相关的规则、程序和合约，并就相关内容的合法性和可执行性进行充分的法律意见分析，以提升市场的信心并增强市场透明度。

2. 坚持券款对付结算，丰富配套机制。债券交易以 DVP 为基础进行结算，可以确保消除本金风险。我国银行间债券市场充分发挥后发优势，已经全面实现 DVP 结算，CSD 对此应当坚决执行并长期坚持。

3. 使用中央银行货币结算。中央银行货币是中央银行的负债，表现为可用于结算的中央银行存款。相较于商业银行，中央银行信用风险最低，其发行的货币是流动性的源头。CSD 通过中央银行货币办理参与者之间的资金结算，可以有效避免使用商业银行货币时面临的结算银行信用风险和流动性风险。

4. 深化金融科技建设，制订业务连续性及灾备计划。一方面，CSD 应深化金融科技建设，将保障安全和效率作为首要任务，建立并持续优化自主可控的专用业务系统、网络和相关硬件设施，通过稳健的系统，确保自身资产与参与者的托管资产相互分离，确保参与者之间的托管资产相互分离，确保有关客户资产、数据和系统的安全，降低潜在的托管风险及运营风险。

另一方面，CSD 应不断完善系统故障应急处理机制和灾难备份机制。如设立应急工作小组，负责对关键运行和关键服务进行评估，制订预案并负责执行。又如，制定突发事件应急管理办法，从事前预防、事发应对、事中处置和善后管理等环节对处理流程、操作行为进行全面规范。再如，完成异地数据级容灾中心的建设和投产，配合现有的主数据中心和同城灾备数据中心，确保重要信息系统在中断事故发生后及时恢复运行。

二、银行间市场中央对手方清算机构风险管理

如前所述，中央对手方清算机构是具有系统重要性的金融市场基础设施，负责对金融市场交易进行清算结算处理，并通过专业化手段进行风险管理，具有提升市场透明度、防范系统性风险、提高市场效率的作用。2008 年金融危机后，CCP 的重要作用进一步获得国际社会的广泛认可，此后在全球范围内得到大力推广和快速发展。

（一）银行间市场 CCP 的基本情况

2009 年 11 月，中国人民银行决策成立上清所，标志着在我国银行间市场引入中央对手方清算机制。该机制通过大幅简化市场参与者的清算关系，集中

管理违约风险，改变了在传统场外金融交易的双边清算机制下因一方出现违约而引发整个市场连锁反应的不利局面，阻隔了风险传播，保障了金融市场连续平稳运行。

上清所是 2008 年国际金融危机后全球第二家、亚洲第一家新创设的 CCP。十余年来，上清所在中国人民银行的指导下，逐步成长为一个规范化、市场化和国际化的专业清算机构。2016 年 1 月，中国人民银行正式认定上清所为合格中央对手方（QCCP）。同时，根据中国人民银行的指导，上清所有序推进合格中央对手方的跨境监管认证。2016 年，美国商品期货交易委员会对上清所发布不行动函，上清所可以向美资在华非法人银行提供自营清算服务。此外，上清所向欧盟申请第三国中央对手方的认证程序也已进入中欧双方就中央对手方监管制度进行等效认证评估的阶段。

总体来看，上清所的发展主要体现在以下几个方面。一是产品体系不断丰富。自 2011 年推出首个中央对手方清算业务以来，上清所建立和拓展中央对手方清算机制，业务覆盖面逐步拓展，现已全面覆盖债券、利率衍生品、外汇及汇率衍生品、信用衍生品和大宗商品衍生品五大类产品，业务覆盖面与国际成熟市场基本保持同步。二是业务规模大幅增长。2011—2019 年，上清所的清算业务量从 1.21 万亿元增长至 363 万亿元，年均复合增长率为 104%，其中央对手方清算业务量也从 2011 年的 0.21 万亿元增长到 2019 年的 123.79 万亿元，年均复合增长率为 122%。特别值得注意的是，中央对手方清算已成为银行间市场利率、外汇及汇率衍生品的主流清算方式。2019 年，人民币利率互换、外汇及汇率衍生品的中央对手方清算量占银行间市场总交易量的比例已分别达到 98% 和 50%。三是市场参与度持续提高。上清所中央对手方清算业务采用分层清算制度，清算会员直接参与业务，代理客户通过综合清算会员间接参与业务。上清所对清算会员设定了严格的资格标准。截至 2019 年年底，上清所在 1 000 多家市场参与者中进行择优，各类清算会员已稳步拓展至 90 家，均为资信较佳以及风险管理水平较高的大型商业银行和证券公司。同时，代理客户的数量快速增长。例如，2014—2019 年，人民币利率互换业务客户数量从 31 家增长至 200 家，市场参与度大幅提升。四是公开透明度不断提高。2016 年 8 月，上清所在网站上进行了首次 PFMI 信息披露报告并在之后每年更新，成为国内首家公开披露 PFMI 合规信息的 CCP，与国际主流同业保持同等水平。

（二）国内对银行间市场 CCP 的监管要求

根据《中华人民共和国中国人民银行法》相关规定，中国人民银行对银行间市场 CCP 进行监管，通过《银行间市场清算所股份有限公司业务监督管理规则》（银发〔2011〕73 号）明确了对上清所的规则制定和业务发展、内控和风控机制等方面进行监督管理及指导。

中国人民银行以国际标准为基础，牵头对包括 CCP 在内的重要金融基础设施进行建设规划并统筹实施监管，同时持续加强跨境监管合作。

1. 以 PFMI 等国际标准作为监管制度基础。 中国人民银行和中国证监会分别发布《关于实施〈金融市场基础设施原则〉有关事项的通知》（银办发〔2013〕187 号）、《关于实施〈金融市场基础设施原则〉有关事项的通知》（证监办发〔2013〕42 号），要求包括 CCP 在内的各金融市场基础设施充分认识实施 PFMI 的重要性，根据 PFMI 开展自评估与评估，采取适当方式披露自评估结果，并根据评估结果积极稳妥全面落实 PFMI 的要求。

2. 重视对 CCP 的宏观审慎管理。 随着中央银行对系统重要性金融市场基础设施进行的宏观审慎监管得到国际社会的充分肯定和广泛实践，中国人民银行对 CCP 等重要金融基础设施的宏观审慎监管职责也进一步明确和加强。

3. 持续加强跨境监管合作。 中国人民银行与美国商品期货交易委员会、欧盟委员会就跨境监管合作已开展多轮会谈、协商，积极促成合作。同时指导上清所有序推进合格中央对手方的跨境监管认证工作。

（三）银行间市场 CCP 主要风险概览

CCP 通过多边净额轧差显著降低风险的总体规模，通过合约替代成为所有市场参与者的对手方，形成整体市场的风险防火墙。在此过程中，CCP 面临的主要风险包括信用风险、流动性风险和运行风险等。

1. 信用风险。 CCP 通过合约替代成为买方的卖方和卖方的买方后，需要对交易进行担保交收。如参与者违约，CCP 面临的损失主要包括：违约参与者头寸当前的损益及违约参与者的头寸在违约处置期间可能发生的进一步市值波动。

2.**流动性风险**。主要来自 CCP 每日进行保证金、盯市结算资金收付所产生的大量的现金流。如交易的一方违约，CCP 需要迅速处置部分非现金抵押品进行违约处置，并仍需对另一方继续履行相关支付义务。

3.**运行风险**。主要来自 CCP 运行所依靠的系统及操作制度和流程等，如发生系统不稳定、操作流程不规范等情况，将对 CCP 造成巨大损失。

（四）银行间市场 CCP 的风险防范和管理措施

PFMI 提出的风险管理思路和原则要求：CCP 通过建立全面的风险管理框架和程序，有效计量、监测并管理信用风险和流动性风险；建立妥善的违约处置机制，确保稳妥高效处理违约事件；实施精细化运行风险管理，保障业务和系统安全稳定高效运行；开展多层次信息披露，提升市场透明度。这些原则要求对国内银行间市场 CCP 机构做好风险管理工作具有重要的指导意义。

1.**加强全面信用风险和流动性风险管理**。PFMI 要求 CCP 建立完善的风险治理结构，有效地度量、监测和管理其对参与者的信用及流动性风险。PFMI 要求 CCP 应定期度量和监测信用风险，每日进行严格的压力测试，持有充足的金融资源，高度覆盖其对各参与者的信用风险，并制定明确的规则和程序，全面应对可能面临的任何违约损失。CCP 在进行流动性风险管理时，应该持有足够的、所有相关金融产品涉及的币种的流动性资源，在各种可能的压力情景下，以高置信度实现当日、日间（适当时）、多日支付债务的结算。

银行间市场 CCP 机构需对标 PFMI 要求，建立健全完善的风险治理结构框架，一是建立分层清算会员管理制度，并通过定量、定性结合的方法分析会员信用风险，开展中央对手清算业务参与者筛选和评估，筑好对手方信用风险的第一道防线。二是实施保证金制度与逐日盯市制度，确保至少在 99% 置信度下保证金能够覆盖会员违约情况下的价差损失，开展逐日盯市损益计算，避免风险积累。三是持续进行风险监测，对所有参与者的风险敞口、担保品等各类交易、结算信息开展日常监测，及时跟进市场动态变化和风险状况，通过风险提示、追加保证金等方式保障业务风险可控。四是定期开展回溯测试与压力测试，验证风控参数的有效性，使总体风控资源能够覆盖最大两家清算会员同时违约的极端情景下的潜在损失。五是通过日间分级流动性监测与预警、DVP结算机制、授信银行提供流动性、结算银行提供流动性等一系列措施，管理并有效应对流动性风险。

2. 完善违约处理机制。 PFMI 强调设立妥善的违约处理机制，确保参与者在违约时 CCP 能保障市场的继续运营。根据 PFMI 要求，CCP 应具备应对违约的规则和程序，在违约发生时能继续履行业务并解决违约发生后的资源补充问题，并预留适当的自由裁量权。

国内银行间市场 CCP 机构借鉴国际清算机构在违约判定、对冲、拍卖流程设计、平仓损失控制等方面的成功经验，建立完善由清算会员充分参与、公开公平的违约处置制度与流程。一是违约判定，通知违约清算会员并评估违约风险。二是稳定市场，通过暂停业务权限，冻结违约清算会员应收资金或资产，启动银行授信或证券借贷机制、履行结算义务等方式，将风险控制在最小的范围内。三是通过风险对冲、平仓拍卖、移仓等手段，尽量以市场化的方式转移违约头寸，最小化违约对市场的不利影响。四是使用预先准备的风险资源和损失分摊机制弥补违约损失，确保前述手段的顺利进行。此外，要定期开展违约演练，持续对违约处置步骤进行测试和优化完善。

3. 精细化运行风险管理。 PFMI 也对精细化运行风险管理进行了规定，要求 CCP 积极识别、监测和管理可能的运行风险源头，并制定清晰的制度和程序来应对。

国内银行间市场 CCP 机构要以操作零事故作为预期目标，建立相应的制度保障体系，切实加强对业务运营风险的管理。以安全、稳定、高效、自主可控为要求，构建技术与信息系统运行体系，建立独立的数据中心、高性能高可靠性的网络架构、部署异构防火墙等措施全面保证系统安全，确保有足够的专业人员对系统持续稳定运行和业务的持续开展提供保障。开展各类应急演练，提高对突发事件的应急处理及快速处置的能力。加强灾备体系建设，保障业务连续性。

4. 多层次充分信息披露。 PFMI 要求进行透明的对外信息披露，对监管部门实施审慎监管、强化参与者经济激励、平等开展跨境监管协调和跨境市场合作有重要意义。具体来说，CCP 应该制定清晰、全面的规则和程序，并提供充分的信息，使参与者能够准确了解参与金融市场基础设施的业务应当承担的风险、费用和其他成本。同时，金融市场基础设施需定期完成并公开披露 PFMI 信息披露报告。

国内银行间市场 CCP 机构要建立健全多层次的信息披露制度，有效支持监管机构、参与者和社会公众对其运营发展、风控水平等的监督和了解。一是采取公开披露的方式披露业务规则、业务统计数据、操作指引等相关信息。二是向参与者定向披露协议（如清算协议及其补充协议）、清算参与者需要知晓的风控计算模型、仅限于清算参与者知晓的数据信息等部分信息。三是向监管机构报送其要求的信息。

第八节　跨境清算机构风险管理

一、跨境清算机构基本情况

目前，世界主要国家和地区都建立了各自的支付清算系统，用于银行间资金调拨、账户清算和证券交易清算等，但具体的支付工具、支付方式有所不同。

（一）全球主要清算系统情况

由于全球各区域经济及历史发展情况各异，主要清算系统各有特点。

1. **美国 CHIPS**。CHIPS（纽约清算所银行同业支付系统）建于 1970 年，是一个多边净额清算的大额贷记支付系统，也是全球最大的私营支付清算系统之一。CHIPS 主要进行跨国美元交易的清算，承担了 95% 以上的银行同业美元跨境支付清算、90% 以上的外汇交易清算。

2. **欧洲 TARGET2**。欧元区的大额支付系统主要包括第二代泛欧实时全额自动清算系统（TARGET2）和 EURO1 系统。成立之初，TARGET 系统由互联的 15 个欧洲国家清算系统，加上欧洲央行支付机制构成，以央行货币为基础提供日内最终结算。2008 年，欧元系统上线由德国、法国和意大利 3 家央行共同开发运营的第二代泛欧实时全额自动清算系统 TARGET2。

3. **欧洲 EURO1**。EURO1（欧洲大额实时支付系统）建于 1998 年，是欧洲银行家协会（EBA）为在欧盟范围内欧元贷记转账提供的一个按多边净额结算的大额支付系统。EURO1 是唯一在泛欧洲范围内进行单日欧元交易的私营大额支付系统。

4. **英国 CHAPS**。英国的大额支付系统包括 RTGS 基础设施和 CHAPS（实时全额支付系统），其中 RTGS 是央行的账户系统，金融机构使用在 RTGS 开立的准备金账户或结算账户实现跨行资金实时全额结算。CHAPS 公司于 1984 年成立，CHAPS 系统过去一直由其运营。2017 年 11 月，英国央行宣布采取国际通行的模式，代替私营公司直接运营 CHAPS。目前，CHAPS 与 RTGS 采用联合运营的方式。

5. **日本 FXYCS**。日本银行间支付结算体系主要由 4 个系统组成，分别是日本银行金融网络系统、汇票和支票清算系统、全银数据通信系统和外汇日元清算系统（FXYCS）。其中，FXYCS 由日本银行协会（JBA）于 1980 年建立，主要负责日本海外个人和企业的汇款，以及金融机构之间的日元外汇交易的清算。

（二）人民币跨境清算机构情况

随着跨境人民币业务规模不断扩大，人民币跨境支付结算需求快速增长，组建相应的金融基础设施、进一步整合现有人民币跨境支付结算渠道和资源、提高人民币跨境支付结算效率成为一种必然的需求。

2012 年初，为满足人民币跨境使用需求，中国人民银行决定分阶段组织建设人民币跨境支付系统（CIPS）以满足全球各主要时区人民币业务发展的需要。2015 年 7 月，跨境银行间支付清算（上海）有限责任公司正式成立，承担 CIPS 的开发运行维护、参与者服务、产品创新、标准建设和市场拓展等职能，并于 2020 年 4 月更名为跨境银行间支付清算有限责任公司（以下简称跨境清算机构）。

CIPS 是经中国人民银行批准，从事人民币跨境支付清算业务的批发类支付系统，致力于提供安全、高效、便捷和低成本的资金清算结算服务。CIPS 的建成和运行实现了人民币跨境清算结算体系的重大突破，极大地便利了跨境人民币业务处理，有效支持了贸易结算、跨境投融资、跨境个人汇款和金融市场业务资金结算等多种应用场景，标志着人民币国内支付和国际支付统筹兼顾的现代化支付体系建设取得重要进展。

CIPS 上线以来，系统运行稳定，可用率为 100%，参与者规模持续扩大，业务量稳步攀升，系统功能逐步完善，服务产品不断更新，在推动金融业双向开放、增强金融服务实体经济能力、服务"一带一路"资金融通、助力人民币国际化等方面发挥了重要作用。截至 2020 年 10 月末，CIPS 的参与者共计 1 023 家，其中直接参与 41 家，间接参与 982 家，覆盖全球 6 大洲 98 个国家和地区。

二、跨境清算机构监管要求

根据中国人民银行《人民币跨境支付系统运营机构监督管理暂行办法》（银发〔2015〕290 号，以下简称《监督管理办法》），跨境清算机构经中国人民银行批准，为境内外参与者提供跨境人民币清算结算服务。中国人民银行依法对跨境清算机构的业务进行监督和指导。

（一）业务范围

跨境清算机构从事的业务包括：（1）为 CIPS 参与者跨境支付业务提供资

金清算结算服务；（2）提供业务相关的信息、查询、咨询、培训服务；（3）承担业务相关系统软件开发和硬件维护工作；（4）经中国人民银行批准的其他业务。跨境清算机构发生变更单位名称、修改公司章程、制定修改参与者协议、制定修改 CIPS 操作指引、开展新业务或变更现有业务模式等事项，应报经中国人民银行核准。

（二）制度规则制定

经中国人民银行批复同意，在现行人民币跨境支付清算业务制度体系中，涉及业务操作、系统运行、技术管理等方面的重要制度由中国人民银行制定。系统具体操作及技术方面的规则由跨境清算机构制定报中国人民银行核准后执行。

（三）参与者准入与退出

根据《人民币跨境支付系统业务规则》（银发〔2018〕72 号，以下简称《业务规则》）、《人民币跨境支付系统业务操作指引》（以下简称《操作指引》）规定，跨境清算机构对 CIPS 参与者实施分级管理，参与者包括直接参与者和间接参与者。跨境清算机构负责参与者日常管理，明确相关纪律要求。参与者根据跨境清算机构的业务管理和风险防控要求提交材料并遵守相关管理规定。

（四）事项报告与备案

《监督管理办法》规定，跨境清算机构须向中国人民银行报告、核准及备案的事项范围，涵盖章程修订、资本变更、新业务开展、重大对外合作、内部制度设立修订、系统改造升级等。

（五）系统日常运行报告

根据《监督管理办法》要求，跨境清算机构须向中国人民银行履行日常运行报告义务，分别按照月度、季度、年度的时间节点，就业务数据、统计信息、利润及负债等各项情况进行报告备案。在遇有重大异常事项及中国人民银行要求的其他事项时，跨境清算机构亦有随时报告的义务。

（六）接受检查与评估

《监督管理办法》规定，跨境清算机构应当根据中国人民银行要求，不定期接受各类运营情况评估、全面现场检查或专项现场检查，且应当每年按照《金融市场基础设施原则》进行自我评估，并公开披露自评估结果。

《监督管理办法》明确要求：跨境清算机构违反监督管理要求的，由中国人民银行限期责令改正；逾期不改正的，中国人民银行将进行通报；情节特别严重的，中国人民银行可采取责令停业整顿或其他必要措施。

三、跨境清算机构主要风险概览和类型

跨境清算机构在提供人民币跨境支付清算业务的过程中，可能产生或承担的风险可以划分为管理类风险和操作类风险两大类。管理类风险包括法律风险、信用风险、流动性风险等，操作类风险包括运行风险等。

（一）法律风险

CIPS 在所有相关司法管辖内，应具有稳健的、清晰的、透明的并可执行的法律基础。主要风险内容涉及：在相关司法管辖范围内，系统开展的业务活动是否具有稳健的、清晰的、透明的并可执行的法律基础；法律基础能否为业务活动的各个方面提供高度的确定性；业务活动依据的规则、程序和合约是否清晰、易懂，与相关法律法规是否一致；各项业务活动的法律基础能否以清晰易懂的方式向有关管理部门、参与者、相关参与者的客户进行阐明；等等。

（二）信用风险

跨境清算机构应有效地度量、监测和管理其对参与者的信用暴露以及在支付、清算和结算过程中产生的信用暴露。主要风险内容涉及能否建立一个稳健的框架来管理其对参与者的信用暴露，以及支付、清算和结算过程中产生的信用风险。信用暴露可能来自：当前暴露、潜在的未来暴露或两者；能否识别信用风险的来源，定期度量和监测信用暴露，并使用适当的风险管理工具来控制上述风险；能否使用抵押品和其他等值的金融资源，以高置信度全面覆盖其对参与者的当前暴露和潜在的未来暴露；等等。

（三）流动性风险

目前，跨境清算机构不为参与者垫资或授信，自身不直接面临流动性风险，也不直接对参与者构成流动性风险。但根据国际主流支付系统的经验，参与者自身流动性的不足可能会降低系统流动性效率，影响系统运行的有效性，从而导致系统其他参与者流动性风险以及系统性风险的发生。跨境清算机构应有效地度量、监测和管理其流动性风险，应持有足够的所有相关币种的流动性资源。主要涉及：是否具有稳健的框架，管理来自所有参与者、结算银行、代理机构、托管银行、流动性提供者和其他单位的流动性风险；是否具有有效的操作和分析工具，以持续、及时地识别、度量、监测其结算和资金流，包括日间流动性的使用；能否以所有相关币种持有足够的流动性资源，在各种可能的压力情景下，以高置信度实现当日、日间（必要时）、多日支付债务的结算。

（四）一般业务风险

跨境清算机构应识别、监测和管理一般业务风险，持有充足的权益性质的流动性净资产覆盖潜在的一般业务损失，从而在这些损失发生时能持续运营和提供服务。主要涉及：能否具有稳健的管理和控制系统，识别、监测和管理一般业务风险；是否持有充足的权益（如普通股本、公开储备或留存收益）性质的流动净资产，在面临一般业务损失时能持续运营和提供服务；是否具有切实可行的恢复和有序解散计划，并持有充足权益性质的流动性净资产以实施该计划；等等。

（五）运行风险

跨境清算机构在系统管理运行过程中可能面临内外部双重风险。内部风险来源包括：1.信息系统，如系统硬件故障、软件故障等技术运行不稳定；2.业务流程与操作，如制度缺失、人为操作失误等；3.内部人员，如关键岗位人员流失或无法到岗、内部越权访问、内部人员泄密。外部风险来源包括：1.公共事业单位，如区域电力或运营商网络中断等；2.参与者，如因参与者系统故障无法办理业务或因自身信息安全漏洞等 IT 风险给 CIPS 带来的风险等；3.其他外部金融基础设施发生故障，如大额支付系统、债券结算系统故障等；4.外包服务提供商，如外包服务能力下降、外包服务提供商人员变动等。跨境清算机构应识别运行风险的内部和外部源头，并通过使用适当的系统、制度、程序和控制措施来减轻它们的影响。系统应具有高度的安全性和运行可靠性，并具有充足的可扩展能力。具体风险涉及：是否具有适当的系统、制度、程序和控制措施，以识别、监测和管理运行风险；能否定期或在发生重大变化后，对系统、运行制度、程序和控制措施进行评审、审计和测试；能否清晰地制定运行可靠性目标，并具有相应的制度实现这些目标；等等。

四、跨境清算机构风险防范管理措施

为加强人民币跨境支付业务风险的控制和管理，确保支付安全性、连续性、可控性，跨境清算机构根据行业风险特征、业务规模、产品复杂程度等因素，建立了覆盖跨境支付业务全过程的合理、有效的风险控制措施。

（一）设定系统参与者准入条件

《业务规则》《操作指引》分别设定了 CIPS 直接参与者和间接参与者的准

入条件。直接参与者申请机构向跨境清算机构提交申请材料,间接参与者委托直接参与者提交申请材料。跨境清算机构负责审核参与者是否符合准入条件,对于审核不通过的,将严格限制其接入 CIPS。

(二)明确 CIPS 账户管理方式

CIPS 在大额支付系统开立清算账户,账户内的资金属于所有 CIPS 直接参与者,依据直接参与者在 CIPS 中的账户余额享有对应的权益。该账户不得透支,场终(日终)余额为零。除了通过 CIPS 发起指令,直接参与者不得以其他任何形式单独支配该账户资金。

直接参与者加入 CIPS 时,跨境清算机构同步为其开立零余额账户。该账户不计息,不得透支,CIPS 在场终(日终)处理阶段自动将直接参与者的账户余额转至对应的大额支付系统清算账户,场终(日终)余额为零。一个直接参与者在 CIPS 中只能开立一个零余额账户。

(三)提供灵活的头寸管理安排

为满足跨境人民币业务的差异化支付结算需求,支持跨境电子商务的发展,并向参与者提供更为灵活的流动性节约安排,CIPS(二期)在 CIPS(一期)RTGS 模式的基础上引入延时净额结算(DNS)模式,实现混合结算功能。RTGS 模式适用于时效性强、金额大、逐笔的支付业务场景,DNS 模式适用于频次高、金额小、笔数多的支付业务场景,综合权衡安全与效率,采用流动性节约算法,便于参与者的头寸管理。

(四)及时更新风险评估及管理工具

针对与不同类型的单位交互所产生的风险,跨境清算机构采取不同的风险评估与管控方式,并根据内外部因素的变化不断更新风险管理工具。

跨境清算机构组织开展风险评估,识别包括因 CIPS 中断或操作失误对市场成员或大额支付系统、银行间市场清算所股份有限公司、中央国债登记结算有限责任公司、网联清算有限公司、城银清算服务有限责任公司和农信银资金清算中心有限责任公司等造成的风险，以及受外部服务商、公共事业单位等影响而对跨境清算机构造成的风险。

CIPS 通过大额支付系统完成注资、调增、调减和清零等操作，并与大额支付系统定期召开联络会议，评估因业务规则变化和系统升级带来的风险，并研究应对措施。

（五）确保应急处置及业务可持续性

跨境清算机构应积累充足且流动性较高的权益性资产，能够识别各种可能妨碍持续提供关键运行和关键服务的情形，制定完备的应急预案，可支持和确保业务的可持续性。

CIPS 应该建立主、备信息系统中心，根据年度演练计划定期开展应急演练。当发生重大中断事故时，CIPS 能够及时接管、还原、恢复主要业务功能的运行。

此外，跨境清算机构还应制定业务连续性管理方案，制订业务恢复计划，建立应急操作预案，定期组织业务连续性计划审查及更新，以确保关键恢复或有序关闭计划有效实施。

后　记

　　习近平总书记多次告诫全党，要坚持底线思维、统筹发展和安全、增强忧患意识，提高防控能力，着力防范化解重大风险，做到居安思危，这是"我们党治国理政的一个重大原则"。针对金融发展与风险防范，习近平总书记又多次指出，"金融是国家重要的核心竞争力，金融安全是国家安全的重要组成部分，金融制度是经济社会发展中重要的基础性制度"，"防范化解金融风险特别是防止发生系统性金融风险，是金融工作的根本性任务"。观察一下国内外经济与金融发展状况，特别是在百年未有之大变局的时代背景下，虽然逆全球化声音不断、贸易战时有迹象，再加上气候变化、疫情传播与恐怖活动等因素，大国之间在经济、政治、科技、军事、文化等方面的多元、全面竞争进一步加剧。但是，全球经济体之间的相互关联不但没有减弱，反而进一步加强，经济增长与金融风险在经济体之间的传导与相互影响更加迅速广泛，重大金融风险事件多发频发，如何有效地识别、防范金融风险已经成为国际组织、政府部门与监管机构以及金融机构自身高度关注的重大问题。我们更加感受到，习近平总书记一系列重要告诫、指示立意高远、内涵丰富、思想深邃，具有非常强的理论指导意义与实践指南作用。

　　结合自己多年从事金融管理与纪检工作的实践，我越发感到习近平总书记的一系列指示是我国金融工作的根本遵循与行动指南。我在撰写《金融反腐论》一书的过程中深刻认识到，各类金融持牌机构做好自身的风险管控对金融市场稳健运行、提高服务实体经济和人民生活能力、防范区域性和系统性风险至关重要。而要做到这一点，让广大党政干部更多地了解金融市场以及各类持牌机构面临的风险，让各类持牌机构负责人和主要业务人员都清楚地了解所在机构和所从事业务的监管要求、风险类型以及如何在日常工作中增强风险防范意识、提高风险防控能力，是一个极为重要的基础性工作。我查阅了大量有关金融风险的著作，发现从持牌机构角度论述金融风险管理，特别是结合当前金融市场实际运行状况的书籍不多，就一直考虑围绕金融类持牌机构的风险管理写一本书，以填补有关金融风险管理著作方面的空白，以便党政干部更好地学习了解金融知识、树立风险防控意识、提高金融工作能力，让各类金融机构强化风险防范意识、有效管理金融风险，也希望能给高等院校、专家学者从事教学研究提供一些支持。

本书适逢建党一百周年这样一个特殊时刻出版，是一件意义特别的事情，我由衷地为此感到高兴。本书写作过程中得到多位金融监管部门及其下属机构领导和同志们的大力支持，中信建投证券公司、嘉实基金管理公司、浙商期货有限公司、中粮期货有限公司、联储证券有限责任公司、通力律师事务所等机构的同志为本书写作提供了巨大帮助。清华大学五道口金融学院院长（中国人民银行原行长助理）张晓慧、中央汇金公司原总经理谢平、中国工商银行原副行长张红力、中国银保监会偿付能力监管部主任赵宇龙、对外经贸大学国际经贸学院研究员（大连商品交易所原理事长）李正强等几位在业界工作多年的专家，对本书写作倾注了大量心血。中信出版集团为本书出版提供了极大帮助。温信祥、李至斌、赵及峰、程莘、殷志诚、王春玲、牛文婕、郭松、汤进喜、江会芬、杨超颖、周箴、刘悦、叶国瑜、徐毅、黄晓丽、郝维斌、陈华、庞世之、王浩年、那丽丽、李霞、高杰、胡军、吕红、李雅婷、陆亚、程实、罗宁、陈晓文、王振中、王丽娅、洪倩霖、陈卓、季洁、李盛熙、马良媛、吴善凯、杨菁菁、胡勇钦、高华、徐文杰、杨雪倩、尹佳璇、杨蓉、李进、秦跃光、张雯、曹静、高云、赵涛、杨明海、王俭、任杰、谢仁德、高翠香、纪龙、陈翔、徐清平、任效磊、王志宇、张尚齐、吴优、吕伟嘉、薛信伟、刘威、王惺文、徐芊、闫家琪及其他同志对本书做出了很大贡献，在此一并表示衷心感谢。

黎晓宏

二〇二一年六月于北京

参考文献

一、著作

[1] 马克思:《资本论》,人民出版社,2014。

[2] 习近平:《习近平谈治国理政》,外文出版社,2014。

[3] 习近平:《习近平谈治国理政(第二卷)》,外文出版社,2017。

[4] 习近平:《习近平谈治国理政(第三卷)》,外文出版社,2020。

[5] 陈云:《陈云文选》,人民出版社,1995。

[6] 朱镕基:《朱镕基讲话实录》,人民出版社,2011。

[7] 刘鹤:《两次全球大危机的比较研究》,中国经济出版社,2013。

[8] 周小川:《周小川改革论集》,中国发展出版社,2008。

[9] 尚福林:《证券市场监管体制比较研究》,中国金融出版社,2006。

[10] 易纲:《中国金融改革思考录》,商务印书馆,2020。

[11] 郭树清:《直面两种失衡》,中国人民大学出版社,2007。

[12] 刘明康:《中国银行业改革开放 30 年》,中国金融出版社,2009。

[13] 黎晓宏:《金融反腐论》,中信出版集团,2021。

[14] 潘功胜:《微型金融监管的国际经验》,中国金融出版社,2015。

[15] 陈雨露、杨栋:《世界是部金融史》,江西教育出版社,2016。

[16] 朱民:《改变未来的金融危机》,中国金融出版社,2009。

[17] 朱民:《动荡中的国际金融》,中国金融出版社,2009。

[18] 陈文辉等:《新常态下的中国保险资金运用研究》,中国金融出版社,2016。

[19] 姜建清、蒋立场:《近代中国外商银行史》,中信出版集团,2016。

[20] 张红力、周月秋、程实,等:《金融与国家安全》,中国金融出版社,2015。

[21] 张红力、程实、万喆,等:《中国金融与全球治理》,中信出版集团,2016。

[22] 厉以宁、吴敬琏等:《三去一降一补——深化供给侧结构性改革》,中信出版集团,2017。

[23] 焦瑾璞:《中国金融基础设施功能与建设研究》,社会科学文献出版社,2019。

[24] 戴文华:《中央对手方》,中国金融出版社,2020。

[25] 戴文华:《登记 托管 结算》,中国金融出版社,2020。

[26] 胡舒立:《新常态改变中国》,民主与建设出版社,2014。

[27] 许涤新、吴承明:《中国资本主义发展史》第三卷,人民出版社,1993。

[28] 洪葭管:《中国金融史》,西南财经大学出版社,1993。

[29] 黄鉴辉:《中国银行业史》,山西经济出版社,1994。

[30] 中国银行行史编委:《中国银行行史》,中国金融出版社,1995。

[31] 刘梦溪编《中国现代学术经典·马一浮卷》,河北教育出版社,1996。

[32] 袁远福:《中国金融简史》,中国金融出版社,2001。

[33] 黄志凌:《金融风险管理的新视角——宏观应对与微观经营》,商务印书馆,2011。

[34] 郭田勇:《金融监管学(第二版)》,中国金融出版社,2009。

[35] 万建华:《金融e时代——数字化时代的金融变局》,中信出版集团,2013。

[36] 彭信威:《中国货币史》,上海人民出版社,1963。

[37] 侯家驹:《中国经济史》(上、下册),新星出版社,2008。

[38] 刘诗平:《三十而立——中国银行业改革开放征程回放(1978~2008)》,经济科学出版社,2009。

[39] 李扬,等:《新中国金融60年》,中国财政经济出版社,2009。

[40] 张建华:《互联网金融监管研究》,科学出版社,2016。

[41] 黄海洲:《全球金融体系——危机与变革》,中信出版集团,2019。

[42] 马骏、何晓贝、唐晋荣,等:《金融危机的预警、传染和政策干预》,金融

出版社，2019。

[43] 王大威：《系统性金融风险的传导、监管与防范研究》，金融出版社，2013。

[44] 赖娟：《潜在的危机——中国金融系统风险研究》，中国财政经济出版社，2011。

[45] 李弘：《图说金融史》，中信出版集团，2015。

[46] 时吴华：《金融国策论》，社会科学文献出版社，2015。

[47] 燕红忠：《中国金融史》，上海财经大学出版社，2020。

[48] 胡建忠：《解读金融资产管理公司》，中国金融出版社，2019。

[49] 王元凯、李嵘：《金融资产管理公司实务研究》，经济科学出版社，2020。

[50] 王元凯：《金融资产管理公司功能研究》，社会科学文献出版社，2019。

[51] 中国人民银行金融稳定分析小组：《中国金融稳定报告 2005》，中国金融出版社，2005。

[52] 中国人民银行金融稳定分析小组：《中国金融稳定报告 2015》，中国金融出版社，2015。

[53] 中国人民银行金融稳定分析小组：《中国金融稳定报告 2018》，中国金融出版社，2018。

[54] 中国人民银行金融稳定分析小组：《中国金融稳定报告 2019》，中国金融出版社，2019。

[55] 中国人民银行金融稳定分析小组：《中国金融稳定报告 2020》，中国金融出版社，2020。

[56] 中国人民银行：《2020 年第四季度中国货币政策执行报告》。

[57] 中国人民银行：《2019 年支付体系运行总体情况》。

[58] 中国人民银行：《中国区域金融运行报告（2020）》。

[59] 中国证监会：《中国资本市场三十年》，中国金融出版社，2021。

[60] 中国证监会：《中国证券监督管理委员会年报 2019》，中国财政经济出版社，2020。

[61] 中国证监会：《美国投资者保护经典案例选编》，法律出版社，2014。

[62] 吴晓灵主编《中国金融政策报告 2019》，中国金融出版社，2019。

[63] 吴晓灵、陆磊主编《中国金融政策报告 2020》，中国金融出版社，2020。

[64] 中国银行总管理处经济研究室:《全国银行年鉴〈近代中国史料丛刊第三编〉》,台北:文海出版社,1966。

[65] 交通银行总行:《交通银行史料》,中国金融出版社,1999。

[66] 中国网络空间研究院:《中国互联网发展报告2020》,电子工业出版社,2020。

[67] 普华永道会计师事务所:《2020年中国企业并购市场回顾与2021年前瞻》。

[68] 易纲、吴有昌:《货币银行学》,格致出版社、上海人民出版社,2014。

[69] 中国银行间市场交易商协会教材编写组:《金融市场风险管理:理论与实务》,北京大学出版社,2018。

[70] 中国银行业协会:《风险管理》,中国金融出版社,2019。

[71] 朱淑珍:《金融风险管理》,北京大学出版社,2017。

[72] 高晓燕:《金融风险管理》,清华大学出版社,2019。

[73] 陆静:《金融风险管理》,中国人民大学出版社,2019。

[74] 邹宏元:《金融风险管理》,西南财经大学出版社,2005。

[75] 宋清华:《金融风险管理》,中国金融出版社,2003。

[76] 王勇、关晶奇、隋鹏达:《金融风险管理》,机械工业出版社,2020。

[77] 谢非、赵宸元主编《金融风险管理实务案例》,经济管理出版社,2019。

[78] 艾伦·格林斯潘、本·伯南克、珍妮特·耶伦:《危机与复苏》,戚克栴译,首都经济贸易大学出版社,2019。

[79] 弗兰克·H.奈特:《风险、不确定性与利润》,安佳译,商务印书馆,2010。

[80] 米尔顿·弗里德曼、安娜·J.施瓦茨:《美国货币史》,巴曙松、王劲松等译,北京大学出版社,2009。

[81] 米尔顿·弗里德曼:《货币的祸害》,张建敏译,中信出版集团,2016。

[82] 国际清算银行:《绿天鹅:气候变化时代的中央银行和金融稳定》,2020。

[83] 威廉·戈兹曼:《千年金融史》,张亚光、熊金武译,中信出版集团,2017。

[84] 查尔斯·金德尔伯格:《西欧金融史》,徐子健、何建雄、朱忠译,中国金融出版社,2010。

[85] 板谷敏彦:《世界金融史》,王宇新译,机械工业出版社,2018。

[86] 卡门·M.莱因哈特、肯尼斯·S.罗格夫:《这次不一样——八百年金融危机史》,綦相、刘晓锋、刘丽娜译,机械工业出版社,2020。

[87] 默文·金:《金融炼金术的终结》,束宇译,中信出版集团,2016。

[88] 查尔斯·P. 金德尔伯格、罗伯特·Z. 阿利伯:《疯狂、惊恐和崩溃——金融危机史》,朱隽、叶翔、李伟杰译,中国金融出版社,2017。

[89] 海曼·明斯基:《稳定不稳定的经济——一种金融不稳定视角》,石宝峰、张慧卉译,清华大学出版社,2015。

[90] L. 兰德尔·雷:《下一场全球金融危机的到来》,张田、张晓东等译,中信出版集团,2000。

[91] 安德鲁·罗斯·索尔金:《大而不倒》,巴曙松、陈剑等译,四川人民出版社,2017。

[92] 巴里·艾肯格林、阿尔诺·梅尔、利维娅·齐图:《货币变局》,符荆捷译,机械工业出版社,2019。

[93] 米歇尔·渥克:《灰犀牛——如何应对大概率危机》,王丽云译,中信出版集团,2017。

[94] 纳西姆·尼古拉斯·塔勒布:《黑天鹅——如何应对不可预知的未来》,万丹、刘宁译,中信出版集团,2019。

[95] 加雷·加勒特:《美国金融泡沫史》,徐珊译,海峡书局,2014。

[96] 悉尼·霍默、理查德·西勒:《利率史》,肖新明、曹建海译,中信出版集团,2009。

[97] 约翰·S. 戈登:《伟大的博弈》,祁斌译,中信出版集团,2011。

[98] 纳西姆·尼古拉斯·塔勒布:《随机漫步的傻瓜》,盛逢时译,中信出版集团,2019。

[99] 威廉·西尔伯:《关闭华尔街》,刁琳琳、余江译,中信出版集团,2018。

[100] 利雅卡特·艾哈迈德:《金融之王》,巴曙松、李胜利等译,中国人民大学出版社,2011。

[101] 弗雷德里克·费尔德坎普、克里斯托弗·惠伦:《金融稳定——欺诈、信心和国家财富》,胡志浩译,经济管理出版社,2017。

[102] 彼得·诺曼:《全球风控家——中央对手方清算》,梁伟林译,中国金融出版社,2013。

[103] 利奥·梅拉梅德、鲍勃·塔玛金:《逃向期货》,陈晗、张晓刚、杨柯译,

机械工业出版社，2011。

[104] 瑞·达利欧：《债务危机》，赵灿、熊建伟、刘波译，中信出版集团，2019。

[105] 约翰·S.戈登：《资本的冒险》，柳士强、钱勇译，中信出版集团，2005。

[106] 理查德·比特纳：《贪婪、欺诈和无知》，覃扬眉、丁颖颖译，中信出版集团，2008。

[107] 罗伯特·希勒：《终结次贷危机》，何正云译，中信出版集团，2008。

[108] 杰弗里·弗里德曼、弗拉迪米尔·克劳斯：《助推金融危机——系统性风险与监管失灵》，段灿、张霞等译，金融出版社，2013。

[109] 多米尼克·卡瑟利：《挑战风险——金融机构如何生存与发展》，朱泱、张胜纪译，商务印书馆，1997。

[110] 德拉·汤普逊：《牛津简明英语词典》，外语教学与研究出版社，2001。

[111] 伊特韦尔：《新帕尔格雷夫经济学大辞典》，经济科学出版社，1996。

[112] 麦肯锡咨询公司：《全球支付报告2018》。

[113] 麦肯锡咨询公司：《全球支付报告2019》。

[114] 兹维·博迪、罗伯特·C.默顿和戴维·L.克利顿：《金融学》，曹辉、曹音译，中国人民大学出版社，2018。

[115] 弗雷德里克·S.米什金：《货币银行学（第十一版）》，郑艳文、荆国勇译，中国人民大学出版社，2016。

[116] 米歇尔·克劳伊、丹·加莱、罗伯特·马克：《风险管理精要》，张礼卿、杨娉、史秀红等译，中国财经出版社，2010。

[117] 约翰·赫尔：《风险管理与金融机构》，王勇、董方鹏译，机械工业出版社，2018。

[118] 安东尼·桑德斯，马西娅·米伦·科尼特：《金融风险管理》，王中华、陆军译，人民邮电出版社，2012。

[119] 弗朗西斯·迪博尔德、尼尔·多尔蒂、理查德·赫林：《金融风险管理中的已知、未知和不可知》，唐英凯译，东北财经大学出版社，2014。

二、标准

[120] 《中共中央国务院关于构建更加完善的要素市场化配置体制机制的意

见》，人民出版社，2020。

[121] 《中共中央关于制定国民经济和社会发展第十四个五年规划和二〇三五年远景目标的建议》，人民出版社，2020。

[122] 《新一代人工智能发展规划》，人民出版社，2017。

[123] 中国银保监会：《中国银行业监管法规汇编》，法律出版社，2019。

[124] 中国证监会：《中华人民共和国证券期货法规汇编》，法律出版社，2020。

[125] 中国人民银行：《中国人民银行关于印发〈金融科技（FinTech）发展规划（2019–2021年）〉的通知》，银发〔2019〕209号。

[126] 工业和信息化部：《工业和信息化部关于印发〈推动企业上云实施指南（2018—2020年）〉的通知》，工信部信软〔2018〕135号。

[127] 《信息技术 云计算 概览与词汇》，中国标准质检出版社，2016。

[128] 巴塞尔银行监管委员会：《第三版巴塞尔协议改革最终方案》，中国银行保险监督管理委员会译，中国金融出版社，2020。

[129] 巴塞尔银行监管委员会：《巴塞尔协议Ⅲ（综合版）》，杨力、吴国华译，中国金融出版社，2014。

[130] 巴塞尔银行监管委员会：《加强银行公司治理的原则》，中国银监会办公厅译，中国金融出版社，2011。

[131] 《美国金融服务现代化法》，黄毅、杜要忠译，中国金融出版社，2000。

[132] 《美国多德－弗兰克华尔街改革与消费者保护法》，中国证券监督管理委员会编译，法律出版社，2014。

[133] 《美国〈1934年证券交易法〉及相关证券交易委员会规则与规章》，中国证券监督管理委员会编译，法律出版社，2015。

[134] 《美国〈1933年证券法〉及相关证券交易委员会规则与规章》，中国证券监督管理委员会编译，法律出版社，2015。

[135] 《美国〈1940年投资公司法〉及相关证券交易委员会规则与规章》，中国证券监督管理委员会编译，法律出版社，2015。

[136] 《美国〈1940年投资顾问法〉及相关证券交易委员会规则与规章》，中国证券监督管理委员会编译，法律出版社，2015。

[137] 《美国〈1939年信托契约法〉及相关证券交易委员会规则与规章》，中国

证券监督管理委员会编译，法律出版社，2015。

[138] 《美国〈2002 年萨班斯－奥克斯利法〉》，中国证券监督管理委员会编译，
法律出版社，2015。

[139] 美国法学会、美国统一州法全国委员大会编《美国统一商法典》，石云山
等译，上海翻译出版公司，1990。

[140] 《英国 2000 年金融服务与市场法》，中国证券监督管理委员会编译，法
律出版社，2014。

[141] 联合论坛、巴塞尔银行监管委员会、国际证监会组织、国际保险监督官
协会：《金融集团监管原则》，中国银监会政策研究局译，中国金融出版社，
2014。

[142] 联合论坛：《风险管理实践和监管资本》。

[143] 支付结算体系委员会 / 国际清算银行、国际证监会组织技术委员会：《金
融市场基础设施原则》，中国人民银行支付结算司译，中国金融出版社，
2013。

[144] 国际保险监督官协会：《保险核心原则、标准、指引和评估方法》，中国
保险监督管理委员会译，中国金融出版社，2012。

[145] 国际保险监督官协会：《保险业系统性风险整体框架》，2019。

[146] 国际精算师协会：《保险公司偿付能力评估全球框架》，2005。

[147] 《欧盟〈一般数据保护条例〉GDPR：汉英对照》，瑞栢律师事务所译，法
律出版社，2018。

[148] 经济合作与发展组织：《OECD 公司治理原则（2004 年）》，张政军译，中
国财政经济出版社，2005。

[149] COSO 委员会：《内部控制——整合框架（2013）》，财政部会计司译，中
国财政经济出版社张政军译，2014。

[150] 中国人大网、中国政府网、中国人民银行、中国银保监会、中国证监会、
世界银行、国际货币基金组织、国际清算银行、国际证监会组织、国际
保险监督官协会、金融稳定理事会、美联储、美国证券交易委员会、英
国金融行为监管局等网站。

三、期刊

[151] 刘鹤. 加快构建以国内大循环为主体、国内国际双循环相互促进的新发展格局 [N]. 人民日报，2020-11-25（6）.

[152] 周小川. 信息科技发展与金融政策响应 [J]. 金融市场研究，2019（9）.

[153] 郭树清. 坚定不移打好防范化解金融风险攻坚战 [J]. 求是，2020（16）.

[154] 郭树清. 完善公司治理是金融企业改革的重中之重 [N]. 经济日报，2020-07-03（10）.

[155] 易会满. 敢担当善作为 站稳人民立场 努力实现新时代资本市场高质量发展 [J]. 旗帜，2019（12）.

[156] 哈里·马科维茨. 资产组合选择 [J]. 金融杂志，1952, 7(1):77.

[157] 威廉·夏普. 资本资产定价 [J]. 金融杂志，1964, 19(3): 425-442.

[158] 巴曙松，尚航飞. 部门逆周期资本监管框架及对中国的启示 [J]. 财经理论与实践，2020, 41(03):2-8.

[159] 巴曙松. 中国银行业实施巴塞尔Ⅲ的优势与挑战 [J]. 金融电子化，2012(07): 9-14.

[160] 曾刚. 如何应对商业银行流动性风险 [J]. 北大金融评论，2019（1）.

[161] 曾刚. 商业银行互联网贷款的风险与监管 [J]. 商讯，2018(05): 92-94.

[162] 曾刚. 商业银行互联网贷款风险会更大吗？ [EB/OL]. （2018-11-08）[2021-10-20]. http://www.yidianzixun.com/article/0KSyI2qY?s=zhwnl&appid=s3rd_zhwnl.

[163] 陈四清. 不断提升服务实体经济质效 [J]. 中国金融家，2018 (10): 25-27.

[164] 郭振鹏. "原油宝"事件，对银行风险管理有何启示？ [EB/OL]. （2020-04-28）[2021-10-20]. https://xw.qq.com/amphtml/20200428A0Q0WN00?ivk_sa= 1024320u.

[165] 李奇霖. 存款荒 [R]. 粤开证券，2020 年 8 月 29 日.

[166] 李永华. 中国商业银行全面风险管理问题研究 [D]. 武汉：武汉大学，2013.

[167] 凌敢. 栉风沐雨著华章——城商行发展回顾与展望 [J]. 中国金融，2019(19): 73-75.

[168] 马丁·梅利基，鲍里斯·菲舍拉，罗马·霍瓦斯，等. 《巴塞尔协议Ⅲ》与中小企业融资：发展中经济体的实践 [J]. 金融市场研究，2020(05): 96-99.

[169] 潘睿 . 基于新巴塞尔协议下我国商业银行风险度量和管理研究 [D]. 济南：山东大学，2018.

[170] 钱婧 . 网商银行——服务小微企业与农户的互联网银行（上篇）[EB/OL].（2018-05-27）[2021-10-20]. http://app.myzaker.com/news/article.php?pk=5b0a0ea377ac64388249c903.

[171] 山成英 . 互联网民营银行的发展及影响 [J]. 青海金融，2015(06):12-14.

[172] 孙中东 . 互联网银行为中国银行业开拓发展新模式 [N]. 金融时报，2019-12-09（09）.

[173] 王剑，陈俊良 . 互联网银行深度解析：原理与实例 [R]. 国信证券，2019年11月6日 .

[174] 杨晓亮 . 浅谈如何应对当前疫情给商业银行带来的信贷风险 [J]. 商情，2020（27）.

[175] 袁野 . 银行间市场流动性分层：测度、根源、后果及对策 [D]. 北京：中国社会科学院研究生院，2020.

[176] 张明，魏伟，刘志平，等 . 股份制商业银行演变与现状篇:改革与竞争互动，成长与分化并存 [R]. 平安证券，2019年7月17日 .

[177] 张强 . 持续打造中小型银行风险合规管理核心竞争力 [EB/OL].（2020-01-02）[2021-10-20]. http://www.modernbankers.com/html/2020/financiercon_0102/ 704. html.

[178] 祝树民 . 以深化改革推动农村中小银行公司治理建设 [J]. 中国金融，2020（16）.

[179] 郭纯品 .《新巴塞尔协议》与我国银行资本监管研究 [D]. 北京：中国人民大学，2005.

[180] 陆静 . 巴塞尔协议 III 及其对国际银行业的影响 [J]. 国际金融研究，2011(03): 56-67.

[181] 周亮 . 完善公司治理 促进股份制银行高质量发展 [J]. 金融监管研究，2020(07): 1-6.

[182] 杨中秋 .《标准化债权类资产认定规则》对银行理财非标业务的影响 [J]. 营销界，2020(16): 111-112.

[183] 华泰证券课题组，王翀．场外衍生品业务风险管理难点及对策 [J]. 金融纵横，2020(5): 11–19.

[184] 刘倩．巴塞尔协议Ⅲ框架下场外衍生品交易资本监管要求变革研究 [J]. 经济法论坛，2016, 017(002): 143–157.

[185] 李培华．股票欺诈发行之辨析 以《证券法》第189条为中心 [J]. 法律适用，2013, (12): 20–24.

[186] 张保生，朱媛媛．证券先行赔付制度的定分止争功能与效果的反思——以欣泰电气欺诈发行先行赔付专项基金后续争议为引入 [J]. 证券法律评论，2018(01): 355–367.

[187] 蔡娇．英国证券市场操纵认定标准实证研究 [D]. 重庆：西南政法大学，2017.

[188] 张子学．首例上市公司增发股份操纵股价处罚案分析与启示 [J]. 清华金融评论，2014(12): 77–81.

[189] 廖光宇．我国证券市场操纵行为的现状及法律规制的完善 [D]. 广州：暨南大学，2008.

[190] 冯宗容，赵山．股市内幕交易对上市公司的负面影响及其限制 [J]. 福建论坛（经济社会版），2001(06): 21–23.

[191] 徐兆铭，乔云霞．美国五次并购浪潮及其历史背景 [J]，科技情报开发与经济，2003(13): 145–147.

[192] 卢文华．美国并购浪潮对我国并购市场的启示 [J]. 现代管理科学，2019(11).

[193] 陈希．美国百年并购历史回顾及启示 [R/OL].（2017-05-15）[2021-10-20]. http://www.sse.com.cn/aboutus/research/report/c/4306280.pdf.

[194] 包婷婷．中国并购市场发展现状、原因及未来发展趋势分析 [J]. 现代管理科学，2017(10): 54–56.

[195] 李彤．百丽国际私有化退市案例分析 [D]. 南昌：江西财经大学，2019.

[196] 林虹．并购重组新周期提前预警：严控高估值泡沫 [EB/OL].（2018-12-07）[2021-10-20]. https://new.qq.com/cmsn/20181207/20181207001744.html.

[197] 郑国坚，林东杰，林斌．大股东股权质押，占款与企业价值 [J]. 管理科学学报，2014(09): 72–87.

[198] 张瑞君，徐鑫，王超恩．大股东股权质押与企业创新 [J]．审计与经济研究，2017(04): 63–73.

[199] 文雯，陈胤默，黄雨婷．控股股东股权质押对企业创新的影响研究 [J]．管理学报，2018(07): 998–1008.

[200] 郭金龙，薛敏．民营上市公司股票质押风险及防范措施 [J]．银行家，2019(04): 76–79.

[201] 潘临，张龙平，欧阳才越．控股股东股权质押与商业信用融资——基于内部控制质量和审计质量的考量 [J]．财经理论与实践，2018(04): 80–87.

[202] 沈冰，陈锡娟．股权质押、投资者情绪与股价崩盘风险 [J]．财经问题研究，2019(09): 72–79.

[203] 袁明．上市公司股权质押风险与防控措施探析 [J]．财经界，2020(04): 98–100.

[204] 谢德仁，郑登津，崔宸瑜．控股股东股权质押是潜在的"地雷"吗？——基于股价崩盘风险视角的研究 [J]．管理世界，2016(05): 128–140.

[205] 方杰，杨超颖，方重．上市公司股权质押的风险探析 [J]．清华金融评论，2016(12): 77–81.

[206] 李常青，幸伟．控股股东股权质押与上市公司信息披露 [J]．统计研究，2017(12): 75–86.

[207] 隆安律师事务．证券诉讼审判大数据分析报告 [R/OL]．（2019–01–21）[2021–10–20]. http://www.longanlaw.com/legals/4566.html/.